JOHN BOLTON

DER RAUM, IN DEM ALLES GESCHAH

JOHN
BOLTON

DER RAUM, IN DEM ALLES GESCHAH

Aufzeichnungen des ehemaligen Sicherheitsberaters im Weißen Haus

riva

Titel der Originalausgabe:
»The Room Where It Happened:
A White House Memoir«

Für Gretchen und Jennifer Sarah

»Hier wird hart gehämmert, meine Herren. Mal sehen, wer am längsten hämmert.«

Der Herzog von Wellington, als er seine Truppen bei Waterloo versammelte, 1815

INHALT

KAPITEL 1

DER LANGE MARSCH ZU EINEM ECKBÜRO IM WEST WING

Was das Amt des Nationalen Sicherheitsberaters unter anderem so reizvoll macht, ist die Vielfalt und Menge der Herausforderungen, mit denen man konfrontiert wird. Wer Trubel, Ungewissheit und Risiko nicht mag – während man ohne Unterlass mit Informationen, ausstehenden Entscheidungen und der schieren Menge an Arbeit überhäuft wird, und gleichzeitig noch internationale und heimische Persönlichkeits- und Ego-Konflikte, die kaum auszumalen sind, belebend auf einen einwirken –, der sollte es mit etwas anderem versuchen. Die Arbeit ist ungemein anregend, aber es ist fast unmöglich, Außenstehenden zu erklären, wie eins zum anderen passt, was oft nicht in schlüssiger Weise der Fall ist.

Ich kann keine umfassende Theorie über die Transformation der Trump-Regierung darlegen, weil das nicht möglich ist. Washingtons herkömmliche Meinung über Trumps Entwicklung ist jedoch falsch. Diese allgemein akzeptierte Meinung, die für die intellektuell Faulen attraktiv ist, besagt, dass Trump immer bizarr gewesen sei, in seinen ersten fünfzehn Monaten jedoch, in denen er unsicher in seiner neuen Stellung war und von einer »Achse der Erwachsenen« in Schach gehalten wurde, gezögert habe zu handeln. Mit der Zeit sei Trump jedoch immer selbstsicherer geworden, die Achse der Erwachsenen habe sich entfernt, so manches sei auseinander gebrochen und Trump sei nur noch von »Jasagern« umgeben.

Teile dieser Hypothese sind zutreffend, aber das Gesamtbild ist zu vereinfachend. Die Achse der Erwachsenen verursachte in vielerlei Hinsicht anhaltende Probleme, nicht weil deren Angehörige Trump erfolgreich im Griff hatten, wie die Hochgesinnten (eine treffende Beschreibung, die ich aus dem Französischen für jene übernommen habe, die sich selbst für moralisch überlegen halten) meinen, sondern weil genau das Gegenteil der Fall war. Sie taten nicht annähernd genug, um Ordnung zu schaffen, und was sie taten, war so offensichtlich eigennützig und auf so öffentliche Art abschätzig gegenüber vielen von Trumps sehr klaren Zielen (ob würdig oder unwürdig), dass sie Trumps ohnehin schon argwöhnische Mentalität noch nährten und es für diejenigen, die später kamen, schwieriger machten, in legitimen politischen Austausch mit dem Präsidenten zu treten. Ich hatte lange Zeit den Eindruck, dass die Rolle des Nationalen Sicherheitsberaters darin besteht, dafür zu sorgen, dass ein Präsident weiß, welche Optionen ihm für eine bestimmte Entscheidung, die er zu treffen hat, offenstehen, und dann dafür zu sorgen, dass diese Entscheidung von den entsprechenden Behörden umgesetzt wird. Das Vorgehen im Nationalen Sicherheitsrat (*National Security Council*, NSC) war sicherlich bei verschiedenen Präsidenten unterschiedlich, aber dies waren die entscheidenden Ziele, die in diesem Prozess erreicht werden sollten.

Weil jedoch die Achse der Erwachsenen Trump einen so schlechten Dienst erwiesen hatte, stellte er die Motive der Menschen infrage, sah Verschwörungen hinter jeder Ecke lauern und blieb erstaunlich uninformiert darüber, wie man das Weiße Haus leitet, ganz zu schweigen von der riesigen Bundesregierung. Die Achse der Erwachsenen ist für diese Mentalität nicht allein verantwortlich. Trump ist Trump. Mir ist klar geworden, dass er glaubte, er könne durch reine Instinkt-Entscheidungen die Exekutive leiten und die nationale Sicherheitspolitik festlegen, und indem er sich auf persönliche Beziehungen zu ausländischen Staatsoberhäuptern verlässt, wobei seine auf das Fernsehen ausgelegte Selbstdarstellung immer im Vordergrund steht. Nun gehören Instinkt, persönliche Beziehungen und Selbstdarstellung zum Repertoire eines jeden Präsidenten. Aber sie sind eben nicht alles, bei weitem nicht. Analyse, Planung, intellektuelle Disziplin und Genauigkeit, Auswertung von Ergebnissen, Kurskorrekturen und dergleichen sind die Grundlagen für die Entscheidungsfindung eines Präsidenten, die weniger glanzvolle Seite dieses Jobs. Äußerlichkeiten sind nur ein Teil des Ganzen.

In institutioneller Hinsicht ist es daher unbestreitbar, dass Trumps Präsidentschaftsübergang und Eröffnungsjahr (und etwas darüber hinaus) unwiderruflich verpfuscht worden sind. Vorgänge, die sofort in Fleisch und Blut hätten übergehen sollen, insbesondere für die vielen Trump-Berater, die zuvor nicht einmal als Nachwuchsführungskräfte tätig gewesen waren, haben nie stattgefunden. Trump und die meisten seiner Mitarbeiter haben nie das »Bedienungshandbuch« der Regierung gelesen, wobei ihnen vielleicht nicht klar war, dass sie dadurch nicht automatisch zu Angehörigen des »deep state« werden würden. Ich geriet in dieses Chaos und sah Probleme, die in den ersten hundert Tagen der Regierung hätten gelöst werden können, wenn nicht schon vorher.

Die ständige Personalfluktuation hat offensichtlich nicht geholfen, ebenso wenig wie der Hobbessche bellum omnium contra omnes (»Krieg aller gegen alle«) des Weißen Hauses. Es mag ein bisschen zu viel gesagt sein, dass Hobbes' Beschreibung der menschlichen Existenz als »einsam, arm, böse, brutal und kurz« das Leben im Weißen Haus zutreffend schilderte, aber am Ende ihrer Amtszeit hätten viele wichtige Berater zu ihr tendiert. Wie ich in meinem Buch »Surrender Is Not An Option« (dt.: »Kapitulation ist keine Option«)[1] dargelegt habe, bestand mein Ansatz, Dinge in der Regierung zu erreichen, immer darin, so viel Wissen wie möglich über die Behörden aufzunehmen, in denen ich diente (Außen- und Justizministerium, die Behörde der Vereinigten Staaten für internationale Entwicklung), damit ich meine Ziele leichter erreichen konnte.

Mein Ziel war nicht, einen Mitgliedsausweis, sondern einen Führerschein zu bekommen. Dieses Denken war in Trumps Weißem Haus nicht üblich. Bei frühen Besuchen im West Wing[2] waren die Unterschiede zwischen dieser Präsidentschaft und den früheren, denen ich gedient hatte, überwältigend. Was an einem Tag zu einem bestimmten Thema geschah, hatte oft wenig mit dem zu tun, was am nächsten oder übernächsten Tag geschah. Nur wenige schienen sich dessen bewusst zu sein, sich darüber Gedanken zu machen oder Interesse daran zu haben, es in Ordnung zu bringen. Und es sollte nicht viel besser werden – zu dieser deprimierenden, aber unvermeidlichen Schlussfolgerung gelangte ich erst, nachdem ich der Regierung beigetreten war.

Der ehemalige Senator von Nevada, Paul Laxalt, ein Mentor von mir, pflegte zu sagen: »In der Politik gibt es keine unbefleckte Empfängnis.« Diese Erkenntnis gibt eine eindringliche Erklärung für die Besetzung sehr hoher Positionen in der Exekutive. Trotz der Häufigkeit von Pressezeilen wie »Ich war sehr überrascht, als Präsident Smith mich anrief ...« haben derartige Unschuldsbekundungen immer nur lose mit der Wahrheit zu tun. Und zu keinem Zeitpunkt ist der Wettbewerb um hochrangige Positionen intensiver als während des »Präsidentschaftsübergangs«, einer US-Erfindung, die in den letzten Jahrzehnten immer ausgefeilter geworden ist. Übergangs-Teams würden Wirtschaftshochschulen gute Fallstudien darüber liefern, wie man keine Geschäfte machen sollte. Sie existieren für einen festen, flüchtigen Zeitraum (von der Wahl bis zur Amtseinführung) und verschwinden dann für immer. Sie werden überwältigt von Wirbelstürmen eingehender Informationen (und Desinformationen), komplexen, oft konkurrierenden Strategie- und Politikanalysen, vielen daraus resultierenden Personalentscheidungen für die eigentliche Regierung sowie von der Kontrolle und dem Druck der Medien und Interessengruppen.

Unbestreitbar sind einige Übergänge besser als andere. Wie sie vonstattengehen, verrät viel über die kommende Regierung. Richard Nixons Übergang 1968–69 war das erste Beispiel für zeitgenössische Übergänge mit sorgfältigen Analysen aller wichtigen Exekutivorgane; Ronald Reagans Übergang 1980–81 war ein Meilenstein bei der Umsetzung der Maxime »Personal ist Politik« und konzentrierte sich intensiv auf die Auswahl von Personen, die sich an Reagans Programm halten würden; und Donald Trumps Übergang 2016–17 war ... Donald Trumps.

Ich verbrachte die Wahlnacht vom 8. auf den 9. November in den Studios von Fox News in Manhattan und wartete darauf, live im Fernsehen über die außenpolitischen Prioritäten »des nächsten Präsidenten« zu sprechen, und alle gingen davon aus, dass dies zwischen 22 und 23 Uhr geschehen würde, kurz nachdem Hillary Clinton zur Siegerin erklärt worden wäre. Schließlich ging ich gegen drei Uhr am nächsten Morgen auf Sendung – so viel zum Thema Vorausplanung, nicht nur bei Fox, sondern auch im Lager des gewählten Präsidenten. Nur wenige Beobachter glaubten, dass Trump gewinnen würde, und wie bei der gescheiterten Kampagne von Robert Dole im Jahr 1996 gegen Bill Clinton waren auch bei Trump die Vorbereitungen im Vorfeld der Wahlen bescheiden und spiegelten den bevorstehenden Untergang wider. Im Vergleich zu Hillarys Unternehmen, das einer großen Armee auf einem sicheren Marsch zur Macht glich, schien Trumps mit einigen wenigen robusten Seelen besetzt zu sein, die viel freie Zeit zur Verfügung hatten. Sein unerwarteter Sieg hat seine Kampagne daher kalt erwischt, was zu sofortigen Revierkämpfen mit den Übergangs-Freiwilligen und zur Verschrottung fast aller ihrer Vorwahlergebnisse führte. Der Neuanfang am 9. November war kaum vielversprechend, vor allem da der Großteil des Übergangspersonals in Washington war und Trump und seine engsten Mitarbeiter im Trump Tower in Manhattan. Trump verstand vor seinem Sieg nicht viel von dem, was das riesige föderale Ungetüm so tut, und er erlangte auch während des Übergangs, wenn überhaupt, kein größeres Bewusstsein, was nichts Gutes für seine Leistung im Amt erwarten ließ.

Ich spielte eine unbedeutende Rolle in Trumps Kampagne, abgesehen von einem Treffen mit dem Kandidaten am Freitagmorgen, dem 23. September, im Trump Tower, drei Tage vor seiner ersten Debatte mit Clinton. Hillary und Bill waren an der juristischen Fakultät von Yale ein Jahr über mir, also habe ich mit Trump nicht nur über nationale Sicherheitsfragen gesprochen, sondern ihm auch meine Meinung darüber dargelegt, wie Hillary sich verhalten würde: gut vorbereitet und mit Drehbuch, ihrem Plan folgend, egal was passiert. Sie hatte sich in über vierzig Jahren nicht verändert. Trump war es, der am meisten redete, wie bei unserem ersten Treffen 2014, vor seiner Kandidatur. Als wir zum Ende kamen, sagte er: »Wissen Sie, Ihre und meine Ansichten liegen eigentlich sehr nahe beieinander. Sehr nahe.«

Zu jener Zeit war ich viel beschäftigt: Senior Fellow am American Enterprise Institute, Kommentator bei Fox News, regelmäßiger Redner, Rechtsberater in einer großen Anwaltskanzlei, Mitglied von Unternehmensvorständen, leitender Berater einer globalen Private-Equity-Firma und Autor von Meinungsartikeln mit einer Häufigkeit von etwa einem pro Woche. Ende 2013 bildete ich ein PAC und ein Super-PAC[3], um Kandidaten für das Repräsentantenhaus und den Senat zu unterstützen, die an eine starke nationale Sicherheitspolitik der USA glaubten, indem ich Hunderttausende von Dollar direkt an Kandidaten verteilte und in die Wahlkampagnen 2014 und 2016 Millionen an unabhängigen Ausgaben steckte und mich darauf vorbereitete, dies 2018 erneut zu tun. Ich hatte viel zu tun. Aber ich hatte auch in den letzten drei republikanischen Regierungen gedient,[4] und internationale Beziehungen hatten mich seit meiner Zeit am Yale College fasziniert. Ich war bereit, mich wieder hineinzustürzen.

Neue Gefahren und Chancen kamen schnell auf uns zu, und acht Jahre Barack Obama bedeuteten, dass es viel zu reparieren gab. Ich hatte lange und intensiv über die nationale Sicherheit Amerikas in einer stürmischen Welt nachgedacht: Russland und China auf strategischer Ebene; Iran, Nordkorea und andere schurkische Atomwaffen-Aspiranten; die brodelnden Gefahren des radikal-islamistischen Terrorismus im turbulenten Nahen Osten (Syrien, Libanon, Irak und Jemen), in Afghanistan und darüber hinaus; und die Bedrohungen in unserer eigenen Hemisphäre wie Kuba, Venezuela und Nicaragua. Auch wenn außenpolitische Labels wenig hilfreich sind, außer für die intellektuell Faulen, bezeichnete ich meine Politik, wenn ich dazu gedrängt wurde, als »pro-amerikanisch«. Ich folgte Adam Smith im Bereich Wirtschaft, Edmund Burke im Bereich Gesellschaft, den »Federalist Papers« zum Thema Regierung und einer Kombination aus Dean Acheson und John Foster Dulles, wo es um nationale Sicherheit ging. Meinen ersten politischen Wahlkampf führte ich 1964 im Namen von Barry Goldwater.

Ich kannte leitende Funktionäre der Trump-Kampagne wie Steve Bannon, Dave Bossie und Kellyanne Conway von früheren Verbindungen her und hatte mit ihnen darüber gesprochen, der Trump-Regierung beizutreten, falls es dazu kommen sollte. Als der Übergang begann, hielt ich es für vernünftig, meine Dienste als Außenminister anzubieten, so wie andere auch. Als Chris Wallace am Morgen des 9. November, nachdem das Rennen entschieden war, vom Fox-Set kam, schüttelte er mir die Hand und sagte mit einem breiten Lächeln: »Herzlichen Glückwunsch, Herr Minister.« Natürlich mangelte es nicht an Bewerbern für die Leitung des Außenministeriums, was endlose Spekulationen in den Medien darüber auslöste, wer der »Spitzenreiter« war, angefangen bei Newt Gingrich, über Rudy Giuliani, dann zu Mitt Romney und wieder zurück zu Rudy. Ich hatte mit jedem von ihnen zusammengearbeitet und respektierte jeden von ihnen, und jeder war auf seine Weise glaubwürdig. Ich schenkte dem Thema besondere Aufmerksamkeit, weil es ständig Gerede gab (ganz zu schweigen von Drängen), dass ich mich damit zufriedengeben sollte, stellvertretender Minister zu werden, was natürlich nicht meine Präferenz war. Was als Nächstes kam, demonstrierte Trumpsche Entscheidungsfindung und war für mich eine warnende Lehre (oder hätte eine sein sollen).

Während alle frühen »Anwärter« in philosophischer Hinsicht weitgehend konservativ waren, brachten sie unterschiedliche Hintergründe, unterschiedliche Perspektiven, unterschiedliche Stile, unterschiedliche Vor- und Nachteile mit. Gab es unter diesen Kandidaten (und weiteren, wie dem Senator von Tennessee Bob Corker und dem ehemaligen Gouverneur von Utah Jon Huntsman) gemeinsame, konsistente Eigenschaften und Errungenschaften, nach denen Trump suchte? Offensichtlich nicht. Beobachter hätten fragen sollen: Welches ist das wahre Prinzip, das Trumps Personalauswahlverfahren bestimmt? Warum nicht Giuliani als Justizminister, ein Posten, für den er wie geschaffen war? Romney als Stabschef des Weißen Hauses, der seine unbestreitbaren strategischen Planungs- und Führungsfähigkeiten mitbrächte? Und Gingrich, der seit Jahrzehnten kreativ theoretisiert, als Innenpolitik-Zar des Weißen Hauses?

War Trump nur auf der Suche nach austauschbaren Jedermännern? Es wurde viel aus seiner angeblichen Abneigung gegen meinen Schnurrbart gemacht. In Wahrheit hat er mir gesagt, dass das nie ein Faktor war, und erwähnte, dass sein Vater auch einen hatte. Anders als Seelenklempner und Menschen, die sich zutiefst für Sigmund Freud interessieren, zu denen ich sicher nicht gehöre, glaube ich nicht wirklich, dass mein Aussehen in Trumps Denken eine Rolle gespielt hat. Und wenn es das tat, dann sei Gott unserem Land gnädig. Attraktive Frauen fallen dagegen in eine andere Kategorie, wenn es um Trump geht. Loyalität war der

Schlüsselfaktor, was Giuliani in den Tagen nach der Veröffentlichung des »Access Hollywood«-Videos[5] Anfang Oktober zweifelsfrei bewiesen hatte. Lyndon Johnson soll einmal von einem seiner Berater gesagt haben: »Ich will echte Loyalität. Ich will, dass er mir mittags am Fenster von Macy's in den Arsch kriecht und mir sagt, dass er nach Rosen riecht.« Wer hätte gedacht, dass Trump so viel Geschichte studierte? Giuliani war später äußerst gnädig zu mir und sagte, nachdem er sich aus dem Gerangel über das Außenministeramt zurückgezogen hatte: »John wäre wahrscheinlich meine Wahl. Ich finde John großartig.«[6]

Der designierte Präsident rief mich am 17. November an, und ich gratulierte ihm zu seinem Sieg. Er erzählte von seinen jüngsten Gesprächen mit Wladimir Putin und Xi Jinping und hatte ein Treffen mit dem japanischen Premierminister Shinzo Abe am Nachmittag vor sich. »Wir werden Sie in den nächsten Tagen hier bei uns haben«, versprach Trump, »und wir ziehen Sie für eine Reihe von Möglichkeiten in Betracht.« Einige der ersten personellen Ankündigungen des neuen Präsidenten erfolgten am nächsten Tag: Jeff Sessions wurde als Justizminister ausgewählt (wodurch diese Option für Giuliani wegfiel), Mike Flynn als Nationaler Sicherheitsberater (wodurch Flynns unermüdlicher Dienst während des Wahlkampfs angemessen belohnt wurde) und Mike Pompeo als CIA-Direktor. (Einige Wochen nach Flynns Ernennung sagte Henry Kissinger zu mir: »Innerhalb eines Jahres ist er weg vom Fenster.« Obwohl er nicht wissen konnte, was passieren würde, wusste Kissinger, dass Flynn den falschen Job hatte.) Im Laufe der Tage wurden immer mehr Kabinetts- und leitende Positionen im Weißen Haus öffentlich gemacht, darunter am 23. November South Carolinas Gouverneurin Nikki Haley als UN-Botschafterin mit Kabinettsrang – ein bizarrer Schritt, wo doch der Posten des Außenministers noch nicht besetzt war. Haley hatte keine Qualifikationen für diesen Job, aber er war ideal für eine Person mit Präsidentschaftsambitionen, der es bei einem späteren Wahlkampf nützen würde, in ihrem Lebenslauf bei »Außenpolitik« ein Häkchen setzen zu können. Kabinettsrang oder nicht, die UN-Botschafterin war Teil des Außenministeriums, und eine kohärente US-Außenpolitik kann nur *einen* Außenminister haben. Doch hier war Trump, der untergeordnete Positionen im Universum des

Außenministeriums besetzte, ohne dass ein Außenminister in Sicht war. Es musste per Definition zu Schwierigkeiten kommen, vor allem als ich von einem von Haleys Mitarbeitern hörte, dass Trump sie als Ministerin in Betracht gezogen hatte. Haley, so ihr Mitarbeiter, lehnte das Angebot wegen mangelnder Erfahrung ab, die sie offensichtlich als UN-Botschafterin zu erwerben hoffte.[7]

Jared Kushner, dem mich Paul Manafort während des Wahlkampfs vorgestellt hatte, rief mich an Thanksgiving an. Er versicherte mir, dass ich »noch durchaus im Rennen« für den Außenministerposten sei und »in einer ganzen Reihe von unterschiedlichen Kontexten. Donald ist ein großer Fan von Ihnen, wie wir alle.« Unterdessen berichtete die *New York Post* über die Entscheidungsfindung in Mar-a-Lago an Thanksgiving und zitierte eine Quelle: »Donald lief umher und fragte jeden, den er traf, danach, wer sein Außenminister sein sollte. Es gab eine Menge Kritik an Romney, und viele Leute mögen Rudy. Es gibt auch viele Leute, die für John Bolton plädieren.«[8] Ich wusste, ich hätte mich bei der Vorwahl in Mar-a-Lago stärker einsetzen sollen! Natürlich war ich dankbar für die beträchtliche Unterstützung, die ich unter israelfreundlichen Amerikanern (Juden und Evangelikalen gleichermaßen), Anhängern des Zweiten Verfassungszusatzes, kubanischen, venezolanischen, taiwanesischen Amerikanern und Konservativen im Allgemeinen hatte. Viele Leute setzten sich bei Trump und seinen Beratern für mich ein, als Teil des ehrwürdigen Übergangs-Lobbyings.

Die sich ausbreitende Unordnung der Übergangsphase spiegelte zunehmend nicht nur organisatorische Misserfolge wider, sondern auch den grundlegenden Entscheidungsstil Trumps. Charles Krauthammer, ein scharfer Kritiker Trumps, sagte mir, dass es falsch von ihm gewesen sei, Trumps Verhalten einmal als das eines elfjährigen Jungen bezeichnet zu haben. »Ich lag um zehn Jahre daneben«, bemerkte Krauthammer. »Er ist wie ein Einjähriger. Alles wird durch das Prisma gesehen, ob es Donald Trump nützt.« So sah der Personalauswahlprozess von außen sicherlich aus. Wie mir ein republikanischer Stratege sagte, war der beste Weg, Außenminister zu werden, »zu versuchen, der letzte Mann zu sein, der noch steht«.

Der gewählte Vizepräsident Pence rief am 29. November an und bat um ein Treffen in Washington am nächsten Tag. Ich kannte Pence von seiner Tätigkeit im Auswärtigen Ausschuss des Repräsentantenhauses her; er war ein solider Verfechter einer starken nationalen Sicherheitspolitik. Wir führten eine leichte Unterhaltung über eine Reihe von außen- und verteidigungspolitischen Themen, aber ich war erstaunt, als er über die Außenministerfrage sagte: »Ich würde diese Entscheidung nicht als unmittelbar bevorstehend bezeichnen.« Angesichts späterer Presseberichte, wonach Giuliani etwa zu diesem Zeitpunkt seine Kandidatur für das Amt des Ministers zurückzog, könnte es sein, dass da der gesamte Auswahlprozess für das Amt des Außenministers von vorn begann, eine sicherlich beispiellose Entwicklung so spät in der Übergangsphase.

Als ich am nächsten Tag in den Übergangsbüros eintraf, kam der Abgeordnete Jeb Hensarling gerade von einem Treffen mit Pence. Hensarling, so wurde berichtet, war so sicher, das Finanzministerium zu bekommen, dass er seinen Mitarbeitern sagte, sie sollten mit der Planung beginnen. Dass er nicht ernannt wurde, erinnert an die Feststellung der Abgeordneten Cathy Rodgers, dass sie nicht Innenministerin werden sollte, nachdem man ihr den Posten zugesagt hatte, und auch der ehemalige Senator Scott Brown erfuhr, dass er nicht Minister für Veteranenangelegenheiten werden würde. Das Muster war klar. Pence und ich führten ein freundschaftliches halbstündiges Gespräch, bei dem ich, wie schon mehrmals Trump gegenüber, Achesons berühmten Ausspruch zitierte, als er gefragt wurde, warum er und Präsident Truman eine so ausgezeichnete Arbeitsbeziehung hatten: »Ich habe nie vergessen, wer Präsident und wer Außenminister war. Und er auch nicht.«

Trump gab am 1. Dezember Jim Mattis als Verteidigungsminister bekannt, aber die Ungewissheit über das Außenministerium hielt an. Ich traf am nächsten Tag im Trump Tower zu meinem Vorstellungsgespräch ein und wartete in der Lobby der Trump Organization, gemeinsam mit dem Justizminister eines Bundesstaates und einem US-Senator. Wie üblich war der designierte Präsident in Verzug, und wer sollte aus seinem Büro treten, wenn nicht der ehemalige Verteidigungsminister Bob Gates. Ich vermutete später, dass Gates dort war, um für Rex Tillerson als

Energie- oder Außenminister zu lobbyieren, aber Gates gab keinen Hinweis auf seine Mission, sondern tauschte auf dem Weg nach draußen nur Höflichkeiten aus. Schließlich betrat ich Trumps Büro für eine etwas mehr als einstündige Besprechung, an der auch Reince Priebus (bald Stabschef des Weißen Hauses) und Bannon (später Chefstratege der Regierung) teilnahmen. Wir sprachen über die Brennpunkte der Welt, über strategische Bedrohungen im weiteren Sinne wie Russland und China, Terrorismus und die Verbreitung von Atomwaffen. Ich begann mit meiner Anekdote über Dean Acheson, und im Gegensatz zu meinen früheren Treffen mit Trump habe ich die meiste Zeit geredet und auf Fragen der anderen geantwortet. Ich war der Meinung, dass Trump aufmerksam zuhörte; er machte keine Telefonanrufe und nahm auch keine entgegen, und wir wurden nicht unterbrochen, bis Ivanka Trump hereinkam, um über Familienangelegenheiten zu sprechen oder vielleicht zu versuchen, Trump zumindest wieder annähernd auf den Zeitplan zu bringen.

Ich erläuterte gerade, warum das Außenministerium eine Kulturrevolution brauchte, um ein wirksames Instrument der Politik zu sein, als Trump fragte: »Nun, wir sprechen hier über den Außenminister, aber würden Sie auch den Posten des stellvertretenden Ministers in Betracht ziehen?« Ich sagte, das würde ich nicht, und erklärte, dass das Außenministerium von dieser Ebene aus nicht erfolgreich geführt werden könne. Darüber hinaus war es mir unangenehm, für jemanden zu arbeiten, der wusste, dass ich um seinen Job konkurriert hatte und der sich vielleicht ständig fragen würde, ob er nicht einen Vorkoster brauchte. Als das Treffen endete, nahm Trump meine Hand in beide Hände und sagte: »Ich bin sicher, dass wir zusammenarbeiten werden.«

Danach kamen Priebus, Bannon und ich in einem kleinen Konferenzraum zusammen. Beide sagten, das Treffen sei »extrem gut« verlaufen, und Bannon meinte, Trump habe »so etwas noch nie zuvor gehört«, was den Umfang und die Einzelheiten der Diskussion betraf. Dennoch drängten sie mich, den Posten des stellvertretenden Ministers zu übernehmen, was mir verdeutlichte, dass sie nicht optimistisch waren, dass ich den Spitzenposten bekommen würde. Ich erklärte noch einmal, warum der Stellvertreter für mich nicht infrage kam. Am nächsten Tag erfuhr ich, dass Trump mit Tillerson ein Gespräch über den Posten des Außenministers führen würde. Das war das erste Mal, dass jemand Tillersons Namen nannte, was wahrscheinlich erklärt, warum Priebus und Bannon mich nach der Nominierung zum Stellvertreter fragten. Weder Trump noch die anderen brachten die Frage der Bestätigung durch den Senat zur Sprache. Die meisten Trump-Kandidaten konnten mit einer bedeutenden oder sogar einstimmigen demokratischen Opposition rechnen. Rand Pauls bekannte isolationistische Ansichten bedeuteten, dass er für mich ein Problem darstellen würde, aber mehrere republikanische Senatoren (darunter John McCain, Lindsey Graham und Cory Gardner) sagten mir, dass seine Opposition überwunden werden würde. Dennoch kam nach diesem Treffen kein Wort aus dem Trump Tower, was mich davon überzeugte, dass ich Privatmann bleiben würde.

Die Nominierung Tillersons am 13. Dezember löste jedoch nur eine weitere Welle von Spekulationen (dafür und dagegen) über meine Ernennung zum Stellvertreter aus. Ein Trump-Berater ermutigte mich mit den Worten: »In fünfzehn Monaten werden Sie Minister sein. Sie kennen seine Grenzen.« Eine dieser Grenzen war Tillersons Beziehung zu Wladimir Putin und Russland aus seiner Zeit bei ExxonMobil, genau in der Phase, als Trump früher, aber stetig zunehmender Kritik ausgesetzt war, weil er mit Moskau »konspirierte«, um Clinton zu besiegen. Während Trump letztlich vom Vorwurf der Verdunkelung freigesprochen wurde, ignorierte oder leugnete seine abwehrende Reaktion vorsätzlich, dass Russland sich in US- und vielen anderen Wahlen weltweit sowie in die öffentlich-politische Debatte im weiteren Sinne einmischte. Andere Gegner, wie China, Iran und Nordkorea, mischten sich ebenfalls ein. In meinen damaligen Kommentaren betonte ich das ernste Ausmaß der ausländischen Einmischung in unsere Politik. McCain dankte mir Anfang Januar und sagte, ich sei ein »Mann mit Prinzipien«, was mich wahrscheinlich bei Trump nicht beliebt gemacht hätte, wenn er das gewusst hätte.

Im Verteidigungsministerium gab es auch Aufruhr um den Posten des stellvertretenden Ministers, da Mattis auf die Obama-Beamtin Michèle Flournoy drängte. Flournoy, eine Demokratin, hätte selbst Verteidigungsministerin werden können, wenn Clinton gewonnen hätte, aber warum

Mattis sie in einer republikanischen Regierung haben wollte, war schwer zu ergründen.[9] In der Folge drängte Mattis auch darauf, dass Anne Patterson, Beamte im Auswärtigen Dienst, den entscheidenden Posten der Staatssekretärin für Politik im Verteidigungsministerium besetzen sollte. Ich hatte mehrere Male mit Patterson zusammengearbeitet und wusste, dass sie für eine leitende politische Position in einer liberalen demokratischen Regierung philosophisch kompatibel war, aber kaum in einer republikanischen. Senator Ted Cruz befragte Mattis zu Patterson, aber Mattis war nicht in der Lage oder nicht willens, seine Gründe zu erläutern, und die Nominierung brach schließlich unter zunehmendem Widerstand republikanischer Senatoren und anderer zusammen. Dieser ganze Aufruhr veranlasste Graham und andere zu der Empfehlung, dass ich mich in der frühen Phase aus der Regierung heraushalten und warten sollte, um später beizutreten, was mich überzeugte.

Eine Zeit lang gab es Überlegungen, mich zum Direktor des Nationalen Geheimdienstes zu ernennen, zu dem Anfang Januar schließlich der ehemalige Senator Dan Coats ernannt wurde. Ich hielt das Amt selbst, das vom Kongress nach den Anschlägen vom 11. September 2001 geschaffen worden war, um die Geheimdienste besser zu koordinieren, für einen Fehler. Es wurde einfach zu einer bürokratischen Überlagerung. Das Büro des Direktors abzuschaffen oder im Wesentlichen zu verkleinern, war ein Projekt, das ich mit Begeisterung in Angriff genommen hätte, aber ich kam schnell zu dem Schluss, dass Trump selbst nicht ausreichend an dem interessiert war, was politisch gesehen unweigerlich ein harter Brocken wäre. Angesichts des darauffolgenden langwierigen, fast irrationalen Krieges zwischen Trump und den Geheimdiensten hatte ich Glück, dass der Posten des Direktors nicht auf mich zukam.

Und so endete der Trump-Übergang ohne klare Aussicht auf meinen Beitritt zur Regierung. Ich verarbeitete das Ergebnis, indem ich zu dem Schluss kam, dass, wenn Trumps Entscheidungsfindungsprozess (wobei ich dieses Wort locker verwendete) nach der Amtseinführung so unkonventionell und sprunghaft war wie seine Personalauswahl, ich gut daran täte, draußen zu bleiben. Wenn man das nur für das Land sagen könnte.

Dann, nach weniger als einem Monat in der Regierung, zerstörte Mike Flynn sich selbst. Es begann damit, dass Flynn wegen angeblicher Äußerungen gegenüber dem russischen Botschafter Sergei Kisljak, den ich gut kannte, in die Kritik kam; dieser war eine Zeit lang mein Moskauer Amtskollege gewesen, als ich Staatssekretär für Rüstungskontrolle und internationale Sicherheit in der Regierung von George W. Bush war. Die Kritik verschärfte sich dramatisch, als Flynn offenbar Pence und andere über das Gespräch mit Kisljak belog. Warum Flynn in Bezug auf ein unschuldiges Gespräch lügen sollte, habe ich nie verstanden. Was hochrangige Mitarbeiter der Regierung und in der Tat auch Trump selbst mir einige Tage später erzählten, ergab mehr Sinn, nämlich dass man das Vertrauen zu Flynn bereits wegen seiner unzulänglichen Leistung verloren hatte (so wie es Kissinger vorausgesagt hatte), und das »russische Problem« war einfach eine politisch bequeme Tarnung. Flynn trat am Abend des 13. Februar zurück, nach einem Tag voller Sturm und Drang im Weißen Haus, nur wenige Stunden nachdem eine unglückliche Kellyanne Conway die unfaire und undankbare Aufgabe erhalten hatte, dem gefräßigen Pressekorps mitzuteilen, dass Flynn Trumps volles Vertrauen genieße. Das ist die Definition von Verwirrung und Unordnung.

Verwirrung und Unordnung kennzeichneten leider auch das Personal des Nationalen Sicherheitsrats in den ersten drei Wochen der Regierung. Bei den Personalentscheidungen herrschte Durcheinander, als CIA-Direktor Mike Pompeo persönlich den verblüffenden, fast beispiellosen Schritt unternahm, einem von Flynn für den Posten des leitenden Direktors ausgewählten Kandidaten die Freigabe sensibler Informationen zu verweigern, obwohl das einer der Spitzenposten im NSC ist.[10] Die Verweigerung dieser wesentlichen Freigabe hinderte, wie jeder wusste, diese Person faktisch daran, beim NSC zu arbeiten, was für Flynn ein harter Schlag war. Außerdem sah er sich zahllosen Kämpfen mit Karrierefunktionären gegenüber, die während Obamas Amtszeit zum NSC abkommandiert worden, aber, wie üblich, zu Beginn der Trump-Präsidentschaft immer noch da waren. Diese Kämpfe führten dazu, dass häufig Berichte über Beamtenblut durchsickerten, das sich auf dem Boden des Weißen Hauses und des Eisenhower Executive Office Building sammelte, dem großen grauen Granithaufen im viktorianischen Stil auf der West Executive Avenue, in dem der Großteil des NSC-Personals untergebracht ist.

In ähnlicher Weise stolperte das Weiße Haus in den frühen Tagen bei einem der Hauptthemen von Trumps Wahlkampagne – der Eindämmung der illegalen Einwanderung – von einem Fettnäpfchen in das andere, als es versuchte, Verfügungen des Präsidenten und politische Richtlinien zu erstellen. Gerichtliche Anfechtungen waren unausweichlich, und es war wahrscheinlich, dass es in einer Justiz, die mit Obama-Ernennungen aus acht Jahren besetzt war, zu heftigen Rechtsstreitigkeiten käme. Aber das Weiße Haus nahm für die anfänglichen Einwanderungsdebakel vollständig die Schuld auf sich und gestand einen Mangel an Übergangsvorbereitung und interner Koordination ein. Ein »Dissent-Channel«-Telegramm im Außenministerium, das für die interne Verbreitung gedacht war, fand seinen Weg ins Internet, unterzeichnet von über tausend Mitarbeitern, die die Einwanderungsinitiative kritisierten. Die Presse weidete sich daran, obwohl die Argumente im Telegramm schwach, unzusammenhängend und schlecht präsentiert waren. Aber irgendwie blieben das Telegramm und ähnliche Argumente von Medienkommentatoren und Gegnern aus dem Parlament unbeantwortet. Wer hatte das Sagen? Was war der Plan?

Überraschenderweise rief Tillerson mich an, drei Tage nachdem der Senatsausschuss für auswärtige Beziehungen seiner Nominierung am 23. Januar mit 11 zu 10 Stimmen im Einklang mit der Parteilinie zugestimmt hatte, und holte mich aus einer Vorstandssitzung. Wir sprachen dreißig Minuten lang, hauptsächlich über organisatorische Fragen des Außenministeriums und darüber, wie der behördenübergreifende Entscheidungsprozess funktionierte. Tillerson war freundlich und professionell und völlig uninteressiert daran, mich als seinen Stellvertreter zu haben. Wäre ich an seiner Stelle gewesen, hätte ich mich natürlich genauso gefühlt. Tillerson sagte später zu Elliott Abrams, den er ebenfalls in Betracht zog, dass er sich jemanden wünschte, der hinter den Kulissen arbeitete und ihn unterstützte, und nicht jemanden, der öffentliche Aufmerksamkeit erregt hatte, wie ich bei der UNO und als Fox-Kommentator. Tillerson fragte mich, ob ich mich im Außenministerium für einen anderen Posten als den des Stellvertreters interessiere, und ich sagte Nein, da ich bereits den zweitbesten Job als UN-Botschafter gehabt hatte. Tillerson lachte, und wir sprachen über die oft angespannten Beziehungen zwischen Ministern und UN-Botschaftern. Es war klar, dass er nicht mit Haley über ihre Beziehung gesprochen hatte und dass er keine Ahnung hatte, wie er mit dieser tickenden Zeitbombe umgehen sollte.

Ich machte mir Sorgen, dass Tillerson anfällig sein könnte, von der Bürokratie des Außenministeriums in Beschlag genommen zu werden. Er hatte seine gesamte einundvierzigjährige Karriere bei Exxon verbracht, in einem Umfeld, in dem es klare Leistungskennzahlen gab, in dem Gewinn- und Verlustrechnungen strenge Zuchtmeister waren und in dem die Unternehmenskultur kaum revolutionären Veränderungen von innen unterworfen war. Nachdem er jahrelang an der Spitze der Exxon-Hierarchie verbracht hatte, in dem Glauben, dass alle seine Untergebenen auf seiner Seite seien, wäre es bemerkenswert gewesen, wenn Tillerson, der in der Ministersuite im siebten Stock saß, etwas anderes über die Karrieristen in den Stockwerken unter ihm oder auf ihren Posten in der ganzen Welt angenommen hätte. Gerade wegen seines Hintergrunds hätte sich Tillerson mit Leuten umgeben müssen, die mit den Stärken und Schwächen des Auswärtigen Dienstes und des öffentlichen Dienstes vertraut sind, aber er ging einen ganz anderen Weg. Er strebte weder eine kulturelle Revolution an (wie ich es getan hätte), noch machte er sich »das Gebäude« (wie alle, die dort arbeiteten, es nannten) zu eigen, noch versuchte er, die Bürokratie zu kontrollieren, ohne sie grundlegend zu verändern (wie es Jim Baker getan hatte). Stattdessen isolierte er sich mit ein paar vertrauten Mitarbeitern und bezahlte den unvermeidlichen Preis.

Aber da Flynn, ob fairer- oder unfairerweise, kolossal scheiterte, war die Stelle des Nationalen Sicherheitsberaters, die ich zuvor wegen Flynns Nähe zu Trump nicht in Betracht gezogen hatte, nun offen. Die Presse spekulierte, dass Flynns Nachfolger ein weiterer General sein würde, und erwähnte David Petraeus, Robert Harwood (ehemals Navy, jetzt bei Lockheed, von Mattis energisch dazu gedrängt) oder Keith Kellogg (ein langjähriger Trump-Anhänger und jetzt Exekutivsekretär des NSC). Tillerson schien unbeteiligt zu sein, ein weiteres Anzeichen dafür, dass es

Schwierigkeiten geben würde, sowohl weil er nicht auf dem Laufenden war, als auch weil er nicht zu erkennen schien, welches potenzielle Problem für ihn entstehen könnte, wenn ein Verbündeter von Mattis den Job bekäme, was Tillersons Beziehungen zum Weißen Haus erschweren könnte. In der Tat wurde in den Nachrichten allgemein auf Tillersons Zurückhaltung hingewiesen.[11]

Bannon schickte mir am Freitag, dem 17. Februar, eine SMS und bat mich, nach Mar-a-Lago zu kommen, um Trump am Wochenende des President's Day zu treffen. An diesem Tag twitterte Joe Scarborough von MSNBC: »Ich war entschieden gegen @AmbJohnBolton als Außenminister. Aber der ehemalige UN-Botschafter ist Thomas Jefferson in Paris im Vergleich zu Michael Flynn.« In Trumps Welt könnte dies hilfreich sein. Während der Vorwahlen in Mar-a-Lago an diesem Wochenende sagte mir ein Gast, er habe Trump mehrmals sagen hören: »Ich fange an, Bolton wirklich zu mögen.« War ich nicht zuvor schon zu dem Schluss gekommen, dass ich mich bei diesen Leuten noch mehr anstrengen musste? Trump führte Gespräche mit drei Kandidaten: Generalleutnant H.R. McMaster, Autor von »Dereliction of Duty«, einer hervorragenden Studie über zivil-militärische Beziehungen in Amerika, Generalleutnant Robert Caslen, Kommandant der Militärakademie in West Point, und mir. Ich hatte McMaster Jahre zuvor getroffen und mit ihm gesprochen und bewunderte seine Bereitschaft, kontroverse Positionen zu vertreten. Caslen traf ich zum ersten Mal, und er wirkte auf mich wie ein sympathischer und hochkompetenter Amtsträger. Beide trugen Paradeuniform und stellten sofort ihre Marketingfähigkeiten unter Beweis. Und ich? Ich hatte noch meinen Schnurrbart.

Trump begrüßte mich herzlich und sagte, wie sehr er mich respektiere und dass er mich nur zu gern als Nationalen Sicherheitsberater in Betracht ziehe. Trump fragte mich auch, ob ich einen »Titel wie den von Bannon« (der zusammen mit Priebus und Kushner auch in der Privatbar im ersten Stock von Mar-a-Lago anwesend war) in Erwägung ziehen würde, der sich mit strategischen Fragen befasst. So konnte ich offenbar einer von vielen allgemeinen »Assistenten des Präsidenten« werden, von denen es bereits zu viele in Trumps Weißem Haus gab und deren Rolle und Aufgaben nur schlampig definiert waren. Das war für mich ein völliger Reinfall, also lehnte ich höflich ab und sagte, ich sei nur an der Stelle des Nationalen Sicherheitsberaters interessiert. Wie Henry Kissinger einmal gesagt haben soll: »Nimm niemals einen Regierungsposten ohne einen Briefkasten an.«

Der Präsident versicherte mir, dass Flynns Nachfolger in organisatorischen und personellen Angelegenheiten freie Hand haben würde, was ich für die Leitung einer effektiven Personalpolitik sowie Zusammenarbeit zwischen den Behörden beim NSC für wesentlich hielt. Wir deckten das gesamte Spektrum der Weltthemen ab, eine tour d'horizon, wie das Außenministerium es gerne nennt, und Trump warf an einer Stelle ein: »Das ist so großartig. John klingt genauso wie im Fernsehen. Ich könnte einfach immer weiter zuhören. Ich liebe es.« Kushner fragte: »Wie gehen Sie mit dem Thema um, dass Sie so umstritten sind, dass die Leute Sie entweder lieben oder hassen?« Als ich meinen Mund öffnete, um zu antworten, sagte Trump: »Ja, genau wie bei mir! Entweder lieben die Leute mich oder sie hassen mich. John und ich sind genau gleich.« Ich fügte nur hinzu, dass man nach der Leistung beurteilt werden sollte, wobei ich einige meiner außenpolitischen Errungenschaften aufzählte. Das Treffen endete mit einer Diskussion über Russland, da Trump sagte: »Ich habe Sie neulich über das INF-Problem sprechen sehen«, womit er den Vertrag über nukleare Mittelstreckenwaffen (*Intermediate-Range Nuclear Forces*) mit Russland meinte. Anschließend erklärte er, warum es so ungerecht sei, dass außer Russland und Amerika keine anderen Nationen (z.B. China, Iran oder Nordkorea) bei der Entwicklung von Mittelstrecken-Kapazitäten eingeschränkt seien und dass die Russen den Vertrag verletzten. Dies war fast genau das, was ich gesagt hatte, so dass ich keinen Zweifel daran hatte, dass er immer noch Fox News schaute und jedes Wort aufsaugte! Ich schlug vor, Putin zu sagen, er solle Russlands INF-Verpflichtungen einhalten oder wir würden uns zurückziehen, womit Trump einverstanden war.

Bannon und ich gingen zusammen hinaus und Bannon sagte: »Das war großartig.« Dennoch hatte ich den klaren Eindruck, dass Trump einen General auswählen würde. Ich kehrte in mein Hotel zurück, und später baten mich Bannon und Priebus, mit ihnen am nächsten Morgen in

Mar-a-Lago zu frühstücken. Priebus schlug Alternativen zum Posten des Nationalen Sicherheitsberaters vor und sagte über Trump: »Denken Sie daran, mit wem Sie es zu tun haben.« Sie versprachen wirklichen Einfluss, Zugang zu Trump und die Unvermeidbarkeit der Fluktuation in der Regierung, was bedeutete, dass ich schließlich Außenminister oder irgendetwas werden würde. Ausgehend von meiner Erfahrung in der Regierung erklärte ich, dass man, um die Behörde zu führen, die Behörde kontrollieren müsse und nicht nur vom Weißen Haus aus zusehen dürfe. Der NSC war ein Mechanismus zur Koordinierung der nationalen Sicherheitsbehörden, und diese Aufgabe erforderte jemanden, der auf den unteren Ebenen Erfahrung damit hatte, wie er funktionierte und wie nicht. Ich habe damit keinen Eindruck gemacht. Ich glaube, Trump hatte ihnen praktisch gesagt: »Bringt ihn in die Regierung, damit er uns im Fernsehen verteidigen kann.« Das war das Letzte, was ich vorhatte, wenn es um Strategien ging, mit deren Formulierung ich wenig oder gar nichts zu tun hatte. Irgendwann sagte Bannon: »Helfen Sie mir auf die Sprünge, Herr Botschafter«, was ich eigentlich gerade versuchte, obwohl er meinte, ich solle ihm sagen, was mich sonst noch dazu bewegen würde, der Regierung beizutreten.

Auf dem Rückflug nach Washington sah ich über das Flugzeug-WLAN, dass Trump sich für McMaster entschieden hatte. Das war keine Überraschung; was mich jedoch überraschte, war, Trump daraufhin sagen zu hören: »Ich kenne John Bolton. Wir werden ihn bitten, in einer etwas anderen Funktion mit uns zusammenzuarbeiten. John ist ein hervorragender Mann. Wir hatten einige wirklich gute Treffen mit ihm. Er weiß eine Menge. Er hatte eine ganze Reihe von Ideen, mit denen ich, das muss ich Ihnen sagen, sehr einverstanden bin. Wir werden also mit John Bolton in einer anderen Funktion sprechen.«

Ich hatte mich eindeutig nicht klar genug ausgedrückt, was die beste Rolle für mich war, schon gar nicht gegenüber Kushner, der mir kurz darauf schrieb: »Es war toll, Zeit miteinander zu verbringen – wir wollen Sie wirklich ins Team holen. Lassen Sie uns diese Woche reden, um den richtigen Platz zu finden, denn Sie haben viel zu bieten und wir haben die einmalige Chance, etwas Gutes zu erreichen.« Madeleine Westerhout,

Trumps Sekretärin im »Outer Oval« (dem Raum, in dem Trumps persönliche Assistenten saßen), rief am Dienstag an, um mich mit Trump zu verbinden, aber ich hatte mein Handy auf lautlos gestellt und konnte es nicht hören. Es war vorhersehbar, dass Trump beschäftigt war, als ich später zurückrief, also fragte ich Westerhout, ob sie wüsste, worum es ging, aus Angst davor, in die Mangel genommen zu werden. Sie sagte: »Oh, er wollte Ihnen nur sagen, wie wunderbar Sie sind«, und dass er sich dafür bedanken wolle, dass ich nach Mar-a-Lago gekommen war. Ich sagte ihr, das sei sehr freundlich, aber da ich seinen Terminplan nicht belasten wollte, müsse er nicht noch einmal anrufen; das sagte ich in der Hoffnung, der Kugel zu entgehen. Einige Tage später hinterließ Westerhout, zu jener Zeit immer überschwänglich, eine weitere Nachricht, dass der Präsident mich sehen wolle. Ich war überzeugt, dass ich auf irgendeine amorphe Position berufen werden würde, aber glücklicherweise verließ ich das Land für fast zwei Wochen und entging der Kugel erneut.

Man kann fliehen, aber man kann sich nicht verstecken, und ein Treffen mit Trump wurde schließlich für den 23. März angesetzt, nach einem Mittagessen mit McMaster im Restaurant des Weißen Hauses. Ich schickte Bannon im Voraus eine SMS, um transparent zu sein: Ich war nur am Posten des Außenministers oder des Nationalen Sicherheitsberaters interessiert, und beide waren, soweit ich es beurteilen konnte, nicht zu vergeben. Zufällig betrat ich zum ersten Mal seit über zehn Jahren den West Wing, während die Presse draußen darauf wartete, die republikanischen Mitglieder des Abgeordnetenhauses zu interviewen, die sich mit Trump über die fehlgeschlagenen Bemühungen zur Abschaffung der Obamacare trafen. Das war genau, was ich brauchte, auch wenn ich nicht vorhatte, irgendwelche Fragen zu beantworten. In der Twitter-Ära ist jedoch selbst eine Nicht-Story eine Story, da ein Reporter twitterte:

> GLENN THRUSH John Bolton ist gerade in den West Wing gegangen – Ich fragte ihn, was er mache, er lächelte und sagte »Gesundheitsvorsorge«!!!!

Später sah ich, dass Bob Costa von der *Washington Post* getwittert hatte, als ich gerade hineinging:

ROBERT COSTA Trump will John Bolton in die Regierung holen. Deshalb ist Bolton heute im WH, laut Trump-Vertrauensperson. Laufendes Gespräch.

Ich hatte ein sehr angenehmes Mittagessen mit McMaster, bei dem wir über den Irak, den Iran und Nordkorea diskutierten, dann gingen wir ins Oval, um Trump zu treffen, der gerade mit Finanzminister Steven Mnuchin und Nelson Peltz, einem New Yorker Finanzier, zu Ende gegessen hatte.

Trump saß hinter dem Resolute Desk, der völlig leer war, im Gegen satz zu dem Schreibtisch in seinem New Yorker Büro, der immer mit Zeitungen, Berichten und Notizen übersät zu sein schien. Er ließ ein Foto von uns beiden machen, und dann setzten McMaster und ich uns für unsere Diskussion vor den Schreibtisch. Wir sprachen ein wenig über die Bemühungen zur Aufhebung von Obamacare und wandten uns dann dem Iran und Nordkorea zu, wobei wir vieles von dem wiederholten, was McMaster und ich beim Mittagessen besprochen hatten. Trump sagte: »Wissen Sie, Sie und ich sind uns über fast alles einig, außer über den Irak«, und ich antwortete: »Ja, aber selbst da sind wir uns einig, dass Obamas Rückzug der amerikanischen Streitkräfte im Jahr 2011 zu dem Schlamassel geführt hat, das wir jetzt dort haben.« Trump sagte daraufhin: »Nicht jetzt, aber zum richtigen Zeitpunkt und für die richtige Position werde ich Sie bitten, in diese Regierung zu kommen, und Sie werden zustimmen, richtig?« Ich lachte, genau wie Trump und McMaster (obwohl ich mich für ihn etwas unbehaglich fühlte), und antwortete: »Sicher«, wobei ich mir einbildete, wieder einmal der Kugel entgangen zu sein, vor der ich mich gefürchtet hatte. Kein Druck, keine Eile und kein amorpher Job im Weißen Haus ohne einen Briefkasten.

Die Sitzung dauerte etwas über zwanzig Minuten, dann gingen McMaster und ich und schauten auf dem Weg nach draußen in Bannons Büro vorbei. Bannon und ich besuchten Priebus eine Weile, begegneten auf dem Flur Sean Spicer und später dem Vizepräsidenten, der mich herzlich begrüßte. Die Atmosphäre erinnerte mich an ein Studentenwohnheim, in dem die Leute in den Zimmern der anderen ein- und ausgingen und über alles Mögliche plauderten. Befanden sich diese Leute nicht mitten in einer

Krise, in der sie versuchten, Obamacare abzuschaffen, eines der Schlüsselthemen für Trump 2016? Das war nicht das Weiße Haus, wie ich es von früheren Regierungen her kannte, so viel war sicher. Das Unheilvollste, was ich hörte, war, als Mike Pence sagte: »Ich bin wirklich froh, dass Sie zu uns stoßen.« – Ich dachte nicht, dass ich das gerade tat! Ich ging schließlich um etwa 14.15 Uhr, aber ich hatte das Gefühl, ich hätte den ganzen Nachmittag dort verbringen können.

Ich konnte sehen, dass dieses Kontaktmuster mit Trumps Weißem Haus auf unbestimmte Zeit andauern würde, und in gewissem Maße tat es das auch. Aber ich beendete die ersten hundert Tage der Regierung mit der Gewissheit darüber, was ich zu tun bereit war und was nicht. Schließlich, wie Cato der Jüngere in einer von George Washingtons Lieblingszeilen aus seinem Lieblingsstück sagt: »Wenn das Laster siegt und die Gottlosen das Sagen haben, ist das Ehrenamt eine private Station.«

Das Leben unter Trump ähnelte jedoch nicht dem Leben in Joseph Addisons gleichnamigem *Cato*, wo der Held die scheiternde römische Republik gegen Julius Cäsar verteidigen will. Stattdessen ähnelte die neue Regierung vielmehr dem Eagles-Lied »Hotel California«: »Du kannst auschecken, wann immer du willst/Aber du kannst niemals weg.«

Es dauerte nicht lange, da riefen mich Bannon und Priebus erneut an und schickten mir SMS, damit ich in irgendeiner Eigenschaft ins Weiße Haus käme, da sie versuchten, die Unstimmigkeiten zwischen Trump, McMaster und Tillerson zu überwinden. Die greifbarste Manifestation der Probleme war der Iran, insbesondere der Atomdeal 2015, den Obama als krönende Errungenschaft betrachtete (die andere war Obamacare). Das Abkommen war schlecht konzipiert, abscheulich ausgehandelt und verfasst und für den Iran überaus vorteilhaft: nicht durchsetzbar, nicht überprüfbar und unangemessen in Dauer und Umfang. Obwohl das Abkommen angeblich die Bedrohung durch das iranische Atomwaffenprogramm beseitigen sollte, tat es nichts dergleichen. Vielmehr verschärfte es die Bedrohung, indem es den Anschein einer Lösung erweckte, die Aufmerksamkeit von den Gefahren ablenkte und die Wirtschaftssanktionen aufhob, die der iranischen Wirtschaft erheblichen Schmerz zugefügt hatten, während Teheran im Wesentlichen ungehindert voranschreiten konnte. Darüber hinaus ging das Abkommen nicht ernsthaft auf andere Bedrohungen ein, die vom Iran ausgingen: sein Raketenprogramm (ein dünn getarnter Versuch, Trägersysteme für Atomwaffen zu entwickeln), seine anhaltende Rolle als Zentralbank der Welt für internationalen Terrorismus und seine anderen bösartigen Aktivitäten in der Region durch die Intervention und wachsende Stärke der Quds-Einheit, des externen militärischen Arms des Korps der Islamischen Revolutionsgarden, im Irak, in Syrien, im Libanon, im Jemen und anderswo. Die radikalen Ajatollahs in Teheran waren von Sanktionen befreit, profitierten vom Transfer von 150 Millionen Dollar »Bargeld auf Paletten« in Frachtflugzeugen und von der Freigabe von geschätzten 150 Milliarden Dollar an globalen Vermögenswerten und waren nun wieder im Geschäft.

Trump und andere Kandidaten der Republikaner 2016 führten eine Kampagne gegen den gemeinsamen umfassenden Aktionsplan (*Joint Comprehensive Plan of Action*), wie der schwerfällige formelle Titel des Iran-Deals lautet, und es wurde weithin angenommen, dass er nach seiner Amtseinführung zur letzten Ölung bereit sei. Doch eine Kombination aus Tillerson, Mattis und McMaster vereitelte Trumps Bemühungen, sich von diesem erbärmlichen Deal zu befreien, was ihnen als »Achse der Erwachsenen«, die Trump davon abhielt, wilden Fantasien zu frönen, den Beifall der bewundernden Medien einbrachte. Wenn sie nur wüssten. Tatsächlich waren viele von Trumps Anhängern der Ansicht, dass sie ihn mit ihren Bemühungen daran hinderten, das zu tun, was er seinen Wählern versprochen hatte. Und McMaster tat sich selbst keinen Gefallen damit, den Ausdruck »radikal-islamischer Terrorismus« abzulehnen, um Dinge zu beschreiben wie … radikal-islamischen Terrorismus. Jim Baker sagte mir immer, als ich für ihn im Außenministerium von George Bush senior arbeitete und auf etwas drängte, von dem Baker wusste, dass Bush es nicht wollte: »John, der Typ, der gewählt wurde, will das nicht.« Das war normalerweise ein Signal, dass ich aufhören sollte zu drängen, aber im noch jungen nationalen Sicherheitsapparat der Trump-Regierung war das, was »der Typ, der gewählt wurde«, wollte, nur einer von vielen Eckpunkten.

Anfang Mai, nachdem ich eine weitere Diskussion im Weißen Haus mit Priebus und Bannon geführt hatte, nahmen sie mich mit zu einem Fototermin mit Trump und Pence in der Kolonnade, die die Residenz mit dem West Wing verbindet. »John, so schön, Sie zu sehen«, sagte Trump, als wir die Kolonnade entlanggingen, umgeben von Fotografen. Wir sprachen über die Philippinen und die Drohung Chinas, fast das gesamte Südchinesische Meer unter seine Souveränität zu bringen. Als wir fertig waren, sagte Trump so laut, dass die nachrückende Menge von Reportern es hören konnte: »Ist Rex Tillerson da? Er sollte mit John sprechen.« Und damit machte sich Trump auf den Weg ins Oval. Priebus sagte: »Das war großartig. Wir möchten, dass Sie regelmäßig hierherkommen.«

Das Leben im Weißen Haus entwickelte seinen eigenen Rhythmus: Trump feuerte FBI-Direktor James Comey später im Mai (auf Kushners Vorschlag hin, so Bannon), traf sich dann mit dem russischen Außenminister Sergei Lawrow (den ich zu diesem Zeitpunkt seit über fünfundzwanzig Jahren kannte), war angeblich nicht sehr vorsichtig bei der Diskussion von Verschlusssachen und bezeichnete Comey laut der unvoreingenommenen *New York Times* als »Spinner«.[12] Ende Mai war ich in Israel, um eine Rede zu halten, und traf mich mit Premierminister Bibi Netanjahu, den ich zum ersten Mal während meiner Zeit unter George Bush senior getroffen hatte. Die Bedrohung durch den Iran stand im Mittelpunkt unserer Aufmerksamkeit, wie es bei jedem israelischen Premierminister hätte sein sollen, aber er zweifelte auch daran, ob er die Aufgabe, den israelisch-palästinensischen Konflikt zu beenden, Kushner übertragen sollte, dessen Familie Netanjahu seit vielen Jahren kannte. Er war Politiker genug, um sich dieser Idee nicht öffentlich zu widersetzen, aber wie viele andere in der Welt fragte er sich, warum Kushner glaubte, er würde Erfolg haben, wo Leute wie Kissinger versagt hatten.

Im Juni war ich wieder im Weißen Haus, um Trump zu sehen, und ging gerade mit Priebus zum Outer Oval. Trump sah uns durch seine offene Tür und sagte: »Hallo, John, geben Sie mir eine Minute, ich unterzeichne gerade die Richterkommissionen.« Ich war froh, ihm alle Zeit zu geben, die er brauchte, denn Trumps wachsende Zahl von Richternominierungen, die zu gegebener Zeit durch die Bestätigung der Richter Neil Gorsuch und Brett Kavanaugh gekrönt werden sollten, war für die Konservativen die höchste Priorität und die größte Errungenschaft seiner Amtszeit. Als Priebus und ich eintraten, beglückwünschte ich Trump zum Rückzug aus dem Pariser Klimaabkommen, den die »Achse der Erwachsenen« nicht verhindern konnte und den ich als wichtigen Sieg gegen die Global Governance betrachtete. Das Pariser Abkommen war eine Scharade für diejenigen, die wirklich über den Klimawandel besorgt sind. Wie in vielen anderen Fällen boten internationale Abkommen den Anschein, als würden sie wichtige Fragen behandeln, und gaben nationalen Politikern etwas, wofür sie die Lorbeeren einheimsen konnten, aber sie machten in der Realität keinen erkennbaren Unterschied (in diesem Fall gaben sie Ländern wie China und Indien, die im Wesentlichen unbehindert blieben, Spielraum). Ich gab Trump eine Kopie von einem meiner Artikel aus dem Jahr 2000 mit dem Titel »Sollten wir Global Governance ernst nehmen?« aus dem *Chicago Journal of International Law*, nicht weil ich dachte, er würde ihn lesen, sondern um ihn an die Bedeutung der Wahrung der Souveränität der USA zu erinnern.

Ich warnte Trump davor, politisches Kapital bei einer schwerlich erfolgreichen Suche nach einer Lösung des arabisch-israelischen Konflikts zu verschwenden, und sprach mich nachdrücklich dafür aus, die US-Botschaft in Israel nach Jerusalem zu verlegen und es dadurch als Israels Hauptstadt anzuerkennen. Was den Iran betrifft, so drängte ich darauf, dass er den Ausstieg aus dem Atomabkommen vorantrieb, und erklärte, warum die Anwendung von Gewalt gegen das iranische Atomprogramm die einzige dauerhafte Lösung sein könnte. »Sagen Sie Bibi, wenn er Gewalt anwendet, werde ich ihn unterstützen. Das habe ich ihm gesagt, aber sagen Sie es ihm noch einmal«, sagte Trump, ohne dass ich ihn dazu aufgefordert hätte. Als das Gespräch sich hinzog, fragte Trump: »Verstehen Sie sich mit Tillerson?«, und ich sagte, dass wir seit Januar nicht mehr miteinander gesprochen hätten. Bannon sagte mir ein paar Tage später, dass Trump mit dem Treffen zufrieden sei. Und in der Tat rief Tillerson einige Wochen später an und bat mich, als Sondergesandter bei den Aussöhnungen mit Libyen zu fungieren, was ich als weiteres Häkchen ansah, das man setzen wollte; auf Nachfrage konnte Tillerson Trump sagen, dass er mir etwas angeboten hatte, das ich aber ablehnte. Tillerson bat fast gleichzeitig Kurt Volker, einen engen Mitarbeiter McCains, Sondergesandter für die Ukraine zu werden. Keiner der beiden Jobs erforderte eine Vollzeitbeschäftigung bei der Regierung, aber ich war der Ansicht, entweder war man in der Regierung oder man war es nicht, und Kompromisse würden nicht funktionieren.

Nordkorea beschäftigte die Regierung auch, es ging um die Freilassung von Otto Warmbier, der unter der barbarischen Behandlung von der Hand Pjöngjangs litt und nach seiner Rückkehr in die Vereinigten Staaten starb. Die Brutalität des Nordens sagte uns alles, was wir über sein Regime wissen mussten. Darüber hinaus schoss Pjöngjang ballistische Raketen ab, unter anderem am 4. Juli (wie aufmerksam), gefolgt von einer weiteren am 28. Juli, was schließlich am 5. August zu weiteren Sanktionen des UN-Sicherheitsrates führte. Einige Tage später sah sich Trump veranlasst, Nordkorea mit »Feuer und Zorn, wie es die Welt noch nie gesehen hat«,[13] zu drohen, obwohl Tillerson sofort sagte, die Amerikaner sollten »nachts gut schlafen« und sich »keine Sorgen wegen dieser besonderen Rhetorik der letzten Tage« machen, was das Ganze kaum aufklärte.[14] Ich fragte mich, ob Tillerson Nordkorea durchgeknallt fand oder eher Trump, der den Einsatz am 11. August noch erhöhte, indem er sagte, die USA seien in Bezug auf Nordkorea »gesichert und geladen«.[15] Es gab kaum sichtbare Anzeichen dafür, dass irgendwelche neuen militärischen Vorbereitungen im Gange waren.

Am 30. August twitterte Trump, dass wir fünfundzwanzig Jahre lang ergebnislos mit Nordkorea gesprochen hätten, und es keinen Sinn mache, weiter zu reden. Trump wiederholte diesen Punkt am 7. Oktober:

> Präsidenten und ihre Regierungen haben 25 Jahre lang mit Nordkorea gesprochen, Vereinbarungen wurden getroffen und riesige Geldbeträge gezahlt … hat nicht funktioniert, Vereinbarungen wurden verletzt, bevor die Tinte trocken war, und die US-Unterhändler zum Narren gehalten. Tut mir leid, aber nur eines wird funktionieren!

Mattis in Südkorea widersprach Trump fast sofort und sagte, es gebe immer Raum für Diplomatie, obwohl er schnell wieder zurückruderte und behauptete, es gebe keine Differenzen zwischen ihm und dem Präsidenten.[16] Die Dissonanz wurde immer schriller. Nordkorea hatte am 3. September mit seinem sechsten Atomwaffentest begonnen, bei dem es sich mit ziemlicher Sicherheit um einen thermonuklearen Test handelte. Zwölf Tage später schoss Nordkorea eine Rakete über Japan ab und unterstrich den Standpunkt Trumps aus seinem Tweet. Fast unmittelbar danach schrieb der japanische Premierminister Abe einen Gastkommentar in der *New York Times* und kam in einer Stellungnahme zu dem Schluss, dass »mehr Dialog mit Nordkorea eine Sackgasse wäre«, und sagte: »Ich unterstütze voll und ganz die Position der Vereinigten Staaten, dass alle Optionen zur Debatte stehen« – deutlicher kann ein japanischer Politiker nicht werden, wenn es um die Unterstützung einer offensiven militärische Operation geht.[17] Im Gegensatz dazu kündigte Tillerson an, dass wir uns mit »Nordkorea zu einem konstruktiven, produktiven Dialog an einen Tisch setzen«[18] wollten. »Das Gebäude« hatte ihn offensichtlich fest im Griff. Als Trump neue Finanzsanktionen gegen Nordkorea ankündigte, reagierte China mit der Aussage, seine Zentralbank habe alle chinesischen Banken angewiesen, ihre Geschäfte mit Pjöngjang einzustellen, was ein beträchtlicher Schritt nach vorne war, wenn er denn tatsächlich durchgeführt würde (und viele hatten da ihre Zweifel).[19]

Der sichtbarste Krisenherd blieb jedoch der Iran, und im Juli stand Trump vor seiner zweiten Entscheidung, ob er bescheinigen sollte, dass sich der Iran an den Atomdeal hielt. Die erste Entscheidung, dies zu tun, war ein Fehler gewesen, und nun stand Trump kurz davor, ihn zu wiederholen. Ich schrieb einen Gastkommentar für *The Hill*, der am 16. Juli auf der Website der Zeitung erschien[20] und anscheinend einen ganztägigen Kampf innerhalb des Weißen Hauses auslöste. McMaster und Mnuchin hielten eine Telefonkonferenz ab, um Reporter über die Entscheidung zu informieren, die Vertragstreue Irans zu bescheinigen, und das Weiße Haus schickte den Medien per E-Mail »Gesprächspunkte«, in denen die Entscheidung erläutert wurde, während die Telefonkonferenz im Gange war. Ein außenstehender Analyst sagte mir jedoch: »Im NSC herrscht Chaos«, die Gesprächspunkte wurden zurückgezogen, und die Entscheidung, die Einhaltung der Bestimmungen zu bescheinigen, wurde rückgängig gemacht.[21] Die *New York Times* berichtete unter Berufung auf einen Beamten aus dem Weißen Haus über eine fast einstündige Konfrontation über die Zertifizierungsfrage zwischen Trump auf der einen Seite und Mattis, Tillerson und McMaster auf der anderen Seite, und bestätigte damit, was ich zuvor gehört hatte. Andere Quellen besagten dasselbe.[22] Trump unterlag schließlich, nicht besonders glücklich und erst, nachdem er noch einmal nach Alternativen gefragt hatte, von denen seine Berater sagten, dass es keine gäbe. Bannon schrieb mir: »POTUS[23] liebte es ... Ihr Gastkommentar trieb ihn in der Iranfrage an.«

Trump rief mich einige Tage später an, um sich darüber zu beschweren, wie die iranische Zertifizierungsfrage gehandhabt worden war, und vor allem über »Leute im Außenministerium«, die ihm keine Optionen gegeben hatten. Dann sagte er unter Bezugnahme auf mein letztes Gespräch mit Tillerson: »Ich habe gehört, dass das, worüber Rex mit Ihnen gesprochen hat, nicht funktionieren wird. Nehmen Sie nicht irgendeine halbherzige Position da drüben ein. Wenn er Ihnen etwas wirklich Tolles anbietet, okay, was auch immer, aber ansonsten warten Sie einfach ab. Ich werde Sie anrufen.« Er schloss den Anruf mit der Aufforderung, ich solle »nächste Woche kommen und [ihn] besuchen«, um über den Iran zu sprechen. Bannon schickte mir gleich danach eine SMS: »Wir reden jeden Tag darüber/über Sie.« Ich sagte Bannon, dass ich einen Plan schreiben würde, wie die USA sich aus dem Iran-Deal zurückziehen könnten. Es würde nicht schwer sein.

Am nächsten Tag trat Sean Spicer als Sprecher des Weißen Hauses zurück, um gegen die Ernennung von Anthony Scaramucci zum Kommunikationsdirektor zu protestieren, woraufhin Sarah Sanders als Spicer-Nachfolgerin ausgewählt wurde. Eine Woche später entließ Trump Priebus und ernannte John Kelly, den damaligen Minister für Innere Sicherheit und ehemaligen Vier-Sterne-General der Marines, zum Stabschef des Weißen Hauses. Am Montag, dem 31. Juli, entließ Kelly Scaramucci. Mitte August brach eine Kontroverse über Trumps Bemerkungen über Neonazi-Demonstranten in Charlottesville, Virginia, aus. Am 18. August entließ er Bannon. War es das, was in Wirtschaftshochschulen über die Leitung großer Organisationen gelehrt wurde?

Was nicht erfolgte, war irgendein Lebenszeichen aus dem Weißen Haus in Bezug auf meine Ausstiegsstrategie aus dem Iran-Deal, die ich Bannon zuvor übermittelt hatte. Als ich um ein Treffen mit Trump ersuchte, schlug Westerhout vor, dass ich zuerst Tillerson treffen sollte, was für uns beide Zeitverschwendung gewesen wäre. Ich vermutete, dass Kellys Bemühungen, Disziplin in die Operationen des Weißen Hauses zu bringen und insbesondere die Anarchie im Oval Office zu begrenzen, dazu geführt hatten, dass meine Zugangsprivilegien zusammen mit denen vieler anderer ausgesetzt worden waren. Ich fand, es wäre eine Schande, meinen Iran-Plan verkümmern zu lassen, also schlug ich dem Herausgeber der *National Review*, Rich Lowry, vor, ihn zu veröffentlichen, was er Ende August tat.[24] Irans Außenminister Dschawad Sarif prangerte meinen Plan sofort als »großen Fehlschlag für Washington«[25] an.

Ich wusste, dass ich auf dem richtigen Weg war. Die meisten der Washingtoner Medien konzentrierten sich nicht auf den Inhalt des Plans, sondern schrieben stattdessen über meinen Verlust des Zugangs zu Trump, wahrscheinlich weil sie Palastintrigen besser verstanden als Politik. Kushner schickte mir eine SMS, in der stand: »Sie sind im Weißen Haus immer willkommen«, und: »Steve [Bannon] und ich waren in vielen Dingen anderer Meinung, aber beim Thema Iran waren wir uns einig.« Tatsächlich lud Kushner mich am 31. August zu einem Treffen ein, um seinen neuen Friedensplan für den Nahen Osten, inklusive des Iran, zu besprechen. Nach einer relativ langen Pause hielt ich dieses Treffen nicht für zufällig.

Dennoch kam noch immer kein Wort von Trump, obwohl im Oktober eine weitere Konformitätsbescheinigung für den Iran, die laut Gesetz alle neunzig Tage erforderlich ist, fällig wurde. Das Weiße Haus kündigte an, dass Trump am 12. Oktober eine große Iran-Ansprache halten würde, also beschloss ich, nicht länger schüchtern zu sein, und rief Westerhout an, um ein Treffen zu erbitten. Bis dahin hatte Tillerson Berichten zufolge Trump als »einen verdammten Idioten« bezeichnet, was er auch nicht rundweg leugnen wollte. Es gab Gerüchte, dass Kelly als Stabschef zurücktreten wollte und dass Pompeo ihn ersetzen würde, obwohl es auch regelmäßig Gerüchte gab, dass Pompeo McMaster ersetzen würde. Ich konzentrierte mich immer noch auf den Iran und schrieb einen weiteren Gastkommentar für *The Hill*, in der Hoffnung, dass der Zauber wieder funktionieren würde.[26] Er erschien am 9. Oktober, am selben Tag, an dem ich mit Kushner in seinem Büro im West Wing zu Mittag aß. Wir sprachen zwar über seinen Nahostplan und den Iran, aber was seine Aufmerksamkeit wirklich erregte, war das Foto, das ich mitgebracht hatte und das den knalligen Eingang zum Büro von Sonderberater Robert Mueller zeigte, welches sich im selben Gebäude wie mein SuperPAC befand.

In den Medien wurde berichtet, dass Trumps Berater ihn dazu drängten, dem Iran die Einhaltung des Nuklearabkommens nicht zu bescheinigen, aber dass die USA trotzdem an der Vereinbarung festhielten. Ich empfand dies als Selbsterniedrigung, aber die Befürworter des Abkommens waren so verzweifelt, dass sie bereit waren, einen kritischen Punkt bei der Einhaltung zuzugestehen, nur um das Abkommen zu retten. Trump rief mich am späten Nachmittag des 12. Oktober an (die Rede war auf Freitag, den 13., verschoben worden), um mit mir zu sprechen. »Sie und ich sind bei diesem Abkommen zusammen, Sie sind vielleicht etwas härter als ich, aber wir sehen es gleich«, sagte er. Ich antwortete, dass ich aus der Presseberichterstattung ersehen konnte, dass er den Iran wahrscheinlich dezertifizieren, aber immer noch an dem Abkommen festhalten würde, was, wie ich ihm sagte, zumindest ein Schritt nach vorn sei. Ich bat darum, das Thema weiter zu erörtern, wenn mehr Zeit zur Verfügung stünde. »Hundertprozentig«, sagte Trump. »Hundertprozentig. Ich weiß, dass das Ihre Ansicht ist. Ich achte sehr genau darauf, was Sie sagen.« Ich fragte ihn, ob er in seiner Rede darauf hinweisen würde, dass das Abkommen rund um die Uhr überprüft werde und dass es jederzeit gekündigt werden könne (wodurch es nicht mehr nötig wäre, neunzig Tage zu warten, bevor man sich wieder davon zurückziehen könnte, und der Kampf um Rückzug statt um »Einhaltung« ging, wie es die Befürworter des Abkommens bevorzugten). Wir diskutierten die Wortwahl, die Trump tatsächlich verwenden konnte, wenn er anderen im Raum diktierte.

Trump griff dann das Thema des Korps der Islamischen Revolutionsgarden im Iran auf und fragte, ob er es als ausländische Terrororganisation bezeichnen und es damit zusätzlichen Strafen und Einschränkungen unterwerfen solle. Ich forderte ihn auf, es zu tun, weil die Organisation das iranische Atomprogramm und das Programm für ballistische Raketen kontrolliert und den radikal-islamischen Terrorismus, sunnitischen wie schiitischen, umfassend unterstützt. Trump sagte, er habe gehört, dass der Iran über diese spezielle Bezeichnung besonders verärgert sein würde und dass es einen Rückschlag gegen die US-Streitkräfte im Irak und in Syrien geben könnte, was, wie ich später erfuhr, Mattis' Position war. Aber sein Argument war fehlgeleitet; wenn Mattis recht hatte, dann war die Antwort, unseren Truppen mehr Schutz zu gewähren oder sie abzuziehen, um sich auf die Hauptbedrohung, den Iran, zu konzentrieren. Wie sich herausstellte, würde es fast zwei Jahre dauern, bis die Revolutionsgarde als ausländische Terrororganisation bezeichnet wurde, was die immense Ausdauer einer fest verwurzelten Bürokratie zeigte.

Trump sagte auch, dass er darüber nachdenke, etwas zu Nordkorea zu sagen, wozu ich ihn drängte. Am Freitag sagte er: »Es gibt auch viele Leute, die glauben, dass der Iran mit Nordkorea zu tun hat. Ich werde unsere Geheimdienste anweisen, eine gründliche Analyse durchzuführen und ihre Ergebnisse jenseits dessen zu berichten, was sie bereits überprüft haben.«[27] Ich war begeistert. Ich sagte, ich freue mich darauf, wieder mit ihm zu sprechen, und Trump sagte: »Auf jeden Fall.« (Später, im November, an meinem Geburtstag, was sicher reiner Zufall war, setzte Trump den Norden wieder auf die Liste der staatlichen Sponsoren des Terrorismus, von der die Regierung von George W. Bush ihn fälschlicherweise gestrichen hatte.)

Ich war der Ansicht, dass der Anruf von Trump vier Dinge bewirkt hatte: (1) die Rede ankündigen zu lassen, dass der Iran-Deal ständig überprüft werde und jederzeit vom Rückzug der USA abhängig sei, (2) die Verbindung zwischen dem Iran und Nordkorea zur Sprache zu bringen, (3) klarzustellen, dass die Revolutionsgarde als ausländische Terrororganisation bezeichnet werden sollte, und (4) eine erneute Zusage zu erhalten, dass ich ihn ohne weitere Genehmigungen treffen könne. Ironischerweise waren diese Punkte nun allen klar, die möglicherweise mit ihm im Oval saßen, da er mit mir über Lautsprecher gesprochen hatte. Tatsächlich fragte ich mich, ob ich nicht viel mehr tun könnte, wenn ich wirklich in der Regierung wäre, anstatt nur ein paar Stunden vor einer Rede wie dieser von außen anzurufen.

Kushner empfing mich am 16. November wieder im Weißen Haus, um seinen Nahost-Friedensplan zu besprechen. Ich drängte darauf, dass wir uns aus dem UN-Menschenrechtsrat zurückzogen, anstatt Haleys Plan zu folgen, ihn zu »reformieren«. (Siehe Kapitel 8.) Der Rat war ein Schwindel, als ich 2006 gegen ihn stimmte, nachdem sein ebenso wertloser Vorgänger abgeschafft worden war.[28] Wir hätten nie wieder beitreten sollen, wie Obama es getan hat. Ich sprach mich auch dafür aus, dem Hilfswerk der Vereinten Nationen die Gelder zu entziehen, das angeblich dazu bestimmt war, palästinensischen Flüchtlingen zu helfen, das aber im Laufe der Jahrzehnte faktisch eher zu einem Arm des Palästinenserapparats als der UNO geworden war. Kushner sagte zweimal, wie viel besser ich mit dem Außenministerium umgehen würde als das derzeitige Management. Anfang Dezember erklärte Trump, ein Versprechen von 2016 einlösend, Jerusalem zur Hauptstadt Israels und kündigte an, dass er die US-Botschaft dorthin verlegen werde. Er hatte mich einige Tage zuvor angerufen, und ich hatte meine Unterstützung zum Ausdruck gebracht, obwohl er eindeutig bereits zum Handeln entschlossen war. Es war schon lange überfällig und führte gerade nicht jene Krise auf der »arabischen Straße« herbei, die regionale »Experten« unermüdlich vorhergesagt hatten. Die meisten arabischen Staaten hatten ihre Aufmerksamkeit auf die wirkliche Bedrohung verlagert, und zwar auf den Iran, nicht auf Israel. Im Januar kürzten die USA ihre Mittel für das Hilfswerk der Vereinten Nationen und trugen nur 60 Millionen Dollar einer erwarteten Tranche von 125 Millionen Dollar bei, was etwa einem Sechstel des geschätzten Gesamtbeitrags der USA für das Haushaltsjahr 2018 in Höhe von 400 Millionen Dollar entsprach.[29]

Trump lud mich am 7. Dezember erneut ins Weiße Haus ein. Ich saß in der Lobby des West Wing und bewunderte den riesigen Weihnachtsbaum, als Trump gefolgt von Chuck Schumer und Nancy Pelosi hereinkam, kurz nach einem Führungstreffen des Kongresses. Wir schüttelten uns alle die Hand, und die verschiedenen Politiker begannen, vor dem Baum für Fotos zu posieren. Während ich zuschaute, packte John Kelly meinen Ellbogen und sagte: »Lassen Sie uns von hier verschwinden und zu unserer

Besprechung zurückgehen.« Wir gingen zum Oval, und Trump kam fast unmittelbar nach uns herein, zusammen mit Pence; wir begrüßten uns, dann ging Pence, und Kelly und ich saßen vor Trump, der hinter dem Resolute Desk saß. Ich zeigte mich erfreut über den Umzug der Botschaft nach Jerusalem, und wir wandten uns rasch dem Iran und Nordkorea zu. Ich erläuterte einige der Verbindungen zwischen den beiden Schurkenstaaten, darunter den Verkauf von Scud-Raketen durch den Norden an den Iran vor mehr als fünfundzwanzig Jahren, ihre gemeinsamen Raketentests im Iran nach 1998 (infolge von japanischen Protesten hatte Pjöngjang nach der Landung eines Geschosses im Pazifik östlich von Japan ein Moratorium für Starttests von der Halbinsel erklärt) und ihr gemeinsames Ziel, Trägerraketen für Atomwaffen zu entwickeln. Was die nuklearen Kapazitäten betraf, so hatte der pakistanische Proliferator A.Q. Khan beiden Ländern ihre grundlegende Urananreicherungstechnologie (die er für Pakistan von der europäischen Urenco Ltd. gestohlen hatte) und Entwürfe für Atomwaffen (die Pakistan ursprünglich von China zur Verfügung gestellt worden waren) verkauft. Nordkorea hatte den von Israel im September 2007 zerstörten Reaktor in Syrien gebaut,[30] der mit ziemlicher Sicherheit vom Iran finanziert worden war, und ich beschrieb, wie der Iran zu gegebener Zeit einfach von Nordkorea kaufen konnte, was er wollte (falls er es nicht schon getan hatte).

Die Drohung Nordkoreas, lieferbare Atomwaffen zu erwerben, manifestiert sich auf verschiedene Weise. Erstens hängt die Strategie von der Analyse der Absichten und Kapazitäten ab. Absichten sind oft schwer einzuschätzen; Kapazitäten sind im Allgemeinen leichter zu beurteilen (selbst wenn man davon ausgeht, dass unsere Geheimdienstinformationen unvollkommen sind). Aber wer will schon darauf wetten, was wirklich in den Köpfen der Machthaber in der einzigen kommunistischen Erbdiktatur der Welt vorgeht, wo es doch handfeste Beweise für eine Beschleunigung der Nuklear- und Raketenkapazitäten gibt? Zweitens kann ein atomar bewaffnetes Nordkorea nahegelegene Nichtkernwaffenstaaten wie Japan und Südkorea (wo wir selbst eine große Zahl Einsatzkräfte stationiert haben) erpressen, ja sogar die Vereinigten Staaten, insbesondere unter einem schwachen oder untauglichen Präsidenten. Die Gefahren ergeben sich nicht einfach aus dem Risiko eines Erstschlags, sondern aus dem bloßen Besitz, ganz zu schweigen von den Anreizen zur weiteren Verbreitung in Ostasien und anderswo, die durch ein atomares Pjöngjang geschaffen werden. Drittens hatte der Norden wiederholt demonstriert, dass er bereit ist, alles an jeden in Besitz von Bargeld zu verkaufen, so dass das Risiko, dass er zu einer Art nuklearen Amazon wird, alles andere als trivial ist.

Ich erklärte, warum und wie ein Präventivschlag gegen Nordkoreas Atomwaffen- und Raketenprogramm funktionieren würde, wie wir massive konventionelle Bomben gegen Pjöngjangs Artillerie nördlich der Demilitarisierten Zone, die Seoul bedrohte, einsetzen und dadurch die Zahl der Opfer dramatisch reduzieren konnten; und warum die Vereinigten Staaten sich immer deutlicher einer binären Wahl gegenübersahen, vorausgesetzt, China würde nicht energisch eingreifen, nämlich entweder dem Norden Atomwaffen zu lassen oder selber mit militärischer Gewalt vorzugehen. Die einzigen anderen Alternativen waren das Streben nach einer Wiedervereinigung der Halbinsel unter der Führung Südkoreas oder ein Regimewechsel im Norden, die beide eine Zusammenarbeit mit China erforderten, über die wir noch nicht einmal begonnen hatten, mit den Chinesen zu sprechen. Trump fragte: »Wie schätzen Sie die Chancen für einen Krieg mit Nordkorea ein? Fifty-fifty?« Ich sagte: »Ich denke, das hängt alles von China ab, aber wahrscheinlich fifty-fifty.« Trump wandte sich zu Kelly um und sagte: »Er stimmt Ihnen zu.«

Im Verlauf dieses Gesprächs (das etwa fünfunddreißig Minuten dauerte) brachte Trump seine Unzufriedenheit mit Tillerson zur Sprache und sagte, dieser scheine keine Kontrolle über das Außenministerium zu haben. Trump fragte, warum, und ich sagte, es sei, weil Tillerson die untergeordneten Ränge nicht mit Kandidaten besetzt habe, die die Politik der Regierung vorantreiben, und dass er faktisch von den Karrieristen gefangen genommen worden sei. Ich erklärte auch, warum das Außenministerium eine »Kulturrevolution« brauchte, aufgrund seines Bestrebens, die Außenpolitik allein zu betreiben, insbesondere unter republikanischen Präsidenten, wobei sowohl Trump als auch Kelly zustimmend nickten. Trump fragte Kelly, was Tillerson seiner Meinung nach falsch mache, und Kelly sagte, Tillerson versuche, die Entscheidungsfindung zu sehr in seinen eigenen Händen zu zentralisieren. Ich stimmte dem zu, sagte aber, dass das Delegieren von Befugnissen damit einhergehen müsse, die richtigen Leute einzusetzen, an die man delegieren könne. Kelly stimmte wiederum zu und sagte: »Delegieren unter Aufsicht.«

Trump sagte daraufhin zu Kelly: »John kennt dieses Ding [das Außenministerium] in- und auswendig.« Kelly nickte zustimmend. Ich fand es auffällig, dass Trump das Thema McMaster nicht ansprach. Als wir das Treffen beendeten, sagte Trump: »Sie sind immer noch bereit, für die richtige Position zu uns zu kommen, habe ich recht?« Ich lachte und sagte: »Für die richtige Position ja.« Als Kelly und ich zurück in die Lobby des West Wing gingen, bemerkte er: »Der Mann liebt Sie. Nachdem wir den ganzen Tag hier verbringen, ruft er mich abends um halb zehn zu Hause an und sagt: ›Haben Sie gerade Bolton im Fernsehen gesehen?‹« Ich sagte Kelly, er solle mich anrufen, wenn ich behilflich sein könne, und verließ das Gebäude.

Eine Woche vor Weihnachten traf ich mich noch einmal etwa vierzig Minuten lang mit Kushner zum Nahost-Friedensplan und hatte im Laufe des Monats noch einige andere Gespräche mit ihm. Ansonsten war es für den Rest des Monats ruhig. Frohes neues Jahr!

Am 6. Januar 2018 twitterte Trump inmitten eines Strudels aus Pressekommentaren zum neuen Buch über ihn, »Feuer und Zorn«, dass er ein »sehr stabiles Genie« sei. Als sich eine weitere gesetzlich vorgeschriebene Entscheidung des Präsidenten näherte, darüber, ob die Sanktionen aus der Zeit vor dem Iran-Deal wieder in Kraft treten sollten, beschloss ich, mich erst einmal zurückzulehnen. Sie wussten, wie sie mich bei Bedarf erreichen konnten, und niemand nahm Kontakt zu mir auf. Trump wiederholte, was er im Oktober getan hatte, und verhinderte, dass die Sanktionen wieder in Kraft traten, aber bescheinigte nicht, dass der Iran sich an die Abmachung hielt. Keine Fortschritte.

Und dann kehrte Nordkorea ins Rampenlicht zurück, als Südkorea Gastgeber der Olympischen Winterspiele war. Pence und Ivanka Trump vertraten die USA, inmitten von Spekulationen über Gespräche mit der Nordkorea-Delegation. Ich gab Interviews, in denen ich Pence dafür lobte, nicht zuzulassen, dass der Norden einen Propagandavorteil erlangte oder einen Keil zwischen uns und Südkorea trieb. Pence twitterte daraufhin: »Gut gesagt @AmbJohnBolton«, was ein schönes Signal war. Natürlich setzte der südkoreanische Präsident Moon Jae-in aus innenpolitischen Gründen alles daran, seinen »Erfolg«, die Teilnahme hochrangiger Nordkoreaner, hervorzuheben, insbesondere der jüngeren Schwester von Kim Jong-un, Kim Yo-jong (von den USA als bekannte Menschenrechtsverletzerin sanktioniert). Tatsächlich hatte Kim Yo-jong eine Mission und lud Moon in den Norden ein, was er sofort annahm. Wie sich später herausstellte, hatte Seoul die Kosten für die Teilnahme Pjöngjangs an den Spielen bezahlt, nicht aus olympischem Geist, sondern einem traurigen, etablierten Muster folgend.[31] Die südkoreanische Linke betete diese »Sonnenscheinpolitik« an, die im Grunde davon ausging, dass es der Halbinsel Frieden bringen würde, wenn man zu Nordkorea nett wäre. Stattdessen subventionierte man nur immer wieder die Diktatur des Nordens.

Am 6. März hatte ich ein weiteres Treffen mit Trump. Während ich in der Lobby des West Wing wartete, sah ich im Fernsehen, wie Reporter Trump fragten, was für ihn der Grund sei zu glauben, dass der Norden jetzt bereit sei zu verhandeln, und er antwortete fröhlich: »Ich.« Ich hoffte, dass er sich über die Angst Nordkoreas im Klaren war, dass er im Gegensatz zu Obama bereit war, wenn nötig militärische Gewalt anzuwenden. Ich ging gegen 16.40 Uhr ins Oval und saß wieder einmal vor dem völlig sauberen Resolute Desk. Trump sagte gerade zu mir, als Kelly hereinkam: »Habe ich um dieses Treffen gebeten oder Sie?« Ich sagte, ich hätte es getan, und er antwortete: »Ich dachte, ich wäre es gewesen, aber ich bin froh, dass Sie gekommen sind, denn ich wollte Sie sehen.« Wir fingen an, über Nordkorea zu sprechen, und ich erklärte, dass ich glaubte, Kim Jong-un versuche Zeit zu gewinnen, um die relativ wenigen (wenn auch essenziellen) Aufgaben zu erledigen, die noch notwendig waren, um eine lieferbare Atomwaffenkapazität zu erreichen. Das bedeutete, dass Kim Jong-un militärische Gewalt nun besonders fürchtete; er wusste, dass Wirtschaftssanktionen allein ihn nicht daran hindern würden, dieses Ziel zu erreichen. Ich war mir nicht ganz sicher, ob Trump das alles verstand, aber ich erwähnte auch Berichte über den Verkauf von Chemiewaffenausrüstung und Vorläuferchemikalien durch Nordkorea an Syrien, was wahrscheinlich vom Iran finanziert worden war.[32] Wenn das stimmte, könnte diese Verbindung sowohl für Nordkorea als auch für den Iran von entscheidender Bedeutung sein und zeigen, wie gefährlich Pjöngjang war: Jetzt verkaufte man Chemiewaffen, bald schon würde man Atomwaffen verkaufen. Ich drängte ihn, sich auf dieses Argument zu stützen, um sowohl den Ausstieg aus dem Atomdeal mit dem Iran als auch eine härtere Linie gegenüber Nordkorea zu rechtfertigen. Kelly stimmte dem zu und forderte mich auf, in der Öffentlichkeit weiter Druck zu machen, was ich ihm auch versicherte.

Zum Atomdeal mit dem Iran sagte Trump: »Keine Sorge, da steige ich aus. Ich habe gesagt, sie könnten versuchen, die Sache in Ordnung zu bringen, aber das wird nicht geschehen.« Er fing an darüber zu reden, wie gern er Tillerson entlassen wollte, und sagte: »Sie wissen, was schiefläuft. Ich hätte Sie sehr gerne da drüben.« Aber er sagte, er glaube, dass sich eine Bestätigung mit einer republikanischen Mehrheit von nur 51 zu 49 schwierig gestalten würde. »Dieser Mistkerl Rand Paul wird gegen Sie stimmen, und McConnell befürchtet, dass er auch andere Republikaner überzeugen könnte, die seine Stimme bei den Richtern und anderen Dingen brauchen. Was hören Sie?« Ich sagte, dass ich Pauls Stimme nicht bekommen würde, aber dass ich überrascht wäre, wenn er andere Republikaner mit sich zöge. (Die wirkliche Auszählung im Senat schien jedoch zunehmend 50 zu 49 zu sein, da sich John McCains Gesundheitszustand weiter verschlechterte, so dass die Aussicht bestand, dass er vielleicht nie wieder nach Washington zurückkehren würde.) Ich sagte, auch auf der Grundlage früherer Gespräche mit republikanischen Senatoren, dass wir eine Handvoll Demokraten aufstellen könnten, insbesondere in einem Wahljahr. Ich bezweifelte, dass ich Trump überzeugt hatte, und er fragte: »Was würde Sie sonst noch interessieren?« Ich antwortete: »Nationaler Sicherheitsberater.« Kelly brach sein Schweigen, um zu unterstreichen, dass dieser Job keine Bestätigung durch den Senat erforderte, und Trump fragte fröhlich: »Ich muss mir also keine Sorgen wegen dieser Clowns da oben machen?«, und sowohl Kelly als auch ich sagten: »Richtig.«

Dann begann ich mit einer Beschreibung dessen, was ich für die Kernaufgaben des Nationalen Sicherheitsberaters hielt, nämlich sicherzustellen, dass dem Präsidenten alle Optionen vorgelegt und seine Entscheidungen dann ausgeführt werden, woraufhin Kelly energisch nickte. Ich sagte, dass ich glaubte, durch meine Ausbildung als Prozessanwalt für diese Rolle gerüstet zu sein, weil ich die Optionen fair präsentieren könne, aber trotzdem meinen eigenen Standpunkt habe (wie man es auch mit Mandanten tut), und dass ich verstünde, dass er die endgültigen Entscheidungen treffe, worauf ich ihm wieder einmal die Geschichte von Dean Acheson/Harry Truman erzählte. Trump und Kelly lachten beide. Trump fragte mich, was McMaster meiner Meinung nach richtig gemacht hätte, und ich sagte, es sei eine echte Leistung, im ersten Amtsjahr eines Präsidenten eine gute nationale Sicherheitsstrategie zu schreiben, etwas, das es unter anderem in der Amtszeit von George W. Bush nicht gegeben habe. Trump fragte mich, was Mattis meiner Meinung nach gut gemacht hätte, und ich erwähnte die beträchtliche Aufstockung des Verteidigungshaushalts im Vergleich zu den Obama-Jahren, die die Regierung kürzlich erreicht hatte. Bevor ich zu Ende reden konnte, sagten Trump und Kelly gleichzeitig, der Haushaltserfolg sei Trumps Verdienst, nicht das von Mattis. Ich fand, das war eine echte Offenbarung über Trumps Haltung Mattis gegenüber.

Das Treffen endete nach etwa fünfunddreißig Minuten, und Trump sagte: »Okay, haben Sie weiterhin Geduld, ich werde Sie anrufen.« Kelly und ich verließen das Oval, und er fragte: »Haben Sie an die Reaktion der Medien gedacht, wenn Sie ernannt werden?« Das hatte ich, und ich sagte, dass ich das bereits durchgemacht hatte, als ich für das Amt des UN-Botschafters nominiert wurde. Kelly sagte: »Ja, das war empörend. Aber denken Sie trotzdem noch einmal darüber nach, denn er meint es ernst.« Ich hatte mir über die Jahre so viel von den Medien gefallen lassen müssen, dass es mir wirklich egal war, wie sie reagierten; zu diesem Zeitpunkt hatten sogar meine Wundnarben schon Narben. Wie es der Herzog von Wellington einmal sagte (vielleicht apokryph), war meine Haltung: »Druck es und sei verdammt.«

Bis zu diesem Abend fühlte ich mich ziemlich gut. Als ich in Nordvirginia vor einer Spendengala für die republikanische Kongressabgeordnete Barbara Comstock sprach, die ich im Justizministerium von Reagan kennengelernt hatte, hörte ich, dass Kim Jong-un Trump zu einem

Treffen eingeladen hatte, und er hatte zugesagt. Ich war mehr als sprachlos, entsetzt über diesen törichten Fehler. Für einen US-Präsidenten war es ein Propagandageschenk über alle Maßen, Kim ein Gipfeltreffen zuzugestehen, obwohl es von dessen Seite keinerlei Anzeichen für eine strategische Entscheidung zum Verzicht auf Atomwaffen gab – in Wirklichkeit verschenkte er sie vielmehr. Es war um einiges schlimmer als damals während der Clinton-Jahre, als Madeleine Albright und Kim Il-sung mit den Gläsern anstießen. Glücklicherweise hatte ich an diesem Abend wegen der Spendenaktion keine Fox-Interviews, so dass ich Zeit hatte, darüber nachzudenken. Am nächsten Tag schien Sarah Sanders die Dinge wieder geraderücken zu wollen, indem sie sagte, unsere bestehende Politik habe sich nicht geändert.

Als ich das Weiße Haus am Dienstag zuvor verlassen hatte, war bereits der Rücktritt von Gary Cohn als Vorsitzender des Nationalen Wirtschaftsrats angekündigt worden. Larry Kudlow wurde zu seinem Nachfolger ernannt. Zwischenzeitlich trat im Februar Rob Porter, Stabssekretär im Weißen Haus, aufgrund von schädigenden persönlichen Informationen zurück, die im Rahmen der Hintergrundrecherche durch das FBI aufgedeckt worden waren, und wurde kurz darauf von Trumps langjähriger Mitarbeiterin Hope Hicks, damals Kommunikationsdirektorin, ersetzt. Der Aderlass ging am 13. März mit der Bekanntmachung weiter, dass Tillerson kurzerhand als Außenminister entlassen worden war, dass Pompeo an seiner Stelle nominiert werden und dass Pompeos stellvertretende CIA-Direktorin, Geheimdienstbeamte Gina Haspel, seine Nachfolge antreten würde. Kushner rief mich am nächsten Tag an und bat um ein weiteres Treffen zu seinem Nahost-Friedensplan – es fiel mir erneut schwer zu glauben, dass dies rein zufällig geschah. Dann, am 16. März, setzte Jeff Sessions den Aderlass fort, indem er den stellvertretenden FBI-Direktor Andrew McCabe entließ.

Das Leben auf der ganzen Welt ging jedoch noch immer seinen Gang. Ein russisches Killerkommando griff den ehemaligen russischen Spion Sergei Skripal und seine Tochter im englischen Salisbury an, wobei chemische Waffen der Familie Nowitschok zum Einsatz kamen. Nachdem Moskau sich geringschätzig zeigte und weigerte, den Angriff auch nur anzusprechen, verwies Premierministerin May dreiundzwanzig nicht deklarierte russische Geheimdienstagenten des Landes.[33] In Interviews brachte ich eine knallharte Auffassung darüber zum Ausdruck, wie Amerika auf diesen Angriff reagieren sollte, eine Auffassung, die ich immer noch vertrete. So war es beunruhigend zu lesen, dass Trump Putin zum »Sieg« bei der Wiederwahl zum Präsidenten Russlands gratulierte, und zwar auf McMasters Rat hin, was prompt und umfassend an die Medien durchgesickert war. Dennoch verwies Trump später über sechzig russische »Diplomaten« des Landes, als Teil von NATO-weiten Bemühungen, Solidarität mit London zu zeigen.[34] Wie mir mehrere Mitglieder des Repräsentantenhauses anvertrauten, die mir bei meiner Kampagne zur Aufstellung als Nationaler Sicherheitsberater halfen, waren wir nur wenige Tage von Trumps Entscheidung entfernt, wer McMaster ersetzen würde. Ich knirschte mit den Zähnen, weil diese Aufgabe auf mich nun schwieriger wirkte als zuvor, aber ich beschloss, mich jetzt nicht zurückzuziehen.

Am Mittwoch, dem 21. März, klingelte mein Handy, als ich auf dem verschneiten George Washington Memorial Parkway fuhr, um im Studio von Fox DC ein Interview zu geben (die Bundesregierung und die meisten Schulen und Geschäfte in der Gegend waren geschlossen). »Guten Morgen, Mr. President«, sagte ich, und Trump antwortete: »Ich habe einen Job für Sie, der wahrscheinlich der mächtigste Job im Weißen Haus ist.« Als ich zu antworten begann, sagte Trump: »Nein, wirklich besser als Stabschef«, und wir lachten beide, was bedeutete, dass Kelly wahrscheinlich mit ihm im Raum war. »Und Sie werden sich nicht mit den Demokraten im Senat herumschlagen müssen, das ist nicht nötig. Sie sollten hierherkommen, damit wir darüber reden können, kommen Sie heute oder morgen. Ich will jemanden, dessen Meinung Gewicht hat, nicht irgendjemand Unbekannten. Sie haben große Unterstützung, große Unterstützung, von allen möglichen Leuten, große Unterstützung, zum Beispiel von den Leuten vom Freedom Caucus« (einer Gruppe von Republikanern im Repräsentantenhaus). Ich dankte Trump und rief dann meine Frau und meine Tochter an, Gretchen und JS (Jennifer Sarah), um es ihnen zu sagen, betonte aber, dass für Trump nichts vorbei war, bis es öffentlich bekannt gegeben wurde, und manchmal auch dann nicht.

Am nächsten Tag traf ich mich um sechzehn Uhr mit Trump im Oval. Wir begannen ein Gespräch, das wie ein weiteres Bewerbungsgespräch wirkte, in dem es um den Iran und Nordkorea ging. Vieles von dem, was Trump sagte, bezog sich auf seine Wahlkampfzeit, bevor er sich mit einer Reihe von Reden im breiten außenpolitischen Mainstream der Republikaner positioniert hatte. Ich fragte mich, ob ihm Zweifel an seinem Angebot mir gegenüber gekommen waren, aber zumindest sagte er unmissverständlich, dass er sich aus dem Iran-Deal zurückziehen würde. Er sagte fast nichts über das vermutlich bevorstehende Gipfeltreffen mit Kim Jong-un, ein Versäumnis, das für mich schwer zu interpretieren war. Die meiste Zeit am Stück wurde damit verbracht, erneut darüber zu diskutieren, wie der NSC meiner Meinung nach arbeiten sollte. Obwohl ich Brent Scowcroft nicht namentlich erwähnte, war das System, das ich erläuterte, wie Kelly sehr wohl wusste, jenes, das Scowcroft in der Regierung von George Bush senior angewandt hatte. Erstens lag es in der Verantwortung des Nationalen Sicherheitsrats, dem Präsidenten die verfügbaren Optionen und die jeweiligen Vor- und Nachteile zu nennen. Zweitens war der NSC, sobald eine Entscheidung getroffen war, der Vollstrecker des Präsidenten, um sicherzustellen, dass die Behörde die Entscheidung umsetzte. All dies fand bei Trump Anklang, obwohl er mir den Job nicht direkt anbot, sondern fragte: »Sie glauben also, dass Sie das tun wollen?« Ich begann mich schon zu fragen, ob dieses jetzt einstündige Treffen einfach nur ergebnislos abtropfen würde, als Westerhout hereinkam, um Trump mitzuteilen, dass er noch ein weiteres Treffen habe. Er stand auf, und natürlich stand ich auch auf. Wir schüttelten uns die Hände über dem Resolute Desk. Obwohl es kein klares »Angebot« und keine klare »Annahme« gegeben hatte, wussten sowohl Kelly als auch ich, was tatsächlich geschehen war, eben in der Trumpschen Art und Weise.

Angesichts der hier bereits geschilderten Erfahrungen und darüber hinaus: Warum die Stelle annehmen? Weil Amerika einem sehr gefährlichen internationalen Umfeld gegenüberstand, und ich fand, dass ich wusste, was getan werden musste. Zu einem breiten Spektrum von Themen hatte ich starke Ansichten, die ich während meiner früheren Tätigkeit im Regierungsdienst und in der Privatwirtschaft entwickelt hatte.

Und Trump? Niemand konnte zu diesem Zeitpunkt behaupten, die bevorstehenden Risiken nicht aus nächster Nähe zu kennen, aber ich glaubte auch, dass ich damit umgehen konnte. Andere sind vielleicht aus dem einen oder anderen Grund gescheitert, aber ich war der Meinung, dass ich Erfolg haben konnte. Hatte ich recht? Lesen Sie weiter.

Vor dem Oval begegnete ich dem Rechtsberater des Weißen Hauses, Don McGahn, der Mappen über mögliche Richternominierungen mit hineinnahm. Kelly und ich sprachen einige Minuten miteinander, und ich sagte, es sei mir klar, dass keiner von uns etwas erreichen könne, wenn wir nicht zusammenarbeiteten, was meine Absicht war, und er stimmte mir bereitwillig zu. Ich fragte auch, wann der Zeitpunkt einer Ankündigung sein könnte. Er dachte frühestens an den nächsten Tag oder an die folgende Woche. Später erfuhr ich (wie auch Kelly), dass Trump wenige Minuten, nachdem ich das Oval verlassen hatte, McMaster anrief, um ihm mitzuteilen, dass er den Wechsel noch am selben Nachmittag ankündigen würde. Ich ging in die Lobby des West Wing, um meinen Mantel zu holen, wo mir die Empfangsperson und ein Mitarbeiter der Kommunikationsabteilung des Weißen Hauses mitteilten, dass ein Mob aus Reportern und Fotografen darauf wartete, dass ich durch die Nordtür auf die Einfahrt herauskäme. Sie fragten mich, ob es mir etwas ausmachen würde, den »Hinterausgang« durch das Südwesttor des Weißen Hauses zur Seventeenth Street zu nehmen und »hinter« dem Eisenhower Executive Office Building entlangzugehen, um der Presse zu entgehen, was ich allzu gerne tat. Ich rief Gretchen und JS erneut an und begann, über die Vorbereitungen für den Start im Weißen Haus nachzudenken.

Als ich auf dem Weg zum Studio von Fox News war, um ein Interview in der Sendung von Martha MacCallum zu geben, twitterte Trump:

> Ich freue mich, Ihnen mitteilen zu können, dass mit Wirkung vom 9.4.18 @AmbJohnBolton mein neuer Nationaler Sicherheitsberater sein wird. Ich bin sehr dankbar für den Dienst von General H.R. McMaster, der eine hervorragende Arbeit geleistet hat & immer mein Freund bleiben wird. Am 9.4. wird es eine offizielle Kontaktübergabe geben.

Da fühlte sich mein Handy wie eine explodierende Handgranate an, so viele Anrufe, E-Mails, Tweets und Nachrichtenmeldungen kamen herein.

Ich hatte nun etwa zwei Wochen Zeit, um den notwendigen Übergang vom Privatleben zum Regierungsdienst zu vollziehen, in rasendem Tempo. Am nächsten Tag rief mich Trump während seiner Geheimdienstbesprechung an und sagte: »Die Presseberichte über Sie sind großartig«, die Ankündigung werde »ganz groß gespielt«, erhalte »großartige Kritiken ... die Basis ist begeistert«, und so weiter. Irgendwann sagte er: »Einige von denen denken, Sie sind der böse Bulle«, und ich antwortete: »Wenn wir ›guter Bulle/böser Bulle‹ spielen, ist der Präsident immer der gute Bulle.« Trump antwortete: »Das Problem ist, dass wir zwei böse Bullen haben«, und ich konnte hören, wie die anderen, die im Oval zur Geheimdienstbesprechung waren, lachten, genau wie ich.

Da Trump angekündigt hatte, dass ich am 9. April beginnen würde, hatte das Überprüfungsverfahren durch den Rechtsberater des Weißen Hauses oberste Priorität. Dieses erforderte das Ausfüllen umfangreicher Formulare und eine Befragung durch die Anwälte des Büros des Rechtsberaters zu Fragen der finanziellen Offenlegung, möglichen Interessenkonflikten, Anforderungen für die Veräußerung von Vermögenswerten (nicht dass ich so viel zu veräußern hätte), weiterhin die Auflösung bestehender Arbeitsverhältnisse, das Einfrieren meines PAC und Super-PAC während meines Regierungsdienstes und Ähnliches. Gefordert war auch das, was die Babyboomer das »Sex, Drugs and Rock 'n' Roll«-Interview nannten, bei dem es in der Regel nicht darauf ankam, welche Dummheiten man in seinem Leben schon begangen hatte, sondern, ob man sie zugab, wenn man gefragt wurde, oder freiwillig erzählte, falls sie exotisch genug waren. Seit meinem letzten Regierungsjob als UN-Botschafter hatte ich viel Medienberichterstattung erhalten, so dass ich darauf achtete, sogar die ausgefallenen Dinge zu erwähnen, die faule, voreingenommene, inkompetente Reporter auf meine Kosten veröffentlicht hatten, darunter auch, dass Maria Butina versucht hatte, mich als russischen Agenten anzuwerben. (Ich bin nicht der Meinung, dass die Presse »ein Feind des Volkes« ist, aber ihre Reihen sind, wie Dwight Eisenhower 1964 sagte, mit »sensationslüsternen Kolumnisten und Kommentatoren« gefüllt, deren

Schriften sie zu wenig mehr als zu Pseudo-Intellektuellen machen.) Dann war da noch die obligatorische Urinprobe, die ich für Drogentests zur Verfügung stellte; das sollten wir nicht unerwähnt lassen.

Ich habe auch versucht, ehemalige Nationale Sicherheitsberater zu konsultieren, angefangen natürlich bei Kissinger, der sagte: »Ich habe großes Vertrauen zu Ihnen, und ich wünsche Ihnen viel Erfolg. Sie kennen das Thema. Sie kennen die Bürokratie. Ich weiß, dass Sie in der Lage sind, damit fertigzuwerden.« Und das Wichtigste war, dass Kissinger und auch alle anderen Vorgänger, mit denen ich gesprochen habe, Republikaner und Demokraten gleichermaßen, mir ihre Unterstützung anboten. Ich sprach mit Colin Powell (der mein Chef gewesen war, als er in der ersten Amtszeit von George W. Bush Außenminister war), Brent Scowcroft, James Jones, Condi Rice, Steve Hadley, Susan Rice, John Poindexter und Bud McFarlane sowie Bob Gates, der Scowcrofts Stellvertreter und später Verteidigungsminister gewesen war. Scowcroft sagte lapidar: »Die Welt ist ein Chaos, und wir sind die Einzigen, die es in Ordnung bringen können.«

Ich sprach mit ehemaligen Außenministern, für die ich gearbeitet hatte, darunter George Shultz und Jim Baker (Powell und Condi Rice fielen natürlich in beide Kategorien), aber auch mit Don Rumsfeld und Dick Cheney. Schließlich sprach ich mit Präsident George W. Bush, der mir viel Zeit schenkte und mir »alles Gute« wünschte. Ich fragte ihn, ob ich seinen Vater anrufen könne, für den ich ebenfalls gearbeitet hatte, und er meinte, das sei zu jenem Zeitpunkt »schwierig«, also bat ich ihn einfach, meine Grüße zu bestellen.

Ich aß mit McMaster am 27. März im Ward Room zu Mittag, der zum Restaurant des Weißen Hauses gehört. Er war freundlich und zuvorkommend in seinen Beurteilungen von Themen, politischen Richtlinien und Personal. Einige Tage später frühstückte ich mit Jim Mattis im Pentagon. Mattis zeigte sein Gespür für die Presse, als er mich am Eingang begrüßte und sagte, er habe gehört, dass ich »der leibhaftige Teufel« sei. Ich war drauf und dran zu antworten: »Ich tue mein Bestes«, biss mir aber auf die Zunge. Wir hatten eine sehr produktive Diskussion. Mattis schlug vor, dass er, Pompeo und ich einmal pro Woche im Weißen Haus frühstücken sollten, um offene Fragen zu besprechen. Obwohl wir alle an den meisten Tagen mehrmals miteinander telefonierten, erwiesen sich die Frühstückstreffen als sehr wichtige Gelegenheiten, Schlüsselfragen unter uns dreien zu besprechen. Wenn einer von uns auf Reisen war, trafen sich die beiden anderen, gewöhnlich im Ward Room, aber oft auch im Außenministerium oder im Pentagon.

Als Mattis und ich fertig waren, nahm er mich mit zu einem Treffen mit Joe Dunford, dem Vorsitzenden der Joint Chiefs of Staff[35], dessen Amtszeit bis September 2019 dauern würde. Ich erinnerte Dunford an seine Äußerungen zur nordkoreanischen Atomfrage auf dem Aspen-Sicherheitsforum im Sommer 2018:

> Viele Menschen haben die militärischen Optionen mit Worten wie »unvorstellbar« beschrieben. Ich würde das wahrscheinlich ein wenig abändern und sagen, es wäre schrecklich und es wäre ein Verlust an Menschenleben, wie wir ihn noch nie in unserem Leben erlebt haben, und ich meine, jeder, der seit dem Zweiten Weltkrieg am Leben ist, hat noch nie einen Verlust an Menschenleben gesehen, wie er bei einem Konflikt auf der koreanischen Halbinsel eintreten könnte. Aber wie ich meinen Kollegen, Freunden wie Feinden, gesagt habe, ist es nicht unvorstellbar, militärische Optionen zu haben, um auf Nordkoreas Atomkapazität zu reagieren. Für mich unvorstellbar ist es, den Einschlag von Atomwaffen in Denver, Colorado, zuzulassen. Meine Aufgabe wird es sein, militärische Optionen zu entwickeln, um sicherzustellen, dass dies nicht geschieht.[36]

Dunford schien überrascht, dass ich von seinen Bemerkungen wusste, und wir führten eine gute Diskussion. Dunford hatte den Ruf eines hervorragenden Militäroffiziers, und ich hatte keinen Grund, dies damals oder später anzuzweifeln.

Einige Tage später sprach ich mit Mike Pompeo bei der CIA über Mattis' Idee des Frühstücks zu dritt, womit er einverstanden war. Er und ich hatten bereits eine Reihe von E-Mails ausgetauscht. In einer davon hatte er geschrieben: »Ich freue mich wirklich darauf, als Mitbegründer des Kriegskabinetts die Arbeit aufzunehmen. Ich werde Sen. Paul Ihre

Grüße übermitteln.« Ich hatte auch Gelegenheit, seine Stellvertreterin und voraussichtliche Nachfolgerin, Gina Haspel, zu treffen.

Ich hatte Trump während seiner fast fünfzehnmonatigen Amtszeit genau beobachtet und machte mir keine Illusionen, dass ich ihn ändern konnte. Jegliche »Modelle« für den Nationalen Sicherheitsrat hätten vielleicht akademisch fundiert sein können, sie konnten aber nichts bewegen, wenn sie sich einfach im luftleeren Raum drehten, losgelöst waren, sich selbst bewunderten und von den Medien gelobt wurden, aber beim amtierenden Präsidenten keine wirkliche Reaktion auslösten. Ich war entschlossen, einen disziplinierten, gründlichen Prozess durchzuführen, aber ich würde meine Leistung danach beurteilen, wie sie die Politik tatsächlich formte, und nicht danach, wie Außenstehende sie mit früheren Regierungen verglichen.

Aus dieser Analyse ergaben sich mehrere Entscheidungen. Erstens war das NSC-Personal (etwa 430 Personen, als ich ankam, 350, als ich ging) keine Denkfabrik. Ihr Produkt waren keine Diskussionsgruppen und Stabspapiere, sondern eine effektive Entscheidungsfindung. Die Organisation sollte einfach und direkt sein. Ich plante, viele doppelte, sich überschneidende Strukturen und Mitarbeiter zu beseitigen. Da Trump mir die volle Befugnis über Einstellung und Entlassung von Personal übertragen hatte, handelte ich schnell und entschlossen und benannte unter anderem nur einen stellvertretenden Nationalen Sicherheitsberater statt mehrerer, um die Effizienz des Personals des Nationalen Sicherheitsrats zu stärken und zu vereinfachen. Diese entscheidende Rolle besetzte ich zunächst mit Mira Ricardel, einer erfahrenen Verteidigungsexpertin, die langjährige Tätigkeit im Regierungsdienst und als leitende Führungskraft bei Boeing vorzuweisen hatte, und später mit Dr. Charles Kupperman, einem Verteidigungsexperten mit ähnlichen Referenzen (einschließlich Boeing!). Sie waren beide starke Persönlichkeiten – das mussten sie auch sein.

Am Samstag vor Ostern, um 18.30 Uhr, führte ich ein etwas bizarres Gespräch mit Trump. Er redete fast die ganze Zeit über alles mögliche, angefangen mit »Rex war schrecklich«, und erklärte dann, warum, wobei er sich auf die Entscheidung konzentrierte, 200 Millionen Dollar für den syrischen Wiederaufbau bereitzustellen. Trump gefiel das nicht: »Ich will unser Land aufbauen, nicht andere Länder.« Als ehemaliger Mitarbeiter der Behörde der Vereinigten Staaten für internationale Entwicklung unterstützte ich die Nutzung der US-Auslandshilfe zur Förderung nationaler Sicherheitsziele, aber ich wusste auch, dass solche Bemühungen sowohl Schwächen als auch Stärken aufwiesen. Ich versuchte, auch einmal zu Wort zu kommen, aber Trump war nicht zu stoppen und sagte in regelmäßigen Abständen: »Ich weiß, dass Sie das verstehen.« Dann sagte er: »Sie haben da unten viele geheime Informanten. Sie können jeden loswerden, den Sie wollen«, worauf ich mich bereits vorbereitete. Schließlich beendeten wir das Gespräch und sagten beide: »Frohe Ostern.«

Am Ostermontag rief Trump erneut an. Ich fragte: »Wie läuft das Ostereierschieben, Mr. President?« »Großartig«, sagte er, während Sarah Sanders, ihre Kinder und andere im Oval ein- und ausgingen, und fiel dann wieder in seinen Monolog vom Samstagabend: »Ich will aus diesen schrecklichen Kriegen [im Nahen Osten] raus.« – »Wir töten den IS für Länder, die unsere Feinde sind«, womit er vermutlich Russland, Iran und Assads Syrien meinte. Er sagte, seine Berater seien in zwei Kategorien unterteilt: diejenigen, die »für immer« und diejenigen, die »eine Weile« bleiben wollten. Im Gegensatz dazu sagte Trump: »Ich will überhaupt nicht bleiben. Ich mag die Kurden nicht. Sie sind vor den Irakern geflohen, sie sind vor den Türken geflohen, sie fliehen nur nicht, wenn wir überall um sie herum mit F-18ern bombardieren.« Er fragte: »Was sollen wir tun?« Ich dachte, das Ostereierschieben sei vielleicht nicht der beste Zeitpunkt, um über die Nahost-Strategie zu diskutieren, und sagte, ich wartete immer noch darauf, meine vorläufige Sicherheitsfreigabe zu erhalten. Pompeo, der im Oval angekommen war, sagte: »Geben Sie John und mir ein wenig Zeit«, bevor er von weiteren Kindern und Eltern unterbrochen wurde, die hindurchschlenderten. Es war ziemlich eindeutig, dass Trump sich aus Syrien zurückziehen wollte, und tatsächlich äußerte er bei einer NSC-Sitzung am nächsten Tag (siehe Kapitel 2) genau diese Gedanken. Dennoch blieb noch viel zu entscheiden, was mich zuversichtlich stimmte, dass wir die Interessen der USA schützen konnten, während sich der Kampf für die Zerstörung des territorialen Kalifats des IS einem erfolgreichen Abschluss näherte.

Am Freitag, dem 6. April, kurz vor dem Wochenende vor meinem ersten offiziellen Arbeitstag, traf ich mich erneut mit Kelly und einigen anderen, um die Arbeitsweise im West Wing zu besprechen. Ich erläuterte einige der von mir geplanten personellen Veränderungen im NSC und die von mir beabsichtigten Reorganisationen. Ich hatte von Trump die Befugnis zur Umsetzung dieser Dinge erhalten, aber es machte mir nichts aus, Kelly im Voraus zu informieren. Er verbrachte den Rest des Treffens, das eine Stunde dauerte, damit, zu erläutern, wie Trump sich in den Sitzungen und bei Telefongesprächen verhielt. Der Präsident habe eine »sehr grobe Ausdrucksweise«, sagte Kelly, was zutraf, »und natürlich hat er dazu auch das Recht«, was ebenfalls zutraf. Trump verachtete beide Bush-Präsidenten und ihre Regierungen, weshalb ich mich fragte, ob er meine fast zehn Jahre Dienst unter diesen Präsidentschaften übersehen hatte. Und Trump änderte seine Meinung ständig. Als ich das alles hörte, fragte ich mich, wie nahe Kelly dran war, einfach zu gehen. Kelly schloss mit den liebenswürdigen Worten: »Ich bin froh, dass Sie hier sind, John. Der Präsident hat seit einem Jahr keinen Nationalen Sicherheitsberater mehr, und er braucht einen.«

Ich verbrachte das Wochenende damit, geheimes Informationsmaterial zu lesen und mich auch anderweitig auf den 9. April vorzubereiten. Aber wie das nächste Kapitel zeigen wird, kam die Syrienkrise unangekündigt und unerwartet, wie vieles in den nächsten siebzehn Monaten. Acheson schrieb über Roosevelts Austausch von Cordell Hull als Außenminister durch Edward Stettinius, was die Presse zu Spekulationen veranlasst hatte, dass Roosevelt »weiterhin ... sein eigener Außenminister sein würde«. Acheson hatte eine feste Meinung: »Der Präsident kann nicht Außenminister sein; es liegt in der Natur beider Positionen, dass dies grundsätzlich unmöglich ist. Was er tun kann, und oft mit unglücklichen Ergebnissen getan hat, ist zu verhindern, dass ein anderer Außenminister wird.«[37] Obwohl er nicht das Amt des Nationalen Sicherheitsberaters meinte, war Achesons Erkenntnis tiefgreifend. Vielleicht ist es das, was Kelly mir mit seinem letzten Kommentar sagen wollte, bevor ich anfing. Und wie Condi Rice einmal viel später zu mir sagte: »Der Außenminister ist der beste Job in der Regierung, und der Nationale Sicherheitsberater ist der schwerste.« Ich bin sicher, dass sie recht hat.

KAPITEL 2

MORD RUFEN UND DES KRIEGES HUND' ENTFESSELN

Am Samstag, dem 7. April 2018, griffen syrische Streitkräfte unter Einsatz von Chemiewaffen die Stadt Douma im Südwesten Syriens und andere nahe gelegene Orte an. Ersten Berichten zufolge wurden vielleicht ein Dutzend Menschen getötet und Hunderte verletzt, darunter auch Kinder, von denen einige aufgrund der gefährlichen Chemikalien schwer erkrankt waren.[1] Chlor war wahrscheinlich das Basismaterial für die Waffen, aber es gab Behauptungen über Saringas-Aktivität und mögliche andere Chemikalien.[2] Ein Jahr zuvor, am 4. April 2017, hatte das Regime von Baschar al-Assad in Chan Schaichun im Nordwesten Syriens chemische Waffen, darunter Sarin, in ähnlicher Weise eingesetzt. Nur drei Tage später reagierten die Vereinigten Staaten mit Nachdruck und schossen neunundfünfzig Marschflugkörper auf den Ort, von dem vermutlich der syrische Angriff ausgegangen war.[3]

Die Diktatur Syriens hatte offensichtlich ihre Lektion nicht gelernt. Abschreckungsmaßnahmen waren gescheitert, und nun ging es darum, wie man angemessen reagieren sollte. Ein Jahr nach Chan Schaichun war unsere Syrienpolitik leider noch immer in Unordnung, da keine Einigung über grundlegende Ziele und Strategien erzielt werden konnte.[4] Jetzt war sie wieder in der Krise. Eine Reaktion auf diesen jüngsten syrischen Chemiewaffenangriff war dringend erforderlich, aber wir brauchten auch dringend konzeptionelle Klarheit darüber, wie wir die amerikanischen Interessen langfristig vorantreiben konnten. Ein NSC-Treffen, das in der Woche vor Douma stattfand, wies jedoch genau in die entgegengesetzte Richtung: zum Rückzug der USA aus Syrien. Ein Rückzug würde das Risiko mit sich bringen, selbst jene begrenzten Errungenschaften zu verlieren, die unter Barack Obamas schlecht konzipierter Syrien-Irak-Politik erzielt worden waren, und damit die Gefahren, die sein Ansatz gefördert hatte, noch zu verschärfen. Die Verantwortung für dieses politische Durcheinander lag ein Jahr nach Chan Schaichun an jenem symbolträchtigen Ort, auf den am Ende immer alles ankommt: am Resolute Desk im Oval Office.

Am 8. April gegen neun Uhr morgens twitterte Donald J. Trump, Präsident der Vereinigten Staaten von Amerika, in seinem persönlichen Stil und im Stil unserer Zeit:

> Viele Tote, darunter Frauen und Kinder, bei sinnlosem CHEMIKALIEN-Angriff in Syrien. Gebiet der Gräueltaten ist abgeriegelt und von syrischer Armee umzingelt, damit für die Außenwelt völlig unzugänglich. Präsident Putin, Russland und Iran sind für die Unterstützung des Tiers Assad verantwortlich. Großer Preis …
>
> … zu bezahlen. Bereich sofort für medizinische Hilfe und Überprüfung öffnen. Eine weitere humanitäre Katastrophe ohne jeglichen Grund. KRANK!

Minuten später twitterte er erneut:

> Hätte Präsident Obama seine sogenannte Rote Linie im Sand überschritten, hätte die syrische Katastrophe längst ein Ende gehabt! Das Tier Assad wäre Geschichte gewesen!

Dies waren klare, eindringliche Aussagen, aber Trump twitterte, bevor er sein nationales Sicherheitsteam konsultierte. Generalleutnant H.R. McMaster, mein Vorgänger als Nationaler Sicherheitsberater, hatte am Freitagnachmittag das Weiße Haus verlassen, und ich fing erst am Montag an. Als ich versuchte, eine Besprechung am Sonntag zu organisieren, wurde dies von den Anwälten des Weißen Hauses blockiert, weil ich erst am Montag offizieller Regierungsmitarbeiter werden würde. Das gab dem Wort »Frustration« eine neue Bedeutung.

Trump rief mich Sonntagnachmittag an, und wir (hauptsächlich er) redeten zwanzig Minuten lang. Er sinnierte darüber, dass es schwierig sei, auf dem richtigen Weg aus dem Nahen Osten herauszukommen, ein Thema, das er während des Anrufs wiederholt zur Sprache brachte, durchsetzt mit Abschweifungen über Handelskriege und Zölle. Trump sagte, er habe gerade Jack Keane (Vier-Sterne-General und ehemaliger stellvertretender Stabschef der Armee) auf Fox News gesehen und ihm gefalle dessen Idee, die fünf wichtigsten Militärflugplätze Syriens zu zerstören und damit im Wesentlichen Assads gesamte Luftwaffe auszuschalten. Trump sagte: »Meine Ehre steht auf dem Spiel« und erinnerte mich an Thukydides' berühmte Feststellung, dass »Furcht, Ehre und Interesse« die Haupttriebkräfte der internationalen Politik und letztlich des Krieges sind. Der französische Präsident Emmanuel Macron hatte bereits angerufen, um zu sagen, dass Frankreich eine Beteiligung an einer militärischen Reaktion unter Führung der USA stark in Erwägung ziehe.[5] Zuvor hatte mir der Schwiegersohn des Präsidenten, Jared Kushner, erzählt, dass der britische Außenminister Boris Johnson ihn angerufen habe, um im Wesentlichen die gleiche Botschaft aus London zu überbringen. Diese prompten Zusicherungen der Unterstützung waren ermutigend. Warum ein Außenminister jedoch Kushner anrief, musste in den kommenden Tagen angesprochen werden.

Trump fragte nach einem NSC-Mitarbeiter, den ich zu entlassen gedachte und der seit den frühesten Tagen seines Präsidentschaftswahlkampfes zu seinen Anhängern gehört hatte. Er war nicht überrascht, als ich ihm sagte, diese Person sei Teil des »Informanten-Problems«, und er fuhr fort: »Zu viele Leute wissen zu viele Dinge.« Dies verdeutlichte mein drängendstes Managementproblem: Ich musste die Syrien-Krise bewältigen und gleichzeitig die NSC-Mitarbeiter auf eine gemeinsame Zielrichtung umorientieren, ein bisschen so, als würde man beim Eishockey spontan die Stürmer auswechseln. Dies war nicht die Zeit für beschauliches Nachdenken, sonst würden uns die Ereignisse überholen.

Am Sonntag konnte ich den NSC-Mitarbeitern nur »vorschlagen«, nichts unversucht zu lassen, um alles über das Vorgehen des Assad-Regimes herauszufinden (und ob weitere Angriffe wahrscheinlich waren), und Optionen für mögliche Reaktionen der USA zu entwickeln. Ich berief für Montagmorgen um 6.45 Uhr eine Sitzung des NSC-Stabs ein, um zu sehen, wo wir standen und welche Rolle Russland und der Iran möglicherweise gespielt hatten. Wir brauchten Entscheidungen, die sich in ein größeres Bild der Region Syrien/Irak nach dem Ende des IS einfügten, anstatt als Reaktion einfach nur draufzuhauen.

Kurz vor sechs Uhr morgens verließ ich mit dem mir neu zugeteilten Schutztrupp des Secret Service das Haus, und wir fuhren in zwei silberfarbenen SUVs zum Weißen Haus. Als ich im West Wing ankam, sah ich, dass Stabschef John Kelly bereits in seinem Büro im ersten Stock an der südwestlichen Ecke war, auf demselben Korridor wie mein Büro, das sich an der nordwestlichen Ecke befand, also schaute ich kurz bei ihm hinein, um Hallo zu sagen. In den folgenden acht Monaten, vorausgesetzt, wir waren in der Stadt, kamen wir beide normalerweise gegen sechs Uhr morgens an, was eine ausgezeichnete Zeit war, um sich bei Tagesanbruch miteinander abzustimmen. Das Treffen der fünfundvierzig NSC-Mitarbeiter bestätigte meine – und offenbar auch Trumps – Überzeugung, dass der Angriff auf Douma eine starke, kurzfristige militärische Reaktion erforderte. Die USA lehnten den Einsatz von Massenvernichtungswaffen – nuklearer, chemischer und biologischer Art – generell ab, da dies gegen unser nationales Interesse verstieß. Ob in den Händen von strategischen Gegnern, Schurkenstaaten oder Terroristen, Massenvernichtungswaffen gefährdeten das amerikanische Volk und unsere Verbündeten.

Eine entscheidende Frage in der anschließenden Debatte war, ob die Wiederaufnahme von Abschreckungsmaßnahmen gegen den Einsatz von Massenvernichtungswaffen zwangsläufig eine stärkere Beteiligung der USA am syrischen Bürgerkrieg bedeutete. Das tat sie nicht. Unser wesentliches Interesse gegen Chemiewaffen-Angriffe konnte gerechtfertigt werden, ohne Assad zu stürzen, trotz der Befürchtungen sowohl derjenigen, die ein energisches Vorgehen gegen sein Regime wollten, als auch derjenigen, die dies nicht wollten. Militärische Gewalt war gerechtfertigt, um Assad und viele andere davon abzuhalten, in Zukunft chemische (oder nukleare oder biologische) Waffen einzusetzen. Aus unserer Sicht war Syrien ein strategischer Nebenschauplatz, und wer dort regierte, sollte uns nicht vom Iran, der wahren Bedrohung, ablenken.

Um 8.05 Uhr rief ich Verteidigungsminister Jim Mattis an. Er hielt Russland für unser eigentliches Problem und verwies auf Obamas unkluge Vereinbarung mit Putin im Jahr 2014 darüber, Syriens Chemiewaffenkapazitäten zu »eliminieren«, was offensichtlich nicht geschehen war.[6] Hier waren wir also wieder. Es überraschte nicht, dass Russland bereits Israel beschuldigte, hinter dem Angriff auf Douma zu stecken. Mattis und ich diskutierten mögliche Reaktionen auf den Angriff Syriens, und er sagte, er werde dem Präsidenten »leichte, mittlere und schwere« Optionen zur Prüfung vorlegen, was ich für den richtigen Ansatz hielt. Ich stellte fest, dass im Gegensatz zu 2017 sowohl Frankreich als auch Großbritannien erwogen, sich einer Gegenmaßnahme anzuschließen, was, wie wir uns einig waren, ein Pluspunkt war. Am Telefon hatte ich den Eindruck, dass Mattis aus einem vorbereiteten Text vorlas.

Später rief mich der Nationale Sicherheitsberater Großbritanniens, Sir Mark Sedwill, an, um an Johnsons Anruf bei Kushner anzuschließen.[7] Es war mehr als symbolisch, dass Sedwill mein erster Anrufer aus dem Ausland war. Dass sich unsere Verbündeten stärker auf unsere wichtigsten außen- und verteidigungspolitischen Ziele ausrichteten, stärkte unsere Position in entscheidender Weise und war eines meiner wichtigsten politischen Ziele. Sedwill sagte, die Abschreckung sei offensichtlich fehlgeschlagen, und Assad sei »geschickter darin geworden, seinen Einsatz [von chemischen Waffen] zu verbergen«. Ich schlussfolgerte aus dem Gespräch mit Sedwill, dass Großbritannien wahrscheinlich die Position vertrat, sicherzustellen, dass unser nächster Einsatz von Gewalt sowohl militärisch als auch politisch wirksam war, folglich Assads Chemiewaffenkapazitäten zerschlug und eine Atmosphäre der Abschreckung wiederherstellte. Das erschien mir richtig. Ich nahm mir auch einen Moment Zeit, um das Atomabkommen mit dem Iran aus dem Jahr 2015 zur Sprache zu bringen, sogar inmitten der Syrienkrise, und betonte dabei die Wahrscheinlichkeit, dass sich Amerika aufgrund meiner vielen Gespräche mit Trump jetzt wirklich daraus zurückziehen würde. Ich betonte, dass Trump keine endgültige Entscheidung getroffen hatte, wir jedoch überlegen mussten, wie wir den Iran nach einem Rückzug der USA zügeln und die transatlantische Einheit bewahren konnten. Sedwill war zweifellos überrascht, das zu hören. Weder er noch andere Europäer hatten es zuvor von der Regierung gehört, da sich Trumps Berater vor meiner Ankunft fast einheitlich gegen einen Rückzug gesträubt hatten. Er nahm die Information stoisch auf und sagte, wir sollten dieses Gespräch fortsetzen, sobald die unmittelbare Krise gelöst sei.

Um zehn Uhr morgens ging ich hinunter in den Komplex des Situation Room zur geplanten Sitzung des Hauptausschusses des Nationalen Sicherheitsrats, eine Versammlung auf Kabinettsebene. (Alte Hasen nennen diesen Bereich »Sit Room«, aber Millennials nennen ihn »Whizzer«, wegen der Initialen »WHSR«, »White House Situation Room«.) Er war seit meiner letzten Sitzung dort im Jahr 2006 vollständig renoviert und deutlich verbessert worden. (Aus Gründen der Sicherheit wie auch der Effizienz habe ich später eine weitere umfangreiche Renovierung in Angriff genommen, die im September 2019 begann). Normalerweise führte ich den Vorsitz im Hauptausschuss, aber der Vizepräsident beschloss dies zu tun, da er vielleicht dachte, dass mir das an meinem ersten Tag helfen würde. Auf jeden Fall leitete ich die Diskussion, wie es üblich war, und das Thema tauchte nie wieder auf. In dieser ersten, einstündigen Sitzung konnten die verschiedenen Abteilungen ihre Ideen zum weiteren Vorgehen darlegen. Ich betonte, dass unser zentrales Ziel darin bestand, Assad für den Einsatz chemischer Waffen teuer bezahlen zu lassen und Strukturen der Abschreckung wiederaufzubauen, damit das nicht wieder vorkam. Wir brauchten politische und wirtschaftliche Schritte sowie einen Militärschlag, um zu zeigen, dass wir eine umfassende Strategie hatten und eine potenzielle Koalition mit Großbritannien und Frankreich bildeten. (Militärplaner Großbritanniens, der USA und Frankreichs führten bereits entsprechende Gespräche.[8]) Wir mussten nicht nur die unmittelbare Reaktion, sondern auch die Frage erwägen, was Syrien, Russland und der Iran vielleicht als Nächstes tun würden. Wir diskutierten ausführlich darüber, was wir über den Angriff Syriens wussten und was nicht, und wie wir mehr darüber in Erfahrung bringen konnten, was geschehen war, insbesondere, ob es sich um das Nervengas Sarin oder nur um Mittel auf Chlorbasis handelte. An dieser Stelle wiederholte Mattis fast wortwörtlich seine früheren Kommentare, darunter auch, dass das Pentagon eine Palette an Optionen von mittel bis schwer anbieten würde.

Die weitere Arbeit zum Thema Syrien, ganz zu schweigen vom Ausfüllen weiterer Regierungsformulare, zog sich hin bis ein Uhr nachmittags, als ich ins Oval gerufen wurde. UN-Botschafterin Nikki Haley (die über sichere Telekommunikation von New York aus an der Sitzung des Hauptausschusses teilgenommen hatte) war am Telefon und fragte mich, was sie am Nachmittag im Sicherheitsrat sagen sollte. Dies war anscheinend ihre normale Art, zu lernen, was sie im Rat zu tun hatte, völlig außerhalb des regulären NSC-Prozesses, was ich erstaunlich fand. Als ehemaliger UN-Botschafter hatte ich mich über Haleys losgelöste Arbeit in New York im vergangenen Jahr und darüber hinaus gewundert; jetzt sah ich, wie sie in Wirklichkeit funktionierte. Ich war sicher, dass Mike Pompeo und ich dieses Thema nach seiner Bestätigung als Außenminister diskutieren würden. Der Anruf begann jedoch damit, dass Trump fragte, warum der ehemalige Außenminister Rex Tillerson vor seinem Ausscheiden aus dem Amt 500 Millionen Dollar an Wirtschaftshilfe für Afrika bewilligt hatte. Ich vermutete, dass dies der Betrag war, der vom Kongress im Laufe des Bewilligungsverfahrens genehmigt wurde, sagte aber, dass ich das überprüfen würde. Trump bat mich auch, eine Nachrichtenmeldung über den Kauf russischer S-400-Luftabwehrsysteme durch Indien zu prüfen, weil Indien zufolge die S-400 besser sei als Amerikas Patriot-Verteidigungssystem. Dann kamen wir auf Syrien zu sprechen. Trump meinte, Haley solle im Grunde sagen: »Sie haben die Worte des Präsidenten [über Twitter] gehört, und Sie sollten zuhören.« Ich schlug vor, dass Haley und die Botschafter Großbritanniens und Frankreichs nach der Sitzung des Sicherheitsrates vor der Ratskammer gemeinsam zur Presse sprechen sollten, um geschlossen aufzutreten. Ich hatte das schon oft getan, aber Haley lehnte ab und zog es vor, dass Fotos von ihr allein gemacht wurden, wie sie die Erklärung der USA vor dem Sicherheitsrat abgab. Das fand ich aufschlussreich.

Am Nachmittag traf ich mich mit NSC-Mitarbeitern, die sich mit der iranischen Atomwaffenfrage befassten, und bat sie, sich darauf vorzubereiten, den Ausstieg aus dem 2015er Abkommen innerhalb eines Monats vorzubereiten. Für Trump musste die Option bereitstehen, wenn er sich entschied, vom Abkommen zurückzutreten, und ich wollte sichergehen, dass er sie hatte. Es war ausgeschlossen, dass weitere Verhandlungen mit Großbritannien, Frankreich und Deutschland das Abkommen »in Ordnung bringen« würden; wir mussten uns zurückziehen und eine wirksame Folgestrategie entwickeln, um Irans Streben nach lieferbaren Atomwaffen zu blockieren. Was ich sagte, konnte nicht überraschend gewesen sein, da ich das alles schon viele Male öffentlich gesagt hatte, aber ich konnte förmlich spüren, wie die Luft aus den NSC-Mitarbeitern wich, die bis dahin fieberhaft daran gearbeitet hatten, das Abkommen zu retten.

Um 16.45 Uhr war ich wieder im Oval zum geplanten Anruf zwischen Trump und Macron.[9] Normalerweise war ich bei den Telefongesprächen des Präsidenten mit ausländischen Führungspersönlichkeiten dabei, was schon lange gängige Praxis war. Macron bekräftigte, wie er es auch öffentlich tat, die Absicht Frankreichs, gemeinsam auf die Chemiewaffenangriffe zu reagieren (was er im Nachhinein tatsächlich als seine Idee ausgab!).[10] Er erwähnte den Wunsch der britischen Premierministerin Theresa May, bald zu handeln, und brachte auch den Angriff auf den syrischen Luftwaffenstützpunkt Tiyas zur Sprache, der eine iranische Einrichtung beherbergte, sowie die Gefahr eines iranischen Gegenangriffs, selbst wenn wir unsere eigenen Operationen planten.[11] Später sprach ich mit Philippe Étienne, meinem französischen Amtskollegen und dem diplomatischen Berater Macrons, um die Durchführung der Trump-Macron-Gespräche zu koordinieren.

Während ich zuhörte, wurde mir klar, dass Trump nicht außer Landes sein konnte, wenn noch bis zum Wochenende eine militärische Aktion beginnen sollte, was wahrscheinlich erschien.[12] Als der Anruf beendet war, schlug ich vor, dass er den für diesen Zeitpunkt geplanten Amerika-Gipfel in Peru auslassen und Pence an seiner Stelle teilnehmen sollte. Trump stimmte dem zu und sagte mir, ich solle das mit Pence und Kelly koordinieren. Als ich das an Kelly weiterleitete, stöhnte er angesichts der bereits getroffenen Vorbereitungen. Ich antwortete: »Hassen Sie mich nicht schon an meinem ersten Tag«, und er stimmte mir zu, dass ein Austausch wahrscheinlich unvermeidlich sei. Ich ging in das Büro des Vizepräsidenten, das zwischen meinem Büro und dem von Kelly lag, um die Situation zu erklären. Während wir uns unterhielten, kam Kelly herein und sagte, das FBI habe die Büros von Michael Cohen durchsucht, einem Trump-Anwalt, der hauptsächlich Geheimhaltungsvereinbarungen mit Leuten wie Stormy Daniels »einfädelte«, nicht gerade hohe Staatsangelegenheiten. Trotzdem kam den ganzen Rest der Woche die Cohen Frage nie zur Sprache, obwohl ich einiges an Zeit mit Trump verbrachte. Wenn ich anwesend war, gab es nicht den geringsten Hinweis darauf, dass Trump sich in Gedanken mit Cohen beschäftigte, außer wenn er auf die unaufhörlichen Presseanfragen antwortete.

Am Montagabend lud Trump zum halbjährlichen Abendessen mit den Joint Chiefs of Staff und den Kampfkommandeuren des Militärs ein, um bedeutsame Angelegenheiten zu erörtern. Da sie so alle an einem Ort versammelt waren, bot sich auch die Gelegenheit, ihre Ansichten zu Syrien zu hören. Wäre mein erster Tag nicht derart von der Syrienkrise überschattet gewesen, hätte ich versucht, jeden von ihnen einzeln zu treffen, um dessen jeweiligen Aufgabenbereich zu besprechen. Das würde nun warten müssen.

Am nächsten Tag, um 8.30 Uhr, sprach ich erneut mit Sedwill, um das Telefongespräch zwischen May und Trump vorzubereiten, das kurz darauf stattfinden sollte. Sedwill drängte wieder auf die Frage nach dem Zeitpunkt, und ich fragte mich, ob der innenpolitische Druck in Großbritannien May belastete, angesichts der Tatsache, dass das Parlament am 16. April wieder in die Sitzungsperiode eintreten würde. Dass es dem ehemaligen Premierminister David Cameron nicht gelungen war, die Zustimmung des Unterhauses für einen Angriff auf Syrien zu erhalten, nachdem das Assad-Regime die »rote Linie« Obamas in Bezug auf chemische Waffen überschritten hatte, beunruhigte mich als Präzedenzfall. Natürlich war ich der Ansicht, dass dieses Risiko beseitigt wäre, wenn wir handelten, bevor das Parlament wieder zusammenkam.[13] Sedwill war auch erfreut zu hören, dass das Pentagon eher an eine schwerere als an eine leichtere Lösung dachte, was eine militärische Antwort anging – dies entsprach der Präferenz Großbritanniens –, und auch bei dem Streben nach einem breiteren konzeptionellen Rahmen für Syrien. Als May und Trump sprachen, schloss sie sich den Bemerkungen Sedwills über die Notwendigkeit umgehenden Handelns an.[14] Während des gesamten Telefonats wirkte Trump gelöst, obwohl es klar war, dass er May nicht mochte, ein Gefühl, das offenbar auf Gegenseitigkeit beruhte. Im Laufe der Woche sprach ich auch häufig mit meinem israelischen Amtskollegen Meir Ben-Shabbat über Berichte bezüglich eines Luftangriffes auf den syrischen Luftwaffenstützpunkt Tiyas und über die höchst bedrohliche Präsenz des Iran in Syrien.[15]

Im Laufe der Woche kamen immer mehr Informationen über die Angriffe herein, und ich verbrachte viel Zeit damit, diese Daten sowie Unmengen von Verschlusssachen über den Rest der Welt durchzusehen. Meine Praxis in früheren Regierungsämtern war es immer gewesen, mir so viele Informationen wie möglich zu Gemüte zu führen. Ich mochte Analysen oder Schlussfolgerungen zustimmen oder nicht, aber ich war immer bereit, mehr Informationen aufzunehmen. Der Beweis für den Einsatz chemischer Waffen durch das Assad-Regime wurde in der öffentlichen Berichterstattung immer deutlicher, obwohl linke Kommentatoren und sogar einige auf Fox sagten, es gäbe keine Beweise. Sie irrten sich.

Die zweite Sitzung des Hauptausschusses zu Syrien, die um 13.30 Uhr einberufen wurde, bestand wiederum weitgehend aus der Berichterstattung der verschiedenen Behörden über deren fortlaufende Planung und Aktivitäten, die alle auf starke Gegenmaßnahmen ausgerichtet waren. Mir wurde bald klar, dass Mattis unser größtes Problem war. Er hatte bisher keinerlei Zieloptionen vorgelegt, weder für den NSC noch für Don McGahn, den Rechtsberater des Weißen Hauses, der eine Stellungnahme über die Legalität dessen, was Trump letztendlich entschied, verfassen musste. Aus langer, unglücklicher Erfahrung wusste ich, was hier vor sich ging. Mattis wusste, wo er Trump militärisch haben wollte, und er wusste auch, dass die Wahrscheinlichkeit, dass sich seine Meinung durchsetzen würde, dadurch maximiert werden konnte, dass anderen, die ein legitimes Recht auf Einflussnahme hatten, Informationen vorenthalten wurden. Es war die einfache Wahrheit, dass die Taktik, mit der ein kluger Bürokrat wie Mattis seinen Willen durchsetzen konnte, darin bestand, bis zur letzten Minute keine Optionen zu präsentieren, sicherzustellen, dass diese Optionen in der »richtigen« Richtung verfälscht wurden, und dann so lange wie möglich die eigene Meinung anzupreisen, Prozesse zu verzögern und Fakten zu verschleiern. Die Sitzung des Hauptausschusses endete ergebnislos, obwohl Mattis am Ende nach einem kleinen Aufbrausen am Tisch des Sit Room McGahn etwas nachgab. Ich war fest entschlossen, dass diese Verschleppungstaktik nicht aufgehen würde, aber Mattis war bereits mittendrin. Ich war nicht der Meinung, dass er die Grenze schon überschritten hatte, aber er befand sich genau auf ihr, wie ich zu Pence und Kelly nach dem Treffen sagte.

Ab etwa drei Uhr nachmittags verbrachte ich ungefähr zwei Stunden im Oval, in einer »Sitzung«, die von einem Thema zum nächsten kam. Trump war besorgt über die Möglichkeit russischer Todesopfer in Syrien, angesichts der umfangreichen Militärpräsenz Russlands vor Ort, die während der Obama-Zeit dramatisch zugenommen hatte. Dies war eine berechtigte Sorge, der wir Rechnung trugen, indem wir den Vorsitzenden der Joint Chiefs of Staff, Joe Dunford, veranlassten, seinen russischen Amtskollegen, Waleri Gerassimow, anzurufen, um ihm zu versichern, dass sich jegliche von uns beschlossenen Maßnahmen nicht gegen russisches Personal oder russische Vermögenswerte richten würden.[16] Der Dunford-Gerassimow-Kanal war und blieb im Laufe der Zeit für beide Länder ein entscheidender Vorteil, der in vielen Fällen weitaus besser geeignet war als konventionelle diplomatische Kommunikation, um sicherzustellen, dass Washington und Moskau die jeweiligen Interessen und Absichten klar verstanden. Um 15.45 Uhr ging ein weiterer Trump-Macron-Aufruf durch, bei dem Macron auf sofortiges Handeln drängte und damit drohte, einseitig zu handeln, wenn wir zu lange zögerten; eine Behauptung, die er zuvor öffentlich gemacht hatte.[17] Dies war absurd und potenziell gefährlich; es war reine Selbstdarstellung, und Trump konnte die Franzosen schließlich zügeln. Macron hatte jedoch recht damit, rasches Handeln anzustreben, was gegen Trumps irrtümliche Neigung stand, langsam vorzugehen. Je schneller der Vergeltungsschlag erfolgte, desto klarer war die Botschaft an Assad und andere. Wir hatten immer noch keine Optionen vom Pentagon erhalten, und die beiden Staatsoberhäupter sprachen nicht über konkrete Angriffsziele. Dennoch schien es, als wäre Macron für die mittlere Option unter den Zielpaketen, wie auch immer diese ausfallen würde. Niedrig ist zu niedrig, sagte er, und hoch ist zu aggressiv. Ich hatte keine Ahnung, was er damit meinte, und fragte mich, ob er es wusste oder ob er sich nur aufspielen wollte.

Während ich Trump für ein späteres Gespräch mit dem türkischen Präsidenten Recep Tayyip Erdoğan informierte, betonte ich, dass wir die richtige Formel hatten: (1) eine potenzielle dreifache Angriffsoption mit Frankreich und Großbritannien, nicht nur ein einseitiger US-Schlag wie 2017; (2) eine umfassende Strategie, die politische und wirtschaftliche sowie militärische Mittel einsetzte, in Kombination mit effektiver Kommunikation, um zu erklären, was wir taten und warum wir es taten; und (3) nachhaltige – nicht nur einmalige – Bemühungen. Trump schien zufrieden. Er forderte mich auf: »Gehen Sie so oft ins Fernsehen, wie Sie wollen« und sagte: »Greifen Sie Obama an, so viel Sie wollen«, was er als »gute Sache« bezeichnete. Eigentlich wollte ich in dieser Woche keine Medieninterviews geben, und es gab genug andere Leute, die alles daran setzten, ins Fernsehen zu kommen, damit es dort ja keinen Mangel an Stimmen aus der Regierung gab.

Das Telefongespräch mit Erdoğan wurde zu einem Erlebnis. Wenn man ihm zuhörte (seine Äußerungen wurden immer gedolmetscht), klang er wie Mussolini, der von seinem Balkon in Rom sprach, nur dass Erdoğan in diesem Ton und in dieser Lautstärke über das Telefon sprach. Es war, als ob er uns eine Vorlesung halten würde, während er auf dem Resolute Desk stand. Erdoğan schien jede Verpflichtung zu einer Beteiligung am geplanten Militärschlag der USA vermeiden zu wollen, sagte aber, er werde in Kürze mit Putin sprechen.[18] Trump drängte Erdoğan hervorzuheben, dass wir uns bemühten, russische Opfer zu vermeiden. Am nächsten Tag, Donnerstag, rief Ibrahim Kalin, mein türkischer Amtskollege (und auch Erdoğans Pressesprecher, was eine interessante Kombination war), an, um über den Erdoğan-Putin-Anruf Bericht zu erstatten. Putin hatte betont, dass er keine weitere Konfrontation mit den Vereinigten Staaten wegen

Syrien wolle und dass alle mit gesundem Menschenverstand handeln sollten.[19]

Am Donnerstag um acht Uhr morgens rief Dunford zur Nachbesprechung seines Gesprächs mit Gerassimow vom Abend zuvor an. Nach der obligatorischen russischen Verteidigung des Assad-Regimes kam Gerassimow zur Sache und nahm Dunford ernst, als dieser betonte, dass es unsere Absicht sei, keine Russen ins Visier zu nehmen. Dunford charakterisierte Gerassimow als »sehr professionell, sehr gemessen«. Dunford und ich waren uns einig, dass dies ein positives Ergebnis war, was ich später am selben Morgen zusammen mit dem Telefonat zwischen Erdoğan und Putin an Trump weitergab.

Ich traf Trump und Pence um 13.30 Uhr in dem kleinen Speisesaal, den man vom Oval aus über einen kurzen Korridor erreichen konnte. Trump verbrachte viel Zeit in diesem Speisesaal, in dem ein Großbildfernseher an der Wand gegenüber seinem Stuhl hing, der für gewöhnlich auf Fox News eingestellt war. Hier befand sich üblicherweise seine Sammlung offizieller Papiere, Zeitungen und anderer Dokumente, und nicht auf dem Resolute Desk im Oval. Trump wollte die meisten US-Truppen aus Syrien abziehen und die arabischen Staaten davon überzeugen, mehr eigene Truppen dorthin zu entsenden und für die verbleibende US-Präsenz vor Ort zu bezahlen. Er sah diesen Ersatz der US-Streitkräfte durch arabische nicht als eine strategische Neuausrichtung, sondern als eine Möglichkeit, heimische Kritik an seinen immer unverblümteren öffentlichen Äußerungen über den Rückzug aus Syrien umzulenken. Ich sagte, ich würde der Sache nachgehen. Da an diesem Nachmittag ein vollständiges NSC-Treffen (was nur so bezeichnet wird, wenn der Präsident den Vorsitz führt) stattfinden sollte, sagte ich Trump auch, dass wir im Wesentlichen von Mattis erpresst wurden, was die Bandbreite der Zieloptionen anging. Trump schien beunruhigt, aber er gab keine wirkliche Richtung vor.

Der NSC kam um drei Uhr zur Sitzung im Sit Room zusammen, sie dauerte etwa fünfundsiebzig Minuten und endete ergebnislos. Die vom Pentagon vorgeschlagene Reaktion auf den Chemiewaffenangriff Syriens war weit schwächer, als sie hätte sein sollen, vor allem deshalb, weil Mattis die Optionen, die Trump präsentiert wurden, so angelegt hatte, dass diesem kaum eine echte Wahl blieb. Anstelle von drei Optionen (leicht, mittel und schwer) präsentierten Mattis und Dunford (der anscheinend nichts tat, was Mattis nicht wollte, der aber auch nicht sehr froh über die ganze Sache zu sein schien) fünf Optionen. Ich hatte diese Optionen erst einige Stunden vor der NSC-Sitzung gesehen, was eine wirklich fundierte Analyse durch die NSC-Mitarbeiter unmöglich machte. Am wenigsten hilfreich war, dass die fünf Optionen nicht in einer bestimmten Reihenfolge nach oben oder unten skaliert waren. Stattdessen wurden bei zweien das Risiko als »gering« und bei dreien als »hoch« erachtet. Nur eine Option wurde als »einsatzbereit« kategorisiert (eine der Optionen mit niedrigem Risiko), eine andere als »teilweise einsatzbereit« (die andere Option mit niedrigem Risiko). Darüber hinaus wurden selbst innerhalb der Alternativen die potenziellen Ziele auf unverständliche Weise miteinander kombiniert; eine Auswahl aus den verschiedenen Elementen der fünf Optionen hätte die Dinge noch verwirrender gemacht. Es handelte sich nicht um Optionen in einer verständlichen Größenordnung, sondern um eine Sammlung von Äpfeln, Birnen, Bananen, Trauben und Orangen, um »Inkommensurable«, wie nukleare Ziele bezeichnet wurden.

Angesichts der Notwendigkeit, bald zuzuschlagen, um zu zeigen, dass wir es ernst meinten, was Trump nun auch akzeptierte, ließ uns dies kaum eine oder gar keine Wahl, zumal uns Großbritannien und Frankreich, aus ihren jeweils eigenen Gründen, den Wunsch deutlich gemacht hatten, eher früher als später zuzuschlagen. Hätte Trump auf einer der »riskanteren Optionen« bestanden, wären noch einige weitere Tage verstrichen, und es war bereits fast eine ganze Woche seit dem Angriff Syriens vergangen. Wenn wir dem Zeitplan von 2017 folgten, musste der Vergeltungsschlag noch an diesem Tag stattfinden. Da Mattis zudem empfahl, nur Ziele anzugreifen, die mit chemischen Waffen in Verbindung standen, waren selbst die Optionen, nach denen Trump und andere gefragt hatten, nicht berücksichtigt worden. Darüber hinaus sagte Mattis vorbehaltslos, dass russische Todesopfer zu verursachen bedeutete, dass wir uns im Krieg mit Russland befänden, ungeachtet unserer Bemühungen, solche Opfer zu vermeiden, und ungeachtet des Gesprächs zwischen Dunford und Gerassimow. Beim Angriff mit Marschflugkörpern im April 2017 hatten die USA

Ziele auf einer Seite eines syrischen Militärflugplatzes getroffen, auf der sich keine Russen befanden, obwohl wir wussten, dass sich Russen in der Nähe einer anderen Startbahn desselben Flugplatzes aufhielten.[20] Niemand schien sich besonders um potenzielle iranische Opfer zu sorgen, obwohl sich sowohl Russen als auch Iraner zunehmend auf dem gesamten syrischen Territorium befanden, das von Assads Streitkräften gehalten wurde. Diese verstärkte ausländische Präsenz war zunehmend Teil des strategischen Problems im Nahen Osten, und das zu ignorieren ermöglichte Assad, sie als menschliche Schutzschilde zu benutzen. Mattis suchte nach Ausreden dafür, überhaupt nicht viel zu tun, aber er lag taktisch und strategisch falsch.

Obwohl Trump die ganze Woche über gesagt hatte, er wolle eine bedeutsame Reaktion, entschied er sich letzten Endes nicht für eine solche. Noch dazu verfehlte die Option, auf die seine endgültige Wahl fiel, den zentralen strategischen Punkt, was Mattis wissen musste. Der eigentliche Grund, warum wir im Sit Room waren, war, dass der US-Militärschlag 2017 keine Bedingungen geschaffen hatte, die für Assads Begriffe abschreckend genug waren, dass er nie wieder chemische Waffen einsetzte. Wir wussten, dass er chemische Waffen nicht nur ein paar Tage zuvor in Douma, sondern seit April 2017 auch in mehreren anderen Fällen eingesetzt hatte, und es gab andere mögliche Fälle, bei denen wir uns weniger sicher waren.[21] Der Angriff vom 7. April 2018 war schlicht der schlimmste von allen. Die Analyse im Jahr 2018 hätte lauten sollen: Wie groß müssen die Abschreckungsmaßnahmen sein, damit sie sich dieses Mal erfolgreich durchsetzen, wo wir doch beim letzten Mal gescheitert sind? Meiner Ansicht nach hätte dies unvermeidlich auch Angriffe einschließen müssen, die über die Einrichtungen hinausgingen, in denen das syrische Chemiewaffenprogramm untergebracht war. Wir hätten andere syrische Militäranlagen zerstören müssen, darunter Hauptquartiere, Flugzeuge und Hubschrauber (d.h. Ziele im Zusammenhang mit der Entscheidung, chemische Waffen und die Trägersysteme zum Abwurf der Bomben mit den Waffen selbst einzusetzen), und wir hätten auch das Regime selbst bedrohen müssen, etwa durch Angriffe auf Assads Paläste. Dies waren alles Punkte, die ich angesprochen habe, jedoch ohne Erfolg.

Dass wir es nachweislich versäumt haben, das Niveau unserer Reaktion zu erhöhen, garantierte praktisch, dass Assad, Russland und der Iran aufatmen konnten.

Mattis drängte unermüdlich auf seine harmlosen Optionen. Während Pence versuchte, mich zu unterstützen, stand Finanzminister Steven Mnuchin eindeutig hinter Mattis, obwohl er offensichtlich keine Ahnung hatte, wovon er sprach. Nikki Haley erklärte, dass ihr Mann in der Nationalgarde sei, weshalb wir versuchen sollten, militärische Verluste zu vermeiden. Als McGahn erneut mehr Informationen über die Ziele verlangte, weigerte sich Mattis rundheraus, diese zu liefern, obwohl McGahn sie nach wie vor nur für seine rechtliche Analyse forderte, nicht, um militärische Ziele zu wählen, was außerhalb seines Zuständigkeitsbereichs lag (ähnlich wie bei den Kommentaren von Mnuchin und Haley). Es war verblüffend. McGahn sagte mir später, er habe Mattis nicht direkt konfrontiert, weil er das Treffen nicht weiter stören wollte; später bekam er alles, was er für sein Rechtsgutachten brauchte. Das Beste, was wir sagen konnten, war, wie Dunford es formulierte, dass Trump beschlossen hatte, »das Herz der [syrischen Chemiewaffen-]Unternehmung« zu treffen. Wir würden mehr als doppelt so viele Raketen abfeuern wie 2017, und auf mehr physische Ziele.[22] Ob das jedoch mehr als die Zerstörung von ein paar weiteren Gebäuden zur Folge haben würde, war eine ganz andere Frage.

Selbst wenn sich der Präsident für den optimalen Militärschlag entschieden hätte, war der Prozess der Entscheidungsfindung so völlig inakzeptabel. Wir hatten einen klassischen bürokratischen Trick eines klassischen Bürokraten erlebt, der die Optionen und Informationen so strukturierte, dass nur seine Optionen akzeptabel wirkten, damit er seinen Willen durchsetzen konnte. Natürlich war es nicht hilfreich, dass Trump sich nicht klar war, was er wollte, wahllos von einer Frage zur nächsten sprang und generell die Bemühungen um eine kohärente Diskussion über die Folgen einer Entscheidung im Gegensatz zu einer anderen behinderte. Die Medien schilderten das Treffen, dessen Einzelheiten sofort durchgesickert waren, so, als hätte Mattis wegen seiner »Mäßigung« die Oberhand gewonnen. Tatsächlich lebte der Geist von Stonewall Jackson in Mattis und seinen Gefolgsleuten. (»Dort steht Jackson wie eine

Steinmauer«, wie die Konföderierten bei der Ersten Schlacht am Bull Run sagten.) Um ein besseres Ergebnis zu erzielen, wären jedoch mehr bürokratische Machtkämpfe und eine weitere Sitzung des NSC erforderlich gewesen, wodurch mehr wichtige Zeit verloren gegangen wäre. Das stand nicht zur Debatte, und Mattis wusste das. Tatsächlich hatte Syrien bereits Ausrüstung und Material von mehreren Zielen, die wir zu zerstören hofften, weggeschafft.[23] Ich war zufrieden, dass ich als ehrlicher Vermittler gehandelt hatte, aber Mattis hatte mit gezinkten Karten gespielt. Er wusste viel besser als ich, wic Trump in solchen Situationen reagierte. Wie McGahn mir während unserer sich überschneidenden Amtszeiten im Weißen Haus oft zuflüsterte, womit er den Kontrast zu unseren früheren Regierungserfahrungen wiedergab: »Das hier ist nicht die Bush-Regierung.«

Als das Treffen zu Ende ging, spürte ich, dass Trump einfach nur eine Entscheidung treffen und zum Oval zurückkehren wollte, wo er sich wohler fühlte und die Kontrolle hatte. Ich war von einem erfahrenen Bürokraten ausmanövriert worden. Ich war entschlossen, dass das nicht wieder vorkommen sollte. Was viel wichtiger war: Dem Land und dem Präsidenten war nicht gut gedient worden. Auch das sollte nicht wieder vorkommen. In den nächsten Monaten versuchte ich auf vielfältige Weise, die militärische Planung des Pentagon für ähnliche Eventualitäten aufzubrechen, um im Voraus mehr Informationen zu erhalten, die dazu beitragen sollten, den politisch-militärischen Entscheidungsprozess umfassender und beweglicher zu gestalten – manchmal gelang es mir, manchmal nicht.

Nachdem wir den Sit Room verlassen hatten, teilten wir der Presse mit, dass wir noch keine endgültigen Entscheidungen getroffen hätten und dass der NSC am Freitag um 17 Uhr erneut zusammenkommen würde, was alle zu der Annahme veranlasste, dass eine militärische Aktion jeglicher Art einige Tage später stattfinden würde. Aber wir waren uns untereinander darüber im Klaren, dass wir für Freitag um 17 Uhr (mitten in der Nacht nach syrischer Zeit) eine Rede anstrebten, in der sich Trump an die Nation wenden und den trilateralen Angriff ankündigen würde. Ich nahm sofort an einer kurzen Videokonferenz mit Sedwill und Étienne teil, wofür ich einen anderen Raum im Komplex des Sit Rooms benutzte. Ich erläuterte unsere Entscheidungen, so dass wir alle auf die kommenden Gespräche zwischen Trump, Macron und May vorbereitet waren. Dann rannte ich zum Oval, wo Trump um etwa 16.45 Uhr zuerst mit May sprach; sie war mit dem Ergebnis der NSC-Sitzung zufrieden, das die britischen und französischen Militärs bereits besprochen hatten, ein weiteres Zeichen dafür, dass wir von Mattis völlig manipuliert worden waren.

Während er im Oval auf den Anruf von Macron wartete, schimpfte Trump über Tillerson und darüber, wie wenig er ihn mochte, und rief sich ein Abendessen mit Tillerson und Haley ins Gedächtnis. Haley, so Trump, hatte eine Meinungsverschiedenheit mit Tillerson, der antwortete: »Sprich nie wieder so mit mir.« Bevor Haley etwas sagen konnte, sagte Tillerson: »Du bist nichts als eine Fotze, vergiss das nicht.« In den meisten Regierungen wäre Tillerson deswegen gefeuert worden, daher fragte ich mich, ob er das tatsächlich jemals gesagt hatte. Und wenn nicht, warum sagte Trump dann, dass es so war? Danach war der Anruf von Macron nicht weiter bemerkenswert. Währenddessen beschleunigten sich unsere Vorbereitungen. Als ich schließlich am späten Abend gehen wollte, kam Kushner in mein Büro und sagte, Trump fände, dass ich »einen tollen Job« gemacht hatte. Ich war nicht der Ansicht, aber es bedeutete, dass ich es wahrscheinlich noch bis zum Ende meines vierten Arbeitstages schaffen würde.

Am Freitag rief ich in verschiedenen arabischen Staaten an, um ihr Interesse an der Aufstellung des arabischen Expeditionskorps zu prüfen, das Trump anstrebte und das die US-Truppen in Syrien und im Irak ersetzen sollte. Er hatte sich vorgestellt, dass die Araber den USA zusätzlich zur Arbeitskraft »Ausgaben plus fünfundzwanzig Prozent« zahlen würden, dann ging er auf »Ausgaben plus fünfzig Prozent« für unsere verbleibenden Truppen hoch. Ich konnte mir die Reaktionen nur vorstellen. Mir war jedoch klar, dass Trump ohne ein Entgegenkommen von den arabischen Staaten die wenigen verbleibenden US-Streitkräfte in Syrien mit ziemlicher Sicherheit zurückziehen würde, und zwar eher früher als später. Ich sprach mit dem katarischen Außenminister Mohammed bin Abdulrahman al-Thani, mit Scheich Tahnoon bin Zayed al-Nahyan, meinem Amtskollegen in den Vereinigten Arabischen Emiraten, und mit

Abbas Kamel, dem Chef des ägyptischen Geheimdienstes. Dabei machte ich deutlich, dass die Idee direkt vom Präsidenten kam, und sie alle versprachen, sie sehr ernst zu nehmen. Später übergab ich all das an Pompeo, als dieser Außenminister wurde, erklärte ihm die Hintergründe und sagte, dass wir damit nichts so schnell erreichen würden. Er stimmte bereitwillig zu, und damit war die Sache zu Ende.

Um 9.15 Uhr bat mich Kelly in sein Büro und sagte, Trump habe gerade angerufen, unter anderem um noch einmal das strategische Paket zu prüfen, dem er am Vortag zugestimmt hatte. Wir holten Mattis und Dunford ans Telefon und ließen uns dann mit Trump verbinden, der immer noch in der Residenz war. »Ich bin nicht begeistert von diesen Zielen«, sagte er. »Das könnte als nichts kritisiert werden.« Damit sagte er im Wesentlichen genau das, was ich in der Sitzung des NSC am Donnerstag angesprochen hatte. Er war nun ebenfalls »ein wenig besorgt« über »chemische Rauchfahnen« nach dem Angriff, obwohl Mattis am Tag zuvor betont hatte, dass das Verteidigungsministerium nicht glaube, dass es welche geben würde. Trump sagte, er denke darüber nach, zu twittern, dass er einen Angriff geplant habe, diesen aber abgesagt habe, weil es keine guten Ziele mehr gebe, er aber seinen »Finger am Abzug« halten würde. Ich wäre fast implodiert und konnte mir nur vorstellen, was Mattis und Dunford taten. Kelly, der diese Übung zweifellos bereits unzählige Male durchgemacht hatte, wirkte nonchalant. »Wir schlagen ins Leere«, wiederholte Trump.

Ich sagte, wir hätten uns auf einen härteren Schlag einigen sollen, aber wir waren jetzt über den Punkt hinaus, unsere Meinung zu ändern und nichts weiter zu tun als zu twittern. Die anderen stimmten mir zu. Trump war über Deutschland verärgert und bereit, aus der NATO auszusteigen, und auch entschlossen, Nord Stream 2 (ein Erdgaspipeline-Projekt im Ostseeraum, das Russland direkt mit Deutschland verbindet) zu stoppen. Nord Stream 2 war hier nicht direkt relevant, aber da er schon daran dachte, bat er Mnuchin, auch ja daran zu arbeiten. »Verschwenden Sie diese [Syrien-]Krise nicht an Merkel«, sagte er und bezog sich dabei auf das Pipeline-Projekt. Trump schwenkte dann zu möglichen russischen Vergeltungsaktionen für einen Militärschlag auf Syrien über, wie die Versenkung eines Schiffes der US-Marine, wobei Mattis ihm versicherte, dass dies sehr unwahrscheinlich sei, trotz der Anwesenheit mehrerer russischer Kriegsschiffe im östlichen Mittelmeer. Nach weiterem Geschwafel schien Trump sich zu entschließen, wie geplant fortzufahren, und Kelly sagte schnell: »Wir verstehen das mal als Startbefehl für 2100.« Damit war der Zeitpunkt gemeint, der nun für Trumps Rede am Freitagabend zur Ankündigung des Angriffs vorgesehen war. Trump sagte: »Ja.« Trumps Anruf bei Kelly und dessen Intervention spiegelte wider, »wie viel von [meiner] Arbeit Kelly tat«, wie McMaster es mir gegenüber eine Woche zuvor ausgedrückt hatte. Dennoch war ich diesmal froh, dass Kellys Erfahrung in Trumps Weißem Haus das sich ausbreitende Chaos dieses Telefongesprächs stoppte und eine voll durchdachte (wenn auch meiner Meinung nach unangemessene) Entscheidung ermöglichte.

Glücklicherweise brachte dieser Tag keine Stolpersteine mehr, und wir begannen, wichtige Gesetzgeber in Repräsentantenhaus und Senat anzurufen. Macron rief erneut an und sagte, nachdem er mit Putin gesprochen habe, scheine in Moskau alles in Ordnung zu sein. Putin hatte die Standardlinie vorgegeben, dass Assads Streitkräfte keinen Chemiewaffenangriff durchgeführt hätten, aber es war klar, dass wir und Macron wussten, dass Putin log. Putin hatte auch angemerkt, wie ungünstig es auf die Öffentlichkeit wirken würde, wenn Assads Angriffe fälschlicherweise gemeldet worden wären, weswegen Macron zu mutmaßen schien, dass Russland in Großbritannien und Frankreich Einflusskampagnen über Syrien durchführte, und möglicherweise auch in Amerika. Nach dem Anruf blieb ich noch eine halbe Stunde bei Trump im Oval. Trump fragte, wie es mir so erging, und bemerkte: »Dafür haben Sie ja geübt.« Wie schon einige Tage zuvor sprach er die Möglichkeit einer Begnadigung von Scooter Libby an, die ich nachdrücklich unterstützte. Ich kannte Libby seit der Regierungszeit von Bush senior und hatte das Gefühl, dass seine Behandlung in der Valerie-Plame-Affäre all die Gründe aufzeigte, warum das Konzept des »Sonderermittlers« so mangelhaft und so ungerecht war. Trump unterzeichnete die Begnadigung einige Stunden später. Am Nachmittag holte Stephen Miller das Redenschreiberteam des Präsidenten hinzu, um über seine Rede an die Nation zu sprechen, die für den Abend vorgesehen war. Der Entwurf sah gut aus, und gegen 17 Uhr, zurück im

Oval, ging Trump die Rede Wort für Wort durch, bis er zufrieden war. Pompeo rief gegen 15.40 Uhr an, und ich gratulierte ihm zu seiner erfolgreichen Bestätigungsanhörung am Donnerstag. Er hatte Gina Haspel gebeten, Trump mitzuteilen, er sei bereit, noch härter gegen Syrien vorzugehen, was gut zu wissen war, falls die Dinge in den nächsten Stunden wieder aus dem Ruder laufen sollten. Die eigentlichen Vorbereitungen für den Angriff waren am frühen Abend in vollem Gange. Da es sich um einen »Time-on-target«-Angriff handelte, wurden einige Waffen lange vor den anderen gestartet, so dass sie alle gleichzeitig und so nah wie möglich an ihren Zielen ankamen.

Um 20.30 Uhr gingen einige von uns in den diplomatischen Empfangsraum, wo die Rede übertragen werden sollte. Wir gingen nicht durch die Kolonnade, um niemanden vorzuwarnen, dass etwas passieren würde, sondern über den dunklen Südrasen, wodurch wir das nächtlich erleuchtete Weiße Haus aus nächster Nähe bestaunen konnten. Trump war oben in den Wohnräumen und fuhr um etwa 20.45 Uhr mit dem Aufzug ins Erdgeschoss. Wir gingen die Rede schnell noch einmal durch. Trump hielt die Rede gut, schüttelte den Assistenten, die um ihn waren, die Hand und kehrte in die Wohnräume zurück. Ich ging zurück in mein Büro, um meine Sachen zu packen und mich auf den Heimweg zu machen, und stellte zu meinem Erstaunen fest, dass der West Wing um 21.30 Uhr abends voller Touristen war!

Der Militärschlag verlief nahezu perfekt, und die syrische Luftabwehr feuerte über vierzig Boden-Luft-Raketen ab, von denen keine unsere ankommenden Marschflugkörper traf.[24] Wir glaubten, Assad sei vom Ausmaß der Zerstörung überrascht worden, und es gab keine chemischen Rauchschwaden. Am Samstag twitterte Trump fröhlich über den Angriff und sprach mit May und Macron,[25] die über den Vergeltungsschlag und die westliche Einigkeit, die er gezeigt hatte, gleichermaßen erfreut waren. UN-Generalsekretär Antonio Guterres kritisierte den Angriff, weil er nicht vom Sicherheitsrat autorisiert worden und somit nicht mit dem »Völkerrecht« vereinbar war, was einige von uns lächerlich fanden. Ich verbrachte den größten Teil des Tages im West Wing, nur für den Fall, dass Folgeaktivitäten erforderlich sein könnten.

Ist es uns gelungen, Assad abzuschrecken? Letztendlich nicht. Nach meinem Rücktritt erfuhr die Welt, dass Assad im Mai 2019 erneut chemische Waffen gegen die Zivilbevölkerung eingesetzt hatte,[26] und wahrscheinlich hatte es auch andere Einsätze gegeben. Kurzum: Während der US-Militärschlag im Jahr 2017 vielleicht zwölf Monate Abschreckung bewirkt hatte, waren es bei dem etwas größeren Schlag 2018 nur etwa dreizehn Monate. Und was die Syrienpolitik im weiteren Sinne und den Umgang mit der wachsenden regionalen Hegemonie des Iran betrifft, so hat diese Syrien-Debatte nur jene Verwirrung verdeutlicht, die die US-Politik während meiner Amtszeit und darüber hinaus belasten sollte. Um den berühmten Satz von Professor Edward Corwin zu zitieren: Die Syrienpolitik blieb »eine Einladung zum Kampf«.

KAPITEL 3

AMERIKA BEFREIT SICH

Am Montag nach dem Angriff auf Syrien flog ich mit Trump nach Florida und war zum ersten Mal an Bord der Marine One, die uns vom Südrasen zum Flugplatz Joint Base Andrews brachte, und der Air Force One, mit der es weiter nach Miami ging. Unser Ziel war eine Wahlkampfveranstaltung im nahe gelegenen Hialeah, die für Trumps Bemühungen um ein positives Geschäftsklima warb. Es waren über fünfhundert Zuschauer gekommen, größtenteils Amerikaner kubanischer und venezolanischer Herkunft, und als Trump mich im Zusammenhang mit dem Militärschlag auf Syrien vorstellte, gab es Standing Ovations. Trump, offensichtlich überrascht, fragte: »Sie glauben, das war alles sein Verdienst? Das war's dann wohl mit seinem Job.« Was für ein Spaß. Senator Marco Rubio dagegen hatte die Begeisterungsstürme schon vorher ahnen lassen, als er meine Ernennung zum Nationalen Sicherheitsberater zur Sprache brachte: »Es ist ein schlechter Tag für Maduro und Castro, und ein großer Tag für die Sache der Freiheit.« Ich hatte lange an diesen Themen gearbeitet, die Menge wusste das, auch wenn Trump es nicht wusste. Die Air Force One flog anschließend nach Palm Beach, dann fuhren wir per Autokolonne nach Mar-a-Lago. Ich fuhr mit den Vorbereitungen für Trumps Gipfeltreffen mit dem japanischen Premierminister Abe fort, wobei der Schwerpunkt auf Nordkoreas Kernwaffenprogramm lag, dem Hauptzweck von Abes Reise.

Selbst die einfache Aufgabe, Trump für Abes Besuch vorzubereiten, erwies sich als mühsam; das ließ darauf schließen, wie sich die Dinge entwickeln würden. Wir organisierten zwei Briefings, eines über Nordkorea und Sicherheitsfragen im weiteren Sinne und eines über Handels- und Wirtschaftsfragen, entsprechend dem Zeitplan der Treffen zwischen Abe und Trump. Obwohl das erste ihrer Treffen politischen Fragen gewidmet war, füllte sich unser Briefing-Raum mit Handelsexperten, die von dem Briefing gehört hatten und hereinspaziert waren. Abe war spät dran, also schlug ich vor, eine kurze Diskussion zu Handelsfragen zu führen und uns dann Nordkorea zuzuwenden. Das war ein Fehler. Provoziert von der Bemerkung, dass wir keinen besseren Verbündeten als Japan hätten, beschwerte sich Trump schrill über Japans Angriff auf Pearl Harbor. Von da an ging es bergab. Es dauerte nicht lange, bis Abe eintraf und die Sitzung endete. Ich nahm Kelly zur Seite, um dieses fruchtlose »Briefing« zu besprechen, und er sagte: »Dieser Job wird Sie sehr frustrieren.« Ich antwortete: »Nein, das wird er nicht, wenn es nur den Ansatz einer Geschäftsordnung gibt. Das ist kein Trump-Problem; das ist ein Problem der Mitarbeiter des Weißen Hauses.« »Ich brauche keine Belehrung von Ihnen«, schoss Kelly zurück, und ich erwiderte: »Ich belehre Sie nicht, ich gebe Ihnen die Fakten, und Sie wissen, dass es wahr ist.« Kelly hielt inne und sagte: »Es war ein Fehler, sie [die Handelsleute] hereinzulassen«, und wir kamen überein, das Problem beim nächsten Mal zu beheben. Aber in Wahrheit hatte Kelly recht und ich unrecht. Es war ein Trump-Problem, und es wurde nie behoben.

Abe und Trump hatten zunächst ein Einzelgespräch, dann trafen sie und ihre Delegationen um drei Uhr nachmittags im Weißen und Goldenen Ballsaal von Mar-a-Lago zusammen, der wirklich sehr weiß und sehr golden war. Abe begrüßte mich mit den Worten: »Willkommen zurück«, denn wir kannten uns seit über fünfzehn Jahren. Wie bei solchen Treffen üblich, stürmte dann der Pressemob herein, die Kameras liefen. Abe erklärte, er und Trump hätten während des Vier-Augen-Gesprächs »ein gegenseitiges Einvernehmen [darüber] geschaffen«, dass in Bezug auf Nordkorea alle Optionen auf dem Tisch lägen, wo wir »maximalen Druck« und die Androhung einer überwältigenden militärischen Macht benötigten.[1] Gewiss war ich derselben Ansicht, obwohl Pompeo genau in diesem Moment damit beschäftigt war, auszuhandeln, wo Trumps

Gipfeltreffen mit Kim Jong-un stattfinden würde. Der Besuch von Abe kam genau zum richtigen Zeitpunkt, um Trumps Entschluss zu bestärken, nicht klein beizugeben. Nachdem sich die Medienvertreter widerwillig aus dem Staub gemacht hatten, führten Abe und Trump eine lange Diskussion über Nordkorea und wandten sich dann Handelsfragen zu.

Während dieses Treffen weiterging, explodierte die Presse wegen einer anderen Sache. In den hektischen Stunden vor dem Militärschlag auf Syrien hatte Trump zunächst zugestimmt, weitere Sanktionen gegen Russland zu verhängen. Moskaus Präsenz in Syrien war entscheidend dafür, um Assads Regime zu stützen und vielleicht chemische Waffenangriffe und andere Gräueltaten zu erleichtern (oder zumindest zuzulassen). Danach änderte Trump jedoch seine Meinung. »Wir haben unseren Standpunkt klargemacht«, sagte Trump am frühen Samstagmorgen zu mir, und wir könnten »sie später, wenn nötig, noch viel härter treffen«. Darüber hinaus hatten die USA am 6. April gerade erhebliche Sanktionen gegen Russland verhängt, wie im »Countering America's Adversaries Through Sanctions Act«[2] gefordert, den Trump verabscheute, weil er Russland zum Ziel hatte. Trump glaubte, dass die Anerkennung der Einmischung Russlands in die US-Politik oder in die vieler anderer Länder in Europa und anderswo implizit auch eingestehen würde, dass er in seinem Wahlkampf 2016 mit Russland konspiriert hatte. Diese Ansicht ist sowohl aus logischer als auch aus politischer Sicht falsch; Trump hätte eine stärkere Hand im Umgang mit Russland haben können, wenn er die russischen Bemühungen um Wahlsubversion angegriffen hätte, anstatt sie zu ignorieren, zumal die konkreten Maßnahmen seiner Regierung, wie z.B. Wirtschaftssanktionen, eigentlich recht robust waren. Was seine Einschätzung von Putin selbst betrifft, so hat er, zumindest vor mir, nie eine Meinung abgegeben. Ich habe Trump auch nie danach gefragt, vielleicht aus Angst vor dem, was ich hören könnte. Seine persönliche Haltung gegenüber dem russischen Staatsoberhaupt blieb ein Rätsel.

Ich versuchte, ihn davon zu überzeugen, mit den neuen Sanktionen fortzufahren, aber es hatte keinen Zweck. Ich sagte, Mnuchin und ich würden dafür sorgen, dass das Finanzministerium keine Erklärung abgab. Da viele hohe Beamte mit dem Auf und Ab der Regierungsentscheidungen nur allzu vertraut waren, gab es glücklicherweise eine eingebaute Pause, bevor Trumps ursprüngliche Genehmigung der neuen Sanktionen tatsächlich durchgeführt wurde. Am Samstag sollte eine endgültige Entscheidung getroffen werden, also sagte ich Ricky Waddell, der als McMasters Stellvertreter immer noch an Bord war, er solle die Nachricht weiterverbreiten, damit jede weitere Vorwärtsbewegung gestoppt wurde. Die NSC-Mitarbeiter informierten zuerst das Finanzministerium, dann alle anderen, und das Finanzministerium stimmte zu, dass es ebenfalls alle über die Aufhebung der Sanktionen informieren würde.

In den Talkshows am Sonntagmorgen sagte Haley jedoch, das Finanzministerium werde am kommenden Montag Sanktionen gegen Russland ankündigen. Sofort gingen alle Alarmglocken an. Jon Lerner, Haleys politischer Berater, sagte Waddell, dass die US-Mission bei der UNO in New York die Befehle bezüglich der Russland-Sanktionen kenne, und sagte: »Das war ein Ausrutscher von ihr [Haley]« – eine atemberaubende Untertreibung. Die magnetische Anziehungskraft von Fernsehkameras, ein häufiges politisches Leiden, hatte das Problem geschaffen, aber es war auch ein Verfahrensfehler: Die Sanktionen mussten vom Finanzministerium verkündet werden. Die UN-Botschafterin hatte darin keine Rolle, außer, wie in diesem Fall, versehentlich das Rampenlicht zu stehlen. Trump rief mich um 18.30 Uhr an, um zu fragen, wie die Sonntagssendungen gelaufen waren, und ich erzählte ihm von dem Fehler und was wir gerade taten, um ihn zu beheben. »Ja, was ist da los?«, fragte Trump. »Das ist zu viel.« Ich erklärte, was Haley getan hatte, und Trump sagte: »Sie ist keine Studentin, wissen Sie. Rufen Sie die Russen an und sagen Sie es ihnen.« Kurz darauf rief ich den russischen US-Botschafter, Anatoli Antonow, an, den ich noch aus meiner Zeit bei der Regierung George W. Bushs kannte. Ich wollte ihm nicht sagen, was tatsächlich passiert war, also sagte ich einfach, Haley habe einen bedauerlichen Fehler gemacht. Antonow war ein einsamer Mann, da die Menschen in Washington nun Angst hatten, im Gespräch mit Russen gesehen zu werden, also lud ich ihn zu einem Treffen ins Weiße Haus ein. Trump war angetan, als ich ihm später davon berichtete, denn jetzt konnten wir anfangen, über das von ihm gewünschte Treffen mit Putin zu sprechen. Ich informierte Pompeo auch über Haley und die Ereignisse des Tages in Bezug auf Russland, und ich konnte am Telefon spüren, dass er vor Bestürzung den Kopf schüttelte.

Ungeachtet der Ruhe in Moskau wütete die US-Presse am Montag über die angekündigten Sanktionen gegen Russland. Trump gab Sanders die Pressemitteilung, dass wir Russland mit Sanktionen hart getroffen hätten und über weitere Maßnahmen nachdächten, in der Hoffnung, dadurch den von Haleys Kommentaren verursachten Schaden zu beheben. Ich sprach mit John Sullivan, der die Geschäfte des Außenministers aufgenommen hatte. Er stimmte mir zu, dass das Außenministerium in gewisser Weise verantwortlich sei, da es in den Tagen von Tillerson und Haley im Wesentlichen keine Kommunikation zwischen dem Außenministerium und unserer UN-Mission in New York gegeben habe. Haley war wie ein freies Elektron, und daran hatte sie sich offenbar gewöhnt, da sie direkt mit Trump kommunizierte. Ich erzählte Sullivan von den Schreiduellen zwischen Al Haig und Jeane Kirkpatrick in den frühen Tagen der Reagan-Regierung, und Sullivan lachte: »Wenigstens haben die miteinander geredet.«

Am Dienstag war die Presse noch immer in Aufruhr. Haley rief mich um 9.45 Uhr an, weil sie Angst hatte, dass man sie jetzt im Regen stehen lassen würde: »Das lasse ich mir nicht bieten. Ich will mich nicht dafür verantworten müssen.« Sie bestritt, dass sie und die US-Mission über die Rücknahme vom Samstag informiert worden waren. Ich sagte, ich werde das weitergehend prüfen, obwohl ihre eigenen Mitarbeiter am Sonntag zugegeben hatten, dass sie einen Fehler gemacht hatte. Ich ließ Waddell noch einmal beim Finanzministerium nachfragen, das langsam keine Lust mehr hatte, sich die Schuld zuschieben zu lassen. Man betonte dort, dass am Freitag allen, einschließlich dem Vertreter der UN-Botschafterin, deutlich gemacht worden sei, dass, wie auch immer Trumps Entscheidung ausfallen würde, bis Montagmorgen, kurz vor Öffnung der US-Märkte, keine Bekanntgabe erfolgen würde. Ich fand das sehr bezeichnend. Das Finanzministerium bestätigte auch, dass es am Samstag, wie auch die Mitarbeiter des NSC, nochmals alle zur Bestätigung angerufen hatte. Und überhaupt, warum sollte unsere UN-Botschafterin die Ankündigung machen? Waddell sprach erneut mit Haleys Berater Jon Lerner, der sagte: »Sie hätte es nicht tun sollen ... es war ein Versprecher.« In der Zwischenzeit nörgelte Trump darüber, dass die Presse es so darstellte, als vollzöge er eine politische Kehrtwende, weil er befürchtete, dass dies ihn in Bezug auf Russland schwach erscheinen ließ.

Das Lauffeuer war jedoch im Begriff, an einer anderen Front auszubrechen, als Larry Kudlow die Presse über die Diskussionen zwischen Trump und Abe informierte. Sanders wollte, dass ich mich Kudlow anschloss, aber ich entschied mich dagegen, aus dem gleichen Grund, aus dem ich es ablehnte, an den Talkshows am Sonntag teilzunehmen: Ich sah keinen Sinn darin, gleich in meiner ersten Arbeitswoche ein TV-Star zu sein. In der Live-Berichterstattung über Kudlows Briefing, in der die unvermeidliche Frage nach den Sanktionen gegen Russland gestellt wurde, sagte Kudlow, dass es kurzzeitig einige Verwirrung gegeben habe, und legte dann die Punkte dar, die Trump Sanders an Bord der Air Force One diktiert hatte. Haley feuerte sofort eine Botschaft an Dana Perino von Fox ab: »Bei allem Respekt, ich bin nicht verwirrt«, und, bumm, ging der Krieg wieder los, zumindest für eine Weile. Haley holte aus dem Vorfall einen guten Buchtitel heraus. Aber, bei allem Respekt: Haley war nicht verwirrt. Sie hatte einfach nur unrecht.

Nachdem Trump und Abe am Mittwochmorgen Golf gespielt hatten, gab es ein Arbeitsessen, hauptsächlich zu Handelsfragen, das erst um 15 Uhr begann. Die beiden Staatschefs hielten eine gemeinsame Pressekonferenz ab, und ein Abendessen zwischen den beiden Delegationen begann um 19.15 Uhr – viel Essen in kurzer Zeit. Ich flog mit dem Flugzeug der First Lady zurück nach Washington und betrachtete diesen Gipfel als einen echten Erfolg in wesentlichen Fragen wie Nordkorea.

Ich konzentrierte mich jetzt jedoch auf den Iran und die Gelegenheit, die sich durch die nächste Entscheidung über die Aufhebung der Sanktionen am 12. Mai bot, die Frage des Rückzugs zu erzwingen. Pompeo hatte mich am Dienstagabend in Florida angerufen, um zu besprechen, wie es mit dem iranischen Atomabkommen weitergehen sollte. Es war schwer zu sagen, ob er nach seinem schwierigen Bestätigungsverfahren immer noch aufgekratzt war, was völlig verständlich wäre, oder ob er von Leuten im Außenministerium beeinflusst wurde, die zunehmend aufgeregt darüber waren, dass wir uns vielleicht endlich zurückziehen würden. Nach einem schwierigen, manchmal gereizten Hin und Her über die unvermeidliche Kritik von Seiten der Hochgesinnten, die ein Rückzugsbeschluss auslösen würde, sagte Pompeo, er werde im Außenministerium gründlich darüber nachdenken lassen, was aus unserem Ausstieg folgen würde, etwas, wogegen man sich bisher hartnäckig gewehrt hatte. Ich befürchtete, dass Pompeos offensichtliche Nervosität darüber, den Atomdeal mit dem Iran platzen zu lassen, zu einer noch größeren Verzögerung führen könnte. Da ich wusste, dass die Bürokratie des Außenministeriums diese Unentschlossenheit aufgreifen würde, um den Untergang eines weiteren geheiligten internationalen Abkommens zu verhindern, könnte ein Zögern auf der politischen Ebene der Regierung tödlich sein.

Trump blieb für den Rest der Woche in Florida; ich war zurück in Washington und konzentrierte mich auf den Iran. Ich war seit langem der Meinung, dass die nukleare Bedrohung durch den Iran zwar operativ nicht so weit fortgeschritten war wie jene, die von Nordkorea ausging, dass sie aber genauso gefährlich war, möglicherweise sogar noch gefährlicher wegen der revolutionären theologischen Obsessionen, die seine Führer motivieren. Teherans Nuklearprogramm (ebenso wie seine Arbeit an chemischen und biologischen Waffen) und seine Kapazitäten im Bereich ballistischer Raketen machten es sowohl zu einer regionalen als auch zu einer globalen Bedrohung. Im ohnehin angespannten Nahen Osten inspirierten Irans Fortschritte im Nuklearbereich andere – die Türkei, Ägypten, Saudi-Arabien – dazu, Schritte zu unternehmen, die letztlich darauf hinausliefen, eigene Atomwaffenkapazitäten zu besitzen, was ein Beweis für das Proliferationsphänomen war. Der Iran hatte auch die zweifelhafte Ehre, weltweite Zentralbank des internationalen Terrorismus zu sein, mit einer aktiven Bilanz insbesondere im Nahen Osten bei der Unterstützung terroristischer Gruppen mit Waffen und Finanzmitteln, und durch den Einsatz seiner eigenen konventionellen militärischen Kapazitäten im Ausland, um seine strategischen Ziele voranzutreiben. Und nach vierzig Jahren schien der Eifer der Islamischen Revolution im Iran bei seinen politischen und militärischen Führern nicht nachzulassen.

Ich traf mich mit dem Briten Mark Sedwill, dann mit meinem deutschen Amtskollegen Jan Hecker und telefonierte ausführlich mit dem

Franzosen Philippe Étienne. Ich wiederholte zwar mehrfach, dass keine endgültige Entscheidung getroffen worden sei, versuchte aber auch auf jede erdenkliche Weise zu erklären, dass es keinen Weg gebe, das Abkommen »in Ordnung zu bringen«, wie es das Außenministerium seit mehr als einem Jahr forderte. Für alle drei meiner Amtskollegen und ihre Regierungen war dies eine schwer verdauliche Botschaft. Deshalb wiederholte ich sie immer wieder, in dem Wissen oder zumindest in der Hoffnung, dass Trump sich innerhalb weniger Wochen aus dem Abkommen zurückziehen würde. Die Nachricht würde ein Donnerschlag sein, und ich wollte sicher sein, dass ich alles Mögliche tat, damit unsere engsten Verbündeten nicht überrascht wurden. Angesichts der bevorstehenden Besuche von Macron und Merkel im Weißen Haus gab es reichlich Gelegenheit für eine umfassende Diskussion dieser Fragen, aber sie mussten im Voraus wissen, dass Trump diesmal wirklich aussteigen wollte. Wahrscheinlich.

Ich erwartete, dass Pompeo trotz seiner Unbeständigkeit, als ich in Mar-a-Lago war, dem Außenministerium etwas Disziplin beibringen würde, aber er war bei Rand Paul auf ein Problem gestoßen, was seine Bestätigung anging. Paul erklärte schließlich seine Unterstützung für Pompeo, als Gegenleistung dafür, dass Pompeo sagte, dass erstens der Irak-Krieg 2003 ein Fehler gewesen sei und dass zweitens, zumindest laut einem Tweet von Paul, ein Regimewechsel eine schlechte Idee sei, und dass wir uns so bald wie möglich aus Afghanistan zurückziehen sollten. Ich hatte Mitleid mit Pompeo, denn ich war mir sicher, dass dies nicht seine wahren Ansichten waren. Ich war nie damit konfrontiert gewesen, meine Ansichten widerrufen zu müssen, um eine Stimme oder gar von Trump den NSC-Job zu bekommen, also musste ich nie die Entscheidung treffen, vor der Pompeo stand. John Sullivan vom Außenministerium erzählte mir wenig später von seinem Höflichkeitsbesuch bei Paul während seines Bestätigungsverfahrens. Paul hatte zu Sullivan gesagt, er würde nur aus einem Grund für ihn stimmen: »Ihr Name ist nicht John Bolton.« Kelly hatte mir auch gesagt, dass Paul im Laufe der Pompeo-Verhandlungen gesagt habe, ich sei »die schlechteste verdammte Entscheidung«, die Trump getroffen habe. Kelly antwortete: »Er scheint mir ein netter Kerl zu sein«, was Paul zu einer weiteren Tirade veranlasste. Das alles machte mich stolz.

Während dieser hektischen ersten beiden Wochen nahm ich auch an mehreren handelsbezogenen Treffen und Telefonaten teil. Ich war Anhänger des Freihandels, aber ich stimmte Trump zu, dass viele internationale Abkommen nicht den wahren »Freihandel« widerspiegelten, sondern den Handel steuerten und für die USA alles andere als vorteilhaft waren. Insbesondere stimmte ich zu, dass China das System ausgespielt hatte. Es verfolgte in der angeblich freihandelsorientierten Welthandelsorganisation (WTO) eine merkantilistische Politik, während es gleichzeitig geistiges Eigentum der USA stahl und erzwungene Technologietransfers betrieb, die uns über Jahrzehnte hinweg Kapital und Handelsverkehr in unkalkulierbarem Maße raubten. Trump verstand, dass eine starke US-Binnenwirtschaft entscheidend für eine wirksame Projektion der politischen und militärischen Macht der USA war (nicht dass er, wie ich zu verstehen begann, allzu viel projizieren wollte), ein Grundsatz, der für China und alle anderen galt. Und ich hatte rein gar nichts mit Entscheidungsfindungs- und Zuweisungsprozessen der WTO zu tun, die die nationale Entscheidungsfindung dominieren sollten. In diesem Punkt stimmte ich völlig mit dem US-Handelsbeauftragten Bob Lighthizer überein, einem ehemaligen Kollegen von mir, mit dem ich Mitte der siebziger Jahre bei Covington & Burling zusammengearbeitet hatte.

Unter Trump war die Entscheidungsfindung in Handelsfragen jedoch qualvoll. Es hätte einen geordneten Weg geben können, indem man die interinstitutionelle Struktur des NSC genutzt hätte, in gemeinsamer Führung mit dem Nationalen Wirtschaftsrat von Kudlow, um handelspolitische Optionen zu entwickeln, jedoch hielt das nur eine Person für eine gute Idee: ich. Stattdessen wurden die Themen in wöchentlichen Sitzungen unter dem Vorsitz von Trump im Roosevelt Room oder im Oval diskutiert, die eher einer Essensschlacht unter College-Studenten ähnelten als sorgfältiger Entscheidungsfindung. Nie wurden auf den niedrigeren Ebenen zwischen den Behörden Anstrengungen unternommen, die Themen und Optionen zu klären. Hätte ich an Yoga geglaubt, hätte ich es wahrscheinlich nach diesen Sitzungen gut gebrauchen können. Ende

April nahm ich an meinem ersten Treffen zu Handelsfragen teil, zur Vorbereitung einer Reise von Mnuchin und Lighthizer nach Peking. Trump warf ein, dass »Zölle der beste Freund des Menschen sind«, was mich erschauern ließ, aber immerhin sagte er zu Mnuchin: »Sie gehen nach China, um denen in den Arsch zu treten.« Das wiederum gefiel mir. Trump sah mich an und sagte, dass China Sanktionen gegen Nordkorea rigoros vollstreckte, weil man einen Handelskrieg mit uns befürchtete, was nur teilweise richtig war: Meiner Ansicht nach setzte China die Sanktionen nicht rigoros durch.[3] Mnuchin und Kudlow sagten eine globale Wirtschaftskrise voraus, falls ein echter Handelskrieg ausbräche, aber Trump tat ihre Bedenken ab: »Den Chinesen sind wir scheißegal; sie sind kaltblütige Killer [im Handel].« Ich konnte ahnen, dass es bei den Handelsfragen wild zugehen würde.

Macron traf am 24. April zum ersten Staatsbesuch der Trump-Regierung ein, empfangen mit einer Zeremonie, die selbst die Franzosen beeindruckt haben muss. Zum Bedauern der Presse ging nichts schief. Die französische und die US-Delegation stellten sich auf dem Südrasen auf, während der Präsident und die First Lady im diplomatischen Empfangsraum auf die Ankunft der Macrons warteten und die Militärkapellen spielten. Ich fragte Dunford irgendwann nach dem Namen eines der Lieder, und er fragte den Kommandeur des Militärbezirks Washington, aber keiner von beiden wusste es. »Noch eine Enttäuschung«, sagte Dunford, und wir lachten beide. Ich war beeindruckt von all dem militärischen Prunk, vor allem als das »Old Guard Fife and Drum Corps« in Uniformen des Revolutionskrieges aufmarschierte und »Yankee Doodle« spielte. Das entschädigte für eine Menge bürokratischer Qualen.

Vor dem Einzelgespräch zwischen Macron und Trump im Oval kam der Pressemob für die üblichen Fotos und Fragen hereingeschlurft. Trump bezeichnete den Iran-Deal als »verrückt«, »lächerlich« und Ähnliches.[4] Ich fragte mich, ob die Leute es diesmal ernst nehmen würden. Nachdem die Presse aus dem Oval entlassen worden war, sprachen Trump und Macron viel länger als erwartet unter vier Augen. Während des Gesprächs erklärte Trump Macron in erster Linie, wie Trump mir später erzählte, dass wir aus dem Iran-Deal aussteigen würden.[5] Macron versuchte Trump davon zu überzeugen, nicht auszusteigen, scheiterte aber. Stattdessen bemühte sich Macron darum, Trump in einen größeren Verhandlungsrahmen aus »vier Säulen« einzubinden, der in der erweiterten Sitzung im Cabinet Room nach dem Einzelgespräch erörtert wurde (die vier Säulen waren: der jetzige Umgang mit dem iranischen Atomprogramm, der zukünftige Umgang damit, Irans Raketenprogramm sowie regionaler Frieden und Sicherheit).[6] Macron war ein cleverer Politiker, der versuchte, aus einer klaren Niederlage etwas zu machen, das aus seiner Sicht zumindest etwas positiv klang. Während des Treffens sprach er fast ausschließlich auf Eng lisch, und er äußerte sich unmissverständlich zu dem Abkommen: »Niemand hält den Deal für ausreichend«[7] und argumentierte, wir sollten auf der Grundlage der vier Säulen auf »ein neues, umfassendes Abkommen« hinarbeiten. Während des Treffens fragte Trump mich nach meiner Meinung über das Iran-Abkommen. Ich sagte, dass es den Iran nicht davon abhalten würde, Atomwaffen zu bekommen, und dass es keine Möglichkeit gäbe, die grundlegenden Mängel des Abkommens zu »beheben«. Da ich Trumps Neigung kannte, Deals über alles Mögliche zu machen, erwähnte ich Eisenhowers berühmte Bemerkung »Wenn du ein Problem nicht lösen kannst, dann erweitere es« und sagte, auf mich wirke es so, als täte Macron genau das. Dem konnten wir uns nach der Rücknahme und Wiedereinführung der US-Sanktionen zuwenden, wozu wir, wie Mnuchin bekräftigte, »völlig bereit« waren.

Trump, der Baumeister, sagte: »Man kann nicht auf einem schlechten Fundament bauen. Kerry hat einen schlechten Deal gemacht. Ich sage nicht, was ich tun werde, aber wenn ich den Deal beende, bin ich offen dafür, einen neuen Deal zu machen. Ich würde lieber versuchen, alles zu lösen, als es so zu lassen, wie es ist.« Wir sollten, so sagte er, »lieber einen neuen Deal aushandeln, als einen schlechten Deal zu reparieren«[8] (Macron sagte Trump in einem späteren Anruf, dass er sich beeilen wolle, einen neuen Deal zu finden, was bei Trump keinerlei Resonanz hervorrief). Das Treffen wandte sich dann dem Handel und anderen Themen zu und brach um 12.25 Uhr ab, um die gemeinsame Pressekonferenz vorzubereiten. Bei dieser Veranstaltung sagte keiner der beiden Staatschefs viel Neues oder Anderes über den Iran, obwohl Trump an einer Stelle bemerkte: »Niemand weiß, was ich tun werde … obwohl Sie, Herr Präsident, eine ziemlich gute Vorstellung davon haben.«[9] Das Staatsbankett in Abendgarderobe später war sehr schön, zumindest wenn man gerne bis 22.30 Uhr isst. Gretchen und ich ließen das anschließende Unterhaltungsprogramm aus, ebenso wie John Kelly und seine Frau Karen, die wir trafen, als wir alle auf dem Heimweg Aktenkoffer und Arbeitskleidung aus unseren Büros holten.

Die Vorbereitungen für den Ausstieg aus dem Abkommen machten einen Riesenschritt nach vorn, als Mattis am 25. April zustimmte: »Wenn Sie sich zum Rückzug entschließen, kann ich damit leben.« Enthusiastische Unterstützung sah anders aus, aber immerhin signalisierte dies, dass Mattis sich deswegen nicht die Haare ausreißen würde. Dennoch wiederholte Mattis bei jeder sich bietenden Gelegenheit, dass er gegen den Ausstieg war, worauf Trump einige Tage später entschlossen erwiderte: »Ich kann nicht drin bleiben.« Das war die endgültige Aussage, dass wir aussteigen würden. Später, am Morgen des 25. April, betonte Trump mir gegenüber noch einmal, dass er wollte, dass Mnuchin mit »den schärfstmöglichen Sanktionen« bereitstand, wenn es so weit war. Ich traf mich an diesem Morgen auch mit Étienne, und mein klarer Eindruck war, dass Macron die französische Seite nicht vollständig über das Einzelgespräch mit Trump informiert hatte. Das war eine ausgezeichnete Nachricht, denn es bedeutete, Macron hatte voll und ganz verstanden, dass Trump ihm gesagt hatte, dass wir im Begriff waren, uns zurückzuziehen.

Der Gipfel von Trump und Merkel am 27. April war eher ein »Arbeitsbesuch« denn ein »Staatsbesuch«, also nicht so prunkvoll wie der von Macron. Trumps Einzelgespräch mit Merkel dauerte nur fünfzehn Minuten und fand vor der größeren Sitzung im Cabinet Room statt, die er eröffnete, indem er sich darüber beklagte, dass Deutschland »die Bestie« (d.h. Russland) durch die Nord-Stream-2-Pipeline »fütterte«, und dann zur Europäischen Union überging, von der er meinte, dass sie die USA schrecklich behandelte. Für mich war klar, dass Trump Deutschland für Russlands Gefangenen hielt. Trump benutzte auch einen Spruch, den ich später unzählige Male hörte, nämlich: »Die EU ist noch schlimmer als China, nur kleiner«[10], und fügte hinzu, dass die EU gegründet wurde, um die USA auszunutzen, was Merkel bestritt (auf Englisch, wie das gesamte

Treffen). Sie bat auch um einen drei- bis viermonatigen Aufschub bei der Einführung weltweiter Zölle auf Stahl und Aluminium, die Trump in Erwägung zog, damit die EU mit den USA verhandeln konnte. Trump antwortete, dass er nicht mit der EU verhandeln wolle. Schade, dass er gegenüber Nordkorea nicht so empfand, dachte ich im Stillen.[11]

Trump hatte sich bereits dem nächsten Thema zugewandt, dem Scheitern Deutschlands bei der Erfüllung seiner NATO-Verpflichtung, die Verteidigungsausgaben auf 2 Prozent des BIP zu erhöhen, und bezeichnete Merkel als eine der großen Stepptänzerinnen in Bezug auf die NATO, was sie nun auch im Handel tue.[12] Merkel drängte weiterhin auf einen Aufschub der Zölle, wenn auch nur um zwei Monate, aber Trump sagte, es wäre eine Zeitverschwendung, genau wie die NATO. Er fragte, wann Deutschland 2 Prozent erreichen würde, und Merkel antwortete ganz unschuldig: 2030, was sogar die Deutschen zum Lächeln brachte, und Trump meinte, sie sage das nun schon seit sechzehn Monaten. Zu den Zöllen sagte Merkel schließlich, er könne tun und lassen, was er wolle, weil er ein freier Mann sei.

Der Iran wurde nur flüchtig angesprochen. Merkel bat uns, am Abkommen festzuhalten, und Trump reagierte gleichgültig. Auf der Pressekonferenz sagte Trump über den Iran: »Sie werden keine Atomwaffen machen«, und das war es auch schon. Mehr Abwechslung brachte da ein weiterer mutmaßlicher Angriff Israels auf iranische Stellungen in Syrien am darauffolgenden Tag,[13] von dem Mattis und andere im Pentagon befürchteten, er könne iranische Vergeltungsmaßnahmen (wahrscheinlich stellvertretend durch schiitische Milizen im Irak) gegen US-Streitkräfte auslösen. Nichts davon trat ein, und Trump schien jedenfalls nicht beunruhigt. Trump informierte Netanjahu von seinen Iran-Plänen und sagte, dass das ganze Abkommen auf Lügen basiere, dass der Iran die Vereinigten Staaten zum Narren gehalten habe und dass es Israel freistehe, das Abkommen öffentlich in der Luft zu zerreißen, was Netanjahu natürlich bereits eifrig tat.

Im Laufe der Tage kam ich im Stillen mit Mnuchin, Haley, Coats, Haspel und anderen überein, dass alles auf einen Rückzug aus dem Iran-Abkommen Anfang Mai hindeutete und dass wir alle über eine angemessene Umsetzung des Beschlusses und die Folgemaßnahmen in unseren jeweiligen Bereichen nachdenken müssten. Mnuchin beharrte, er benötige sechs Monate, um die Sanktionen wieder in Kraft zu setzen, was ich nicht verstehen konnte. Warum sollten die neuen Sanktionen nicht mit sofortiger Wirkung verhängt werden, mit einer kurzen Schonfrist von, sagen wir, drei Monaten, damit Unternehmen bestehende Verträge und Ähnliches anpassen konnten? Das war ein andauerndes Problem mit Mnuchins Leitung des Finanzministeriums. Die Auswirkungen der Sanktionen abzuschwächen schien ihm ebenso wichtig zu sein, wie sie überhaupt zu verhängen. Kein Wunder, dass Iran, Nordkorea und andere so gut darin waren, sich Sanktionen zu entziehen: Dank Mnuchins Ansatz (der im Wesentlichen dem Obamas entsprach) hatten sie viel Zeit, sich vorzubereiten. Pompeo stimmte mir zu, dass die Sanktionen sofort in Kraft treten sollten. Wir konnten zumindest als kleinen Sieg verbuchen, dass Mnuchin die »Abwicklungsfrist« für die meisten Waren und Dienstleistungen von 180 Tagen auf 90 Tage reduzierte, mit Ausnahme von Öl und Versicherungen, für die er die Frist bei 180 Tagen beließ. Natürlich war die Ölfrage hier die mit Abstand wichtigste wirtschaftliche Frage, so dass Mnuchins Zugeständnis kaum von Bedeutung war. Und wir sprachen nicht nur über die »Abwicklung« bestehender Verträge, sondern über eine Schonfrist, innerhalb derer neue Verträge ohne jegliches Verbot abgeschlossen und ausgeführt werden konnten. Das war unnötig selbstzerstörerisch.

Pompeo, Mattis und ich hatten unser erstes wöchentliches Frühstück im Pentagon am 2. Mai um sechs Uhr morgens, und Mattis führte seine Argumente gegen den Ausstieg weiter aus. Es war klar, dass Trump zu einem Entschluss gekommen war. Im Laufe des restlichen Tages und der Woche sowie während des Wochenendes verdichteten sich die Vorbereitungen zur Ankündigung des Rückzugs, insbesondere die Ausarbeitung des offiziellen Entscheidungsdokuments des Präsidenten, um sicherzustellen, dass es keine Schlupflöcher gab, durch die Anhänger des Abkommens zurückkriechen konnten. Stephen Miller und seine Redenschreiber arbeiteten auch bereits an Trumps Rede, mit der es gut voranging. Trump hatte noch viel hinzuzufügen, so dass der Entwurf so lange verändert wurde, bis der Text für die Teleprompter vorbereitet werden musste. Ich hatte Trumps Ankündigung für den 7. Mai angestrebt, erfuhr jedoch von Sanders, dass die First Lady an diesem Tag eine Veranstaltung geplant hatte, so dass wir den Ausstieg auf den 8. Mai verschoben. So wird mit gewichtigen Staatsangelegenheiten umgesprungen. Und in der Tat war Trump auch hier unschlüssig, zog erst das eine, dann das andere Datum in Erwägung, buchstäblich bis fast zur letzten Minute.

Am Samstag, dem 5. Mai, fand ein letztes routinemäßiges Telefonat zwischen Trump und May zu Iran und anderen Themen statt,[14] und Außenminister Boris Johnson traf am Sonntagabend zu weiteren Gesprächen in Washington ein. Am selben Abend schickte Mattis mir ein geheimes Dokument nach Hause, in dem er sich erneut gegen den Ausstieg aussprach, aber immer noch nicht um ein Treffen auf höchster Ebene bat, um dieses Thema zu erörtern. Mir war danach, zu sagen, dass seine Position nun für die Nachwelt sicher verwahrt und gut vorbereitet sei, aber ich hielt mich zurück. Das Pentagon sagte uns immer noch nicht, was es operativ zu tun gedachte, wenn die USA sich zurückziehen würden, nachdem man dort von unverhohlenem Widerstand zum Guerillakrieg übergegangen war. Es hat uns nicht aufgehalten.

Ich traf Johnson am Montag um neun Uhr morgens in meinem Büro – zum ersten Mal war ich ihm 2017 in London begegnet –, und wir sprachen ausführlich über den Iran und Nordkorea, Trumps jüngste Treffen mit Macron und Merkel sowie Macrons »Vier-Säulen«-Idee. Johnson sagte, sie hätten in Großbritannien in eine ähnliche Richtung gedacht, woraufhin ich erwiderte, ich würde mich freuen, die Idee »Johnsons vier Säulen« zu nennen, und alle lachten zustimmend. Er betonte, wie auch schon Macron, dass Großbritannien die Schwächen des bestehenden Abkommens voll und ganz verstehe, die viele Anhänger, die es immer noch als heilig ansahen, überrascht hätten.[15] Ich erklärte, warum die Ankündigung in Kürze bevorstand, obwohl ich, da ich Trump kannte, nicht sagte, dass sie am nächsten Tag erfolgen würde. Wir würden daraufhin nicht einfach in Untätigkeit verfallen, sondern alle US-Sanktionen in Bezug auf das Nuklearprogramm, die das Abkommen auf Eis gelegt hatte, wieder in Kraft setzen. Als wir uns trennten, erinnerte ich Johnson daran, dass ich ihm im Sommer zuvor gesagt hatte, ich wolle beim Brexit helfen, und das sei immer noch der Fall, aber wir hatten kaum Gelegenheit, darüber zu sprechen. Später sprach ich mit Sedwill über diese Unterhaltung, und telefonierte gerade mit Étienne, als dieser ausrief, Trump habe soeben getwittert:

> Ich werde meine Entscheidung über den Iran-Deal morgen um 14 Uhr vom Weißen Haus aus bekannt geben.

Da gab es keinen Raum mehr für Spannung. Étienne hatte die Tweets von Trump genauer verfolgt als ich! Es gab kaum Zweifel daran, was kommen würde; dies bestätigte ich auch dem israelischen Botschafter Ron Dermer und einigen anderen, nicht dass ich irgendwem noch viel hätte erklären müssen.

Am »D-Day« selbst rief Trump den chinesischen Präsidenten Xi Jinping um 8.30 Uhr an, um über verschiedene Themen zu sprechen, darunter auch Nordkorea. Trump sagte, er werde in Kürze eine Erklärung zum Iran abgeben, und fragte Xi auf fast kindliche Art, ob er wissen wolle, was er sagen würde. Xi sagte, es klinge ganz so, als wolle Trump es ihm erzählen, womit er ins Schwarze traf. Trump, in einem seiner »Warum nicht?«-Momente, sagte, er fühle sich sicher dabei, Xi ins Vertrauen zu ziehen; er werde den Atomdeal beenden, was schlecht sei, man werde sehen, was passierte. Xi sagte, er werde die Nachricht vertraulich behandeln, und fügte schlicht hinzu, dass die USA die Position Chinas kannten, was bedeutete, dass Xi nicht plane, daraus eine bedeutende bilaterale Angelegenheit zu machen. Macron rief an und fragte, was Trump über den Iran zu sagen gedenke, aber Trump wollte sicher sein, dass Macron sich zurückhalten würde. Er ermahnte Macron, damit nicht an die Öffentlichkeit zu gehen, und bat ihn um sein Wort. Macron sagte zu und war der Meinung, der Iran solle nicht aus dem Abkommen aussteigen, ebenso wenig wie Frankreich, während man sich um ein umfassendes neues Abkommen bemühte, wie es die beiden Staatschefs zuvor besprochen hatten. Trump glaubte nicht, dass der Iran aussteigen würde, da sie mit dem Deal zu viel Geld verdienten. Trump überlegte, dass er sich irgendwann mit dem iranischen

Präsidenten Rohani treffen sollte, schmeichelte Macron, indem er ihn als den besten der Europäer bezeichnete, und sagte, er solle Rohani ausrichten, dass Trump recht habe.

Trump hielt die Rede um etwa 14.15 Uhr, die nach Drehbuch ablief, wobei Pence, Mnuchin, Ivanka, Sanders und ich anwesend waren. Danach gingen wir alle ins Oval Office zurück und hatten das Gefühl, dass alles wie geplant verlaufen war und dass die Rede gut aufgenommen werden würde. Einige Minuten nach halb drei hielt ich ein Treffen mit Reportern im Briefing Room des Weißen Hauses ab, bei dem ich offizielle Erklärungen abgab; Kameras waren jedoch nicht gestattet, damit auf den Medienfotos der Präsident bei seiner Rede zu sehen war. Dann waren wir fertig.

Es hatte einen Monat gedauert, den Atomdeal mit dem Iran zu schreddern, was verdeutlichte, wie einfach es war, wenn erst jemand die Dinge in die Hand nahm. Ich tat mein Bestes, um unsere Verbündeten Großbritannien, Deutschland und Frankreich mit dem Geschehenen vertraut zu machen, denn sie schienen auf einen möglichen Ausstieg der USA überhaupt nicht eingestellt gewesen zu sein. Es blieb noch viel zu tun, um den Iran in die Knie zu zwingen, oder um das Regime zu stürzen, ungeachtet der von Trump erklärten gegenteiligen Strategie, aber wir hatten einen guten Start hingelegt.

Nach dem Ausstieg wurde noch einige Monate lang daran gearbeitet, Trumps Entscheidung zur Wiedereinführung der Wirtschaftssanktionen weiterzuverfolgen und andere Schritte zu unternehmen, um den Druck auf Teheran zu erhöhen. Im Grunde bestand der ursprüngliche Plan darin, alle früheren Sanktionen, die durch Obamas Atomdeal ausgesetzt worden waren, wieder in Kraft zu setzen und dann Anpassungen vorzunehmen, um Schlupflöcher zu schließen, die Maßnahmen zur Umsetzung zu verstärken und die Kampagne in »maximalen Druck« auf den Iran umzuwandeln.[16] Am 26. Juli war der Zeitpunkt gekommen, eine eingeschränkte Sitzung des Hauptausschusses abzuhalten, um zu sehen, wie wir vorankamen. Diese fand um zwei Uhr nachmittags im Sit Room statt. Der interessanteste Teil der Sitzung waren Mattis' Bemühungen, die allgemeine

Bedeutung des Iran für die internationale Gefahrenmatrix, der die USA gegenüberstehen, herunterzuspielen. Er sagte, Russland, China und Nordkorea seien größere Bedrohungen, obwohl seine Gründe vage waren, und ich war erfreut zu sehen, dass ihn Pompeo und Mnuchin beide zurückdrängten, da der Iran zu den vier größten Bedrohungen gehörte, die in der Nationalen Sicherheitsstrategie genannt waren, welche Trump vor meiner Amtszeit genehmigt hatte. Aber das Gespenst von Mattis' Protesten dagegen, den Iran ernst zu nehmen, würde uns bis Ende 2018, als er das Weiße Haus verließ, und noch darüber hinaus verfolgen. Dieses Treffen war so bedeutsam, dass die Presse davon erfuhr und am nächsten Tag auch darüber berichtet wurde.[17] In der Zwischenzeit stürzte die iranische Währung ab.

Mitte August 2018, und dann noch einmal im Januar 2019, reiste ich nach Israel, um mich mit Netanjahu und anderen wichtigen israelischen Amtsträgern zu einer Reihe von Themen zu treffen, vor allem aber zum Thema Iran. Dieses war für Israel von existenzieller Bedeutung, und Netanjahu war zum führenden Strategen für die Eindämmung der iranischen Atomwaffen- und Raketenprogramme geworden. Ihm war auch klar, dass ein Regimewechsel bei weitem der wahrscheinlichste Weg war, das Verhalten Irans dauerhaft zu ändern. Auch wenn dies nicht die erklärte Politik der Trump-Regierung war, so konnte dies sicherlich noch geschehen, wenn die Auswirkungen der Sanktionen einsetzten. Zudem bestand unter den Ölförderstaaten im Nahen Osten schon seit Jahren stillschweigend Einigkeit über die gemeinsame Bedrohung, die der Iran für sie und Israel darstellte, wenn auch aus unterschiedlichen Gründen. Dieser Iran-Konsens ermöglichte gleichzeitig auch einen neuen Vorstoß zur Lösung des Israel-Palästina-Konflikts, was Amerika strategisch sehr zugutekommen konnte. Ob wir aus diesen neuen Ausrichtungen operativ das Beste herausholen konnten, war natürlich eine andere Frage.

Anfang September förderten Angriffe auf die US-Botschaft in Bagdad und das US-Konsulat in Basra, die meines Erachtens zweifellos von schiitischen Milizen auf Geheiß des Iran verübt worden waren, neue Spannungen innerhalb der Regierung zutage, da sich viele im Außen- und Verteidigungsministerium energischen Reaktionen entgegenstellten.[18] Die mangelnde Bereitschaft zu Vergeltungsmaßnahmen, die die Kosten für die Angreifer in die Höhe treiben und sie in Zukunft hoffentlich abschrecken sollten, spiegelte die Überbleibsel der Politik der Obama-Ära wider. Selbst zwanzig Monate nach Beginn von Trumps Präsidentschaft waren die neuen Ernennungen und die neuen Strategien noch nicht in Kraft. Hätten wir uns noch am Anfang des Jahres 2017 befunden, wäre das Problem vielleicht verständlich gewesen, aber es war schlichtes Fehlverhalten, dass die bürokratische Trägheit in solch entscheidenden strategischen Bereichen fortbestand. Die Debatte darüber, wie man auf diese Art von Angriffen reagieren sollte, dauerte während meiner gesamten Amtszeit an. Dies war auf Verschleppungstaktiken und Trumps impulsiven Wunsch zurückzuführen, Amerikas Truppenpräsenz in der Region zu verringern, was uns einheitlich in eine eher passive Richtung führte. Bei allem, was Trump an der Obama-Regierung hasste, war es ziemlich ironisch, dass seine eigenwilligen Ansichten die bestehenden Tendenzen der Politik einfach nur verstärkten, und das alles zum Nachteil der US-Interessen im Nahen Osten im weiteren Sinne.

Ich war auch beunruhigt über die mangelnde Bereitschaft des Finanzministeriums, die Beteiligung des Iran am globalen Finanznachrichtensystem SWIFT zu unterdrücken. Unter den Republikanern im Kongress bestand ein beträchtliches Interesse daran, die weitere Verbindung des Iran zu diesem System zu unterbinden, aber Mnuchin und das Finanzministerium lehnten dies ab. Sie hatten verständliche Bedenken, aber sie drängten beständig darauf, die bestehende Politik nicht zu ändern, was das charakteristische Merkmal der bürokratischen Trägheit war. Die wirkliche Antwort bestand darin, den Iran immer stärker unter Druck zu setzen und daran zu arbeiten, mehr Wege für eine umfassende Überwachung des Iran zu finden, und nicht darin, dem Iran einen Freibrief zu erteilen, um einfach mit Überwachungsmechanismen fortzufahren, die mit ein wenig Aufwand ersetzt und vielleicht sogar verbessert werden könnten.[19] Die Mitarbeiter des NSC und ich bemühen uns weiter darum, weitgehend hinter den Kulissen, und hatten im Laufe des Jahres auch Erfolg, aber im darauffolgenden Jahr traten noch schwierigere Hindernisse für unsere Iran-Politik in Erscheinung.

KAPITEL 4

DIE SCHLINGE VON SINGAPUR

Selbst als wir uns dem Rückzug aus dem elenden Nuklearabkommen mit dem Iran näherten, konzentrierte sich Trump weiter auf Nordkoreas Atomwaffenprogramm. Je mehr ich erfuhr, desto entmutigter und pessimistischer wurde ich bezüglich eines Trump-Kim-Gipfels. Ich war zutiefst skeptisch gegenüber den Bemühungen, den Norden aus seinem Atomwaffenprogramm herauszuverhandeln,[1] das Pjöngjang bereits viele Male an die USA und andere gegen wirtschaftliche Vorteile eingetauscht hatte. Obwohl Nordkorea wiederholt gegen seine Verpflichtungen verstieß, hat es ein leichtgläubiges Amerika immer wieder an den Verhandlungstisch gedrängt, um weitere Zugeständnisse zu machen und einem Atomwaffenproduzenten Zeit zu schenken, der durchweg von den Verzögerungen profitierte. Nun waren wir wieder einmal dabei und hatten nichts dazugelernt. Schlimmer noch, wir legitimierten Kim Jong-un, den Kommandanten des Gefangenenlagers Nordkorea, indem wir ihm ein Gratistreffen mit Trump gewährten. Es erinnerte an Winston Churchills finstere Beobachtung von 1935 über die gescheiterte britische Politik bezüglich Deutschlands:

> Als die Situation überschaubar war, wurde sie vernachlässigt, und jetzt, da sie völlig außer Kontrolle geraten ist, wenden wir zu spät jene Mittel an, die einst eine Heilung hätten bewirken können. Es gibt nichts Neues an dieser Geschichte. Sie ist so alt wie die Sibyllinischen Bücher. Sie gehört auf diese lange, düstere Liste über die

> Fruchtlosigkeit von Erfahrung und die feststehende Unbelehrbarkeit der Menschheit. Mangel an Voraussicht, Unwilligkeit zu handeln, als Handeln noch einfach und effektiv gewesen wäre, Mangel an klarem Denken, verwirrende Ratschläge, bis der Notfall eintritt, bis der Selbsterhaltungstrieb mit erschütternder Wirkung einsetzt – das sind die Merkmale, die die endlose Wiederholung der Weltgeschichte ausmachen.[2]

Nachdem ich acht Jahre lang die Fehler Obamas erduldet hatte, von denen ich ständig befürchtete, dass sie gefährliche Zugeständnisse an Nordkorea beinhalten würden, wie schon bei seiner Iran-Politik, ganz zu schweigen von den gescheiterten Sechs-Parteien-Gesprächen der Regierung unter George W. Bush und Clintons gescheitertem Rahmenabkommen, erfüllte es mich zutiefst mit Sorge, wie Trump dem Treffen mit Kim Jong-un entgegeneiferte. Pompeo sagte mir, dass Trumps Faszination für ein Treffen mit Kim bis zu den Anfängen der Regierung zurückging; offensichtlich waren die Optionen sehr begrenzt.

Am 12. April, inmitten des syrischen Wirbelsturms, traf ich mich mit meinem südkoreanischen Amtskollegen Chung Eui-yong, dem Direktor des dortigen Büros für nationale Sicherheit. Im März hatte Chung Eui-yong im Oval Office Kims Einladung zu einem Treffen an Trump weitergeleitet, der diese spontan aus dem Augenblick heraus annahm. Ironischerweise gab Chung später praktisch zu, dass er es war, der Kim vorgeschlagen hatte, die Einladung überhaupt erst auszusprechen![3] Dieser ganze diplomatische Tanz war eine Schöpfung Südkoreas, die mehr mit dessen »Vereinigungs«-Agenda zu tun hatte als mit ernsthafter Strategie auf Seiten Kims oder bei uns. Wie der Süden unsere Bedingungen zur Denuklearisierung Nordkoreas auslegte, stand aus meiner Sicht in keiner Beziehung zu grundlegenden nationalen Interessen der USA. So wie ich das sah, handelte es sich um ein riskantes Theaterstück, nicht um etwas Substanzielles. Ich forderte Chung auf, beim bevorstehenden Nord-Süd-Gipfel am 27. April keine Diskussionen über die Denuklearisierung zu führen, um zu verhindern, dass Pjöngjang einen Keil zwischen Südkorea, Japan und die USA trieb – eine seiner bevorzugten diplomatischen

Strategien. Ich sagte Trump, dass wir die engstmögliche Koordination mit Moon Jae-in brauchten, um zu verhindern, dass Nordkorea eine Spaltung zwischen Washington und Seoul arrangierte. Ich wollte die gemeinsame Linie zwischen den USA und Südkorea beibehalten und die Schlagzeile »Trump lehnt Südkorea-Kompromiss ab« vermeiden, doch er schien nicht beunruhigt zu sein.

Später am Morgen traf ich mich mit meinem Amtskollegen aus Japan, Shotaro Yachi, der wollte, dass ich so bald wie möglich ihre Perspektive hörte. Tokios Sicht auf das sich bedrohlich anbahnende Trump-Kim-Treffen wich um 180 Grad von der Südkoreas ab und war, kurz gesagt, ziemlich genau wie meine eigene. Yachi sagte, man glaube, dass die Entschlossenheit des Nordens feststehe, Atomwaffen zu bekommen, und dass bald die letzte Chance für eine friedliche Lösung verstreichen könnte. Japan wollte nichts von der »Aktion für Aktion«-Formel hören, die die gescheiterten Sechs-Parteien-Gespräche von George W. Bush kennzeichnete.[4] »Aktion für Aktion« hörte sich vernünftig an, aber es wirkte sich unweigerlich zum Vorteil Nordkoreas (oder eines jeden Proliferationslandes) aus, indem es wirtschaftliche Vorteile für den Norden in den Vordergrund stellte, die Demontage des Atomprogramms aber auf unbestimmte Zeit hinauszögerte. Die marginalen Vorteile für Pjöngjang selbst aus bescheidener Wirtschaftshilfe (oder durch die Lockerung von schmerzhaften Sanktionen) waren viel größer als die marginalen Vorteile, die für uns aus der allmählichen Abschaffung des Atomprogramms erwuchsen. Kim Jong-un wusste das genauso gut wie wir. Zu diesem Zeitpunkt wollte Japan, dass die Demontage sofort nach einem Trump-Kim-Abkommen beginnen sollte und nicht länger als zwei Jahre dauern durfte. Ausgehend von den Erfahrungen aus Libyen drängte ich jedoch darauf, dass die Demontage nur sechs bis neun Monate dauern sollte. Yachi antwortete nur mit einem Lächeln, aber als Abe in der folgenden Woche Trump in Mar-a-Lago traf (siehe Kapitel 3), bat Abe darum, dass die Demontage sechs bis neun Monate dauern sollte![5] Yachi betonte dabei auch Nordkoreas langjährige Entführungen japanischer Staatsbürger, ein stark emotionales Thema in der öffentlichen Meinung Japans und ein Schlüsselelement in Abes erfolgreicher politischer Karriere. In Mar-a-Lago sowie auch später verpflichtete sich Trump, sich dieses Themas anzunehmen, und löste das bei jeder weiteren Begegnung mit Kim Jong-un treu ein.

Pompeo, als CIA-Direktor der Regierung der erste Ansprechpartner für Nordkorea, verhandelte bereits über Ort und Datum des Gipfels und die Aussicht auf Freilassung dreier amerikanischer Geiseln. Kim wünschte das Treffen in Pjöngjang oder Panmunjom, was beides, wie Pompeo und ich übereinstimmend feststellten, ausgeschlossen war. Pompeo sah Genf und Singapur als die beiden akzeptabelsten Möglichkeiten an, aber Kim gefiel es nicht zu fliegen. Nordkoreas klapprige Flugzeuge konnten beide Städte ohnehin nicht erreichen, und er wollte nicht zu weit von Pjöngjang entfernt sein. Meine Hoffnung: Vielleicht würde das ganze Ding zusammenbrechen!

In Mar-a-Lago sprach Abe ausführlich über Nordkoreas Nuklearprogramm und betonte, wie schon Yachi bei unserem Treffen in Washington, dass wir ein wirklich effektives Abkommen bräuchten, im Gegensatz zu dem von Trump so häufig kritisierten Atomdeal mit dem Iran, der, wie die Obama-Regierung selbst betont hatte, nicht einmal unterzeichnet worden war.[6] Natürlich war Pjöngjang genauso in der Lage, über ein unterschriebenes wie über ein nicht unterschriebenes Dokument zu lügen, aber es könnte sie ja vielleicht zum Einknicken bringen. Abe drängte außerdem auf die von Japan seit langem vertretene Position, bei der Erörterung von ballistischen Raketen sowohl Kurz- und Mittelstreckenraketen (die bedeutende Teile der japanischen Archipels treffen könnten) als auch Interkontinentalraketen einzubeziehen (die der Norden benötigte, um die kontinentalen Vereinigten Staaten zu treffen). In ähnlicher Weise wollte Japan auch die biologischen und chemischen Waffen des Nordens beseitigen, und ich stimmte zu, dass dies Teil eines jeden Abkommens mit Pjöngjang sein sollte.[7]

Trump fragte Abe, was er von Kims jüngstem Besuch bei Xi Jinping in China halte, und Abe sagte, dies spiegele die Auswirkungen der impliziten Drohung Amerikas wider, militärische Gewalt anzuwenden sowie die unter internationalen Sanktionen erfolgte Unterbrechung eines Großteils des Ölflusses aus China. Abe betonte, dass der US-Schlag gegen Syrien einige Tage zuvor ein starkes Signal an Nordkorea und Russland gesendet habe. Kim Jong-uns Vater, Kim Jong-il, war damals erschrocken, als George W. Bush den Norden in die »Achse des Bösen« einschloss, und militärischer Druck war das beste Druckmittel gegen Pjöngjang. Ich dachte, Abes überzeugende Darlegung würde Trump umstimmen, aber die Wirkung erwies sich als begrenzt. Die Japaner hatten ebenso das Gefühl, dass Trump beständig wiederkehrende Gedächtnisstützen brauche, was erklärte, warum Abe in der gesamten Regierungszeit so häufig mit Trump über Nordkorea konferierte.

Am 21. April verkündete der Norden mit großem Tamtam, dass er auf weitere Atom- und Raketentests verzichte, weil er bereits eine Atommacht sei. Die leichtgläubigen Medien werteten dies als einen bedeutenden Schritt nach vorn, und Trump nannte es einen »großen Fortschritt«.[8] Ich sah nur einen weiteren Propagandatrick. Wenn die notwendigen Tests bereits abgeschlossen wären, könnte Pjöngjang einfach die Arbeiten abschließen, die für die Produktionsfähigkeit von Waffen und Trägersystemen erforderlich sind. Chung kehrte am 24. April vor Moons innerkoreanischem Gipfeltreffen mit Kim in der DMZ nach Pjöngjang zurück. Ich war erleichtert, dass Chung in Erwägung zog, dass die »Erklärung von Panmunjom« der Staats- und Regierungschefs nur zwei Seiten umfassen würde, was bedeutete, dass alles, was darin über die Denuklearisierung stand, nicht sehr konkret sein konnte. Ich spürte, dass Südkorea glaubte, dass Kim Jong-un wegen des durch die Sanktionen ausgeübten Drucks verzweifelt nach einem Abkommen suchte und dass die wirtschaftliche Entwicklung für den Norden oberste Priorität hatte, jetzt, da er ein »Atomwaffenstaat« war. Ich fand nichts Tröstendes an diesem Gedanken. In der Zwischenzeit schränkte Pompeo die Optionen für Zeitpunkt und Ort des Trump-Kim-Treffens ein, das wahrscheinlich am 12. oder 13. Juni entweder in Genf oder Singapur stattfinden sollte.

Das Moon-Kim-Festival am 27. April in der DMZ hatte alles bis auf Tauben, die mit Olivenzweigen herumflogen, war aber tatsächlich fast frei von Substanz. Am Freitagmorgen Washingtoner Zeit überreichte ich Trump die Kopie eines *New York Times*-Kommentars von Nick Eberstadt,[9] einem der scharfsinnigsten Korea-Beobachter Amerikas, der das Gipfeltreffen zu Recht als »an P. T. Barnum erinnernde Diplomatie nach dem

Motto: Jede Minuten wird ein weiterer leichtgläubiger Trottel geboren« bezeichnete. Ich ging nicht davon aus, dass Trump ihn lesen würde, aber ich wollte meine Ansicht betonen, dass Südkoreas Agenda nicht immer die unsere war und dass wir unsere eigenen Interessen schützen mussten. Glücklicherweise war die Erklärung von Panmunjom bemerkenswert seicht, insbesondere in der Nuklearfrage. Moon rief Trump am Samstag an, um über seine Gespräche zu berichten. Er war immer noch ekstatisch. Kim hatte sich zu einer »vollständigen Denuklearisierung« verpflichtet und angeboten, das Atomtestgelände Punggye-ri zu schließen. Dies war nur ein weiteres Scheinzugeständnis, wie schon die Sprengung des Kühlturms vom Reaktor Yongbyon unter Kim Jong-il. Moon drängte mit Nachdruck darauf, das Trump-Kim-Treffen in Panmunjom zu veranstalten, woraufhin unmittelbar ein trilaterales Gespräch mit beiden Koreas und den USA folgten sollte. Dies war größtenteils ein Versuch von Moon, sich in den darauffolgenden Fototermin einzuklinken (wie wir im Juni 2019 erneut sehen würden). Trump schien in der allgemeinen Begeisterung aufgegangen zu sein und schlug sogar vor, das Kim-Treffen auf Mitte Mai vorzuverlegen, was logistisch unmöglich war. Glücklicherweise räumte Moon ein, dass Kim Singapur bevorzuge; dies half dabei, den Veranstaltungsort festzulegen. Trump sagte schließlich, dass Pompeo und ich mit Moon am Datum arbeiten würden, was beruhigend war.

Moon hatte von Kim gefordert, die Denuklearisierung innerhalb eines Jahres durchzuführen, und der hatte zugestimmt, was nahe genug an dem Zeitrahmen war, den ich vorgeschlagen hatte.[10] Ironischerweise war es in den folgenden Monaten schwieriger, die Zustimmung des Außenministeriums zum Einjahresplan zu bekommen, als Kim zu überzeugen. Die beiden Staatschefs legten eine Strategie für das weitere Vorgehen fest, und Trump bat Moon, zu präzisieren, was wir von Nordkorea verlangen sollten, was sehr hilfreich war. Das war kluge Diplomatie, denn was immer Moon schrieb, er konnte kaum etwas dagegen haben, wenn wir darum baten, und wenn wir härter waren als Moon, hatte er zumindest ein Wörtchen mitzureden gehabt. Moon lobte die Führung von Trump. Im Gegenzug drängte Trump ihn, den südkoreanischen Medien mitzuteilen, wie sehr Trump für all dies verantwortlich sei. Dann sprach er mit Abe, um im

Lichte von Moons Bericht über sein Treffen mit Kim die weitere Strategie für den Trump-Kim-Gipfel festzulegen. Abe wiederholte alle Schlüsselpunkte, die er in Mar-a-Lago vorgetragen hatte, im deutlichen Kontrast zu Moons allzu optimistischer Perspektive. Japan, das Kim nicht traute, wollte konkrete, unzweideutige Verpflichtungen, sowohl in der Nuklear- als auch in der Entführungsfrage. Abe betonte gegenüber Trump, er sei härter als Obama und zeigte damit deutlich, dass er es für notwendig hielt, Trump an diesen Punkt zu erinnern.

Später sprach ich mit Pompeo, der damals durch den Nahen Osten reiste und von dort aus die Anrufe von Abe und Moon hörte. Besonders der Anruf von Moon war »eine Nahtoderfahrung« gewesen, sagte ich, und Pompeo erzählte von einem »Herzstillstand in Saudi-Arabien«. Nach einigen weiteren Wendungen einigten wir uns für das Gipfeltreffen am 12. und 13. Juni auf Singapur. Am Montagmorgen rief mich Trump wegen meiner Auftritte in zwei der Sonntags-Talkshows an, in denen ein Großteil der Diskussionen Nordkorea betraf. Ich sei »sehr gut im Fernsehen« gewesen, sagte er, aber ich müsse ihn noch mehr loben, denn »so etwas hat es noch nie gegeben«. Schließlich hatte Moon gesagt, er werde Trump für den Friedensnobelpreis empfehlen. Trump sagte jedoch, dass ihm mein Hinweis auf das »libysche Modell« zur Denuklearisierung Nordkoreas wegen des Sturzes von Muammar al-Gaddafi sieben Jahre später nicht gefiel, während des mit all dem gar nicht zusammenhängenden arabischen Frühlings im Nahen Osten. Ich versuchte ihm zu erklären, dass das »Modell« für Atomwaffenanalysten darin bestand, das libysche Nuklearprogramm vollständig zu beseitigen, und nicht in Gaddafis anschließendem, unvorhersehbaren Untergang.

Die Geschichte hat gezeigt, dass ich nicht zu ihm durchgedrungen bin. Trump verstand nicht, dass der unvorhergesehene arabische Frühling, der ab 2011 mit dramatischer Wirkung durch die Region ging, der Grund für den späteren Untergang Gaddafis war und nicht seine Abkehr von Atomwaffen im Jahr 2003. Dies war nicht allein Trumps Fehler. Viele begingen den klassischen logischen Trugschluss »post hoc, ergo propter hoc« (»danach, also deswegen«), wie folgender Satz aus einem Artikel der *New York Times* aus dem Jahr 2019 veranschaulicht: »Libyens Diktator

Muammar al-Gaddafi wurde 2011 getötet, nachdem er das im Entstehen begriffene Nuklearprogramm seines Landes aufgegeben hatte.«[11] Dennoch beendete Trump das Gespräch mit den Worten: »Großartige Arbeit.« Ironischerweise sagte Trump selbst auf einer späteren Pressekonferenz, dass er mit »das libysche Modell« die »totale Dezimierung« Libyens meine: »Nun, dieses Modell würde [mit Nordkorea] höchstwahrscheinlich stattfinden, wenn wir keinen Deal abschließen.«[12] Wenige Minuten nachdem Trump diese Bemerkungen gemacht hatte, gab mir der Vizepräsident ein High Five und sagte: »Er gibt Ihnen Rückendeckung!« Trump selbst sagte: »Sie haben freie Bahn, ich habe alles geregelt!«

Es gab auch bedeutende Entwicklungen beim Thema Geiseln, wo wir immer mehr Anzeichen dafür bekamen, dass Nordkorea drei US-Gefangene freilassen würde, wenn Pompeo persönlich in den Norden flöge, um sie abzuholen und nach Amerika zurückzubringen. Ihm und mir gefiel der Gedanke seiner Reise nach Pjöngjang nicht, aber die Befreiung der Geiseln war so wichtig, dass wir beschlossen, es hinzunehmen. (Trump kümmerte es nicht, wer die Geiseln abholen würde, er sah es nicht als ein Problem an.) Chung besuchte mich am 4. Mai ein drittes Mal, um mir weitere Details über das Treffen in Panmunjom mitzuteilen. Er betonte, dass er Kim nachdrücklich dazu gedrängt habe, einer »vollständigen, überprüfbaren und unumkehrbaren Denuklearisierung« zuzustimmen, was seit langem unsere Formulierung war, zurück bis zur Regierung unter George W. Bush,[13] und für Nordkorea einen wichtigen Schritt in der Rhetorik darstellen würde. Laut Moon schien Kim vor Singapur dem Gedanken gegenüber aufgeschlossen, aber Kim ist diese Verpflichtung nie öffentlich eingegangen. Moon drängte Kim, mit Trump »einen großen Deal« zu erreichen, bei dem die Einzelheiten im Anschluss auf Arbeitsebene diskutiert werden könnten, dabei mahnend, dass alle Vorteile, die der Norden erhalten würde, erst nach der Denuklearisierung zum Tragen kämen. Kim habe gemeint, sagte Chung, dass er all dies verstehe. Moon wollte mit Trump Mitte bis Ende Mai in Washington vor dem Trump-Kim-Gipfel konferieren, wozu wir schließlich zustimmten. Später an diesem Tag kam auch der Japaner Yachi in mein Büro, um den

Moon-Kim-Gipfel zu besprechen, was zeigt, wie genau Japan den gesamten Prozess verfolgte. Yachi wollte der von Seoul ausgehenden Euphorie etwas entgegensetzen, auch wenn diese mich sicherlich nicht überkommen hatte, und betonte, dass wir nicht auf den traditionellen »Aktion für Aktion«-Ansatz des Nordens hereinfallen sollten.

Pompeo brach am Dienstag, dem 8. Mai, nach Pjöngjang auf, holte die drei amerikanischen Geiseln ab und kehrte mit ihnen nach Washington zurück, wo er am Donnerstag nach zwei Uhr morgens in Andrews eintraf. Trump begrüßte die zurückkehrenden Männer in einer unfassbaren, hastig arrangierten, mitten in der Nacht stattfindenden und live im Fernsehen übertragenen Ankunftszeremonie. Die drei freigelassenen Amerikaner waren verständlicherweise überschwänglich und hoben freudig die Arme, als sie das Flugzeug verließen und in die hellen Scheinwerfer traten. Sie liebten es, mit der Presse zu sprechen, waren der Hit der Nacht und genossen ihre Rückkehr aus Nordkorea, die sich glücklicherweise deutlich von der des zu Tode gefolterten und brutal misshandelten Otto Warmbier unterschied. Der Flug der Marine One zurück zum Weißen Haus, der ganz nahe am beleuchteten Washington Monument vorbeiführte, war fast surreal. Trump schwebte auf Wolke sieben, selbst um halb vier Uhr morgens, als wir auf dem Südrasen landeten, denn dies war ein Erfolg, den auch die feindlich gesinnten Medien nicht mindern konnten.

Die Vorbereitungen für das Trump-Kim-Treffen gingen zügig weiter. Insbesondere machten wir uns Sorgen darüber, was China unternahm, um die Nordkoreaner zu beeinflussen, und verfolgten aufmerksam, was wichtige chinesische Akteure wie Yang Jiechi, Chinas ehemaliger Botschafter in Washington während der Amtszeit von George W. Bush, ehemaliger Außenminister und jetzt Staatsrat (eine Position, die im chinesischen System über dem Außenminister steht), zu ihren Amtskollegen und in der Öffentlichkeit sagten. Ich hatte Bedenken, dass Peking die Voraussetzungen dafür schuf, den Vereinigten Staaten die Schuld zuzuschieben, falls die Gespräche scheitern sollten, indem sie mahnen würden, dass nordkoreanische »Hardliner« Kim Jong-un für die Freilassung der amerikanischen Geiseln ohne jegliche »Gegenseitigkeit«

seitens der USA unter Druck setzen würden. In diesem Szenario gab es im Norden keinen Konsens innerhalb des Systems, und der starke Widerstand des Pjöngjang-Militärs bedeutete, dass die Gespräche in Gefahr waren, bevor sie überhaupt begonnen hatten. Die Antwort? Mehr präventive Zugeständnisse seitens der Vereinigten Staaten. Dies war einer der ältesten Spielzüge im kommunistischen Strategiebuch: leichtgläubige Westler mit Geschichten von Spaltungen zwischen »Gemäßigten« und »Hardlinern« zu erschrecken, so dass wir ansonsten nicht hinnehmbare Ergebnisse akzeptierten, um die »Gemäßigten« zu stärken. Chung zeigte sich besorgt über die jüngste Ankündigung des Nordens, dass nur Journalisten an der »Schließung« des Testgeländes Punggye-ri teilnehmen würden, keine Nuklearexperten, wie er zuvor zugesichert hatte. Pjöngjang könnte genauso gut die Bobbsey-Zwillinge[14] einladen. Auch wenn dieser Trick eher etwas »zerstörte« als etwas »aufbaute«, feierte Grigori Potemkins Geist dennoch zweifellos seine anhaltende Relevanz.

Chung und ich telefonierten in der folgenden Woche ständig miteinander, um uns auf Moon Jae-ins Besuch in Washington und das Trump-Kim-Treffen in Singapur vorzubereiten. Wir sprachen wiederholt über die »Schließung« von Punggye-ri, die ein oberflächliches Spektakel war, angefangen beim Fehlen jeglicher US-amerikanischer oder internationaler Anlageninspektionen, insbesondere der Tunnel und unterirdischen Einrichtungen vor den Vorbereitungen oder Sprengungen zur Schließung der Stolleneingänge. Indem Nordkorea solche Inspektionen ausschloss, verbarg es wichtige Informationen. Nuklearforensikexperten hätten, wie es gängige Praxis war, wichtige Schlussfolgerungen über die Größe und den Umfang des Kernwaffenprogramms extrapolieren können, andere Standorte im Nukleargulag des Nordens, die wir offengelegt und inspiziert haben wollten und vieles mehr.[15] Wir wussten aus den Erfahrungen der IAEO im Irak 1991 und danach, die ich persönlich während der Regierung von Bush senior gemacht hatte, dass es enorme Informationen gab, die ohne angemessene, beharrliche Vor-Ort-Inspektionen vor, während und nach der Denuklearisierung sehr effektiv verborgen werden konnten. Die anschließende internationale Überwachung, wie die Entnahme von

Bodenproben durch die Internationale Atomenergie-Organisation außerhalb der Stollen, war kein Ersatz für Inspektionen im Inneren des Punggye-ri-Berges, wie der Norden voll und ganz verstand. Diese Propagandascharade war kein Beweis für die guten Absichten Pjöngjangs, sondern für seine unverkennbare Böswilligkeit. Sogar CNN beschrieb Nordkoreas Vorgehen später »wie das Zertrampeln eines Tatorts«.[16] Chung dachte, das Thema könne bei einem innerkoreanischen Treffen in Panmunjom Ende der Woche zur Sprache gebracht werden, aber der Norden sagte das Treffen in letzter Minute ab, ein weiterer typischer Schachzug aus Pjöngjang. Dann drohten sie ausdrücklich mit der Absage des Trump-Kim-Treffens und beschwerten sich über eine jährliche amerikanisch-südkoreanische Militärübung namens »Max Thunder«. Dies war eine weitere Propagandamasche, aber es stellte sich heraus, dass diese und spätere Beschwerden über solcherlei Militärübungen, die für unsere gemeinsame militärische Vorbereitung absolut unerlässlich sind, Trump über alle Erwartungen des Nordens hinaus beeinflussten.

Ich erzählte Trump von der Unruhe in Nordkorea gegen 18.30 Uhr, und er sagte, unsere Presselinie sollte lauten: »Was immer die Situation ist, es ist mir recht. Falls sie sich treffen möchten, bin ich bereit. Falls sie es vorziehen, sich nicht zu treffen, ist das für mich auch in Ordnung. Ich werde es voll und ganz verstehen.« Ich rief gegen sieben Uhr noch einmal an und hörte Trump ausgiebig zu, wie er die südkoreanisch-amerikanische Militärübung kritisierte: Er sei schon seit einem Jahr dagegen gewesen, könne nicht verstehen, warum sie so viel kostete und so provokativ war, ihm gefalle nicht, dass B-52er von Guam aus flogen, um teilzunehmen, und so weiter und so fort. Ich konnte nicht glauben, dass der Grund für diese Übungen – volle Kampfbereitschaft für einen nordkoreanischen Angriff – ihm nicht vorher erklärt worden war. Falls dies doch der Fall war, war die Information offensichtlich nicht angekommen. Kompetente Streitkräfte trainieren häufig. Besonders in einem Bündnis ist eine gemeinsame Ausbildung von entscheidender Bedeutung, damit sich die verbündeten Länder in Krisenzeiten nicht gegenseitig in Schwierigkeiten bringen. »Fight tonight« (»Kämpfe heute Nacht«) war der Slogan der US-Streitkräfte in Korea, ihren Auftrag widerspiegelnd, Angreifer abzuschrecken und zu besiegen. Eine verzögerte Gefechtsbereitschaft könnte »Kämpfe nächsten Monat« bedeuten, was nicht gut genug war. Wie mir jedoch klar wurde, wollte Trump einfach nichts davon hören. Die Übungen beleidigten Kim Jong-un und waren unnötig teuer. Fall abgeschlossen.

In der Zwischenzeit arbeiteten wir an der Logistik für Singapur; als einen entscheidenden Punkt schlug Pompeo vor, dass er, Kelly und ich bei Trump sein sollten, wann immer er in der Nähe von Kim war, was Kelly und ich bereitwillig akzeptierten. Ich machte mir auch Sorgen über unseren Zusammenhalt angesichts der täglichen Explosion, an die sich jeder im Weißen Haus unter Trump gewöhnt hatte. Eine dieser bizarren Episoden Mitte Mai beinhaltete abfällige Bemerkungen von Kelly Sadler, einer Mitarbeiterin für Kommunikation im Weißen Haus, über John McCain. Ihre Bemerkungen über die Entlassung McCains und darüber, wie er über Gina Haspels Nominierung als CIA-Direktorin abstimmen könnte, weil »er sowieso stirbt«, sickerten an die Presse durch und riefen sofort ein enormes Durcheinander hervor. Trump wollte Sadler befördern, während andere sie feuern oder sie zumindest dazu bringen wollten, sich öffentlich für ihre Gefühllosigkeit zu entschuldigen. Sadler weigerte sich und kam damit durch, weil Trump, der McCain verachtete, es ihr erlaubte. Sadler verwandelte ihre eigene Gefühllosigkeit in eine Waffe, indem sie andere beschuldigte, interne Informationen weitergegeben zu haben, eine häufige Offensivtaktik in Trumps Weißem Haus. In einer Sitzung im Oval Office belohnte Trump sie mit einer Umarmung und einem Kuss. Obwohl dieses Debakel kaum mein Thema war, ging ich irgendwann zu Kelly und dachte mir, dass vernünftige Menschen sicherlich eine Entschuldigung aus dieser aufsässigen Mitarbeiterin herausholen könnten. Nach einer kurzen Diskussion, bei der nur wir beide in seinem Büro waren, sagte Kelly: »Sie können sich nicht vorstellen, wie verzweifelt ich versuche, hier rauszukommen. Dies ist ein schlechter Arbeitsplatz, wie Sie noch feststellen werden.« Er war der Erste, der Trump morgens sah, und der Letzte, der ihn nachts sah, und ich konnte nur vermuten, wie viele Fehler er während seiner Amtszeit verhindert hatte. Kelly griff die Presse an, meines Erachtens völlig zu Recht, und sagte: »Sie kommen auch dich holen«, was ich nicht bezweifelte.

Nordkorea drohte weiterhin mit der Absage des Trump-Kim-Treffens und griff mich namentlich an. Das war nichts Neues: 2002 unter George W. Bush ehrte mich Nordkorea, indem es mich »menschlichen Abschaum« nannte. Sie griffen mich mit Bezug auf das libysche Modell der Denuklearisierung an (ich fragte mich, ob sie eine Quelle im Inneren des Weißen Haus hatten, die von Trumps Reaktion wusste) und sagten: »Wir haben bereits in der Vergangenheit auf Boltons Charakter hingewiesen und wir verbergen unseren Abscheu gegen ihn nicht.«[17] Natürlich war es für jeden auf unserer Seite der Verhandlungen klar, dass sie in Wirklichkeit das Konzept der »vollständigen, überprüfbaren und unumkehrbaren Denuklearisierung« anprangerten. Südkorea war nach wie vor besorgt über die Bemühungen des Nordens, unsere gemeinsamen Militärübungen zurückzuschrauben. Selbst die gemäßigte Moon-Regierung verstand sehr wohl, dass die Übungen für ihre Sicherheit entscheidend waren, und war besorgt über diesen weiteren Versuch Pjöngjangs, einen Keil zwischen Seoul und Washington zu treiben. Chung sagte, der Norden versuche eindeutig, zwischen Trump und mir zu spalten und berichtete, dass mehrere nordkoreanische Beamte auf der Moon-Kim-Konferenz vom 27. April nach meiner Rolle bei der Trump-Kim-Konferenz gefragt hätten. Ich fühlte mich wieder mal geehrt. Aber noch wichtiger war, dass Nordkorea weiterhin die gemeinsamen Militärübungen anprangerte und nun Moon angriff: »Die gegenwärtigen südkoreanischen Behörden haben sich eindeutig als ignorante und inkompetente Gruppe erwiesen ...«[18] Derartige Angriffe waren die wenig subtile Art des Nordens, Moon einzuschüchtern, um die Arbeit des Nordens zu erledigen, indem er uns unter Druck setzte, ein Trick, den wir mit Entschlossenheit vereiteln wollten.

Noch schlimmer war, dass Kims Stabschef nicht wie geplant am 17. Mai in Singapur eintraf. Die Vorbereitungen für den paranoiden Führer des Nordens waren gewaltig, wenn sie auch davon in den Schatten gestellt wurden, was ein US-Präsident für eine solche Reise benötigte. Eine Verzögerung bei den Vorbereitungen könnte letztlich dazu führen, dass das Treffen selbst verschoben oder sogar abgesagt würde. Bis Montag, den 21. Mai, war kein nordkoreanisches Vorabteam eingetroffen, so dass es keine Treffen mit unserem Team in Singapur gab. Trump begann sich zu fragen, was los war, und sagte mir: »Ich will [aus Singapur] raus, bevor sie es sind«, was vielversprechend klang. Er erzählte, dass er bei Frauen, mit denen er ausgegangen war, nie derjenige sein wollte, mit dem Schluss gemacht wird; er wollte immer derjenige sein, der Schluss macht. (»Sehr aufschlussreich«, sagte Kelly, als ich es ihm später erzählte.)[19] Eine Frage war, ob man Singapur absagen sollte, gerade als Moon Jae-in in die Stadt kam, oder ob man warten sollte, bis er abreiste. Ich drängte Trump, jetzt zu handeln, weil es wie eine ausdrückliche Abfuhr in Richtung Moon aussehen würde, wenn er dies nach seiner Abreise täte, was unnötig war. Trump stimmte zu und sagte: »Vielleicht twittere ich heute Abend.« Auf Trumps Bitte hin sprach ich mit Pence und Kelly, die sich beide darin einig waren, dass er twittern solle. Ich berichtete Trump darüber und Trump begann zu diktieren, wie sein Tweet lauten sollte. Nach mehreren Entwürfen (die von Westerhout in geeigneter Weise neu getippt wurden) hatte er (oder hatten sie) folgende Form:

> Ausgehend vom Fakt, dass sich der Dialog in Bezug auf Nordkorea und seine Denuklearisierung geändert hat, habe ich meine Vertreter respektvoll gebeten, Nordkorea darüber zu informieren, dass das Treffen am 12. Juni in Singapur abgesagt wird. Ich freue mich sehr auf ein Treffen und Verhandlungen mit Kim Jong-un, vielleicht bekommen wir in der Zukunft eine weitere Chance. Derweil weiß ich die Freigabe der 3 Amerikaner im hohen Maße zu schätzen, die jetzt zu Hause bei ihren Familien sind.

In einem anschließenden Tweet würde es heißen:

> Ich bin enttäuscht, dass China vor allem an der Landesgrenze nicht in der Lage war zu tun, was notwendig war [gemeint ist die Durchsetzung von Sanktionen], um uns zu helfen, Frieden zu erlangen.

Das Oval Office füllte sich anschließend mit Mitarbeitern, um Trump auf ein Abendessen mit den Gouverneuren der Bundesstaaten vorzubereiten. Als er ging, sagte Trump, er würde wahrscheinlich nach dem Abendessen um »acht oder neun Uhr« twittern. Ich kehrte in mein Büro zurück, um Pompeo zu informieren, und er sagte: »Ich hab's verstanden, lassen Sie uns die Strategie durchziehen.« Ich ging ins Büo von Pence, um ihm von den Tweets zu erzählen; wir waren beide sehr zuversichtlich, dass Trump Singapur an diesem Abend absagen würde. Aber als wir am nächsten Morgen aufwachten, waren noch keine Tweets erschienen. Trump erklärte Kelly später, dass sein Mobiltelefon in der Nacht zuvor nicht funktioniert hatte, aber mir sagte er, er wolle Moon zu Wort kommen lassen, bevor er absagte. Also traf ich mich mit deutlich mangelndem Enthusiasmus mit Chung und seinen Kollegen zum Frühstück im Ward Room, um die Moon-Trump-Sitzung später am Tag zu besprechen. Der Süden wünschte sich nach dem Trump-Kim-Treffen immer noch Moon in Singapur für ein trilaterales Treffen.

Ein weiteres wichtiges Thema in unserer Diskussion war eine Erklärung »zur Beendigung des Koreakrieges«. Ursprünglich dachte ich, die »Kriegsende-Erklärung« sei die Idee des Nordens, aber später kam mir der Verdacht, dass sie von Moon stammte, da sie seine Wiedervereinigungsagenda unterstützte, ein weiterer guter Grund, nicht darauf einzugehen. Inhaltlich gab es keine Begründung für die »Kriegsende«-Idee, abgesehen davon, dass sie gut klang. Da die Möglichkeit bestand, dass sich in Singapur nicht viel mehr als das ergeben würde, riskierten wir die Legitimierung von Kim Jong-un, nicht etwa nur durch ein Treffen mit einem US-Präsidenten, sondern auch durch das Stattfinden eines fadenscheinigen »Friedensgipfels«, der die Wirtschaftssanktionen untergrub, indem er suggerierte, der Norden sei nicht länger gefährlich, und zwar nicht nur auf nuklearer Ebene. Ich war entschlossen, alle rechtlichen Verbindlichkeiten zu stoppen und den Schaden möglichst gering zu halten, egal was für ein fragwürdiges Dokument Trump zu unterstützen bereit sein könnte. Ich war besorgt darüber, dass Moon bei Trump für diese schlechten Ideen warb, aber schließlich konnte ich es ohnehin nicht verhindern.

Ich ging zum Blair House, um Pompeo vor unserem Treffen um zehn Uhr mit Moon, Außenministerin Kang Kyeong-hwa und Chung zu treffen. Moon war in typischer Weise optimistisch in Bezug auf Singapur, und nach einer Stunde kehrte ich ins Weiße Haus zurück (Pompeo machte sich auf den Weg zum Außenministerium), um Trump zu erzählen, was wir besprochen hatten. Ich nahm an einer der Geheimdienstrunden teil, die Trump jede Woche vom Direktor der nationalen Nachrichtendienste Coats, CIA-Direktorin Haspel und Briefern, die sie begleiteten, abhielt. Ich hielt diese Briefings nicht für sehr nützlich, ebenso wenig wie die Geheimdienstmitarbeiter, da die meiste Zeit damit verbracht wurde, Trump zuzuhören, anstatt dass Trump den Briefern zuhörte. Ich unternahm mehrere Versuche, die Informationsübermittlung an Trump zu verbessern, scheiterte aber wiederholt. Es war, wie es war. Als ich aus dem Blair House kam, erzählte Trump den Briefern, dass er am Abend zuvor Tweets über die Absage Singapurs verfasst hatte, aber zum Schluss gekommen sei, dass er noch etwas länger warten könne, »weil es noch eine gewisse Chance gibt, dass es stattfindet«, und er wolle nicht vor der »absolut allerletzten Minute« absagen. Ich fühlte mich noch schlechter, als ich sah, dass wir unser Ziel beinahe erreicht hätten.

Moon traf ein, und die beiden Staatsoberhäupter begrüßten bald darauf die Pressehorden im Oval Office. Die ausgedehnte Befragung, hauptsächlich zu China-Fragen, verkürzte Moons Einzelgespräch mit Trump erheblich. Nachdem die beiden den Cabinet Room betreten hatten, eröffnete Trump mit der Bemerkung, dass die Wahrscheinlichkeit, dass das Treffen in Singapur stattfinden würde, bei etwa 25 Prozent liege, was er, wie ich vermute, auch Moon unter vier Augen sagte. Als Antwort darauf betonte Moon seine Unterstützung für eine vollständige, überprüfbare und unumkehrbare Denuklearisierung und seine optimistische Ansicht, dass es »eine Null-Prozent-Chance« gebe, dass Singapur nicht stattfinden werde. Trump war besorgt, »zu angespannt« zu erscheinen, aber Moon beeilte sich, ihm zu versichern, dass es in Wirklichkeit Nordkorea sei, das angespannt war, da es etwas Derartiges noch nie zuvor gegeben habe. Trump sagte, er wolle ein durchstrukturiertes Treffen in Singapur, was mich schockierte (und was sowieso nicht geschehen würde.) Er fragte, warum keine Experten nach Punggye-ri reisen durften, und wir erklärten, dass viele, mich eingeschlossen, glaubten, dass Kim sich mündlich verpflichtet hatte, das Testgelände zu schließen, ohne wirklich zu verstehen, was er da eigentlich sagte.

Als ob die Situation nicht schon chaotisch gewesen wäre, rief am späten Abend Nick Ayers an, der Stabschef des Vizepräsidenten, um zu sagen, dass Nordkoreas Vizeaußenministerin Choe Son-hui eine heftige Attacke auf Pence verübt habe, indem sie ihn als »politischen Dummkopf« bezeichnete und wegen der Äußerungen von Pence in einem kürzlichen Interview mit Martha MacCallum von Fox im Grunde genommen mit einem Atomkrieg drohte.[20] Pence schaltete sich in die Leitung ein und schlug vor, ich solle Trump davon berichten, was ich sofort zu tun gedachte. Nachdem ich schnell eine vollständige Fassung von Pjöngjangs Tirade erhalten und begutachtet hatte, erreichte ich Trump um 22 Uhr. Ich erklärte die Situation und schlug vor, dass wir eine Entschuldigung verlangen sollten, was zumindest implizierte, dass Singapur ohne eine Entschuldigung abgesagt werden würde. Trump wollte darüber schlafen, was ich an Pence weiterleitete (ebenso wie Trump selbst). Ich rief Pompeo um 22.25 Uhr an, um ihn zu informieren und schlug vor, dass er am frühen Morgen des kommenden Tages zu uns stoßen sollte. Als Vizepräsident behielt Pence die starken Ansichten zur nationalen Sicherheit bei, die er während seiner Jahre im Repräsentantenhaus vertreten hatte, und ich betrachtete ihn als beständigen Verbündeten. Gleichzeitig folgte er dem besonnenen Beispiel anderer Vizepräsidenten, die in ihrem Eintreten für die Politik umsichtig waren, ohne vorher zu wissen, in welche Richtung sich Trump bewegen würde. Ich respektierte die inhärenten Schwierigkeiten seiner Arbeit und glaubte, dass er einen Großteil seiner besten Arbeit in privaten Gesprächen mit Trump leistete.

Am nächsten Tag ging ich sogar noch früher als gewöhnlich zur Arbeit und beobachtete die umfangreiche asiatische Presseberichterstattung über die nordkoreanische Attacke, stellte aber fest, dass in den USA wenig darüber berichtet wurde, wahrscheinlich wegen der Uhrzeit, zu der die Erklärung veröffentlicht worden war. Ich erzählte Kelly, was geschehen war, und sagte, dass wir zu acht Uhr morgens ein Telefongespräch mit Trump in der Residenz hätten. Ayers kam herein, um zu sagen, dass sowohl er als auch Pence der Meinung seien, dass Singapur abgesagt werden sollte; Kelly stimmte dem zu, ebenso wie Pompeo, der dazugekommen war. Wir standen alle um die Freisprechanlage herum, um Trump anzurufen, und ich gab eine ausführliche Beschreibung des Angriffs des Nordens auf Pence sowie der internationalen und US-amerikanischen Presseberichterstattung. Trump bat mich, den vollständigen Text der Bemerkungen von Vizeaußenministerin Choe Son-hui vorzulesen, was ich auch tat. »Jesus«, sagte Trump, »das ist hart.« Wir waren uns alle einig, dass eine so gehässige Erklärung nur mit der ausdrücklichen Zustimmung von Kim Jong-un hatte abgegeben werden können; dies war nicht einfach eine einzelgängerische Beamte, die herumtönte. Unsere Kritiker würden uns wahrscheinlich vorwerfen, dass wir überreagierten, denn schließlich benutzte Nordkorea regelmäßig gehässige Formulierungen. Das stimmte, aber es stimmte auch, dass frühere US-Regierungen die Rhetorik Nordkoreas einfach akzeptiert hatten, ohne daraus Konsequenzen zu ziehen. Damit musste Schluss gemacht werden, und dies war der Zeitpunkt, es zu tun.

Trump zögerte nicht, das Treffen in Singapur abzusagen. Er diktierte einen Brief, den wir mehrfach überarbeiteten, der schließlich jedoch ein echtes Trump-Werk war. Die finale Fassung, die mit kleinen Korrekturen bearbeitet wurde, ging gegen 9.45 Uhr morgens an die Öffentlichkeit, gefolgt von zwei Tweets des Präsidenten. Wir formulierten auch eine Erklärung, die er bei einer bereits geplanten Zeremonie zur Unterzeichnung einer Gesetzesvorlage am Morgen vorlesen konnte und in der betont wurde, dass der »maximale Druck« auf Nordkorea weiter bestehen werde. Ich rief den Außenminister Singapurs an, Vivian Balakrishnan, um ihm mitzuteilen, was vor sich ging, und erreichte ihn in Dubai beim Umsteigen zwischen zwei Flügen. Er nahm die Nachricht sehr gütig auf, so wie er auch einige Wochen zuvor die ursprüngliche Nachricht aufgenommen hatte, dass Singapur die Auszeichnung »gewonnen« habe, den Trump-Kim-Gipfel auszurichten. Die Südkoreaner waren nicht so gütig. Chung rief mich am späten Vormittag an, um mir zu sagen, dass unsere Absage eine große politische Peinlichkeit für Moon sei, da sie direkt nach seiner Rückkehr aus Washington komme, eine Reise, die in Südkorea große Erwartungen geweckt habe. Ich sagte Chung, er solle sorgfältig lesen, was Choe Son-hui über den amerikanischen Vizepräsidenten gesagt hatte, aber er war nicht besänftigt, ebenso wenig wie Moon, der mir eine abgeschwächte Fassung von Chungs Bemerkungen gab.[21] Der Japaner Yachi hingegen sagte, sie seien sehr erleichtert, dass Singapur abgesagt worden war.[22] Während sich dieses Drama entfaltete, präsentierte der Norden ein eigenes kleines Theater, indem er Punggye-ri in genau dem umgekehrten Stil eines Potemkinschen Dorfes »schloss«, wie wir es erwartet hatten.

Noch am selben Abend, weniger als zwölf Stunden nach der Bekanntgabe der Absage Singapurs, fiel uns der Himmel auf den Kopf. Trump zog eine etwas weniger kriegerische Erklärung eines anderen Beamten des nordkoreanischen Außenministeriums heran, um uns zu befehlen, das Treffen am 12. Juni wieder planmäßig abzuhalten. Meiner Ansicht nach war dies ein klarer Fehler, ein offenes Eingeständnis, dass Trump das Treffen um jeden Preis wollte, was Medienberichte über eine »halsbrecherische Diplomatie« zur Folge hatte, die unsere Freunde weltweit verunsicherten. Natürlich hatten die Medien keine Ahnung, dass wir Singapur bereits am Montag beinahe abgesagt hatten, bis Trump schließlich einen Rückzieher machte. Zur Wiederbelebung des Treffens sprach Pompeo mit Kim Jong-chol, seinem Gegenüber bei den USA-Nordkorea-Verhandlungen, als er CIA-Direktor war, und er beschloss, dass jener Kim für weitere Vorbereitungen nach New York kommen sollte. Pompeo, Kelly und ich waren uns einig, dass wir auf einer öffentlichen Erklärung von Kim Jong-un selbst bestehen sollten, statt uns auf Erklärungen von Beamten des Außenministeriums zu verlassen, und dass wir Singapur zur Sicherheit um einen Monat verschieben sollten. Wir riefen Trump um etwa 8.50 Uhr morgens an, um diese Empfehlungen abzugeben, aber er wollte davon nichts hören. Stattdessen schwärmte er davon, was für einen »extrem herzlichen Brief« (gemeint war die Erklärung Nordkoreas) wir erhalten hatten. Er wollte nicht »die Schwungkraft des Augenblicks riskieren«, die sich entwickelt hatte. Ich war versucht zu antworten: »Welche Schwungkraft?«, aber ich verkniff es mir. Er fuhr fort: »Das hier ist ein großer Sieg. Wenn wir einen Deal machen, wird es einer der großartigsten Deals in der Geschichte sein. Ich möchte ihn [Kim] und Nordkorea sehr erfolgreich machen.« Es war deprimierend. Wir waren so nah dran gewesen, der Falle zu entkommen.

Am Samstag erfuhren wir zu unserer kollektiven Überraschung, dass sich Moon und Kim bereits zwei Stunden zuvor an diesem Tag in der DMZ getroffen hatten.[23] Außenministerin Kang teilte Pompeo mit, dass Kim um das Treffen gebeten hatte und Moon, wie zu erwarten war, sofort zugestimmt hatte. Chung informierte mich ebenfalls und sagte, er sei nicht in der DMZ gewesen, aber alles sei gut gelaufen, die beiden Oberhäupter hätten die Einigung über eine vollständige, überprüfbare und unumkehrbare Denuklearisierung und andere Angelegenheiten bekräftigt. Kim sagte Moon, er erwarte in Singapur eine »umfassende Einigung« zu erzielen, auf die sich der Norden intensiv vorbereite. Kim war von Trumps Entscheidung, das Treffen zu »suspendieren«, ein wenig überrascht gewesen und war sehr erleichtert, dass die USA ihre Position geändert hatten. Moon betonte, dass die USA »Aktion für Aktion« nicht akzeptieren würden, obwohl er dann eine Kehrtwende machte und im Wesentlichen implizierte, dass es eine politische Kompensation der USA geben könnte, wenn der Norden substanzielle Fortschritte hin zu unserem Konzept der Denuklearisierung machen würde. Das machte meiner Ansicht nach deutlich, dass wir Moon aus den Verhandlungen zu diesem Thema heraushalten mussten. Gleichzeitig wuchs meine Besorgnis, dass einige Mitarbeiter im Außenministerium vorhersehbar und schnell zum gescheiterten Sechs-Parteien-Gesprächs-Ansatz zurückkehren würden, ohne das Abweichen von unserem gegenwärtigen Ansatz überhaupt zu bemerken. In der Zwischenzeit war Trump damit beschäftigt zu twittern, dass es in seinem Team keine Spaltung gebe:

> Im Gegensatz zu dem, was die scheiternde und korrupte New York Times die Leute glauben machen will, gibt es innerhalb der Trump-Regierung NULL Meinungsverschiedenheiten darüber, wie mit Nordkorea umzugehen ist... und wenn es sie gäbe, würde es keine Rolle spielen. Die @nytimes hat mich von Anfang an falsch eingeschätzt!

Am nächsten Tag in der DMZ weigerte sich Nordkorea, angeführt von der stets angenehmen Choe Son-hui, in bilateralen Gesprächen mit den USA das Wort »Denuklearisierung« auch nur auf die Tagesordnung des

Trump-Kim-Treffens zu setzen. Dies war unglücklicherweise vertrautes Verhalten und deshalb war ich besorgt, dass es nur eine Frage der Zeit war, bis das Außenministerium anfangen würde, sich zu beugen, ganz zu schweigen von Trump, der so begierig auf einen »Erfolg« in Singapur war. Wir standen in fast ständigem Kontakt mit unseren südkoreanischen Amtskollegen, und das Tempo unserer Vorbereitungen nahm dramatisch zu. Abe und die Japaner blieben ebenfalls am Ball, in der Hoffnung, Trump auf Linie mit seinen früheren Zusagen halten zu können. Abe sagte Trump am Memorial Day, dass die Art und Weise, wie er das Gipfeltreffen handhabe, sich völlig von der Art und Weise unterscheide, wie andere US-Präsidenten damit umgegangen seien, und dass Kim niemals erwartet hätte, dass er es wagen würde, das Treffen abzusagen. Trump, so Abe, befinde sich nun in einer Position der Stärke – Abe hoffte offensichtlich, dass Trump nicht die Fehler seiner Vorgänger machen würde. Abe drängte Trump dazu, nicht nur für unser Konzept der Denuklearisierung einzutreten, sondern, entsprechend den langjährigen Positionen Japans, auch für die Demontage von Pjöngjangs biologischen und chemischen Waffenprogrammen sowie all ihrer ballistischen Raketen, unabhängig von deren Feuerreichweite.

Ich besprach den Stand der Dinge mit Trump am Tag nach dem Memorial Day, und in unvorhersehbarer Weise sagte Trump: »Wir können die Delegation nicht einem Haufen Tauben[24] überlassen. Sagen Sie es Pompeo. Ich muss diesen Deal übernehmen. Wir müssen die Denuklearisierung [im Kommuniqué von Singapur] diskutieren, wir müssen sie haben.« Dann sagte er: »Holen Sie den Delegationsleiter ans Telefon«, was wir schnell taten, woraufhin wir mit einem sehr überraschten Beamten des amerikanischen Außendienstes in Seoul sprachen. Nach anfänglichen Höflichkeiten sagte Trump: »Ich bin derjenige, der den Deal machen wird ... Denuklearisierung steht nicht zur Verhandlung und das sollten Sie ihnen sagen. Sie müssen ›Denuklearisierung‹ sagen, ohne jeglichen Spielraum.« Trump tat dies so, da er keine »große, formale Agenda« wollte und »keine große Förmlichkeit«. Das war's. Ein paar Minuten später rief Pompeo an, verärgert darüber, dass Trump direkt mit der Delegation gesprochen hatte. Ich erklärte, was geschehen war, einschließlich meiner

Besorgnis über die zurückhaltende Sprache im Entwurf des Kommuniqués. »Da stimme ich Ihnen zu«, sagte Pompeo, was bedeutete, dass wir die »Denuklearisierung« diskutieren mussten, aber es war nicht klar, ob er erkannte, dass die Unterhändler des Außenministeriums nicht »einverstanden« waren, dass wir in den Verhandlungen die Linie festlegten. Pompeo sagte mir dann, Trump wolle Kim Jong-chol zu einem Treffen im Oval Office bringen, was Trump für »genial« hielt. Wir beide hielten das für einen Fehler, ebenso wie Kelly, als ich ihn informierte, obgleich Pompeo sich damit abzufinden schien. Ungefähr zu diesem Zeitpunkt fragte ich mich, ob ich mich nicht einfach von der Nordkorea-Frage zurückziehen und Trump übernehmen lassen sollte, anstatt ständig Rückzugsgefechte und Trumps wilde politische Schwünge auszukämpfen. Auf der anderen Seite hatten wir es mit Atomwaffen in den Händen eines bizarren Regimes zu tun, so wie ich das sah, und so zögerte ich, mich von der Sache abzukehren oder zurückzutreten.

Trump persönlich schien immer noch unentschlossen zu sein, ob er wollte, dass Singapur stattfand. Während wir unsere Strategie diskutierten, bevor Pompeo nach New York reiste, um Kim Jong-chol zu treffen, war es ein Hin und Her, ehe er für sich beschloss: »Ich hätte es [Singapur] lieber, als es nicht zu haben. Aber wenn wir keine Denuklearisierung bekommen, können wir nichts anderes tun.« Er sagte: »[Falls das Treffen scheitert,] würde ich massive Zölle verhängen [entweder meinte er Sanktionen oder er bezog sich auf China, nicht auf Nordkorea]. Ich habe beschlossen, sie vorerst aufzuschieben, aber sie liegen bereit.« Dann kam das Fazit: »Ich möchte hingehen. Es wird ein großes Theater werden.« Es gab keine Diskussion darüber, dass Kim Jong-chol ins Weiße Haus kommen würde, und Pompeo und ich waren uns beim Verlassen des Oval Office einig, dass wir uns dem vielleicht noch entziehen konnten. Dabei wurde leider der kleinere Kim übersehen, der, wie Pompeo an jenem Abend kurz nach 21.00 Uhr zu Kelly und mir sagte, »wild entschlossen war, vor Trump zu treten«, um ihm einen Brief von Kim Jong-un zu überreichen. Kim Jong-chol war ebenso hartnäckig bei allen wesentlichen Themen. Die einzige gute Nachricht war, dass er keine Verwendung für Moon und kein Interesse an einem trilateralen Gipfel hatte. Dies war eine

Sache unter uns, die Südkoreaner brauchte es dabei nicht. Wir klinkten Trump in die Leitung ein, Pompeo berichtete über das Abendessen und wir kamen schließlich auf den Wunsch von Kim Jong-chol, ihm den Brief von Kim Jong-un zu überreichen. »Sehr elegant«, rief Trump, »lasst es uns tun.« Kelly und ich erklärten, warum wir dagegen waren, aber ohne Erfolg. Weder Argumente über die möglichen politischen Auswirkungen noch über Kim Jong-chol (ein brutaler Mörder und sehr wahrscheinlich der Mann, der persönlich für die faktisch tödliche Folter von Otto Warmbier verantwortlich ist) hatten eine Wirkung. Wir haben später versucht, mit Zustimmung des Vizepräsidenten zumindest das Treffen aus dem Oval Office zu verlegen, aber auch das hat nicht funktioniert. Ich holte ein Foto von Bill Clinton hervor, im Oval Office sitzend mit zwei nordkoreanischen Generälen, um zu zeigen, dass Pjöngjang dieses Spiel schon einmal gespielt hatte, und selbst das funktionierte nicht.

Die Leute vom diplomatischen Sicherheitsdienst des Außenministeriums fuhren den kleineren Kim aus New York zum Treffen um ein Uhr nachmittags im Oval mit Trump. Wir trafen uns, um Trump zu informieren, und Pence versuchte erneut, ihn zu überreden, das Treffen an einem anderen Ort abzuhalten, zum Beispiel im diplomatischen Empfangsraum. Trump hörte nicht zu. Tatsächlich begann er darüber nachzudenken, Kim Jong-chol ins Lincoln-Schlafzimmer zu bringen, was wir ihm auch auszureden versuchten. Ich holte den US-Dolmetscher ab und ging hinüber zum Südeingang der Residenz, wo Kelly bereits darauf wartete, die Nordkoreaner zu treffen und sie zum Oval zu begleiten. Während wir dort waren, sagte mir ein Secret-Service-Agent, der Präsident wolle mich zurück im Oval. Ich war verwirrt, aber dann geradezu erstaunt, als ich ins Oval ging und Pence begegnete, der sagte, dass weder er noch ich an dem Treffen mit Kim teilnehmen würden. Ich konnte sowohl bei Pence als auch bei Ayers feststellen, dass sie etwas schockiert waren, und Ayers sagte, Trump wolle »das Treffen im kleinen Kreis abhalten«; es würden nur Trump, Pompeo und der Dolmetscher auf der US-Seite und Kim und sein Dolmetscher auf der ihrigen Seite dabei sein. Nur das absolute Minimum an Personen würde anwesend sein, um zu hören, was Trump sagte. Zu diesem Zeitpunkt war Trump fast schon in einem Rausch und stapelte Standardgeschenke des Weißen Hauses (wie Manschettenknöpfe), um sie zu verteilen. Eine Schachtel war leicht zerknittert und Trump sagte zu Madeleine Westerhout harsch: »Sie haben diese hier kaputt gemacht, besorgen Sie eine andere.« Er beschimpfte dann den offiziellen Fotografen des Weißen Hauses, den er nur kurz dabei haben wollte, während Kim Jong-chol anwesend war. Ich hatte Trump noch nie so aufgewühlt gesehen. Pence sagte zu mir: »Warum warten Sie nicht in meinem Büro?«, was großzügig war; keiner von uns dachte, dass die Übergabe des Briefes von Kim Jong-un mehr als ein paar Minuten dauern würde. Ich war immer noch fassungslos, dass ich ausgeschlossen wurde, aber nicht fassungsloser als Pence, der ein durchweg stoischer Mensch ist.

Kim Jong-chol kam um 13.15 Uhr an, und Kelly begleitete ihn entlang der Kolonnade zum Oval. Kelly erzählte uns später, dass Kim sehr nervös schien, und gerade als sie den West Wing betraten, erinnerte er sich, dass er den Brief von Kim Jong-un im Auto gelassen hatte. Der nordkoreanische Dolmetscher wurde zurückgeschickt, um ihn schnell zu holen. Man kann sich nur vorstellen, wie Kim Jong-chol darüber nachdachte, wie er »dem großartigen Nachfolger« erklären sollte, dass er seinen Brief vergessen hatte. Im Büro des Vizepräsidenten sahen wir fern, während die Presse auf dem Südrasen verzweifelt versuchte, zu erblicken, was im Inneren vor sich ging. Die Zeit zog sich hin, gelinde gesagt. Wir hatten einen heiteren Moment, als Don McGahn kam, um uns zu sagen, dass Trumps Geschenke mit ziemlicher Sicherheit gegen die Sanktionen verstießen, auf die er rückwirkend verzichten müsse. Wie McGahn häufig sagte, war dies nicht das Weiße Haus von Bush. Das Treffen endete schließlich um 14.45 Uhr. Trump und Pompeo tauchten mit Kim Jong-chol aus dem Oval auf und begleiteten ihn zur Einfahrt, wo seine Autos warteten, und dann sprach Trump auf dem Rückweg zum Oval mit der Presse.

Als wir sahen, dass Kim das Oval verlassen hatte, gingen Pence und ich hinein, und Kelly gab mir das Original und eine grobe Übersetzung von Kim Jong-uns Brief an Trump mit den Worten: »Dies ist die einzige Kopie.« Der Brief war purer Lobpreis, wahrscheinlich verfasst von einem Angestellten in Nordkoreas Agitprop-Büro, aber Trump liebte ihn. Dies war der Beginn der Trump-Kim-Bromance. Die First Family fuhr über das

Wochenende nach Camp David, und sie hatten sich alle versammelt, um zu Fuß zur Marine One zu gehen, die in der Zwischenzeit gelandet war. Trump lächelte mir zu und reckte seinen Daumen in die Höhe, als er das Oval wieder verließ.

Wir anderen begaben uns in das Büro von Pence, wo Kelly und Pompeo eine Nachbesprechung mit uns abhielten. Kim Jong-chol hatte nichts Neues oder Abweichendes über die Position des Nordens gesagt. Was sie eindeutig wollten, waren politische Zusicherungen, bevor sie einer Denuklearisierung zustimmten, und Trump schien geneigt gewesen zu sein, ihnen genau das zu geben. Bemerkenswerterweise schienen Wirtschaftssanktionen, wie in früheren Gesprächen mit dem Norden, zweitrangig zu sein. Das bedeutete wahrscheinlich, dass Nordkorea die militärische Macht der USA mehr fürchtete als den wirtschaftlichen Druck, und deutete auch ziemlich wahrscheinlich an, dass die Sanktionen nicht so wirksam waren, wie wir dachten. Kelly sagte, es könnte jeder beliebige Eindruck entstanden sein, hinsichtlich dessen, was Trump zu tun bereit sei. Trump hatte gesagt, er sei bereit, die militärischen Übungen der USA und Südkoreas zu reduzieren und hatte sich darüber ausgelassen, wie teuer und provokativ sie seien. Das war vielleicht der schlimmste Part, denn Nordkorea hatte damit gerade vom amerikanischen Oberbefehlshaber gehört, dass unsere militärischen Fähigkeiten auf der Halbinsel trotz unserer früheren Dementis verhandelbar seien. Dies war ein Zugeständnis, das sogar Moon Jae-in und seine Verfechter der »Sonnenscheinpolitik«, deren Einschätzungen auf einer starken US-Präsenz beruhten, verärgern konnte. Für viele Menschen war es die US-Präsenz, die es der südkoreanischen politischen Linken überhaupt ermöglichte, sich auf die Fantasie der »Sonnenscheinpolitik« einzulassen. Wenn wir Korea jemals verlassen würden, wären sie praktisch auf sich allein gestellt und würden die Folgen ihrer Dummheit zu spüren bekommen, was sie meiner Ansicht nach selbst fürchteten. So schlimm es auch klang, ich hatte das Gefühl, wir könnten Trump vom Abgrund zurückführen, so dass vielleicht kein wirklicher Schaden entstanden war. Wie konnte dieses Treffen eine Stunde und fünfzehn Minuten dauern? Die Konsekutivübersetzung war eine Antwort, aber in Wahrheit konnte jedes Treffen mit Trump so lange oder länger dauern. »Ich bin ein Schwätzer«, hörte ich ihn während meiner Amtszeit mehrmals sagen. »Ich spreche gerne.«

Was war als Nächstes zu tun? Kelly sagte, er glaube, Trump sei bereit für die Option, dass in Singapur nichts passieren könnte. Ich hielt das für optimistisch. Wir sprachen darüber, einen Zeitplan aufzustellen, um zu zeigen, dass wir nicht ewig Zeit hatten, während Nordkorea noch immer nukleare Komponenten und ballistische Raketen entwickelte und/oder herstellte. Wir trennten uns gegen 15.45 Uhr, und ich kehrte in mein Büro zurück. Zu meiner Überraschung klingelte um etwa 16.10 Uhr mein Telefon, und eine Stimme sagte: »Hier ist die Telefonzentrale von Camp David«, und ich hörte diese Begrüßung zum ersten Mal. Die Telefonistin sagte, der Präsident wolle mit mir sprechen. »Der Brief war sehr freundlich, finden Sie nicht?«, fragte er, und ich stimmte zu, obwohl ich auch sagte, dass er »inhaltslos« sei. »Es ist ein Prozess«, sagte Trump. »Das verstehe ich jetzt. Wir werden einfach ein Treffen haben, um uns kennenzulernen, und dann werden wir sehen, was passiert. Es wird länger dauern, als ich zunächst dachte.« Ich betonte meine Ansicht, dass weder eine Rücknahme von Sanktionen noch eine Erklärung über das »Ende des Koreakrieges« erfolgen sollte, solange die vollständige, überprüfbare und unumkehrbare Denuklearisierung nicht abgeschlossen ist, was immer die Politik der Regierung gewesen war. Er schien für diese Analyse und diesen Rat empfänglich zu sein. Ich sagte, dass es akzeptabel sei, wenn Diskussionen über längere Zeit ablaufen würden, mit einer wichtigen Einschränkung. Die Zeit war fast immer auf der Seite des Produzenten, und die Uhr einfach nur weiterticken zu lassen war lange Zeit ein zentraler Teil der nordkoreanischen Strategie gewesen. Unsere Zeit war nicht unbegrenzt, was er zu akzeptieren schien. »Es war ziemlich gut«, schloss er das Gespräch und der Anruf endete. Tatsächlich bekam Trump von der Presse genau das, was er wollte; die Schlagzeilen lauteten im Grunde genommen: »Treffen am 12. Juni in Singapur steht wieder.«

Am Wochenende informierte ich Chung über das Treffen mit Kim Jong-chol, und er sagte, Moon sei schlicht erfreut über das Ergebnis. Unbewusst Trumps Formulierungen wiederholend, sagte Chung, dass wir vor einem »Prozess« stünden, und nicht nur vor einem Treffen in Singapur. Das war genau die Reaktion, die ich befürchtet hatte. In der Zwischenzeit bei den bilateralen Gesprächen zwischen den USA und Nordkorea in der DMZ lehnte der Norden unseren Entwurf für eine Annäherung in Singapur ab. Das Außenministerium sah sich mit dieser Ablehnung konfrontiert und wollte einen Kompromiss anbieten: »Gefällt Ihnen der nicht? Wie wäre es mit diesem?« Und wenn der Norden »diesen« nicht mochte, würden die Unterhändler des Außenministeriums ihnen wahrscheinlich »einen anderen« anbieten, während sie in Wirklichkeit nur mit sich selbst verhandelten, um zu sehen, ob sie bei den Nordkoreanern ein Lächeln hervorrufen könnten. Ich hatte das schon oft erlebt. Glücklicherweise stimmte Pompeo mit meiner Ansicht überein, dass wir keine neuen Entwürfe vorlegen, sondern warten sollten, bis Pjöngjang auf unsere reagierte. Der Norden nahm schließlich mündlich zu unserem Entwurf Stellung und sagte, er werde am nächsten Tag schriftliche Kommentare abgeben. Erstaunlich, wie so was funktioniert. Ich drängte auch darauf, die Verhandlungen nach Singapur zu verlegen, um die Nordkoreaner aus ihrer DMZ-Komfortzone herauszuholen. Nach einem Kampf, eher mit der US-Delegation als mit dem Norden, taten wir dies. Sogar Chung stimmte zu, es sei an der Zeit, dass dieses bewegliche Fest in Singapur ankam.

Damals beschloss ich, den wachsenden Pressespekulationen entgegenzutreten, dass ich aus den Nordkorea-Angelegenheiten herausgehalten und nicht nach Singapur gehen würde. Ich sagte zu Kelly: »Ich habe so was schon ein paar Mal mitgemacht«, und ich war nicht der Meinung, dass mein Ausschluss vom Treffen mit Kim Jong-chol ein Zufall war. Kelly sagte, er sei »überrascht« gewesen, dass ich nicht im Raum war, als er mit Kim im Schlepptau ins Oval ging. Ich erklärte, was Pence gesagt hatte und warum wir ins Büro des Vizepräsidenten gegangen waren, ohne dass ich Trump direkt gefragt hätte, warum wir nicht dabei sein würden. Kelly sagte, er habe auch nicht erwartet, an der Sitzung teilzunehmen, aber Trump habe ihn gebeten, zu bleiben. Ich erzählte von den Spekulationen, dass ich nicht nach Singapur gehen würde, was, wenn es wahr wäre, bedeutete, dass ich meine Arbeit nicht machen könnte und dementsprechend zurücktreten würde. Kelly sagte: »Ich hätte nicht erwartet, dass Sie etwas anderes sagen würden« und meinte, er würde mit Trump sprechen, was ich als ersten Schritt akzeptierte. Später am Morgen berichtete Kelly, dass Trump »nichts damit beabsichtigt« habe, mich nicht am Treffen mit Kim Jongchol teilnehmen zu lassen, und dass ich an allen Treffen in Singapur teilnehmen werde. Das stellte mich für den Augenblick zufrieden.

Unmittelbar nach seinem Mittagessen mit Trump an diesem Tag, dem 4. Juni, kam Mattis herein, um den Trump-Kim-Gipfel zu besprechen. Er betonte, er sei besorgt über die Schwammigkeit unserer Position zum Atomprogramm des Nordens und fragte angesichts der Spekulationen der Presse, ob ich nach Singapur fahren würde. Als ich »Ja« sagte, antwortete Mattis mit Nachdruck »Gut« und erklärte, er sei sich in seiner Einschätzung sicher, dass Japan und mehrere andere Schlüsselstaaten in der Region meine Position unterstützten, die Sanktionen nicht vor der vollständigen Denuklearisierung aufzuheben, was die Rückendeckung für unseren Ansatz zeigte. Ich wunderte mich über dieses Gespräch, denn zum ersten Mal spürte ich, dass Mattis unsicher und nervös war. Ich verstand nicht warum, bis Ayers mir einige Tage später erzählte, dass Trump, so wie er es gehört hatte, einen Großteil des Mittagessens mit Mattis damit verbracht hatte, ihn fertigzumachen – unter anderem weil er Demokrat ist –, auf »eine Art, wie es noch niemals jemand zuvor gesehen hatte«. Mattis musste wissen, was das zu bedeuten hatte. Dies war etwas, das man im Auge behalten sollte.

Am Dienstag, dem 5. Juni, aßen Pompeo und ich mit Trump zu Mittag. Ein wichtiges Thema war Moons anhaltender Wunsch, in Singapur präsent zu sein, ein Thema, das wegen undichter Stellen in Südkorea bereits in die asiatische Presse gelangt war.[25] Sowohl Pompeo als auch ich erklärten unseren Amtskollegen in Seoul, was wir dachten. Die schlechte Nachricht beim Mittagessen war, dass Trump von der Möglichkeit fasziniert war, er könne sagen, er habe den Koreakrieg beendet. Es machte mir nichts aus, dem Norden irgendwann dieses Zugeständnis zu überlassen, aber ich dachte, wir sollten es auf keinen Fall umsonst hergeben, wozu Trump bereit war. Es spielte für ihn einfach keine Rolle. Er dachte, es sei nur eine Geste, ein riesiger medialer Erfolg, und sah keine internationalen Konsequenzen. Nach dem Mittagessen gingen Pompeo und ich zu meinem Büro. Wir beschlossen, dass wir irgendetwas entwickeln mussten, das wir als Alternative anbieten konnten, aber es kamen uns keine guten Ideen. Ich wusste, dass Japan besonders beunruhigt sein würde, dass wir dieses Zugeständnis machen könnten, und so konnte ich es nicht erwarten, zu hören, was Yachi mir bei einem weiteren Besuch in Washington am Nachmittag sagen würde.

Ich nutzte die Gelegenheit auch, um Pompeo zu fragen, ob er ein Problem mit mir hatte, wie es in den Medien behauptet wurde. Er sagte rundheraus, dass dies nicht der Fall sei, und er erinnerte sich daran, wie ich ihm gerade in den letzten Tagen geholfen hatte, einen fehlgeleiteten US-Botschafter daran zu hindern, direkt einen Termin mit Trump zu vereinbaren, ohne ihn um Erlaubnis zu bitten. Pompeo hatte damals gesagt: »Gott segne dich, John«, worüber wir beide lachten. Ob selbst in dieser frühen Phase mehr dahintersteckte, kann ich nicht sagen, aber es schien nicht so. Als Pompeo und ich am nächsten Morgen im Ward Room frühstückten (Mattis war wieder einmal außer Landes), diskutierten wir darüber, was wir Nordkorea als Gegenleistung für ein »Kriegsende«-Kommuniqué abnehmen sollten, einschließlich vielleicht einer Grundsatzerklärung über ihre Atomwaffen- und Raketenprogramme. Ich bezweifelte, dass der Norden dieser oder einer unserer anderen Ideen zustimmen würde, aber es könnte zumindest verhindern, dass ein willkürliches Zugeständnis der USA den Koreakrieg »beendete«.

Später an diesem Tag machte Premierminister Abe auf dem Weg zum jährlichen G7-Gipfel, der in jenem Jahr im kanadischen Charlevoix stattfand, einen kurzen Zwischenstopp in Washington, um Trump ein weiteres Mal zu warnen, sich nicht über den Tisch ziehen zu lassen. Abe betonte, dass die Nordkoreaner »Überlebenskünstler« seien und sagte: »Ihr Leben hängt von ihrem System ab. Sie sind sehr harte, sehr scharfsinnige Politiker ... wenn sie denken, alles sei ›business as usual‹, werden sie zu ihren alten Gewohnheiten zurückkehren.« Obwohl die beiden Oberhäupter ein gutes Gespräch über Pjöngjang führten, sah es bei Handelsthemen nicht so sonnig aus, einschließlich langer Ausführungen von Trump über die unfairen Handelsdefizite, insbesondere da die USA zugestimmt hatten, Japan zu verteidigen: »Wir verteidigen Sie, das ist vertraglich festgelegt. Wir verteidigen Sie, aber von Ihrer Seite passiert nichts dergleichen.

Wir hatten schlechte Unterhändler, nicht wahr, John?«, fragte er und schaute mich an. »Wir werden Sie ohne Vertrag verteidigen«, fuhr Trump fort, sagte aber: »Es ist nicht fair.«

Damit wandte sich unsere Aufmerksamkeit vom Treffen mit Kim Jong-un zur Teilnahme am G7-Treffen. Es stellte sich heraus, dass der Weg nach Singapur mit den Ruinen von Charlevoix gepflastert war. Die G7-Treffen und ähnliche internationale Zusammenkünfte hatten zu einem bestimmten Zeitpunkt in der Geschichte einen Sinn, und manchmal funktionierten sie gut, aber in vielerlei Hinsicht sind sie einfach nur noch Selbstzweck. Sie sind da, weil sie da sind.

Am 8. Juni verließ Trump mit über einer Stunde Verspätung das Weiße Haus mit der Marine One in Richtung Andrews. Die Air Force One landete auf der kanadischen Luftwaffenbasis Bagotville, von wo aus wir mit dem Hubschrauber zum Gipfelort, dem Fairmont Le Manoir Richelieu in La Malbaie, Quebec, flogen, immer noch etwa eine Stunde zu spät. Es schien ein schöner Ort zu sein, so ziemlich mitten im Nirgendwo. Nicht, dass es darauf ankäme; wie üblich sahen wir nur das Innere des geräumigen Hotels, in dem alle sieben Regierungschefs und ihre Delegationen übernachteten. Trump kam an, fest entschlossen, Russland zum Wiedereintritt in die G7 einzuladen, von der es 2014 nach der Invasion und Annexion der Krim ausgeschlossen wurde. Einen Verbündeten fand er in Italiens neuem Premierminister Giuseppe Conte, der diesen Posten erst weniger als eine Woche vor seiner Ankunft in Charlevoix übernommen hatte.[26] Conte war wegen einer ungewöhnlichen Populistenkoalition aus Links und Rechts im Amt, die die italienische Politik zu einer der instabilsten in Europa machte. Die Eröffnungsplenarsitzungen der G7 waren hitzig, Trump geriet unter Feuer wegen seiner Handelspolitik, bis er zurückschoss: Die G7 sollte alle Zölle, alle nicht-tariflichen Handelsbarrieren und alle Subventionen abschaffen. Das bändigte vor allem die Europäer, die nicht die Absicht hatten, etwas Derartiges zu tun. Die Diskussion zeigte wirklich die zügellose Heuchelei internationaler Handelsgespräche, bei denen der Freihandel ausnahmslos sinnvoll für alle anderen war, aber nicht für die begünstigten einheimischen Sektoren, insbesondere die Landwirte an Orten wie Frankreich und Japan, ganz zu schweigen von den USA und Kanada.

Trump hatte bilaterale Treffen mit dem Kanadier Trudeau und dem Franzosen Macron, wo die Gespräche über den bilateralen Handel alles andere als freundschaftlich verliefen. Trump mochte weder Trudeau noch Macron wirklich, aber er tolerierte sie. Bei Treffen forderte er sie spöttisch heraus, ließ sie im Scherz wissen, was er wirklich von ihnen dachte, indem er sich scherzhaft mit ihnen duellierte. Ich nehme an, sie verstanden, was er tat, und sie reagierten in gleicher Weise und spielten mit, weil es ihren übergeordneten Interessen entgegenkam, nicht ständig mit dem US-Präsidenten in Streit zu geraten. Trump beschwerte sich zu Recht bei beiden, dass China sich nicht an die geltenden Regeln im internationalen Handel hielt und viel zu lange damit durchgekommen war. Mit Kanada wollte Trump das neue nordamerikanische Freihandelsabkommen (NAFTA) ratifiziert sehen, das seine Handelsziele mit Mexiko und Kanada weitgehend erfüllen würde. Bei Frankreich war Trumps eigentliches Ziel die EU. Wie üblich kam er mit der immer paraten Formulierung: »Die EU ist schlimmer als China, nur kleiner.« Trump beklagte sich auch über China und viele andere WTO-Mitglieder, die sich selbst als »Entwicklungsländer« bezeichneten, um in den Genuss einer günstigeren Behandlung zu kommen. Dies war nur einer von vielen Bereichen, in denen die WTO eine tief greifende Reform verkraften konnte, die die anderen G7-Staaten zwar angeblich unterstützten, die aber nie ganz zustande kam. Trump beendete das Treffen mit Macron mit den Worten: »Wissen Sie, John hat sich sein ganzes Leben lang auf diese Aufgabe vorbereitet. Bei Fox TV war er genial, wissen Sie, und jetzt muss er harte Entscheidungen treffen, was er im Fernsehen nicht hätte tun müssen, aber er macht einen großartigen Job.« Das erheiterte den Franzosen. Mich übrigens auch.

In echter G7-Manier gab es dann ein aufwendiges Dinner für die Staats- und Regierungschefs, gefolgt von einer Vorstellung des Cirque du Soleil. Ich ließ den ganzen Spaß aus, um die Vorbereitungen für Singapur fortzusetzen. Leider hingen die »Sherpas«, die für den Inhalt des Gipfels verantwortlichen hochrangigen Beamten, in ebenfalls echter G7-Manier beim traditionellen Abschlusskommuniqué fest. Die Europäer liebten es, mit diesen Kommuniqués Spielchen zu treiben und die USA vor die unangenehme Wahl zu zwingen, entweder Kompromisse bei zentralen politischen Grundsätzen einzugehen oder »isoliert« von den anderen zu erscheinen. Für die meisten professionellen Diplomaten ist Isolation schlimmer als der Tod, so dass kompromittierte Prinzipien im Vergleich dazu gut aussahen. Ein weiteres Schicksal, das die Europäer nicht in Betracht ziehen konnten, war es, überhaupt kein Schlusskommuniqué zu haben, denn wenn es keine Schlusserklärung gab, hatte das Treffen vielleicht nie stattgefunden, und wie schrecklich wäre das für die Menschheit. Anstatt den Cirque du Soleil zu genießen, begannen die anderen Staatschefs Trump zu schikanieren, indem sie sich darüber beschwerten, dass der US-Sherpa »unnachgiebig« sei. Auch das Abendessen war von Streit geprägt, da die anderen Staatsoberhäupter Trumps schlecht durchdachte Idee ablehnten, Russland wieder in die G7 aufzunehmen, und die Stimmung etwas mürrisch geworden war. Da die G7-Treffen ursprünglich in den 1970er Jahren als ein Forum zur Erörterung von Wirtschaftsfragen konzipiert worden waren, fiel die meiste Arbeit auf Larry Kudlow ab, Vorsitzender des Nationalen Wirtschaftsrats. Der US-Sherpa und sein internationaler Wirtschaftsstab berichteten gemeinsam an Kudlow und mich.

Trump hätte sagen sollen: »Überlassen Sie es den Sherpas, und lassen Sie sie die ganze Nacht arbeiten.« Er beschloss jedoch, da er jemand sei, »der Sachen zum Abschluss bringt«, dass er und die anderen Staatschefs sich in einer der Lounges versammeln und selbst verhandeln würden. Zu diesem Zeitpunkt hatte sich Kudlow der Gruppe angeschlossen, mit dem Ziel, sich den europäischen Staats- und Regierungschefs in internationalen Wirtschaftsfragen anzunähern. Kelly, der Ärger witterte, schickte gegen 22.30 Uhr nach mir. Als ich hereinkam, ging Kelly mit den Worten »das ist eine Katastrophe« hinaus, was mir nach einigen Minuten der Beobachtung zuzutreffen schien. Die Oberhäupter saßen auf plüschigen Sofas und Stühlen, und mehrere Dutzend Helfer sausten um sie herum. Daraus konnte nichts Gutes entstehen. Trump selbst schien sehr müde zu sein; fairerweise schienen das auch sonst viele, aber nicht Macron und Trudeau, und schon gar nicht ihre Helfer, die eine politische Agenda verfolgten, die unserer widersprach. Für mich war das ein Déjà-vu; ich hatte im Laufe der Jahre viele dieser langsamen Debakel erlebt. Ich versuchte zu beurteilen, ob Trump wirklich ein G7-Kommuniqué wollte und deshalb mehr Zugeständnisse machen würde, oder ob es ihm gleich war. Ich konnte es nicht sagen, aber Trump (der sich nicht die Mühe gemacht hatte, sich vorzubereiten) hatte nicht wirklich eine Vorstellung davon, was auf dem Spiel stand. Als ich ankam, hatten sich Trump und Kudlow bereits von einer Reihe hart umkämpfter Positionen getrennt. Ich intervenierte in einem Punkt gegen eine deutsche Idee zur WTO, aber niemand schien wirklich zu verstehen, womit wir es zu tun hatten, was darauf hindeutete, dass es nicht Trump allein war, der die Einzelheiten dessen nicht verstand, was die Sherpas diskutierten. Schließlich einigten sich die Staats- und Regierungschefs gegen elf Uhr darauf, dass die Sherpas allein weiterdebattieren sollten, was sie pflichtgemäß bis Samstag um halb sechs Uhr morgens taten. Ich hätte gesagt: »Wozu die Mühe? Lasst uns einfach kein Kommuniqué verfassen«, wodurch Europa und Kanada vielleicht zu kurz gekommen wären. Aber wie Jim Baker mich in so einer Situation erinnert hätte, war ich nicht »der Typ, der gewählt worden war«.

Ich fand Kudlow und unseren Sherpa gegen 7.20 Uhr und sie bestätigten, dass über Nacht nicht viel passiert sei. Da Trump jedoch spät erwachte, hatten wir keine Briefing-Runde, bevor die G7-Veranstaltungen wieder aufgenommen wurden. Es machte mir immer noch nichts aus, Charlevoix ohne Kommuniqué zu verlassen, aber ich wollte sicher sein, dass Trump die Implikationen verstand. Wir haben dieses Gespräch nie geführt. Stattdessen schlug ich vor, den Zeitpunkt unserer Abreise aus Kanada auf 10.30 Uhr vorzuverlegen, um eine Entscheidung zu erzwingen. Wir würden ohnehin bereits lange vor dem geplanten Ende des G7 abreisen, damit wir Sonntagabend zu angemessener Stunde in Singapur ankommen konnten, und ich schlug lediglich vor, etwas früher abzureisen. Meine Theorie war, dass Trump, wenn er erst einmal aus der Treibhaus-Atmosphäre des Gipfels heraus war, ruhiger entscheiden könnte, wie mit dem Kommuniqué umzugehen wäre. Kelly und Kudlow stimmten zu. Trump war bereits gelangweilt, müde und spät dran für ein Frühstück über Geschlechtergleichstellung. Als sie von seiner vorgezogenen Abreise hörten, stürzten die Europäer, die andere Vorstellungen hatten, auf ihn nieder, bevor wir ihn aus dem Raum verschwinden lassen konnten. Das nun berühmte Bild (von Deutschland aufgenommen) zeigt, dass wir ihn nicht rechtzeitig herausbekommen haben:

Es fühlte sich wie Custers[27] letztes Gefecht an. Das Ganze war eine Zeitverschwendung, aber die Diskussionen gingen weiter und weiter, wobei Kudlow und ich den Großteil der Verhandlungen führten. Wir kümmerten uns um Kleinkram (indem wir eine europäische Bestimmung beseitigten, wonach der Iran sich an den Atomdeal halte, was nicht der Fall war). Aber im Grunde war alles, was wir taten, Kohlenstoffemissionen zu produzieren, mit denen wir zu jener globalen Erwärmung beitrugen, die den Europäern angeblich doch Sorgen bereitete. Trump war immer noch gelangweilt, aber wir einigten uns auf ein finales Dokument, und dann gingen wir zu einer Pressekonferenz, bevor wir an Bord der Marine One stiegen und zum Luftwaffenstützpunkt Bagotville zurückkehrten, unter Zurücklassung Kudlows, der die Stellung halten sollte. Wir schlossen uns Pompeo an, und die Air Force One brach mit zwölf Stunden Zeitverschiebung nach Singapur auf, mit einem Tankstopp beim NATO-Stützpunkt an der Souda-Bucht auf Kreta. Mit der G7 waren wir fertig, dachte ich.

Trump war erfreut, dass er auf dem Weg zum Treffen mit Kim Jong-un war. Sobald wir in der Luft waren, erklärte ich Pompeo, was in Charlevoix geschehen war. Ich versuchte, ein Nickerchen zu machen, um mich auf die Singapurer Zeit einzustellen, und erwachte am Sonntag griechischer Zeit, kurz vor der Landung an der Souda-Bucht. Mit Ausnahme für den POTUS ist die Air Force One nicht für Luxusreisen konzipiert, es gibt keine Liegesitze, und viele Leute liegen einfach ausgestreckt auf dem Boden. Während ich schlief, hatte Trump zwei Tweets abgefeuert, in denen er die Unterstützung für das G7-Kommuniqué zurückzog, was beispiellos war. Er hatte Pompeo einige Stunden zuvor wecken lassen, um in sein Büro zu kommen, wo er einen Wutanfall bekam, weil Trudeau seine abschließende Pressekonferenz nutzte, um gegen ihn zu punkten. Trump war bei seiner Presseveranstaltung Trudeau gegenüber gnädig gewesen, und er war wütend, dass Trudeau es ihm nicht gleichtat. Das

Kommuniqué war Kollateralschaden. Niemand weckte mich und als ich erwachte, konnte ich die Tweets natürlich nicht ungeschehen machen, welche die Nachrichten erwartbarerweise beherrschten, bis wir in Singapur landeten. Ich rief Kudlow an, um herauszufinden, was passiert war, und er sagte, dass alles in bester Ordnung geendet sei, bis auf die Pressekonferenz von Trudeau. Die unmittelbare Frage war, was Kudlow in den Talkshows am Sonntag sagen sollte, und die Ansage von Trump war klar: »Kümmern Sie sich nur um Trudeau. Hauen Sie nicht auf die anderen ein. Trudeau ist ein ›hinter deinem Rücken‹-Typ.« Trump wollte auch das kommende Kim-Jong-un-Treffen miteinbeziehen und sagte, die Ablehnung des G7-Kommuniqués zeige, »dass wir uns nichts gefallen lassen«, eine Sache, die es definitiv wert war, gesagt zu werden. Es bestand kein Zweifel, dass Trump Kudlow und Peter Navarro (einen weiteren Assistenten des Präsidenten, den ich instruierte) sowie Lindsey Graham (den ich ebenfalls instruierte) auf sie loslassen wollte. Navarro sagte, »es [gebe] einen besonderen Platz in der Hölle« für Trudeau wegen der Art und Weise, wie er Trump behandelt hatte; Navarro wurde kritisiert, aber es war genau das, was Trump wollte.

Trump, der müder aussah als zuvor, als hätte er auf dem Flug nicht viel geschlafen, war nun davon besessen, die Presseberichterstattung über die Ankunft von Kim Jong-un in Singapur zu verfolgen und wie die Berichterstattung über seine eigene Ankunft am frühen Sonntagabend aussehen würde. Nach der Landung entschied Trump, dass er nicht bis Dienstag warten wollte, um Kim zu treffen, sondern dass er sich am Montag treffen wollte. Ich stimmte zu. Obwohl wir für Trump eine Auszeit eingeplant hatten, um sich vor dem Treffen mit Kim vorzubereiten und sich vom Jetlag zu erholen, gab es umso weniger Zeit, Zugeständnisse zu machen, je weniger Zeit wir in Singapur verbrachten. Wenn es uns gelänge, Singapur ohne vollständige Katastrophe zu entkommen, könnten wir die Dinge vielleicht wieder auf den richtigen Weg bringen. Am Montag traf Trump den Premierminister von Singapur, Lee Hsien Loong, im Istana [Palast], ehemals Residenz der britischen Generalgouverneure und heute Sitz und Hauptbüro des Premierministers. Pompeo und ich fuhren mit Trump im »Beast« (so der informelle Name der Präsidentenlimousine) und fanden ihn in schlechter Stimmung vor. Er dachte, das Kim-Treffen würde scheitern, und er machte den chinesischen Druck verantwortlich. Trump und Lee hatten ein Einzelgespräch, und dann gab Lee ein Arbeitsessen. Singapurs Außenminister Balakrishnan hatte gerade Pjöngjang besucht, um sich auf den Gipfel vorzubereiten und sagte, Nordkorea sei wirtschaftlich nicht angeschlagen und er glaube, dass es ein Atomwaffenstaat sei. Trump antwortete, dass er einen langen Flug für ein kurzes Treffen unternommen habe. Balakrishnan sagte, die USA hätten bereits drei Geschenke gemacht: erstens, dass das Treffen überhaupt stattfand, ein »Geschenk«, das allen außer Trump einleuchtete; zweitens, die Schwierigkeit, zu unserer Kampagne des »maximalen Drucks« zurückzukehren, was ebenfalls für alle außer Trump offensichtlich war; und drittens ein Geschenk an China, weil wir uns auf Nordkorea konzentrierten, während China der strategisch tatsächlich entscheidende Akteur war. Balakrishnan war sehr überzeugend, und Trump war sicherlich nicht glücklich darüber, sich das anhören zu müssen.

Nach dem Mittagessen, zurück in unserem Hotel, informierte uns Pompeo über den Stand der Verhandlungen mit Nordkorea, wo wir uns in einer Sackgasse befanden. »Dies ist eine Übung in Öffentlichkeitsarbeit«, sagte Trump, und so sah er den gesamten Gipfel. Kelly sagte zu mir, während Trump sich mit dem Personal der US-Botschaft in Singapur traf: »Die Psychologie hier ist, dass Trump die Verhandlungen abbrechen will, um Kim Jong-un zuvorzukommen.« Ich stimmte zu und wurde etwas hoffnungsvoll, dass wir größere Zugeständnisse vermeiden konnten. Nach dem Treffen sagte Trump zu Sanders, Kelly und mir, dass er bereit sei, ein inhaltsloses Kommuniqué zu unterzeichnen, seine Pressekonferenz abzuhalten, um den Sieg zu verkünden, und dann aus der Stadt zu verschwinden. Trump beklagte, dass Kim Jong-un sich mit China und Russland getroffen hatte, um uns zu benachteiligen, aber er sagte, Singapur werde »trotz allem ein Erfolg werden«, und weiter: »Wir müssen einfach mehr Sanktionen verhängen, auch gegen China wegen der Grenzöffnung.[28] Kim redet Scheiße, wir haben dreihundert weitere Sanktionen, die wir am Freitag verhängen können.« Das alles brachte die Logistik wieder durcheinander (nicht, dass sie seit unserer Abreise aus Kanada geordnet gewesen wäre), aber Kelly und ich sagten, wir würden uns später mit Optionen an ihn wenden. Trump sprach mit Moon Jae-in, der immer noch nach Singapur kommen wollte, aber inzwischen hätte es für Moon klar sein müssen, dass es kein trilaterales Treffen geben würde: Er war ja nicht einmal im richtigen Land. Wir zeigten Trump auch das kurze »Rekrutierungs«-Video, das die NSC-Mitarbeiter und andere produziert hatten, um Kim mit dem Versprechen eines wirtschaftlichen Erfolgs für Pjöngjang zu ködern, wenn er auf Atomwaffen verzichten würde. Trump erklärte sich bereit, es Kim am Dienstag zu zeigen (außerdem spielte er es später auf seiner abschließenden Pressekonferenz ab).

Die Verhandlungen mit dem Norden dauerten den ganzen Tag über an, dabei kam es angeblich fast zu einer Einigung. Kurz darauf überprüfte ich mit einer Gruppe von Beamten des Außen- und Verteidigungsministeriums sowie des NSC das, was als »18-Uhr-Text« bezeichnet wurde. Ich sagte ihnen nüchtern, dass ich Trump nicht empfehlen würde, ihn zu unterschreiben. Dann kamen Pompeo und andere Leute vom Außenministerium, und wir trafen uns im Personalbereich des Weißen Hauses, um den Text zu besprechen. Ich erklärte ihnen noch einmal, warum ich ihn nicht unterzeichnen würde, selbst wenn alle noch strittigen Formulierungen zugunsten der USA gelöst würden, was unwahrscheinlich war. Nordkorea weigerte sich, einer vollständigen, überprüfbaren und unumkehrbaren Denuklearisierung zuzustimmen, obwohl sie dies zuvor wiederholt getan hatten. Sie lehnten nicht nur »Zauberworte« ab, sondern das komplette Konzept, was den ganzen Gipfel für mich bedeutungslos machte. Ich sagte, wir sollten uns auf keine Formulierungen über das Ende des Krieges einigen, ohne im Gegenzug etwas Konkretes zu bekommen. Pompeo wurde immer erregter, wie es bereits im April in Mar-a-Lago der Fall gewesen war, als er mit mir telefonisch über den Rückzug aus dem Iran-Abkommen sprach. Ich wies darauf hin, dass die Demokraten im Kongress uns wegen dieses Textes in Stücke reißen würden, weil das eben ihre Art war, und die Republikaner im Kongress uns zerreißen würden, weil sie wüssten, dass dies hier mit allem, woran sie und wir glaubten, unvereinbar war. Pompeo verteidigte nicht die Formulierungen, die ich kritisierte, und er verstand, dass wir besser kein Dokument unterzeichnen sollten, als ein schlechtes zu unterschreiben. Pompeo wusste nur, dass Trump irgendetwas unterschreiben wollte. Er konnte sich nicht dazu durchringen zuzugeben, zumindest nicht vor den Mitarbeiten des Außenministeriums, was wir beide wussten: dass sie uns in eine Sackgasse geführt hatten, in der wir einen Punkt nach dem anderen aufgaben und nichts dafür bekamen. Nun waren wir hier, ganz am Ende, mit wenigen Optionen, keine davon gut.

Es gab eine oder zwei Sekunden des Schweigens, und dann, als gäbe es eine unausgesprochene Übereinkunft, verließen alle anderen den Raum und ließen nur Pompeo und mich zurück. Nach einigem Hin und Her kamen wir überein, darauf zu bestehen, unseren Begriff der Denuklearisierung aufzunehmen sowie Resolution 1718 des Sicherheitsrates (die Nordkorea auffordert, keine Atomtests oder Abschüsse ballistischer Raketen durchzuführen), neue Absätze bei der Frage der japanischen Entführten hinzuzufügen sowie ein Versprechen zur Rückführung menschlicher Überreste aus dem US-Koreakrieg. Sollte dies nicht funktionieren, würden wir zu einer sehr kurzen Erklärung zurückkehren, deren Haupttugend darin bestand, kurz zu sein. Pompeo und ich erklärten dies den Beamten des Außenministeriums, der Verteidigung und des NSC, die alle wussten, dass sie wahrscheinlich bis weit in die Nacht hinein verhandeln würden. Trump war schon vorher eingenickt, zu seinem eigenen Wohl, offen gesagt, und würde bis Dienstagmorgen schlafen.

Der leitende Direktor des NSC für Asien, Matt Pottinger, weckte mich um ein Uhr morgens, um mir mitzuteilen, dass die Verhandlungen ins Stocken geraten seien, keine Überraschung, und dass Pompeo und Kim Jong-chol sich um sieben Uhr morgens im Capella-Hotel treffen würden, dem Ort des späteren Trump-Kim-Treffens, um zu sehen, was getan werden könne. Trump tauchte schließlich um acht Uhr morgens auf, und wir machten uns auf den Weg zum Capella. Trump erklärte sich zufrieden mit der »kurzen Erklärung«, die wir uns ausgedacht hatten, was mich überraschte, weil diese nicht annähernd das Ende des Koreakrieges verkündete. Tatsächlich sagte sie allgemein nicht viel aus. Wir waren einer weiteren Kugel aus dem Weg gegangen. Während all dies geschah, bereitete Trump einen Tweet über einen 5:4-Sieg am Obersten Gerichtshof in einem Abstimmungsverfahren in Ohio vor und wünschte Kudlow, der einen glücklicherweise nur geringfügigen Herzinfarkt erlitten hatte, der möglicherweise durch die G7 verursacht worden war, eine baldige Genesung.

Dann ging es los zur Trump-Kim-Ankunftszeremonie und dem Treffen, dann kam ihr Einzelgespräch, und anschließend betraten Kim Jong-un und vier Gehilfen den Raum, in dem das Haupttreffen stattfinden sollte. Er schüttelte die Hände der US-Vertreter, einschließlich meiner Wenigkeit, und wir setzten uns hin und ließen die Presse für eine gefühlte Ewigkeit Fotos machen. Als der Mob schließlich ging, spekulierte Kim (übersetzt von Dolmetschern) darüber, was für Geschichten sie sich ausdenken würden, und Trump beschwerte sich über die ungeheure Unehrlichkeit in der Presse. Trump sagte, er sei der Meinung, dass das Einzelgespräch sehr positiv verlaufen sei, und er erwartete, dass die beiden Staatsoberhäupter danach direkten telefonischen Kontakt haben würden. Lachend wies Kim auf die Unterschiede zwischen Trump und seinen drei Vorgängern hin und sagte, diesen hätte die Führungskraft gefehlt, den Gipfel abzuhalten. Stolz sagte Trump, dass Obama in Bezug auf Nordkorea zu bedeutenden Fehlern bereit gewesen sei, ohne vorher auch nur zu reden, und spielte damit auf ihr erstes Treffen an (vermutlich während der Übergangsphase). Trump sagte, er wisse, dass er und Kim fast sofort miteinander auskommen würden. Als Antwort darauf fragte Kim, wie Trump ihn beurteile, und Trump antwortete, dass er die Frage liebe. Er sehe Kim als sehr klug an, ziemlich verschlossen, ein sehr guter Mensch, komplett aufrichtig, mit großartiger Persönlichkeit. Kim sagte, dass Menschen in der Politik wie Schauspieler seien.

Trump lag in einem Punkt richtig. Kim Jong-un wusste genau, was er tat, als er fragte, was Trump von ihm hielt; es war eine Frage, die darauf abzielte, eine positive Antwort hervorzurufen oder zu riskieren, dass das Treffen genau hier enden könnte. Indem er eine scheinbar naive oder ausgefallene Frage stellte, warf Kim die Last und das Risiko einer Antwort seinem Gegenüber zu. Es zeigte, dass er Trump am Haken hatte.

Kim behauptete mit Nachdruck, dass er sich für die Denuklearisierung der koreanischen Halbinsel einsetze. Er wisse, dass es Menschen gab, die an seiner Aufrichtigkeit zweifelten, aber diese Menschen beurteilten ihn fälschlicherweise nach den Taten seiner Vorgänger. Er sei anders. Trump stimmte zu, dass Kim die Dinge völlig verändert hatte. In Anlehnung an den jahrzehntelangen nordkoreanischen Standardkurs gab Kim jedoch der feindseligen Politik früherer US-Regierungen die Schuld an der unruhigen Geschichte der USA und Nordkoreas. Er sagte, da er und Trump sich häufig treffen würden, könnten sie daran arbeiten, das Misstrauen zu zerstreuen und das Tempo der Denuklearisierung zu beschleunigen. Ich hatte all dies schon mal gehört, Trump jedoch nicht, und er stimmte mit Kims Einschätzung überein, indem er feststellte, dass es einige sehr militante Leute auf der US-Seite gebe, insbesondere mit Blick auf Kims Kritik an früheren US-Regierungen. Interessanterweise sagte Trump, er werde sich um die Zustimmung des Senats zu jedwedem nuklearen Abkommen mit Nordkorea bemühen, wobei er seinen Ansatz positiv von Obamas Unwillen abgrenzte, die Ratifizierung des Atomabkommens mit dem Iran zu suchen. An diesem Punkt reichte mir Pompeo seinen Notizblock, auf dem er geschrieben hatte: »Er redet nur Scheiße.« Ich stimmte zu. Kim versprach, dass es keine weiteren Atomtests geben würde und dass ihr Atomprogramm auf unumkehrbare Weise abgebaut würde.

Dann kam der Haken, perfektioniert von Josef Stalin bei seinen Gipfeltreffen mit Franklin Roosevelt zu Kriegszeiten, als das sowjetische Politbüro erstmals die »Hardliner« entdeckte. Kim »gestand«, dass es innenpolitische Hürden gebe, die er nicht einfach überwinden könne, weil es sowohl in Nordkorea als auch in Amerika Hardliner gebe. Kim brauchte ein Mittel, um öffentliche Unterstützung in Nordkorea aufzubauen, sagte er, wobei er tatsächlich keine Miene verzog, und er bohrte bei den gemeinsamen südkoreanisch-amerikanischen Übungen nach, die, wie er sagte, den Menschen auf die Nerven gingen. Kim wollte, dass wir den Umfang der Übungen reduzierten oder sie ganz strichen. Er sagte, er habe die Militärübungen beim ersten Gipfel mit Moon zur Sprache gebracht (aus dem die Erklärung von Panmunjom hervorging), und Moon habe gesagt, dass nur die USA die Entscheidung treffen könnten. Trump antwortete exakt so, wie ich befürchtet hatte, indem er den von ihm bekannten Satz Kim gegenüber wiederholte, dass die Übungen provokativ und eine Verschwendung von Zeit und Geld seien. Er sagte, er würde sich über seine Generäle hinwegsetzen, die niemals einen Deal abschließen könnten, und beschließen, dass es keine Übungen geben würde, solange die beiden Seiten mit guten Absichten verhandeln würden. Strahlend sagte er, dass Kim den Vereinigten Staaten eine Menge Geld gespart habe. Kim lächelte breit, lachte von Zeit zu Zeit, ebenso wie Kim Jong-chol. Und ob. Wir hatten auf jeden Fall Spaß. In der späteren US-Presseberichterstattung sickerte durch, offensichtlich aus dem Verteidigungsministerium, dass Mattis unzufrieden sei, dass er nicht konsultiert worden war, bevor Trump dieses Zugeständnis machte. Natürlich wurden das weder Kelly noch Pompeo noch ich, und wir saßen vor Ort. Trump sagte, er habe vom ersten Tag seiner Amtszeit an gewusst, dass es für ihn ein Leichtes sein würde, Geschäfte oder Verhandlungen wie bei diesem Gipfel abzuschließen. Trump fragte Kelly und Pompeo, ob sie zustimmten. Beide sagten Ja. Glücklicherweise hat er mich nicht gefragt. Kim sagte, dass die Hardliner in Nordkorea von Trumps Entscheidung über die Übungen beeindruckt sein würden und dass in der nächsten Phase der Verhandlungen weitere Schritte unternommen werden könnten. Er scherzte, dass es keine Vergleiche der Größen ihrer jeweiligen Nuklearknöpfe mehr geben würde, weil für die USA nun keine Gefahr mehr von Nordkorea ausgehe, da er der Demontage einer Testanlage für Raketentriebwerke zustimme.

Während das Treffen weiterging, beglückwünschte Kim sich selbst und Trump zu allem, was sie in nur einer Stunde erreicht hatten, und Trump stimmte zu, dass es niemand anderem hätte gelingen können. Sie lachten beide. Trump zeigte dann auf Kim und sagte, er sei der Einzige, auf den es ankomme. Kim stimmte zu, dass er die Dinge auf seine Art machte und dass er und Trump miteinander auskommen würden. Trump kehrte zu den Militärübungen zurück und kritisierte erneut seine Generäle, die er für Kim überstimmen werde. Kim lachte wieder. Trump dachte darüber nach, dass er Kim sechs Monate zuvor als »kleinen Rocket Man« bezeichnet hatte, und fragte, ob Kim wisse, wer Elton John sei. Er hielt »Rocket Man« für ein Kompliment. Kim lachte weiter. An diesem Punkt bat Trump darum, dass wir die koreanische Version des »Rekrutierungs«-Films abspielen sollten, den die Nordkoreaner sehr aufmerksam auf den iPads verfolgten, die wir ihnen gaben. Als der Film zu Ende war, wollten Trump und Kim die gemeinsame Erklärung so bald wie möglich unterzeichnen, aber es stellte sich heraus, dass es Verzögerungen durch Ungereimtheiten in der Übersetzung gab, so dass das Gespräch weiterging. Kim wiederholte, dass sie eine gute Diskussion geführt hätten, und sagte, er sei froh, dass er und Trump sich darauf geeinigt hatten, dem »Aktion für Aktion«-Ansatz zu folgen. Irgendwie hatte ich es verpasst, dass Trump dieses Zugeständnis gemacht hatte, aber dies waren in der Tat magische Worte, genau jene, die ich vermeiden wollte, von denen Kim aber dachte, dass er mit ihnen davonkäme. Kim fragte, ob UNO-Sanktionen der nächste Schritt sein würden, und Trump sagte, er sei offen dafür und wolle darüber nachdenken, und merkte an, dass buchstäblich Hunderte neuer Sanktionen zur Ankündigung bereitstünden. Pompeo und ich hatten keine Ahnung, was er meinte. Trump verteilte Minzbonbons an die Nordkoreaner. Kim war optimistisch, schnell voranzukommen, und fragte sich, warum ihre Vorgänger dazu nicht in der Lage gewesen waren. Trump antwortete schnell, dass sie dumm gewesen seien. Kim stimmte zu, dass es Menschen wie seiner selbst und Trumps bedurfte, um all dies zu erreichen.

Dann folgte ein heikler Moment. Kim schaute über den Tisch und fragte, was die anderen auf unserer Seite des Tisches dachten. Trump bat Pompeo, anzufangen, und Pompeo sagte, dass nur die beiden Oberhäupter in der Lage seien, sich auf das historische Dokument dieses Tages zu einigen. Trump sagte freudig, dass die USA das Abkommen mit Tillerson, der wie ein Granitblock war, nicht hätten abschließen können.

Glücklicherweise wechselte Kim das Thema und kam zur Rückführung menschlicher Überreste von Amerikanern aus dem Krieg, und ich musste nicht sprechen. Eine zweite Kugel, der ich entgehen konnte. Dann kamen offizielle Fotografen beider Seiten herein, und das Treffen endete gegen 11.10 Uhr. Nachdem wir kurz in einem Warteraum für Trump angehalten hatten, um uns die massive, anhaltende Fernsehberichterstattung anzusehen, begannen wir um 11.30 Uhr mit einem Arbeitsessen. Ein weiterer Pressemob stolperte herein und wieder hinaus, und Kim sagte: »Es ist wie ein Tag im Fantasieland.« Endlich etwas, dem ich vollkommen zustimmte.

Das Eröffnungsgespräch war seicht, und Kim beschrieb seinen Besuch in Sheldon Adelsons Casino- und Hotelkomplex Sands am Vorabend, einem der Höhepunkte des Nachtlebens von Singapur. Kim und Trump sprachen über Golf, Dennis Rodman und die Niederlage der US-Frauenfußballmannschaft gegen Nordkorea bei den Olympischen Spielen 2016.

Das Gespräch nahm seinen Lauf, dann drehte sich Trump zu mir um und sagte: »John war einst ein Falke, aber jetzt ist er eine Taube. Haben Sie nach dieser Einführung noch etwas zu sagen?« Zum Glück haben alle gelacht. Ich versuchte, keine Miene zu verziehen, und sagte: »Der Präsident wurde zum großen Teil deshalb gewählt, weil er anders ist als andere Politiker. Er ist ein Störenfried. Ich freue mich auf den Besuch in Pjöngjang, es wird sicher interessant.«

Kim fand das aus irgendeinem Grund lustig und sagte: »Sie werden herzlich willkommen sein. Es mag Ihnen vielleicht schwerfallen, dies zu beantworten, aber glauben Sie, dass Sie mir vertrauen können?«

Das war knifflig, eine von diesen Fragen, in denen er so gut war. Ich konnte weder die Wahrheit sagen noch lügen, also sagte ich: »Der Präsident hat ein fein abgestimmtes Gespür für Menschen aus seiner Zeit als Geschäftsmann. Wenn er Ihnen vertrauen kann, werden wir das als Ausgangspunkt nehmen.«

Trump fügte hinzu, dass ich die ganze Zeit auf Fox News zu sehen sei und zum Krieg mit Russland, China und Nordkorea aufrufe, aber im Inneren ganz anders sei. Die Nordkoreaner konnten sich vor Lachen nicht halten. Kim sagte: »Ich habe viel darüber gehört, dass Botschafter Bolton unschöne Dinge über uns gesagt hat. Am Ende müssen wir ein Foto machen, damit ich den Hardlinern zeigen kann, dass Sie kein so schlechter Kerl sind.«

»Kann ich nach Yongbyon fahren?«, fragte ich. Noch mehr Gelächter.

Trump sagte: »John glaubt fest an die Sache, das kann ich Ihnen sagen«, und zeigte damit, wie weit die Wahrheit gedehnt werden kann.

Ich fügte hinzu: »Herr Vorsitzender, ich freue mich, dass Sie Fox News schauen«, und alle lachten. (Trump sagte mir auf dem Rückflug nach Washington: »Ich habe Sie bei denen rehabilitiert.« Genau das, was mir noch gefehlt hatte.)

Das Mittagessen endete kurz danach um 12.30 Uhr, aber wir kamen immer noch nicht weiter, weil die gemeinsamen Erklärungen nicht fertig waren. Trump und Kim beschlossen, im Hotelgarten spazieren zu gehen, was für endlos wiederholte Fernsehaufnahmen sorgte, aber sonst nichts. Schließlich hielten wir die Zeremonie zur Unterzeichnung ab. Die nordkoreanische Delegation war sehr beeindruckend. Alle klatschten in perfektem Einklang, laut und heftig, zum Beispiel immer dann, wenn Kim etwas Bemerkenswertes sagte oder tat, was einen ziemlichen Kontrast zu dem lumpigen Auftritt der US-Delegation darstellte. Trump führte mehrere Einzelgespräche mit der Presse, bevor das riesige Medienereignis kurz nach vier Uhr nachmittags begann, als er unerwartet unser »Rekrutierungs«-Video abspielte. Die Berichterstattung war außergewöhnlich, und dann machten wir uns auf den Weg nach Washington, mein innigster Wunsch, bevor noch irgendetwas anderes schiefging. Kurz nachdem die Air Force One in der Luft war, rief Trump Moon und dann Abe an, um sie zu informieren. (Pompeo blieb in Singapur und reiste weiter nach Seoul, Peking und Tokio, um detailliertere Berichte über die Geschehnisse zu liefern.) Trump sagte Moon, dass die Dinge nicht besser hätten laufen können, und beide sprachen begeistert über das, was erreicht worden war. Trump fragte Moon, etwas verspätet, nach der Umsetzung des Abkommens. Er wiederholte, was er in der Pressekonferenz gesagt hatte, dass er siebenundzwanzig Stunden am Stück wach gewesen sei, wovon Kelly und ich sicher wussten, dass es nicht stimmte. Moon betonte, wie es die Vertreter Seouls später in öffentlichen Erklärungen taten, dass Kim ein klares Bekenntnis zur Denuklearisierung abgegeben habe. Abe drückte seine Dankbarkeit dafür aus, dass Trump in seinem Einzelgespräch mit Kim das Entführungsproblem zur Sprache gebracht hatte, da er kein Spaßverderber sein wollte. Trump sagte, er glaube, dass Kim einen Deal machen wolle; es sei an der Zeit, einen abzuschließen.

Ich machte auch Briefing-Anrufe und sprach insbesondere mit Pence, um den Punkt »Kriegsübungen« zu diskutieren, den die Republikaner im Kongress bereits kritisierten. Pompeo, der in Singapur festsaß, weil sein Flugzeug Motorprobleme hatte, sagte, Mattis habe ihn angerufen und sei sehr besorgt über die Konzession gewesen. Pompeo und ich waren uns einig, dass wir beide, Mattis und Dunford, reden sollten, sobald wir alle zurück in Washington waren, um zu überlegen, was zu tun sei, um gefährliche Beeinträchtigungen der US-Gefechtsbereitschaft auf der Halbinsel zu vermeiden. Unser Ansatz sollte lauten: »Tu nichts, sondern sitze lieber rum«, bis wir geprüft hatten, was notwendig war. Dass wir in dem Punkt richtig lagen, zeigte sich, als ich in Trumps Büro in der Air Force One war und mit ihm Fox News schaute. Ein Reporter, der einen namenlosen Pentagon-Sprecher zitierte, sagte, die Planung für die Übungen gingen weiter wie bisher, woraufhin Trump durch die Decke ging. Trump wollte, dass ich Mattis anrief und ihn aufforderte, alles zu stoppen, aber stattdessen bat ich Mira Ricardel, ebenfalls anwesend in der Air Force One, andere im Pentagon anzurufen, um ihnen zu sagen, dass sie öffentliche Äußerungen vermeiden sollten, bis sie etwas anderes hörten.

Wir landeten am Mittwoch, dem 13. Juni, kurz nach 5.30 Uhr in Andrews, und Trump wurde zurück zum Weißen Haus eskortiert. Der Secret Service fuhr über den Washingtoner Autobahnring zu mir nach Hause, und auf dem Weg dorthin bemerkte ich, dass Trump twitterte:

> Gerade gelandet – eine lange Reise, aber jeder kann sich jetzt viel sicherer fühlen als am Tag meines Amtsantritts. Es gibt keine nukleare Bedrohung mehr durch Nordkorea. Das Treffen mit Kim Jong-un war eine interessante und sehr positive Erfahrung. Nordkorea hat großes Potenzial für die Zukunft!

Es war nicht aufzuhalten. Ich sprach am nächsten Tag mit Yachi, und die Japaner waren meiner Einschätzung nach eindeutig darüber besorgt, was wir verschenkt hatten und wie wenig wir im Gegenzug dafür zurückbekommen hatten. Ich versuchte, die Dinge ruhig zu halten, aber das Ergebnis von Singapur war unklar genug, so dass wir die Dinge wieder ins Rollen bringen mussten oder riskierten, schnell die Kontrolle über die Ereignisse zu verlieren. Sowohl Japan als auch Südkorea waren besonders verwirrt über die Herangehensweise, die Trump in seinen Gesprächen mit Moon und Abe zu verfolgen schien, indem er sagte, dass vor allem Moon beim Atomdeal »für den Abschluss sorgen« würde. Was genau hatte der Präsident im Sinn? Das wollten sie wissen. Weder Pompeo noch ich hatten die geringste Ahnung, aber wir waren uns auch beide sicher, dass Trump es auch nicht wusste. Tatsächlich revidierte ich meine frühere Meinung und fragte mich, ob eine größere Beteiligung Südkoreas an der Denuklearisierung die Dinge nicht vielleicht so sehr komplizieren würde, dass wir einen völligen Zusammenbruch verhindern könnten, sowohl unserer nuklearen Nichtverbreitungspolitik als auch unserer konventionellen Abschreckungsstrategie auf der Halbinsel sowie in Ostasien im Allgemeinen.

Ich sprach auch mit Mattis darüber, wie wir meiner Meinung nach bei den »Kriegsübungen« fortfahren sollten. Mattis sagte, seine japanischen und südkoreanischen Amtskollegen riefen ihn bereits an, verständlicherweise mit viel Sorge. Er sagte auch, was ich vorher noch nicht gehört hatte, dass Trump sechs Monate zuvor die Übungen ebenfalls fast abgesagt hätte, weil Russland und China sich darüber beschwert hätten, was gelinde gesagt beunruhigend war. Dunford stellte eine Liste von Übungen zusammen, die betroffen sein könnten, und wir kamen überein, uns wieder in Washington zu treffen. Aber Mattis wollte nicht Ruhe geben und sagte später, er wolle eine Presseerklärung abgeben. Was immer darin stand, riskierte meines Erachtens ein weiteres Edikt des Präsidenten, dessen Inhalt Mattis zweifellos nicht gefallen würde. Warum das Glück herausfordern? Wahrscheinlich, weil es sich um einen bürokratischen Trick des Verteidigungsministeriums handelte: Wenn das Pentagon im Kongress genug Gegenwind erzeugte, könnte es die Verantwortung für eine Verschlechterung der Gefechtsbereitschaft in Korea von sich weisen. Aber es war eine riskante Strategie, angesichts der Gefahr, dass Trump sein Übungsverbot noch weitreichender und strenger auslegen könnte. Mattis stimmte schließlich zu, dass seine Abteilung schweigen würde, aber es war mühsam.

Pompeo, Mattis und ich trafen uns am Montag, dem 18. Juni, zum Frühstück im Ward Room, als Dunfords Liste der Übungen vollendet war. Mattis argumentierte, dass sich die Gefechtsbereitschaft verschlechtere, wenn Übungen abgesagt würden, und das würde sich beschleunigen, je mehr Zeit verging. Wir alle waren besorgt über das sowohl kurz- als auch langfristige Ziel, die Bereitschaft auf der Halbinsel nicht zu verschlechtern. Die regelmäßigen Offiziersrotationen würden sich bald durch Ränge ziehen, neue Leute würden erfahrene Leute ersetzen und der Mangel an Übungen könnte seinen Tribut fordern. Diese Diskussion machte den 1. September zu einem potenziell wichtigen Datum.

Mattis war besorgt darüber, zu wenige Übungen abzusagen und Trumps Zorn auf sich zu ziehen, aber ich fand es lächerlich, mehr abzusagen und damit unnötige Konfrontationen mit den Republikanern im Kapitol zu provozieren und die Dinge nur noch schlimmer zu machen. Schließlich kamen wir überein, dass das Pentagon eine Erklärung abgeben würde, dass die beiden größten jährlichen Übungen »ausgesetzt« würden (das heißt nicht »abgesagt«), was wir für eine entscheidende Formulierung hielten. Insgesamt jedoch und in Anbetracht der Tatsache, dass die Chinesen Pompeo in Peking vorgeschlagen hatten, dass wir in den nächsten zwei Monaten sehr stark darauf drängen sollten, Fortschritte mit Pjöngjang zu erzielen, setzten wir den 1. September als Termin fest, bis zu dem wir beurteilen wollten, ob die Verhandlungen tatsächlich produktiv waren.

Den Rest der Woche nach der Rückkehr aus Singapur war Trump euphorisch. Am Freitag rief er während eines Geheimdienstbriefings aus: »Mit McMaster und Tillerson hätte ich das nie fertiggebracht. Pompeo macht einen großartigen Job. Dieser Typ macht das auch großartig«, sagte er und zeigte auf mich. Trump war froh, dass es keine Kriegsübungen mehr geben würde, und sagte, er sei froh, dass er bei seinen früheren Bemühungen, sie abzusagen, »überstimmt« worden sei, weil er sonst »nichts zu verschenken gehabt hätte!« Trump sagte auch, dass Kim Jong-un »eine bösartige Ader in sich habe« und dass er »launenhaft« sein könne, wobei er sich an einen verärgerten Blick erinnerte, mit dem Kim Jong-un während der Gespräche einen seiner Beamten gestraft hatte. Trump hatte Notizen und Bilder und Zeitungsartikel für Kim Jong-un unterschrieben, um sich an den Glanz von Singapur zu erinnern, der für mich nicht schnell genug verblassen konnte.

Ein wichtiger Punkt, den Trump Ende Juni vortrug, unterstrich die Möglichkeit einer wachsenden Spaltung zwischen den USA und Moon Jae-in, was uns zunehmend beunruhigte. Nachdem Trump Moon in Aktion gesehen hatte, wurde ihm klar, dass Moon eine andere Agenda hatte als wir, da jede Regierung ihren nationalen Interessen Vorrang einräumte. Für Moon bedeutete dies wahrscheinlich, die innerkoreanischen Beziehungen über die Denuklearisierung zu stellen. Außerdem wollte Trump vor den Kongresswahlen 2018 gute Nachrichten über Nordkorea. Zu diesem Zweck wollte er, dass der Süden sein Drängen auf eine Wiedervereinigung mit Nordkorea zurückfuhr, da die Denuklearisierung die Priorität der USA sei. Dies war schon immer eine genaue Beschreibung der US-Interessen gewesen. Da wir sie in Trumps Kopf fixiert hatten, hatten wir wenigstens eine Leitplanke, die uns davor bewahrte, dass unsere Perspektive völlig verloren ging. Ich machte mir Sorgen, dass Trump vor der Wahl nur gute Nachrichten hören wollte, was natürlich unmöglich zu garantieren war. Ich machte mir auch Sorgen, dass vor allem Pompeo nicht der Überbringer schlechter Nachrichten sein wollte, eine Rolle, die durch Zugeständnisse an Nordkorea allzu leicht vermieden werden konnte.

Mit dem, was in der Diplomatie mit Nordkorea als Schnelligkeit galt, setzte Pompeo für den 6. Juli eine Rückkehr nach Pjöngjang an. Ich sorgte mich, dass die Bürokratie des Außenministeriums so erfreut über die Wiederaufnahme der Verhandlungen sein könnte, dass, wie bei den Sechs-Parteien-Gesprächen, jedes neue Treffen eine Gelegenheit sein würde, um Zugeständnisse zu machen. Tatsächlich entwarf das Außenministerium bereits eine Tabelle mit »Ausweichpositionen« für die US-Delegation, bevor die sich in der Zeit nach Singapur überhaupt mit echten, lebenden Nordkoreanern zusammengesetzt hatte. Ich betonte gegenüber Pompeo mit Nachdruck, dass keine ernsthaften Verhandlungen beginnen sollten, bevor wir nicht Pjöngjangs Zusage hatten für eine vollständige Grundlagenerklärung zu ihren nuklearen und ballistischen Raketenprogrammen. Für die Rüstungskontrolleure war dies ein grundlegender Schritt, wenn auch kaum einer, der Erfolg garantierte. Es ist Praxis, dass Unterhändler das, was deklariert wird, mit dem vergleichen, was bereits über die Waffenkapazitäten eines Gegners bekannt ist, und dass solche Vergleiche einem Test der guten Absichten bei den Verhandlungen gleichkommen sowie, im Fall von Nordkorea, der Aufrichtigkeit ihres »Engagements« für die Denuklearisierung. Wenn ein Land seine nuklearen Mittel grob falsch angibt, würde uns das genau zeigen, wie ernst diese Verhandlungen sind. Ich habe oft gesagt: »Im Gegensatz zu vielen anderen Menschen habe ich Vertrauen zu Nordkorea. Sie haben mich nie im

Stich gelassen.« Ich drängte Pompeo auch auf das, worauf sich die Nichtverbreitungsexperten des NSC und der Geheimdienste einigten: Wenn es den Nordkoreanern mit dem Verzicht auf Massenvernichtungswaffen ernst sei, würden sie bei der kritischen Abrüstungsarbeit kooperieren (ein weiterer Test ihrer Aufrichtigkeit), die dann in einem Jahr oder weniger erledigt werden könnte. Die Mitarbeiter des Außenministeriums wünschten einen viel längeren Zeitraum für die Entwaffnung, wobei Schwierigkeiten vorprogrammiert waren. Pompeo war von einem raschen Denuklearisierungsplan nicht begeistert, vielleicht, weil er befürchtete, dass der Norden Widerstand leisten würde, was schlechte Nachrichten für Trump bedeutete, der vor der Wahl keine hören wollte, was Pompeo möglicherweise Kopfschmerzen bereitete.

Pompeo brach nach dem Feuerwerk am 4. Juli auf der Nationalpromenade, das er vom Außenministerium aus betrachtete, wo er den traditionellen Empfang für ausländische Botschafter ausrichtete, nach Pjöngjang auf. Er meldete sich am Freitagabend um 18.30 Uhr (Samstagmorgen koreanischer Zeit) in Washington, um mit Trump, Kelly und mir zu sprechen. Pompeo sagte, er habe fünf Stunden in zwei getrennten Treffen mit Kim Jong-chol verbracht, die »unglaublich frustrierend« gewesen seien und »fast keine Fortschritte« gebracht hätten. Pompeo hatte am Samstag wieder Treffen, und er rief um 17.15 Uhr in Washington an, um zu berichten, dass er wieder Kim Jong-chol gesehen habe, aber nicht Kim Jong-un, was viel darüber aussagte, mit wem der Norden sprechen wollte. (Der Südkoreaner Chung erzählte mir einige Tage später, dass selbst sie überrascht und enttäuscht waren, dass es kein Treffen mit Kim Jong-un gegeben hatte.) Nachdem Pompeo Pjöngjang verlassen hatte, bezeichnete der Norden die Gespräche als »bedauerlich« und kritisierten die »einseitige und gangsterartige Forderung nach Denuklearisierung«.[29] So viel zu all den guten Nachrichten. Pompeo sagte, Nordkorea wolle »Sicher heitsgarantien« vor der Denuklearisierung, und eine »Verifizierung« werde es erst nach der Denuklearisierung geben, nicht davor, was bedeutete, dass es keine Grundsatzerklärung gäbe und somit keine Möglichkeit, einen aussagekräftigen »Vorher-Nachher-Vergleich« durchzuführen. Meiner Ansicht nach handelte es sich um einen völligen Fehlschlag.

Trump stimmte dem zu und sagte: »Dieser ›Vertrauensaufbau‹ ist Unfug.« Das Klügste, was er seit Monaten über Pjöngjang gesagt hatte. Pompeo fügte hinzu: »Es ist alles ein Versuch, die Sanktionen abzuschwächen, eine standardmäßige Verzögerungstaktik«, was korrekt war. In dem Versuch, gute Nachrichten zu überbringen, verwies Pompeo auf einen Punkt in der Presseerklärung Nordkoreas, in dem es hieß, dass Kim Jong-un »immer noch Vertrauen zu Präsident Trump hat.« Sowohl in den Telefongesprächen vom Freitag als auch vom Samstag fragte Trump, welchen Einfluss China auf Nordkorea habe. Pompeo spielte den Einfluss Chinas herunter, während Trump ihn viel wichtiger fand. Ich hielt Pompeos Einschätzung für die zutreffendere, obwohl Chinas Rolle durchaus beachtenswert war. Dann kam Trump darüber in Fahrt, dass er nicht verstehe, warum wir im Koreakrieg gekämpft hatten und warum wir immer noch so viele Truppen auf der Halbinsel hatten, ganz zu schweigen von diesen Kriegsübungen. »Wir werden keine Trottel mehr sein«, sagte Trump. Zu Nordkorea meinte er: »Das ist Zeitverschwendung. Im Grunde genommen sagen sie, dass sie die Denuklearisierung nicht machen wollen«, was eindeutig richtig war. Bis zum Ende des Anrufs schien Trump nicht zu verstehen, dass Pompeo Kim Jong-un nicht getroffen hatte, als er fragte, ob Pompeo die von Trump mit einem Autogramm versehene CD von Elton Johns »Rocket Man« ausgehändigt hatte, was Pompeo verneinte. Diese CD zu Kim zu bringen hatte mehrere Monate lang hohe Priorität. Pompeo rief mich nach dem Trump-Telefonat zurück, um zu besprechen, wie mit der Presse in Japan umzugehen sei, wo er zum Auftanken einen Zwischenhalt eingelegt hatte. Das Einzige, was mich an Nordkoreas Verhalten überraschte, war, wie schnell es nach Singapur schwierig mit ihnen wurde. Sie verschwendeten keine Zeit.

Trump wollte offensichtlich schlechte Nachrichten unterdrücken, damit die Sache nicht mitten im Kongresswahlkampf öffentlich wurde, insbesondere das Fehlen jeglicher Beweise dafür, dass Nordkorea es mit der Denuklearisierung ernst meinte. Stattdessen betonte er, dass der Norden keine Raketen oder Atomwaffen teste. Ich versuchte zu erklären, dass die Verzögerung zu Nordkoreas Gunsten wirkte, wie es normalerweise bei Proliferatoren der Fall war. Aller Wahrscheinlichkeit nach verlagerte der

Norden seine Waffen, Raketen und Produktionsanlagen an neue, sicherere Orte, wie er es seit Jahrzehnten getan hatte, und setzte die Produktion von Waffen und Trägersystemen fort, nachdem er zu dem Schluss gekommen war, dass die Testprogramme zumindest vorläufig ihren Auftrag erfüllt hatten.[30]

Dies war sicherlich die Ansicht Japans, die wiederholt mitgeteilt wurde, wie in einem Telefongespräch, das ich am 20. Juli mit Yachi hatte. Vielleicht wurden einige Objekte sogar in anderen Ländern gelagert. Das störte Trump nicht, der sagte: »Das machen die schon seit Jahren.« Natürlich taten sie das; das war der Kern des Problems! Aber er sah erneut den Kontrast zwischen der Wiedervereinigungsagenda des Südens und unserem Ziel der Denuklearisierung, und deshalb entschied er sich gegen die Unterzeichnung des KORUS-Handelsabkommens, bis Seoul demonstrierte, dass es immer noch strenge Sanktionen gegen Pjöngjang durchsetzte. Vielleicht dachte er, er könne KORUS als Druckmittel für Verhandlungen nutzen, aber obwohl sich die Unterzeichnung des Abkommens leicht verzögerte, wurde es schließlich am 24. September 2018 unterzeichnet.[31] Aber man konnte die Risiken um Nordkorea höchstens eine Weile lange ignorieren, zumal Trump glaubte, dass China hinter der Aufsässigkeit des Nordens steckte. Er mag gedacht haben, er würde die Handelsfragen mit China lösen und dann würde alles andere in Ordnung kommen. Falls das stimmt, hat er geträumt.

Am Freitag, dem 27. Juli, berief ich den Hauptausschuss ein, um zu erörtern, was seit Singapur geschehen war, und es gab keinen Dissens darüber, dass das Urteil »nicht viel« lautete. Pompeo betonte nachdrücklich, dass Nordkorea keine bedeutenden Schritte zur Denuklearisierung unternommen habe und dass die Erfolgswahrscheinlichkeit »null Prozent« sei. Genau meine Meinung. Es herrschte allgemeine Übereinstimmung darüber, die Sanktionen auf verschiedene Weise zu verschärfen, diplomatisch, wirtschaftlich und militärisch. Weder Mattis noch Pompeo noch ich erwähnten unser Zieldatum 1. September, aber ich dachte auf jeden Fall daran, denn bis dahin verblieben nur noch fünf Wochen.

Nordkoreas Ansatz war anders. Kim schickte Trump Anfang August einen seiner berühmten »Liebesbriefe«, in dem er die mangelnden Fortschritte seit Singapur kritisierte und vorschlug, dass die beiden sich bald wieder treffen sollten.[32] Pompeo und ich waren uns einig, dass ein solches Treffen um jeden Preis vermieden werden müsse, und erst recht vor den Wahlen im November. Wer konnte wissen, was Trump unter einem solchen politischen Druck aufgeben würde? Wir waren uns auch einig, dass die beste Antwort auf den Brief darin bestand, zu sagen, dass Pompeo jederzeit bereit sei, nach Pjöngjang zurückzukehren. Als ich Trump den Brief von Kim Jong-un zeigte und unsere Empfehlung erläuterte, sagte Trump jedoch sofort: »Ich sollte mich mit Kim Jong-un treffen. Wir sollten ihn ins Weiße Haus einladen.« Dies war eine potenzielle Katastrophe von enormem Ausmaß. Ich schlug stattdessen ein Treffen in New York bei der Eröffnung der UNO-Generalversammlung im September vor, aber Trump wollte das nicht: »Nein, dann wird zu viel anderes los sein.« Mittlerweile waren bereits andere ins Oval gekommen, darunter Kelly, dem ich auf dem Weg nach draußen zuflüsterte: »Er sollte sich auf keinen Fall wieder mit Kim treffen.« Kelly stimmte völlig zu. Pompeo, der in Asien unterwegs war, rief am späten Nachmittag an, und ich erklärte ihm, was geschehen war. Er sagte: »Ich würde gerne das Foto von Ihrem Gesichtsausdruck sehen, als POTUS sagte, er wolle einen Besuch im Weißen Haus!« Das wäre schwer gewesen, sagte ich, denn man hätte mich zuerst vom Teppich im Oval Office kratzen müssen. Trump twitterte Kim an diesem Nachmittag: »Danke für Ihren netten Brief – ich freue mich darauf, Sie bald zu treffen!« Obwohl es brenzlig war, verfassten wir einen Brief, den Trump am nächsten Tag unterschrieb und in dem er Pompeo in Pjöngjang zur Verfügung stellte. Trump sagte, dass ihm die Idee nicht gefiel, die seiner Meinung nach eine Beleidigung für Kim war: »Ich bin anderer Meinung als Sie und Pompeo. Es ist Kim Jong-un gegenüber nicht fair, und ich hoffe, dass es die Dinge nicht ruiniert«, sagte er, als er am Ende des Briefes eigenhändig schrieb: »Ich freue mich darauf, Sie bald zu treffen.«[33] Zumindest unterschrieb er ihn.

Trotz der Pläne für eine weitere Pompeo-Reise nach Nordkorea Ende August, kurz vor seiner Abreise nach Pjöngjang, warnten die Nordkoreaner, dass Pompeo Kim Jong-un auf dieser Reise nicht sehen würde und sich nicht einmal die Mühe machen sollte zu kommen, es sei denn, er bringe völlig neue Vorschläge mit, einschließlich der Erklärung zum Kriegsende. Im Grunde warnten sie, dass die Denuklearisierung nicht auf der Agenda stehe, aber Pompeo wollte die Drohung ignorieren und twitterte, dass er sich auf ein Treffen mit Kim Jong-un freue. Unerwarteterweise sagte Trump, Pompeo solle überhaupt nicht gehen. Pence und Pompeo widersprachen und drängten auf die Reise, aber Trump war weiterhin dabei zu entscheiden, wie die Botschaft übermittelt werden sollte. Schließlich griff er auf den komfortablen Weg über Twitter zurück, und wie er es so oft tat, begann er einen Tweet zu diktieren. »Was halten Sie davon, John?«, fragte er, und ich sagte sofort: »Ich stimme zu. Auf keinen Fall sollte Mike angesichts [all] dessen nach Pjöngjang gehen.« Pence stimmte zu, dass wir eher Stärke als Schwäche zeigen sollten, und in kurzer Zeit gingen die Tweets raus:

> Ich habe Außenminister Mike Pompeo gebeten, derzeit nicht nach Nordkorea zu reisen, weil ich der Meinung bin, dass wir in Bezug auf die Denuklearisierung der koreanischen Halbinsel nicht ausreichende Fortschritte machen …
>
> … Außerdem, aufgrund unserer viel härteren Haltung beim Handel mit China, glaube ich nicht, dass sie uns beim Prozess der Denuklearisierung helfen, wie sie mal getan haben (trotz der bestehenden UNO-Sanktionen) …
>
> … Minister Pompeo freut sich darauf, in naher Zukunft nach Nordkorea zu reisen, höchstwahrscheinlich nachdem unsere Handelsbeziehungen zu China geklärt sind. In der Zwischenzeit möchte ich dem Vorsitzenden Kim meine herzlichsten Grüße und meinen Respekt übermitteln. Ich freue mich darauf, ihn bald zu treffen!

Ich war begeistert. Noch einer Kugel entgangen. Kurz danach sprach ich mit Pompeo, der sich mit der Entscheidung von Trump versöhnt hatte. Trump selbst sagte ein paar Tage später: »Die Sanktionen sollten so streng wie möglich sein. Lassen Sie ihnen keinen Raum zum Atmen. Setzen Sie mehr Sanktionen auf.«

Trump fragte sich noch immer, was Xi Jinping wohl Kim Jong-un erzählte, und ich sagte ihm, dass es mit Sicherheit nicht hilfreich sei. Ich gab Trump ein einseitiges Dokument, eigenhändig verfasst, um darüber zu spekulieren, was Xi Jinping erzählten könnte, ausgehend von meiner jahrelangen Auseinandersetzung mit diesen Themen. Ich hoffte, es könnte ihn aufwecken oder zum Nachdenken anregen; ich hatte alles andere versucht, also dachte ich, ich hätte nichts zu verlieren. Trump las das »Skript«, reagierte aber nicht darauf. Wenigstens hatte er gehört, wie ich die Lage einschätze. Die »Abschrift« meiner Version von Xis »Kommentaren« für Kim lautet wie folgt:

> »Sieh mal, Jong-un, du kannst Trump nicht trauen, egal wie viele nette Briefe er schreibt. Wie alle kapitalistischen Geschäftsmänner versucht er dich zum Narren zu halten. Falle nicht darauf herein. Was Trump wirklich will, ist, Nordkorea in Südkorea zu verwandeln. Trump, Pompeo und Bolton sind alle gleich. Sie geben sich nur anders, damit sie dich verwirren können. Amerikaner denken immer nur an die nahe Zukunft. Sie sind unberechenbar und inkonsequent, und man kann ihnen nicht trauen. Mehr noch, Moon Jae-in denkt genauso, nur dass er noch schlechter ist. Er ist ein Pazifist. Mit Moon können wir machen, was wir wollen, aber die Amerikaner verstehen das Konzept von Macht.
>
> Deshalb musst du an meiner Seite bleiben. Es ist der einzige Weg, dein Atomwaffenprogramm aufrechtzuerhalten, echte finanzielle Hilfe zu erhalten und an der Macht zu bleiben. Wenn du diesen Weg der Verhandlungen mit den Amerikanern weiter einschlägst, wirst du in Pjöngjang bald an einem Baum hängen, das garantiere ich dir. Bleib an meiner Seite.
>
> Alles, was du tun musst, ist, deine Atomwaffen, Raketen und Produktionsanlagen weiterhin zu verstecken. Unsere Freunde im Iran werden damit fortfahren, deine Raketen zu testen, wie sie es seit zwei Jahrzehnten tun. Im Gegenzug könntest du ihnen in deinen versteckten unterirdischen Anlagen Atomsprengköpfe bauen. Ich werde mehr iranisches Öl kaufen und unsere Kapital-

investitionen dort erhöhen, um die US-Sanktionen auszugleichen. Danach wird der Iran tun, was ich sage.

Um die USA zu täuschen, gib weiter die Knochen ihrer Soldaten zurück. Sie werden bei solchen Dingen sehr emotional. Dasselbe gilt für Japan. Schicke die Leichen der Menschen zurück, die dein Vater entführt hat. Abe wird in der Öffentlichkeit weinen und anfangen, dir Koffer voller Dollarnoten zu schicken.

Im Moment befinde ich mich in einem Handelskrieg mit Trump. Er fügt der chinesischen Wirtschaft einigen Schaden zu, und wenn dieser Handelskrieg so weitergeht, könnte es uns große Probleme machen. Glücklicherweise ist Trump von Wall-Street-Beratern umgeben, die genauso kurzsichtig wie die meisten Amerikaner sind und genauso schwach wie Moon Jae-in. Ich werde zustimmen, mehr von ihren kostbaren Sojabohnen und einen Teil ihrer Technologie zu kaufen (die ich dann stehlen und zu niedrigeren Preisen an ihre Konsumenten zurückverkaufen werde), und das wird sie dazu bringen, sich zurückzuziehen.

Wenn wir nächsten Monat zusammenkommen, werde ich das genauer erläutern. Ich werde auch Hilfspakete auslegen, mit denen sich selbst Japan nicht messen kann. Ich werde keine UNO-Sanktionen verletzen, weil es nicht nötig sein wird. Ich werde Hilfsgüter und Unterstützung bereitstellen, was nicht unter die Sanktionen fällt, und ich werde die Grenzpolizei davon abhalten, die Geschehnisse allzu genau zu beobachten. Es wird dir nichts passieren. Nicht nur, dass du deine Atomwaffen nicht aufgeben musst, schon bald wird dir Südkorea wie eine reife Frucht in den Schoß fallen.

Denke langfristig, Jong-un. Du willst auf der Gewinnerseite der Geschichte stehen, und das ist China. Die Amerikaner sind nicht unsere Freunde.«

Am 29. August hielten Mattis und Dunford aus irgendeinem Grund eine katastrophale Pressekonferenz ab, bei der Mattis nach der Bereitschaft der US-Streitkräfte in Korea angesichts der Aussetzung der Kriegsübungen befragt wurde. Er gab eine lange, verwirrende Antwort, deren Inhalt jedoch, um es ehrlich zu sagen, auf eine Abspaltung von Trump in dieser Frage hindeutete. Das brachte Trump dazu – wenig überraschend –, sich in Rage darüber zu reden, was mit Mattis, den Generälen, den Kriegsübungen und so weiter verkehrt laufe. Ich sagte, Mattis bemühe sich, die Verwirrung aufzuklären, aber Trump wollte twittern, was er später auch tat:

> ERKLÄRUNG AUS DEM WEISSEN HAUS
> Präsident Donald J. Trump ist der festen Überzeugung, dass Nordkorea wegen unserer gewichtigen Handelsstreitigkeiten mit der chinesischen Regierung unter enormem Druck von Seiten Chinas steht. Gleichzeitig wissen wir aber auch, dass China Nordkorea mit ...
>
> ... beträchtlicher Hilfe versorgt, darunter Geld, Treibstoff, Dünger und verschiedene andere Güter. Das ist nicht hilfreich! Dennoch ist der Präsident der Ansicht, dass seine Beziehungen zu Kim Jong-un sehr gut und herzlich sind, und es gibt derzeit keinen Grund, große Summen ...
>
> ... Geld für gemeinsame Kriegsübungen zwischen den USA und Südkorea auszugeben. Abgesehen davon kann der Präsident sofort wieder mit den gemeinsamen Übungen mit Südkorea und Japan beginnen, wenn er dies wünscht. Falls er dies tut, werden sie weitaus größer sein als je zuvor. Was die Handelsstreitigkeiten zwischen den USA und China und andere ...
>
> ... Differenzen angeht, sie werden mit der Zeit von Präsident Trump und Chinas großem Präsidenten Xi Jinping gelöst werden. Ihre Beziehung und Bindung aneinander bleiben sehr stark.

Ich fand all das größtenteils lächerlich, aber es hat unsere grundlegende Position nicht untergraben. Für Trumps Weißes Haus war dies ein Sieg, ein guter Tag im Büro. Am nächsten Tag kritisierte China die Tweets – meiner Meinung nach ein weiterer Fortschritt. Mattis sagte Pompeo und mir bei unserem wöchentlichen Frühstück im Ward Room am 30. August, dass er es bedauere, überhaupt die Pressekonferenz abgehalten zu haben, die all dies ausgelöst habe, und ich bezweifelte, dass er in absehbarer Zeit noch eine weitere abhalten würde.

Moon und Trump sprachen am 4. September. Trump beklagte sich darüber, dass er ein phänomenales Treffen in Singapur gehabt habe und dass eine gute Freundschaft mit Kim aufgebaut worden sei, und jetzt gäbe es plötzlich keinen Deal mehr. Er fragte sich, was passiert war. Natürlich war Singapur nicht »phänomenal« gewesen, es sei denn, man war Nordkoreaner; KJU schloss keine Freundschaften mit seinen Feinden; und es gab keinen wirklichen Deal. Abgesehen davon ... Moon sang immer noch das hohe Lied von der Sonnenscheinpolitik und sagte, Kim habe sich voll und ganz der Verbesserung der Beziehungen zu den Vereinigten Staaten und der Denuklearisierung verschrieben, nur hätten Kim Jong-chol und andere um ihn herum schlechte Manieren, eine interessante Vermutung. Moon schlug vor, dass Trump sich noch einmal mit Kim Jong-un treffen sollte. Genau das, was uns noch fehlte. Moon drängte immer noch auf sein eigenes Gipfeltreffen mit Kim Mitte September, etwas, das er wahrscheinlich aus innenpolitischen Gründen wollte.

Pompeo, Kelly und ich gaben Trump am 10. September[34] einen weiteren Brief von Kim Jong-un, den er im Oval las und dabei kommentierte: »Das ist ein wunderbarer Brief«, »das ist ein wirklich netter Brief« und »hören Sie, was er über mich sagt«, gefolgt vom Vorlesen einer schmierigen Passage nach der anderen. Wie Kelly und ich später sagten, war es, als sei der Brief von Pawlowianern geschrieben worden, die genau wussten, welchen Nerv sie treffen mussten, um Trump in seinem Selbstwertgefühl zu bestätigen. Trump wollte Kim treffen, und er wollte nichts Gegenteiliges hören, was wahrscheinlich der Grund dafür war, dass er nicht hören wollte, wie ich ihm erklärte, dass ein weiteres baldiges Treffen eine schlechte Idee sei: »John, Sie sind sehr feindselig«, sagte er, worauf ich antwortete: »Der Brief ist vom Diktator eines ratteninfizierten kleinen Landes geschrieben. Er verdient kein weiteres Treffen mit Ihnen, bevor er sich nicht mit Pompeo getroffen hat, wie er es noch vor ein paar Wochen zugesagt hat.« »Sie sind so feindselig«, sagte Trump, »natürlich bin ich selbst am feindseligsten, aber Sie sind sehr feindselig.« Wir fuhren fort, bis Trump wie aus dem Nichts sagte: »Ich will das Treffen in der ersten

Woche nach der Wahl, und Mike sollte heute anrufen und darum bitten. Sie sollen sagen, dass [Kims] Brief äußerst nett ist. Der Präsident empfindet große Zuneigung für den Vorsitzenden Kim. Er möchte den Brief öffentlich machen, weil es für die Allgemeinheit sehr gut ist, die Stärke dieser Beziehung zu sehen, und er möchte nach der Wahl ein Treffen haben. Wo möchte er sich treffen?«

Außerhalb des Ovals sagte Kelly zu mir: »Es tut mir leid, dass das Treffen so hart für Sie war«, und Pompeo schien entmutigt. Ich sagte, dass ich euphorisch über das Resultat sei. Schließlich hatten wir gerade eine fünfwöchige Verzögerung bei einem möglichen Trump-Kim-Treffen erreicht, während der in Trumps Welt alles Mögliche passieren konnte. Wir sollten das hinnehmen und damit glücklich sein.

Ein anhaltendes, sehr wichtiges Problem war Trumps unerbittlicher Wunsch, US-Militärmittel von der koreanischen Halbinsel abzuziehen, ein Teilelement seiner allgemeinen Reduzierung der US-Streitkräfte weltweit. Der 1. September kam und ging, und Mattis bekräftigte Anfang Oktober erneut seine Besorgnis über unsere militärische Gefechtsbereitschaft auf der Halbinsel. Er und Dunford würden nach dem 1. Januar während des Haushaltsverfahrens im Kongress aussagen müssen, und es schien schwer vorstellbar, dass das Problem dann nicht auftauchen würde. Mitte Oktober erreichte Pompeo schließlich ein weiteres Treffen mit Kim Jong-un, bei dem Kim sich ausführlich über unsere Wirtschaftssanktionen beklagte, aber wenig neue Ideen von seiner Seite anbot. Das Hauptergebnis des Treffens war die Wiederaufnahme von Gesprächen auf der Arbeitsebene, was ich als unvermeidbare, aber dennoch schlechte Nachricht betrachtete. An dieser Stelle würde der Zug mit den US-Konzessionen wirklich an Fahrt aufnehmen. Aber wir hatten zumindest die Kongresswahlen im November ohne größere Katastrophen überstanden und konnten uns nun der nächsten Runde von Trumps Begeisterung für ein Treffen mit Kim Jong-un stellen.

KAPITEL 5

EINE GESCHICHTE AUS DREI STÄDTEN – GIPFEL IN BRÜSSEL, LONDON UND HELSINKI

Einen Monat nach dem Treffen mit Kim Jong-un in Singapur fanden im Juli drei aufeinanderfolgende Gipfel statt: ein lang geplantes NATO-Treffen in Brüssel mit unseren wichtigsten Bündnispartnern; ein bilaterales Treffen zwischen Trump und Theresa May in London, als Ausdruck unserer »besonderen Beziehung«; sowie Trump und Putin in Helsinki, ein neutraler Ort für ein Treffen mit unserem ehemaligen und gegenwärtigen Gegner Russland. Wie mir in diesem geschäftigen Juli klar wurde, wenn ich es nicht schon früher erkannt hatte, verfolgte Trump keine internationale Großstrategie oder auch nur einen konsequenten Weg. Sein Denken glich einem Archipel von Punkten (wie individuelle Immobiliengeschäfte), und er überließ es dem Rest von uns, darin eine politische Zielrichtung zu erkennen oder zu gestalten. Das hatte seine Vor- und Nachteile.

Nach Singapur reiste ich in verschiedene europäische Hauptstädte, um mich auf die einzelnen Gipfeltreffen vorzubereiten. Eine meiner geplanten Reisen führte mich nach Moskau. Dieser Stopp hatte seine Tücken. Als ich Trump davon erzählte, dass ich dorthin fuhr, um den Grundstein für seine Reise zu legen, fragte er mich: »Müssen Sie nach Russland fahren? Können Sie das nicht in einem Telefongespräch erledigen?« Schließlich erhob er keine Einwände, als ich ihm erklärte, warum es für unsere Vorbereitungen hilfreich sei, Fragen im Voraus zu prüfen. Kurz darauf fragte ich Kelly, warum Trump sich beschwerte, und Kelly antwortete: »Das ist einfach. Er ist besorgt, dass Sie ihm die Schau stehlen.« Von jedem anderen Präsidenten würde das absurd klingen, doch obwohl es mir schmeicheln sollte, wäre es wahr, lag darin auch eine Gefahr. Was genau sollte ich tun, um dieses Problem zu überwinden? Offensichtlich fiel mir keine gute Antwort ein.

Trump wollte unbedingt, dass Putin Washington besuchte, was die Russen nicht vorhatten, und wir hatten über Helsinki und Wien als mögliche Tagungsorte geplänkelt. Russland drängte auf Wien, wir drängten auf Helsinki, aber es stellte sich heraus, dass Trump Helsinki nicht favorisierte. »Ist Finnland nicht eine Art Satellit Russlands?«, fragte er. (Später am selben Morgen erweiterte Trump die Frage gegenüber Kelly dahin, ob Finnland zu Russland gehöre.) Ich versuchte, die Historie zu erklären, kam aber nicht sehr weit, denn Trump sagte, dass er auch Wien wolle. »Was immer sie [die Russen] wollen. Sagen Sie ihnen, wir werden tun, was immer sie wollen.« Nach beträchtlichem weiteren Hin und Her einigten wir uns jedoch auf Helsinki.

Ich landete am Dienstag, dem 26. Juni, auf dem Moskauer Flughafen Wnukowo und fuhr am nächsten Morgen zum Spaso House, der langjährigen Residenz des US-Botschafters in Moskau. Jon Huntsman hatte ein Frühstück mit russischen Politstrategen diverser Think Tanks arrangiert, darunter der ehemalige Außenminister Igor Iwanow, mit dem ich während der Regierungszeit von George W. Bush zusammengearbeitet hatte, sowie NSC- und Botschaftsbeamte. Die Russen waren nahezu einstimmig in ihrem Pessimismus bezüglich der Aussichten auf eine Verbesserung der beiderseitigen Beziehungen, ungeachtet dessen, was sie über Trump lasen. Sie glaubten, dass sich die grundlegenden amerikanischen Ansichten über Russland sowohl im Kongress als auch in der Öffentlichkeit nicht geändert hätten, was auch stimmte. Ich erwähnte mit Nachdruck das Thema der Wahlintervention, da ich wusste, dass die meisten der Anwesenden ihre Kontakte im Kreml und darüber hinaus hatten, und umgehend Bericht erstatten würden. Ich wollte, dass es sich herumsprach.

Huntsman und unsere Delegation fuhren dann zu den Büros des Sicherheitsrates der Russischen Föderation am Alten Platz, am Kreml vorbei, um unsere Amtskollegen zu treffen. Mein Pendant, der Sekretär des Sicherheitsrates, Nikolai Patruschew, war außer Landes, aber wir hatten auf beiden Seiten vollzählige Teams, um alle Themen vom Iran bis zur Rüstungskontrolle abzudecken, die Putin und Trump später diskutieren könnten. Putin selbst war kurz Sekretär des russischen Sicherheitsrats gewesen. Patruschew war wie er ein Veteran des KGB (und des FSB, seines Nachfolgers, der sich mit Fragen des Inlandsgeheimdienstes und der Sicherheit befasste) und hatte 1999 dessen Nachfolge als FSB-Direktor angetreten. Die beiden sollten sich angeblich immer noch sehr nahestehen, was angesichts ihres gemeinsamen Hintergrundes nicht überraschte. Wir aßen mit dem russischen Außenminister Sergei Lawrow im Gästehaus von Osobnyak zu Mittag, einem Anwesen, das in vorrevolutionärer Zeit einem wohlhabenden Industriellen gehört hatte, der mit den Bolschewiki sympathisierte. Ich war hier bereits häufiger Gast gewesen. Ich drängte weiter auf die Frage der Wahlbeeinträchtigung, der Lawrow auswich, indem er sagte, man könne zwar Hacker nicht ausschließen, aber die russische Regierung habe damit nichts zu tun.

Von Osobnyak aus fuhren wir in den Kreml, um uns um halb vier mit Putin zu treffen. Wir kamen früh an. Während wir warteten, stellte sich uns Verteidigungsminister Sergei Schoigu mit einer Art Militärdelegation vor (er schloss sich später dem Treffen mit Putin an). Wir wurden in den Raum geleitet, in dem das Ereignis stattfinden würde, mit ziemlicher Sicherheit derselbe Raum, in dem ich Putin im Oktober 2001 zum ersten Mal getroffen hatte, als ich Verteidigungsminister Donald Rumsfeld unmittelbar nach den Anschlägen vom 11. September 2001 begleitete.[1] Der Raum war riesig, weiß und blau gestrichen, mit goldenen Zierleisten und einem beeindruckenden ovalen, weiß-blauen Konferenztisch. Die Pressemeute war bereits anwesend und bereit, Putin zu fotografieren, als er durch eine Tür am anderen Ende des Raumes eintrat (und es war wirklich das andere Ende). Wie von russischen Protokollbeamten angewiesen, wartete ich in der Mitte auf die Begrüßung durch Putin, und wir schüttelten uns die Hände für die Kameras. Er schien entspannt und sehr selbstsicher zu sein, mehr als ich ihn in Erinnerung hatte. Ich begrüßte auch Lawrow, Schoigu und Juri Uschakow (Putins diplomatischen Berater und ehemaligen Botschafter in den USA), und wir setzten uns an den eleganten Konferenztisch. Die russische Presse berichtete später (fälschlicherweise), dass Putin pünktlich zum Treffen erschienen sei, entgegen seiner Praxis, Besucher, darunter auch den Papst und die Königin von England, warten zu lassen. Ich sah keine Notwendigkeit, sie zu korrigieren.

In Anwesenheit der Medien stellte Putin zunächst die Verschlechterung der russisch-amerikanischen Beziehungen fest und gab der US-Innenpolitik die Schuld. Ich schluckte den Köder nicht. Ich hatte nicht vor, öffentlich mit Putin zu konkurrieren, wenn er Heimvorteil auf dem Platz hatte. Da Moskau 2018 Gastgeber der Fußballweltmeisterschaft war und die USA (mit Mexiko und Kanada) gerade den Austragungsort der Spiele 2026 gewonnen hatten, antwortete ich, dass ich mich darauf freue, von ihm zu hören, wie man eine erfolgreiche Weltmeisterschaft ausrichtet. Die Presse zog sich daraufhin diszipliniert zurück, und wir kamen zur Sache.

Putins Stil bestand, zumindest am Anfang, darin, von Karteikarten zu lesen, wobei er immer wieder eine Pause für den Dolmetscher einlegte, aber häufig legte er die Karten ab, um etwas zu sagen wie: »Sagen Sie das Präsident Trump.« Uschakow, Schoigu und Lawrow gaben während der Sitzung nichts von sich, außer um auf Putins Fragen zu antworten, ebenso wenig wie die Anwesenden unserer Seite (Botschafter Huntsman, Fiona Hill, leitende Direktorin im NSC für Europa/Russland, Joe Wang, Direktor im NSC für Russland, und unser Dolmetscher). Putin sprach fast fünfundvierzig Minuten lang, einschließlich Konsekutivübersetzung, hauptsächlich über die russische Rüstungskontrollagenda (nationale Raketenabwehrkapazitäten der USA, den INF-Vertrag, das neue START-Abkommen und die Verbreitung von Massenvernichtungswaffen). Als ich an der Reihe war, sagte ich, dass wir einen von zwei konzeptionellen Ansätzen der Rüstungskontrolle verfolgen könnten: Verhandlungen zwischen Gegnern, um sich gegenseitig einzuschränken, oder Verhandlungen zwischen Konkurrenten, um Konfliktaktivitäten zu beenden, die zu Problemen führen könnten. Als Beispiel für Letzteres nannte ich den Rückzug Amerikas aus dem ABM-Vertrag von 1972 im Jahr 2001. Das veranlasste Putin zu einem Selbstgespräch darüber, warum er der Meinung war, dass Bob Gates und Condi Rice Russland in dieser Frage später in die Pfanne gehauen hatten. Ich antwortete, dass Putin viel von der Geschichte zwischen 2001 bis 2003 ausgelassen habe, als wir versucht hatten, Moskau dazu zu bewegen, ebenfalls aus dem ABM-Vertrag auszusteigen und bei den nationalen Raketenabwehrfähigkeiten zusammenzuarbeiten. Er hatte das wahrscheinlich abgelehnt, so vermutete ich, weil die Russen dadurch über eine effektive Raketenabwehrtechnologie verfügten und wir nicht! Rüstungskontrolle war bisher kein Thema gewesen, das in der Trump-Regierung viel diskutiert wurde. Es bedurfte längerer Gespräche, bevor Trump bereit sein würde, sich hier zu engagieren.

Was Syrien betraf, so fragte Putin hinsichtlich unseres Wunsches nach einem Rückzug der iranischen Streitkräfte, wer dies bewerkstelligen würde. Es war einer jener Momente, in denen Putin auf mich zeigte und sagte, ich solle Trump direkt sagen, dass die Russen die Iraner in Syrien nicht bräuchten und dass es für Russland keinen Vorteil bringe, sie dort zu haben. Der Iran verfolgte angesichts seiner Ziele im Libanon und mit den Schiiten seine eigene Agenda, die nichts mit den russischen Zielen zu tun habe, und schuf Probleme für sie und für Assad. Russlands Ziel, so Putin, sei es, den syrischen Staat zu konsolidieren, um Chaos wie in Afghanistan zu verhindern, während der Iran weitergehende Ziele verfolge. Obwohl Russland den Iran aus Syrien heraus haben wollte, glaubte Putin nicht, dass er einen vollständigen Abzug sicherstellen könne, und er wollte nicht, dass Russland Versprechungen machte, die es nicht einhalten könne. Wenn die Iraner sich zurückzögen, was würde die syrischen Streitkräfte vor einer groß angelegten Aggression der syrischen Opposition und ihrer westlichen Anhänger schützen? Putin hatte nicht die Absicht, die iranischen Streitkräfte im innersyrischen Konflikt durch russische zu ersetzen, während der Iran sich zurücklehnte und sagte: »Kämpft ihr das mal in Syrien aus!« Er wollte eine klare Verständigung mit den USA über das Problem und ging verschiedene Aspekte der militärischen Dispositionen der USA und Russlands dort durch, wobei er sich insbesondere auf die Sperrzone von At-Tanf konzentrierte (in der Nähe des Dreiländerecks, in dem

Syrien, Jordanien und der Irak zusammenkommen). Putin sagte selbstbewusst und einer langjährigen russischen Propagandatradition folgend, dass bis zu 5000 »Einheimische« in der Nähe von At-Tanf in Wirklichkeit IS-Kämpfer seien, die angeblich der amerikanischen Richtung folgten, uns aber verraten würden, wenn es ihnen passte. (Putin sagte wörtlich, die IS-Kämpfer würden einen bestimmten Teil unserer Anatomie küssen, obwohl sein Dolmetscher das nicht so übersetzte!) Ich fand, dieser Austausch über die Situation in Syrien war der interessanteste des ganzen Treffens. Unter Bezugnahme auf die syrische Opposition drängte Putin nachdrücklich darauf, dass sie für uns keine verlässlichen Verbündeten seien und man ihnen nicht trauen könne. Stattdessen schlug er vor, dass wir gemeinsam den syrischen Friedensprozess vorantreiben sollten. Ich antwortete, unsere Prioritäten seien die Zerstörung des IS und die Beseitigung aller iranischen Streitkräfte. Wir kämpften nicht im syrischen Bürgerkrieg; unsere Priorität sei der Iran.

Putin nahm gegenüber der Frage der Ukraine eine sehr harte Haltung ein und erörterte ausführlich die politischen und militärischen Aspekte des Konflikts. Er ging in einen eher konfrontativen Ton über und sagte, dass US-Militärverkäufe an die Ukraine illegal und nicht der beste Weg zur Lösung des Problems seien. Er weigerte sich, auch nur über die Krim zu sprechen, und tat dies als Teil der Geschichtsschreibung ab. Dann, im zweitinteressantesten Moment des Treffens, führte er aus, Obama habe ihm 2014 klar zugestanden, dass die Konfrontation mit der Ukraine beigelegt werden könne, wenn Russland nicht weiter gehe als bis zur Annexion der Krim. Doch aus welchen Gründen auch immer hatte Obama seine Meinung geändert, und wir waren in die gegenwärtige Sackgasse geraten. Als ich in der Nähe der Neunzig-Minuten-Marke spürte, dass sich das Treffen dem Ende zuneigte, äußerte ich nur, dass wir in Bezug auf die Ukraine so weit voneinander entfernt seien, dass wir keine Zeit hätten, die Dinge im Detail zu besprechen, so dass wir uns einfach darauf einigen sollten, in allen Punkten anderer Meinung zu sein.

Putin sprach auch Nordkorea an, wo Russland den vom Norden gewünschten »Aktion für Aktion«-Ansatz unterstützte, aber im Grunde schien er an diesem Thema nicht besonders interessiert zu sein. Was den

Iran betraf, so verspottete er unseren Rückzug aus dem Atomabkommen und fragte, was nach dem Rückzug der Vereinigten Staaten geschehen würde, wenn sich der Iran zurückzöge. Israel könne militärisch nicht allein gegen den Iran vorgehen, weil es nicht über die Ressourcen oder Fähigkeiten verfüge, insbesondere wenn sich die Araber hinter dem Iran vereinigten, was absurd war. Ich antwortete, dass der Iran sich nicht an die Abmachung halte, erwähnte die Verbindung zwischen dem Iran und Nordkorea in Bezug auf den Reaktor in Syrien, den die Israelis 2007 zerstört hatten, und sagte, dass wir sorgfältig nach Beweisen dafür Ausschau hielten, dass die beiden Proliferatoren auch jetzt noch zusammenarbeiten. Auf jeden Fall habe die Wiedereinführung der Sanktionen gegen den Iran bereits einen hohen Tribut gefordert, sowohl im Inland als auch im Hinblick auf sein Unruhestiften in der ganzen Welt. Da Trump immer noch voller Euphorie über Nordkorea war, gab ich lediglich Xi Jinpings Rat weiter, unsere Verhandlungen zügig fortzusetzen.

Putin hatte die Einmischung in die Wahlen nicht angesprochen, aber ich tat das und betonte, dass das Interesse wegen der bevorstehenden Kongresswahlen 2018 noch größer sei als zuvor. Jedes Kongressmitglied, das zur Wiederwahl antrat, und alle ihre Herausforderer hatten ein direktes persönliches Interesse an dem Thema, dem sie 2016 nicht ihre volle Aufmerksamkeit gewidmet hatten, da diese eher auf die Präsidentenebene gerichtet war. Ich sagte, es sei politisch Gift für Trump, sich mit Putin zu treffen, aber er tue dies, um die nationalen Interessen der USA unabhängig von den politischen Konsequenzen zu wahren und um zu sehen, ob er die Beziehung vorantreiben könne. Nach ein paar abschließenden Höflichkeiten endete das etwa neunzigminütige Treffen. Putin schien sich völlig unter Kontrolle zu haben und ruhig und selbstbewusst zu agieren, was auch immer die innenpolitischen und wirtschaftlichen Herausforderungen Russlands gerade waren. Er war über die Prioritäten Moskaus im Bereich der nationalen Sicherheit absolut informiert. Ich freute mich nicht darauf, ihn mit Trump allein in einem Raum zu lassen.

KAPITEL 5

Brüssel

In den vergangenen Jahren waren die Gipfeltreffen der NATO wichtige Ereignisse im Leben des Bündnisses gewesen. In den letzten zwei Jahrzehnten wurden die Zusammenkünfte jedoch fast jährlich veranstaltet und waren daher mit der Zeit weniger aufregend. Das heißt, bis zum NATO-Gipfel 2017 in Brüssel. Trump belebte die Dinge, indem er sich nicht auf den geradezu ikonischen Artikel 5 des Nordatlantikvertrags bezog, in dem es heißt, dass »ein bewaffneter Angriff gegen eine [Partei] oder mehrere von ihnen in Europa oder Nordamerika als ein Angriff gegen sie alle angesehen werden wird«. Diese Bestimmung ist eigentlich weniger bindend als ihr Ruf, da jede Bündnispartei lediglich »die Maßnahmen trifft, die sie für erforderlich erachtet«. Sie wurde nur einmal, nach den Angriffen vom 11. September auf New York und Washington, geltend gemacht. Dennoch war die NATO eine erfolgreiche Abschreckungsstruktur, die jahrzehntelang die Rote Armee daran gehindert hatte, durch die deutsche Fulda-Lücke tief in das Herz Westeuropas vorzudringen. Natürlich waren die Vereinigten Staaten stets der überwältigend größte Truppensteller. Es war unser Bündnis, und es war in erster Linie zu unserem Nutzen, nicht weil wir uns zur Verteidigung Europas hatten verpflichten lassen, sondern weil die Verteidigung »des Westens« im strategischen Interesse Amerikas lag. Die NATO stellte als Bollwerk des Kalten Krieges gegen den sowjetischen Expansionismus die erfolgreichste politisch-militärische Koalition der Geschichte dar.

Hatte die NATO Probleme? Ja, natürlich. Henry Kissingers berühmtes Werk von 1965 hieß nicht umsonst »Was wird aus der westlichen Allianz?« Die Liste der Unzulänglichkeiten der NATO war lang, einschließlich der Tatsache, dass mehrere europäische Mitglieder nach dem Zusammenbruch der Sowjetunion 1991 die Verantwortung für ihre Selbstverteidigung leichtfertig aufgegeben hatten. Unter Präsident Clinton erlitt Amerika seinen eigenen militärischen Niedergang, da er und andere den Zusammenbruch des Kommunismus als »das Ende der Geschichte« ansahen und die Verteidigungshaushalte kürzten, um sie für politisch nützliche inländische Wohlfahrtsprogramme auszugeben. Dieser Illusion der »Friedensdividende« gaben sich auch weite Teile Europas hin, aber sie endete in Amerika mit den Massenmorden islamistischer Terroristen am 11. September in New York und Washington. Die Zukunft der NATO wurde unter Experten für nationale Sicherheit seit Jahrzehnten intensiv diskutiert, wobei viele auf eine umfassendere Agenda für die Zeit nach dem Kalten Krieg drängten. Barack Obama kritisierte die NATO-Mitglieder, dass sie »Trittbrettfahrer« seien, die nicht genug Geld für ihren eigenen Verteidigungshaushalt ausgäben, erfreute aber typischerweise die Welt nur mit seinen Ansichten und tat nichts dafür, sie umzusetzen.[2]

Trump beklagte auf seinem ersten NATO-Gipfel 2017, dass zu viele Bündnispartner ihre 2014 in Cardiff gemeinsam eingegangene Verpflichtung, bis 2024 zwei Prozent des BIP für Verteidigung auszugeben, nicht einhielten. Deutschland war einer der schlimmsten Übeltäter, die Regierung gab etwa 1,2 Prozent des BIP für die Verteidigung aus und stand immer unter dem Druck der Sozialdemokraten und anderer Linker, weniger auszugeben. Trump, trotz oder vielleicht gerade wegen der deutschen Abstammung seines Vaters, war unerbittlich kritisch. Während der Beratungen über den Militärschlag gegen Syrien im April fragte Trump Macron, warum Deutschland sich nicht an der militärischen Vergeltung gegen das Assad-Regime beteiligen würde. Eine gute Frage, auf die als Antwort nur die deutsche Innenpolitik infrage kam, aber Trump fuhr fort, kritisierte Deutschland als schrecklichen NATO-Partner und griff die Nord-Stream-2-Ostseepipeline an, die dazu führen würde, dass Deutschland Russland, dem NATO-Gegner, erhebliche Einnahmen zahlen würde. Trump bezeichnete die NATO während der Kampagne 2016 als »veraltet«, argumentierte aber im April 2017, dass das Problem während seiner Präsidentschaft »behoben« worden sei. Sein bemerkenswertes Versäumnis im Jahr 2017, Artikel 5 zu erwähnen, soll angeblich sogar seine Spitzenberater überrascht haben, als er persönlich jeden Hinweis darauf aus einem Redenentwurf strich.[3] Richtig oder nicht, der Gipfel von 2017 schuf die Voraussetzungen für die Krise, der wir 2018 gegenüberstanden.

Dieser Sturm hatte sich schon lange vor meiner Ankunft im West Wing zusammengebraut, aber jetzt war er direkt voraus. Trump hatte recht, was die Lastenteilung betraf, wie auch Obama. Diese Nähe der Ansichten hätte

Trumps Vertrauen in seine eigenen erschüttern können, wenn er darauf geachtet hätte. Das Problem aus der Sicht der Glaubwürdigkeit, der Standhaftigkeit und des Bündnismanagements der USA war die heftige Kritik, mit der Trump so oft seinen Unmut darüber zum Ausdruck brachte, dass die Bündnispartner das Ziel nicht erreichten oder in einigen Fällen nicht einmal daran interessiert zu sein schienen, es zu erreichen. Tatsächlich war es früheren Präsidenten nicht gelungen, das Bündnis in der Ära nach dem Kalten Krieg in Bezug auf die Lastenteilung auf dem Stand der Dinge zu halten. Ich war der Meinung, dass die USA insbesondere unter Clinton und Obama nicht genug für die Verteidigung ausgegeben hatten, unabhängig davon, was die Bündnispartner taten oder nicht taten. Wenn dies lediglich eine Kritik an Trumps Stil wäre, was es für viele Kritiker zu sein schien, wäre es eine Trivialität. Ich persönlich habe nie davor zurückgeschreckt, direkt zu sein, selbst unseren engsten internationalen Freunden gegenüber, und ich kann Ihnen sagen, dass sie sich ebenfalls nie scheuen, uns ihre Meinung zu sagen, insbesondere über die Mängel Amerikas. Tatsächlich war es nicht Trumps Direktheit, sondern die verschleierte Feindseligkeit gegenüber dem Bündnis selbst, die andere NATO-Mitglieder und seine eigenen Berater verunsicherte.

Trump bat darum, NATO-Generalsekretär Jens Stoltenberg am Freitag, dem 29. Juni, um neun Uhr morgens anzurufen, nur wenige Wochen vor dem bevorstehenden Gipfel. Als wir uns zuvor im Oval trafen, sagte Trump, er werde Stoltenberg mitteilen, dass die USA ihren »Beitrag« zur NATO auf das Niveau Deutschlands senken würden, und ihn bitten, die anderen Mitglieder vor dem Gipfel vom 11. bis 12. Juli zu informieren. (Hier stehen wir vor einem anhaltenden Problem mit der Nomenklatur. Bei der Verpflichtung von Cardiff geht es nicht um »Beiträge« zur NATO, sondern um die Gesamtausgaben für Verteidigung. Ob Trump dies jemals verstanden und das Wort »Beitrag« einfach missbraucht hat, konnte ich nie sagen. Aber zu behaupten, dass er den »Beitrag« der USA auf das Niveau Deutschlands reduzieren würde, bedeutete, dass die USA ihre Verteidigungsausgaben von über vier Prozent des BIP um etwa 75 Prozent senken würden, was er meiner Meinung nach nicht vorhatte. Zur Verwirrung trägt auch bei, dass die NATO über einen Gemeinsamen Fonds verfügt, aus dem die Betriebskosten ihres Hauptquartiers und Ähnliches finanziert werden, der jährlich etwa 2,5 Milliarden Dollar beträgt. Die Mitglieder leisten zwar »Beiträge« zu diesem Fonds, aber dessen Ausgaben waren nicht das, was Trump meinte. Auf meinen späteren Vorschlag hin habe ich Deutschland überreden können, den Beitrag zum Gemeinsamen Fonds zu erhöhen, und die USA, ihren Beitrag entsprechend zu reduzieren, obwohl dies erst im Dezember 2019 endgültig wurde.[4])

Mit Stoltenberg in der Leitung sagte Trump, er habe wirtschaftlich ein Chaos geerbt und die NATO sei ungeheuerlich. Er beklagte sich darüber, dass Spanien (er hatte gerade den König getroffen) nur 0,9 Prozent seines BIP für die Verteidigung ausgab. In Bezug auf Deutschland war Trump erfreut, als Stoltenberg sagte, er stimme zu, dass die Deutschen mehr zahlen müssten. Der Gerechtigkeit halber sollte jedoch erwähnt werden, dass Stoltenberg das seit jeher forderte und die Mitglieder immer schon dazu drängte, ihre Verpflichtungen von Cardiff bis 2024 oder sogar schon vorher zu erfüllen. Trump fuhr fort und kritisierte, dass die Vereinigten Staaten 80–90 Prozent der Kosten der NATO beglichen, eine Zahl, deren Quelle niemandem von uns bekannt war. Die gesamten Verteidigungsausgaben der Vereinigten Staaten (weltweit) beliefen sich auf etwas mehr als 70 Prozent der gesamten Militärausgaben aller NATO-Mitglieder, aber natürlich waren viele US-Ausgaben für globale Programme oder andere spezifische Regionen bestimmt. Trump kam später zu der Aussage, er sei der Meinung, dass die USA in Wahrheit hundert Prozent der Kosten der NATO bezahlten. Die Quelle dieser Zahl ist ebenfalls unbekannt. Er sagte Stoltenberg, dass von nun an, weil die Ungleichheit bei den Zahlungen so unfair sei, Amerika nur das zahlen würde, was Deutschland zahle. Trump räumte ein, dass Stoltenberg ihm regelmäßig Anerkennung für seine Bemühungen um eine Erhöhung der NATO-Ausgaben durch die europäischen Verbündeten zollte, argumentierte aber, dass die Ausgaben nur deshalb gestiegen seien, weil die Verbündeten dachten, Trump würde sonst die Vereinigten Staaten aus dem Bündnis abziehen. Stoltenberg sagte, er stimme Trump voll und ganz zu, dass die Situation unfair sei, aber er verwies darauf, dass wir nach vielen Jahren rückläufiger Ausgaben nun einen Anstieg verzeichneten. Trump reagierte darauf, indem er

Stoltenberg drängte, dies den Medien mitzuteilen. Er bat ihn, mit mir zu sprechen, um die Wege zu erörtern, wie die USA aus der gegenwärtigen, ungerechtfertigten Lage herauskämen. Bisher, so Trump, seien die USA von Idioten regiert worden, aber damit sei es jetzt vorbei. Die Europäer schätzten uns nicht, beschissen uns im Handel, und wir würden nicht mehr für das Privileg bezahlen, sondern nur noch das, was auch Deutschland zahlte. So ging es immer weiter. Am Ende sagte Trump, dass er offiziell protestierte.

Stoltenberg rief mich gegen zehn Uhr morgens an, und ich bat alle anwesenden NSC-Mitarbeiter und das Personal im Sit Room, aus der Leitung zu gehen, damit ich mit Stoltenberg so direkt wie möglich sprechen konnte. Ich teilte ihm meine Einschätzung mit, dass die von den US-Medien verehrte »Achse der Erwachsenen«, die nun größtenteils fort war, Trump so frustriert hatte, dass er nun entschlossen war, in mehreren Schlüsselfragen das zu tun, was er wollte, ganz gleich, was seine derzeitigen Berater ihm rieten. Ich sagte, wir hätten eine klare Vorstellung davon, was auf dem NATO-Gipfel geschehen könnte. Die anderen sollten nicht denken, dass uns kleine, beschwichtigende Maßnahmen genügten. Das war eindeutig etwas, was Trump durchdacht hatte und er nun auf seine Weise durchführen wollte, wie jetzt eben getan. Stoltenberg schien Schwierigkeiten zu haben, die Dramatik der Situation zu akzeptieren, aber nach dreißig Minuten nahezu ununterbrochener verbaler Attacke von Trump und meiner Erklärung hatte er es verstanden. Unsere Botschafterin bei der NATO, Kay Bailey Hutchison, rief mich gegen Mittag an, und ich gab ihr eine kurze Beschreibung des Telefonats zwischen Trump und Stoltenberg. Ich sagte, wir würden uns allen einen Bärendienst erweisen, wenn wir so täten, als sei der Anruf nicht geschehen, und wieder zur Tagesordnung übergingen.

Später an diesem Tag informierte ich Pompeo. Anstatt sich direkt mit der NATO-Frage zu befassen, schlug er vor, Trump davon zu überzeugen, dass wir die Republikaner nicht mit strittigen Fragen überlasten sollten, da so viele andere Schlachten im Gange seien (insbesondere die Kampagne zur Bestätigung Kavanaughs vor dem Obersten Gerichtshof). Es gab nur einundfünfzig republikanische Senatoren, und wir wollten keinen von ihnen aufgrund von Bedrohungen für die NATO verlieren. Pompeo und ich waren uns einig, dass wir beide allein diesen Fall Trump vorlegen sollten, ohne dass Generäle anwesend waren, so dass Trump nicht glaubte, die »Achse der Erwachsenen« würde sich wieder gegen ihn verbünden. Kelly stimmte unserer Strategie sofort zu, ebenso wie Mattis, der auch zustimmte, dass Dunford nicht teilnehmen müsse. Ich benachrichtigte McGahn, dessen Fokus auf der Bestätigung von Kavanaugh ihn mehr als bereit machte, als »Plan B« zu fungieren, falls Pompeo und ich scheitern sollten.

Wir trafen Trump am Montag, dem 2. Juli, und es stellte sich heraus, dass es einfacher und schneller vonstattenging, als ich erwartet hatte. Wir erklärten die Strategie, dass wir angesichts der Bedeutung der Nominierung Kavanaughs nicht mehr Kämpfe auf uns nehmen sollten, als die Partei bewältigen konnte, und drängten darauf, weiter Druck auf die anderen NATO-Mitglieder auszuüben, ihre Verteidigungsausgaben auf das Niveau von zwei Prozent des BIP zu bringen. Trump stimmte sofort zu, ohne zu diskutieren. In den nächsten Tagen fragte er mich jedoch erneut, warum wir uns nicht einfach ganz aus der NATO zurückgezogen hätten, genau das, was wir zu verhindern versucht hatten. Es war klar, dass hier weitere Arbeit auf uns zukam.

Ein Schritt, den ich unternahm, um die Wahrscheinlichkeit einer Konfrontation mit unseren Verbündeten in Brüssel und damit die Möglichkeit zu verringern, dass Trump einen Austritt aus der NATO vorantreiben könnte, bestand darin, die Verhandlungen zu beschleunigen, um zu einer Einigung über das unvermeidliche Schlusskommuniqué zu gelangen. Ein weiteres Kommuniqué, das niemand lesen würde, auch nicht eine Woche nach seiner Verabschiedung als möglicher Brandherd! Ich betonte gegenüber Hutchison, dass wir es fertigstellen sollten, bevor die Staats- und Regierungschefs überhaupt in Brüssel eintrafen, um die Wahrscheinlichkeit eines erneuten G7-Debakels zu minimieren. Das war neu für die NATO. Ich sah, dass dieses Vorgehen bei denen, die wie Frankreich – *quelle surprise!* – davon profitierten, andere gegen Ende internationaler Tagungen regelmäßig mit der am meisten gefürchteten diplomatischen Drohung – Stimmen Sie uns zu, oder es wird kein Abschlusskommuniqué geben! – unter Druck zu setzen, ausgiebiges Gemurre hervorrief. Es verlangte ihnen eine beträchtliche Anpassung ihrer Positionen ab, damit die NATO das Schlussdokument im Voraus fertigstellen konnte. Das ist uns gelungen, aber erst nach unaufhörlicher Verschärfung der Diskussion.

In der Zwischenzeit begann Trump am Montag, dem 9. Juli, zu twittern:

> Die Vereinigten Staaten geben weit mehr für die NATO aus als jedes andere Land. Das ist nicht fair und auch nicht akzeptabel. Zwar haben diese Länder ihre Beiträge seit meinem Amtsantritt erhöht, aber sie müssen noch viel mehr tun. Deutschland ist bei 1 Prozent, die USA liegen bei 4 Prozent, und die NATO begünstigt...
>
> ... Europa weit mehr als die Vereinigten Staaten. Einigen Berichten zufolge zahlen die Vereinigten Staaten 90 Prozent der Kosten für die NATO, wobei viele Staaten bei Weitem nicht an ihre Verpflichtung von 2 Prozent heranreichen. Darüber hinaus hat die Europäische Union einen Handelsüberschuss von 151 Millionen Dollar gegenüber den USA, mit großen Handelsbarrieren für US-Waren. NEIN!

Diese Tweets wiederholten, was Trump Stoltenberg und anderen gesagt hatte, aber es war für viele das erste Mal, dass sie so öffentlich erklärt wurden. Es kamen noch mehr.

Wir brachen am frühen Dienstagmorgen mit der Marine One nach Andrews auf, wobei sich Trump überschwänglich über die Kavanaugh-Nominierung vom Vortag ausließ. Dessen Familie sei wie aus dem Bilderbuch, sagte er vergnügt. Kurz bevor er an Bord des Hubschraubers ging, sprach Trump mit der versammelten Presse, wie er es unter solchen Umständen regelmäßig tat, und bemerkte, dass bei all den Unruhen in der NATO und im Vereinigten Königreich sein Treffen mit Putin »vielleicht das Einfachste von allen ist. Wer hätte das gedacht?«[5] In den Gesprächen mit Trump während des Fluges erkannte ich jedoch, dass er aus irgendeinem Grund unglücklich war. Wir landeten, und er fuhr mit den drei US-Botschaftern in Brüssel (einer in Belgien, einer bei der EU und einer bei der NATO) im »Beast«, der Staatskarosse, zur Residenz unseres bilateralen

Botschafters in Belgien, wo er nächtigte. Im Auto zerfetzte er Hutchison für ihre Talkshow-Interviews über die NATO am Sonntag und meinte, sie klinge wie eine Botschafterin der Obama-Regierung. Dann fuhr er fort mit den unangemessenen Ausgaben der NATO-Verbündeten und den unfairen Handelsdefiziten gegenüber der EU. Ich war nicht mit im »Beast«, aber ich konnte das Drehbuch auswendig aufsagen. Es war kein verheißungsvoller Auftakt.

Am Mittwochmorgen ging ich vor dem Frühstück mit Stoltenberg und seinen Beratern zur Vorbesprechung mit Trump. Dieser betrat einen kleinen Speisesaal im zweiten Stock der Residenz, wo Mattis, Pompeo, Kelly, Hutchison und ich warteten, und sagte: »Ich weiß, dass ich in diesem Raum nicht viel Unterstützung habe.« Dann fuhr er fort, die NATO in Stücke zu reißen. Es war nicht gerade ein Briefing. Stoltenberg traf ein, die Presse betrat den Frühstücksraum und Trump konnte sich nicht mehr im Zaum halten: »Viele [NATO-Verbündete] schulden uns eine ungeheure Menge Geld. Das geht schon seit Jahrzehnten so.« Stoltenberg erwähnte den jährlichen Anstieg der Verteidigungsausgaben der NATO-Mitgliedsländer um fast 40 Milliarden Dollar seit Trumps Amtsantritt. Trump war jedoch nicht zu stoppen: »Es ist sehr traurig, wenn Deutschland ein massives Öl- und Gasgeschäft mit Russland macht. Wir schützen all diese Länder, und sie schließen ein solches Geschäft ab. Wir sollen sie schützen, und doch zahlen Sie all dieses Geld an Russland. Deutschland wird von Russland vollständig kontrolliert. Deutschland zahlt etwas mehr als ein Prozent, wir zahlen über vier Prozent. Das geht schon seit Jahrzehnten so ... Wir werden etwas tun müssen, denn wir werden uns das nicht gefallen lassen. Deutschland wird von Russland gefangen genommen.«[6]

Nachdem die Presse gegangen war, versuchte Stoltenberg einen Neustart, indem er betonte, wie froh er sei, Trump in Brüssel willkommen heißen zu können. Trump war jedoch nicht besänftigt und fuhr fort, selbst die erreichten Erhöhungen der Verteidigungsausgaben der NATO-Mitglieder seien ein Witz. Er sei sehr unzufrieden mit der NATO und sehr unzufrieden mit der Europäischen Union. Er beklagte sich einmal mehr über das neue NATO-Hauptquartier, dessen Mittel für Panzer hätten ausgegeben werden können – ein tatsächlich wichtiger

Punkt, wie viele Punkte Trumps, der aber wie so oft vom Tsunami seiner Worte mitgerissen wurde. Später fragte er, warum die NATO nicht einen 500 Millionen Dollar teuren Bunker anstelle des Hauptquartiers gebaut habe, das er als Ziel und nicht als Hauptquartier bezeichnete, das ein einziger Panzer zerstören könne. Die NATO, so ging es weiter, sei für Europa sehr wichtig, aber ihr Wert für die USA viel weniger offensichtlich. Er sei hundertprozentig für die NATO, aber Amerika zahle mehr, als fair war. Stoltenberg versuchte, ihn gelegentlich zu unterbrechen, um zu antworten, kam aber nie weit. Auch die EU wurde nicht verschont, denn Trump kritisierte Jean-Claude Juncker, den Präsidenten der Europäischen Kommission, als einen bösartigen Mann, der die Vereinigten Staaten verzweifelt hasste. Juncker, so Trump, lege den NATO-Haushalt fest, ging aber nicht darauf ein, wie. Trump betonte erneut, dass er die Zahlungen der USA auf das gleiche Niveau wie Deutschland verringern wolle, wie sie es zuvor in ihrem jüngsten Telefongespräch besprochen hatten. Er bekräftigte seine persönliche Freundschaft mit Stoltenberg, beklagte sich aber erneut darüber, dass wir ausgenutzt würden und in jeder Hinsicht mehr zahlten, was nicht so weitergehen könne. An diesem Punkt versuchte Mattis, ein paar Worte zur Verteidigung der NATO zu sagen, aber Trump entriss ihm das Wort.

Er fragte, warum wir in den Dritten Weltkrieg im Namen eines Landes eintreten sollten, das seine Beiträge nicht bezahlte, wie Mazedonien, wobei er dann einräumte, dass ihm das nicht so viel ausmachte, wie wenn Deutschland, ein reiches Land, nicht genug zahlte. Er beschwerte sich über seine eigenen Berater und sagte, wir würden das Problem nicht verstehen, obwohl er uns die Wahrheit sage. Trump glaubte eindeutig, dass die Bündnispartner nur dann mehr ausgeben würden, wenn sie dächten, dass die Vereinigten Staaten austreten. Ein solches Szenario störte ihn nicht, weil er der Meinung war, die NATO sei nicht gut für Amerika. Stoltenberg versuchte es erneut, aber Trump ließ ihn nicht zu Wort kommen und wiederholte seine Befürchtung, dass die Vereinigten Staaten im Namen eines Beitragsverweigerers in den Dritten Weltkrieg eintreten könnten. Er beklagte sich darüber, dass die Bündnispartner hinter unserem Rücken über uns lachten und sich darüber lustig machten, wie dumm wir seien.

Dann kamen wir auf die Ukraine und die Krim zu sprechen. Trump fragte, ob Russland nicht sehr viel Geld auf der Krim ausgegeben habe, was er ihnen nicht erlaubt hätte, wenn er an Obamas Stelle gewesen wäre. Warum sollten die USA einen Krieg riskieren, erkundigte sich Trump, und Stoltenberg antwortete, die Ukraine sei anders, da sie kein NATO-Land sei. Trump antwortete, dass die Ukraine sehr korrupt sei. So ging das Frühstück schließlich zu Ende. Trump versicherte Stoltenberg, dass er hundertprozentig auf seiner Seite sei, und wies darauf hin, dass er die Verlängerung von Stoltenbergs Amtszeit als NATO-Generalsekretär unterstützt habe. Dennoch müssten die anderen Verbündeten *jetzt* zahlen, nicht über einen Zeitraum von dreißig Jahren, und überhaupt würden wir die Beiträge aufs deutsche Level senken. An dieser Stelle wandte sich Mattis zu mir und sagte leise: »Das wird langsam ziemlich albern.« Kurz darauf bemerkte Trump, er habe General Mattis gesagt, er solle nicht mehr für die NATO ausgeben. Stoltenberg formulierte abschließend, dass wir uns in der grundlegenden Botschaft ja einig seien.

Was für ein Frühstück! Konnte der Tag noch schlimmer werden? Ja. Wir fuhren mit dem Auto zum NATO-Hauptquartier, das ich noch nicht gesehen hatte. Es war architektonisch extravagant, was sich wahrscheinlich in den Kosten widerspiegelte. Die Eröffnungszeremonie des Gipfels stand an erster Stelle. Wegen Unklarheiten in der Sitzordnung war ich an seinem zweiten Arbeitstag als britischer Außenminister neben Jeremy Hunt platziert. Als er beobachtete, wie sich die Staats- und Regierungschefs mischten und sich für das unerlässliche »Familienfoto« zusammenstellten, bemerkte er: »Manche Staats- und Regierungschefs betreiben Small Talk, andere nicht; man kann in einer Minute erkennen, wer das ist«, ein interessanter Einblick. Nach der Zeremonie begann die erste Sitzung des Nordatlantikrates damit, dass Stoltenberg den Entwurf des Kommuniqués und andere Gipfeldokumente für angenommen erklärte, ein kleiner Punkt, der hier, anders als bei der G7-Tagung, auf unsere sorgfältige vorherige Planung zurückzuführen war. Vielen Dank! Trump war der erste Redner. Seine Eröffnung, von seinen Redenschreibern mit Unterstützung von meiner Wenigkeit und anderen genau ausgearbeitet, war ziemlich harmonisch, und das mit Absicht.

Trumps erstes bilaterales Treffen fand mit Merkel statt, die leichtfertig äußerte: »Wir werden noch nicht vollständig von Russland kontrolliert.«[7] Sie fragte nach Putin, aber Trump duckte sich weg und sagte, er verfolge hier keine besonderen Pläne. Stattdessen wollte er noch einmal über die höheren Zölle sprechen, die er auf US-Importe von Autos und Lastwagen anzuwenden gedachte, was Deutschland hart treffen würde, und beklagte sich, wie er es häufig tat, dass die bestehenden deutschen Zölle auf US-Autos viermal höher seien als unsere Zölle auf ihre. Dann war es Macron, dem Trump vorwarf, immer ihre Gespräche durchsickern zu lassen, was Macron mit einem breiten Lächeln dementierte. Trump lächelte ebenfalls und sah Mattis an, als wüsste er, woher die undichten Stellen auf US-Seite kamen. Macron wollte Trumps Agenda in den Handelskriegen mit China und der EU erfahren, aber Trump sagte, das sei unwichtig. Bei der EU kam es ihm auf die Auto- und Lastwagenzölle an, die um die 25 Prozent betrügen. Anschließend ging Trump auf Jean-Claude Juncker los, der, wie er glaubte, Amerika hasste. Macron wollte immer noch einen »umfassenden Deal« mit dem Iran, wie die beiden im April diskutiert hatten, aber Trump schien daran nicht interessiert zu sein. Damit fuhren wir mit dem Auto zurück in die Brüsseler Innenstadt. Ich überließ Hutchison an diesem Abend meinen Platz beim Abendessen der Staats- und Regierungschefs, als Geste für das, was sie hatte durchmachen müssen. Außerdem hatte ich genug, und die Dinge schienen sich zu beruhigen.

Falsch. Ich verließ das Hotel am Donnerstagmorgen um 7.45 Uhr, um mich mit Trump zu treffen, aber er rief mich vorher im Auto an und fragte: »Sind Sie bereit, heute in der großen Liga zu spielen? Das ist es, was ich sagen will.« Er fuhr fort, Folgendes zu diktieren: »Wir haben großen Respekt vor der NATO, aber wir werden ungerecht behandelt. Bis zum ersten Januar müssen sich alle Nationen zu zwei Prozent verpflichten, und wir werden Zahlungsrückstände verzeihen, oder wir werden aussteigen und diejenigen, die das nicht getan haben, nicht verteidigen. Solange wir mit Russland nicht zurechtkommen, werden wir nicht in eine NATO eintreten, in der die NATO-Staaten Milliarden an Russland zahlen. Wir sind raus, wenn sie das Pipeline-Geschäft machen.« Das war nicht ausgefeilt, aber die Richtung war klar. Als ich mich gerade fragte, ob ich am Ende des Tages zurücktreten sollte, war das Telefonat zu Ende. Ich dachte mir, ich hätte zehn Minuten Zeit, bis ich Trump sehe, um herauszufinden, was zu tun sei. Ich rief Kelly an, erklärte ihm die Situation und sagte ihm, dass er entgegen seinen Plänen ins NATO-Hauptquartier kommen müsse. Alle Mann an Deck. Als ich in der Botschaftsresidenz ankam, suchte ich den Militärberater des Präsidenten auf (der den berühmten »Football« trägt, der die nuklearen Abschusscodes enthält) und bat ihn, Mattis, den ich nicht hatte auftreiben können (gut, dass wir uns nicht im Krieg befanden), sofort zu finden. Es stellte sich heraus, dass Mattis sich gerade mit Trudeau im NATO-Hauptquartier traf. In Stimmung für Galgenhumor fragte ich mich, ob Mattis bereits übergelaufen war. Pompeo wartete in der Residenz, und ich erklärte ihm Trumps aktuelle Kapriolen: »Er wird damit drohen, sich heute zurückzuziehen.« Glücklicherweise war Trump wie üblich spät dran, also überlegten wir, was wir tun sollten, und kamen zu dem Schluss, dass das Kavanaugh-Stück immer noch unser bestes Argument war. Wir dachten auch darüber nach, den US-Beitrag zum Betriebshaushalt der NATO, dem Gemeinsamen Fonds, auf den gleichen Stand wie den deutschen zu senken und den derzeitigen US-Anteil von 22 Prozent auf 15 Prozent zu reduzieren.

Trump betrat den Raum um halb neun und fragte: »Haben Sie Lust, etwas Historisches zu tun?« Dann wiederholte er, was er zuvor gesagt hatte: »Wir sind raus. Wir werden nicht gegen jemanden kämpfen, den sie bezahlen.« Dann erwähnte er, dass er Hutchison beim Abendessen nicht dabeihaben wollte. »Sie hätten gestern beim Abendessen dabei sein sollen«, bemerkte er zu mir. »Ich möchte draußen sagen, dass wir gehen, weil wir sehr unglücklich sind«, fuhr er fort, wandte sich an Pompeo und trug ihm auf: »Ich möchte, dass Sie das hinbekommen.«

Dann, wie aus dem Nichts, sagte Trump: »Keith Kellogg [Mike Pence' Nationaler Sicherheitsberater] weiß alles über die NATO. Sie wissen, dass ich ihn nach McMaster als Nationalen Sicherheitsberater wollte. Er äußert nie seine Meinung, es sei denn, ich frage ihn. Und er ist nicht berühmt, weil er nie im Fernsehen war. Aber ich mag John, also habe ich ihn gewählt.« (Wie Pompeo und ich später überlegten, sagte uns diese

Erklärung genau, wer mein wahrscheinlicher Nachfolger sein würde, wenn ich bald zurückträte. Ich sagte zu ihm: »Natürlich, wenn Sie zurücktreten, würde Keith vielleicht Außenminister werden.« Wir lachten. Pompeo hielt einen Moment inne und erwiderte: »Oder wenn wir beide zurücktreten, könnte Keith Henry Kissinger werden und beide Jobs haben.« Wir brüllten. Das war der Höhepunkt des Tages.)

Vor Trump holten wir das Beste aus unserem Kavanaugh-Pitch heraus und brachen dann zu unseren jeweiligen Fahrzeugen auf. Ich erreichte Mattis auf dem Weg zum NATO-Hauptquartier, holte ihn aus der Plenarsitzung heraus, die scheinbar die Ukraine und Georgien thematisierte und bereits in Trumps Abwesenheit begonnen hatte, und informierte ihn.

Als wir ankamen, ging Trump zu seinem Sitz zwischen Stoltenberg und Theresa May (die Staats- und Regierungschefs saßen um den riesigen Tisch des Nordatlantikrats in alphabetischer Reihenfolge nach Ländern geordnet). Trump winkte mich zu sich und fragte: »Werden wir es tun?« Ich drängte ihn, es nicht zu tun, und sagte, er solle straffällige Mitglieder dafür kritisieren, dass sie nicht ausreichend für die Verteidigung ausgeben, aber nicht mit einem Rückzug oder einer Kürzung der US-Finanzierung drohen. »Also, gehen Sie auf die Linie zu, aber überschreiten Sie sie nicht«, beendete ich meinen Vorschlag. Trump nickte, sagte aber nichts. Ich kehrte auf meinen Platz zurück, ohne zu wissen, was er vorhatte. Es fühlte sich an, als ob der ganze Raum uns anschaute. Trump sprach etwa um 9.25 Uhr fünfzehn Minuten lang und sagte überhaupt nichts über die Ukraine und Georgien, aber er begann mit einem Kommentar, den er als eine Art Beschwerde verstanden haben wollte. Er bemerkte, dass die Lage schwierig sei, weil viele Menschen in den Vereinigten Staaten das Gefühl hätten, dass die europäischen Länder nicht ihren gerechten Anteil zahlen würden, der vier Prozent betragen sollte (im Gegensatz zum bestehenden Abkommen von Cardiff von zwei Prozent für 2014). Jahrelang, so Trump, wären US-Präsidenten gekommen und hätten sich beschwert, gingen dann aber wieder, und nichts würde passieren, obwohl die Vereinigten Staaten 90 Prozent zahlten. Wir würden wieder und wieder ausgebremst, und nichts würde wirklich getan. Die USA hielten die NATO für wichtig, sagte Trump, aber sie sei wichtiger für Europa, das weit entfernt sei. Er habe großen Respekt vor Bundeskanzlerin Merkel und stellte fest, dass sein Vater Deutscher und seine Mutter Schottin sei. Deutschland zahle nur 1,2 Prozent des BIP und werde diese Zahl bis 2025 lediglich auf 1,5 Prozent steigern. Nur fünf von neunundzwanzig NATO-Mitgliedern zahlten derzeit zwei Prozent. Wären diese Länder nicht reich, räumte Trump ein, könne er das verstehen, aber es handele sich um wohlhabende Länder. Die USA wollten Europa weiterhin schützen, sagte er. Doch dann schweifte er ab in eine ausführliche Auseinandersetzung mit dem Handel und der EU, die seiner Meinung nach zu Analysezwecken mit der NATO verbunden werden sollten. Die EU akzeptiere keine US-Produkte, das war etwas, was die USA nicht weiter zulassen konnten. Nur Albanien hatte diesen Punkt beim Abendessen am Vorabend angesprochen. Dies alles beließ uns in derselben Lage, in der wir uns seit vier Jahren befanden. Trump stimmte in einigen Dingen nicht mit den Europäern überein, wie bei der Einwanderung und der mangelnden Kontrolle der EU-Grenzen. Europa, so Trump, ließ Menschen in seine Länder ein, die feindliche Kämpfer sein könnten, zumal es sich bei den meisten um junge Männer handelte.

Es ging weiter. Trump betonte erneut, er habe großen Respekt vor der NATO und vor Generalsekretär Stoltenberg. Er beschwerte sich jedoch darüber, dass die Mitglieder Russland sanktionieren wollten, aber Deutschland gleichzeitig Russland Milliarden Dollar für Nord Stream 2 zahlte und damit die Bestie fütterte, was in den Vereinigten Staaten für einigen Aufruhr sorgte. Russland halte uns alle zum Narren, glaubte er.[8] Die USA wollten gute Partner Europas sein, aber die Verbündeten müssten ihren Anteil zahlen; Deutschland zum Beispiel könnte das 2-Prozent-Ziel schon jetzt erreichen, nicht erst 2030, sagte er und rief Merkel durch den riesigen Raum hindurch beim Namen. Die USA seien tausende von Kilometern entfernt. Deutschland helfe beispielsweise auch der Ukraine nicht. Doch die Ukraine sei nicht den Vereinigten Staaten von Nutzen, sondern Europa, dem sie als Puffer zu Russland diene. Um zum Punkt der Lastenteilung zurückzukommen, bemerkte Trump, er wolle, dass alle Verbündeten das 2-Prozent-Ziel jetzt erreichten, insbesondere die reichsten Länder, ja, auch Freunde wie Frankreich. Er wolle nicht, dass von diesem NATO-Gipfel Presseberichte ausgingen, in denen es hieße, alle seien zufrieden. Er sei nicht zufrieden, weil die Vereinigten Staaten ausgespielt würden. Dann folgte mehr, und dann noch mehr.

Zum Abschluss sagte Trump, er sei zu hundert Prozent bei der NATO, zu tausend Millionen Prozent. Aber die Verbündeten mussten die zwei Prozent bis zum 1. Januar begleichen, oder die Vereinigten Staaten würden einfach ihr eigenes Ding machen. Trump schloss mit der Bemerkung, dass er sich sehr für die NATO einsetze, aber nicht für die gegenwärtige Situation. Er wolle, dass dies registriert werde.

Trump hatte das getan, was ich gehofft hatte, obwohl sein großer Zeh mehrmals die von mir gesetzte Linie überragt hatte. Trotz der fassungslosen Reaktion im riesigen Tagungsraum des Nordatlantikrates hatte Trump gesagt, er unterstütze die NATO, was es schwer machte, seine Bemerkungen als eine direkte Drohung auszulegen, das Bündnis zu verlassen. Vielleicht hatte das Fieber nachgelassen. Wenn man mich fragt, warum ich so lange in diesem Job geblieben bin, war dies einer der Gründe.

Wenige Minuten später kam Merkel an Trumps Platz und schlug vor, Stoltenberg solle einen informellen Runden Tisch einberufen, an dem jeder die Möglichkeit hätte, auf Trumps Bemerkungen zu reagieren. Als dies stattfand, beschrieben verschiedene Regierungen ihre innenpolitischen Probleme, als ob wir Mitleid mit ihnen haben sollten oder selbst keine innenpolitischen Probleme hätten. Der holländische Premierminister Mark Rutte brachte das aufschlussreichste Argument vor, als er betonte, dass er immer wieder unterstrichen habe, dass Trump recht habe, indem er seit seinem Amtsantritt ein Gefühl der Dringlichkeit vermittelte. Im Gegensatz dazu sei das 2-Prozent-Ziel von Obama völlig pro forma gewesen. Die Zeiten hatten sich geändert. Rutte hatte die Botschaft klar verstanden. Die dümmste Bemerkung kam vom tschechischen Premierminister, der sagte, er unternehme alle Anstrengungen, um bis 2024 auf zwei Prozent zu kommen, aber ihr BIP steige so schnell an, dass er unsicher sei, ob die Verteidigungsausgaben mithalten konnten. In Wirklichkeit hieß das, dass sie zu schnell reich wurden, um sich angemessen verteidigen zu können. Trump sprang darauf an, er habe wegen des US-Wirtschaftswachstums ein ähnliches, eigentlich viel größeres Problem. Er sagte, die Situation sei ungerecht und unhaltbar und müsse zu einem Abschluss gebracht werden, bei dem die Verbündeten ihrer Verantwortung gerecht würden, sonst gebe es Probleme. Trump erklärte, dass die Nord-Stream-Geschichte in Washington als eine bedeutende Angelegenheit wahrgenommen werde. Die Leute sagten, Deutschland habe vor Russland kapituliert (und genau das hatte auch Trump gesagt). Wie könnten wir uns vor den Russen verteidigen, wenn die Alliierten nicht dafür zahlten? Trump sagte weiter, er möge Ungarn und Italien, aber es war den Vereinigten Staaten gegenüber nicht fair, dass sie den ihnen zugeteilten Anteil nicht beglichen. Die USA schützten Länder, mit denen sie keinen Handel treiben durften. Mehr hatte Trump nicht zu sagen, aber er unterstrich erneut, dass es einen zufriedenstellenden Abschluss geben müsse, woraufhin die USA wieder ein großartiger Partner sein würden. Er wolle seinem Land nicht schaden, indem er sagte, wie dumm wir gewesen seien, zum Beispiel durch Ausgaben für den Schutz von Nord Stream.

Trump verhandelte in Echtzeit mit den anderen Staatschefs, die in einem Raum ohne ihre vorbereiteten Skripte gefangen waren. Es war interessant zu sehen. Einige sagten, sie könnten nicht akzeptieren, was Trump verlangte, weil es im Widerspruch zu dem früher angenommenen Kommuniqué stehe, zu dem ich Stoltenberg mitgeteilt hatte, dass es ein echter Fehler gewesen sei. Stoltenberg stimmte dem zu und versprach, dieses Problem zu lösen, aber es war klar, dass die Dinge sehr ernst waren. Der Kanadier Trudeau fragte: »Nun, John, wird das hier auch explodieren?« Ich antwortete: »Es bleibt noch viel Zeit, was könnte schiefgehen?«, und wir beide lachten. Ich gab Trump eine Notiz über die Kürzung der Ausgaben für den Gemeinsamen Fonds, die er an Stoltenberg weitergab, der bleich wurde, als er sie sah. Aber immerhin lag das jetzt auch auf dem Tisch. Mit ein paar weiteren Kommentaren aus der Menge endete das Treffen, und wir machten uns auf den Weg, um uns auf Trumps Abschlusspressekonferenz vorzubereiten, die im Vergleich zu Singapur erholsam sein sollte. Trump gab den Ereignissen des Tages eine positive Wendung. Das Ergebnis war unmissverständlich: Die Vereinigten Staaten erwarteten von ihren NATO-Verbündeten, dass sie den Verpflichtungen, die sie hinsichtlich der Verteidigungsausgaben eingegangen waren, nachkommen würden. Wie wenig bemerkenswert das hätte sein sollen, aber wie viel Mühe es gekostet hatte, zu etwas so Banalem zu gelangen. In der Tat war dies definitiv nicht die Obama-Präsidentschaft.

Trump machte noch auf der wiederaufgenommenen Afghanistan-Konferenz der Staats- und Regierungschefs Station, um einige vorbereitete Bemerkungen zu machen und dabei auch den großen Geist zu erwähnen, der sich seiner Meinung nach in der NATO entwickelte. Allerdings mussten wir ihn dann dazu drängen, mehr oder weniger wie geplant zum Flughafen zu fahren, um zu verhindern, dass der Verkehr in Brüssel noch mehr ins Stocken geriet, als es ohnehin schon der Fall war. Als wir gingen, sprach gerade Merkel. Trump ging auf sie zu, um sich zu verabschieden, und sie erhob sich, um ihm die Hand zu geben. Stattdessen küsste er sie auf beide Wangen und sagte: »Ich liebe Angela.« Im Saal brach Applaus aus, und wir verließen ihn unter stehenden Ovationen. An diesem Abend twitterte Trump:

> Großartiger Erfolg heute bei der NATO! Milliarden zusätzlicher Dollar, die von den Mitgliedern seit meiner Wahl gezahlt wurden. Großartige Stimmung!

Es war ein wilder Ritt, aber die NATO hatte Trump losgeschickt, um Putin in Helsinki mit einem öffentlich geeinten Bündnis hinter sich zu treffen, anstatt unsere ohnehin schon unglaublich schwierige Situation in Bezug auf die Zukunft selbst noch weiter zu verschärfen.

London

Die Air Force One flog zum Londoner Flughafen Stansted, von wo wir die Marine One zum Winfield House, der Residenz unseres Botschafters, nahmen. Dann fuhren wir in Kolonne zu unserem Hotel, um formelle Kleidung anzulegen, kehrten zum Winfield House zurück und flogen mit dem Hubschrauber zum Blenheim Palace, wo Premierministerin May zum Abendessen einlud. Blenheim war erbaut worden, um John Churchill, Herzog von Marlborough, für seinen 1704 errungenen Sieg über die Armeen Ludwigs XIV. im Spanischen Erbfolgekrieg zu belohnen, der Großbritannien unbestreitbar als eine der großen Weltmächte der damaligen Zeit bestätigte. Man sagte uns, es sei das einzige britische Gebäude im Stil eines »Palastes« gewesen, das sich nicht im Besitz der königlichen Familie befand. Winston Churchill wurde dort geboren, ein direkter Nachfahre des ersten Herzogs. Die Ankunftszeremonie mit den rot gewandeten Truppen und der Militärkapelle bei Sonnenuntergang war sehr beeindruckend, ebenso wie das Innere des riesigen Palastes. Sedwill und ich saßen am Haupttisch mit den Staatschefs und ihren Ehepartnern, dem derzeitigen Herzog von Marlborough sowie den Botschaftern Großbritanniens und der USA und ihren Ehepartnern. Ich hätte noch eine Weile bleiben können, aber das schlechte Wetter kam immer näher. Entweder flogen wir um halb elf mit dem Hubschrauber zurück nach London, oder es war nicht abzusehen, wann wir zurückkommen würden. Zeit aufzubrechen! Ta-ta!

Der nächste Tag, Freitag, der dreizehnte, begann mit Presseberichten über ein Interview, das Trump in Brüssel der Zeitung *Sun* gegeben hatte und in dem er Mays Brexit-Strategie im Grunde genommen zunichtemachte. Ich dachte, die Strategie befände sich ohnehin im freien Fall, aber es war ein Ärgernis, dass dies passierte, als sich die Staats- und Regierungschefs trafen, angeblich um die »besondere Beziehung« bei der Arbeit zu zeigen. Der Brexit war für das Vereinigte Königreich ein existenzielles Thema, aber auch für die USA war es von entscheidender Bedeutung. Der grundlegende Anstoß für den Brexit war der sich beschleunigende Kontrollverlust der Bürger über die in Brüssel angesiedelten Mechanismen der EU. Deren Bürokratie erließ Regeln, die die nationalen Parlamente als bindend akzeptieren mussten. So wurde der Verlust der demokratischen Souveränität immer deutlicher spürbar. Für die Briten war Brüssel ironischerweise der neue George III.: eine abgelegene (politisch, wenn nicht gar physisch), nicht rechenschaftspflichtige, unterdrückende Maschine, die 2016 von einer Mehrheit der britischen Wähler abgelehnt wurde, wodurch dreiundvierzig Jahre EU-Mitgliedschaft rückgängig gemacht wurden. Doch die Umsetzung des Votums war katastrophal gelaufen, wodurch die politische Stabilität in Großbritannien bedroht war. Wir hätten viel mehr tun müssen, um den Brexiteers zu helfen, und ich habe es auf jeden Fall versucht. Leider schien sich außer Trump und mir fast niemand in der Regierung darum zu kümmern. Was für eine potenzielle Tragödie!

Die US-Delegation flog mit dem Hubschrauber nach Sandhurst, der britischen Militärakademie, wo das Verteidigungsministerium eine gemeinsame Übung für US-amerikanische und britische Spezialeinheiten zur Ausschaltung eines Terroristenlagers durchführte. Trump entschuldigte sich, als er May begrüßte, für den Pressevorfall, und sie winkte ab. Die Übung war laut und beeindruckend und zog Trumps Aufmerksamkeit ganz auf sich. Ich ohrfeigte mich selbst dafür, dass niemand Trump in den letzten achtzehn Monaten zu einer US-Übung mitgenommen hatte. Hätte er solche Dinge vorher gesehen, hätten wir vielleicht die Kriegsspiele auf der koreanischen Halbinsel besser handhaben können. Von Sandhurst aus flogen wir mit dem Hubschrauber nach Chequers, dem Wochenendhaus der Premierministerin, um uns den wichtigeren Beratungen zu widmen.

Jeremy Hunt und andere schlossen sich May und Sedwill an, und wir begannen das Treffen vor einem Kamin im zweistöckigen zentralen Wohnzimmer. Nachdem sie mit dem Jemen, einer britischen Obsession, begonnen hatte, wandte sich May Syrien zu, insbesondere der Frage, wie mit der Präsenz Russlands dort umzugehen sei. Sie betonte, dass man Putin nur mit Stärke beikommen könne, in der offensichtlichen Hoffnung, dass Trump bei seinem Treffen darauf achtete. Ich erläuterte, was Putin mir einige Wochen zuvor (siehe oben) über die Aufgabe der Herauslösung des Iran aus Syrien gesagt hatte. Die Briten standen dem zu Recht skeptisch gegenüber. Ich bemerkte: »Ich verbürge mich nicht für die Glaubwürdigkeit Putins«, worauf May unter allgemeinem Gelächter antwortete: »Nun, das haben wir von Ihnen auch nicht erwartet, John!«

Das führte zu Russlands Anschlag auf die Skripals (ein übergelaufener ehemaliger russischer Geheimdienstoffizier und seine Tochter)[9], den Sedwill als einen Chemiewaffenangriff auf eine Atommacht bezeichnete. Trump fragte, oh, sind Sie eine Atommacht? Ich wusste, dass die Frage nicht als Witz gemeint war.

Ich fragte May, warum die Russen das getan hatten, und Trump sagte, er habe dieselbe Frage am Vorabend in Blenheim gestellt, weil er dachte, es könnte als Botschaft gemeint sein. May meinte, der Angriff solle beweisen, dass Russland ungestraft gegen Dissidenten und Überläufer vorgehen könne, um sie und Gleichgesinnte einzuschüchtern. Sie betonte gegenüber Trump, dass er in Helsinki aus einer Position der Stärke in das Treffen gehen sollte, und Trump stimmte dem zu, indem er behauptete, Putin habe um das Treffen gebeten (das Gegenteil der Wahrheit), und ihr versicherte, er werde nichts verraten. (Ich hatte zuvor erfahren, dass das Justizministerium Muellers Anklagen gegen zwölf russische GRU-Offiziere wegen Wahlbeeinflussung[10], die meiner Meinung nach besser vor dem Gipfeltreffen angekündigt werden sollten, öffentlich machte, damit Putin darüber nachdenken konnte.)

Während des anschließenden Arbeitsessens erörterten wir die Mühen des Brexit, Trumps Sicht auf die Nordkorea-Verhandlungen sowie China und Trumps Besuch dort im November 2017. Er rekapitulierte, er sei von 100000 Soldaten begrüßt worden. »So etwas hat es in der Weltgeschichte noch nie gegeben.« In der abschließenden Pressekonferenz bemühte sich Trump nach Kräften, den durch sein *Sun*-Interview ausgelösten Feuersturm einzudämmen, was die britische Presse dazu veranlasste, von einer »Kehrtwende« zu sprechen, was es mit Sicherheit war. Trump bezeichnete die Beziehung zwischen den USA und Großbritannien als »die höchste Stufe der Besonderheit«, als eine neue Kategorie.[11] Nachdem die Marine One uns zurück nach Winfield House gebracht hatte, flogen wir mit dem Hubschrauber nach Windsor Castle, wo die Trumps Königin Elizabeth trafen, was eine weitere Vorführung von Prunk und viele weitere rote Mäntel und Militärkapellen nach sich zog. Trump und die Königin schritten die Ehrengarde ab, und sie (und die First Lady) trafen sich fast eine Stunde lang. Der Rest von uns trank Tee und aß Sandwiches mit Mitgliedern des königlichen Haushalts, was sehr elegant war, aber einige von uns schlecht Erzogenen aus den Kolonien auch vor Probleme stellte. Dann ging es zurück auf die Marine One, die nach Stansted flog, und danach an Bord der Air Force One nach Schottland, um im Trump Turnberry Golf Resort zu übernachten.

Das Gelände des Resorts am Firth of Clyde war riesig, und viele von uns versammelten sich draußen, um die Aussicht zu genießen, bis jemand, der ein ultraleichtes Fahrzeug fuhr, wie ein Fahrrad mit daran befestigten Flügeln (ein Greenpeace-Aktivist, wie wir später erfuhren), mit einem Banner, auf dem Trump als »unter Par« bezeichnet wurde, in die Pedale trat. Der Secret Service schaffte Trump daraufhin ins Haus, zusammen mit allen anderen außer Kelly und mir, die aus irgendeinem Grund draußen blieben, um zuzusehen, wie dieses unhandliche Gefährt immer näher heran flog. Der Secret Service entschied schließlich, dass Kelly und ich ebenfalls hineingehen sollten. Es war ein erheblicher Sicherheitsverstoß, aber glücklicherweise nur zur Unterhaltung.

Wir blieben bis Sonntag in Turnberry. Trump spielte Golf, und wir hatten mehrere Gespräche mit dem israelischen Premierminister Netanjahu. Das Hauptthema war Netanjahus kürzliches Treffen mit Putin, und insbesondere das, was sie über Syrien besprochen hatten. Wie er bei seinem früheren Treffen mit mir angedeutet hatte, hatte Putin Netanjahu mitgeteilt, dass der Iran Syrien verlassen müsse. Er sagte, er teile unser Ziel, aber Assad habe Probleme, die es Putin unmöglich machten, ihn dazu zu bringen, Druck auf die Iraner auszuüben. Assad verlasse sich natürlich auf die iranischen Streitkräfte, um in Idlib Fortschritte gegen die syrische Opposition und zahlreiche terroristische Gruppen zu erzielen. Der Umgang mit Idlib war eine Sache, aber es gab keine Entschuldigung für Assad, Waffensysteme zu importieren, die nur dazu benutzt werden konnten, Israel zu bedrohen. Putin sagte, er verstehe, könne aber keine Versprechungen machen. Israel glaubte zu Recht, dass die Vereinigten Staaten über die anhaltende Präsenz des Iran in Syrien besorgt seien, was Putin ebenfalls nachvollziehen konnte, auch wenn er damit nicht d'accord gehe. Netanjahu drängte auf eine »permanente Grenze« auf den Golanhöhen, ein seit langem bestehendes israelisches Ziel, mit Syrien auf der einen und Israel auf der anderen Seite, was für mich die Abschaffung der UNDOF-Truppen und der Trennungsgebiete, also die Rückkehr zu einer »normalen« Grenzsituation bedeutete. Israel hatte die Golanhöhen schon lange annektiert und wollte diese Realität international anerkennen lassen. Die Normalisierung der Grenzsituation wäre ein bedeutender Schritt.

Ich bezweifelte, dass Trump dieses spezielle Thema gegenüber Putin zur Sprache bringen würde, da es sich dabei um eine Ebene der Spezifität handelte, auf der sich Trump bislang noch nicht bewegt hatte.

Die Air Force One verließ den Flughafen Prestwick am Sonntag, dem 15. Juli, gegen Nachmittag in Richtung Helsinki. Trump verfolgte ein Fußballweltmeisterschaftsspiel in Moskau, als ich versuchte, ihn über die Rüstungskontrollfragen zu informieren, die wir mit Putin besprechen könnten. Ich erklärte ihm, warum Obamas neues START-Abkommen, das Trump während des Wahlkampfs 2016 kritisiert hatte, eine Katastrophe war und definitiv nichts, das wir um weitere fünf Jahre verlängern sollten, was Moskau jedoch tun wollte. Ich erklärte, dass die Republikaner im Senat 2010 mit 26 zu 13 Stimmen gegen den Vertrag gestimmt hatten, was Trump hoffentlich überzeugen würde. Wir sprachen auch über den INF-Vertrag (und warum ich ihn verlassen wollte) und unser nationales Raketenabwehrprogramm (von dem ich sagte, dass wir nicht mit den Russen verhandeln sollten), aber ich kam nicht weit. Während Trump nebenbei das Spiel auf dem Bildschirm verfolgte, kam er auf Mattis zu sprechen: »Er ist ein liberaler Demokrat, das wissen Sie doch, oder?« Trump fragte mich, ob ich Mark Milley, den damaligen Generalstabschef der Armee, kenne, was interessant war, weil Milley ein »Kandidat« für das Amt des Vorsitzenden der Joint Chiefs war, als Dunfords Amtszeit im September 2019 auslief. Im Pentagon wurde allgemein angenommen, dass Mattis entschlossen war, Milley zu blockieren. Ich sagte Trump, er solle sich vom Verteidigungsministerium mindestens drei Namen für alle wichtigen militärischen Führungs- und Stabspositionen besorgen. Als ich angefangen hatte, war es üblich gewesen, dass Mattis für jede Position einen Namen übermittelte, was meiner Meinung nach einen erheblichen Verfall der zivilen Kontrolle über das Militär widerspiegelte – ein Thema, das ich während meiner gesamten Amtszeit als Nationaler Sicherheitsberater mit nur mäßigem Erfolg verfolgte.

Trump und ich sprachen auch darüber, wie man in der Frage der Wahlmanipulation mit Putin umgehen sollte, insbesondere jetzt, da Muellers Anklagen gegen die GRU-Agenten öffentlich waren. Da wir kein Auslieferungsabkommen mit Russland hatten und die »Verfassung« Russlands

Auslieferungen ohnehin verbot, waren die Chancen, dass die Angeklagten an uns ausgeliefert würden, verschwindend gering. Dementsprechend riet ich davon ab, von den Russen zu verlangen, dies zu tun, wie es viele Demokraten und Republikaner vorgeschlagen hatten. Etwas zu verlangen, von dem wir wussten, dass wir es nicht bekommen konnten, ließ uns impotent wirken. Stattdessen schlug ich Trump vor zu sagen: »Ich würde sie gerne in die Vereinigten Staaten kommen lassen, um ihre Unschuld zu beweisen«, was ihm zu gefallen schien. »Sie sollten dafür Anerkennung bekommen, Bolton«, sagte er. Er wollte sagen, dass, wenn der russische Hackerangriff 2016 so gravierend gewesen sei, Obama mehr dagegen hätte unternehmen sollen, was völlig richtig war.

Ich gab Trump ein Papier, um dessen Ausarbeitung ich das Büro des Rechtsberaters des Weißen Hauses gebeten hatte, in dem unsere Einwände gegen die russische Wahlmanipulation dargelegt wurden. Trump nahm daran mehrere Änderungen vor, die sein allgemeines Unbehagen gegenüber dem Thema widerspiegelten. Um mit diesem Unbehagen umgehen zu können, hatte ich um das Papier gebeten. Trump könnte Putin dadurch deutlich machen, dass wir gegen die Einmischung in die Wahlen heftigen Widerstand leisteten, so dass sich ein langes Gespräch erübrigen würde. Letztendlich entschied Trump jedoch, das Dokument nicht zu verwenden. Er wollte, dass ich die Wahlbeeinträchtigung zur Sprache brachte, was ich zu dem geplanten Arbeitsessen tun würde, aber natürlich wäre ich nicht in dem von ihm so sehr gewünschten Einzelgespräch mit Putin dabei.

Helsinki

Wir landeten in Helsinki und fuhren zum Hotel Kalastajatorppa (nur zu, versuchen Sie, es auszusprechen!). Am Montagmorgen ging ich durch den Tunnel zum Gästehaus des Hotels, um Trump über sein Frühstück mit dem finnischen Präsidenten Sauli Niinistö zu informieren. Ich war zum ersten Mal im September 1990 mit Jim Baker durch diesen Tunnel gegangen, um George Bush senior auf seine Treffen mit Michail Gorbatschow nach der Invasion Kuwaits durch Saddam Hussein im August vorzubereiten. Tagsüber war damals im finnischen Fernsehen endloses Filmmaterial über den Bush-Gorbatschow-Gipfel gelaufen, wahrscheinlich das letzte Mal, dass sich führende Politiker der USA und der Sowjetunion bzw. Russlands in Helsinki trafen. Ich war einer der wenigen Menschen in Trumps Entourage, die sich überhaupt an diesen Gipfel erinnerten, geschweige denn daran teilgenommen hatten. Bei unserem kurzen Vorbereitungstreffen beschwerte sich Trump vor allem über Jeff Sessions wegen dessen jüngster Verfehlung und sagte, er habe »den Verstand verloren«. Die Diskussion, die wir führten, konzentrierte sich auf die russische Wahlmanipulation. Trump blieb, wie er es von Anfang an gewesen war, unwillig oder nicht in der Lage, eine russische Einmischung zuzugeben, weil er glaubte, dies würde die Legitimität seiner Wahl und die Geschichte der Hexenjagd gegen ihn relativieren.

Um halb zehn ging es dann zum Frühstück auf das nahe gelegene Gelände von Mäntyniemi, dem Sitz der finnischen Präsidentin. Obwohl wir eine Reihe von Themen behandelten, wollte Niinistö drei Punkte zu Russland ansprechen, wobei der erste Punkt den Umgang mit Putin betraf. Er erinnerte Trump daran, dass Putin ein Kämpfer sei und Trump daher im Falle eines Angriffs zurückschlagen sollte. Zweitens betonte Niinistö, wie wichtig es sei, den russischen Präsidenten zu respektieren, und dass dieser, wenn Vertrauen aufgebaut würde, diskreter sein könnte. Und schließlich warnte Niinistö Trump, als ob er ihn auf einen Boxkampf vorbereiten wollte, den Russen niemals einen Angriffspunkt zu bieten oder auch nur einen Zentimeter nachzugeben. Er beendete seine aufmunternde Rede mit einem finnischen Sprichwort: »Die Kosaken nehmen alles, was locker ist.« Niinistö sagte, dass Finnland eine Armee von 280000 Mann habe, wenn alle einberufen würden[12], um deutlich zu machen, dass der Preis im Falle einer Invasion hoch sein würde. Trump fragte, ob Finnland der NATO beitreten wolle, und Niinistö gab eine komplizierte finnische Antwort, wobei er nicht Ja oder Nein sagte, sondern die Tür offen ließ. Dann kehrte er zu seinem heiteren Appell zurück und sagte, Putin sei nicht dumm, er würde keine NATO-Länder angreifen. Er habe zwar einen Fehler gemacht, als er den Konflikt im ukrainischen Donbas auslöste, aber er glaube nicht daran, dass Putin die Krim zurückgeben würde. Trump gab Obama die Schuld und versprach zu meiner großen Erleichterung, ein solches Verhalten nicht zu akzeptieren. Er unterstrich, dass Putin nicht so gehandelt hätte, wenn er zu diesem Zeitpunkt Präsident gewesen wäre.

Zurück am Kalastajatorppa erfuhren wir, dass Putins Flugzeug mit Verspätung in Moskau abgeflogen war und der Präsident seinem Muster folgte, seine Gäste warten zu lassen. Ich hoffte, Trump würde sich darüber so sehr ärgern, dass er Putin gegenüber härter durchgreifen würde als sonst. Wir zogen in Erwägung, das Treffen ganz abzusagen, wenn Putin sich genügend verspätete, und beschlossen, ihn nach seiner Ankunft im finnischen Präsidentenpalast (wo der Gipfel wie 1990 stattfinden sollte) auf jeden Fall eine Weile warten zu lassen.

Nervös warteten wir die Ergebnisse des erstaunlich langen, knapp zweistündigen Einzelgesprächs ab. Trump tauchte um etwa 16.15 Uhr auf und informierte Kelly, Pompeo, Huntsman und mich. Der Großteil des Gesprächs hatte sich um Syrien gedreht, mit besonderem Schwerpunkt auf der humanitären Hilfe und dem Wiederaufbau (was Russland von uns und dem Westen im Allgemeinen finanziert sehen wollte) sowie der Befreiung des Iran. Trump sagte, dass Putin viel Zeit mit Reden verbracht habe, aber auch zugehört habe, was neu war. Tatsächlich erzählte die US-Dolmetscherin Fiona Hill und Joe Wang später, dass Putin 90 Prozent der Zeit geredet habe (ohne Übersetzung). Sie berichtete auch, Trump habe sie angewiesen, sie solle keine Notizen machen, so dass sie uns nur ihrer Erinnerung nach informieren könne. Es sei klar, so Trump, dass Putin aus Syrien »raus will« und dass er Netanjahu mochte. Putin schien sich nicht sonderlich darum zu kümmern, dass wir den Atomdeal mit dem Iran auf die eine oder andere Weise verließen, obwohl er klarmachte, dass Russland ihn beibehielte. Bei den Handelsfragen mit China stellte Putin die harte Haltung der USA infrage, worauf Trump geantwortet habe, dies sei alternativlos. Putin wollte, dass die USA mehr Geschäfte in Russland machten, und stellte fest, dass die EU in der Hinsicht zwanzig Mal mehr tat als Amerika. Der springende Punkt war, dass es keine Vereinbarungen über irgendetwas gab, keine Zugeständnisse, keine wirkliche Veränderung in der substanziellen Außenpolitik. Ich war erfreut. Und erleichtert. Keine

Erfolge, aber das beunruhigte mich überhaupt nicht, da ich diesen ganzen Gipfel lange Zeit als eine einzige massive Übung in Schadensbegrenzung betrachtet hatte.

Dann kamen wir zur Wahlmanipulation, die Trump, wie er sagte, als Erstes zur Sprache gebracht habe. Leider hatte Putin auch hierauf eine Antwort. Zu unserer Überraschung bot er an, in Russland die gerade angeklagten GRU-Agenten im Rahmen eines nicht näher spezifizierten Vertrags vor Gericht zu stellen (wie umsichtig). Er werde die Ermittler von Mueller ihre Arbeit machen lassen, solange das Gleiche mit Bill Browder geschehe, einem Geschäftsmann, dessen Anwalt in Russland, Sergei Magnitski, vom Putin-Regime verhaftet und getötet worden war. Browders Großvater Earl Browder war in den dreißiger und vierziger Jahren lange Zeit Generalsekretär der Kommunistischen Partei der USA gewesen und hatte eine Sowjetbürgerin geheiratet. Der kapitalistische Enkel, jetzt britischer Staatsbürger, hatte sich in Russland finanziell gut behauptet, doch der Mord an Magnitski und die Maßnahmen gegen seine Investitionen bewegten ihn dazu, eine internationale Kampagne gegen Moskau zu starten. Er überredete den Kongress, ein Gesetz zu verabschieden, das es den USA ermöglichte, russische Menschenrechtsverletzungen zu sanktionieren; mehrere andere Länder folgten ihm. Browder hatte Hillary Clinton für den Wahlkampf, die Stiftung und andere Teile des galaktischen Clinton-Imperiums etwa 400 Millionen Dollar gespendet, die er nach Putins Ansicht Russland gestohlen habe. Das war alles heiße Luft, aber Trump regte sich sehr darüber auf. Ich versuchte, ihn zu beruhigen, zumindest bis ich mehr über den von Putin angesprochenen Vertrag herausgefunden hatte. Wenn es denn eine Falle gab, dann schien sie mir an dieser Stelle zu liegen. Anschließend machten wir uns auf den Weg zum Mittagessen mit Putin, das jetzt eher einem frühen Abendessen glich.

Dort forderte Trump Putin auf, das Einzelgespräch zu beschreiben, und Putin erwiderte, Trump habe zunächst die Frage der Wahlbeeinträchtigung aufgeworfen und dann die Hoffnung ausgedrückt, dass wir eine gemeinsame Erklärung für die Angelegenheit abliefern könnten (was immer das bedeutete). Putin schlug vor, wir könnten alle versprechen, keine weiteren Cyberangriffe zu unternehmen. Sicher, das sollte kein Problem sein. Es folgte das, was sie über die Ukraine, Syrien, den Iran und Nordkorea diskutiert hatten, mit ein paar Kommentaren von Trump dazwischen. Alles schien ganz unkompliziert zu sein, ganz so, wie Trump es zuvor beschrieben hatte. Sie berührten auch das Thema der Rüstungskontrolle, aber nur oberflächlich. Ich beschloss, darauf nicht zurückzukommen, da ich Sorge hatte, damit nur in ein neues Minenfeld zu gelangen. Trump eröffnete die Diskussion, und so bat ich Putin, die Frage der syrisch-israelischen Grenze von 1974 zu erörtern, um zu sehen, ob wir mehr darüber erfahren könnten, was er Netanjahu gesagt hatte. Putin stellte klar, dass er nur von einer verstärkten Durchsetzung der Rückzugslinien sprach, nicht von echten »Grenzen«. Ich fragte auch nach der humanitären Hilfe für Syrien und dem Wiederaufbau, denn ich war sicher, je mehr Putin sagte, wie viel Hilfe notwendig sei, desto weniger würde sich Trump dafür interessieren. Was daraufhin beide unbedingt noch besprechen wollten, war die Steigerung des US-Handels und der Investitionen in Russland, ein Gespräch, das überraschend lange dauerte, da es doch so wenig zu sagen gab und so wenige US-Unternehmen wirklich darauf erpicht waren, in den politischen und wirtschaftlichen Morast Russlands einzutauchen.

Nach der Mittagspause gingen wir zur Trump-Putin-Pressekonferenz, die gegen 18 Uhr begann.[13] Kelly machte mich darauf aufmerksam, dass nun zwei Militärs im Raum waren, die jeweils den Atomkoffer ihres Landes trugen. Putin verlas eine Erklärung, die lange vor dem Treffen verfasst worden war, aber er sagte, dass Trump die Frage der Wahleinmischung zuerst angesprochen habe: »Der russische Staat hat sich nie eingemischt und wird sich nicht in die inneren Angelegenheiten Amerikas, einschließlich des Wahlprozesses, einmischen.« Fiona Hill, die russisch sprach, kommentierte diese Wortwahl, denn wenn die Einmischung von einer »Nichtregierungsorganisation« oder einem »Unternehmen« vorgenommen worden wäre (nicht dass es in Russland viele wirklich unabhängige Versionen beider gab), könnte man natürlich achselzuckend behaupten, dass es nicht »der russische Staat« war, der gehandelt hatte. Wir hätten mehr tun sollen, um diesen Punkt hervorzuheben, aber das hätte wiederum die ausdrückliche Zustimmung erfordert, dass es überhaupt eine Einmischung gegeben hatte. Trump las seine einlullende Erklärung vor, und die Fragen der Presse begannen. Putin erwähnte an einer Stelle, dass Trump zu der bekannten US-Position gestanden habe, dass die Annexion der Krim illegal sei, aber das ging in dem Durcheinander verloren.

Ich dachte, dass wir eigentlich okay abgeschnitten hatten, für den Moment. Ein US-Reporter fragte Putin, warum die Amerikaner seinen Leugnungen der Einmischung in unsere Wahlen 2016 glauben sollten, und dieser antwortete: »Wie kommen Sie auf die Idee, dass Präsident Trump mir oder ich ihm vertraue? Er verteidigt die Interessen der Vereinigten Staaten von Amerika, und ich verteidige die Interessen der Russischen Föderation ... Können Sie eine einzige Tatsache nennen, die die geheime Absprache beweisen würde? Das ist völliger Unsinn.« Dann, nachdem er mehr Wissen über Muellers jüngste Anklagen gezeigt hatte, als vernünftig war, brachte Putin den Rechtshilfevertrag zur gegenseitigen Unterstützung bei der Aufklärung von Straftaten von 1999 zur Sprache. Obwohl er ihn während der Pressekonferenz beim falschen Namen nannte (oder er wurde falsch übersetzt), waren wir zu diesem Zeitpunkt bereits zu dem Schluss gekommen, dass es dieses Dokument gewesen sein musste, das er in seinem Einzelgespräch mit Trump zur Sprache gebracht hatte. Putin sagte, Mueller könne den Vertrag nutzen, aber Russland sollte ihn auch nutzen können, um Bill Browder wegen seiner angeblichen Verbrechen zu verfolgen, wie er es bei der Begegnung mit Trump angesprochen habe. Putins Beschreibung dessen, was nach dem Vertrag möglich sei, war indes weit von dem entfernt, was dieser tatsächlich vorsah, aber zu dem Zeitpunkt, als wir das der Presse erklärten, hatte Putin seinen Propagandatreffer erzielt.

Beunruhigend war jedoch, dass Putin auch sagte, er habe gewollt, dass Trump die Wahl 2016 gewann, »weil er beabsichtigte, die amerikanisch-russischen Beziehungen wieder zu normalisieren«. Das war eine erhebliche Abweichung von der öffentlichen Linie, dass sich Länder nicht in die Innenpolitik anderer einmischten und stets mit demjenigen zusammenarbeiteten, der gewählt wurde. Das wiederum verblasste vor der Reaktion Trumps gegen Ende der Pressekonferenz, als er verlauten ließ: »Meine

Leute kamen zu mir – Dan Coats und einige andere –, sie sagten, sie dächten, es sei Russland. Präsident Putin behauptete dagegen gerade, es sei nicht Russland. Ich stelle Folgendes fest: Ich sehe keinen Grund, warum es Russland sein sollte, andernfalls möchte ich einen Server als Beweis sehen. Aber ich habe Vertrauen in beide Parteien ... Ich habe großes Vertrauen in meine Geheimdienstleute, aber ich werde Ihnen sagen, dass Präsident Putins heutiges Dementi extrem stark und mächtig war.« Kelly und ich, die nebeneinander im Publikum saßen, froren bei diesem Statement fast auf unseren Sitzen fest. Es war offensichtlich, dass wegen dieser selbst zugefügten Wunde größere Korrekturmaßnahmen erforderlich sein würden, aber was genau, war alles andere als offensichtlich. Die unmittelbare Berichterstattung in den Medien daraufhin war katastrophal.

Nachdem Trumps Einzelinterviews beendet waren, rasten wir zum Flughafen, um an Bord der Air Force One zu gehen, die um 20 Uhr Ortszeit startete. Dan Coats hatte versucht, mich zu erreichen, und ich rief ihn sofort zurück, nachdem wir in der Luft waren. Er war, gelinde gesagt, verärgert. »Schockwellen rollen über Washington«, sagte er. Der Geheimdienst verlange eine Erklärung von ihm, um zu verhindern, dass seine Arbeit völlig unterminiert werde. Coats hatte etwas vorbereitet, das seiner Meinung nach notwendig war, um die Geheimdienste zu verteidigen, und ich bat ihn, mit der Herausgabe nur einige Minuten zu warten, bis ich mit Kelly gesprochen hatte. Ich bemerkte keinen Hinweis darauf, dass er an einen Rücktritt dachte, aber sein Gefühl der Dringlichkeit war spürbar. Ich legte auf und fand Kelly. Der meinte, dass eine Erklärung hilfreich sein könnte, wenn Coats über die Bemühungen der Trump-Regierung spräche, gegen Einmischung von außen vorzugehen, die weit darüber hinausgingen, was Obama getan hatte. Coats wollte keine Änderungen an der Erklärung vornehmen, die er mir am Telefon vorlas. Ich dachte nicht, ceteris paribus, dass es so schlimm oder unerwartet war. Ich sah immer noch keine Anzeichen dafür, dass Coats zurücktreten würde, also sagte ich ihm, er solle fortfahren und die Erklärung veröffentlichen.

Coats' Kommentare, die wenige Augenblicke später an die Öffentlichkeit gingen, fügten dem Feuer zusätzlichen Brennstoff hinzu, waren aber im Vergleich zu dem, was die Presse bereits getan hatte, unbedeutend. Wir befassten uns intensiv mit dem Rechtshilfevertrag von 1999 und fanden unsere Ansicht bestätigt, dass Putin ihn inhaltlich völlig falsch wiedergegeben hatte, sowohl daraufhin, was seine Anwendung auf Bill Browder als auch auf Muellers Team anging. Es war reine Propaganda nach sowjetischem Vorbild. Nick Ayers rief an und teilte mit, dass Pence darauf hinweisen wolle, dass Trump bereits zweimal gesagt hatte, er habe Vertrauen in die US-Geheimdienste, was ich für eine gute Idee hielt. Ich berichtete Trump davon, was er unterstützte, und in der Tat brachte er seinen eigenen Tweet mit dem gleichen Effekt heraus. Dennoch ging der Pressestrudel unvermindert weiter. Nachdem ich mir ein paar Gedanken gemacht hatte, schrieb ich die vier Punkte auf, die Trump meiner Meinung nach angehen musste: »(1) Ich habe die Geheimdienste immer unterstützt; (2) es gab nie eine ›geheime Absprache mit den Russen‹; (3) russische (oder irgendeine andere ausländische) Einmischung ist inakzeptabel; und (4) das wird 2018 nicht passieren.« Ich tippte das ab, übergab es Kelly, Sarah Sanders, Sarah Tinsley (NSC-Abteilungsleiterin Kommunikation), Stephen Miller, Bill Shine (ehemaliger leitender Mitarbeiter von Fox News), Dan Scavino (Trumps Social-Media-Guru) und anderen und machte dann (gegen Mitternacht finnischer Zeit) ein Nickerchen. Wir landeten um 21.15 Uhr (Washingtoner Zeit) in Andrews, und ich machte mich auf den Heimweg.

Am nächsten Tag beriet sich das gesamte leitende Kommunikationsteam des Weißen Hauses mit Trump im Oval Office. Immer noch überrascht über die negative Reaktion, hatte er das Protokoll der Pressekonferenz gelesen und gab zu, dass er sich falsch ausgedrückt hatte. An der Stelle, an der er gesagt hatte: »Ich sehe keinen Grund, warum es Russland sein sollte«, habe er sagen wollen, »nicht Russland«, womit er die Bedeutung des Satzes umkehrte. Trump war dafür bekannt, dass er nie etwas zurücknahm, was er gesagt hatte, ja, er ging für gewöhnlich in den Angriffsmodus über, wenn er so herausgefordert wurde. Insofern war dies eine überraschende Wendung. Natürlich beseitigte diese Änderung allein nicht das Problem, dass seine anderen Äußerungen die moralische Gleichwertigkeit zwischen Putins Sichtweise und der unserer eigenen Geheimdienste herausstellte. Aber für die Mitarbeiter der Pressestelle war es schon ein Fortschritt, dass Trump irgendeine Art von korrigierender Erklärung abgab. Stephen Miller verfasste daraufhin Anmerkungen, die Trump am frühen Nachmittag öffentlich kundtat.

Das war wohl kaum der richtige Weg, um die Beziehungen zu Russland zu gestalten, und Putin musste sich über das, was er in Helsinki erreicht hatte, totlachen. Condi Rice rief mich an, um mir zu sagen, dass sie sich nicht öffentlich zu Helsinki äußern werde, aber sie fügte hinzu: »Wissen Sie, John, Putin kennt nur zwei Arten, mit Menschen umzugehen, sie zu demütigen oder zu beherrschen, und Sie können ihn damit nicht durchkommen lassen.« Ich stimmte ihr zu. Viele forderten in der Folge verschiedene hohe Beamte zum Rücktritt auf, darunter Kelly, Pompeo, Coats und mich selbst. Dabei hatte ich die Stelle erst seit etwas mehr als drei Monaten inne. In der Trump-Regierung ging wirklich alles sehr schnell!

KAPITEL 6

RUSSLANDS PLÄNE DURCHKREUZEN

Das Ende des INF-Vertrags

Seit meinen Tagen in der Regierung von George W. Bush wollte ich die Vereinigten Staaten dazu bringen, aus dem INF-Vertrag (*Intermediate-Range Nuclear Forces*) auszuscheiden. Das mag wie eine schwierige Aufgabe aussehen, aber das war nichts Neues für mich. Ich wusste, was zu tun war, da ich George W. Bush geholfen hatte, Amerika aus dem gefährlichen, veralteten ABM-Vertrag von 1972 herauszuwinden, der die USA daran hinderte, eine wirksame nationale Raketenabwehr aufzubauen. Aber wir hatten nichts dazugelernt. Und da eines der wenigen greifbaren Ergebnisse von Helsinki eine verstärkte Zusammenarbeit zwischen den nationalen Sicherheitsräten der USA und Russlands sein sollte, war das Handwerkszeug bereits vorhanden. Ich schlug Nikolai Patruschew ein Treffen in Genf vor und er stimmte für den 23. August zu.

Russland hatte jahrelang gegen den INF-Vertrag verstoßen, während Amerika sich daran hielt und dem Geschehen zusah. Mit dem Reagan-Gorbatschow-Abkommen zwischen den USA und der UdSSR, das Raketen und Trägerraketen mit Reichweiten zwischen 500 und 5500 Kilometern (310 bis 3420 Meilen) ausschloss, sollte ein Atomkrieg in Europa verhindert werden. Im Laufe der Zeit wurde der grundlegende Zweck des INF jedoch durch anhaltende russische Verstöße, veränderte globale strategische Gegebenheiten und den technologischen Fortschritt zunichte gemacht. Noch bevor Trump sein Amt antrat, hatte Russland in der Exklave Kaliningrad an der Ostsee mit der tatsächlichen Stationierung von Raketen begonnen, die gegen die Verbote des INF verstießen, und damit die Grundlage für eine erhebliche Bedrohung der europäischen NATO-Mitglieder geschaffen. Darüber hinaus – und dies ist von noch größerer langfristiger Tragweite – war der Vertrag für keine weiteren Staaten verbindlich (außer – theoretisch – für andere Nachfolgestaaten der UdSSR), was zu vielen der größten Gefahren für die Vereinigten Staaten und ihre Verbündeten führte. China zum Beispiel hatte ironischerweise den größten Teil seiner großen, wachsenden und bereits entfalteten Raketenkräfte im INF-Bereich stationiert, wodurch US-Verbündete wie Japan und Südkorea, aber auch Indien und Russland selbst gefährdet wurden. Irans Raketenstreitkräfte bedrohten Europa mit Mittelstreckenwaffen und bereiteten sich darauf vor, zu expandieren, ebenso wie Nordkorea, Pakistan, Indien und andere potenzielle Atommächte. Letztlich war der INF-Vertrag technologisch veraltet. Er verbot zwar Bodenraketen mit bestimmten Reichweiten, aber er verbot keine seegestützten und Luft-Boden-Raketen in nahe gelegenen Gewässern oder Lufträumen, die die gleichen Ziele wie Bodenraketen treffen konnten.

Unter dem Strich war der INF-Vertrag nur für zwei Länder verbindlich, und eines von ihnen spielte falsch. Nur ein Land in der Welt war effektiv von der Entwicklung von Mittelstreckenraketen ausgeschlossen: die Vereinigten Staaten. Er hatte seinen Zweck verloren, auch wenn er Mitte der 1980er seine Berechtigung hatte. Die Zeiten ändern sich, wie die Liberalen zu sagen pflegen.

Patruschew und ich trafen uns in der US-Vertretung bei der UNO in Genf. Zuvor hatten die Mitarbeiter des Nationalen Sicherheitsrates sich innerhalb der US-Regierung umfassend über die Tagesordnung abgestimmt, und Pompeo und ich hatten mehrere Male über Fragen der Rüstungskontrolle gesprochen; er stimmte meinem Ansatz gegenüber Patruschew zu. Im typischen Stil des Kalten Krieges begannen Patruschew und ich mit Rüstungskontrolle und Nichtverbreitung[1], insbesondere im Iran und in Nordkorea. Die Russen folgten bei unserem

Treffen in Moskau dem Ansatz Putins und konzentrierten sich auf »strategische Stabilität«, ihr Schlagwort gegen unseren Rückzug aus dem ABM-Vertrag. Sie behaupteten, anders als 2001, als wir uns zurückzogen, dass eine Raketenabwehr von Natur aus strategisch destabilisierend sei, und sie wollten eindeutig detailliertere Verhandlungen zwischen den beiden Sicherheitsräten zu diesem Vorschlag. Ich habe sie schnell von diesem Gedanken abgebracht und dann nochmals erklärt, dass wir uns ursprünglich aus dem ABM-Vertrag zurückgezogen hatten, um Gefahren für das Heimatland vorzubeugen, die von aufstrebenden Atomwaffenstaaten sowie unangekündigten Raketenstarts durch Russland und China ausgingen. Patruschew sagte, wie weit wir uns gegenseitig vertrauen, werde über unseren Erfolg bestimmen, und verwies auf den INF-Vertrag, wo es seiner Meinung nach »widersprüchliche« Ansprüche auf »Einhaltung« gebe. Das war reine Propaganda. Russland hatte den INF-Vertrag seit weit über einem Jahrzehnt verletzt, ein Punkt, der während der Regierungszeit Obamas wiederholt und ohne jeglichen Erfolg vorgebracht wurde. Wie bei allen US-Verträgen waren Heerscharen von Anwälten im Verteidigungs- und Außenministerium beteiligt; wir könnten keinen Vertrag verletzen, selbst wenn wir es wollten.

Wie üblich hatten die Russen eine lange Liste von angeblichen US-Verstößen, die sie qualvoll im Detail diskutieren wollten; wir hatten eine noch längere Liste von tatsächlichen russischen Verstößen, auf die ich nachdrücklich keine Zeit verschwenden wollte. Wir zogen die theoretische Möglichkeit einer »Universalisierung« des INF-Vertrages in Erwägung, China, den Iran und andere Länder einzubeziehen, aber es war Wunschdenken, dass sie freiwillig größere Bestände in ihren Raketenarsenalen vernichten würden, was ein Erfordernis zur Einhaltung der Vertragsbedingungen wäre. Stattdessen wollte ich klarstellen, dass der Rückzug der USA aus dem INF eine realistische Option war, auch wenn es dazu keine offizielle US-Positionierung gab, was sie wohl überrascht haben muss.

Ich sagte auch, es sei unwahrscheinlich, dass wir uns auf eine Verlängerung von Obamas New START[2] um fünf Jahre einigen könnten, wofür Moskau und die meisten US-Liberalen beteten. Es gab viele

Gründe, eine Verlängerung nicht anzustreben, was einem Kniefall gleichgekommen wäre, darunter die Notwendigkeit, China zum ersten Mal in Verhandlungen über strategische Waffen einzubeziehen – eine Ansicht, die, wie ich sehen konnte, die Russen überraschte. In einiger Ausführlichkeit erklärte ich, dass wir auch taktische Nuklearwaffen einbeziehen müssten (was New START nicht tat) sowie neue Technologien, die von Russland und China weiterverfolgt wurden (wie zum Beispiel Überschallgleitwaffen), die 2010 zum Zeitpunkt der Vertragsannahme von New START noch in einer frühen Entwicklungsphase waren. Schließlich mussten wir erwägen, zu dem konzeptionell weitaus einfacheren Modell des Moskauer Vertrags von 2002 zurückzukehren (der von meiner Wenigkeit ausgehandelt wurde). Es gab noch viel mehr abzuarbeiten, aber dies war ein guter Anfang. Anschließend reiste ich nach Kiew, um an den Feierlichkeiten zum ukrainischen Unabhängigkeitstag teilzunehmen und mich mit Präsident Petro Poroschenko, seinem Premierminister und anderen Beamten zu beraten. Ich informierte sie über die INF-Verhandlungen, soweit sie sich direkt auf ihre Verteidigungsplanung auswirkten. Wer hätte gedacht, dass die Ukraine gut ein Jahr später eine so zentrale Rolle in der US-Politik spielen würde?

Nach meiner Rückkehr nach Washington verbrachte ich die nächsten Monate damit, den dramatischen Schritt des Rückzugs aus dem INF-Vertrag vorzubereiten. Um undichte Stellen zu vermeiden, die die Presse und das außenpolitische Establishment in Aufregung versetzen würden, dachte ich, wir sollten ein ruhiges, unauffälliges, aber zügiges Vorgehen anstreben und nicht unsere Zeit in endlosen Sitzungen mit genau den Mitarbeitern verschwenden, die ihre gesamte Regierungskarriere mit dem INF-Vertrag verbracht hatten und es nicht ertragen konnten, ihn sterben zu sehen. Trump, so glaubte ich, war mit an Bord, obwohl ich mir nie so sicher war, ob er genau verstanden hat, dass der INF-Vertrag keine Atomwaffen als solche regelt, sondern nur ihre Trägersysteme. Ich wollte vor meinem nächsten Treffen mit Patruschew Ende Oktober in Moskau den Rückzug der USA aus dem Vertrag einleiten oder vielleicht sogar einen gegenseitigen Rückzug (was unter anderem ein wichtiges Signal an China wäre). Die Erfahrung hat mich gelehrt, dass Bürokratien ohne handlungserzwingende Deadlines Veränderungen mit unglaublicher Hartnäckigkeit und mit Erfolg widerstehen können.

Wir mussten auch unsere NATO-Verbündeten auf das Ende des INF-Vertrages vorbereiten. Zu viele politische Führer Europas glaubten, dass sie bereits im Zeitalter nach dem »Ende der Geschichte« lebten und dass keine äußeren Einflüsse ihren zufriedenen Kontinent durcheinander bringen dürften. Es war ein schöner Gedanke: Erzählen Sie das Russland und China, ganz zu schweigen von all den guten Freunden Europas im Iran. Ein Beispiel für die Gespräche, die wir führen mussten, fand am 3. Oktober mit dem deutschen Außenminister Heiko Maas statt. Maas, ein Sozialdemokrat, war Mitglied der Koalition von Merkel und zweifellos ein INF-Anhänger. Ich habe nicht gesagt, wie weit unsere Überlegungen gediehen waren, aber ich habe betont, dass Europa bereits durch das unangefochtene Vorgehen Russlands zunehmend bedroht sei. Ich erklärte auch, warum wir mit Moskau nicht über »strategische Stabilität« diskutieren würden, d.h. darüber, was Russland an Amerikas nationalem Raketenabwehrprogramm nicht mochte, und dass wir diese Position nicht verhandeln, geschweige denn modifizieren oder aufgeben wollten.

Die beste Nachricht kam, als Mattis und ich ein paar Tage später im Ward Room frühstückten (Pompeo war nicht dabei), und zwar im Anschluss an ein gerade abgeschlossenes Treffen der NATO-Verteidigungsminister. Er hatte seinen Amtskollegen ausführlich erklärt, dass Russland materiell gegen den INF-Vertrag verstoßen habe, und er glaubte, dass sie das voll und ganz verstanden haben. Mattis empfahl Pompeo, diese Argumente in der ersten Dezemberwoche auf der NATO-Außenministertagung zu wiederholen und Russland etwa neunzig Tage einzuräumen, zur Einhaltung des Vertrags zurückzukehren, sonst würden sich die USA zurückziehen. Ich war der Ansicht, wir können die neunzigtägige Pause ohne Weiteres überspringen, da es vollkommen unwahrscheinlich war, dass Russland zur Einhaltung des Vertrags zurückkehren würde. Außerdem sah der Vertrag selbst nach Ankündigung und vor Wirksamkeit des Rückzugs eine sechsmonatige Wartezeit vor. Dies war eine Standardklausel in internationalen Abkommen, im Grunde genommen die gleiche wie die ABM-Vertragsklausel, auf die wir uns 2001 beriefen. Mit dieser eingebauten Wartezeit gab es keinen Grund, Moskau mehr Zeit zu geben, weitere Verwirrung und Unsicherheit unter den Europäern zu säen; ich drängte darauf, den Rückzug anzukündigen und die 180-Tage-Uhr für den Rückzug laufen zu lassen.

Bei einem unserer wöchentlichen Frühstückstreffen am 11. Oktober bestätigten Mattis, Pompeo und ich uns gegenseitig, dass wir alle nach wie vor für den Rückzug waren. Mattis lehnte jedoch einen gegenseitigen Rückzug ab, da er befürchtete, dass dies eine »moralische Gleichwertigkeit« impliziere. Keiner von uns glaubte an eine moralische Äquivalenz, und ungeachtet des Arguments von Mattis würde ein gegenseitiger Rückzug Trump etwas bieten, das er als »Erfolg« mit Russland verkünden könnte, was vielleicht den Druck verringern würde, echte Zugeständnisse in anderen Bereichen zu machen. Am Nachmittag rief ich NATO-Generalsekretär Stoltenberg an und erklärte ihm, welche Richtung wir einschlagen würden. Er betonte, dass wir Russland nicht die Freude machen sollten, uns zu spalten, insbesondere nicht von Deutschland. Ich stimmte zu, erklärte aber Stoltenberg und allen, die es gerne hören wollten, dass der Rückzug der USA aus dem INF keine Bedrohung für Europa darstelle. Was tatsächlich bedrohlich war, waren die russischen Vertragsverletzungen und die Fähigkeit, den größten Teil Europas mit nicht-INF-konformen Raketen anzugreifen. Stoltenberg fragte, was wir unter »materiellem Bruch« verstünden und ob wir die Hoffnung völlig aufgegeben hätten, dass Russland sich wieder an den Vertrag halten würde. Was den »materiellen Bruch« betraf, so dachte ich, dass Mattis' Präsentation auf dem Treffen der Verteidigungsminister »Materialität« nach jedermanns Definition bewiesen habe. Was Russland betraf: Hat jemals irgendwer ernsthaft geglaubt, es würde existierende Mittel, die den Vertrag brachen, auf den Müll werfen, insbesondere seit Chinas wachsende Raketenbedrohung entlang seiner asiatischen Grenze Moskau wahrscheinlich viel stärker umtrieb als alles, was es in Europa zu erreichen suchte? Stoltenberg war optimistisch, dass wir in dieser Frage unsere Karten richtig ausspielen würden.

Am 17. Oktober informierte ich Trump vor meinem Treffen mit Patruschew in Moskau in der darauffolgenden Woche über den Stand der Dinge, einschließlich der gesamten behördenübergreifenden Arbeit, die wir geleistet hatten, über unsere vorläufigen diplomatischen Schritte mit NATO-Verbündeten und anderen sowie über unseren voraussichtlichen Zeitplan für den Rückzug, der am 4. Dezember dadurch eingeleitet werden sollte, dass Pompeo Russland mitteilte, dass es die Einhaltung der Bestimmungen wieder aufnehmen sollte – wenn nicht ... Trump antwortete: »Warum müssen wir so lange warten? Warum können wir nicht einfach aussteigen?« Ich sagte, ich sei auf jeden Fall bereit. Ich erklärte, dass, sobald wir unsere Rückzugsabsicht bekannt gegeben hätten, die Russen wahrscheinlich das Gleiche täten und uns beschuldigen würden, gegen den Vertrag zu verstoßen, was zwar nicht wahr sei, uns aber in eine Reihe von Anschuldigungen zwischen Moskau und Washington verwickeln könnte. Stattdessen meinte ich, warum nicht Patruschew vorschlagen, dass sich beide Länder gegenseitig zurückziehen könnten; dieser Ansatz könnte uns viel Kummer ersparen und es uns ermöglichen, eine Vereinbarung mit Russland über etwas Wichtiges anzukündigen. Trump sagte jedoch: »Das möchte ich nicht. Ich will einfach nur aussteigen.« Ich hatte gedacht, ein gegenseitiger Rückzug sei eine attraktivere Option für Trump, aber wenn nicht, dann sollte es so sein. Was mich betraf, so war es mir völlig egal, was Moskau tat.

Ich verließ die Joint Base Andrews am Samstag, und nach einem ereignislosen zwanzigminütigen Flug sahen wir, dass Trump auf die Frage eines Reporters bei einer Wahlkampfkundgebung in Elko, Nevada, geantwortet hatte, dass wir uns aus dem INF-Vertrag zurückziehen würden. Mein erster Gedanke war: »Nun, damit wäre das geklärt.« Es war nicht der Zeitpunkt, auf den Mattis, Pompeo und ich uns geeinigt hatten, aber anscheinend hatte Trump entschieden, dass »jetzt« besser sei (natürlich vorbehaltlich der 180-tägigen Wartezeit des Vertrags). Ich rief sofort Sanders in Washington an, die die Bemerkung von Trump noch nicht gehört hatte, und schlug vor, schnell eine Erklärung vorzubereiten, um seiner Äußerung Substanz zu verleihen, womit sie einverstanden war. Dann rief ich Pompeo an, der sagte, es sei »entsetzlich«, dass Trump eine Ankündigung machen könne, die so bedeutsam sei wie der Rückzug aus dem INF – und das nur als Antwort auf die Frage eines Reporters; eines der wenigen Male, dass Pompeo ausdrücklich etwas kritisierte, was

Trump getan hat. Ich stimmte dem nicht zu, da er eigentlich nur unseren Zeitplan beschleunigt hatte, was für mich in Ordnung war. Da die Entscheidung soweit nun öffentlich bekannt war, könnten wir genauso gut eine formelle Rücktrittserklärung abgeben, damit die Sechsmonatsfrist beginnen könne. Ich sagte, wir sollten auch die sofortige Aussetzung unserer Vertragsverpflichtungen ankündigen, damit wir mit der Aufholjagd zu Russland, China und anderen INF-fähigen Ländern beginnen könnten. Ich veranlasste die Mitarbeiter des Nationalen Sicherheitsrates im Flugzeug mit mir zusammen zu beginnen, ihre Kollegen im Außen- und Verteidigungsministerium anzurufen und schnellstens ein klärendes Statement vorzubereiten. Leider wurde die Erklärung nie herausgegeben, aus Gründen, die ich noch nicht einmal jetzt verstehe, aber mit ziemlicher Sicherheit, weil Mattis und möglicherweise Pompeo nicht nach dem handeln wollten, was Trump bereits öffentlich gesagt hatte.

Nach dem Auftanken in Shannon, Irland, machten wir uns auf den Weg nach Moskau, und ich rief Stoltenberg am Sonntagmorgen mitteleuropäischer Zeit an. Er hatte bis dahin von Trumps Erklärung gehört. Ich erklärte ihm, was geschehen war, und dass wir jetzt einfach unsere Konsultationen mit Verbündeten und anderen beschleunigen würden, weil wir offensichtlich nicht zurücknehmen konnten, was Trump öffentlich gesagt hatte. Stoltenberg war besorgt, da eine NATO-Resolution zum Abzug zu diesem Zeitpunkt nicht einstimmig sein würde, und er wollte Zeit dafür haben. Das war gut so, denn so früh hatte sowieso keiner von uns eine NATO-Resolution in Betracht gezogen. Stoltenberg war nicht so panisch wie einige Europäer, aber er war offensichtlich nervös. Ich sagte, dass ich nach meinen Treffen mit den Russen Bericht erstatten würde.

Als ich in Moskau landete, traf Botschafter Jon Huntsman mit mir zusammen und sagte, die Russen seien unruhig und spielten mit den Ängsten der Europäer, wir würden sie im Stich lassen und sie schutzlos zurücklassen. Diese Argumentationslinie hatte Europa auch während des Rückzugs aus dem ABM-Vertrag überrollt. Sie war damals nicht wahr und ist es auch heute nicht. Jemand hätte sagen sollen: »Ruhe im Glied, Europäer!« Jedenfalls wusste ich immer noch nicht, warum Trump seine Bemerkung in Nevada gemacht hatte oder warum das Statement, das sie näher ausführte, nicht veröffentlicht worden war. Unerklärlicherweise erhielt Ricardel die Nachricht von einem Treffen mit Trump am Sonntag um 16 Uhr in der Residenz, das von Mattis beantragt worden war. Ich rief Pompeo an, der auch nach dem Gespräch mit Mattis am Samstag nicht verstanden hatte, warum das Treffen dringend war. Pompeo glaubte, Mattis würde darum bitten, zu unserem ursprünglichen Zeitplan für die Ankündigung des Rückzugs zurückzukehren, und nicht die zugrunde liegende Entscheidung infrage stellen. Da Trump die Ankündigung bereits effektiv gemacht hatte, wusste ich nicht, wie ich sie zurücknehmen sollte, und Pompeo stimmte zu. Es gab keine Unstimmigkeiten darüber, dass wir mehr Diskussionen mit unseren Verbündeten brauchten, aber wir befanden uns jetzt in einer grundlegend anderen Position als vor Trumps Äußerungen. Warum also nicht eine Rückzugserklärung einreichen, unsere Vertragsverpflichtungen aussetzen und loslegen? Pompeo sagte, das genau sei es, was Mattis vermeiden wolle, was mich zu der Frage veranlasste, ob Mattis wirklich nur das Tempo des Rückzugs verlangsamen wollte, oder ob er seine Meinung über den Rückzug geändert hatte und nun versuchte, auf Zeit zu spielen. Ich konnte mir vorstellen, dass Washingtons Hochgesinnte bereits mit Mattis telefoniert hatten, und ich war fasziniert, dass er sich nicht die Mühe gemacht hatte, mich anzurufen, sondern stattdessen schnell bei der Hand war, ein Treffen auf das Wochenende zu legen, als ich nicht in der Stadt war. Ich fragte Pompeo, was er von der Zeitfrage hielt. Er sagte, da sei er agnostisch und könne so oder so damit leben.

Mein Treffen mit Patruschew am nächsten Tag fand in der Olsufyevskiy Pereulok 1A statt, einem Ort, den er freudig als das ehemalige Hauptquartier der »Alfa-Gruppe« des FSB der Spetsnaz (oder Spezialeinheiten) bezeichnete, die 1974 vom KGB gegründet worden waren. Die Alfa-Gruppe war eine »Task Force zur Terrorismusbekämpfung«, was uns half, uns an Patruschews frühere Rolle als Leiter des FSB zu erinnern, wie ich dachte. Wir begannen erneut mit der Rüstungskontrolle, indem die Russen uns feierlich mitteilten, dass die offizielle russische Doktrin keine Pläne habe, militärische Mittel für offensive Ziele einzusetzen, und dass defensive Macht der Schlüssel zur strategischen Stabilität sei. Patruschew machte deutlich, warum sie nicht wollten, dass wir aus der INF austreten, und verwies auf die Kritik gewisser hilfreicher europäischer Verbündeter an unserer Entscheidung. Daraufhin legte ich die Gründe dar, warum wir der Meinung waren, dass Russland gegen den Vertrag verstieß und warum die Fähigkeiten Chinas, des Iran und anderer Länder es unmöglich machten, den Vertrag universell anzuwenden, wie wir es einst für möglich gehalten hatten. Der ehemalige Außenminister Igor Iwanow fasste die russische Reaktion am besten zusammen: »Wenn Sie gehen wollen, nur zu, aber Russland wird drinnen bleiben.« Das war für mich in Ordnung.

Dann wurde uns ein Vortrag über unsere angeblichen Verletzungen von New START spendiert. Zum zweiten Mal erklärte ich Patruschew und seiner Delegation, warum es unwahrscheinlich war, dass wir den New-START-Vertrag einfach verlängern würden, angesichts der Ratifizierungsdebatten, bei denen sich viele Republikaner gegen den Umstand sträubten, dass Kernpunkte wie taktische Nuklearwaffen gar nicht angesprochen wurden. Ich drängte erneut auf einen Vertrag im Moskauer Format von 2002, der einfacher und klarer war und gut funktioniert hatte. Patruschew lehnte die Idee nicht ab. Stattdessen betonte er, dass der Vertrag von 2002 komplizierter sei, als es den Anschein habe, weil er sich auf START-II-Verifikationsbestimmungen stütze, was nicht ganz stimmte, aber ich nahm mir nicht die Zeit, das Thema erneut aufzugreifen. Was mir auffiel, war, dass sie trotz des Verschwindens des INF-Vertrages bereit zu sein schienen, das Modell von 2002 in Betracht zu ziehen. Es gab also noch Hoffnung.

Am späten Nachmittag, als die Meetings des Tages abgeschlossen waren – bis auf ein von Außenminister Lawrow in Osobnyak ausgerichtetes Abendessen –, rief ich Ricardel an, um zu erfahren, was bei dem Treffen mit Trump am Sonntag herausgekommen war. Sie sagte, Mattis habe mit langwierigen Ausführungen zu seinem Achtzehnmonatsplan über den Rückzug aus dem INF-Vertrag begonnen, aber der liege nun in Trümmern. Er wollte zum Status quo vor Trumps Rede in Nevada zurückkehren und gab eine entsprechende Presseerklärung heraus. Ich konnte immer noch nicht begreifen, wie wir die Uhr zurückdrehen wollten, indem wir so taten, als ob wir darüber beraten würden, *ob* wir den Vertrag verlassen sollten, oder dass Russland *möglicherweise* Maßnahmen ergreifen könnte, zur Einhaltung des Vertrags zurückzukehren (worauf es nicht den geringsten Hinweis gab). Was war der Zweck dieser Scharade? Trump sagte, er sehe keinen Grund, nicht mit dem Rückzug fortzufahren, wie er es gesagt hatte, aber er hatte nichts dagegen, am 4. Dezember eine formelle Ankündigung zu machen, die widersprüchlich war und die neuen Gegebenheiten ignorierte, die seine eigene Erklärung geschaffen hatte. Nach der Trump-Sitzung stritten Mattis, Pompeo und Ricardel über Mattis' Erklärungsentwurf, der bestenfalls Verwirrung schuf, in Wirklichkeit aber darauf abzielte, das, was Trump gesagt hatte, zurückzunehmen. Ich sagte Ricardel, sie solle alles tun, was sie könne, um dem Ganzen ein Ende zu setzen.

Die ganze Angelegenheit verwirrte mich, aber Trump machte das Ganze später am Montag noch fraglicher (soweit das möglich war), in einem weiteren seiner üblichen Pressegespräche, als er den Südeingang[3] verließ, um an Bord der Marine One zu gehen. Er sagte: »Ich beende die Vereinbarung. Russland hat sie verletzt. Ich beende sie ...« Auf die Frage, ob das eine Bedrohung für Putin sei, antwortete Trump: »Es ist eine Bedrohung für wen immer Sie wollen. Das schließt China ein, und es schließt Russland ein, und jeden, der dieses Spiel spielen will. Sie können dieses Spiel nicht mit mir spielen.«[4] Was gab es da noch zu sagen? Damals war es mir nicht klar, aber später, zwei Monate vor Mattis' Rücktritt, fragte ich mich, ob dies sein Versuch war, ein Vermächtnis zu schaffen, um zu zeigen, dass er bis zum Ende für die Erhaltung des INF gekämpft hatte. Die ganze Angelegenheit war eine Verschwendung von Zeit und Energie, ganz zu schweigen davon, dass sie für ausländische Freunde und Feinde gleichermaßen verwirrend war. Ich sprach später am Nachmittag mit Pompeo, und er bestand darauf, dass Mattis eine Änderung der Politik nicht wirklich anstrebe. Ich fühlte mich weit weg und frustriert, aber ich beschloss, weiter daran zu arbeiten, die Zeit, die den Gegnern unseres Rückzugs zur Verfügung stand, um das rückgängig zu machen, was Trump jetzt schon zweimal öffentlich gesagt hatte, so kurz wie möglich zu halten. Gegen vier Uhr nachmittags Moskauer Zeit rief ich Trump an, und er bestätigte mir, dass er nicht einsehen könne, worum es bei all dem Trubel ging oder warum Mattis es für so wichtig hielt. Ich sagte Trump, ich hätte den Russen gesagt, dass er klar zum Ausdruck gebracht habe, dass wir aussteigen würden, und Trump sagte: »Mir gefällt es so, wie wir es machen.« Das war alles, was ich brauchte.

Am nächsten Tag traf ich mich mit dem russischen Verteidigungsminister Sergei Schoigu. In Bezug auf INF zeigte er sich weniger besorgt als Mattis. Er sagte (durch einen Dolmetscher), die Botschaft von Trump sei eindeutig, und die Russen hätten sie deutlich gehört. Er fuhr fort und sagte, dass unter den gegenwärtigen Umständen ein vernünftiger Dritter die Situation nach dem INF-Vertrag für unrealistisch erklären würde, wegen China und der technologischen Veränderungen seit dem INF-Vertrag von 1987. Schoigu befürwortete den Versuch, den Vertrag umzuschreiben, um andere dazu zu bewegen, ihm beizutreten, weil er der Meinung war, dass unser einseitiger Rückzug nur unseren gemeinsamen Feinden zugutekäme, was er später wiederholte. Ich dachte, der implizite Bezug auf China sei unmissverständlich. Schoigu fügte hinzu, es sei schon eine Weile her, dass er unterzeichnet wurde, und die Herausforderung bestehe nun darin, dass die Technologien im Besitz von Ländern seien, die sie eigentlich nicht haben sollten. Ich erinnere mich, dass er abschließend zustimmte, dass die Wirksamkeit des Vertrags abgelaufen sei. Das war das Vernünftigste, was je jemand in Russland zu diesem Thema gesagt hatte. Interessanterweise hatten sich Schoigu und Mattis nie getroffen, und bis dahin auch Pompeo und Lawrow noch nicht, und ich sprach die ganze Zeit mit diesen Russen.

An diesem Nachmittag legten Huntsman und ich einen Kranz auf einer Brücke in der Nähe des Kremls nieder, weniger als hundert Meter von der Basiliuskathedrale entfernt, wo Boris Nemzow, wie viele Kremlbeamte glaubten, ermordet worden war. Dann legten wir einen Kranz am russischen Grab des Unbekannten Soldaten an der Kremlmauer nieder, eine Zeremonie, an der ich zusammen mit Donald Rumsfeld fast genau achtzehn Jahre zuvor zum ersten Mal teilgenommen hatte. Mein Treffen mit Putin folgte unmittelbar darauf und begann genau wie das vorherige Treffen: derselbe kunstvoll dekorierte Raum, dieselben Arrangements, derselbe Konferenztisch. Putin war offensichtlich entschlossen, während der Anwesenheit der Medien darauf hinzuweisen, dass er unglücklich darüber sei, dass die USA sich aus dem INF-Vertrag zurückgezogen hatten. Er bemerkte, dass der Adler im Großen Siegel der Vereinigten Staaten mit einer Kralle Olivenzweige umklammert (obwohl er nicht bemerkte, dass der Adler mit der anderen Kralle Pfeile hält) und fragte, ob der Adler alle Oliven gefressen habe. Ich sagte, ich hätte keine neuen Oliven mitgebracht. So viel zu Scherzen nach sowjetischer Art.

Nach dem Auszug der Presse sagte Putin, dass er Berichte über meine früheren Treffen erhalten habe und dass ihre Seite unsere Kontakte sehr schätze und dass es immer eine Freude sei, mich zu treffen. Wir diskutierten ausführlich über unsere jeweiligen Positionen zum INF, aber was Putin wirklich interessierte, war »Was kommt als Nächstes?«, das hieß: Was zogen wir hinsichtlich eines Einsatzes in Europa in Betracht? Nachdem ich vorher darauf hingewiesen hatte, dass Russland und Amerika praktisch die einzigen beiden Länder seien, die an den INF-Vertrag gebunden sind, antwortete ich, dass Putin meiner Meinung nach bei unserem letzten Treffen gesagt habe, Russland verstehe die strategischen Implikationen dieser Tatsache, nämlich Chinas große und wachsende Fähigkeiten im Bereich der ballistischen und Hyperschallgleitraketen. Putin stimmte zu, dass er die China-Frage anerkannt habe, sagte aber, er habe nicht erwähnt, dass er sich aus dem INF zurückziehen wolle, und stimmte meinem Standpunkt zu, dass Russland und die Vereinigten Staaten die einzigen beiden Länder seien, die durch den Vertrag gebunden seien. Für den Augenblick, so fuhr er fort, sei der Rückzug nicht der wichtigste Punkt, sondern vielmehr, wie die künftigen Pläne Washingtons aussehen würden. Wie ich in meiner anschließenden Pressekonferenz wiederholte, sagte ich ihm, dass die USA noch keine endgültigen Entscheidungen über künftige Einsätze getroffen hatten.[5] Offensichtlich war Putin sehr besorgt darüber, was wir in Europa stationieren könnten, und einige Tage später sah er eine Möglichkeit, die Europäer einzuschüchtern, indem er andeutete, dass wir zu einer Konfrontation wie Mitte der 1980er Jahre zurückkehren könnten, bei der es um die Stationierung von Pershing-II-Raketen durch die USA ging. Putin machte genau diesen Punkt öffentlich und drohte damit, jedes Land ins Visier zu nehmen, das US-Raketen akzeptierte, die nicht den INF-Bedingungen entsprachen.[6] Natürlich tat Russland genau dies bereits, unter anderem durch seine Einsätze in Kaliningrad, was ein Hauptgrund für unseren Ausstieg aus dem Vertrag war.

Putin erinnerte daran, dass wir beide Anwälte waren, und sagte: »Wir könnten bis zum Morgengrauen so weiterreden«, und dann tauschten wir Witze über Anwälte aus. Bei New START überprüften wir unsere jeweiligen Standpunkte, und ich drängte erneut auf die Vorteile eines Rückgriffs auf ein Abkommen vom Typ eines Moskauer Vertrags. Warum die Qualen einer Neuverhandlung von New START auf sich nehmen und zum Beispiel Reduzierungen oder Begrenzungen für taktische Atomwaffen hinzufügen, die für die USA angesichts der großen Zahl solcher Waffen, über die Russland verfügte, von großer Bedeutung waren?[7] Auf Putins Fragen sagte ich, dass wir nicht die Absicht haben, uns aus New START zurückzuziehen, aber wir waren auch im Wesentlichen sicher, dass wir nicht zulassen würden, dass es einfach um fünf Jahre verlängert wurde, wie es Russland (zusammen mit fast allen Demokraten im Senat) gefordert hatte. Glücklicherweise vermieden wir lange Diskussionen darüber, wer den INF-Vertrag oder New START verletzte und wer nicht, aber ich mahnte, dass solche Umwege zeigten, wie unruhestiftend solche Verträge sein könnten, anstatt das viel beschworene Ziel der Entspannung voranzubringen.

In Bezug auf Syrien betonte Putin, dass die Russen eine iranische Präsenz nicht brauchen könnten und dass es für uns beide richtig sei, sie zum Abzug zu bewegen. Er erwähnte, dass er das Thema mit Netanjahu besprochen habe. Ich wies darauf hin, dass die USA nach ihrem Rückzug aus dem Atomdeal mit dem Iran Sanktionen gegen den Iran verhängt haben, von denen wir erwarteten, dass sie dem Iran wehtun würden, und dass sie nicht verhandelbar seien, nur um den Iran aus Syrien herauszudrängen. Putin sagte, er verstehe unsere Logik und erkenne unsere Auffassung an, dass das iranische Volk des Regimes überdrüssig sei. Er warnte jedoch davor, dass, wenn wir ihnen wirtschaftlich den Krieg erklärten, dies die Unterstützung für das Regime festigen würde. Ich erklärte, warum wir das nicht so sahen und warum starke Sanktionen die Unterstützung für das Regime, das bereits unter enormem Stress stand, verringern würden. Putin räumte auch ein, dass jeder von uns seine eigenen Theorien über den Umgang mit dem Iran habe und wir sehen würden, welche davon aufgehe. Putin scherzte auf unsere Kosten über Saudi-Arabien und den Mord an Khashoggi, indem er sagte, Russland würde Waffen an die Saudis verkaufen, wenn wir es nicht täten, was zweifellos richtig war, und er betonte, weshalb Trump nicht auf unsere anstehenden Waffenverkäufe verzichten wolle. Wir endeten gegen 19.05 Uhr, nach einer Stunde und fünfundvierzig Minuten. (Putin erzählte Trump anschließend bei der Hundertjahrfeier des 11. November zum Waffenstillstandstag in Paris, dass er und ich in Moskau ein nettes Gespräch geführt hätten und dass ich sehr professionell und konkret sei – nicht, dass das irgendeine Wirkung auf Trump gehabt hätte.) Als wir uns zum Abschied die Hände schüttelten, lächelte Putin und sagte, er sehe voraus, dass ich in den Kaukasus fahren würde.

Ich kehrte mit dem Gefühl nach Hause zurück, dass Russland, das uns immer gerne die Schuld in die Schuhe schiebt, vor allem bei den immer nervösen Europäern, eine Pro-forma-Oppositionskampagne gegen unseren INF-Rückzug führen würde, die zwar irritierend, aber nicht bedrohlich sein würde. Ich sah keine größeren Propagandaanstrengungen oder irgendetwas Ähnliches kommen, das unseren endgültigen Abzug vereiteln könnte. In der Zwischenzeit liefen die Briefings für die NATO-Verbündeten in Brüssel und in den Hauptstädten gut. Auf dem Rückflug von Tiflis, meiner letzten Station, sprach ich mit Stoltenberg, der sagte, dass immer mehr Bündnispartner nun die Logik unserer Position verstünden. Er sagte jedoch auch, dass mehrere Länder immer noch nicht zugeben wollten, dass Russland gegen das INF-Abkommen verstoße, weil sie befürchteten, dass dies bedeuten könnte, dass sie eines Tages Atomwaffen auf ihrem Territorium akzeptieren müssten. Das war meiner Ansicht nach verrückt: Die NATO-Verbündeten waren bereit, die Realität zu leugnen, weil sie die Konsequenzen fürchteten, sie anzuerkennen. Glaubten sie wirklich, wenn sie es nicht anerkennen würden, würde es nicht wahr sein? Viele drängten auf eine weitere Verzögerung vor dem Austritt, eine nur schlecht getarnte Art und Weise, Zeit zu gewinnen, um ihn komplett zu verhindern, weshalb mich Mattis' spürbare Quertreiberei beunruhigte. Anlässlich des 100. Jahrestages des Waffenstillstands im November traf ich in Paris mit Sedwill, Étienne und Jan Hecker (unserem deutschen Amtskollegen) zusammen, um den Wunsch Deutschlands nach einer weiteren sechzigtägigen Verzögerung unseres Rückzugs zu erörtern. Ich habe dem nicht zugestimmt, insbesondere angesichts des offensichtlichen Wunsches von Trump, eher früher als später auszusteigen, aber die Frage blieb ungelöst.

Bei einem Gipfeltreffen des Verbandes Südostasiatischer Nationen Mitte November in Singapur, bei dem ich Vizepräsident Pence begleitete, hatten wir in einer Ecke des großen Konferenzraums ein spontanes bilaterales »Beiseiteziehen« mit Putin. Wir waren vom Secret Service und anderem Sicherheitspersonal umgeben, so dass wir viel Aufmerksamkeit auf uns zogen, während die anderen abreisten. Pence wollte die Frage der russischen Einmischung in die Wahlen zur Sprache bringen, aber die Diskussion drehte sich schnell um andere Themen. Putin fragte, wie es um das Treffen mit Trump beim bevorstehenden G20-Gipfel in Argentinien stehe, bei dem über strategische Stabilität und New START gesprochen werden sollte, was sicherlich interessant wäre. Putin schien das Interesse am INF verloren zu haben, und sagte mir (durch einen Dolmetscher), dass er unsere Argumente und unsere Logik bezüglich der Entscheidung, aus dem INF auszutreten, verstand, was ich als Anerkennung unserer gemeinsamen Sichtweise zu China auffasste. Ich sagte, wir würden uns bei der Planung des G20-Treffens wieder mit ihnen in Verbindung setzen.

Deutschland drängte jedoch weiterhin auf einen Aufschub, und so erklärte ich Trump am 26. November, dass wir den Rückzug auf der NATO-Außenministertagung am 4. Dezember ankündigen sollten, anstatt Deutschland weitere sechzig Tage zu geben. Russland versuchte immer noch, die Europäer einzuschüchtern, und das Risiko weiterer Verzögerungen war es einfach nicht wert. Trump stimmte zu, auch jetzt besorgt, dass weitere Verzögerungen uns in den Augen Russlands schwach aussehen lassen würden. Trump hatte recht. Am nächsten Tag waren wir bei einem Treffen mit Trump zu anderen Themen, als Mattis sich für die deutsche Position einer zusätzlichen sechzigtägigen Verzögerung aussprach. Arbeitete er an einer versteckten Agenda? Ich drängte Trump noch einmal dazu, am 4. Dezember den Abzug zu drücken, und er sagte: »Ich stimme zu. Das wird ein Sieg für John. Wir werden den Rückzug am 4. Dezember bekannt geben.« Dann drängte ich ihn, gleichzeitig die Aussetzung unserer Vertragsverpflichtungen wegen des materiellen Bruchs durch Russland anzukündigen, ein vom Rückzug getrenntes Konzept, das es uns ermöglichen würde, mit der »Verletzung« des Vertrags zu beginnen, noch während die 180-Tage-Uhr tickte, und Trump stimmte zu. Kelly, der ebenfalls anwesend war, fragte: »Also, das volle Programm, Sir?«, und Trump sagte: »Ja.«

Aber natürlich war es noch nicht wirklich vorbei, und auf dem G20-Gipfel in Buenos Aires am 1. Dezember machte Merkel bei Trump während ihrer bilateralen Gespräche noch einen weiteren Versuch. Sie sagte, sie stimme voll und ganz zu, dass Russland einen Verstoß begangen habe, beklagte sich aber, dass es keine politischen Gespräche zwischen Russland und den USA gegeben habe, was Unsinn war, da wir genau solche Gespräche nicht nur unter Trump, sondern sogar unter Obama geführt hatten. Trump fragte mich, was ich denke, und ich drängte ihn erneut, wie geplant fortzufahren und am 4. Dezember den Rückzug anzukündigen. Trump sagte, er wolle Russland gegenüber nicht schwach erscheinen, und Merkel versprach, sie würde uns unterstützen, wenn wir ihr sechzig Tage Zeit gäben. Nach einigen weiteren Minuten des Hin und Her sagte Trump, er stimme mir zu, aber er werde Merkel trotzdem die zwei Monate geben, die sie wollte, solange wir das INF dann definitiv verlassen könnten. Pompeo und ich betonten, dass es nur zwei Monate seien, und Merkel stimmte dem zu. Ich drängte dann darauf, dass die Deutschen zu genau diesem Zeitpunkt sagen würden, dass sie unsere Entscheidung zum Rückzug »unterstützten« und kein anderes Wort verwenden würden (wie »verstehen«, was Hecker zuvor mit mir versucht hatte), und Merkel stimmte dem zu. Ich rechnete mir aus, dass das alles war, was ich bekommen würde, wenig, aber kostbar im Vergleich zu den potenziellen Qualen, die uns bevorstünden, wenn wir das Pflaster langsam abziehen würden. Wir diskutierten darüber, dies den NATO-Verbündeten zu erklären, und

Trump schlug vor zu sagen: »Auf Ersuchen Deutschlands und anderer werden wir den INF-Vertrag ab heute in sechzig Tagen kündigen.« Es fiel mir auf, dass er die 180-Tage-Uhr, die laufen musste, bevor der Abzug tatsächlich wirksam wurde, immer noch nicht miteinbezog, aber es war zu spät, um die Diskussion noch einmal zu eröffnen.

Die Ankündigung am 4. Dezember verlief gut, und wir reichten am 1. Februar 2019 eine Rücktrittserklärung ein. Die Russen kündigten die sofortige Aussetzung aller neuen Rüstungskontrollverhandlungen an, ein unerwarteter Vorteil für uns am Rande. Der Hohepriester der US-Rüstungskontrolleure nannte mich einen »Auftragskiller des Atomwaffen-Abkommens«, was ich als ein Kompliment auffasste. Im Laufe der Monate gab es einige Aufregung, aber am Freitag, dem 2. August, um eine Minute nach Mitternacht befreiten sich die USA vom INF-Vertrag. Ein großartiger Tag!

Die Axt sollte auch an andere bilaterale und multilaterale Verträge angelegt werden, an denen Russland und die Vereinigten Staaten beteiligt waren, ganz zu schweigen von den zahlreichen multilateralen Vereinbarungen, die die USA unklugerweise getroffen hatten. Trump zum Beispiel stimmte bereitwillig zu, den Waffenhandelsvertrag aus der Obama-Ära zu unterzeichnen, der nie vom Senat ratifiziert worden war, gegen den aber seit langem Antiwaffenkontrollgruppen in den USA vorgingen und der auf meine Zeit als Staatssekretär in der Regierung von George W. Bush zurückgeht.[8] Als Trump am 26. April 2019 in Indianapolis vor der jährlichen Konferenz der National Rifle Association sprach, erhielt er stehende Ovationen, während er das Abkommen direkt vor den Augen des Publikums unterzeichnete.

Trump hat auch das Pariser Abkommen über den Klimawandel nicht unterzeichnet, ein Schritt, den ich unterstützt habe. Dieses Abkommen hatte ebenso viel reale Wirkung auf den Klimawandel wie Rosenkranzbeten und das Anzünden von Kerzen in der Kirche (was wahrscheinlich bald verboten wird wegen des CO_2-Fußabdrucks all der brennenden Kerzen). Die Vereinbarung verlangt von den Unterzeichnern lediglich, nationale Ziele festzulegen, sagt aber nicht, wie diese Ziele aussehen sollen, und enthält auch keine Durchsetzungsmechanismen. Dies ist eine als Politik getarnte Glaubenslehre, ein zunehmend verbreitetes Phänomen in internationalen Angelegenheiten.

Die Liste der anderen Abkommen, die ausrangiert werden müssten, ist lang, darunter das Seerechtsübereinkommen und zwei weitere, von deren Fesseln die USA sofort befreit werden sollten. Das Open-Skies-Abkommen von 1992 (das erst 2002 in Kraft getreten ist) erlaubt theoretisch unbewaffnete militärische Überwachungsflüge über den Territorien seiner über dreißig Unterzeichnerstaaten, war aber von Anfang an umstritten.[9] Es hat sich für Russland als Segen erwiesen[10], ist aber veraltet und für die Vereinigten Staaten im Wesentlichen wertlos, weil wir russisches Territorium nicht mehr überfliegen müssen. Ein Rückzug der USA läge eindeutig in unserem nationalen Interesse, da er beispielsweise Russland die Möglichkeit nehmen würde, Tiefflüge über Washington, DC, und andere hochsensible Orte durchzuführen. Als ich zurücktrat, gab es Überlegungen, das Open-Skies-Abkommen zu verlassen, und aus Presseberichten ging hervor, dass diese Bemühungen, die ich nach wie vor voll und ganz unterstütze, fortgesetzt würden.[11]

Ebenso sollte es eine Priorität sein, den Vertrag über das umfassende Verbot von Nuklearversuchen nicht zu unterzeichnen, damit die Vereinigten Staaten wieder unterirdische Nuklearversuche durchführen können. Wir haben seit 1992 keine Atomwaffen getestet, und obwohl wir umfangreiche Programme zur Überprüfung der Sicherheit und Zuverlässigkeit unserer Lagerbestände haben, gibt es ohne Tests keine absolute Sicherheit. Wir haben den Vertrag über das umfassende Verbot von Nuklearversuchen nie ratifiziert, aber wir sind in einer Grauzone des »Völkerrechts« gefangen. Artikel 18 des Wiener Übereinkommens über das Recht der Verträge, das sich wohl auf das »Völkergewohnheitsrecht« stützt, sieht vor, dass einem Land, das einen Vertrag unterzeichnet, aber nicht ratifiziert hat, Handlungen untersagt sind, die »Ziel und Zweck« des Vertrags vereiteln würden. Den Vertrag über das umfassende Verbot von Nuklearversuchen nicht zu unterzeichnen würde deutlich machen, dass die USA künftige Urteile über unterirdische Atomversuche auf der Grundlage ihrer eigenen nationalen Interessen fällen werden. Ironischerweise haben die USA das Wiener Übereinkommen zwar unterzeichnet, aber nie ratifiziert, und die Anwendbarkeit des »Völkergewohnheitsrechts« ist Gegenstand heftiger Debatten.[12] Andere Atommächte wie China und Indien haben den Vertrag entweder nicht ratifiziert oder nicht unterzeichnet, weshalb er immer noch nicht in Kraft getreten ist. Die USA haben andere Verträge nicht unterzeichnet, vor allem das Römische Statut zur Errichtung des Internationalen Strafgerichtshofs unter George W. Bush.[13]

Schutz der US-Wahlen vor Kriegshandlungen

Im Wahlkampf 2016 bezeichnete ich die russischen Versuche, sich in die Wahlen einzumischen, als »kriegerischen Akt« gegen unsere Verfassungsstrukturen,[14] und ich beobachtete mit Bestürzung Berichte über Putins Treffen mit Trump beim G20-Gipfel 2017 in Hamburg, wo Putin jegliche russische Einmischung schlichtweg bestritt.[15]

Wir brauchten nicht nur eine Reaktion der Strafverfolgungsbehörden auf internationale Cyber-Bedrohungen, sondern auch umfangreiche militärische und geheimdienstliche Fähigkeiten. Dementsprechend war eines der ersten Dinge, die ich in Angriff genommen habe, unsere Fähigkeit, offensive Cyber-Operationen gegen unsere Gegner durchzuführen, einschließlich terroristischer Gruppen und anderer »nichtstaatlicher Akteure«. Es war ein langwieriger Kampf im Gange zwischen den Befürwortern der Herangehensweise der Obama-Regierung, die glaubten, dass nur defensive Vorkehrungen im Cyberspace, von den seltensten Ausnahmen abgesehen, ausreichend seien, und der robusteren Ansicht, dass Offensivfähigkeiten entscheidend seien. Obamas Strategie beruhte auf dem Trugschluss, dass der Cyberspace relativ harmlos, ja sogar unverdorben sei und dass der beste Ansatz darin bestehe, Probleme abzuwiegeln und nicht zu riskieren, die Dinge zu verschlimmern. Ich verstand nicht, warum sich der Cyberspace materiell von den übrigen Erfahrungswerten über die Menschheit unterscheiden sollte: zunächst ein Zustand der Anarchie, aus dem Stärke und Entschlossenheit, unterstützt durch wirksame Angriffswaffen, Abschreckungsstrukturen gegen potenzielle Gegner schaffen konnten, die schließlich Frieden bringen würden. Wenn, wie wir mit zunehmender Gewissheit wussten, Russland, China, Nordkorea, Iran und andere uns im Cyberspace herausforderten[16], war es an der Zeit, zurückzuschlagen. Eine solche Strategie war nicht darauf ausgerichtet, den Konflikt in diesem neuen Bereich zu vergrößern, sondern ihn einzudämmen. Tatsächlich garantierte eine reine Verteidigungsstrategie mehr Provokationen, mehr Konflikte und mehr Schaden, sowohl für Unternehmen und andere private Einrichtungen als auch für die US-Regierung.

Dieser vorwärts gerichtete Ansatz war wenig revolutionär. Bevor ich in den West Wing kam, gab es ausführliche Diskussionen zwischen den Behörden, um die Regelungen der Obama-Ära über die Entscheidungsfindung im Cyberspace zu ändern. Diese Regeln haben die Entscheidungshoheit für Cyber-Angriffe so zentralisiert und waren bürokratisch so aufwendig, dass offensive Cyber-Aktionen unter Obama tatsächlich selten waren. Indem der Schwerpunkt mehr auf der Betonung des Prozesses statt der Politik lag, hemmte Obama US-Operationen im Cyberspace, ohne dies jemals explizit sagen zu müssen, und entzog sich damit der legitimen öffentlichen Debatte, die wir über diese neue Art der Kriegsführung hätten führen sollen. Leider haben bürokratische Trägheit, Revierkämpfe und einige wirklich ungelöste Probleme die Trump-Regierung Monat für Monat lahmgelegt. Das musste sich ändern. Eines der ersten Dinge, die ich umsetzte, war, Klarheit in den Entscheidungsstrukturen im Stab des Nationalen Sicherheitsrates zu schaffen, der sich mit Fragen der nationalen und inneren Sicherheit befasste, die im Grunde genommen genau dasselbe waren. Ich fegte auch doppelte, konkurrierende Lager und Machtbereiche vom Tisch und ermöglichte es den Mitarbeitern des Nationalen Sicherheitsrates, mit einer Stimme zu sprechen. Nachdem der Ballast weggeschafft war, ging es los, obwohl unglaublich frustrierende bürokratische Kämpfe und Quertreiberei noch vor uns lagen.

Wir mussten zwei Dinge tun: Erstens brauchte die Trump-Regierung eine Cyber-Strategie, und zweitens mussten wir die Regeln der Obama-Ära abschaffen und durch flexiblere und schnellere Entscheidungsstrukturen ersetzen. Als ich ankam, war bereits beträchtliche Arbeit geleistet worden, aber es bedurfte noch enormer Anstrengung, um die letzten bürokratischen Pfähle einzuschlagen und Gewissheit zu erlangen. Mir ging oft durch den Kopf, dass wir alle ruhiger schlafen könnten, wenn unsere Bürokraten unsere ausländischen Gegner genauso hart bekämpfen würden, wie sie gegeneinander kämpfen, wenn es um »Revierfragen« geht. Trotz erheblicher Schufterei dauerte es immer noch fünf Monate, bis zum 20. September, bis wir die neue Cyber-Strategie öffentlich machen konnten.[17] Obwohl unsere Entschlossenheit, offensive Cyber-Operationen zu ermöglichen, für Schlagzeilen sorgte, war die Gesamtstrategie umfassend, durchdacht und ein guter Anfang.[18] Sogar ein Cyber-Experte der Obama-Regierung sagte: »Dieses Dokument zeigt, wie eine nationale Strategie zu einem Thema aussehen kann, die wirklich unparteiisch ist. Sie schafft ein gutes Gleichgewicht zwischen defensiven Maßnahmen und ist darauf gerichtet, böswilligen Akteuren Konsequenzen aufzuerlegen. Darüber hinaus ist deutlich, dass diese Strategie einen starken Entwicklungsprozess widerspiegelt, der sich durch die verschiedenen Regierungen zieht.«[19]

Die Überarbeitung der Strategie war bereits schwierig, aber die alten Regeln abzuschaffen war sogar noch schwieriger. Der behördenübergreifende Prozess war praktisch eingefroren. Das Ministerium für Innere Sicherheit und andere wollten das Verteidigungsministerium im Würgegriff halten, ebenso wie die Geheimdienste. Das Pentagon wollte von niemandem beaufsichtigt werden, auch nicht vom Weißen Haus, und verfolgte bei den Verhandlungen einen »Alles oder nichts«-Ansatz, der alle anderen Beteiligten in Rage brachte. Infolgedessen hatten sich die politischen Positionen in den achtzehn Monaten seit Beginn der Regierung immer weiter verhärtet. Ich fühlte mich wie Ulysses S. Grant vor Richmond, der sagte: »Ich schlage vor, es in dieser Stellungslinie auszukämpfen, und wenn es den ganzen Sommer dauert«, was optimistisch wirkte. Mattis behauptete wiederholt, dass wir vor den Wahlen im November (von denen er wusste, dass sie für mich oberste Priorität hatten) keine offensiven Cyber-Operationen durchführen könnten, wenn sich seine Meinung nicht durchsetzen würde – seine Standardprozedur: betonen, dass die Zeit drängte, wenn es Mattis passte, und dann Untergang und Finsternis voraussagen, wenn er seinen Willen nicht bekam.

Wir mussten vorankommen. Am 7. August hatten wir eine Sitzung des Hauptausschusses, die ich mit den Worten eröffnete, dass die Trump-Regierung es neunzehn Monate lang nach vielen unproduktiven Treffen auf unterer Ebene versäumt hatte, Obamas Regeln zu ersetzen. Wir hatten nun den Entwurf eines Memorandums des Präsidenten, das den politischen Entscheidungsträgern mehr Flexibilität und Ermessensspielraum gab, ohne jedoch diejenigen von der Entscheidungsfindung auszuschließen, die ein legitimes Interesse am Ergebnis hatten. Ich sagte, wenn es immer noch Meinungsverschiedenheiten gäbe, würde ich sie dem Präsidenten vorlegen, damit er eine Entscheidung traf. Das erregte die Aufmerksamkeit aller. Wie bei vielen dieser Sitzungen auf Kabinettsebene konnten einige der »Direktoren« jedoch nur von der Warte vorbereiteter Gesprächspunkte sprechen, bei denen sie auf die Hilfe ihrer Mitarbeiter angewiesen waren. Meiner Meinung nach sollte es eine Regelung geben, die besagte, dass Kabinettsminister überhaupt nicht an der Sitzung teilnehmen sollten, wenn es für sie persönlich nicht wichtig genug war, die Themen in allen Einzelheiten zu durchdringen. Mattis wollte immer noch umfassende Änderungen, aber Gina Haspel, Sue Gordon (Dan Coats' Stellvertreterin) und Jeff Sessions (und das FBI) mochten den Entwurf so, wie er war. Pompeo und Mnuchin hatten wenig beizutragen, waren aber nicht anderer Meinung. Leider konnte oder wollte Mattis die Gründe für die von ihm gewünschten Änderungen nicht erklären. Im ersten Jahr der Regierung und darüber hinaus – so hatte man mir gesagt – war das übliche Muster, dass Mattis Reden schwang, Tillerson zustimmte, alle anderen ohne wesentlichen Kommentar einknickten und damit das Treffen beendeten. Das mochte früher funktioniert haben, aber nicht mit mir. Ich beendete das Treffen, indem ich sagte, dass wir einen breiten Konsens über das weitere Vorgehen hatten (auch wenn Mattis nicht zustimmte), und ich hoffte, dass wir uns schnell in Richtung Fertigstellung des Entwurfs des Entscheidungsmemorandums bewegen würden.

Mattis war schnell weg, aber Anwälte des Verteidigungsministeriums und andere blieben noch und stimmten zu, dass wir trotz Mattis sehr nahe an etwas dran waren, mit dem das Ministerium leben konnte. In den nächsten Tagen der Detailverhandlungen blieb Mattis hartnäckig, und es gab einige Rückschläge durch Elemente der Geheimdienstszene, die auf die Amtsbefugnis der Nationalen Sicherheitsbehörde neidisch waren. Dies spiegelte eine seit langem bestehende, fast existenzielle Spannung zwischen der CIA und dem Pentagon wider. Dennoch sagte ich Trump, dass wir Fortschritte machten. Nach internen bürokratischen Verzögerungen im Weißen Haus, die zu langwierig und unerklärlich waren, um sie hier zu erwähnen, unterzeichnete Trump am 15. August unsere Richtlinie, und wir konnten loslegen. Wir konzentrierten uns zunächst auf Fragen im Zusammenhang mit den Wahlen, um schnell Abschreckungsmaßnahmen gegen Einmischungen zu schaffen – nicht nur im Jahr 2018, sondern auch bei künftigen US-Wahlen. Weitere Schritte würden folgen, um den Grundstein für umfassende Cyber-Kapazitäten zu legen.

Wir entwarfen auch einen neuen Exekutivbefehl unter bereits bestehenden Kompetenzen des Präsidenten, der es leichter machte, Sanktionen gegen ausländische Versuche, sich in die Wahlen einzumischen, zu verhängen.[20] Dadurch wurde ein erneuter Gesetzgebungsprozess vermieden, der mit ziemlicher Sicherheit durch Parteiengezänk blockiert worden wäre. Sogar einige Republikaner, die Trumps schwache Reaktionen auf russische Provokationen fürchteten, wollten das Gesetzgebungsverfahren weiterverfolgen, aber wir erklärten geduldig, warum unser Exekutivbefehl tatsächlich wirksamer wäre, ohne die unvorhersehbaren Angriffe von Heckenschützen, die jedes Gesetzgebungsverfahren unweigerlich hervorbringen würde. Das Wichtigste war, dass es keine Garantie dafür gab, dass der Kongress vor den Wahlen im Jahr 2018 überhaupt die Kurve kriegen würde, und das Gebot musste schnell umgesetzt werden. Am 12. September saß ich im kleinen Speisesaal mit einer Reihe von Leuten, die die Grenzmauerproblematik in Mexiko diskutierten, und erklärte Trump, was hinter dem Exekutivbefehl steckte: Es war eine Möglichkeit, unsere Sorgfalt unter Beweis zu stellen und die Kritik zu entkräften, die Regierung sei bei der Verteidigung der Wahlintegrität nicht aggressiv genug, und gleichzeitig unüberlegte Maßnahmen des Kongresses zu verhindern. Er fragte: »Wessen Idee ist das?«, und ich sagte, es sei meine, woraufhin er »Oh« sagte und die Anordnung unterschrieb. Wie Shahira Knight, die damalige Direktorin für Gesetzgebungsfragen im Weißen Haus, später zu mir sagte, war er erfreut über die Aussicht, dass ein Gesetzgebungsverfahren zum Wahlrecht wirksam verhindert wurde: »Herzlichen Glückwunsch, das war fantastisch.«

Ende September verfügten wir über einen soliden politischen Rahmen für die Wahlsicherheit, und wir konnten unsere Anstrengungen zum Schutz der Wahlen im November 2018 beschleunigen, was nicht heißt, dass wir nicht schon vorher bereits intensiv an Abwehrmaßnahmen gearbeitet hätten, die weit über die reine Cybersicherheit hinausgingen. Nur einen Monat nach meiner Ankunft, am 3. Mai 2018, informierten Sessions, FBI-Direktor Wray, Ministerin für Innere Sicherheit Kirstjen Nielsen, Direktor der Nationalen Geheimdienste Coats und andere Trump über das, was bereits im Gange war, um die Sicherheit im November zu erhöhen. Trump wollte, dass die beteiligten Behörden sichtbarer wurden, indem sie mehr Schlagzeilen darüber produzierten, wie viel Arbeit geleistet wurde, was von den Medien zu wenig berichtet wurde. Und in der Tat waren die Ministerien und Behörden selbst der Ansicht, dass sie gute Arbeit leisteten, dass sie wussten, was die Bedrohung war, und dass niemand sie davon abhielt, sich dagegen zu wehren. Wir hielten am 27. Juli eine zweite Sitzung des Nationalen Sicherheitsrates ab, um unseren Kraftaufwand noch einmal unter die Lupe zu nehmen, wobei alle beteiligten Behörden berichteten, dass sie wesentlich besser vorbereitet seien als in der vergleichbaren Phase der Wahlkampagne 2016 und dass sie sich der verschiedenen Bedrohungen, denen sie in ihren jeweiligen Gebieten ausgesetzt sein würden, viel stärker bewusst seien.

Mit Bezug auf dieses NSC-Treffen fand am 2. August im Pressesaal des Weißen Hauses ein Briefing statt, an dem Coats, Nielsen, Wray, General Paul Nakasone, Direktor der Nationalen Sicherheitsbehörde, in der auch das US-Cyber-Kommando beheimatet war, und ich selbst teilnahmen. Jeder Beamte berichtete über die Aktivitäten seiner Behörde, was wir schon früher hätten tun sollen, und das Briefing wurde, wenn auch widerwillig, von der Presse gut aufgenommen. In einer Story wurde das Briefing als »Machtdemonstration« der Regierung bezeichnet, um zu beweisen, dass wir tatsächlich etwas gegen die Wahlmanipulation unternahmen. Da die Medien nicht in der Lage waren, die Angemessenheit der

Gesamtanstrengungen zu kritisieren, wandten sie sich daher der Aussage zu, Trump verfolge seine eigene Politik und wir eine andere.[21] Leider war da etwas dran, denn Trump erhob wiederholt Einwände gegen die Kritik an Russland und drängte uns, uns in der Öffentlichkeit nicht so kritisch über Russland zu äußern.

All diese Vorbereitungsarbeiten waren unerlässlich, insbesondere weil es notwendig werden konnte, den Kongress über besondere Bedrohungen zu informieren. Innerhalb des begrenzten Kreises von Behörden, bei denen offensive Cyberinteressen auf dem Spiel standen, gab es klare Meinungsverschiedenheiten darüber, was dem Kongress mitgeteilt werden und wie schnell es in die Presse gelangen sollte. Es handelte sich oft um komplexe Fragen, da eines der Ziele unserer Gegner nicht nur darin bestand, bestimmte Wahlen zu beeinflussen, sondern Angst und Misstrauen im gesamten Staatskörper zu säen und damit das Vertrauen der Bürger in die Integrität des Systems als Ganzem zu untergraben. Bei unsicheren, unvollständigen Informationen, aus denen nicht sofort harte Schlussfolgerungen gezogen wurden, konnte es mehr Schaden anrichten, sie voreilig und zu umfassend offenzulegen, wodurch die Gefahr bestand, dass sie zu Munition in parteipolitischen Grabenkämpfen wurden. Ich war der Ansicht, dass wir der Arbeit unserer Angreifer nicht dadurch Vorschub leisten sollten, indem wir Fehlinformationen weitergaben, sei es an den Kongress oder an Kampagnen, die möglicherweise Ziel eines Angriffs waren. Glücklicherweise wurde die ausländische Einmischung 2018 so weit reduziert, dass die wenigen Zwischenfälle, die wir hatten, letztendlich zufriedenstellend gelöst werden konnten. Aber es war klar, dass der Instinkt einiger Beamter und Behörden, ihren Hintern zu retten, ein potenziell ernsthaftes Problem darstellen würde, wenn um höhere Einsätze gespielt würde.

Die Trump-Regierung hatte 2017 im Zusammenhang mit der Annexion der Krim erhebliche neue Wirtschaftssanktionen gegen russische Staatsbürger und Unternehmen verhängt, die zu denen Obamas hinzukamen, sowie weitere Sanktionen ausgeweitet; sie schloss die russischen Konsulate in San Francisco und Seattle; sie verwies nach dem Angriff Moskaus auf die Skripals mehr als sechzig russische Geheimdienstagenten (die in den USA als »Diplomaten« tätig waren) des Landes;[22] sie verhängte Sanktionen wegen Verletzung des Gesetzes zur Beseitigung und Kontrolle chemischer und biologischer Waffen und Kriegsführung, was ebenfalls durch den Angriff auf die Skripals erforderlich wurde; sie sanktionierte Russlands Internet-Forschungsagentur, einen Arm von Russlands Cyber-Angriffsmaschinerie; und bestrafte über drei Dutzend russische Beamte für Verstöße im Zusammenhang mit US-Sanktionen gegen Syrien.[23] Als neue Verstöße aufgedeckt wurden, verhängte man gegen jede beteiligte Person und Körperschaft weitere Sanktionen.

Trump bezeichnete dies als wichtige Errungenschaften, aber fast alle von ihnen lösten Widerstand oder zumindest ausgiebiges Genörgel und Klagen von Trump selbst aus. Ein Beispiel waren die Sanktionen im Zusammenhang mit dem Chemiewaffenangriff auf die Skripals. Dieses Gesetz war erst kürzlich zum ersten Mal angewandt worden, nachdem Kim Jong-un befohlen hatte, seinen Halbbruder in Malaysia durch chemische Waffen ermorden zu lassen, und nach den Chemiewaffenangriffen des Assad-Regimes in Syrien. Es wurde kritisiert, dass die verhängten Sanktionen nicht umfassend genug seien, aber Trump sprach sich gegen jegliche Sanktionen aus. Trump billigte die Sanktionen schließlich noch vor dem Gipfel von Helsinki, verschob die Ankündigung der Sanktionen jedoch bis zum Ende des Gipfels. Wir erklärten Trump, dass diese Sanktionen nur die ersten von wahrscheinlich einer ganzen Reihe waren, da das geltende Gesetz graduell immer strikter werdende Sanktionen vorsah, wenn die beschuldigte Nation keine überzeugenden Beweise dafür vorlegte, dass sie auf chemische und/oder biologische Waffen verzichtet hatte, einschließlich der Möglichkeit, die Einhaltung der Sanktionen durch internationale Inspektoren zu überprüfen. Niemand glaubte daran, dass Russland sich daran halten würde. Als Helsinki zu Ende ging, kündigte das Außenministerium die Sanktionen an, da keine neue Entscheidung erforderlich war. Trump wollte diese, nachdem er die Nachricht gehört hatte, zurücknehmen. Ich fragte mich, ob diese ganze Krise durch den Besuch von Rand Paul kurz zuvor in Moskau verursacht wurde, der ihm eine erhebliche Presseberichterstattung bescherte und bei dem die Russen zweifellos betonten, dass sie über die Sanktionen sehr unglücklich seien. Es entbehrte nicht einer gewissen Ironie, dass so libertäre Politiker wie Paul sich so besorgt über das Zartgefühl des Kremls zeigen konnten. Als er von der Kontroverse hörte, rief Mnuchin Pompeo und mich an, um uns die Schuld dafür zu geben, dass wir ihm nichts über die neuen Sanktionen gesagt hätten, was unzutreffend war, da die Sanktionen zuvor einen Überprüfungsprozess durch den Nationalen Sicherheitsrat durchlaufen hatten, ohne dass jemand Einwände erhoben hatte. Innerhalb weniger Stunden kam Trump zu dem Schluss, dass er dieser speziellen Entscheidung entspannt gegenüberstehen konnte, aber er war immer noch der Meinung, dass wir zu hart gegen Putin vorgingen. Trump forderte Pompeo auf, Lawrow anzurufen und zu sagen, »irgendein Bürokrat« habe die Sanktionen veröffentlicht – ein Anruf, der möglicherweise stattgefunden hat oder auch nicht.

Über seinen Einspruch gegen Sanktionen hinaus stoppte Trump auch eine verwässerte Erklärung, in der Russland am zehnten Jahrestag seiner Invasion in Georgien kritisiert wurde – ein Fehler ohne jeglichen Handlungsdruck. Russland hätte es ignoriert, aber die Europäer bemerkten die mangelnde amerikanische Entschlossenheit und wurden noch besorgter. Dies war typisch für Trump, der im Juni 2019 auch den Entwurf einer Erklärung zum dreißigsten Jahrestag der Massaker auf dem Tiananmen-Platz blockierte und das Außenministerium wegen einer Pressemitteilung kritisierte, die herausgegeben wurde, bevor er davon erfuhr. Trump schien der Meinung zu sein, dass die Kritik an der Politik und den Handlungen ausländischer Regierungen es ihm erschwerte, gute persönliche Beziehungen zu ihren Anführern zu unterhalten. Dies spiegelte seine Schwierigkeit wider, persönliche von offiziellen Beziehungen zu trennen. Mir ist kein Fall bekannt, in dem Russland oder China aus Angst, unsere sensiblen Regierungschefs zu verärgern, auf eine Kritik an den Vereinigten Staaten verzichtet hätten.

Trumps widersprüchliche Ansichten und Entscheidungen in Bezug auf Russland machten unsere gesamte Arbeit kompliziert, und Cyber- und Nicht-Cyber-Fragen gingen oft ineinander über. Außerdem war es leichter gesagt als getan, eine Cyber-Abschreckung aufzubauen, da fast alle Cyber-Offensiven, die wir durchführen wollten, notwendigerweise geheim blieben. Den direkt Betroffenen wäre klar, dass sie Ziel eines Angriffs waren, aber nicht unbedingt, von wem er kam, wenn wir es ihnen nicht sagten. Dementsprechend musste eine öffentliche Diskussion über unsere Fähigkeiten angestoßen werden, um unsere Gegner darauf aufmerksam zu machen, dass unsere Jahre der Passivität vorbei waren, und um unseren Freunden zu versichern, dass Amerika im Cyberspace auf dem Vormarsch war. Ende Oktober äußerte ich mich in Washington öffentlich und vermittelte in groben Zügen, was wir getan hatten, um die Regelungen der Obama-Ära auszuräumen.[24] Andere Verwaltungsbeamte, wie General Nakasone, machten dasselbe.[25] Dies war ein kompliziertes Entscheidungsfeld mit schwierigen Kompromissen, was öffentlich gemacht und was geheim gehalten werden sollte. Je mehr wir sagten, desto größer war die Abschreckung, die wir in den Köpfen der Öffentlichkeit und Entscheidungsträger auf der ganzen Welt verankern konnten. Aber leider würden wir, je mehr wir öffentlich sagten, umso mehr über unsere Kapazitäten preisgeben, was andere entsprechend nutzen könnten, um ihre eigenen Cyber-Programme zu verbessern, sowohl offensiv als auch defensiv. Das ist offensichtlich ein Feld für Debatten für zukünftige Regierungen. Aber unabhängig von Trumps persönlicher Haltung hatten wir erhebliche Arbeit geleistet, um die Wahlen in den USA vor Russland und allen anderen zu schützen.

KAPITEL 7

TRUMP SUCHT IN SYRIEN UND AFGHANISTAN VERGEBLICH NACH DEM AUSGANG

Der Krieg radikal-islamistischer Terroristen gegen die Vereinigten Staaten begann lange vor dem 11. September und wird noch lange danach andauern. Das kann einem gefallen oder nicht, aber es ist Realität. Donald Trump gefiel es nicht und er tat so, als ob es nicht existiere. Er lehnte »endlose Kriege« im Nahen Osten ab, hatte aber keinen kohärenten Plan für das, was nach dem Abzug der US-Streitkräfte und der effektiven Preisgabe wichtiger regionaler Verbündeter im Zuge des Rückzugs folgte. Trump sagte gerne, fälschlicherweise, es sei alles »Tausende von Kilometern entfernt«. Im Gegensatz dazu versuchte ich während meiner Zeit im Weißen Haus, in der Realität zu wirken, mit gemischtem Erfolg.

Syrien: Lawrence von Arabien, rufen Sie Ihr Büro an

Nach unserer Vergeltung im April für den Chemiewaffenangriff Assads auf Douma kam Syrien indirekt durch die Inhaftierung von Pastor Andrew Brunson durch die Türkei wieder zu neuem Leben. Der unpolitische evangelikale Prediger und seine Familie hatten zwei Jahrzehnte lang in der Türkei gelebt und gearbeitet, bevor er 2016 nach einem gescheiterten

Militärputsch gegen Präsident Recep Tayyip Erdoğan verhaftet wurde. Brunson war ein Faustpfand für Verhandlungen, zynischerweise angeklagt, sich mit Anhängern von Fethullah Gülen zusammengetan zu haben, einem islamischen Lehrer, der in den Vereinigten Staaten lebte – einst ein Verbündeter Erdoğans, jetzt ein Feind, der geradezu obsessiv als Terrorist angeprangert wurde. Kurz nach Trumps Rückkehr aus Helsinki rief Erdoğan an, um an die kurze Begegnung bei der NATO (und einen späteren Telefonanruf) und Brunsons »Beziehung« zu Gülen anzuknüpfen. Erdoğan sprach auch ein weiteres Lieblingsthema an, das häufig mit Trump diskutiert wurde: die Verurteilung von Mehmet Atilla, einem hohen Beamten der staatlichen türkischen Bank Halkbank, wegen Finanzbetrugs im Zusammenhang mit massiven Verletzungen unserer Iran-Sanktionen.[1] Diese laufende strafrechtliche Untersuchung bedrohte Erdoğan selbst, da er Anschuldigungen ausgesetzt war, dass er und seine Familie die Halkbank für persönliche Zwecke genutzt hatten, was noch erleichtert wurde, als sein Schwiegersohn zum türkischen Finanzminister gemacht wurde.[2] Für Erdoğan waren Gülen und seine »Bewegung« für die Anklage gegen die Halkbank verantwortlich, es war also alles Teil einer Verschwörung gegen ihn, ganz zu schweigen gegen den wachsenden Reichtum seiner Familie. Er wollte, dass die Halkbank-Anklage fallen gelassen wurde, was unwahrscheinlich war, da sich die US-Staatsanwälte tief in die betrügerischen Operationen der Bank eingegraben hatten. Schließlich ärgerte sich Erdoğan über ein Gesetz, das sich im Legislativprozess im Kongress befand, das den Verkauf von F-35 an die Türkei stoppen sollte, da Ankara das russische Luftabwehrsystem S-400 kaufen wollte. Sollte dieser Kauf zum Abschluss gebracht werden, würde er auch obligatorische Sanktionen gegen die Türkei nach einem Anti-Russland-Sanktionsgesetz von 2017 nach sich ziehen. Erdoğan hatte viel, worüber er sich Sorgen machen musste.

Was Trump wollte, war jedoch sehr begrenzt: Wann würde Brunson freigelassen werden, um nach Amerika zurückzukehren, was Erdoğan seiner Meinung nach versprochen hatte? Erdoğan sagte nur, dass der türkische Gerichtsprozess weitergeführt werde und Brunson nicht mehr inhaftiert sei, sondern unter Hausarrest in Izmir, Türkei, stehe. Trump antwortete, dass er das für sehr wenig hilfreich halte, weil er erwartet hatte, von Erdoğan zu hören, dass Brunson, der nur ein örtlicher Geistlicher war, nach Hause zurückkehren würde. Trump betonte seine Freundschaft mit Erdoğan, deutete aber an, dass es selbst für ihn unmöglich sei, die schwierigen Probleme in den Beziehungen zwischen den USA und der Türkei zu lösen, wenn Brunson nicht in die USA zurückkehre. Trump war wirklich sehr aufgewühlt. Nach einer Auseinandersetzung mit Tillerson und verwirrenden Äußerungen über Gülen (von dem Trump behauptete, er habe da zum ersten Mal von ihm gehört), sagte er ungläubig (und ungenau), Erdoğan habe ihm gesagt, Brunson werde nicht nach Hause kommen. Allein deswegen würde niemand mit Erdoğan Geschäfte machen, beschwerte sich Trump, besonders weil die gesamte christliche Gemeinde der Vereinigten Staaten darüber aufgebracht war; sie drehten vollkommen durch. Erdoğan antwortete, dass die muslimische Gemeinschaft in der Türkei durchdrehe, aber Trump unterbrach ihn und sagte, dass sie überall auf der Welt durchdrehten, was sie auch gerne tun könnten. Danach ging das Gespräch noch weiter abwärts, wenn das überhaupt möglich war.

Trump hatte endlich jemanden gefunden, den er genussvoll sanktionieren konnte, und sagte, dass »große Sanktionen« folgen würden, wenn Brunson nicht in die USA zurückkehren würde. Am 2. August sanktionierte das Finanzministerium den türkischen Justiz- und Innenminister,[3] und zwei Tage später reagierte die Türkei mit Sanktionen gegen ihre amtlichen Gegenstücke, Sessions und Nielsen.[4] Obwohl wir diese Maßnahmen mit Trump besprochen hatten, sagte er mir später am selben Tag, er halte es für beleidigend gegenüber der Türkei, Kabinettsbeamte zu sanktionieren. Stattdessen wollte er die bestehenden Stahlzölle für die Türkei auf 50 Prozent verdoppeln, was das Wirtschaftsteam entsetzte. Trump hatte im März 2018 weltweite Stahl- und Aluminiumzölle aus Gründen der nationalen Sicherheit auf der Grundlage von Abschnitt 232 des Handelsausweitungsgesetzes von 1962 verhängt, ein wenig bekanntes Gesetz, das in der Handelspolitik von Trump großen Anklang fand. Die Gründe der »nationalen Sicherheit« waren bestenfalls hauchdünn; die 232 Zölle waren klassisch protektionistisch. Sie jetzt als politisches Druckmittel einzusetzen, um Brunsons Freilassung zu erwirken, verstieß gegen jede bekannte gesetzliche Logik, egal wie moralisch hochstehend der Fall auch lag. Trump spürte natürlich, dass ihn unter diesen Umständen niemand herausfordern würde. Und los ging es.

Die Türken, besorgt über die eskalierenden Probleme mit Amerika, wollten aus der Sache heraus, so dachten wir wenigstens, und so versuchten wir den Austausch von Brunson in die kriminalpolizeilichen Ermittlungen gegen die Halkbank einzubinden. Dies war bestenfalls unziemlich, aber Trump wollte Brunson raus haben, also verhandelten Pompeo und Mnuchin mit ihren Gegenspielern (Mnuchin, weil das Amt zur Kontrolle fremder Vermögen des Finanzministeriums auch die Halkbank untersuchte).[5] In Dreiergesprächen vereinbarten Mnuchin, Pompeo und ich, dass nichts ohne die volle Zustimmung der Staatsanwälte des Justizministeriums im südlichen Bezirk von New York unternommen werden sollte, wo der Fall, bei dem es um über 20 Milliarden Dollar an Verstößen gegen die Iran-Sanktionen ging, anhängig war. (Zu meiner Zeit im Justizministerium nannten wir den südlichen Bezirk den »Souveränen Bezirk von New York«, weil er sich so oft gegen die Kontrolle durch das Justizministerium und nicht zuletzt durch das Weiße Haus sträubte.) Einige Male war Mnuchin nicht zu bändigen, weil er eine Einigung mit dem türkischen Finanzminister erzielt hatte. Das war typisch: Egal ob Mnuchin mit türkischen Betrügern oder chinesischen Handelsbürokraten verhandelte, ein Abkommen war immer in Sicht. In jedem Fall fiel der Deal in sich zusammen, als die Justiz ihn scheitern ließ, weshalb der Versuch, auf diesem Weg Brunson freizubekommen, niemals funktionieren würde. Pompeo sagte: »Die Türken können sich einfach nicht selbst aus dem Weg gehen«, aber es waren in Wirklichkeit die Staatsanwälte der Justiz, die zu Recht Geschäfte ablehnten, die aus der Sicht der US-Regierung so gut wie nichts wert waren. In der Zwischenzeit verlor die türkische Währung weiter an Wert, und dem türkischen Aktienmarkt ging es auch nicht viel besser.

Wir hatten ein Problem mit mehreren Unterhändlern auf beiden Seiten. Haley führte Gespräche mit dem UN-Botschafter der Türkei, wofür die Türken nach eigenen Angaben kein Verständnis hatten. Das hatten wir auch nicht. Pompeo sagte verbissen, er werde dieses Problem lösen, indem er Haley sagte, sie solle aufhören, unautorisierte Kontakte mit den Türken aufzunehmen, weil alles ohnehin schon verwirrend genug sei. Glücklicherweise funktionierte es dieses Mal. Die diplomatischen Bemühungen brachten jedoch keine Ergebnisse zum Fall Brunson. Trump erlaubte, die Verhandlungen fortzusetzen, aber sein Instinkt in Bezug auf Erdoğan erwies sich als richtig: Nur wirtschaftlicher und politischer Druck würde zu Brunsons Freilassung führen, und zumindest hier hatte Trump trotz Mnuchins fröhlicher Gespräche kein Problem damit, ihn auszuüben. Erdoğan wurde fast augenblicklich von einem der besten internationalen Freunde Trumps zur Zielscheibe vehementer Feindseligkeiten. Es hielt meine Hoffnungen am Leben, dass Wladimir Putin, Xi Jinping, Kim Jong-un oder andere zu gegebener Zeit unweigerlich Trump ihr wahres Gesicht zeigen würden und wir in diesem Moment unsere fehlgeleitete Politik wieder mit der Realität in Einklang bringen könnten. Natürlich war es auch möglich, dass Trump wieder in den »Bester Kumpel«-Modus schaltete, was hier tatsächlich nur wenige Monate später geschah. Ironischerweise haben die Medien Trump zwar als zutiefst antimuslimisch dargestellt, aber er hat nie begriffen – trotz wiederholter Erklärungsbemühungen wichtiger verbündeter Staatschefs in Europa und im Nahen Osten und seiner eigenen Berater –, dass Erdoğan selbst ein radikaler Islamist war. Er war damit beschäftigt, die Türkei vom säkularen Staat Kemal Atatürks in einen islamistischen Staat umzuwandeln. Er unterstützte die Muslimbruderschaft und andere Radikale im gesamten Nahen Osten und finanzierte sowohl die Hamas als auch die Hisbollah, ganz zu schweigen von seiner äußerst feindseligen Haltung gegenüber Israel, und er half dem Iran US-Sanktionen zu unterlaufen. Es schien nie zu ihm durchzudringen.

In der Zwischenzeit war Trump der türkischen Verzögerungen und Verschleierung überdrüssig, und am 10. August ordnete er trotz fragwürdiger gesetzlicher Amtsbefugnis an, die türkischen Stahlzölle auf 50 Prozent und die Aluminiumzölle auf 20 Prozent zu verdoppeln – wahrscheinlich das erste Mal in der Geschichte, dass Zölle per Tweet erhöht wurden:

> Ich habe soeben eine Verdoppelung der Stahl- und Aluminiumzölle gegenüber der Türkei genehmigt, da ihre Währung, die türkische Lira, gegenüber unserem sehr starken Dollar rapide abrutscht! Aluminium liegt nun bei 20% und Stahl bei 50%. Unsere Beziehungen zur Türkei sind zurzeit nicht gut!

Die Türkei schlug mit ihren eigenen Zöllen zurück, und Trump reagierte mit der Forderung nach mehr Sanktionen. Mnuchin versuchte, Trump bei den Sanktionen zu verlangsamen, was ihn meiner Meinung nach jedoch nur noch mehr frustrieren würde. Dann schlug der Vizepräsident vor, Jared Kushner solle den türkischen Finanzminister anrufen, da sie beide Schwiegersöhne der Staatschefs ihrer jeweiligen Länder seien. Wirklich, was könnte da schiefgehen? Ich unterrichtete Pompeo und Mnuchin über diesen neuen »Schwiegersohn-Kanal«, und beide explodierten, Mnuchin, weil der türkische Schwiegersohn Finanzminister war, also sein Amtskollege, und Pompeo, weil dies ein weiteres Beispiel dafür war, dass Kushner internationale Verhandlungen führte, die er nicht hätte führen sollen (zusammen mit dem nie ganz fertigen Nahost-Friedensplan). Ich habe schon immer gern gute Nachrichten überbracht. Trump und Kushner flogen zu einer politischen Benefizveranstaltung in den Hamptons, wo Mnuchin bereits angekommen war, und Kushner rief mich später an und sagte, Mnuchin habe sich »beruhigt«. Kushner sagte weiter, dass er dem türkischen Schwiegersohn gesagt habe, er rufe auf ganz persönlicher Ebene an, eher als Zeichen der Freundschaft und das würde in keiner Weise Schwäche signalisieren. Ich bezweifelte, dass die Türken irgendetwas davon geglaubt haben.

Am 20. August rief Trump mich in Israel wegen einer Schießerei an, die am Morgen in der Nähe der US-Botschaft in Ankara stattgefunden hatte. Ich hatte den Vorfall bereits überprüft und festgestellt, dass es sich um eine lokale Strafsache handelte, die nichts mit den USA zu tun hatte. Dennoch fragte sich Trump, ob wir die Botschaft schließen sollten, um den Druck in Hinblick auf Brunson zu erhöhen, oder ob wir vielleicht etwas anderes tun sollten, z.B. den F-35-Vertrag mit der Türkei kündigen. Ich rief Pompeo und andere an, um sie zu informieren, und bat die Mitarbeiter des Nationalen Sicherheitsrates, die mit mir reisten, zu überlegen, welche Optionen zur Verfügung stünden. Pompeo meinte, wir sollten den türkischen Botschafter zur Persona non grata erklären, und wies die Anwälte des Außenministeriums an, sich mit dem Rechtsberater des Weißen Hauses in Verbindung zu setzen, um sich weiter zu besprechen. Diese Schritte waren unorthodox, aber wir hatten schon beträchtlichen Aufwand mit Brunson betrieben und seine Freilassung immer noch nicht erreicht. Innerhalb weniger Tage kehrte Trump jedoch den Kurs um und beschloss, nichts in Bezug auf unsere Botschaft oder den Botschafter der Türkei zu unternehmen, sondern sich stattdessen wieder auf den Gedanken weiterer Sanktionen zu besinnen. »Sie haben das Ruder in der Türkei-Sache«, sagte er zu mir, was im Grunde genommen bedeutete, dass wir selbst herausfinden sollten, was zu tun war. Einige Tage später bekräftigte er diese Ansicht und sagte: »Schlagt sie, macht sie fertig. Ihr macht das schon«, und er sagte Merkel in einem Telefongespräch, dass Erdoğan in der Brunson-Frage sehr begriffsstutzig sei und dass wir in den nächsten Tagen umfangreiche Sanktionen verhängen würden. Die Katarer, die der Türkei eine massive finanzielle Rettungsleine[6] zugeworfen hatten, boten ebenfalls ihre Hilfe in der Brunson-Frage an, aber es war schwer vorherzusagen, ob ihre Bemühungen Erfolg hatten.

In der Tat gab es auf diplomatischer Ebene nur sehr geringe Fortschritte, selbst als die Auswirkungen der Sanktionen und der offene Dissens mit den Vereinigten Staaten in Bezug auf Brunson sowie andere Fragen (wie der Kauf des russischen S-400-Luftabwehrsystems) weiterhin die türkische Wirtschaft vernichtend trafen. Die Türkei, die dringend mehr ausländische Direktinvestitionen benötigte, bewegte sich mit hoher Geschwindigkeit in die entgegengesetzte Richtung, was sich schließlich auf ihre Entscheidungsfindung auswirkte. Ihr Justizsystem bahnte sich den Weg zu einer weiteren Anhörung am Freitag, dem 12. Oktober, in Izmir, wo Brunson seit Juli unter Hausarrest stand. Nach deutlichen Hinweisen darauf, dass das Gericht auf seine Freilassung hinarbeitete, bereitete sich das Verteidigungsministerium darauf vor, ein Flugzeug in Deutschland bereitzustellen, falls es benötigt würde, um Brunson und seine Familie zurückzuholen. Bizarrerweise verurteilte das Gericht Brunson wegen Spionage und damit zusammenhängender Verbrechen (was lächerlich war) zu fünf Jahren Gefängnis und entschied dann aufgrund der verbüßten Zeit und anderer mildernder Umstände, ihn freizulassen. Dieses Ergebnis zeigte, dass eine politische Lösung gefunden war: Erdoğans Behauptung, Brunson sei ein Spion gewesen, war für seine innenpolitischen Zwecke »gerechtfertigt« worden, aber Brunson kam frei.[7]

Um 9.35 Uhr rief ich Trump an, der wie üblich noch in der Residenz war, und sagte, wir seien zu 95 Prozent sicher, dass Brunson da raus war. Trump war ekstatisch, sofort twitterte er herum, und streute noch einen Tweet darüber ein, warum Ivanka eine großartige UN-Botschafterin abgeben würde. Er wollte, dass Brunson sofort ins Weiße Haus gebracht wurde, ohne einen Aufenthalt im US-Militärkrankenhaus in Landstuhl, Deutschland, zur medizinischen Beobachtung und – falls nötig – Betreuung. Verzögerungen beim Transfer des Pentagon-Flugzeugs nach Izmir bedeuteten, dass Brunson ohnehin über Nacht in Deutschland bleiben musste. Das wiederum bedeutete, dass sein Besuch im Weißen Haus am Samstagnachmittag stattfinden würde, an dem Mitglieder des Kongresses aus North Carolina, seinem Heimatstaat, wie auch Familienmitglieder und Freunde teilnehmen würden. Nachdem sie den Arzt des Weißen Hauses aufgesucht hatten, nur um sicherzugehen, dass sie für die bevorstehende stürmische Szene bereit waren, gingen Brunson und seine Frau in den West Wing. Ich sprach kurz mit ihnen und war überrascht zu hören, dass Brunson meinen Werdegang schon lange verfolgte und fast immer meiner Meinung war. Die Brunsons gingen in die Residenz, um Trump zu treffen, und gingen dann mit ihm entlang der Kolonnade zum Oval Office, wo die Versammelten sie mit Jubel begrüßten. Die Pressemeute trat ein, als der Pastor und der Präsident miteinander sprachen. Am Ende kniete Brunson neben Trumps Stuhl, legte seinen Arm auf Trumps Schulter und betete für ihn, was natürlich das Foto des Tages war. Damit endete die Brunson-Sache, aber die bilateralen Beziehungen zur Türkei waren auf dem tiefsten Stand aller Zeiten.

Doch schon vor seiner Freilassung hatten sich die Bedingungen in Syrien verschlechtert. Wir waren im September besorgt darüber, dass Assad vorhatte, das Gouvernement Idlib,[8] das lange Zeit eine Hochburg der Opposition im Nordwesten Syriens war, zu verwüsten. Es beherbergte nun

Hunderttausende von intern vertriebenen Syrern, die sich mit radikalen Terroristen vermischten, sowie eine türkische Militärpräsenz, die jeglichen Angriff durch Assad verhindern sollte. Russland und der Iran würden Assad mit ziemlicher Sicherheit unterstützen, was zu Blutvergießen und Chaos führen und massive Flüchtlingsströme aus Syrien in die Türkei auslösen würde. Zusammen mit den legitimen Flüchtlingen würden Tausende von Terroristen fliehen, von denen viele nach Europa, ihrem bevorzugten Ziel, einreisen würden. Ich machte mir besonders Sorgen darüber, dass Assad wieder chemische Waffen einsetzen könnte, und ich drängte mit Nachdruck darauf, dass das Verteidigungsministerium über eine mögliche militärische Reaktion (hoffentlich wieder zusammen mit Großbritannien und Frankreich) nachdenken möge, falls dies eintreffen sollte. Ich wollte nicht, wie im April, unvorbereitet sein. Falls erforderlich, sollte ein Vergeltungsschlag nicht wieder nur darauf abzielen, Syriens Fähigkeit zum Einsatz chemischer Waffen zu schwächen, sondern Assads Vorliebe für den Einsatz chemischer Waffen dauerhaft ändern. Diesmal gab Mattis den Joint Chiefs die Freiheit, das zu tun, was sie tun sollten; es gab eine umfassende Vorausplanung, die auf alternativen Annahmen, Einschränkungen (z.B. strenge Vermeidung des Risikos ziviler Opfer) und Zielvorgaben beruhte. Anders als im April hatte ich das Gefühl, dass wir im schlimmsten Fall bereit waren, Trump reale Optionen zur Auswahl zu stellen.

In der Zwischenzeit wartete Israel nicht ab, sondern griff wiederholt iranische Waffen- und Versorgungslieferungen an, die eine Bedrohung darstellen konnten.[9] Jerusalem hatte seine eigenen Kommunikationskanäle mit Moskau, denn Netanjahu war nicht hinter russischen Zielen oder Personal her, sondern nur hinter Iranern und Terroristen. Russlands eigentliches Problem waren seine syrischen Verbündeten, die Mitte September ein russisches Überwachungsflugzeug abgeschossen hatten,[10] was Moskau dazu veranlasste, unter anderem Elemente seines Luftabwehrsystems S-300 an die Syrer zu übergeben, was Israel sehr beunruhigte.[11]

Im Irak griffen am Samstag, dem 8. September, schiitische Milizen, die zweifellos vom Iran aus versorgt wurden, die Botschaft in Bagdad und unser Konsulat in Basra an, und der Iran startete Raketen auf

Ziele in der Nähe von Erbil im kurdischen Irak.[12] In den Tagen vor dem Jahrestag des 11. September und eingedenk des Angriffs auf unser diplomatisches Gelände in Bengasi im Jahr 2012 hätten wir strategisch über unsere Reaktion nachdenken sollen. Das taten wir jedoch nicht. Kelly sagte mir, dass Trump ihm nach einer Wahlveranstaltung wieder einmal enthüllt habe, er wolle sich komplett aus dem Nahen Osten zurückziehen. Tote Amerikaner im Irak, eine Tragik für sich, könnten den Rückzug beschleunigen, wenn wir das nicht sorgfältig durchdachten – langfristig zu unserem Nachteil und zu dem Israels und unserer arabischen Verbündeten. Am Montag war unsere »Antwort« auf ein potenzielles Statement zusammengeschrumpft, in dem die Rolle des Iran bei den Anschlägen verurteilt wurde. Mattis widersetzte sich sogar dem und argumentierte immer noch, dass wir nicht absolut sicher seien, dass die schiitischen Milizen Verbindungen in den Iran hatten, was jeder Leichtgläubigkeit spottete. Wir blieben bis Dienstag bei unserer unentschlossenen Haltung, als Mattis eine Sitzung des Oval Office zu dieser kurzen Erklärung mit Trump, Pence, Mattis, Pompeo, Kelly und mir anberaumte. Jetzt war es so spät, dass nur noch wenige davon Notiz nehmen würden, was immer auch darin stand. Da war Mattis' Quertreiberei am Werk: keine militärische Reaktion und vielleicht nicht einmal eine Pressemitteilung als Reaktion auf Angriffe auf diplomatisches Personal und Einrichtungen der USA. Was für Schlüsse zogen der Iran und die Milizen nun aus unserer völligen Passivität?

Es war vorhersehbar, dass es innerhalb weniger Wochen zu erneuten Drohungen durch schiitische Milizen und zu zwei weiteren Raketenangriffen auf das Konsulat in Basra kommen würde. Pompeo beschloss praktisch sofort, das Konsulat (in dem über tausend Personen, darunter Regierungsangestellte und Selbstständige, beschäftigt waren) zu schließen, um eine Katastrophe wie in Bengasi zu vermeiden. Diesmal konnte selbst Mattis die Verbindungen in den Iran nicht leugnen. Er zeigte jedoch keinen Sinn für Ironie und widersetzte sich weiterhin jeder militärischen Aktion als Reaktion, da er befürchtete, dass die Schließung des Konsulats als Zeichen für einen Rückzug aus dem Irak gedeutet werden könnte. Dennoch kündigte Pompeo am 28. September die Schließung des Konsulats an.[13] Wenn wir nun zu den Ereignissen des Sommers 2019 und dem Abschuss von US-Drohnen und anderen kriegerischen Handlungen des Iran in der Region kommen, sollten wir die Versäumnisse der Regierung ein Jahr zuvor, auf die Provokationen zu reagieren, im Hinterkopf behalten.

Kurz darauf machte Trump bei Erdoğan und der Türkei wieder eine Kehrtwendung. Nachdem die Brunson-Sache nun sechs Wochen hinter uns lag, trafen sich die beiden Staatsoberhäupter am 1. Dezember auf dem G20-Gipfel in Buenos Aires zu einem bilateralen Treffen, bei dem vor allem über Halkbank gesprochen wurde. Erdoğan legte ein Memo der Anwaltskanzlei vor, die die Halkbank vertrat, das Trump lediglich durchblätterte, bevor er erklärte, er halte die Halkbank in Bezug auf die Verletzung der US-Iran-Sanktionen für völlig schuldfrei. Trump fragte, ob wir den amtierenden Justizminister Matt Whitaker erreichen könnten; dem wich ich aus. Trump sagte dann zu Erdoğan, dass er sich darum kümmern würde, und erklärte, dass die Staatsanwälte des südlichen Bezirks nicht seine Leute seien, sondern Obamas Leute, ein Problem, das gelöst würde, wenn sie durch seine Leute ersetzt würden.

Natürlich war das alles Unsinn, da die Staatsanwälte Karrierebeamte des Justizministeriums waren, die genauso vorgegangen wären, wenn die Untersuchung der Halkbank im achten Jahr der Präsidentschaft Trumps und nicht im achten Jahr Obamas begonnen hätte. Es war, als wolle Trump zeigen, dass er über ebenso viel willkürliche Amtsgewalt verfügte wie Erdoğan, der zwanzig Jahre zuvor als Bürgermeister von Istanbul gesagt hatte: »Demokratie ist wie eine Straßenbahn. Man fährt damit bis zur gewünschten Haltestelle und steigt dann aus.«[14] Trump fuhr fort und behauptete, er wolle nicht, dass Erdoğan oder der Türkei etwas Schlimmes passiere, und dass er sehr hart an diesem Thema arbeiten würde. Erdoğan beschwerte sich auch über die kurdischen Kräfte in Syrien (worauf Trump nicht einging) und kam dann noch mal auf Fethullah Gülen zurück und forderte erneut seine Auslieferung an die Türkei. Trump stellte die Hypothese auf, dass Gülen nur einen Tag überleben würde, wenn er in die Türkei zurückgeschickt würde. Die Türken lachten, sagten aber, Gülen brauche sich keine Sorgen zu machen, da es in der Türkei keine Todesstrafe gebe. Glücklicherweise endete das bilaterale Treffen kurz danach. Aus dieser aufgefrischten Männerfreundschaft mit einem weiteren autoritären Staatschef würde nichts Gutes entstehen.

Tatsächlich hatten die Europäer bereits ihre Aufmerksamkeit von den Risiken eines Assad-Angriffs auf das Gouvernement Idlib verlagert auf die Sorge über einen türkischen Angriff im Nordosten Syriens, im Dreiländereck östlich des Euphrats, südlich der Türkei und westlich des Irak. Weitgehend unter der Kontrolle der syrischen Opposition und von kurdischen Kämpfern dominiert, waren dort mehrere tausend US-amerikanische und alliierte Truppen stationiert, um die noch andauernde Offensive auf das Staatsgebiet des IS-Territorialkalifats zu unterstützen. Die Offensive hatte schon unter Obama begonnen, dessen fehlgeleitete Politik im Irak in hohem Maße überhaupt zur Entstehung des IS und seines Kalifats beigetragen hatte, und näherte sich schließlich ihrem Erfolg. Sie war kurz davor, den IS in seinem territorialen Besitz im westlichen Irak und östlichen Syrien auszuschalten, auch wenn das noch nicht den IS als solchen eliminierte, der sich immer noch auf tausende Kämpfer und Terroristen stützte, die sich ziellos zwischen Irak und Syrien bewegten, aber kein abgestecktes Territorium mehr kontrollierten.

Erdoğan hatte angeblich ein Interesse daran, das Kalifat zu zerstören, aber sein wirklicher Feind waren die Kurden, die, wie er mit einiger Berechtigung glaubte, mit der Kurdischen Arbeiterpartei (PKK) in der Türkei verbündet waren, die die USA lange Zeit als terroristische Gruppe eingestuft hatten. Weshalb wir mit einer terroristischen Gruppe verbündet waren, um eine andere zu zerstören, hing damit zusammen, dass Obama nicht erkannt hatte, dass der Iran jetzt und in Zukunft eine viel ernstere Bedrohung darstellen würde. Viele der Parteien, die an diesem Konflikt beteiligt waren, widersetzten sich dem IS, so auch der Iran, sein terroristischer Statthalter Hisbollah und sein Quasi-Satellitenstaat Syrien. Im Gegensatz zu Obama fasste Teheran jedoch bereits den nächsten Krieg ins Auge, den Krieg nach der Niederlage des IS. Als das IS-Territorialkalifat kleiner wurde, weitete der Iran seine Kontrolloptionen in der Region aus und ließ die USA mit ihrer unbeholfenen Truppe von Verbündeten links liegen. Dennoch hatte Amerika die kurdischen Bestrebungen nach größere Autonomie oder sogar Unabhängigkeit vom Irak lange Zeit unterstützt, und ein kurdischer Staat würde Grenzanpassungen für bestehende Staaten in der Nachbarschaft erfordern. Es war kompliziert. Was aber nicht kompliziert war, war das starke Loyalitätsgefühl der USA gegenüber den Kurden, die mit uns gegen den IS gekämpft hatten, und auch nur daran zu denken, sie im Stich zu lassen, war nicht nur illoyal, sondern hätte weltweit schwerwiegende negative Folgen für alle künftigen Versuche, Verbündete zu rekrutieren, die später als entbehrlich angesehen werden könnten.

In der Zwischenzeit gab es Turbulenzen im Pentagon. Am Freitag, dem 7. Dezember, sagte Mattis bei unserem wöchentlichen Frühstück düster zu Pompeo und mir: »Sie, meine Herren, haben jetzt mehr politisches Kapital als ich«, was unheilvoll klang. Mark Milleys Nominierung für die Nachfolge Dunfords als Vorsitzender der Joint Chiefs würde erst am nächsten Tag, vor dem Spiel Army gegen Navy[15], bekannt gegeben, aber wir wussten, dass das kommen würde. Milley, der damalige Generalstabschef des Heeres, hatte Trump beeindruckt und den Posten im Alleingang gewonnen. Mattis hatte versucht, Trump seinen bevorzugten Kandidaten aufzuzwingen, aber viele Trump-Anhänger glaubten, dass das Letzte, was er brauchte, ein Mattis-Klon als Vorsitzender sei. Indem er vorschnell Druck ausübte, vielleicht auch weil Mattis wusste, dass er lange vor Ablauf von Dunfords Amtszeit am 30. September 2019 ausscheiden würde, hatte Mattis seiner eigenen Sache geschadet. Bei unserem nächsten Frühstück im Ward Room am Donnerstag, dem 13. Dezember, war die Stimmung aus mehreren Gründen ausgesprochen betrübt, vor allem aber, weil wir mit stillschweigender Sicherheit alle das Gefühl hatten, dass Mattis am Ende seiner Reise stand. Es störte mich nicht, dass Mattis' Quertreiberei mit ihm gehen würde, aber sein Weggang war Teil eines problematischen, fast unvermeidlichen Musters. In keiner der drei früheren republikanischen Regierungen, in denen ich gedient hatte, gab es jemals etwas, das an das Ausmaß und diese Art des Personalwechsels bei Führungspositionen heranreichte.

Am 14. Dezember telefonierten Trump und Erdoğan. Ich hatte Trump zuvor über die Lage in Syrien informiert, und er sagte: »Wir sollten verdammt noch mal von dort verschwinden«, was er, wie ich befürchtete, auch Erdoğan direkt sagen würde. Trump begann, indem er sagte, dass wir einer Lösung zur Halkbank schon sehr nahe seien. Er habe gerade mit Mnuchin und Pompeo gesprochen und sagte, wir würden uns mit Erdoğans großartigem Schwiegersohn (dem Finanzminister der Türkei) in Verbindung setzen, um ihm die Bürde von den Schultern zu nehmen. Erdoğan war sehr dankbar und sprach sogar auf Englisch. Dann ging er auf Syrien ein. Er sagte, Trump kenne doch die Erwartungen der Türkei in Bezug auf die YPG (eine syrisch-kurdische Miliz, Teil der oppositionellen syrischen Verteidigungskräfte) und das (gülenistische) Terrornetzwerk FETO, die Erdoğan als Bedrohungen der nationalen Sicherheit der Türkei bezeichnete, die die bilateralen Beziehungen zwischen Washington und Ankara vergifteten. Und dennoch, jammerte Erdoğan, bilde Amerika trotz all dieser Fakten weiterhin YPG-Kräfte aus, darunter bis zu 30–40000 neue Rekruten. Er beklagte sich über die Diskrepanz zwischen Trumps politischem Willen und den militärischen Aktivitäten der USA vor Ort, die in seiner Gedankenwelt Fragen aufwarfen. Die Türkei, so Erdoğan, wolle den IS und die PKK loswerden, obwohl er mit »PKK« meines Erachtens eigentlich die kurdischen Kämpfer als Ganzes meinte.

Trump sagte, er sei bereit, Syrien zu verlassen, wenn die Türkei den Rest des IS handhaben wollte; die Türkei könne den Rest übernehmen, und wir würden einfach aussteigen. Erdoğan gab sein Wort in diesem Punkt, sagte aber, seine Streitkräfte bräuchten logistische Unterstützung. Dann kam der schmerzhafte Teil. Trump sagte, er würde mich bitten (ich hörte bei dem Anruf, wie gewöhnlich, mit), sofort einen Plan für den Rückzug der USA auszuarbeiten, wobei die Türkei den Kampf gegen den IS übernehmen würde. Er sagte, ich solle ihn im Stillen ausarbeiten, aber wir würden abziehen, weil der IS am Ende sei. Trump bat mich, etwas dazu zu sagen und ich sagte, ich hätte seine Anweisungen gehört. Am Ende des Telefonats, nach weiteren Diskussionen über die Halkbank, sagte Trump, Erdoğan solle mit mir bezüglich der militärischen Angelegenheiten zusammenarbeiten (und mir sagen, ich solle gute Arbeit leisten) und mit Mnuchin in Hinblick auf Halkbank. Erdoğan dankte Trump und nannte ihn einen sehr praxisorientierten Anführer. Kurz darauf sagte

Trump, wir sollten eine Erklärung verfassen, dass wir den Kampf gegen den IS gewonnen hätten, dass wir unsere Mission in Syrien abgeschlossen hätten und dass wir nun abziehen würden.[16] Ich hatte kaum Zweifel daran, dass Trump den Rückzug aus Syrien als ein weiteres Wahlversprechen aufgefasst hatte, wie das zu Afghanistan, und er entschlossen war, einst sagen zu können, dass er es eingehalten habe. Kurz darauf rief ich Mattis an, um ihn zu informieren; es erübrigt sich zu sagen, dass er nicht begeistert war.

Dies war für mich eine persönliche Krise. Ich war der Ansicht, dass der Rückzug aus Syrien ein großer Fehler war, sowohl wegen der anhaltenden globalen Bedrohung durch den IS als auch wegen der Tatsache, dass der erhebliche Einfluss des Iran zweifellos noch wachsen würde. Ich hatte bereits im Juni gegenüber Pompeo und Mattis argumentiert, dass wir unsere Stückwerkpolitik in Syrien beenden sollten, bei der wir jeweils nur einzelne Provinzen oder ein Gebiet (z.B. Manbidsch, Idlib, die südwestliche Sperrzone usw.) ins Auge nahmen, und uns auf das große Ganze konzentrieren sollten. Nachdem das IS-Territorialkalifat den größten Teil seines Territoriums verloren hatte (obwohl die IS-Bedrohung selbst bei weitem noch nicht beseitigt war), bestand das große Ziel darin, den Iran aufzuhalten. Wenn die USA nun aber die Kurden im Stich ließen, müssten sie sich entweder mit Assad gegen die Türkei verbünden, die von den Kurden zu Recht als die größere Bedrohung angesehen wurde (wodurch Assad, Stellvertreter des Iran, gestärkt würde), oder sie müssten allein weiterkämpfen und stünden vor einer fast sicheren Niederlage, gefangen im Schraubstock zwischen Assad und Erdoğan. Was war zu tun?

Zunächst trafen am 18. Dezember Mattis, Dunford, Coats, Haspel, Pompeo und ich (und einige andere) uns im »Tank« im Pentagon und nicht im Sit Room, um weniger Aufmerksamkeit zu erregen. Aufgrund des Trump-Erdoğan-Aufrufs erzählten die Türken zweifellos jedem, der es hören wollte, dass wir den Nordosten Syriens ihrer mitfühlenden Barmherzigkeit übergeben würden. Die potenziellen Gefahren vor Ort waren beängstigend, angefangen bei den Tausenden von IS-Gefangenen, die von den Kurden festgehalten wurden, bis eine Entscheidung über deren Verbleib getroffen wurde. Die Schätzungen über die tatsächliche

Zahl der Gefangenen schwankten, was zum Teil auf unterschiedliche Definitionen zurückzuführen war: Waren sie »ausländische terroristische Kämpfer«, also von außerhalb des Nahen Ostens? Von außerhalb Syriens und des Irak? Oder Einheimische? Wie hoch die Zahl auch sein mochte, wir wollten nicht, dass sie sich in Massen in die Vereinigten Staaten oder nach Europa bewegten. Mitte Dezember schlug Trump vor, die IS-Gefangenen im Nordosten Syriens nach Gitmo[17] zu bringen, aber Mattis war dagegen. Trump bestand dann darauf, dass andere Länder ihre eigenen Staatsbürger aus den kurdischen Lagern abziehen sollten, was nicht unvernünftig war, andere Regierungen jedoch entschieden ablehnten, da sie nicht wollten, dass die Terroristen nach Hause kommen. Niemand tat dies, aber dieser Widerstand trug kaum zu einer Lösung bei. Im weiteren Verlauf der Ereignisse haben wir das Problem nicht gelöst bekommen, bevor ich das Weiße Haus verließ.

Und schließlich, wie lange genau würde es dauern, bis die USA und andere Koalitionskräfte sicher und geordnet abziehen könnten? Dunfords Planer schätzten etwa 120 Tage; es handelte sich sicher nicht um eine Frage von 48 Stunden. Ich fragte, ob wir an der Sperrzone von At-Tanf festhalten sollten, die auf syrischer Seite im Dreiländereck Syrien, Jordanien und Irak liegt, allerdings nicht im Nordosten Syriens, und die aber von US-Streitkräften gehalten wurde. Durch die Kontrolle von At-Tanf wurde ein wichtiger Grenzübergang an der Straße zwischen Bagdad und Damaskus neutralisiert, wodurch Iran und andere gezwungen waren, über einen weiter entfernten Grenzübergang im Norden Iraks nach Syrien zu gelangen. Überraschenderweise stand Mattis dem Wert von At-Tanf skeptisch gegenüber, wahrscheinlich weil er sich eher auf den IS konzentrierte als auf den Iran. Der Iran war meine Hauptsorge, und ich blieb während meiner gesamten Zeit als Nationaler Sicherheitsberater fest bei At-Tanf. Außerdem, warum sollte man Territorium umsonst aufgeben?

Wie wir vereinbart hatten, begannen Mattis, Dunford, Pompeo und ich unsere Verbündeten anzurufen, um sie auf das vorzubereiten, was geschehen würde, erhielten jedoch keine Anzeichen von Unterstützung. Der Franzose Étienne sagte mir, dass Macron sicherlich mit Trump über die Entscheidung sprechen wolle, was mich nicht überraschte. Andere

Reaktionen waren ähnlich vorhersehbar. Ich war an jenem Nachmittag im Oval, als Macrons Anruf durchkam, und er war nicht erfreut. Trump ging darüber hinweg und sagte, dass wir mit dem IS fertig seien und dass die Türkei und Syrien sich um etwaige Überbleibsel kümmern würden. Macron antwortete, die Türkei konzentriere sich auf den Angriff auf die Kurden und werde sich mit dem IS arrangieren. Er flehte Trump an, sich nicht zurückzuziehen, und sagte, dass wir binnen sehr kurzer Zeit siegen würden und die Arbeit zum Abschluss bringen sollten. Trump willigte ein, sich erneut mit seinen Beratern zusammenzusetzen, und sagte mir, ich solle mit Macrons Leuten reden (was ich bereits getan hatte) und Mattis und Dunford sagen, sie sollten mit ihren Amtskollegen sprechen. Fast sofort rief Mattis an und sagte, dass die französische Verteidigungsministerin Florence Parly mit Trumps Entscheidung überhaupt nicht glücklich sei. Israels Botschafter Ron Dermer sagte mir, dass dies der schlimmste Tag sei, den er bisher mit der Trump-Regierung erlebt habe.

Am nächsten Tag, Mittwoch, dem 19. Dezember, nahmen Mattis, Pompeo und ich unser wöchentliches Frühstück im Ward Room ein, das vom Thema Syrien dominiert wurde, ungeachtet unserer ausführlichen Diskussion im Pentagon vom Vortag. Über Verbündete im Kongress waren zahlreiche Presseberichte voller Ungenauigkeiten[18] erschienen, von denen ich annahm, dass sie größtenteils aus dem Pentagon stammten. Später am selben Tag twitterte Trump ein Video mit seiner eigenen Erklärung, und die Anrufe der Presse und des Kongresses überfluteten das Weiße Haus, das sich – anders als der Nationale Sicherheitsrat – wieder einmal auf die mexikanische Grenzmauer und damit zusammenhängende Einwanderungsthemen konzentrierte. Die Republikaner im Kongress lehnten Trumps Entscheidung für Syrien fast einheitlich ab, sagten aber weitgehend, dass sie die Medien meiden würden, eine Hemmung, die die Demokraten nicht teilten. Das Einverständnis der Republikaner mit einer verfehlten nationalen Sicherheitspolitik half jedoch weder dem Land noch letztlich der Partei. Ich berichtete an jenem Morgen über die negative Reaktion vom Hill,[19] aber Trump glaubte es nicht und verließ sich wahrscheinlich wieder auf Rand Pauls Zusicherung, dass er die wahre Basis der Partei repräsentiere. Als ob dies noch nicht genug wäre, hielt die Türkei einen Nationalgardisten aus Texas im Dienst auf dem Luftwaffenstützpunkt Incirlik in der Nähe von Adana fest (das Problem wurde im Gegensatz zu dem von Brunson schnell gelöst).

Am Donnerstag begriff Trump, dass er von der Medienberichterstattung über den syrischen Rückzug zerfleischt wurde, was nur ein kleiner Bruchteil dessen war, was passieren würde, wenn er Afghanistan vollständig verlassen würde. Wir kamen zu dem Schluss, dass es nicht klug sei, eine Frist für den Rückzug zu setzen, betonten aber, dass dieser »geordnet« sein sollte. Das türkische Militär versorgte uns in dieser Hinsicht mit einer potenziellen Rettungsleine. Sie wussten sehr wohl, dass es Gespräche von Militär zu Militär über eine geordnete Machtübergabe in einer ansonsten im Wesentlichen unregierten Region geben musste, bevor die von Trump vorgeschlagene Übergabe erfolgen konnte. Diese Gespräche würden Zeit brauchen, und in der Tat plante die US-Delegation, erst am Montag der nächsten Woche, Heiligabend, nach Ankara zu reisen.

An diesem Nachmittag erfuhr ich, dass Mattis allein mit Trump im Oval Office war, und eine geplante Zeremonie zur Unterzeichnung einer Gesetzesvorlage dauerte länger als gedacht. Während wir noch sprachen, kam Mattis heraus, Trump direkt hinter ihm. Ich merkte sofort, dass etwas im Busch war. Mattis schien fassungslos zu sein, als er mich warten sah, aber er schüttelte mir nur ausdruckslos die Hand. Trump sagte: »John, kommen Sie rein«, was ich tat, und so waren nur wir beide im Oval Office. »Er geht«, sagte Trump. »Ich habe ihn nie wirklich gemocht.«

Nach der Unterzeichnungszeremonie der Gesetzesvorlage sprachen Trump und ich etwa zwanzig Minuten lang darüber, wie wir mit dem Abgang von Mattis umgehen sollten. Trump wollte einen Tweet absetzen, bevor Mattis' PR-Maschine ins Rollen kam. Mattis hatte Trump ein langes Schreiben überreicht, in dem er die Gründe für seinen Rücktritt erklärte, zweifellos für eine breite öffentliche Verteilung geschrieben, und das Trump nicht wirklich gelesen hatte. Stattdessen hatte er es einfach auf dem Resolute Desk liegen lassen, von dem es für die Zeremonie zur Unterzeichnung der Gesetzesvorlage weggeräumt worden war. Als wir den Brief wiederfanden, las ich mit Erstaunen, dass Mattis bis Ende Februar dienen und seine verbleibende Zeit als Verteidigungsminister damit verbringen wollte, vor dem Kongress auszusagen und auf der Februartagung der NATO-Verteidigungsminister zu sprechen. Noch überraschender war für Trump angesichts des Tenors seines Gesprächs mit Mattis der Inhalt des Schreibens, in dem er die Politik von Trump ablehnte. Ich erklärte Trump, dass der Zeitplan völlig unhaltbar sei, obwohl ich mir nicht sicher war, ob er das wirklich verstand. Er äußerte sich jedoch immer deutlicher darüber, wie sehr er Mattis nicht mochte. »Ich habe ein Monster erschaffen, als ich ihn ›Mad Dog‹ nannte«, sagte Trump, was zumindest teilweise richtig war. (Mattis' eigentlicher Spitzname war »Chaos«.) Ich kehrte in mein Büro zurück und rief Pompeo um 17.20 an. Zu diesem Zeitpunkt war Trumps Tweet bereits abgesetzt, und Mattis' Presseattacke war im Gange. Pompeo sagte, Mattis habe auf dem Weg zum Weißen Haus im Außenministerium vorbeigeschaut und ihm eine Kopie des Rücktrittsschreibens übergeben. Mattis sagte: »Der Präsident beachtet mich nicht mehr. Das ist seine Art zu sagen, dass er mich nicht mehr dabeihaben will. Es ist Zeit zu gehen.« Ich fand, all diese Dinge seien wahr, und Pompeo stimmte zu.

All dieser Aufruhr um Mattis wirkte sich natürlich auf das syrische und das parallel dazu verlaufende afghanische Drama aus, vor allem weil Mattis Trumps Befehl an die US-Streitkräfte, Syrien zu verlassen, zum entscheidenden Argument für seinen Rücktritt machte. Dennoch blieb die Nachfolgefrage bestehen. Am Samstag, zwei Tage nach dem Treffen von Mattis im Oval Office, teilte mir Trump gegen 18.15 Uhr mit, dass er nicht erst bis Februar auf Mattis' Abgang warten wollte und beschlossen hatte, den stellvertretenden Verteidigungsminister Pat Shanahan zum amtierenden Verteidigungsminister zu ernennen. (Zu diesem Zeitpunkt war Trump unentschieden, ob er Shanahan auch im Amt bestätigen sollte, und erwähnte den pensionierten General Jack Keane.) Darüber hinaus wollte Trump nun, dass Mattis sofort entlassen wurde und am Montag nicht einmal mehr ins Pentagon kam. Ich wies darauf hin, dass es fast Weihnachten war, und Trump sagte: »Weihnachten ist erst am Dienstag. Wir sollten ihn heute feuern.«

Am Sonntag, dem 23. Dezember, sprach ich mit Trump kurz vor einem Telefonat mit Erdoğan um zehn Uhr morgens. Trump hatte gerade »ein gutes Gespräch« mit Shanahan beendet, den er »sehr beeindruckend« fand. Trump fragte sich, warum er bei ihren vorherigen Begegnungen nicht so beeindruckt gewesen sei. Er antwortete selbst, und ich stimmte zu, dass Shanahan »dort [im Pentagon] von Mattis kleingehalten worden war«, und fügte hinzu: »Er liebt Sie und Pompeo.« Ein Starttermin am 1. Januar würde Mattis jedoch immer noch bis zum 31. Dezember im Amt belassen, und Trump polterte erneut, dass er ihn sofort loswerden wolle. Ich sagte, ich würde sehen, was sich machen ließe, und rief dann sofort Shanahan an, der mit seiner Familie in Seattle war. Ich schlug vor, dass er, ob Weihnachten oder nicht, darüber nachdenken sollte, sofort nach Washington zurückzukehren. Ich rief auch Dunford an und erreichte ihn, als er gerade auf dem Luftwaffenstützpunkt Bagram in Afghanistan landete. Ich erzählte ihm, was mit Erdoğan in Syrien und mit Mattis geschehen war, was er zu schätzen wusste, da niemand sonst ihm die Nachricht aus dem Pentagon zugetragen hatte. Ich versicherte Dunford, dass Trump ihn als Vorsitzenden der Joint Chiefs im Amt belassen wollte, was ich mir mehr oder weniger ausdachte, aber ich ging davon aus, dass es stimmte, und dass es angemessen war, alle Bedenken angesichts des Aufruhrs, den Mattis verursacht hatte, zu zerstreuen. Zumindest vorerst schienen wir wieder stabil zu sein.

Aber Syrien war immer noch in Bewegung. Im Laufe des Wochenendes entschied Trump, dass er ein weiteres Gespräch mit Erdoğan wünschte, um zwei Punkte hervorzuheben: Er solle erstens keine US-Truppen in Syrien angreifen und zweitens darauf achten, dass der IS und nicht die Kurden angegriffen würden, wobei beide Punkte richtig waren, aber es war ein wenig spät, sie nach seinem vorherigen Gespräch mit Erdoğan und der anschließenden Veröffentlichung einzufügen.[20] Nach Begrüßungen und einleitenden Bemerkungen sagte Trump also, dass er erstens wolle, dass Erdoğan den IS loswurde, und dass wir Hilfe leisten würden, wenn die Türkei sie brauchte. Zweitens drängte er Erdoğan, nicht auf die Kurden loszugehen und sie zu töten, und merkte an, dass viele Leute sie dafür mochten, dass sie jahrelang mit uns gegen den IS gekämpft hatten. Die Türkei und die Kurden sollten gemeinsam gegen die verbleibenden IS-Kräfte vorgehen. Trump räumte ein, dass eine solche Strategie zwar eine

Kursänderung für Erdoğan bedeuten könnte, aber er betonte erneut, wie viel Unterstützung es für die Kurden in den Vereinigten Staaten gab. Trump legte dann mit dem nach, was seiner Meinung nach den Ausschlag gab: die Aussicht auf einen wesentlich größeren Handelsverkehr der USA mit der Türkei. Erdoğan bemühte sich zu sagen, er schätze die Kurden und umgekehrt, fügte aber hinzu, dass die YPG-PYD-PKK (drei kurdische Gruppen in der Türkei und in Syrien, deren neun Initialen Erdoğan herunterrasselte, als ob er seinen eigenen Namen buchstabieren würde) die Kurden manipulierten und sie nicht repräsentierten. Er wies darauf hin, dass seine Regierung kurdische Abgeordnete und Minister habe, dass die Kurden eine besondere Liebe und Sympathie für ihn hätten und dass er der einzige Anführer sei, der große Kundgebungen in den kurdischen Gebieten durchführen könne. Er habe nicht die Absicht, jemand anderen außer Terroristen zu töten. All dies hatten wir schon einmal gehört, und es war die übliche Propaganda des Erdoğan-Regimes.

Kundgebungen! Welche Wirkung das auf Trump hatte! An diesem Punkt, als erkenne er, dass er wahrscheinlich mit der Kurdenangelegenheit in eine Falle geraten war – nämlich dass Erdoğan unterschied zwischen denjenigen, die er dezimieren wollte, und denjenigen, die ihm gerne zuhörten, eine Unterscheidung, bei der wir kein Interesse hatten, Erdoğan zu unterstützen –, bat mich Trump zu sagen, was ich von Erdoğans Äußerungen hielt. Spontan sagte ich, wir sollten es den bevorstehenden Gesprächen zwischen den Militärs überlassen, die Terroristen von den Nicht-Terroristen abzugrenzen. Ich hatte das Gefühl, dass eine detaillierte Analyse dieser Frage zu absolut nichts führen und eher unseren Abzug aus Syrien verzögern würde.

Heiligabend und der erste Weihnachtstag blieben ruhig. Um 21.45 Uhr am Weihnachtsabend brachen meine Secret-Service-Leibwache und ich nach Andrews auf, wo Trump, die First Lady und eine kleine Reisegruppe unter außerordentlichen Sicherheitsvorkehrungen an Bord der Air Force One gingen, um in den Irak zu fliegen (der acht Stunden vor Washingtoner Zeit lag). Ich schlief ein wenig und wachte rechtzeitig auf, um zu sehen, dass die Nachricht von der Reise sich noch immer nicht verbreitet hatte und dass die Sicherheitslage ausreichend gut war, so dass wir unser Ziel, den Luftwaffenstützpunkt al-Asad, erreichen konnten, wo wir unter anderem ein Treffen mit dem irakischen Premierminister Adil Abd al-Mahdi und mehreren Spitzenbeamten erwarteten. Trump erwachte »früh«, obwohl es bereits nachmittags irakischer Zeit war, und wir verbrachten ziemlich viel Zeit in seinem Büro und plauderten, da nur wenige schon wach waren. Die Themen reichten von dem, was er zu den Soldaten von Army und Marines in al-Asad und in der Rede zur Lage der Nation im Januar sagen würde, bis hin zum Senden eines Neujahrsgrußes an Xi Jinping und der Frage, ob Trump den Friedensnobelpreis erhalten sollte. Trump sprach auch das weit verbreitete politische Gerücht an, dass er im Jahr 2020 Pence fallen lassen würde und stattdessen Haley nominieren würde, und fragte, was ich davon hielt. Es gingen im Weißen Haus Gerüchte umher, dass Ivanka und Kushner diesen Ansatz befürworteten, was damit zusammenhing, dass Haley ihr Amt als UN-Botschafterin im Dezember 2018 aufgab und so die Möglichkeit hatte, im ganzen Land ein bisschen Politik zu machen, bevor sie 2020 in die engere Wahl kommen könnte. Das politische Argument zu Haleys Gunsten war, dass sie Wählerinnen zurückgewinnen könnte, die Trump vor den Kopf gestoßen hatte. Im Gegensatz dazu hieß es, dass die Evangelikalen, die Pence unterstützen, im Jahr 2020 keine andere Wahl hätten, so dass ihre Stimmen nicht gefährdet seien, wenn Haley seinen Platz einnähme. Ich erklärte, dass es eine schlechte Idee sei, jemanden, der loyal war, über Bord zu werfen, und dass dies das Risiko mit sich brächte, Leute zu verprellen, die er brauchte (die zu Hause bleiben würden, auch wenn sie nicht für Trumps Gegner stimmten), ohne dabei dank der Ablösung neue Unterstützung zu schaffen. Das schien auch Trumps Denkweise zu entsprechen.

Wir landeten gegen 19.15 Uhr Ortszeit in al-Asad, in nahezu völliger Dunkelheit und unter strengsten Sicherheitsvorkehrungen. Wir entfernten uns in schwer gepanzerten Humvees von der Air Force One und steuerten auf das Zelt zu, in dem sich die US-Kommandeure mit uns treffen würden. Als wir weiterfuhren, wurde uns klar, dass wir nicht wirklich sicher waren, ob Abd al-Mahdi tatsächlich kommen würde oder nicht. Aus Sicherheitsgründen hatte er nur eine minimale Vorankündigung erhalten, aber wir hatten gehört, dass ein Flugzeug aus Bagdad unterwegs sei, wobei nicht klar war, ob Abd al-Mahdi darin saß! Begrüßt wurden der Präsident und die First Lady in einem mit Tischen, Stühlen und Flaggen dekorierten Zelt von Armeegeneralleutnant Paul LaCamera, dem Kommandeur der Operation »Inherent Resolve« (im Irak und in Syrien), Luftwaffenbrigadegeneral Dan Caine (mit dem Spitznamen »Rosine«), dem stellvertretenden Kommandeur und einigen anderen. Ich wollte etwas mehr »inhärente Entschlossenheit« in der Regierung, also nahm ich LaCamera zur Seite und drängte ihn dazu, die Bedrohung durch den Iran in Syrien hervorzuheben, zusätzlich zu dem, was er sonst noch zu sagen gedachte.

Wenn ich einen klaren Zeitpunkt benennen müsste, der die US-Militärpräsenz in Syrien gerettet hat (zumindest bis zum Ende meiner Amtszeit im Weißen Haus), so war es dieser: in diesem Zelt sitzend, am behelfsmäßigen Konferenztisch, mit dem Präsidenten und der First Lady am Kopf der Tafel und dem Rest von uns an den Seiten, nach der obligatorischen Darbietung vor der mitreisenden Presse. Diese verließ das Zelt gegen acht Uhr abends, und LaCamera und seine Kollegen begannen mit etwas, was sie sicher für ein Standardbriefing hielten, bei dem sie sprachen und der Präsident zuhörte. Sie würden ihr blaues Wunder erleben! LaCamera kam nur bis »Es ist kristallklar, dass wir aus Syrien abziehen«, als Trump mit Fragen und Kommentaren unterbrach. LaCamera sagte dann irgendwann: »Ich kann unsere Interessen in Syrien schützen, während wir uns zurückziehen, und ich kann es auch von hier aus tun.« Trump sagte, er habe Erdoğan angewiesen, er solle die US-Streitkräfte in Syrien nicht angreifen, und LaCamera und Caine erklärten, was sie derzeit gegen den IS unternahmen, als Trump fragte: »Können Sie ihnen auf dem Weg nach draußen die Scheiße aus dem Leib prügeln?« Sie antworteten beide: »Ja, Sir«, und Trump sagte: »Das ist mein Befehl; tragen sie es aus, von hier aus.«

LaCamera fuhr fort zu erklären, dass die USA im Laufe der Jahre versucht haben, »Partnerschaftskapazitäten« aufzubauen, aber Trump unterbrach, um zu sagen, dass er wiederholt die Zeit verlängert habe, die erforderlich sei, um den IS zu besiegen, und dass er es leid sei, dies weiter zu tun. Er fragte dann: »Was können wir tun, um die Kurden zu schützen?«, und ich schaltete mich ein und sagte den Kommandeuren, dass der

Präsident zu Erdoğan ausdrücklich gesagt hatte, dass er nicht wolle, dass den Kurden, die uns in Syrien geholfen hatten, Schaden zugefügt werde. LaCamera und Caine erklärten, sie könnten das IS-Territorialkalifat in den nächsten zwei bis vier Wochen erledigen. »Tun Sie es«, sagte Trump, »Sie haben das Okay dafür«, und fragte, warum Mattis und andere die Arbeit in den letzten anderthalb Jahren nicht hätten beenden können. Trump kam zu der Überzeugung, dass er viele dieser Informationen zum ersten Mal hörte, was vielleicht stimmte oder auch nicht, aber so sah er es jedenfalls.

Als die Diskussion weiterging, sagte LaCamera, dass auch die al-Asad-Basis entscheidend sei, um den Druck auf den Iran aufrechtzuerhalten. Trump fragte skeptisch: »Im Irak zu bleiben erhöht den Druck auf den Iran?« Der US-Botschafter im Irak, Douglas Silliman, antwortete mit Nachdruck: »Ja«, und LaCamera und andere stimmten dem zu. Trump begann das Treffen zu einem Ende zu führen, indem er sagte, er wolle einen »bösartigen Rückzug« aus Syrien und dass er eine fortgesetzte US-Präsenz im Irak aus verschiedenen Gründen als »Dreh- und Angelpunkt« betrachte. Ich beschloss, mein Glück zu versuchen, indem ich LaCamera und Caine über den Wert der Sperrzone von At-Tanf befragte. LaCamera sagte: »Ich habe meine Chefs noch nicht informiert …«, als ich unterbrach, auf den Präsidenten zeigte und sagte: »Sie machen es jetzt gerade.« LaCamera, zu seiner Ehre, fasste sich schnell und sagte, wir sollten At-Tanf halten. Trump antwortete: »Okay, und wir werden später über diesen Zeitplan entscheiden.« Trump und die First Lady begaben sich kurz darauf in ein nahe gelegenes Speisezelt, um diensttuende Soldaten zu treffen, und Stephen Miller, Sarah Sanders und ich blieben mit LaCamera, Caine und den anderen Kommandeuren zurück, um eine Erklärung zu verfassen, die wir veröffentlichen konnten. Wir schrieben, der Präsident und die Kommandeure erörterten »einen starken, bewussten und geordneten Rückzug der US-Streitkräfte und der Koalitionstruppen aus Syrien sowie die anhaltende Bedeutung der US-Präsenz im Irak zur Verhinderung eines Wiederauflebens der territorialen Bedrohung durch den IS und zum Schutz anderer US-Interessen«, was eine angemessene Zusammenfassung des Treffens darstellte.[21]

Ich fand das Ergebnis fantastisch, nicht weil wir eine endgültige Entscheidung über die militärischen Aktivitäten der USA in Syrien hatten, sondern weil Trump zu einer ganz anderen Einschätzung dessen gekommen war, was wir taten und warum es wichtig war. Wie lange das andauern würde, war eine ganz andere Frage, aber ich hatte vor, weiter vorwärtszudrängen, solange der Eindruck noch stark war. Und warum hatten Trumps Berater ihn nicht schon früher in den Irak oder nach Afghanistan gebracht? Wir hatten in diesem Punkt alle zusammen versagt.

Als wir mit der Ausarbeitung der Erklärung fertig waren, stand fest, dass Premierminister Adil Abd al-Mahdi nicht kommen würde, ein großer Fehler seinerseits. Seine Berater überzeugten ihn, dass es für den irakischen Premierminister unziemlich sei, den Präsidenten auf einem amerikanischen Stützpunkt zu treffen, obwohl unsere Einrichtung vollständig von einem irakischen Stützpunkt (der einst auch unserer war) umgeben war. Sie hatten stattdessen ein gutes Telefongespräch, und Trump lud Abd al-Mahdi ins Weiße Haus ein, ein positives Zeichen. Wir fuhren zu einem Hangar, wo Trump sich an die Truppen wandte und einen begeisterten Empfang erhielt. Selbst Amerikaner, die unserem Land gegenüber keine Gefühle hegen und seiner Größe gleichgültig gegenüberstehen, wären von dem Enthusiasmus, dem Optimismus und der Geistesstärke unserer Soldaten bewegt, selbst mitten in der irakischen Wüste. Das war wirklich die »inhärente Entschlossenheit« Amerikas in Fleisch und Blut. Die Kundgebung endete gegen 22.25 Uhr, und wir fuhren im Dunkeln in einer eskortierten Kolonne zurück zur Air Force One, um zum Auftanken den Luftwaffenstützpunkt Ramstein in Deutschland anzufliegen.

Ich rief Pompeo an, um über den Irak-Besuch zu berichten, und sprach dann mit Shanahan und Dunford (der sich in Polen aufhielt, nachdem er al-Asad erst am Abend zuvor verlassen hatte). Wir landeten um 1.45 Uhr deutscher Zeit in Ramstein, trafen uns dort mit den US-Kommandeuren und fuhren dann zu einem Hangar, wo eine große Menge von Mitgliedern der Streitkräfte darauf wartete, den Oberbefehlshaber zu begrüßen (um zwei Uhr morgens!). Trump schüttelte viele Hände und schoss Selfies mit etlichen Soldaten entlang der Barriere, die der Stützpunkt aufgestellt hatte. Dann ging es zurück zur Air Force One, die nach Andrews flog, wo wir am 27. Dezember um 5.15 Uhr morgens landeten, zwanzig Minuten später gegenüber dem ursprünglichen Zeitplan.

Trump rief mich später am Nachmittag an und drängte darauf, »den Zwei-Wochen-Plan, das IS-Territorialkalifat in Syrien fertigzumachen«, zügig voranzubringen. Ich sagte, ich hätte »zwei bis vier Wochen« von LaCamera und Caine gehört, was er nicht bestritt, aber er sagte trotzdem: »Nennen Sie es den ›Zwei-Wochen-Plan‹.« Ich informierte Dunford nun detaillierter, auch wenn ich fast unmittelbar nach Mattis' Abgang festgestellt hatte, dass Dunford durchaus mit Trumps verwirrenden, oft widersprüchlichen Prioritäten bezüglich Syrien fertigwurde (Rückzug, IS vernichten, die Kurden schützen, entscheiden, wie in At-Tanf verfahren werden soll, die Gefangenen nicht freilassen, den Druck auf den Iran aufrechterhalten). Das waren Ausbrüche des Präsidenten, spontane Kommentare, kniefallartige Reaktionen, keine kohärente, geradlinige Strategie, sondern Bruchstücke, durch die wir uns irgendwie durchschlängeln mussten, um zu einem zufriedenstellenden Ergebnis zu gelangen. Was Dunford und ich zusammen mit vielen anderen befürchteten, war, dass der IS in Regionen, die er früher kontrolliert hatte, ein Comeback feiern würde und damit erneut drohte, zu einem Stützpunkt zu werden, von dem aus Terroranschläge gegen Amerika und Europa verübt werden könnten.

Ich wollte auch alle potenziellen Vorteile für den Iran minimieren, etwas, das Mattis anscheinend nie als Priorität betrachtet, Dunford aber besser durchdrungen hat. Er und ich erörterten die Entwicklung eines Plans, um all diesen Prioritäten Rechnung zu tragen, was schwierig, aber dem Stil von Mattis weit überlegen war, der von der Behauptung, wir müssten auf unbestimmte Zeit in Syrien bleiben, zu der Aussage überging, er würde sich dem Präsidenten entgegenstellen, indem er genau das tat, was dieser sagte: sich sofort zurückzuziehen. Da Erdoğan zu glauben schien, dass »nur ein toter Kurde ein guter Kurde sei«, ungeachtet großer Kundgebungen, mutmaßte Dunford, dass das unmittelbare militärische Ziel der Türkei in Syrien darin bestünde, Kurden aus dem Gebiet entlang der türkisch-syrischen Grenze zu vertreiben und dann Hunderttausende syrischer Flüchtlinge aus der Türkei zurück über die Grenze in das jetzt weitgehend entvölkerte Grenzgebiet zu bringen. Er schlug vor, eine NATO-gestützte Überwachungstruppe mit Unterstützung des amerikanischen Geheimdienstes, Überwachung und Aufklärung, Luftunterstützung und eine »Notfalltruppe« zu schaffen, die intervenieren könnte, wenn Elemente der Überwachungstruppe in Schwierigkeiten geraten sollten, und zwar mit einem Minimum an US-Streitkräften vor Ort.[22] Ich war auch froh, als Dunford schnell zusagte, die US-Streitkräfte in At-Tanf zu halten, was Mattis nicht getan hatte. Vielleicht gab es einen Weg nach vorn.

Dunford schlug vor, an der von mir geplanten Reise in die Türkei Anfang Januar teilzunehmen und danach zu bleiben, um mit den dortigen Militärs zu sprechen, was ich für gut befand. Auf diese Weise würden die Türken eine einheitliche Botschaft der US-Regierung hören und wir sie damit der Möglichkeit berauben, die Differenzen zwischen den verschiedenen amerikanischen Akteuren auszunutzen, immer eine bevorzugte Strategie anderer Regierungen. Ich unterrichtete Pompeo über diese Gespräche und sagte, dass wir ein sehr schlechtes Ergebnis in Syrien verhindert hätten und nun kurz davor seien, etwas Angemessenes und Machbares aufzubauen. Pompeo wollte sicher sein, dass der Gesandte des Außenministeriums, der sich um Syrien kümmerte, bei dem Türkei-Treffen anwesend war, wobei ich widerwillig zustimmte. Der Grund dafür war, dass Pompeo selbst mir zwei Tage vor Weihnachten gesagt hatte, dass Jim Jeffrey, ehemaliger US-Botschafter in der Türkei, »keine Liebe für die Kurden übrig habe und die Türkei immer noch als einen verlässlichen NATO-Partner betrachtete«. Das waren klare Warnzeichen für einen fortgeschrittenen Fall von »Klientitis«, einer chronischen Erkrankung des Außenministeriums, bei der die Außenperspektive wichtiger wird als die Sicht der USA.[23] Pompeo, Shanahan, Dunford und ich kamen überein, eine »Grundsatzerklärung« über Syrien zu verfassen, die auf eine Seite passte, um Missverständnisse zu vermeiden, was das Verteidigungsministerium als besonders wichtig erachtete.

Der Mehrheitsführer im Senat, Mitch McConnell, rief mich am 4. Januar an, als ich gerade im Begriff war, nach Israel abzureisen, meiner ersten Station vor der Türkei, und sagte: »Ich dachte gerade an Sie«, was Syrien und Afghanistan betraf, und bemerkte, dass im Senat wegen der jüngsten Entwicklungen »ein hohes Maß an Beunruhigung« herrsche. Ich sagte, das Hauptziel meiner Reise sei es, genau zu klären, was wir in Syrien tun würden. Tatsächlich sagte ich am Sonntag, dem 6. Januar, den mit mir reisenden Pressevertretern bei einem offiziellen Pressegespräch, im Hotel König David in Jerusalem: »Wir erwarten, dass diejenigen, die mit uns in Syrien auf unserer Seite gekämpft haben, insbesondere die Kurden, aber auch sonst alle, die mit uns gekämpft haben, durch den Rückzug der Koalition nicht in Gefahr geraten. Das ist ein Punkt, den der Präsident in seinen Gesprächen mit dem türkischen Präsidenten Erdoğan sehr deutlich gemacht hat.«[24] Das ist in der Tat das, was Trump gesagt hatte, und es war richtig, als ich es in Israel sagte. Am Nachmittag, nach Washingtoner Zeit, befragte ein Reporter Trump zu meinen Anmerkungen, als er gerade die Marine One nach Camp David bestieg, und Trump sagte: »John Bolton ist, wie Sie wissen, gerade jetzt dort drüben. Und ich habe zwei große Stars. John Bolton macht einen großartigen Job und Mike Pompeo macht einen großartigen Job. Sie sind sehr stark und arbeiten hart ... Wir werden bald zu einigen sehr guten Ergebnissen kommen.«[25] Es ist natürlich auch wahr, dass Trump seine Meinung wieder änderte, als die Türken sich wehrten, nachdem sie diese und andere Bemerkungen gelesen hatten, die ich in Jerusalem bei einem Treffen mit Premierminister Netanjahu gemacht hatte. Aber da standen wir erst am Anfang der Reise.

Trump rief mich am 6. Januar gegen 23.45 Uhr an und sagte: »Sie sind doch noch wach?«, was ich ganz sicher nicht war. Jemand hatte ihm gesagt, die Türken seien unzufrieden mit verschiedenen meiner Bemerkungen, über die in der Presse berichtet wurde. Natürlich hatte ich nichts gesagt, was Trump nicht auch zu Erdoğan gesagt hatte. Dennoch sagte Trump während dieses kurzen Anrufs mehrmals: »Meine Basis will raus [aus Syrien]«, was bedeutete, dass ein Besuch in der Türkei sicherlich Spaß machen würde. Tatsächlich, am nächsten Tag, beim Abflug aus Jerusalem, hörte die Botschaft in Ankara, dass Erdoğan so verärgert war, dass er drauf und dran war, das mit mir geplante Treffen abzusagen. In diplomatischen Kreisen wurde dies als Kränkung empfunden, aber ich sah es als Beweis dafür an, dass unsere Syrienpolitik aus der Sicht der USA, wenn nicht gar der Türkei, richtig war.

Nachdem ich um 16.35 Uhr Ortszeit in Ankara angekommen war, rief Pompeo an und berichtete, dass Trump mit einem Bericht in der *New York Times* unzufrieden war, der noch mehr als die übliche Fehlerquote enthielt und der die Widersprüche in unserer Syrienpolitik aufzählte sowie Aussagen von Regierungsbeamten zitierte.[26]

Natürlich stammten viele der Widersprüche von Trump selbst, und Pompeo gab zu, dass er einige Erklärungen abgegeben hatte, die sich an meine anlehnten (z.B. dass wir nicht zulassen würden, dass die Türkei »die Kurden abschlachtete«, was in den Medien keine große Aufmerksamkeit erregt hatte, aber die Türken sicherlich verärgerte).[27] Wir waren uns einig, dass unsere Botschaft nicht für ein Treffen mit Erdoğan plädieren sollte, und dass wir vielleicht den Moment erreicht hatten, von dem wir wussten, dass er unvermeidlich war, an dem nämlich Trumps Wunsch, Syrien zu verlassen, mit seiner Erklärung über den Schutz der Kurden kollidierte. Das war etwas, was Erdoğan nicht tolerieren würde. Trump rief mich etwa eine Stunde später an. Ihm gefiel zwar die Berichterstattung über interne Meinungsverschiedenheiten in der Regierung nicht, aber seine Hauptsorge richtete sich darauf, dass das Verteidigungsministerium immer noch hart an »dem Zwei-Wochen-Plan« arbeitete, das IS-Territorialkalifat zu besiegen. Ich drängte ihn, Shanahan anzurufen, um sich rückzuversichern, und sagte, dass ich Dunford in Kürze in Ankara treffen und mich auch mit ihm in Verbindung setzen würde.

Ironischerweise berichtete die *Washington Post* am nächsten Tag unglücklich darüber, dass Trump und ich in Bezug auf Syrien[28] eigentlich auf derselben Seite standen – unglücklich, weil die *Post* ihrer eigenen Geschichte vom Vortag widersprach.[29] All diese verwirrende Presseberichterstattung offenbarte sowohl die Widersprüche innerhalb Trumps eigenem Denken als auch die der Berichterstattung auf der Grundlage von Quellen aus zweiter und dritter Hand, die sich unter einem Präsidenten noch verschärften, der einen unverhältnismäßig großen Teil seiner Zeit damit verbrachte, darauf zu achten, dass über seine Regierung in der Presse berichtet wurde. Es ist jenseits aller Beschreibung schwierig, in einem umstrittenen Teil der Welt eine komplexe Politik zu verfolgen, wenn die Politik einer sofortigen Änderung unterworfen wird, die auf der Wahrnehmung des Chefs beruht, wie ungenaue und oft bereits veraltete Informationen von Autoren berichtet werden, denen die Interessen der Regierung so gar nicht am Herzen liegen. Es war, als würde man Politik in einem Flipperautomaten machen und nicht im West Wing des Weißen Hauses.

In der Zwischenzeit brachte Jim Jeffrey entgegen der Grundsatzerklärung eine farbcodierte Karte in Umlauf, auf der er zeigte, welche Teile Nordostsyriens er der Türkei zur Übernahme vorschlug und welche die Kurden behalten könnten. Dunford gefiel ganz und gar nicht, was die Karte zeigte. Ich fragte, ob es nicht unser Ziel sein sollte, die Türken ganz auf ihrer Seite der Grenze zu Syrien östlich des Euphrats zu halten, und Dunford sagte, das entspreche sicherlich seiner Position. Ich sagte, ich wolle, dass der Nordosten Syriens so blieb wie er war, aber ohne die Anwesenheit von US-Truppen; ich wusste, dass das eine »Mission Impossible« sein könnte, dachte aber, dass es zumindest ein Ziel sein sollte, das wir anstrebten, auch wenn wir es nicht erreichen konnten. Dunford stimmte dem zu. An diesem Punkt kam Jeffrey schließlich herein, und wir gingen den Entwurf der Grundsatzerklärung durch, die wir den Türken geben konnten. Ich fügte einen neuen Satz hinzu, um deutlich zu machen, dass wir nicht wollten, dass die Kurden misshandelt wurden, und nahm es auf mich, klarzumachen, dass wir eine türkische Präsenz im Nordosten Syriens, sei es militärisch oder anderweitig, nicht akzeptierten. Dunford und Jeffrey stimmten dem Entwurf zu, der zusammen mit der Karte angesichts der Entwicklungen nach meinem Ausscheiden aus dem Weißen Haus nun nur noch eine Angelegenheit von rein historischem Interesse ist.

Es überraschte nicht, dass Erdoğan uns wissen ließ, er werde sein Treffen mit mir absagen, weil er eine Rede im Parlament halten müsse. Wie wir später erfuhren, war Erdoğans Rede ein im Voraus geplanter Angriff auf das, was ich als die Position der USA präsentierte. Erdoğan hatte sich keinen Millimeter von seinem Beharren auf einer freien Hand der Türkei im Nordosten Syriens entfernt, was wir nicht zulassen konnten, wenn wir Vergeltungsmaßnahmen gegen die Kurden verhindern wollten. Erdoğan hielt im Wesentlichen eine Wahlkampfrede (kurz vor den landesweiten Kommunal- und Provinzwahlen, bei denen es Erdoğans Anhängern bald schlecht ergehen würde), in der er »keine Zugeständnisse« machte und sagte, dass es »nicht möglich ... sei, in diesem Punkt Kompromisse einzugehen«.[30] Auf dem Rückweg sprach ich mit Pompeo, um ihn über die Türkei-Treffen zu informieren. Wir waren uns einig, dass unsere Ansichten über die Kurden »unvereinbar« mit denen der Türkei waren und dass sie »wirklich vorsichtig« sein müssten. Pompeo sagte, dass der türkische Außenminister Mevlüt Çavuşoğlu versuche, ihn zu erreichen, und dass er vorhabe zu sagen: »Sie haben die Wahl. Sie können entweder uns an Ihrer Grenze haben oder die Russen und die Iraner [die mit ziemlicher Sicherheit den Nordosten Syriens besetzen würden, wenn wir uns zurückzogen]. Ihre Entscheidung.« Ich sagte, das klang für mich richtig.

Als nächstes rief ich Trump an, um Bericht zu erstatten. Er glaubte, die Türken seien schon seit Monaten bereit gewesen, nach Syrien einzumarschieren, weshalb er allein schon deswegen raus wollte, bevor die Türkei die Kurden angriff, während unsere Leute noch an Ort und Stelle waren. Er fuhr fort: »Erdoğan kümmert sich nicht um den IS«, was stimmte, und sagte, dass die USA weiterhin in der Lage sein würden, den IS zu schlagen, nachdem wir Syrien verlassen hatten, was ebenfalls stimmte. Trump konzentrierte sich auf seine Rede an diesem Abend über die mexikanische Grenzmauer, die erste Rede seiner Amtszeit, die aus dem Oval Office kam, und fügte hinzu: »Zeigen Sie einfach keine Schwäche oder irgendwas«, als ob er nicht wüsste, dass ich Dinge beschrieb, die bereits geschehen waren. »Wir wollen nicht in einen Bürgerkrieg verwickelt werden. Sie sind natürliche Feinde. Die Türken und die Kurden kämpfen seit vielen Jahren gegeneinander. Wir lassen uns nicht in einen Bürgerkrieg verwickeln, aber wir machen den IS fertig.«

In der Zwischenzeit erfuhr ich, dass Dunford die Ansicht vertrat, dass die türkischen Militärkommandeure weitaus weniger daran interessiert seien, nach Syrien einzumarschieren, als Erdoğan, und dass sie nach Gründen suchten, wie sie militärische Operationen südlich ihrer Grenze vermeiden konnten, während sie gleichzeitig angaben, sie würden die Türkei vor Terroranschlägen schützen. Für sie, so Dunford, »ist dies unsere Grenze zu Mexiko auf Steroiden.« Dunford war konsequent nach der Grundsatzerklärung vorgegangen und schlug eine zwanzig bis dreißig Kilometer lange Pufferzone vor, aus der kurdische schwere Waffen entfernt werden sollten und in der eine internationale Truppe patrouillieren sollte, die größtenteils aus NATO-Verbündeten und dergleichen bestehen und sicherstellen sollte, dass es keine kurdischen Übergriffe auf die Türkei und umgekehrt geben würde, wie wir zuvor in Washington diskutiert hatten. Die USA würden weiterhin Luftunterstützung und Such- und Rettungskapazitäten für die internationale Truppe bereitstellen, was, wie Dunford und ich meinten, uns auch erlauben würde, die Kontrolle über den Luftraum im Nordosten Syriens zu behalten. Obwohl Dunford es nicht betonte, da wir auf Trumps Anordnung in al-Asad im Irak standen, wären wir auch in der Lage, bei Bedarf schnell und mit starken Kräften in den Nordosten Syriens zurückzukehren, um jedes ernsthafte Wiederauftauchen einer terroristischen Bedrohung durch den IS zu unterbinden. Da Erdoğans wirkliche Priorität die Innenpolitik war, konnte diese Regelung meines Erachtens ausreichen. Wir mussten nun die Europäer davon überzeugen zuzustimmen, aber das war ein Problem für einen anderen Tag. Ob wir nun diese Saite spielten oder eine bessere Idee entwickelten, was Monate hätte dauern können – wir hatten ein gutes Argument, die US-Streitkräfte östlich des Euphrats zu halten.

Was die Kurden betraf, so würde Jeffrey die Idee ihrem Kommandeur, General Mazlum Abdi, vorstellen, um zu sehen, wie er darauf reagierte. Dunford war fatalistisch, da er glaubte, dass Mazlums Möglichkeiten recht begrenzt waren und er sich jetzt besser nach einer Rückversicherung umsehen sollte. Ich sprach dann mit Pompeo, der dies für das richtige Vorgehen hielt und meinte, dass andere in der Region dies unterstützen würden. Die arabischen Staaten verband keine Liebesbeziehung mit der Türkei, aber sie verfügten über finanzielle Mittel, die es den NATO-Verbündeten und anderen leichter machen könnten, die Beteiligung an einer multinationalen Überwachungstruppe zu rechtfertigen. Eine gerechtere Lastenverteilung zwischen unseren Verbündeten zu erreichen, insbesondere innerhalb der NATO, war ein ständiges Trump-Thema, und ein richtiges. Während des Konflikts am Persischen Golf 1990–91 hatte

George Bush senior unsere Kriegsanstrengungen dadurch finanziert, dass er um Beiträge von den Begünstigten in der Region wie Kuwait und Saudi-Arabien, aber auch von anderen, weiter entfernten Begünstigten wie Japan warb. Dies geschah mit einem Anflug von Peinlichkeit, leichthin als »die Übung mit dem Klingelbeutel« bezeichnet, aber es hatte funktioniert, und niemand kam auf die Idee, es sei unehrenhaft. Es gab keinen Grund, warum es nicht wieder funktionieren sollte.

Ich habe Trump weiterhin dieses Herangehen in Syrien erklärt. Im Zusammenhang mit anderen Angelegenheiten legte Dunford am 9. Januar im Oval Office ausführlicher dar, warum eine internationale Truppe in einer Pufferzone südlich der türkischen Grenze machbar war, so dass wir uns herausziehen könnten, ohne die Kurden und unsere anderen Verbündeten gegen den IS wesentlich zu gefährden, ganz zu schweigen von unserem internationalen Ruf. Dunford verteidigte nun energisch, At-Tanf zu halten, worauf Pompeo auch vom jordanischen König Abdullah während seines Besuchs gedrängt worden war, da dieser bemerkte: Je länger wir in At-Tanf blieben, desto sicherer war Jordanien vor der Gefahr, dass der Konflikt in Syrien über die Grenze in sein Land schwappen könnte. Trump war erfreut, dass der »Zwei-bis-vier-Wochen-Plan« in Arbeit war, obwohl er immer noch Ergebnisse in zwei Wochen erwartete, was aber nicht eintrat. Er schien zufrieden zu sein, aber das hielt ihn nicht davon ab, sich in einem langatmigen Exkurs über Mattis und sein Scheitern in Afghanistan und Syrien auszulassen. Dann schweifte er ab und fragte sich, weshalb wir noch in Korea waren, nachdem wir in den 50er Jahren den Korea-Krieg geführt hatten, wobei er die Schmarotzermentalität und Undankbarkeit verschiedener Verbündeter in der ganzen Welt kritisierte. Nur fürs Protokoll: Ich habe mit Trump mehrmals über die Geschichte der »vorübergehenden« Teilung der koreanischen Halbinsel 1945, den Aufstieg von Kim Il-sung, den Koreakrieg und seine Bedeutung im Kalten Krieg gesprochen – Sie wissen schon, das alte Zeug –, aber ich habe offensichtlich keinen Eindruck hinterlassen. So etwas durchlebten wir in Zyklen, immer mit dem gleichen Ergebnis. Alle paar Tage drückte jemand versehentlich irgendwo einen Knopf, und Trump wiederholte seine Zeilen aus demselben Film-Soundtrack.

Dunford leistete gute Arbeit bei seiner Verteidigung, und das bei minimalem Einschreiten von meiner Seite, da ich es für besser hielt, es Trump zur Abwechslung einmal von jemand anderem hören zu lassen. Andere im Raum (Pence, Shanahan, Coats, Haspel, Mnuchin, Sullivan und andere) schwiegen weitgehend. Dies war das längste Gespräch zwischen Dunford und Trump, das ich je gesehen hatte, das erste ohne die Anwesenheit von Mattis. Dunford kam gut zurecht, und ich fragte mich, wie anders die Dinge hätten laufen können, wenn Mattis sich nicht wie ein »Fünf-Sterne-General« verhalten hätte, der Vier-Sterne-Generäle befehligt, sondern wie ein echter Verteidigungsminister, der die gesamte riesige Maschinerie des Pentagon leitet. Als ich Dunford bei seinem Auftritt zusah, kam mir der Gedanke, dass in dem gesetzlichen Verbot, ehemalige Generäle zum Verteidigungsminister zu ernennen, eine verborgene Weisheit steckte. Es war nicht die Furcht vor einer militärischen Machtübernahme, sondern die Tatsache, dass ironischerweise weder die zivile noch die militärische Seite der Führung des Pentagon gute Leistungen erbrachte, wenn beide militärisch geführt wurden. Die breitere, zwangsläufig politische Rolle des Ministers passte nicht zu jemandem mit militärischem Hintergrund, so dass Mattis letztlich nur Dunford und die anderen Joint Chiefs beaufsichtigte, die eigentlich keine weitere militärische Aufsicht brauchten. Es unterstrich auch, wie wenig überzeugend Mattis bei Sitzungen im Sit Room oder im Oval Office war. Er hat sich vielleicht einen Ruf als Krieger und Gelehrter erworben, weil er auf dem Schlachtfeld stets eine Ausgabe von Marc Aurels »Meditationen« bei sich trug, aber er war kein Debattierer.

All die Verhandlungen über unsere Rolle in Syrien wurden durch Trumps ständigen Wunsch erschwert, Assad wegen der US-Geiseln anzugehen, was Pompeo und ich für nicht wünschenswert hielten. Glücklicherweise hat Syrien Trump vor sich selbst gerettet und sich geweigert, mit Pompeo darüber auch nur zu sprechen. Als wir dies berichteten, reagierte Trump wütend: »Sagen Sie [ihnen], es wird sie hart treffen, wenn sie uns unsere Geiseln nicht zurückgeben, so verdammt hart. Sagen Sie ihm das. Wir wollen sie von heute an innerhalb einer Woche zurückhaben, oder sie werden nie vergessen, wie hart wir zuschlagen.« Damit war zumindest ein

Telefongespräch zwischen Trump und Assad vom Tisch. Wir haben auf die Idee, Syrien anzugreifen, nicht reagiert.

Die Versuche, eine internationale Überwachungstruppe zu schaffen, machten jedoch keine Fortschritte. Einen Monat später, am 20. Februar, erklärten Shanahan und Dunford, es sei eine absolute Vorbedingung für andere potenzielle Truppensteller, dass zumindest einige US-Streitkräfte vor Ort in der »Pufferzone« südlich der türkischen Grenze stationiert blieben, wobei logistische Unterstützung von al-Asad im Irak käme. Ich hatte sicherlich kein Problem mit dieser Idee, aber sie bei Trump anzusprechen, war zweifellos heikel. In einer Vorbesprechung im Oval Office für ein weiteres Telefonat mit Erdoğan am nächsten Tag sagte ich, das Pentagon vertrete die Meinung, dass wir einfach keine multilaterale Truppe zusammenstellen könnten, wenn wir nicht »ein paar Hundert« (eine absichtlich vage Formulierung) US-Soldaten vor Ort behielten. Trump dachte eine Sekunde nach und stimmte dann zu. Erdoğan sagte, er wolle tatsächlich, dass die Türkei die ausschließliche Kontrolle über die, wie er es nannte, »sichere Zone« im Nordosten Syriens habe, was ich für inakzeptabel hielt. Da die Freisprecheinrichtung auf dem Resolute Desk stumm geschaltet war, schlug ich Trump vor, er solle Erdoğan einfach sagen, dass Dunford diese Verhandlungen führte, dass türkische Militärs am nächsten Tag in Washington sein würden und dass wir die Gespräche von Militär zu Militär einfach weiterlaufen lassen sollten. Trump setzte das Gespräch fort.

Danach beeilte ich mich, in mein Büro zu kommen, um Shanahan die gute Nachricht zu überbringen. Einige Stunden später rief ich Dunford an, um sicherzugehen, dass er es mitbekam, und er sagte: »Herr Botschafter, ich habe nicht viel Zeit zum Reden, denn wir gehen gerade zur Zeremonie zur Umbenennung des Pentagons in ›Bolton-Gebäude‹.« Er war so erfreut wie wir alle und stimmte zu, dass »ein paar Hundert« gut formuliert sei (was ohne allzu viel dichterische Freiheit bis zu vierhundert bedeuten könnte). Er würde den Türken deutlich machen, dass er keine ihrer Truppen südlich der Grenze haben wolle. Ich rief Lindsey Graham an und drängte ihn dazu, es geheim zu halten, um damit anderen keine Möglichkeit zu geben, es rückgängig zu machen, was er, wie er sagte, tun würde.

Er bot von sich aus an, Erdoğan anzurufen, zu dem er ein gutes Verhältnis hatte, um auf volle Unterstützung für Trumps Entscheidung zu drängen. Leider gab Sanders eine Presseerklärung heraus, ohne sie mit jemandem abzustimmen, der über die Fakten im Bilde war, was zu erheblicher Verwirrung führte.[31] Wir mussten erklären, dass »ein paar Hundert« nur für Nordostsyrien galt, nicht für At-Tanf, wo weitere etwa zweihundert US-Soldaten stationiert wären, also insgesamt etwas mehr als vierhundert. Ich habe absichtlich nie versucht, es genauer zu fassen, trotz der verworrenen Berichterstattung in den Medien. Dunford versicherte mir auch, dass er das US-Zentralkommando, das über widersprüchliche Nachrichtenberichte beunruhigt war, mit den Worten beruhigt habe: »Keine Sorge, das Gebäude ist immer noch nach Ihnen benannt.«

Mit gelegentlich auftretenden Schwierigkeiten war dies die Situation im Nordosten Syriens, bis ich zurücktrat. Der IS hatte sein Territorium verloren, aber die terroristische Bedrohung blieb unvermindert bestehen. Die Aussichten auf eine multilaterale Beobachtertruppe verschlechterten sich, aber die US-Präsenz blieb bestehen und schwankte landesweit um fünfzehnhundert. Wie lange dieser »Status quo« gehalten werden konnte, war nicht bekannt, aber Dunford hielt ihn bis zum Ende seiner Amtszeit als Vorsitzender der Joint Chiefs am 30. September. Erdoğans Kriegslust blieb ungebremst, vielleicht aufgrund der sich verschlechternden wirtschaftlichen Lage der Türkei und seiner eigenen innenpolitischen Probleme. Trump lehnte es ab, Sanktionen jeglicher Art trotz Erdoğans S-400-Kaufs zu verhängen, und ignorierte den Kongress, der in weiten Teilen bestürzt war.

Als Trump bei einem seiner Ausbrüche am 6. Oktober 2019 erneut einen Rückzug der USA anordnete, hatte ich das Weiße Haus fast einen Monat zuvor verlassen. Das Ergebnis der Entscheidung von Trump war ein völliges Debakel für die US-Politik und für unsere Glaubwürdigkeit weltweit. Ob ich dieses Ergebnis hätte abwenden können, wie neun Monate zuvor, weiß ich nicht, aber die starke negative Reaktion, die Trump parteiübergreifend erhielt, war vollkommen vorhersehbar und völlig gerechtfertigt. Um sie ein zweites Mal zu verhindern, hätte sich wieder jemand vor den Bus stellen und eine Alternative finden müssen, die

Trump akzeptieren konnte. Das ist, wie es scheint, nicht geschehen. Es gab jedoch einige gute Nachrichten: Nach jahrelangen Bemühungen eliminierten das Pentagon und die CIA am 26. Oktober den IS-Führer Abu Bakr al-Baghdadi in einem gewagten Zugriff.[32]

Afghanistan: Eine Vorwärtsverteidigung

Ende 2018 war Afghanistan zweifellos ein wunder Punkt für Trump, einer seiner Hauptkritikpunkte gegen die von den Medien hochgejubelte »Achse der Erwachsenen«. Trump glaubte nicht zu Unrecht, dass er Mattis all den Spielraum gelassen hatte, den er gefordert hatte, um die Taliban zu erledigen, so wie er das IS-Territorialkalifat erledigt hatte. Im Irak und in Syrien war das erklärte Ziel erreicht worden (ob es das einzige Ziel hätte sein sollen, ist eine andere Geschichte). In Afghanistan hingegen war das erklärte Ziel nicht in Sicht, und die Dinge liefen unbestreitbar in die falsche Richtung. Das nagte an Trump. Er glaubte, 2016 recht gehabt zu haben, er glaubte, nach den militärischen Fehlschlägen von 2017 und 2018 recht gehabt zu haben, und er wollte tun, was er tun wollte. Eine Abrechnung stand bevor.

Trump sprach sich aus zwei miteinander verbundenen Gründen gegen eine fortgesetzte US-Militärpräsenz in Afghanistan aus: Erstens hatte er sich dafür eingesetzt, »die endlosen Kriege« in weiter Ferne zu beenden, und zweitens gegen die anhaltende Fehlverwendung von Wirtschafts- und Sicherheitshilfe, was seinen Instinkt gegen so viele leichtfertige Ausgaben in Bundesprogrammen anstachelte. Außerdem glaubte Trump, dass er im Irak recht gehabt hatte, und alle stimmten ihm nun zu. Nun, nicht alle.

Das Argument, das ich in Bezug auf all die »endlosen Kriege« immer wieder vorbrachte, war, dass wir die Kriege nicht begonnen hatten und sie nicht einfach durch unser Wort beenden konnten. In der gesamten islamischen Welt waren die radikalen Philosophien, die so viel Tod und Zerstörung verursacht hatten, sowohl ideologischer, politischer als auch religiöser Natur. So wie religiöser Eifer jahrtausendelang menschliche Konflikte getrieben hatte, so trieb er auch diesen gegen Amerika und den

Westen im weiteren Sinne an. Sie gingen nicht weg, nur weil wir ihrer müde waren oder weil sie uns unbequem beim Ausgleich unseres Haushaltes waren. Vor allem ging es in diesem Krieg nicht darum, Afghanistan, den Irak, Syrien oder irgendein anderes Land netter und sicherer zu machen. Ich bin keiner, der Nationen aufbaut. Ich glaube nicht an eine im Wesentlichen marxistische Analyse, dass ein höherer Lebensstandard die Menschen vom Terrorismus abbringen wird. Hier ging es darum, Amerika vor einem weiteren 9/11 oder noch schlimmer, einem 9/11, bei dem die Terroristen über nukleare, chemische oder biologische Waffen verfügten, zu schützen. Solange die Bedrohung bestand, war kein Ort zu weit entfernt, um sich nicht darüber Sorgen zu machen. Die Terroristen kamen nicht auf hölzernen Segelschiffen nach Amerika.

Als ich übernahm, hatte diese Debatte viele Wiederholungsschleifen durchlaufen, so dass ich keinen sauberen Schlussstrich ziehen konnte. Meine erste Teilnahme war der 10. Mai 2018 (nach der Rückkehr der Geiseln aus Korea nach Mitternacht), als Zalmay Khalilzad zu Besuch kam, der mir 2007 als Botschafter bei der UNO nachgefolgt war, ein Freund, den ich seit der Regierung von George Bush senior kannte. »Zal«, wie ihn alle nannten, ein Amerikaner afghanischer Herkunft und ehemaliger US-Botschafter in Afghanistan, sagte, er sei von Leuten angesprochen worden, die angeblich im Namen verschiedener Taliban-Fraktionen auf ihn zukamen und über Frieden sprechen wollten. Er habe mit anderen in der US-Regierung gesprochen, die die Glaubwürdigkeit dieser Annäherung beurteilen konnten, und er wolle mir frühzeitig Bescheid geben, falls sie sich als real erweisen sollte, was mir Khalilzad Ende Juli auch bestätigte. Nicht dass ich viel erwartete, aber ich sah keinen Grund, warum die Kontakte nicht fortgeführt werden sollten, und so wurde er zunächst als Unterhändler mit den Taliban auf einem inoffiziellen Kanal eingesetzt. Innerhalb eines Monats hatte sich diese Rolle dahingehend ausgeweitet, dass Khalilzad einer der immer zahlreicheren »Sondergesandten« des Außenministeriums wurde, eine bequeme Rolle, mit der man vermeiden konnte, sich in traditionelleren staatlichen Positionen bestätigen zu lassen.

Angesichts der periodischen Ausbrüche von Trump über unsere anhaltende Militärpräsenz in Afghanistan wuchs das Bedürfnis, vor Ende des Jahres eine Vollversammlung des Nationalen Sicherheitsrates oder zumindest ein militärisches Briefing abzuhalten. Ich wollte, dass ein Briefing so spät wie möglich nach den Wahlen stattfand, aber aus Gründen, die ich nie verstanden habe, wollte Mattis es früher haben. Schließlich wurde es für den 7. November angesetzt, einen Tag nach den Zwischenwahlen zum Kongress. Ich war mir sicher, dass Trump verärgert darüber sein würde, dass die Republikaner die Kontrolle über das Repräsentantenhaus verloren, ganz gleich, was im Senat passierte. Wollte vor allem Mattis ein Machtwort von Trump zum Rückzug, so dass er dann aus Prinzipiengründen zurücktreten konnte? Oder war dies ein institutioneller Versuch des Pentagon, Trump direkt verantwortlich zu machen und es nicht auf die Versäumnisse der USA im Verlauf des Krieges zu schieben, und vor allem nicht auf das Scheitern der beliebten Strategie der Aufstandsbekämpfung sowohl in Afghanistan als auch im Irak? Pompeo stimmte mir zu, dass das Briefing später im November hätte stattfinden sollen, aber wir konnten es nicht verhindern.

Am Wahltag um 13 Uhr traf ich mich mit Khalizad, der dachte, er habe mehr Zeit zur Verfügung, um mit den Taliban zu verhandeln als meiner Einschätzung nach, die besagte, dass Trump wahrscheinlich schon am nächsten Tag den Stecker ziehen würde. Pence sagte mir, Mattis sei nach wie vor der Ansicht, dass wir in Afghanistan militärische Fortschritte machten und den Kurs nicht ändern sollten. Pence wusste so gut wie ich, dass Trump dies nicht glaubte, und es gab stichhaltige Beweise dafür, dass Mattis sich irrte. Auch ging es wieder einmal nicht so sehr darum, dass ich mit Mattis nicht im Wesentlichen übereinstimmte, aber es war frustrierend, dass er entschlossen schien, in Afghanistan (wie auch in Syrien) gegen die Wand zu laufen, und dass er keine andere Argumentationslinie hatte, als »falsche« Antworten zu vermeiden. Kellogg nahm an dem Pence-Mattis-Treffen teil und sagte mir später, Mattis habe einfach wiederholt, was er seit zwei Jahren sagte. Kein Wunder, dass Trump frustriert war über das, was er »seine« Generäle nannte. Meinem Instinkt als Prozessanwalt nach war dies ein sicherer Weg zu verlieren. Aber tatsächlich hatte ich keine bessere Antwort, weshalb ich nach den Wahlen mehr Raum für dieses Briefing haben wollte.

Am 8. November um 14 Uhr trafen wir uns im Oval Office, wobei Pence, Mattis, Dunford, Kelly, Pompeo, Coats, Haspel, ich selbst und andere anwesend waren. Pompeo eröffnete, aber Trump warf schnell ein: »Wir werden geschlagen, und sie wissen, dass sie uns schlagen.« Dann legte er los und wetterte gegen den gesetzlich vorgeschriebenen Generalinspekteur in Afghanistan, dessen Berichte wiederholt die Verschwendung von Steuergeldern dokumentierten, aber auch erstaunlich genaue Informationen über den Krieg lieferten, die jede andere Regierung geheim gehalten hätte. »Ich glaube, er hat recht«, sagte Trump, »aber ich halte es für eine Schande, dass er solche Dinge öffentlich machen kann.« Trump erwähnte Khalilzad und sagte: »Ich habe gehört, dass er ein Hochstapler ist, obwohl man dafür einen Hochstapler braucht.« Pompeo versuchte es noch einmal, aber Trump polterte weiter: »Meine Strategie [gemeint war das, was ›seine‹ Generäle ihm 2017 eingeredet hatten] war falsch und nicht im Geringsten da, wo ich sie haben wollte. Wir haben alles verloren. Es war ein totaler Misserfolg. Es ist eine Verschwendung. Es ist eine Schande. All die Verluste. Ich hasse es, darüber zu reden.« Dann sprach Trump den ersten Kampfeinsatz eines MOAB (»Massive Ordnance Air Blast«[33]) an, »ohne Ihr Wissen«, sagte Trump zu Mattis,[34] und beklagte sich zum x-ten Mal, dass das MOAB nicht die beabsichtigte Wirkung gehabt habe. Wie so oft hatte Trump die Wahrheit mit Missverständnissen und Bosheit vermischt. Mattis hatte dem US-Kommandeur in Afghanistan die Befugnis übertragen, das MOAB einzusetzen, so dass eine weitere Genehmigung unnötig war. Was die Wirkung des MOAB betraf, so blieb dies innerhalb des Pentagon umstritten. Eines war sicher: Mattis würde diesen Streit mit Trump, der wusste, was er wissen wollte, nicht gewinnen, Punktum. Ich wusste, dass ich dieses Briefing nicht wollte.

Wie vorauszusehen war, lief Mattis direkt gegen seine Lieblingswand und lobte die Bemühungen anderer NATO-Mitglieder.

»Wir zahlen für die NATO«, sagte Trump.

»Der IS ist immer noch in Afghanistan«, sagte Mattis.

Trump sagte: »Russland soll sich um sie kümmern. Wir sind siebentausend Meilen entfernt, aber wir sind immer noch Zielscheibe, sie kommen an unsere Küste, das sagen sie alle«, sagte Trump spöttisch. »Das ist eine Horrorshow. Irgendwann müssen wir hier raus.« Coats entgegnete, dass Afghanistan für Amerika ein Problem der Grenzsicherheit sei, aber Trump hörte nicht zu. »Wir werden nie hier rauskommen. Das hat ein Dummkopf namens George Bush verzapft«, sagte er zu mir. »Millionen von Menschen wurden getötet, Billionen von Dollar, und wir schaffen es einfach nicht. Noch mal sechs Monate, das haben sie damals gesagt, und wir werden immer noch in den Arsch getreten.« Dann begann er mit einer seiner Lieblingsgeschichten, in der es darum ging, wie wir jeden Tag Lehrer per Hubschrauber zur Schule brachten, weil es für sie zu gefährlich war, allein zu gehen: »Das kostet ein Vermögen. Der Generalinspekteur hatte recht«, sagte er, bevor er sich auf einen Bericht über den Bau eines »milliardenschweren Holiday Inn« stürzte: »Das ist Inkompetenz unsererseits. Sie hassen uns und schießen uns in den Rücken, pusteten dem Typen den Hinterkopf weg, Arme und Beine und so weiter [bezogen auf einen kürzlichen ›Grün-auf-Blau‹-Angriff, bei dem ein Nationalgardist aus Utah getötet wurde].[35] Indien baut eine Bibliothek und wirbt überall damit.«

Und weiter ging es. »Wir müssen raus. Mein Kampagnenversprechen war es, abzuziehen. Die Leute sind wütend. Die Basis will raus. Meine Leute sind sehr klug, deshalb hat [Dean] Heller [sein Kandidat für die Wiederwahl des Senats von Nevada] verloren. Er unterstützte Hillary.« Mattis versuchte es erneut, aber Trumps Augenmerk richtete sich nun auf Syrien: »Ich verstehe nicht, warum wir den IS in Syrien töten. Warum tun es Russland und der Iran nicht? Ich spiele dieses Spiel schon so lange. Warum töten wir den IS für Russland und den Iran, den Irak, der vom Iran kontrolliert wird?«

Pompeo gab nach und sagte: »Wenn das Ihre Leitlinie ist, werden wir sie ausführen, aber wir werden keinen Sieg erringen.«

Trump antwortete: »Das ist Vietnam. Und warum beschützen wir Südkorea vor Nordkorea?« Pompeo sagte: »Geben Sie uns einfach neunzig Tage«, aber Trump antwortete: »Je länger wir brauchen, desto mehr ist es mein Krieg. Ich verliere nicht gerne Kriege. Wir wollen nicht, dass dies unser Krieg ist. Selbst wenn wir gewinnen sollten, haben wir nichts davon.«

Ich habe es kommen sehen, und tatsächlich sagte Mattis: »Es ist Ihr Krieg seit dem Tag, an dem Sie Ihr Amt übernommen haben.«

Trump war bereit: »Am ersten Tag meines Amtsantritts hätte ich es beenden sollen.« Und so ging es weiter und immer weiter.

Trump fragte schließlich: »Wie lange brauchen Sie?«, und Pompeo sagte: »Bis Februar oder März. Wir werden die Optionen für den Ausstieg vorbereiten.« Trump war wütend. Wütend, das zu hören, was er schon so oft gehört hatte: »Sie haben es so verdammt perfekt drauf.« Dann war er wieder damit beschäftigt, Khalilzad zu kritisieren, und infrage zu stellen, dass irgendetwas, das die Taliban unterzeichnet hatten, einen Wert hatte. »Wie kommen wir hier raus, ohne dass unsere Leute getötet werden? Wie viel Ausrüstung werden wir zurücklassen?«

Dunford sprach zum ersten Mal und sagte:

»Nicht viel«.

»Wie kommen wir hier raus?«, fragte Trump.

»Wir werden einen Plan erstellen«, sagte Dunford.

Ich hatte die ganze Zeit geschwiegen, da das ganze Treffen ein Fehler war. Unvermeidlich fragte Trump: »John, was denken Sie?« Ich sagte: »Es klingt, als sei meine Option im Rückspiegel«, und erklärte erneut, warum wir den Terroristen in ihrer Heimatbasis entgegentreten mussten und warum das pakistanische Atomwaffenprogramm es zwingend erforderlich machte, eine Taliban-Zufluchtsstätte in Afghanistan auszuschließen, was es beschleunigen könnte, dass Pakistan in die Hände von Terroristen fiel. Dunford sagte, wenn wir uns zurückzogen, befürchte er einen Terroranschlag auf die USA in naher Zukunft. Trump war wieder von der Rolle – »Fünfzig Milliarden Dollar pro Jahr« –, bis er ausgelaugt war und zu niemand Bestimmtem sagte: »Sie haben bis zum Valentinstag Zeit.«

Die meisten Teilnehmer verließen entmutigt das Oval Office, Pompeo und ich allerdings blieben zurück, als Sanders und Bill Shine hereinstürzten und sagten, Jeff Sessions sei als Justizminister zurückgetreten, der erste von vielen Abgängen zum Jahresende. Einen Monat später ernannte Trump Bill Barr zum Nachfolger von Sessions. Ebenfalls einen Monat später, nach einem weiteren Bericht, dass wir gegenüber den Taliban an Boden verloren, explodierte Trump erneut: »Ich hätte meinem Instinkt folgen sollen, nicht meinen Generälen«, sagte er und kehrte damit zum MOAB zurück, das nicht die beabsichtigte Wirkung gehabt hatte. Er wollte nun nicht mehr auf Khalilzad warten, sondern wollte den Abzug der US-Streitkräfte noch vor dem Ende seines zweiten vollen Amtsjahres oder sogar noch früher ankündigen. Wenn er bis zum Ende seines dritten Jahres wartete, wäre es sein Krieg, würden wir im zweiten Jahr aussteigen, könnte er die Schuld immer noch auf seine Vorgänger schieben. Ich sagte, er müsse sich einfach damit befassen, wie er nach unserem Rückzug Terroranschläge gegen Amerika verhindern konnte. Er antwortete: »Wir werden sagen, dass wir das Land dem Erdboden gleichmachen werden, wenn sie Angriffe aus Afghanistan zulassen.« Ich wies darauf hin, dass wir das schon einmal getan hatten und dass wir eine bessere Antwort brauchten. Ich sagte, dass ich vielleicht der Einzige gewesen sei, der sich Sorgen um Pakistan gemacht habe, wenn die Taliban nebenan wieder die Kontrolle übernahmen, aber Trump unterbrach und sagte, dass er sich ebenfalls Sorgen mache; die Rede müsse sich mit diesem Thema befassen. Während wir sprachen, kristallisierte sich im Grunde genommen der Umriss der Rede heraus: »Wir haben großartige Arbeit geleistet und eine Menge böser Menschen getötet. Jetzt gehen wir, lassen allerdings eine Basis zur Terrorismusbekämpfung zurück.« Glücklicherweise war das Konzept einer Anti-Terror-Basis im Denken des Pentagon bereits weit fortgeschritten, aber es war nicht die erste Wahl.[36]

Bei meinem regelmäßigen Frühstück mit Mattis und Pompeo, diesmal am Gedenktag von Pearl Harbor, schlug ich vor, dass wir versuchen sollten, drei Fragen zu beantworten: Würde die afghanische Regierung nach unserer Abreise zusammenbrechen, und wenn ja, wie schnell? Wie schnell und auf welche Weise würden der IS, al-Qaida und andere terroristische Gruppen auf den Rückzug reagieren? Und wie schnell könnten die verschiedenen terroristischen Gruppen Anschläge auf die Vereinigten Staaten verüben?

Wir planten für Montag ein weiteres Treffen im Oval Office, und Mattis hatte kaum angefangen, da hatte Trump ihn schon in der Mangel.

Ich hatte Mitleid mit Mattis, ganz zu schweigen vom Land als Ganzem. Nach einer etwas verkürzten Version dessen, was er in der vorangegangenen Versammlung gesagt hatte, schloss Trump: »Ich will vor dem 20. Januar raus. Machen Sie schnell.« Er wandte sich seinen Besuchen im Walter-Reed-Militärkrankenhaus zu, bei dem die verwundeten Soldaten nicht den Eindruck auf Trump gemacht hatten, den sie auf die meisten Leute machen – nämlich sie mit ihrem Mut und der Einsatzbereitschaft für ihren Auftrag zu beeindrucken. Trump war schlichtweg entsetzt über die Schwere ihrer Wunden (blind gegenüber dem Umstand, dass Fortschritte in der Militärmedizin viele Männer gerettet haben, die in früheren Kriegen einfach gestorben wären). Dann kehrten wir zum MOAB zurück, das nicht die beabsichtigte Wirkung hatte, und zu anderen Versäumnissen, einschließlich »dieser dummen Rede« vom August 2017, in der Trump seine neue Afghanistan-Strategie angekündigt hatte, in die Offensive zu gehen. »Ich sagte, Sie können tun, was immer Sie wollen«, sagte er und funkelte Mattis an. »Ich habe Ihnen unbeschränkten Ermessensspielraum gegeben, mit Ausnahme von Atomwaffen, und sehen Sie, was passiert ist.« Trump war verbittert, wenn seine Rede 2017 zur Sprache kam, aber man fragt sich, wie er sich wohl gefühlt hätte, wenn sich die Strategie durchgesetzt hätte. Pompeo erzählte mir später, dass er von seiner damaligen CIA-Warte aus das Gefühl hatte, Mattis habe 2017 leider mehrere Monate mit Nichtstun vergeudet, aus Angst, Trump würde einen Rückzieher machen und wieder vom Rückzug sprechen. Diese Monate hätten wir jetzt sicher gebrauchen können.

»Was ist ein Sieg in Afghanistan?«, fragte Trump.

Mattis antwortete richtig: »Die Vereinigten Staaten werden nicht angegriffen.« Mattis änderte schließlich seinen Kurs und sagte: »Sagen wir, dass wir den Krieg beenden, nicht, dass wir uns zurückziehen.«

»Okay, sind Sie bereit?«, fragte Trump niemanden im Besonderen, aber er benutzte diesen Lieblingssatz, der darauf hinwies, dass etwas Großes bevorsteht. »Sagen wir einfach, wir sind seit achtzehn Jahren dort. Wir haben großartige Arbeit geleistet. Wenn jemand hier reinkommt, wird man ihm begegnen wie nie zuvor. Das ist es, was wir sagen«, sagte er, obwohl Trump dann den Rückzug auf den Irak, Syrien und den Jemen ausweitete. Dann kam Trump auf Mattis zurück: »Ich habe Ihnen gegeben, worum Sie gebeten haben. Unbegrenzte Entscheidungsgewalt, keine Einschränkungen. Sie haben versagt. Sie werden fertiggemacht. Sie sind gescheitert.« Diese schmerzhafte Wiederholung zeigt, dass Trump, der nicht müde wird zu betonen, dass er der Einzige ist, der Entscheidungen trifft, Schwierigkeiten hat, die Verantwortung für sie zu übernehmen.

»Könnten wir ihn [den Rückzug] verzögern, damit wir nicht noch mehr Männer und Diplomaten verlieren?«, fragte Mattis.

Trump brüllte zurück: »Wir können es uns nicht leisten. Wir haben versagt. Selbst wenn es anders ausgehen würde, würde ich es nicht tun.«

Wir trotteten niedergeschlagen zu Kellys Büro, wo wir eruierten, was wir als Nächstes tun sollten. Dunford, der weitgehend geschwiegen hatte, sagte, es gebe keine Möglichkeit, alle auf sichere Weise in dem von Trump gewünschten Zeitrahmen zurückzuziehen, und er würde auf einem weiteren Treffen bestehen, um zu erklären, weshalb. Kelly, der von diesem Punkt völlig genervt war, sagte, Trump sei nur an sich selbst interessiert (er dachte zumindest teilweise an Trumps bis dahin fehlende Bereitschaft, den Irak oder Afghanistan zu besuchen). Mattis sagte daraufhin zu Dunford, er solle alle aus der afghanischen Provinz auf vier oder fünf Schlüsselstützpunkte zurückziehen, von denen aus sie das Land verlassen sollen, und die Lande- und Startflugwege der Flugzeuge sichern, die die Männer und die Ausrüstung rausbringen würden – als ob ein Vier-Sterne-General der Marines nicht von alleine auf diese Idee kommen würde. Ich weiß ehrlich gesagt nicht, wie Kelly und Dunford an sich hielten, Mattis zu sagen, was er mit seinem Rückzugsplan tun könnte, aber dies war das Phänomen des »Fünf-Sterne-Generals« bei der Arbeit. Mattis hätte sich darum kümmern sollen, Trump zu überzeugen, und nicht um die einzelnen Details der Pläne vor Ort in Afghanistan.

Danach begleitete ich Pompeo zu seinem Auto vor dem West Wing und stimmte zu, dass Trump mit seiner Einschätzung der republikanischen Ansichten zu Afghanistan völlig falsch lag. »Er wird politisch zerschmettert werden«, sagte Pompeo, »und das zu Recht.« Ich kam zu dem Schluss, dass die Generäle tatsächlich in einem Klischee feststeckten, dass sie den letzten Krieg kämpften und sich nicht effektiv mit Trumps Haltung auseinandersetzten, für die sie mitverantwortlich waren. Als Nachzügler sah ich, dass das, was Mattis und seinen Kollegen als Erfolg erschien, wie etwa die Afghanistan-Rede vom August 2017, im Nachhinein betrachtet ein Fehler war. Trump war weit über den Punkt hinaus gedrängt worden, wo er eigentlich hinwollte, und jetzt ging seine Überreaktion in die andere Richtung. Die von den Medien geheiligte »Achse der Erwachsenen« war mit diesem Fehler nicht allein, aber bevor wir uns davon erholen konnten, mussten wir uns die falsche Wahrnehmung von Trump eingestehen, auf der sie beruhte. Khalilzad konnte das Tempo seiner Verhandlungen beschleunigen, aber sein Kraftakt war losgelöst von den Geschehnissen vor Ort in seinem Land. Es sah aus, als stünden ihm ein paar düstere Monate bevor.

Am 20. Dezember, wie mir Pompeo später erzählte, nur wenige Stunden vor seinem Rücktritt, übergab Mattis Pompeo nicht nur sein Rücktrittsschreiben, sondern auch andere Dokumente, von denen eines hier besonders wichtig ist. Dabei handelte es sich um den Entwurf einer öffentlichen Erklärung zu den operativen Plänen über den Rückzug aus Afghanistan, der im Grunde genommen alles vorwegnahm, was Trump in seiner Rede zur Lage der Nation im Januar dazu hätte sagen können. Fassungslos sagte Pompeo zu Mattis, dass er ein solches Dokument einfach nicht freigeben könne und dass es keine Möglichkeit gebe, es so zu bearbeiten, dass es akzeptabel sei. Mattis fragte, ob er es wenigstens mir übermitteln könne, und Pompeo sagte, er wisse, dass ich mit ihm einer Meinung sein würde. Weder Pompeo noch ich wussten zu diesem Zeitpunkt, dass das Verteidigungsministerium einen »Ausführungsbefehl« verfasst hatte, in dem die Aussagen des Erklärungsentwurfs eingegliedert und an US-Kommandeure und Botschaften in aller Welt verteilt worden waren, was alles zu Mattis' Rücktrittsszenario gehörte. Offensichtlich haben wir dies in all dem Durcheinander nur verschwommen wahrgenommen, aber es führte zu einer Explosion von Presseberichten. Sie spiegelte eine übliche Mattis-Taktik wider, eine Taktik der Boshaftigkeit, um sagen zu können: »Sie wollen den Rückzug? Da haben Sie den Rückzug.« Man nannte ihn nicht umsonst »Chaos«.

Auch nach Mattis' Abgang setzten Shanahan, Pompeo und ich die wöchentlichen Frühstücke fort. Am 24. Januar überdachten Shanahan und ich unsere unterschiedlichen Ansichten zu wichtigen Punkten und machten uns Sorgen, dass Khalilzad zu viel preisgab, nicht weil er ein schlechter Unterhändler war, sondern weil dies die Anweisungen von Pompeo waren. Die Taliban bestanden darauf, dass in dem Entwurf einer Erklärung der USA und der Taliban (ein in sich schon beunruhigendes Konzept), über die damals verhandelt wurde, auch stünde, dass sich alle ausländischen Streitkräfte (also auch wir) aus Afghanistan zurückziehen würden.[37] Das würde sicherlich keinen Spielraum geben, Kräfte zur Terrorismusbekämpfung zurückzulassen, auch wenn Trump sagte, er wolle sie haben. Ich war besorgt, dass das Außenministerium so sehr damit beschäftigt war, eine Einigung zu erzielen, dass es das Gesamtbild aus den Augen verlor – ein diesem Ministerium angeborenes Problem. Pompeo widersprach energisch, obwohl er bereitwillig zugab, dass die Verhandlungen sich jederzeit festfahren konnten, was kaum ein Vertrauensvotum für die Taliban als »Verhandlungspartner« war, ein Begriff, den sie im Außenministerium mögen. Das zentrale Problem der diplomatischen Strategie bestand darin, dass, wenn die Taliban wirklich glaubten, wir würden abziehen, sie gar keinen Anreiz hatten, ernsthaft zu verhandeln; sie konnten einfach abwarten, wie sie es schon oft getan haben und wie es die Afghanen seit Jahrtausenden tun. Wie die Taliban zu sagen pflegen: »Ihr habt die Uhren, wir haben die Zeit.« Das Frühstück endete ohne Ergebnis, aber Shanahan rief später an und sagte, er sei nach wie vor sehr nervös, sowohl hinsichtlich des Tempos der Verhandlungen, die sich anscheinend erheblich beschleunigt hatten, als auch hinsichtlich ihres Inhalts. Pompeo wollte einfach nur ein Abkommen aushandeln und den Erfolg präsentieren, nicht viel mehr. Diese Dichotomie prägte die interne Debatte über die kommenden Monate.

Die Rede zur Lage der Nation verzögerte sich wochenlang wegen der erbitterten Haushaltskämpfe und der partiellen Stilllegung der Regierungsgeschäfte. Schließlich wurde sie für den 5. Februar angesetzt, und die Schlüsselstelle zu Afghanistan war barmherzigerweise nur kurz: »In Afghanistan führt meine Regierung konstruktive Gespräche mit einer

Reihe afghanischer Gruppen, darunter mit den Taliban. Wenn wir bei diesen Verhandlungen Fortschritte machen, werden wir in der Lage sein, unsere Truppenpräsenz zu reduzieren und uns auf die Terrorismusbekämpfung zu konzentrieren.«[38] Dieser Kommentar fand wenig Beachtung, aber er verkörperte die Kämpfe, die bis zu meinen letzten Tagen im Weißen Haus andauerten. Zumindest gab es zu diesem Zeitpunkt noch Hoffnung.

KAPITEL 8

CHAOS ALS LEBENSSTIL

»Wenn du den Kopf behältst, und alle um dich her
Verlieren ihn und geben dir die Schuld ...«

Rudyard Kipling, »Wenn –«

Nach meiner Ankunft im Weißen Haus Trumps brauchte ich etwa einen Monat, um systematisch zu begreifen, wie die Dinge im Inneren abliefen. Die Abläufe waren auf viele Weise dysfunktional. Dies entfaltete sich oft anhand spezifischer politischer Fragen, von denen ich einige im Laufe dieses Buches bereits beschrieben habe.

Es gab deren noch viele andere. Etwa acht oder neun Monate nach meiner Ankunft, Ende 2018 und Anfang 2019, neigte sich Trumps zweites Jahr im Amt seinem Ende zu. Damals trafen einige Vorgänge und Personen aufeinander, die scheinbar nichts miteinander zu tun hatten und doch zusammen die Regierung noch tiefer auf unbekanntes Gebiet führten.

Anfang Juni 2018 zum Beispiel versuchte Kelly mit einer neuen Taktik, Trumps Zeitplan zu organisieren. In der Hoffnung, die weitschweifigen Vorträge, denen er während der zweimal wöchentlich anberaumten Geheimdienstbriefings ausgesetzt war, einzuschränken, ließ er nun jeden Tag um 11 Uhr morgens im Oval Office mit einer Stabschef-Besprechung beginnen. Tatsächlich fanden die meisten Leute es auffällig, dass Trumps »offizieller« Arbeitstag erst gegen Mittag begann. Allerdings faulenzte Trump nicht in den Stunden davor. Stattdessen verbrachte er beträchtliche Zeit damit, in der Residenz am Telefon zu arbeiten. Er sprach mit allen möglichen Leuten. Manchmal waren es Regierungsbeamte (unter dem Druck der Ereignisse telefonierte ich fast jeden Tag mit ihm, bevor er ins Oval Office kam – sei es, dass ich ihn über Neuigkeiten informieren musste, sei es, dass ich Direktiven von ihm brauchte). Ebenfalls sprach er aber ausführlich mit Personen außerhalb der Regierung. Das war in jeder Hinsicht unter den zeitgenössischen Präsidenten ungewöhnlich.

John Sununu, ehemaliger Gouverneur und erster Stabschef des Präsidenten George Bush senior, beschreibt dagegen den Beginn eines normalen Arbeitstags so:

> »Der Präsident begann den offiziellen Teil seines Tages um 8 Uhr morgens mit einem Geheimdienstbriefing, an dem der Präsident, der Vizepräsident, der Nationale Sicherheitsberater Brent Scowcroft und ich teilnahmen. Bei diesem Treffen, dem President's Daily Briefing (PDB), präsentierte die CIA ihre Erkenntnisse. Dies dauerte zehn bis fünfzehn Minuten. Von 8.15 Uhr an brachte Scowcroft eine halbe Stunde lang den Präsidenten und uns auf den aktuellen Stand der Außenpolitik, indem er uns über die Ereignisse in der vorangegangenen Nacht und über die, die für den Tag erwartet wurden, orientierte. Dieses Briefing ging um 8.45 in ein ähnliches über, das ich leitete und das alle nicht außenpolitischen Fragen behandelte. Für gewöhnlich blieb Scowcroft auch für diesen Teil. Das Ende dieser Sitzung war für 9.15 Uhr vorgesehen.«[1]

Hätte ich eine so wohlgeordnete Vorbereitung auf den kommenden Tag erlebt – ich hätte geglaubt, ich wäre gestorben und in den Himmel aufgestiegen. Wie die Dinge lagen, hatte Trump nur zwei Geheimdienstbriefings pro Woche, und bei den meisten davon sprach er länger als die Geheimdienstler, und zwar oft über Dinge, die mit dem Thema der Sitzung nicht das Geringste zu tun hatten.

Unter den Eigentümlichkeiten war Trumps Zeitplan diejenige, mit der am leichtesten umzugehen war. Eine der problematischsten war seine Rachsucht, wie sie sich in ständigen Ausbrüchen gegen John McCain zeigten, sogar nach dessen Tod, als er Trump nicht mehr schaden konnte. Ein weiteres Beispiel für Trumps Rachsucht war seine Entscheidung vom

15. August, dem ehemaligen CIA-Direktor John Brennan die Sicherheitsfreigabe zu entziehen. Nun war es um Brennan nicht schade, und während seiner Amtszeit wurde die CIA so politisiert wie in keiner anderen Phase ihrer Geschichte. Er leugnete jedes unangemessene Verhalten, doch Trump war überzeugt, dass Brennan tief darin verwickelt war, den FISA-Überwachungsprozess für das Ausspionieren seiner Wahlkampagne 2016 zu missbrauchen. Brennans ständige Präsenz in Medien, die Trump nach seinem Amtsantritt kritisierten, verschlimmerte das noch.

Sofort, nachdem Sanders den Entzug der Sicherheitsfreigabe in ihrer täglichen Mittagskonferenz angekündigt hatte, stürzte sich die Presse darauf. »Die Brennan-Sache explodiert«, sagte mir Kelly, nachdem er einen Großteil seines Nachmittags auf sie verwendet hatte. »Das ist ein großes Ding.« In einem einstündigen Gespräch gingen wir unter vier Augen durch, was geschehen war. Mitte und Ende Juli hatte Kelly gehofft, er habe Trump von der Idee abgebracht, Sicherheitsfreigaben einzuziehen, aber Trump kam darauf zurück, weil ihm seine Lieblingsmedien immer wieder den Gedanken einhämmerten. Einige Stunden zuvor hatte er die Freigaben für eine ganze Liste von Leuten widerrufen wollen, sich dann aber damit begnügt, dass Sanders die Namen vorlas, als implizite Drohung, die Freigabe irgendwann später zu entziehen. Ich wies darauf hin, dass das Ganze mit Rand Paul begonnen habe. Die Entscheidung war eher symbolisch, denn die Freigabe bedeutete nicht, dass Brennan oder irgendjemand anderes einfach bei der CIA hineinspazieren und alles lesen konnte, was ihn interessierte. Er musste einen »Grund haben, es zu wissen«, und für alles wirklich Wichtige musste er in die entsprechenden »Abteilungen« eingelesen werden.

Kelly erzählte mir, dass er mit Trump über die Sache gestritten habe, nicht zum ersten Mal, aber deutlich härter als zuvor. Er bezeichnete Trump als »nicht präsidentiell«, was stimmte, und als »nixonhaft«, ebenfalls zu Recht. »Hat es jemals eine solche Präsidentschaft gegeben?«, fragte Kelly mich, und ich versicherte ihm, das hatte es nicht. Man konnte Brennan vorwerfen, dass er die CIA politisiert hatte, aber Trump verdeckte dies durch den seinerseits unverhohlen politischen Ansatz, wenn mehr Freigaben aufgehoben würden, würde es nur noch schlimmer werden. Kelly stimmte dem zu.

An diesem Punkt der Diskussion, die für uns beide schon emotional aufgeladen war, zeigte mir Kelly ein Foto seines Sohnes, der 2010 in Afghanistan getötet worden war. Schon früher an diesem Tag hatte sich Trump darauf bezogen und zu Kelly gesagt: »Du hast das Schlimmste erlitten.« Da Trump damals die Kriege in Afghanistan und im Irak verunglimpfte, deutete er damit an, dass Kellys Sohn für nichts gestorben sei. »Trump ist es egal, was mit diesen Jungs passiert«, sagte Kelly. »Er meinte, es wäre ›cool‹, in Venezuela einzumarschieren.« In diesem Gespräch, in dem Kelly vor allem seinen Frustrationen Luft machte, sagte ich relativ wenig. Mit dem meisten stimmte ich überein. Auch wenn Trump ein paar Wochen zuvor angekündigt hatte, die Wahlen 2020 zu gewinnen, sah ich nicht, wie das möglich sein sollte. Nachdem ich Kellys Büro verlassen hatte, erzählte ich niemandem von dem Gespräch.

Vielleicht einzigartig in der Geschichte der Präsidentschaft, löste Trump Kontroversen über die Teilnahme an Beerdigungen aus. Das begann mit dem Begräbnis von Barbara Bush im April 2018, zu dem Trump im Gegensatz zu vier ehemaligen Präsidenten und der First Lady nicht erschien, und setzte sich mit dem John McCains im August fort. Kelly eröffnete das wöchentliche Stabstreffen im Weißen Haus am 27. August mit den Worten: »Mir geht es heute nicht gut.« Grund war der fortgesetzte Streit mit Trump darüber, ob die US-Regierung die Flaggen auf Halbmast setzen sollte und wer welchen Gottesdienst besuchen würde. Auch McCains Familie lehnte die Anwesenheit von Trump ab; die Gefühle beruhten auf Gegenseitigkeit. Am Ende entschieden wir, dass Pence die Abordnung der Regierung sowohl in der Rotunde des Kapitols als auch beim Trauergottesdienst in der Washington National Cathedral leiten sollte. Der Gottesdienst war äußerst gut besucht, mit all den sozialen Kontakten, die sich sogar anlässlich des Todes bieten. Unter anderen grüßte ich George W. Bush und seine Frau, wobei Bush fröhlich fragte: »Na, Bolton, hast du noch einen Job«, und ich antwortete: »Vorerst«, und wir lachten alle. Als George Bush senior später während des G-20-Gipfels in Buenos Aires starb, rief Trump einen nationalen Trauertag aus, gab eine angemessene präsidentielle Erklärung ab, sprach noch am Morgen höflich sowohl mit George W. als auch mit Jeb Bush. Mit der First Lady besuchte er am 5. Dezember ohne Zwischenfälle den Gottesdienst in der National Cathedral. Das war doch am Ende gar nicht so schwierig.

Während der Kontroverse um McCains Begräbnis twitterte Trump, dass Don McGahn am Ende der Auseinandersetzung über die Bestätigung Brett Kavanaughs sein Amt aufgeben werde. Obwohl McGahn mir gegenüber oft gescherzt hatte: »Wir alle sind nur einen Tweet vom Ende entfernt«, war das doch ein klassisches Beispiel dafür, wie Trump eine Entscheidung ankündigte, ohne McGahn die Chance zu lassen, die Sache zuerst publik zu machen. Ich hätte besser aufpassen sollen. Wie Kelly mir später bestätigte, waren die Spannungen zwischen Trump und McGahn unaushaltbar geworden, nachdem Letzterer bei Muellers Untersuchung (wahrheitsgemäß) ausgesagt und kooperiert hatte. Zwar hatten Trumps externe Anwälte McGahns Rolle gebilligt, doch waren sie überrascht, wie offenherzig er auftrat. Jedenfalls begann sofort die Suche nach einem Ersatz.

Der Kampf gegen illegale Einwanderung, eine der Schlüsselinitiativen Trumps, war in ein völliges Chaos geraten. Mitte Mai 2018 trat John Eisenberg, Anwalt des Weißen Hauses, an mich heran, um zu erfahren, ob ich ein Interesse daran hätte, die zusammengebrochene Einwanderungspolitik des Weißen Hauses im Allgemeinen und im Besonderen die zur mexikanischen Grenze wiederaufzubauen. Ich hatte kein Interesse daran, mich in diese Arena zu begeben, bevor ich sicher war, das Büro des Rechtsberaters des Weißen Hauses und das Justizministerium hinter mir zu haben. Don McGahn, der sich aus gutem Grund in jedem wachen Moment auf die Richternominierungen konzentrierte, sah die Einwanderungspolitik als den Sumpf, der sie war, und beschloss, sich aus ihr herauszuhalten. Das Justizministerium hatte seine eigenen Probleme. Nun gewarnt, behielt ich jedenfalls die Angelegenheit im Auge, folgte aber McGahns Beispiel.

Am 9. Mai – einen Tag, nachdem wir dem Atomdeal mit dem Iran entkommen waren – hatte ich auf einer Kabinettssitzung das Problem selbst gesehen. Vor den Berichten anderer Minister über ihre Bereiche sollten Kirstjen Nielsen, Ministerin für Innere Sicherheit, und Jeff Sessions darlegen, was sie zur Schließung der mexikanischen Grenze unternahmen. Aber dies stellte sich nicht als »Briefing« heraus, bei dem Trump den

Bemühungen seines Teams dankbar zuhörte, ein paar Rückfragen stellte und ihnen dann auf den Rücken klopfte. Nachdem Sessions geendet hatte und Nielsen das Wort ergriff, begannen die Dinge schiefzugehen. Trump fragte, weshalb wir die Grenze nicht einfach schließen könnten, und Nielsen antwortete, indem sie alle Schwierigkeiten aufzählte, denen sie und ihr Ministerium gegenüberstanden. Trump unterbrach und sagte vor allen Ministern und einem Haufen von Mitarbeitern des Weißen Hauses mit lauter Stimme: »Sie irren sich. Auf keinen Fall können wir die Grenze nicht schließen. Sagen Sie den Leuten, dass das Land zu ist. Wir haben diese Leute [wie die Einwanderungsrichter] nicht dafür, dass sie solche Dinge tun. Das war's. Das ist wie ein Kino, wenn es voll ist.«

Das war schon schlimm genug, aber es wurde noch schlimmer. Kelly versuchte, Nielsen, die praktisch sein Schützling war, zu unterstützen, aber das war ein Fehler. Jedermann wusste, dass Nielsen ihren Job im Ministerium für Innere Sicherheit Kelly zu verdanken hatte, und seine Intervention erweckte den Eindruck, als könne sie sich nicht alleine verteidigen, was sich unglücklicherweise vor dem vollgestopften Kabinettsraum als richtig erwies. Kelly und Nielsen versuchten, die Aufmerksamkeit wieder auf Sessions zu lenken, der etwas ganz Neues über die Möglichkeiten des Ministeriums für Innere Sicherheit an der Grenze sagte. Ihm war die Sache unangenehm, und er nahm seine Position zurück, indem er erklärte, dass das Ministerium *nicht* über die Möglichkeiten verfügte, die er kurz zuvor genannt hatte. Kelly schoss zurück: »Wir werden tun, was der Justizminister für illegal erklärt hat, und sie [die Einwanderer] zurückschicken«, und Sessions wand sich noch ein wenig mehr. Aber Trump zielte immer noch auf Nielsen, die nicht schlau genug war, entweder zu schweigen oder zu sagen: »Wir bringen Ihnen in ein paar Tagen eine bessere Antwort.« Schließlich sagte Trump, als wäre das nicht jedem klar gewesen: »Ich wurde wegen dieser Sache gewählt, und jetzt werde ich wieder abgewählt«, was wohl nicht weit von der politischen Wahrheit entfernt war. Als die Sitzung sich dem Ende zuneigte, hielt ich es nur für eine Frage der Zeit, bis sowohl Nielsen als auch Kelly zurücktreten würden, und zahlreichen Presseberichten zufolge stand Nielsen im Anschluss in Kellys Büro kurz davor, es zu tun. Die Angelegenheit war ein völliges Durcheinander und noch dazu unnötig, denn mit strengeren Verordnungen hätte man viel gegen ungerechtfertigte, betrügerische und auf Täuschung angelegte Asylanträge in den Vereinigten Staaten tun können.

Am 20. Juni verschlechterte sich die Lage weiter. Im Rahmen einer »Null-Toleranz«-Politik war Trump bereit gewesen, Kinder an der Grenze von ihren Eltern (oder Personen, die vorgaben, ihre Eltern zu sein, die aber häufig Menschenhändler waren) zu trennen. Das hatten auch frühere Regierungen, einschließlich der Obamas, getan. Doch unter politischem Druck machte Trump einen Rückzieher und ließ Nielsen und Sessions praktisch im Regen stehen. Nachdem der Exekutivbefehl, der die »Null-Toleranz« zurücknahm, unterzeichnet war, ging Kelly einfach nach Hause. Er bestätigte mir am nächsten Tag seine Ansicht, dass Trump Sessions und Nielsen »verkauft« habe, aber niemand hatte einen Plan, was nun zu tun war. Das Thema Einwanderung wurde auch mit dem Verhandlungs- und Ratifizierungsprozess zur Veränderung des NAFTA-Abkommens mit Kanada und Mexiko vermischt, mit Hilfsprogrammen für Zentralamerika und mit umfangreichen Revierkämpfen zwischen den Ministerien für Justiz, Innere Sicherheit, Gesundheitspflege und Soziale Dienste, dem Außenministerium und anderen Institutionen, die sich um die Frage nach Kompetenzen drehten. Diese Probleme waren weitgehend auf das Chaos in der Innenpolitik zurückzuführen, und kein Anzeichen deutete auf ein Nachlassen hin.

Trotz aller Bemühungen, mich aus dem Einwanderungssumpf herauszuhalten, wurde ich schließlich doch hineingezogen. Am 4. Oktober kam Kushner zu mir, der über die NAFTA-Revisionsbemühungen mit der Einwanderung befasst war. Er sagte mir, Nielsen und ihr Ministerium würden ohne Absprache mit dem Außenministerium mit der mexikanischen Regierung verhandeln, was, wenn es stimmte, ein offensichtlicher Verfahrensfehler war. Ein paar Tage später, an einem Samstag, rief Kushner mich an und sagte, Trump habe vorgeschlagen, dass er den Bereich Einwanderung übernehmen solle; er habe das aber abgelehnt, denn er halte das Problem für unlösbar, da Kelly Nielsen vor den Folgen ihrer Inkompetenz schützte. »Was ist mit Bolton?«, habe Trump gefragt. »Könnte er es übernehmen?« Kushner habe bezweifelt, dass ich Interesse an der Sache habe, aber Trump habe geantwortet: »John ist großartig. Er erledigt die Sachen. Er bringt mir all diese Entscheidungen und so was. Wirklich großartig.« Kushner habe darauf hingewiesen, dass derjenige, der die Sache übernehme, in eine Auseinandersetzung mit Kelly geraten würde, und Trump habe geantwortet: »John hat keine Angst vor Kämpfen. Er wird es mit ihm [Kelly] aufnehmen.« Na, wunderbar, dachte ich. Ein toller Samstag.

Am Montagmorgen, es war der Kolumbus-Tag, traf ich mich mit Stephen Miller, dem Leiter der Einwanderungspolitik im Weißen Haus. Während wir miteinander sprachen, kam Kushner herein und fragte: »Kann ich bei der Verschwörung mitmachen?« Ich hatte bereits an Pompeo gemailt, der zugestimmt hatte, dass mexikobezogene Einwanderungsfragen wirksamer in den NSC-Prozess einbezogen werden mussten, was seit Monaten, wenn nicht seit Jahren durch die mangelnde Kooperation des Ministeriums für Innere Sicherheit behindert wurde. Das Ministerium wollte einfach nicht mit anderen Institutionen koordiniert werden. Ich selbst meinte, dass die USA sehr von einer legalen, kontrollierten Einwanderung profitieren könnten, während die illegale Einwanderung das grundlegende Prinzip der Souveränität untergrub, nach dem die USA, und nicht die Möchtegern-Einwanderer, darüber entscheiden, wer einreisen darf. Eines war mir klar: Nielsens Versuch, den UN-Hochkommissar für Flüchtlinge hinzuzuziehen, um uns bei der Auswahl zu helfen, wer in die USA einreisen durfte, bedeutete einen schweren Fehler. Es ging nicht an, solche grundlegenden, die Souveränität berührenden Entscheidungen an eine internationale Organisation abzutreten.

Ein paar Tage später, bei einem Treffen im Oval Office, das mit dem Thema eigentlich nichts zu tun hatte und an dem Nielsen, Pompeo und andere teilnahmen, dröhnte Trump erneut: »Wir machen den schlechtesten Job an der Grenze von allen Regierungen überhaupt. Ich habe kandidiert und mit der Grenzfrage gesiegt. Wir haben einen nationalen Notstand«, sagte er, und dann durchsuchte er den Etat des Pentagon, um Geld für die Mauer zu finden, die er seit langem versprach. Seine Aufregung beruhte zum Teil auf sensationsgierigen Medienberichten über »Karawanen illegaler Einwanderer«, die sich durch Mittelamerika auf unsere

Grenze hin bewegten und die er als sichtbaren Beweis ansah, dass er sein Wahlversprechen von 2016 nicht halten konnte. Er zeigte auf Nielsen und sagte: »Sie sind für die Grenzsicherung verantwortlich«, dann auf Pompeo mit den Worten: »Sie betrifft das nicht.« Das war das Gegenteil von dem, was er am Samstag zu Kushner gesagt hatte, und ich fühlte mich in der Freude bestätigt, an dieser Übung kaum beteiligt zu sein. Immer wieder ging es zwischen Trump und Nielsen hin und her. Irgendwann flüsterte Pompeo mir zu: »Warum sind wir eigentlich noch hier?« Gute Frage. Irgendwie mussten wir einen Weg finden, der aus diesem Debakel herausführte, bevor Trump auch uns für den Zusammenbruch seiner Grenzpolitik verantwortlich machte!

Doch war es, nach Kushner, gerade dieser neueste Zusammenstoß mit Nielsen, der Trump davon überzeugte, dass ich diese Angelegenheit regeln sollte. »Kirstjen ist dazu intellektuell nicht in der Lage«, sagte Kushner. Zwei Tage später sagte Trump zu mir: »Du übernimmst die Südgrenze. Sie [Nielsen] verliert jeden Fall, so schwach ist sie.« Er wollte einen nationalen Notstand ausrufen und hatte schon mit John Eisenberg darüber gesprochen. »Sie haben meine volle Autorisierung«, sagte Trump. »Die Südgrenze steht jetzt an erster Stelle. Sie und ich. Sie sind, verdammt noch mal, der Boss.« Wenige Stunden später, nur mit Kelly und mir im Oval Office, erklärte Trump: »Ich habe John gesagt, dass er die Kontrolle über die Grenze übernimmt.« Das wurde nun ernst. Ich entschied mich, Trump darzulegen, welche Schritte erforderlich waren, um der illegalen Einwanderung Herr zu werden. Wenn er dem zustimmte, würde ich einspringen, aber sonst hätte ich genügend andere Arbeit zu erledigen.

Ich entwarf einen einseitigen »Plan«, der unter anderem Folgendes vorsah: Das Außenministerium sollte die führende Rolle bei internationalen Verhandlungen einnehmen, die entsprechenden Vorschriften für Innere Sicherheit und Justiz sollten neu gefasst werden, nötig war eine umfassende neue Gesetzgebung in diesem Bereich, und dafür sollte der Nationale Sicherheitsrat an die Stelle von Nielsen und Sessions treten. Ich schrieb das für ein Ein-Mann-Publikum, zeigte die Entwürfe aber Pompeo, Miller, Kushner, Eisenberg und wenigen anderen. Im Großen und Ganzen stimmten sie zu. Inzwischen wurde die Karawanen-Frage immer dringlicher. Trump twitterte ausgiebig und forderte Anordnungen zur Schließung der Grenze. Die Atmosphäre im Weißen Haus wurde immer fiebriger. Am Morgen des 18. Oktober sprachen Pompeo und ich in meinem Büro über die Khashoggi-Affäre, als Kelly uns beide bat, zu ihm zu kommen. Bei ihm fand ein größeres Treffen von etwa fünfzehn Personen zur Lage an der mexikanischen Grenze statt. Kelly fasste den Stand der Besprechung zusammen, als wir eintraten. Dann bat er Nielsen, ihren Plan vorzustellen. Dieser sah vor, dass der Flüchtlingskommissar der UN an der Grenze zwischen Guatemala und Mexiko Einrichtungen schaffen sollte, die wirkliche Flüchtlinge, die danach in die USA oder ein anderes Land weiterreisen konnten, von den anderen, die in ihr Herkunftsland zurückzukehren hätten, trennen sollten.

Kelly fragte Pompeo nach seiner Meinung dazu, und er antwortete langsam, offenkundig ohne viel Wissen zu dem, was Nielsen vorgestellt hatte. Zum Glück zog er sich gleich zurück, als ich mich einmischte und betonte, dass der Flüchtlingskommissar keine wirkliche Rolle bei dieser Art von Entscheidungen spielen könne; dass sein Etat und Personal – unter anderem – bereits durch die venezolanische Flüchtlingskrise überstrapaziert seien; und dass die USA unter keinen Umständen Entscheidungen über den Zugang zu ihrem Territorium einer UN-Institution überlassen durften. Nielsen konnte dem nichts entgegensetzen, und so bohrte ich weiter nach, welche Rolle die UN-Flüchtlingshilfe eigentlich spielen sollte, während sie sich in ihren Antworten verhaspelte. »Aber was ist denn nun Ihr Plan, John?«, fragte Kelly. Natürlich wollte ich meine Absichten nicht vor einer stadiongroßen Menge ausbreiten, bevor ich sie nicht Trump präsentiert hatte. So antwortete ich einfach: »Natürlich habe ich einen Plan, um den Trump mich gebeten hat und den ich mit ihm besprechen werde.« Daraufhin kehrte Nielsen mir den Rücken zu und stieß etwas wie »Ha!« aus. »Und genau deshalb«, sagte ich, »möchte ich den Präsidenten allein sehen.« Es gab noch ein paar Minuten lang ein Hin und Her, bis es auf zehn Uhr ging und ich zu Kelly sagte: »John, wir sollten zum Oval Office hinuntergehen und über Saudi-Arabien sprechen«, nur um daran zu erinnern, dass da draußen immer noch der Rest der Welt war. Also gingen Pompeo, Kelly und ich. Es soll genügen, zu sagen, dass hier kein »mit Flüchen überladenes Schreiduell« ablief, wie es die leichtgläubigen Medien später berichteten.

Im Oval Office sprachen wir Trump gegenüber das Khashoggi-Problem an, als Madeleine Westerhout hereinkam und sagte, Kushner wolle telefonisch über sein Gespräch mit dem mexikanischen Außenminister berichten. Kelly fragte laut: »Warum ruft Jared die Mexikaner an?«

»Weil ich ihn darum gebeten habe«, sagte Trump mit ebenso lauter Stimme. »Wie sollen wir sonst die Karawanen aufhalten?«

»Kirstjen Nielsen befasst sich damit«, sagte Kelly, immer noch laut, und Trump schoss zurück: »Von euch Genies war keiner in der Lage, die Karawanen aufzuhalten«, woraufhin Kelly aus dem Raum stampfte und Trump hinter seinem Rücken verächtlich abwinkte. Man kann sagen, dass bei diesem Gespräch geschrien wurde, aber auch hier gab es keine Obszönitäten. Kushner, der jetzt auf dem Freisprechtelefon war, beschrieb sein Telefonat mit Luis Videgaray, während Pompeo still vor sich hin kochte, da sich Kushner einmal mehr in seine Arbeit eingemischt hatte. Es gab dann noch etwas unzusammenhängendes Gerede, und dann gingen Pompeo und ich wieder in Kellys Büro. (Als sich Trump im Dezember für Kellys Nachfolger entschieden hatte, räumte er ein, dass diese Szene mit Kelly das »Schreiduell« war, über das die Presse so viele Elektronen versprüht hatte.)

Mehrere Personen schwirrten in Kellys Vorzimmer herum. Er rief Pompeo und mich hinein, sagte: »Ich bin weg« und verließ den Raum. Etwas verwirrt, sprachen Pompeo und ich weiter über Saudi-Arabien, aber dann wurde uns klar, dass Kelly mehr meinte als nur: »Sie können mein Büro benutzen«, als er hinausging. Ich öffnete die Tür, um zu fragen, wo er war, aber niemand wusste es. Ich ging in den Flur; sah ihn mit jemandem sprechen, zog ihn in den Roosevelt Room, der leer war, und schloss die Tür. Dies war unser zweites emotionales Gespräch, noch intensiver als das erste. »Ich habe Männer im Kampf befehligt«, sagte er, »und ich habe niemals einen solchen Scheiß ertragen müssen«, womit er meinte, was gerade im Oval Office geschehen war.

Ich sah seinen Rücktritt kommen, und so fragte ich: »Aber was ist die Alternative, wenn Sie zurücktreten?«

»Wenn wir eine wirkliche Krise haben, wie am 11. September«, meinte Kelly, »wie kommen wir damit zurecht, wie er entscheidet?«

»Aber glauben Sie, es wird besser, wenn Sie gehen?«, fragte ich. »Warten Sie wenigstens bis nach der Wahl. Wenn Sie jetzt zurücktreten, kann die ganze Wahl schlecht ausgehen.«

»Vielleicht wäre es besser so«, antwortete er bitter, also sagte ich: »Was immer Sie tun, es wird ehrenhaft sein, aber es ist nichts Positives daran, wenn Leute wie Elizabeth Warren und Bernie Sanders mehr Autorität haben.«

Er antwortete: »Ich fahre nach Arlington«, vermutlich, um das Grab seines Sohnes zu besuchen, was er in schwierigen Situationen tat. Wir wussten das, weil es so oft geschah.

Ich verließ den Roosevelt Room und begab mich in Kellys Büro, wo Pompeo immer noch darauf wartete, hinauszugehen und zur Presse über Khashoggi zu sprechen. Nachdem er mit der Pressehorde fertig war, diskutierten wir in meinem Büro darüber, was wir tun sollten, wenn Kelly weg war. Die Aussichten waren düster. »Mattis ist dauernd in Übersee, der Vizepräsident spricht in Mississippi über Religionsfreiheit, und das Einzige, woran Mnuchin denkt, ist, seinen Arsch zu retten. Dann bleiben nur Sie und ich übrig«, sagte er voller Sorge, dass Kelly jederzeit sein Amt aufgeben könnte. »Wenn er [Trump] wissen will, wer die wirklichen Krieger sind, muss er sich hier umschauen [er meinte uns]. Und Kelly gehört dazu.« Ich stimmte bei. Als er verstand, wie schlimm die Aussichten waren, meinte er: »Am Ende könnte das Ganze die Donald-, Ivanka- und Jared-Show werden.«

Mitten in all diesen Schwierigkeiten, am frühen Nachmittag, zeigte ich Trump meinen einseitigen Plan zur Einwanderung. Er las ihn durch, sagte, er sei damit einverstanden, fügte aber hinzu: »Sie wissen, das meiste davon kann ich erst nach der Wahl machen.« Ich meinte, ich würde das verstehen. Er fragte, ob er das Blatt behalten könne, faltete es zusammen und steckte es in eine Tasche seines Jacketts. Er war nun am Zug. Und aus meiner Sicht blieb es auch so. Die Immigrationsfrage blieb umstritten, aber ohne mich. Ich hatte meine Vorschläge unterbreitet; wären sie vollständig umgesetzt worden, hätten sie vielleicht funktioniert, vielleicht auch nicht;

und schließlich hat sich Trump Stückchen davon herausgepickt. Er aber tat es auf seine Weise, und wenn er es für richtig hielt, was schließlich auch sein Recht war. Die Einwanderungspolitik wurde zusammengestoppelt, statt ein kohärentes Ganzes zu bilden.

Das Verschwinden und die Ermordung des saudischen Journalisten Jamal Khashoggi im saudischen Konsulat in Istanbul platzte wie eine Bombe mitten in den Streit über die Einwanderung. Trumps Umgang mit diesem Mord stand in krassem Gegensatz zu seiner üblichen Art, Entscheidungen zu treffen.

Am 8. Oktober fragte Kushner, wie wir auf den heraufziehenden Sturm reagieren sollten. Mein Rat an die Saudis war, sofort mit den Fakten herauszurücken, welche immer es auch waren, und die Sache hinter sich zu bringen. Kushner stimmte dem zu, und am nächsten Tag sprachen wir mit Kronprinz Mohammed bin Salman und betonten, wie ernst dieses Thema bereits genommen wurde. Ich drängte den Kronprinzen, genau herauszufinden, was mit Khashoggi geschehen war, und das Ergebnis zu veröffentlichen, bevor sich die Fantasie der Leute immer weiter steigern würde. Pompeo sagte ihm später dasselbe. Ich schlug auch vor, dass der saudische Botschafter in Washington nach Riad reisen, dort die Fakten erfahren und dann zurückreisen und uns informieren sollte. Das war ein ungewöhnliches Vorgehen, aber der Botschafter war der jüngere Bruder des Kronprinzen und konnte aus erster Hand vermitteln, wie aufgeheizt die Stimmung in Washington war.

Doch Trump hatte, anders als bei anderen Angelegenheiten, bereits seine Antwort weitgehend festgelegt. In einem vorab aufgezeichneten Interview für *60 Minutes*, das am folgenden Wochenende gesendet werden sollte, hatte er angekündigt, die Waffenlieferungen an Saudi-Arabien nicht zu stoppen. Als wir am Samstag Pastor Brunson nach seiner Freilassung aus der Türkei im Weißen Haus willkommen hießen, schlug ich vor, dass Pompeo nach Saudi-Arabien fliegen solle, anstatt einen rangniedrigeren Beamten zu schicken. Ihm und Trump gefiel die Idee. Niemand konnte sagen, wir würden die Angelegenheit nicht ernst nehmen. Trump brachte den Vorschlag am 15. Oktober gegenüber König Salman zur Sprache, und der König sagte, er würde den Besuch Pompeos begrüßen. Trump fühlte den Druck der US-Medien, aber gegen jede Erwartung führte dies dazu, dass seine öffentliche Unterstützung des Königreichs stärker statt schwächer wurde. Mit Pompeos hektischer Reise erkauften wir den Saudis etwas Zeit, in der sie die Fakten klären konnten, aber Trump wartete nicht. Die Saudis veröffentlichten daraufhin ihre Version der Ereignisse und entließen mehrere hohe Beamte. Ihr Bericht stellte die meisten Analytiker nicht zufrieden, aber er gab eine Erklärung, auf der sie offensichtlich beharren würden. Während dieser ganzen Zeit unterstützte Trump die entstehende saudische Version durch Tweets und Stellungnahmen und rückte weder von der Allianz zwischen den USA und Saudi-Arabien im Allgemeinen als auch im Besonderen noch von den bereits vereinbarten massiven Waffenkäufen des Königreichs ab.

Während die Medien mit Schaum vor dem Mund rasten, entschloss sich Trump, Mohammed mit einer unmissverständlichen Erklärung zu unterstützen, deren Grundlinien er Pompeo diktierte. Der Text war völlig amateurhaft; Trump riskierte damit, sich selbst zu schaden, falls sich neue Tatsachen herausstellten. Es wäre gar nicht so schwierig gewesen, dem durch einige kleine redaktionelle Änderungen vorzubeugen, aber Pompeo akzeptierte keine Revisionen und war nicht einmal bereit, die Skizze zwecks erneuter Prüfung einen Tag liegenzulassen. Er sagte: »Er hat es gewollt, ich schicke es ab.« Das war eine charakteristische »Jawohl, Sir, wird gemacht!«-Antwort. Am nächsten Tag, dem 20. November, meinem Geburtstag, wollte Trump bin Salman anrufen und ihm die Erklärung ankündigen. »Wir tun ihm einen verdammt großen Gefallen«, wollte er mitteilen. »Ob er es nun getan hat oder nicht, wir stehen zu Saudi-Arabien.«

Wir sprachen darüber, ob Trump selbst die Erklärung von der Bühne des Weißen Hauses abgeben sollte oder ob wir den Text einfach veröffentlichen sollten. »Das wird von Ivanka ablenken«, meinte Trump. »Wenn ich die Erklärung persönlich vorlese, wird das an die Stelle der Ivanka-Sache treten.« (Die »Ivanka-Sache« war eine Flut von Berichten über Ivankas exzessive Nutzung ihres privaten Mailaccounts für Regierungsangelegenheiten, wobei das Weiße Haus den Unterschied zu Clintons exzessiver Nutzung ihres privaten Mailaccounts für Regierungsangelegenheiten zu erklären versuchte.) »Verdammt, warum hat sie ihr Telefon nicht gewechselt«, beschwerte Trump sich. »Was für Scherereien wir wegen dieses Telefons haben!« Dann wandte er sich an Pompeo, dachte schon an sein Telefonat mit dem Kronprinzen und verkündete: »Sagen Sie ihm, es ist unglaublich, was ich da tue. Finden Sie dann seine Meinung heraus, und wir entscheiden, was zu tun ist.« Wir beschlossen, dass wir eine Erklärung abgeben würden und Pompeo dann Fragen beantworten sollte. Es gab nur eine längere Debatte darüber, ob dies vor oder nach der jährlichen Zeremonie zur Begnadigung des Thanksgiving-Truthahns geschehen würde. Tut uns leid, Kronprinz, aber wir haben unsere Prioritäten. Am Ende nahmen sowohl Trump als auch Pompeo Fragen entgegen; Trump hatte das ohnehin beabsichtigt. Für alle war es offensichtlich, dass hier eine reine Trump-Show ablief; nur Rand Paul twitterte seine Vermutung, ich hätte die Erklärung geschrieben!

In einer nüchternen, geopolitischen Betrachtungsweise war Trumps Ansatz der einzig vernünftige. Niemand entschuldigte den Mord an Khashoggi, und nur wenige hielten ihn nicht für einen schweren Fehler. Ob man nun Saudi-Arabien, die Monarchie, Mohammed bin Salman oder Khashoggi mochte oder nicht, es standen bedeutende nationale Interessen der USA auf dem Spiel. Hätten wir Saudi-Arabien die Unterstützung entzogen, hätten unsere Gegner in der Region sofort Maßnahmen ergriffen, um dies zu unserem Nachteil auszunutzen. Bereits am 23. Oktober hatte mir Putin in Moskau (s. Kapitel 6) ganz unverblümt gesagt, dass Russland Waffen an Saudi-Arabien verkaufen könnte, falls wir das nicht täten. Trump entschied normalerweise nicht auf Grundlage der geostrategischen Realität, sondern im Hinblick auf durch Waffenverkäufe in den USA geschaffene Arbeitsplätze, aber er kam damit zu einem mehr oder weniger richtigen Ergebnis. Dieser Zugang entsprach genau dem von Jeane Kirkpatrick in ihrem klassischen Essay »Diktaturen und Doppelmoral«[2] von 1979: »Liberaler Idealismus muss nicht identisch mit Masochismus sein und muss nicht unvereinbar mit der Verteidigung der Freiheit und des nationalen Interesses sein.«

Personalfragen, die auch für die Politikentwicklung von entscheidender Bedeutung waren, deuteten nach den Kongresswahlen vom November

2018 auf eine Reihe dramatischer Veränderungen hin. Jim Mattis und seine Mitarbeiter zum Beispiel waren Meister der Pressearbeit und pflegten sorgfältig seinen Ruf als »Kriegswissenschaftler«. Trump erzählte mir am 25. Mai, als er von seiner Rede bei der Abschlusszeremonie an der Marineakademie in Annapolis mit der Marine One zurück ins Weiße Haus flog, eine Geschichte, von der ich sicher war, dass Mattis sie nicht an die Presse weitergegeben hatte. Im Hinblick auf Trumps Auftritt bei einer geplanten Präsidentschaftsdebatte mit Clinton, nur wenige Tage nach Bekanntwerden der *Access-Hollywood*-Geschichte, habe Mattis zu ihm gesagt, dies sei »die mutigste Sache, die er je jemanden habe tun sehen«. Aus dem Mund eines Mannes mit einer solchen militärischen Karriere hieß das in der Tat etwas. Natürlich hätte Trump das durchschauen können, aber wenn er das nicht tat, zeigte es, dass Mattis wusste, wie man jemandem am besten schmeichelt.

Im Sommer 2018 bewegte sich Mattis zweifellos in unruhigen Gewässern, und mit Fortgang des Jahres wurde er immer schwächer. Am Sonntag, dem 16. September, rief mich Trump gegen 21.45 Uhr an und fragte mich, ob ich den in der *New York Times* an prominenter Stelle platzierten Artikel über Mattis[3] gesehen und sorgfältig gelesen hätte. Ich bejahte. »Das gefällt mir nicht«, sagte Trump, »Mattis macht ständig solche Sachen.« Ich sagte, dass ich den Artikel für sehr unfair gegenüber der stellvertretenden Nationalen Sicherheitsberaterin Mira Ricardel hielt und dass der Grund die Feindschaft von Mattis sei, die sie sich in ihren ersten Tagen im Weißen Haus zugezogen habe. Damals habe sie sich Mattis' Bemühungen widersetzt, Demokraten mit Ansichten einzustellen, die mit denen Trumps unvereinbar waren. »Sie hat auch Rex daran gehindert, einige seiner Leute reinzubringen, oder?«, fragte Trump. Auch das stimmte. »Was denken Sie über Mattis?«, wollte Trump wissen, entsprechend seinem Führungsstil, von dem fast niemand glaubte, dass er Vertrauen und Zuversicht bei seinen Untergebenen förderte. Aber so machte er es immer. Und ich hätte ein Narr sein müssen, wäre ich nicht davon ausgegangen, dass, wenn er mich nach Mattis fragte, er nicht andere über mich ausfragte. Ich äußerte nur einen Teil meiner Meinung und sagte etwas, was sowohl wahr als auch wichtig war. Mattis sei »gut darin, nicht zu tun, was er nicht tun will«, und er habe »eine hohe Meinung von seiner eigenen Meinung«. Das war Trumps Stichwort. Er erklärte, dass er Mattis nicht traute und dass er genug habe von den ständigen Artikeln darüber, wie Mattis ihn ausgetrickst habe. Ich sagte es Trump nicht, aber dies war die größte Wunde, die die »Achse der Erwachsenen« sich selbst zufügte. Diese Leute hielten sich für so schlau, dass sie dachten, sie könnten der Welt sagen, wie schlau sie seien, und Trump würde es nicht merken. Sie waren aber nicht so schlau, wie sie dachten.

Am späten Vormittag des nächsten Tages kam Kelly in mein Büro, um über den Artikel zu sprechen. »Mattis ist nun im Überlebensmodus«, sagte er, und dass es eine erstaunliche Chuzpe zeige, wenn Mattis nun mit dem Finger auf undichte Stellen bei Ricardel wies. Ich erklärte Richter Larry Silbermans Theorie über undichte Stellen, die auf die Frage hinauslief: »Cui bono?«, also: »Wem nützt es?« In diesem Fall führte das geradewegs zu Mattis und seinen Mitarbeitern. Kelly hatte bei den Marines unter Mattis gedient, ebenso wie Joe Dunford, eine bemerkenswerte Konstellation, die die Presse anscheinend niemals bemerkt hat und von deren Wahrscheinlichkeit der Autor eines Spionageromans seinen Verleger niemals hätte überzeugen können. Trump, Kelly und ich besprachen den Artikel noch einmal später an diesem Tag, und Trump fragte: »Mattis hat den Iran-Deal nicht gerne aufgegeben, oder?«, was eine Untertreibung war. Kurz danach verdichteten sich die Spekulationen über die Ablösung von Mattis erneut. Ich fragte mich, ob die Lecks nicht ihren Ursprung im Oval Office hatten.

Eine Woche später jedoch, als ich zur jährlichen Eröffnungsfeier der UN-Generalversammlung in New York war, rief mich Kelly an, um mir mitzuteilen, dass die First Lady Ricardel entlassen wollte, weil ihre Mitarbeiter sich beschwerten, dass sie bei der Vorbereitung der bevorstehenden Reise der First Lady nach Afrika nicht kooperativ gewesen sei. Ich fand das unfassbar, und Kelly sagte, es sei nicht klar, wie es »so weit eskaliert ist«. Dann charakterisierte er den Stab der First Lady als eine Bande von boshaften, klatschsüchtigen Typen, wie man sie in studentischen Verbindungen findet. Ich hörte nichts mehr von der Sache und hielt sie für eingeschlafen. Kelly war immer noch in Washington, und zwar wegen »dieser Rosenstein-Sache«, also wegen der Frage, ob der stellvertretende Justizminister Rod Rosenstein jemals vorgeschlagen hatte, sich gegen Trump auf den 25. Verfassungszusatz (zur Amtsenthebung des Präsidenten) zu berufen, oder ob er im Oval eine Wanze getragen hatte, um zu diesem Zweck Beweise zu sammeln. Auch das war in der Geschichte der Präsidentschaftsverwaltung eine Premiere.

Mein Aufenthalt in New York erinnerte mich daran, warum UN-Botschafter keinen Kabinettsrang haben sollten (der traditionelle republikanische Ansatz). Und wenn sie diesen Rang doch haben, muss ihnen der Präsident verdeutlichen, dass es dennoch nur einen Außenminister gibt. Mit Haley war dies nie geklärt worden, und nach allem, was ich – auch von Trump – hörte, verabscheuten sie und Tillerson einander aus tiefstem Herzen (naja, vielleicht ohne Herz). Ein erstes Indiz für das Problem mit Haley waren ihre Fehler beim Umgang mit den Russland-Sanktionen unmittelbar nach dem US-Angriff auf Syrien im April. Es zeigte sich erneut im Juni im Zusammenhang mit dem Rückzug der USA aus dem falsch konzipierten UN-Menschenrechtsrat. Wie alle Berater es empfohlen hatten, wollte Trump ihn verlassen, und er bekräftigte das bei einem Treffen im Oval Office mit Pompeo, Haley und mir. »Wie läuft es?«, fragte er Haley, und sie antwortete, indem sie über Handelsfragen mit China sprach, die gar nicht in ihren Zuständigkeitsbereich fielen. Das führte zu einer ausgedehnten Leier von Trump über internationalen Handel, wobei er alle seine Schlagworte (»Die EU ist genau wie China, nur kleiner«) anbrachte. Haley fragte ihn nach einer Reise, die sie nach Indien unternehmen wollte, um den Dalai Lama zu treffen. Der Zweck war unklar, abgesehen davon, dass ein Foto mit dem Dalai Lama für eine ehrgeizige Politikerin immer gut war. Aber das Minenfeld, in das sie sich verirrte, indem sie die Frage nach dem China-Handel aufwarf, zeigte ihre politische Blindheit. Sobald Trump sich fragte, wie China Haleys Treffen mit dem Dalai Lama auffassen würde, war die Reise im Grunde gestorben. Diese Episode bestätigte Pompeos Einschätzung, welchen Spielraum Trump Haley gelassen hatte und warum das aufhören musste. Wie auch immer, am 19. Juni zogen wir uns aus dem Menschenrechtsrat zurück.

Führende Regierungsposten wieder zu besetzen, erwies sich als mühsam, zumal Trumps Amtszeit fast zur Hälfte vorbei war. Eine Nachfolge für Haley zu finden, erwies sich als ein solcher Marathon. Nachdem sie sich in einer »rein persönlichen« Angelegenheit allein mit Trump, Ivanka und Kushner beraten hatte, teilte Haley Kelly (aber nicht Pompeo oder mir) am 9. Oktober mit, dass sie zurücktreten werde. Teil dieses Rücktritts war allerdings eine lange Übergangsphase: Er wurde erst zum 31. Dezember wirksam. Kaum jemand zweifelte daran, dass das Rennen um die republikanische Präsidentschaftskandidatur 2024 nun begonnen hatte. In einer atemberaubenden Erklärung schloss Haley, direkt neben dem Präsidenten sitzend, eine Kandidatur 2020 aus, nur damit jeder wusste, dass sie zur Verfügung stand: »Nein, ich kandidiere nicht für 2020 ... Was ich tun werde, und das kann ich Ihnen versprechen, ist, dass ich dafür Wahlkampf machen werde.«[4] Viele dachten, sie würde mit der Unterstützung von Kushner und Ivanka 2020 Pence als Trumps Vizekandidaten ablösen, was keine leere Spekulation war.[5]

Eine Voraussetzung Trumps für Haleys Nachfolge war, dass eine Frau das Amt übernehmen sollte. Eine erste Favoritin war Dina Powell, die beim NSC gewesen war und, von der Familie bevorzugt, eine sichere Bank schien. Doch stieß sie auf enormen Widerstand, und schnell wandte sich die Suche anderen Kandidatinnen zu. Pompeo und ich waren uns von Anfang an einig, dass die UN-Botschafterin keinen Kabinettsrang haben sollte, aber wir mussten Trump erst einmal überzeugen. Er sagte über Powell, dass der Kabinettsrang »ihr helfen wird«, was mich sprachlos machte. Wer diese Art von Hilfe braucht, sollte sich besser nach einer anderen Arbeit umsehen. Abgesehen von der Statusfrage diskutierten Pompeo und ich mehrere Wochen lang mögliche Alternativen und berieten uns mit mehreren von diesen Personen, um zu sehen, ob sie interessiert waren. Als die Vorauswahl abgeschlossen war, kamen wir beide zu dem Schluss, dass Kelly Craft, Botschafterin in Kanada, die logischste Wahl war. Craft war nicht nur qualifiziert, sondern auch bereits in der Regierung etabliert, war vollständig überprüft worden und hatte entsprechende Sicherheitsfreigaben erhalten, so dass sie schnell neue Aufgaben übernehmen konnte.

Inzwischen war das Weiße Haus völlig in den Verschwörungsmodus übergegangen, da jeder seine eigene Meinung dazu hatte, wer Haley nachfolgen sollte. Niemals habe ich so viele Leute getroffen, die mir rieten, anderen Leuten nicht zu trauen. Wahrscheinlich hatten sie alle recht. Die interne Politik war byzantinisch, viele Spielzüge liefen über die Medien. Kandidatinnen stiegen auf und fielen, erschienen, zogen sich zurück und erschienen erneut, kamen nahe an den Posten oder wurden sogar ausgewählt, nur damit sich dann irgendein Faktor herausstellte, der sie disqualifizierte und aus dem Rennen warf, worauf das Ganze von vorn begann. Sogar wenn Pompeo und ich dachten, wir hätten Trump von irgendeiner Kandidatin überzeugt, stellte sich das mehrfach als falsch heraus. Wie Pompeo es auf dem G-20-Treffen im November sagte: »Man darf ihn keine Minute allein lassen.« Es war wie in einem Spiegelkabinett. Die Wochen vergingen, und ich fragte mich, ob wir rechtzeitig eine Kandidatin haben würden, um ihre Bestätigung zu bekommen, bevor Haleys drei Monate dauernde Abschiedsvorstellung zum Neujahrstag enden würde.

Tatsächlich gelang das nicht. Erst am Nachmittag des 22. Februar rief Trump mich ins Oval Office herunter, und Kelly und Trump gratulierten Craft zur Nominierung. Ebenso wie Pompeo war ich erfreut, aber gleichzeitig war ich auch bestürzt, dass fünf Monate über etwas dahingegangen waren, das innerhalb weniger Tage nach Haleys Ankündigung hätte geklärt werden können. Trump sagte zu Craft: »Das ist der beste Job in der Regierung nach meinem«, was nach meiner Ansicht kaum stimmte. Jedenfalls was die Exekutive anging, waren wir nun fertig. Nach sage und schreibe fünf Monaten.

Während Mattis' Probleme zunahmen, verstärkten sich die Spekulationen, ob es auch Kelly bald reichen würde. Pompeo sagte: »Wenn Mattis geht, geht Kelly auch«, was eine gewisse Logik hatte. Das ging nun weit über Störungen im Personalbereich hinaus, sondern kündigte einen grundlegenden Richtungswechsel im Weißen Haus an. Auch Nielsens andauernde Probleme mit Trump deuteten auf ein vorzeitiges Ausscheiden hin, was ein weiterer Grund für Kelly gewesen wäre, zu gehen, aber sie hielt durch. Tatsächlich blieb sie bis zum April 2019, wahrscheinlich lange über den Zeitpunkt hinaus, zu dem sie zu ihrem eigenen Besten freiwillig hätte aufgeben sollen. Kelly und Kushner kamen seit der Kontroverse um Kushners Sicherheitsfreigabe nicht gut miteinander zurecht.

Kelly hatte zudem ähnliche Schwierigkeiten wie ich mit Finanzminister Mnuchin, einem Trump-Vertrauten. Zum Beispiel veranstaltete Mnuchin im Juli 2018 ein endloses Getue um eine Pressemitteilung zu neuen Sanktionen gegen eine russische Bank, die Nordkorea bei internationalen Finanztransaktionen unterstützt hatte. Trump war mit ihm einig, dass die Sanktionen in Kraft gesetzt werden sollten, aber er wollte keine Pressemitteilung, um mögliche negative Reaktionen aus Moskau und Pjöngjang zu vermeiden. Mnuchin fürchtete, dass der Kongress ihn in die Mangel nehmen würde, dass er irgendetwas zugunsten Russlands vertuschte, wenn er die Sache nicht veröffentlichte. Ich hielt ihn für übernervös, und ein paar Tage später stimmte Trump der Presseerklärung zu. Verärgert sagte mir Kelly, der größte Wunsch Mnuchins sei es, jedes Risiko zu vermeiden. Und dennoch versuche er alles, an Treffen im Oval Office teilzunehmen und um die Welt zu reisen. Ein paar Tage zuvor hatten Kelly und ich über Mnuchins Bemühungen gesprochen, sich in Meetings hineinzudrängen, bei denen er keine Rolle spielte. Das ging bis zu Anrufen bei Trump, um eingeladen zu werden. Kelly war sich sicher, dass Mnuchin weit weniger als die Hälfte seiner Zeit an seinem Schreibtisch im Finanzministerium verbrachte, so eifrig war er darauf bedacht, an Treffen im Weißen Haus oder an Präsidentschaftsreisen teilzunehmen. »In seinem Haus erkennen sie ihn kaum«, sagte Kelly verächtlich.

In der Zwischenzeit führten Mattis' langjährige Bemühungen, Ricardel zu entlassen, in Verbindung mit den untergründigen Bemühungen aus dem Stab der First Lady endlich zum Erfolg. Trump wollte am 11. November 2018 an der Hundertjahrfeier des Waffenstillstands im Ersten Weltkrieg teilnehmen. Ich hatte schon vor seiner Ankunft in Paris einige Treffen. Am Abend des 9. November, als ich mit meinen britischen, französischen und deutschen Amtskollegen zum Abendessen ging, rief mich Kelly kurz vor deren Landung in Paris aus der Air Force One an. Wir hatten keine gesicherte Telefonverbindung, so dass wir erst kurz vor Mitternacht ausführlich miteinander sprachen. Kelly berichtete, dass das Büro der First Lady nach wie vor versuche, Ricardel zu feuern. »Ich habe damit nichts zu tun«, versicherte er.

Am Samstag begab ich mich in die Residenz des US-Botschafters, wo Trump sich aufhielt, um ihn vor seinem bilateralen Treffen mit Macron zu informieren. Das Wetter war schlecht, und Kelly und ich sprachen darüber, ob wir wie geplant zu der Gedenkstätte des Château-Thierry Belleau Wood und den nahegelegenen amerikanischen Friedhöfen reisen sollten, auf denen viele Tote aus dem Ersten Weltkrieg begraben waren. Die Besatzung der Marine One warnte aufgrund des schlechten Wetters vor einem Hubschrauberflug zum Friedhof. Die Wolkendecke war für die Marines nicht zu niedrig, um im Kampf zu fliegen, aber den POTUS zu fliegen war offenkundig etwas ganz anderes. Eine Autokolonne würde neunzig bis hundertzwanzig Minuten pro Richtung brauchen, auf Straßen, die nicht gerade Autobahnen waren. Das stellte ein unannehmbares Risiko dar, da wir den Präsidenten im Notfall nicht schnell genug aus Frankreich hinausbringen konnten. Die Entscheidung, den Besuch abzusagen, war leicht getroffen, doch fiel es einem Marine wie Kelly schwer, dies Trump zu empfehlen. Er war es gewesen, der Trump den Besuch vorgeschlagen hatte (Belleau Wood war in der Geschichte des Marine Corps eine Schlacht mit ikonischem Charakter). Trump stimmte zu, und es wurde beschlossen, dass an seiner Stelle andere Leute zum Friedhof fahren sollten. Als das Treffen endete und wir uns vorbereiteten, zum Élysée-Palast zu fahren und Macron zu sehen, zog Trump Kelly und mich beiseite und sagte: »Sucht einen anderen Platz für Mira. Melanias Leute sind auf dem Kriegspfad.« Kelly und ich nahmen an, dass wir einen gleichwertigen Platz in der Regierung in einer ruhigeren Umgebung in Washington finden sollten.

Die Presse verwandelte die Absage des Friedhofsbesuchs in eine Geschichte, dass Trump sich vor dem Regen fürchtete. Freudig wies sie darauf hin, dass andere führende Politiker der Welt tagsüber herumreisten. Natürlich war keiner von ihnen der Präsident der Vereinigten Staaten, aber die Presse verstand nicht, dass die Regeln für US-Präsidenten sich unterscheiden von den Regeln für 190 andere Staatschefs, die nicht die größten Militärkräfte der Welt befehligten. Trump beschuldigte Kelly zu Unrecht, was möglicherweise ein entscheidender Punkt für das

Ende von dessen Amtszeit im Weißen Haus war. Er war während der ganzen Reise wegen der enttäuschenden Wahlergebnisse unzufrieden (»Er hat eine Mordsangst«, wie Sanders es ausdrückte), und nichts machte die Dinge besser. Der Rest des Paris-Besuchs verlief ähnlich. Macron eröffnete das bilaterale Treffen, indem er, wie er es zuvor getan hatte[6], über eine europäische Armee sprach. Das war eine große Zahl anderer Amerikaner den undankbaren Europäern durchaus bereit zuzugestehen, und zwar ohne uns. Praktisch beleidigte Macron Trump in seiner Rede vom 11. November am Arc de Triomphe mit den Worten: »Patriotismus ist das genaue Gegenteil von Nationalismus. Nationalismus ist ein Verrat am Patriotismus, wenn man sagt: ›Unser Interesse geht vor. Die anderen können sehen, wo sie bleiben.‹« Trump sagte, er habe Macrons Abfuhr nicht gehört, weil sein Ohrstöpsel am kritischen Punkt abgeschaltet wurde.

Nach Paris flog ich weiter in die Vereinigten Arabischen Emirate und dann nach Singapur, um die Reise des Vizepräsidenten zum jährlichen Gipfel des Verbandes Südostasiatischer Nationen zu unterstützen. Am 14. November um 2.20 Uhr rief Ricardel an und berichtete über eine Geschichte im *Wall Street Journal,* die offensichtlich aus einer unfreundlichen Quelle durchgesickert war und besagte, dass sie kurz vor der Entlassung stehe. Der Artikel war auch voller Spekulationen darüber, dass Kelly und Nielsen gefeuert würden. Also rief ich sofort Trump und andere an, um herauszufinden, was da vor sich ging (Singapur war der Zeit von Washington dreizehn Stunden voraus). In der Zwischenzeit verließ ein unglaublicher Tweet das »Büro der First Lady«: Ricardel verdiene es nicht mehr, im Weißen Haus zu arbeiten. Wir sprechen hier über etwas ohne Beispiel. Ich war noch dabei, dies zu verdauen, als Trump mich gegen 5.30 Uhr zurückrief. Er fragte: »Was ist denn das für ein Ding von der First Lady?«, ließ sich den Tweet von Westerhout bringen und las ihn zum ersten Mal. »Heilige Scheiße!«, rief er. »Wie konnten sie das rausbringen, ohne es mir zu zeigen!« Gute Frage, dachte ich. »Lassen Sie mich das machen«, schloss Trump das Gespräch. Später rief Trump Ricardel und die Mitarbeiter der First Lady in seinem Büro zusammen. Dort breiteten sie ihre Versionen über die Afrika-Reise aus, wo Ricardel versucht hatte, die Sache trotz Ignoranz und fehlender Sensibilität der Mitarbeiter nicht aus dem Gleis geraten zu lassen. Ricardel hatte die First Lady nie getroffen; die Kritik kam ausschließlich von ihren Mitarbeitern. Trump war zu Recht ärgerlich über den Tweet aus dem »Büro der First Lady«, für den die Mitarbeiter nicht verantwortlich sein wollten. »Diese Behauptung ist Scheißdreck«, sagte er, völlig korrekt.

Ich sprach mit Pence über Ricardel, als wir beide ein privates Mittagessen hatten. »Sie ist großartig«, sagte er und versprach, uns voll und ganz zu unterstützen. Kelly rief später an und sagte, Trump habe ihn nach dem Treffen im Oval Office angewiesen, »eine Stelle für sie zu finden, wo sie anlegen kann ... wir sollten sie in der Regierung behalten«, und dass er gesagt habe: »Sie ist kein schlechter Mensch«, ungeachtet dessen, was die Mitarbeiter der First Lady behauptet hatten.

Kelly fuhr fort: »Paris war eine totale Katastrophe.« Trump habe sich an Bord der Air Force One auf dem Rückflug nach Washington und sogar noch später unaufhörlich beschwert. Er käute immerfort wieder, was schief gelaufen sei, und forderte, dass Mattis und Nielsen gefeuert werden sollten, vor allem wegen der mexikanischen Grenzfrage. Kelly sagte, er habe Trump »von einer Reihe von Felsvorsprüngen« heruntergeholt, sei sich aber überhaupt nicht sicher, was als Nächstes komme. Ich bat ihn, mich auf dem Laufenden zu halten, und er sagte einfach: »Okay, Kumpel«, woraus ich schloss, dass er nicht mehr viele Freunde im Weißen Haus hatte. Am nächsten Tag gab Trump eine Erklärung heraus, dass Ricardel eine andere Stelle in der Regierung übernehmen werde, obwohl wir das noch nicht unter Dach und Fach hatten. Leider war die Atmosphäre durch die Mitarbeiter der First Lady so vergiftet worden, dass Ricardel von sich aus beschloss, die Regierung ganz zu verlassen und in die Privatwirtschaft zurückzukehren. Die ganze Sache war für mich entsetzlich und gegenüber Ricardel grob unfair.

Nach fast neun Monaten führte ich meine eigene Evaluierung des Nationalen Sicherheitsrats durch. Im Wesentlichen hatten wir den Standard erfüllt, nicht zu schaden. Wir hatten keine neuen schlechten Geschäfte abgeschlossen und einige aus früherer Zeit (z. B. das Atomabkommen mit dem Iran, den INF-Vertrag) gekündigt. Aber ich spürte, dass an anderen Fronten Turbulenzen nahten.

Als die Wahlen im November näher rückten, arbeitete die Gerüchteküche auf Hochtouren. Nachdem sie mit einer Enttäuschung ausgegangen waren und nach dem Tag des Waffenstillstands in Paris kursierten ständig Vermutungen darüber, wer Kelly nachfolgen würde. Immer wieder hörte man den Namen von Nick Ayers, dem Stabschef von Pence. Nun war es, gelinde gesagt, ungewöhnlich, als Mitarbeiter des Vizepräsidenten zum Präsidenten zu wechseln, aber Jim Baker war 1980 vom Wahlkampfmanager von George Bush senior zum Stabschef von Reagan im Weißen Haus geworden. Für einen Präsidenten, der vor der Kampagne für seine Wiederwahl stand, war Ayers, falls Kelly sich entschließen sollte zu gehen, aufgrund seiner politischen Fähigkeiten eine logische Wahl. Die eigentliche Frage war aber, ob Ayers dies überhaupt wollte. Er versuchte, im Voraus die Rolle zu definieren, die er einnehmen würde, und Trump schien auch dazu bereit zu sein. Dann aber hielt Trump Zusagen in Schlüsselfragen nicht ein und erklärte sogar eine solche Stellenbeschreibung überhaupt für unmöglich. Obwohl die Stelle Ayers in Versuchung geführt hatte, war er durch die Erfahrungen der vergangenen zwei Jahre davon überzeugt, dass das Risiko ohne ein Stück Papier, auf das er sich in Krisenzeiten hätte stützen können, zu groß war. Natürlich war es eine offene Frage, ob dieses Papier ihm jemals irgendetwas genützt hätte, aber diese Frage sollte nie beantwortet werden.

Während dieser Personaltopf köchelte, kam der Mattis-Topf zum Kochen. Trotz allem erwartete ich immer noch, dass Ayers Nachfolger von Kelly würde, wahrscheinlich am Montag, dem 10. Dezember 2018. Kelly erzählte mir an diesem Morgen um 6.30 Uhr, in einem unserer letzten Frühgespräche, dass Ayers, nach zwei Tagen Arbeit zur Probe für Trump, entschieden hatte, dass es einfach nicht gehen würde. Zudem war Kelly überzeugt, dass Trump vorhatte, 2020 statt Pence Haley für die Vizepräsidentschaft zu nominieren, was Ayers in eine unmögliche Position bringen musste. Auf jeden Fall waren wir wieder am Anfang, und die ganze Welt wusste es. Die einzige gute Nachricht war, dass am 10. Dezember Pat Cipollone als Rechtsberater des Weißen Hauses begann, keine Minute zu früh. Sehr bald erfuhr eine weite Öffentlichkeit, dass Mattis ausscheiden würde.

Viele Kandidaten, aus dem Weißen Haus und von außerhalb, wetteiferten um den Posten des Stabschefs, aber Trump twitterte am 14. Dezember, dass Mick Mulvaney, Direktor des Office of Management and Budget, nach Kellys Ausscheiden amtierender Stabschef sei. Kushner kam an diesem Nachmittag vorbei, um zu sagen, dass er über die Entscheidung erfreut sei und dass der »amtierende« Teil des Titels nur eine Farce sei. Wie ich später herausfand, hatte es keine wirklichen Verhandlungen zwischen Trump und Mulvaney über die Bedingungen des Jobs gegeben, so dass mir die Entscheidung etwas impulsiv erschien. Pompeo dachte, dass Mulvaney im Wesentlichen das tun würde, was Ivanka und Kushner von ihm wollten, ein Gedanke, der uns philosophisch beunruhigte. Am 2. Januar übergab Kelly sein Amt an Mulvaney.

Im Oktober 2019, mitten im Ukraine-Amtsenthebungsverfahren, äußerte Kelly in einem Interview, er habe Trump geraten: »Was immer Sie auch tun – und wir waren noch dabei, jemanden zu finden, der meinen Platz einnahm – ich sagte, was immer Sie auch tun, stellen Sie keinen Ja-Sager ein, niemanden, der Ihnen nicht die Wahrheit sagt. Denn wenn Sie das tun, dann glaube ich, dass Sie des Amtes enthoben werden.«[7] Trump dementierte rundheraus, dass Kelly jemals ein solches Statement abgegeben habe: »John Kelly hat das nie gesagt, er hat nie so etwas gesagt. Wenn er das gesagt hätte, dann hätte ich ihn aus dem Büro geworfen. Er will bloß wieder ins Spiel kommen, wie jeder das will.«[8] Und Stephanie Grisham, früher eine der Furien der First Lady, nun Pressesprecherin des Weißen Hauses, verkündete ex cathedra: »Ich habe mit John Kelly gearbeitet, und er war völlig unfähig, mit dem Genie unseres großen Präsidenten umzugehen.«[9] Diese Äußerungen sprechen Bände über die Leute, aus deren Mund sie kamen.

Mit Kellys Weggang und Mulvaneys Ernennung endeten alle wirksamen Bemühungen um die Leitung des Exekutivbüros des Präsidenten. Die interne Kontrolle und die politische Strategieentwicklung waren nie stark gewesen, nun aber verschwanden sie nahezu vollständig; die Qualität der Personalentscheidungen nahm weiter ab, und das allgemeine Chaos breitete sich aus. Es folgte die Ukraine-Krise. Vieles deutet darauf hin, dass Kellys Hypothese völlig richtig war.

KAPITEL 9

VENEZUELA LIBRE

Venezuelas illegitimes Regime, eines der repressivsten der westlichen Hemisphäre, bot der Trump-Regierung eine Chance. Aber dies erforderte von unserer Seite beständige Entschlossenheit und konsequenten, allumfassenden, unnachgiebigen Druck. Diesen Standard konnten wir nicht erfüllen. Der Präsident schwankte und wankte, verschärfte die internen Meinungsverschiedenheiten in der Trump-Regierung, anstatt sie zu lösen, und behinderte wiederholt unsere Bemühungen zur Durchführung einer politischen Linie. Wir waren nie sehr zuversichtlich in Bezug auf den Erfolg einer Unterstützung der venezolanischen Opposition in ihren Bemühungen zur Ablösung Nicolás Maduros, des Erben von Hugo Chávez. Es war fast das Gegenteil. Maduros Gegner handelten im Januar 2019, weil sie der festen Überzeugung waren, dass dies nach Jahren des Versuchens und Scheiterns ihre letzte Chance auf Freiheit sein könnte. Amerika antwortete, weil es in unserem nationalen Interesse lag, dies zu tun. Das ist es noch immer, und der Kampf geht weiter.

Nach den erfolglosen Versuchen, Maduro zu stürzen, zögerte die Trump-Regierung nicht, öffentlich und ausführlich zu diskutieren, wie nahe die Opposition daran war, Maduro zu stürzen, und was schiefgelaufen war. In zahlreichen Presseberichten wurden Einzelheiten wiederholt, die wir im Laufe des Jahres 2019 fortlaufend von der Opposition vernommen hatten und die im Folgenden diskutiert werden. Dies war kaum eine normale Situation diplomatischer Gespräche und Austausche, und wir hörten auch Stimmen von vielen Mitgliedern des Kongresses und privaten US-Bürgern, insbesondere von Mitgliedern der kubanisch-amerikanischen und venezolanisch-amerikanischen Gemeinschaft in Florida. Eines Tages, wenn Venezuela wieder frei ist, wird es den vielen Personen, die die Opposition unterstützen, freistehen, ihre Geschichte öffentlich zu erzählen. Bis dahin haben wir nur die Erinnerungen von Menschen wie mir, die das Glück haben, ihre Geschichten für sie erzählen zu können.[1]

In Venezuela gibt es eine zwei Jahrzehnte währende Geschichte verpasster Gelegenheiten angesichts der weit verbreiteten, stark ausgeprägten Opposition gegen das Chávez-Maduro-Regime. Kurz nachdem ich Nationaler Sicherheitsberater geworden war, wurde Maduro am 4. August, während er bei einer militärischen Preisverleihung sprach, von zwei Drohnen angegriffen. Obwohl der Angriff scheiterte, zeigte er eine heftige Meinungsverschiedenheit innerhalb des Militärs. Und die urkomischen Bilder von Armeeangehörigen, die unter dem Lärm der Explosionen energisch flüchteten, zeigten trotz Regimepropaganda, wie »loyal« das Militär Maduro gegenüber war.

Das autokratische Regime Maduros war aufgrund seiner Verbindung zu Kuba und seiner Öffnungen gegenüber Russland, China und dem Iran eine Bedrohung. Die Gefahr aus Moskau war unbestreitbar, sowohl militärisch als auch finanziell, da es erhebliche Ressourcen aufgewendet hatte, um Maduro zu stützen, die venezolanische Öl- und Gasindustrie zu dominieren und der USA Kosten aufzuerlegen. Peking lag nicht weit dahinter. Trump sah dies und sagte mir nach einem Neujahrsgespräch mit dem ägyptischen Präsidenten Abd al-Fattah as-Sisi 2019, dass er sich Sorgen um Russland und China mache: »Ich will nicht herumsitzen und zusehen.« Venezuela hatte zu Beginn meiner Amtszeit nicht zu meinen Prioritäten gezählt, aber ein kompetentes nationales Sicherheitsmanagement erfordert Flexibilität, wenn sich neue Bedrohungen oder Chancen ergeben. Venezuela war eine solche Eventualität. Amerika hatte sich seit der Monroe-Doktrin gegen äußere Bedrohungen in der westlichen Hemisphäre gestellt, und es war nach den Bemühungen Obamas und Kerrys, diese zu begraben, an der Zeit, sie wiederauferstehen zu lassen.

Venezuela war eine Bedrohung aus eigenem Antrieb, wie ein Vorfall auf See am 22. Dezember entlang der Grenze zwischen Guyana und Venezuela zeigte. Venezolanische Marineeinheiten versuchten, an Bord von Exxon-Mobil-Erkundungsschiffen zu gelangen, die mit Lizenzen von Guyana in dessen Hoheitsgewässern unterwegs waren. Chávez und Maduro hatten die venezolanische Öl- und Gasindustrie gegen die Wand gefahren, und umfangreiche Kohlenwasserstoffressourcen in Guyana würden eine unmittelbare Wettbewerbsbedrohung direkt nebenan darstellen. Der Vorfall löste sich in Luft auf, als die Explorationsschiffe, nachdem sie venezolanische Aufforderungen zur Landung eines Hubschraubers auf eines ihrer Schiffe abgelehnt hatten, rasch wieder in unbestreitbar guyanische Gewässer zurückkehrten.

Kurz nach dem Drohnenangriff, während eines nicht damit zusammenhängenden Treffens am 15. August, tauchte das Thema Venezuela auf, und Trump sagte zu mir mit Nachdruck: »Erledigen Sie das«, und meinte damit, das Maduro-Regime zu beseitigen. »Das ist das fünfte Mal, dass ich darum bitte«, fuhr er fort. Ich beschrieb die Überlegungen, die wir anstellten, in einer Sitzung, die jetzt nur noch Kelly und mich betraf, aber Trump bestand auf militärischen Optionen für Venezuela und wollte es danach behalten, weil »es wirklich ein Teil der Vereinigten Staaten ist«. Das Interesse des Präsidenten an der Diskussion militärischer Optionen überraschte mich zunächst, aber das hätte es nicht tun sollen; wie ich erfuhr, hatte Trump sich fast genau ein Jahr zuvor schon dafür ausgesprochen, als er am 11. August 2017 in Bedminster, N.J., auf eine Pressefrage antwortete:

> »Wir haben viele Optionen für Venezuela, und übrigens schließe ich eine militärische Option nicht aus. Wir haben viele Optionen für Venezuela. Das ist unser Nachbar ... das ist – wir sind überall auf der Welt, und wir haben Truppen auf der ganzen Welt an Orten, die sehr, sehr weit entfernt sind. Venezuela ist nicht sehr weit weg, und die Menschen leiden, und sie sterben. Wir haben viele Optionen für Venezuela, einschließlich einer möglichen militärischen Option, falls nötig.«[2]

Ich erklärte, warum militärische Gewalt nicht die Antwort war, vor allem angesichts der unvermeidlichen Opposition im Kongress, und dass wir dasselbe Ziel erreichen könnten, wenn wir mit den Gegnern Maduros zusammenarbeiteten. Danach beschloss ich, Venezuela ins Rampenlicht zu rücken und hielt am 1. November 2018 in Miami eine vielbeachtete Rede, in der ich die »Troika der Tyrannei« der westlichen Hemisphäre verurteilte: Venezuela, Kuba und Nicaragua. Ich kündigte an, dass die Regierung in ihrer laufenden Umkehrung von Obamas Kuba-Politik neue Sanktionen gegen Havanna verhängen und auch einen neuen Exekutivbefehl durchführen werde, der den venezolanischen Goldsektor sanktionierte, mit dem sich das Regime durch den Verkauf von Gold der Zentralbank Venezuelas über Wasser hielt. Die Rede von der »Troika der Tyrannei« unterstrich die Zusammengehörigkeit aller drei autoritären Regierungen und legte die Grundlage für eine vorausschauendere Politik. Trump gefiel der Ausdruck »Troika der Tyrannei«, er sagte zu mir: »Sie halten so tolle Reden«; diese wurde, worauf ich ihn hinwies, von einem seiner eigenen Redenschreiber verfasst.

Natürlich sagte Trump auch regelmäßig, dass er sich mit Maduro treffen wolle, um all unsere Probleme mit Venezuela zu lösen, was weder Pompeo noch ich für eine gute Idee hielten. An einem Tag im Dezember traf ich Rudy Giuliani im West Wing. Er bat darum, nach einem Treffen von Trumps Anwälten, weshalb er dort war, zu mir kommen zu dürfen. Er hatte eine Nachricht für Trump von Pete Sessions, Mitglied des Repräsentantenhauses, welcher sich seit langem für ein Treffen Trumps mit Maduro eingesetzt hatte, ebenso wie Senator Bob Corker, aus Gründen, die sie selbst am besten kannten. Als dies später erneut besprochen wurde, schlug Pompeo vor, zuerst jemand anderen nach Venezuela zu schicken, um Maduro zu treffen, aber nichts passierte, da Trumps Interesse an einem Gespräch mit Maduro daraufhin nachließ.

Der große Knall in Venezuela kam am Freitag, dem 11. Januar. Der neue, junge Präsident der Nationalversammlung, Juan Guaidó, verkündete bei einer großen Kundgebung in Caracas, dass die Versammlung Maduros offensichtlich gefälschte Wiederwahl 2018 für unrechtmäßig und daher ungültig hielt. Dementsprechend hatte die Versammlung, Venezuelas einzige legitime, vom Volk gewählte Institution, die venezolanische Präsidentschaft für vakant erklärt. Gemäß der Vakanzklausel der Verfassung von Hugo Chávez sagte Guaidó, er werde am 23. Januar, dem Jahrestag des Militärputsches von 1958, der die Diktatur von Marcos Pérez Jiménez zu Fall brachte, Interimspräsident werden und Maduro stürzen, um Neuwahlen vorzubereiten.[3] Die USA hatten erst spät erfahren, dass sich die Nationalversammlung in diese Richtung bewegen würde. Wir spielten keine Rolle dabei, die Opposition zu ermutigen oder zu unterstützen. Sie sahen diesen Moment als ihre möglicherweise letzte Chance an. Jetzt stand in Venezuela alles auf dem Spiel, und wir mussten entscheiden, wie wir reagieren wollten. Sitzen und zuschauen? Oder handeln? Ich hatte keine Zweifel, was wir tun sollten. Die Revolution war im Gange. Ich forderte Mauricio Claver-Carone, den ich kürzlich zum Leitenden Direktor für die westliche Hemisphäre des Nationalen Sicherheitsrates auserkoren hatte, auf, eine Unterstützungserklärung abzugeben.[4]

Ich unterbrach ein Treffen Trumps mit einem Außenstehenden, das bereits über sein geplantes Ende hinausgelaufen war, und informierte ihn über die Geschehnisse. Trump war jedoch irritiert, nur über einen *wahrscheinlichen* Umbruch in Venezuela informiert zu werden, und sagte, ich solle die Erklärung in meinem Namen veröffentlichen, nicht in seinem. Ich hätte ihn daran erinnern können, dass er nicht einmal zehn Tage zuvor gesagt hatte: »Ich will nicht rumsitzen und zuschauen«, und wahrscheinlich hätte ich das auch tun sollen, aber ich habe die Erklärung einfach als meine eigene abgegeben. Maduro reagierte harsch und bedrohte die Mitglieder der Nationalversammlung und ihre Familien. Guaidó selbst wurde von der Geheimpolizei des Regimes verhaftet, aber dann schnell wieder freigelassen.[5] Es gab Spekulationen, dass es tatsächlich Kubaner waren, die Guaidó ergriffen, aber seine Freilassung deutete auf echte Wirren im Regime hin, ein gutes Zeichen.[6]

Ich habe auch den ersten von vielen Venezuela-Tweets getwittert, in denen ich die Verhaftung von Guaidó durch die Maduro-Diktatur verurteilte. Ich fand es ermutigend, dass die Regierung von Maduro mich prompt beschuldigte, einen Putsch »gegen die venezolanische Demokratie«[7] anzuführen, eine Vorgehensweise, der andere Gegner folgten, indem sie weitere Berater Trumps angriffen. Wichtiger noch, wir begannen mit der Ausarbeitung von Schritten, die wir sofort gegen das Regime Maduros und auch gegen Kuba, seinen Beschützer und wahrscheinlichen Kontrolleur, sowie gegen Nicaragua unternehmen konnten. Warum nicht gegen alle drei auf einmal vorgehen? Ölsanktionen waren eine naheliegende Wahl, aber warum nicht Venezuela zum »staatlichen Sponsor des Terrorismus« erklären, was ich am 1. Oktober 2018 zum ersten Mal vorgeschlagen hatte, und auch Kuba wieder auf diese Liste setzen, nachdem Obama es gestrichen hatte?

Unter Chávez und jetzt Maduro waren die Einnahmen Venezuelas aus erdölbezogenen Exporten dramatisch gesunken, da die Produktion selbst zurückging, und zwar von etwa 3,3 Millionen Barrel Öl pro Tag, die bei der Machtübernahme von Chávez 1999 gepumpt wurden, auf etwa 1,1 Millionen Barrel pro Tag im Januar 2019. Dieser rapide Rückgang, der Venezuela auf ein seit den 1940er Jahren nicht mehr gesehenes Produktionsniveau absinken ließ, hatte das Land bereits erheblich verarmt. Die Produktion des staatlichen Ölmonopols so niedrig wie möglich zu treiben, was die Opposition voll und ganz unterstützte,[8] hätte durchaus ausreichen können, um das Regime Maduros zu zerstören. Es gab viele andere Sanktionen, die notwendig waren, um die illegalen Einkommensströme des Regimes zu unterbinden – insbesondere den Drogenhandel mit »Narco«-Terroristen, die vor allem in Kolumbien operierten, mit sicheren Häfen in Venezuela –, aber die Ölgesellschaft zu treffen war der Schlüssel.[9]

Am 14. Januar berief ich im Sit Room den Hauptausschuss des Nationalen Sicherheitsrates ein, um unsere Optionen für eine Sanktionierung des Maduro-Regimes, insbesondere des Erdölsektors, zu prüfen. Ich dachte, es sei an der Zeit, an den Schrauben zu drehen, und fragte: »Warum setzen wir hier nicht auf einen Sieg?« Es wurde schnell klar, dass alle außer Finanzminister Mnuchin entschlossene Maßnahmen ergreifen wollten. Er wollte wenig oder gar nichts tun und argumentierte, wenn wir handelten, riskierten wir, dass Maduro das Wenige, was von den Investitionen des US-amerikanischen Erdölsektors in Venezuela noch übrig geblieben war, verstaatlichte und die internationalen Erdölpreise in die Höhe trieb. Mnuchin wollte im Wesentlichen eine Garantie dafür, dass es uns gelingen würde, Maduro zu stürzen, wenn wir Sanktionen verhängten. Das war natürlich unmöglich. Wenn ich nur eine einzige Erinnerung an Mnuchin in der Regierung habe, dann ist es diese – und davon gab es viele Varianten, Mnuchin war stets gegen harte Maßnahmen, insbesondere gegen China. Warum waren unsere Sanktionen oft nicht so weitreichend und effektiv, wie sie hätten sein können? Hier lesen Sie die Antwort. Wie Handelsminister Wilbur Ross (ein renommierter Finanzier, politisch viel konservativer als Mnuchin, der im Grunde genommen Demokrat ist) im April zu mir sagte: »Stephen macht sich mehr Sorgen über sekundäre Auswirkungen auf US-Unternehmen als über die Mission«, was völlig richtig war. Mnuchins Argument für diese Passivität war rein ökonomischer Natur, daher war es wichtig, dass Larry Kudlow sich schnell einschaltete und sagte: »Die Ansicht von John ist auch meine Ansicht.« Keith Kellogg fügte hinzu, dass Pence der Meinung war, wir sollten gegen Venezuelas staatliche Ölgesellschaft »aufs Ganze gehen«. Das hatte einen enormen Effekt, da Pence seine Ansichten in solchen Situationen nur selten äußerte, um zu vermeiden, dass er den Präsidenten einschränkte. Pompeo war auf Reisen, aber der stellvertretende Außenminister John Sullivan plädierte für Sanktionen, wenn auch nicht mit großer Bestimmtheit. Energieminister Rick Perry sprach sich nachdrücklich für harte Sanktionen aus und wischte Mnuchins Bedenken über die begrenzten Vermögenswerte in Öl und Gas der USA in Venezuela beiseite.

Mnuchin war in der Minderheit, also sagte ich, wir würden Trump ein Memo mit geteilter Entscheidung schicken; jeder sollte seine Argumente schnell einbringen, weil wir zügig vorankommen mussten. Pence hatte zuvor angeboten, Guaidó anzurufen, um unsere Unterstützung zu bekunden, was ich, nachdem ich Mnuchin gehört hatte, für eine gute Idee hielt. Der Anruf lief gut, was die Dringlichkeit erhöhte, dass Amerika mit etwas mehr als nur rhetorischen Lobeshymnen auf die Nationalversammlung Venezuelas reagierte. Dennoch setzte Mnuchin seine Kampagne des Nichtstuns fort; Pompeo erzählte mir, dass er am Donnerstag ein dreißigminütiges Gespräch mit Mnuchin geführt und einen Gegenvorschlag gemacht habe, die Sanktionen scheibenweise durchzuführen. Ich antwortete, dass wir jetzt eine Chance hätten, Maduro zu stürzen, und es könnte noch lange, lange dauern, bis wir wieder eine so gute Chance hätten. Halbe Maßnahmen würden nicht ausreichen. Pompeo stimmte zu, dass wir Obama im Jahr 2009 nicht wiederholen wollten, als er zuschaute, wie pro-demokratische Proteste im Iran unterdrückt wurden, während die USA nichts unternahmen. Das klang, als bewegte sich Pompeo in die richtige Richtung. Sogar die Organisation Amerikanischer Staaten, lange Zeit eine der am meisten todgeweihten internationalen Organisationen (und das will was heißen), wurde wachgerüttelt, um Guaidó zu helfen, als eine wachsende Zahl lateinamerikanischer Länder aufstand, um ihre Unterstützung für Venezuelas aufbegehrende Nationalversammlung zu erklären.

Allein die Tatsache, dass Guaidó frei blieb, zeigte, dass wir eine Chance hatten. Wir brauchten Trumps Entscheidung über Sanktionen und darüber, ob wir Guaidó als legitimen Interimspräsidenten anerkennen sollten, wenn er am 23. Januar den Rubikon überquerte. Am Einundzwanzigsten erklärte ich Trump die möglichen politischen und wirtschaftlichen Schritte gegen Maduro und sagte, dass viel davon abhinge, was zwei Tage später geschah. Trump bezweifelte, dass Maduro fallen würde, und sagte, er sei »zu klug und zu hart«, was angesichts früherer Kommentare zur Stabilität des Regimes eine weitere Überraschung war. (Er hatte kurz zuvor, am 25. September 2018, in New York gesagt, dass »es sich um ein Regime handelt, das, offen gesagt, sehr schnell vom Militär gestürzt werden könnte, wenn das Militär sich dazu entschließt.«[10]) Trump fügte hinzu, dass er auch die größtmögliche Bandbreite an Optionen gegen das Regime haben wolle,[11] was ich später am Tag an Dunford übermittelte. Dunford und ich erörterten auch, was erforderlich sein könnte, wenn die Dinge in Caracas schlecht liefen, was möglicherweise das Leben von offiziellem US-Personal und sogar von privaten US-Bürgern dort gefährden und dadurch vielleicht eine »nicht genehmigte« Evakuierung der Gefährdeten erforderlich machen würde.

Je mehr ich darüber nachdachte, desto mehr wurde mir klar, dass die Entscheidung über die politische Anerkennung jetzt wichtiger war als die Ölsanktionen. Erstens würde die Anerkennung durch die USA erhebliche Folgen für den Vorstand der US-Notenbank und damit für die Banken weltweit haben. Die US-Notenbank würde automatisch die Kontrolle über das venezolanische Staatsvermögen, das sie besaß, an die von

Guaidó geführte Regierung abgeben. Wie wir feststellen mussten, war das Regime von Maduro leider so geschickt darin, diese Vermögenswerte zu stehlen oder zu verschleudern, dass es nicht mehr viele davon gab. Aber die internationalen finanziellen Folgen der Anerkennung waren dennoch erheblich, da andere Zentralbanken und Privatbankiers nicht nach Gründen suchten, um bei der US-Notenbank in Ungnade zu fallen. Zweitens würde die Logik der Sanktionierung des Ölmonopols des Landes und anderer Maßnahmen, denen sich Mnuchin und das Finanzministerium widersetzten, unlösbar werden, sobald wir die Legitimität von Guaidó bestätigt hätten. Zu diesem Zweck habe ich für den 22. Januar um acht Uhr morgens ein Treffen mit Pompeo, Mnuchin, Wilbur Ross und Kudlow anberaumt.

Innerhalb Venezuelas nahmen die Spannungen zu. In den Stunden vor unserem Treffen hatte es in den ärmsten Gegenden von Caracas, der ursprünglichen Basis der Unterstützer der Chávez-Anhänger, die ganze Nacht hindurch Demonstrationen gegeben, darunter auch *Cacerolazos*, die traditionellen Zusammenkünfte zum Knallen von Töpfen und Pfannen. Der Mangel an grundlegenden Gütern nahm zu, und die Demonstranten hatten kurzzeitig die Kontrolle über die Straßen zum Flughafen von Caracas an sich gerissen. Nur *Colectivos*, die bewaffneten Banden von Motorrad-Gangstern, die von Chávez und Maduro benutzt wurden, um Terror zu säen und die Opposition einzuschüchtern, und von denen die Opposition glaubte, dass sie von den Kubanern ausgerüstet und geleitet wurden,[12] schienen die Straßen wieder zu öffnen. Kein Militär. Verteidigungsminister Vladimir Padrino (einer von vielen Latinos mit russischen Vornamen aus der Zeit des Kalten Krieges) und Außenminister Jorge Arreaza waren beide bereits an die Opposition herangetreten und hatten zögerlich erkundet, was die Amnestie der Nationalversammlung für übergelaufene Militärs bedeuten würde, wenn sich die Opposition durchsetzen würde. Dennoch herrschte nach Jahren der Feindseligkeit zwischen den beiden Seiten in der venezolanischen Gesellschaft echtes Misstrauen.

Vor diesem Hintergrund fragte ich, ob wir Guaidó anerkennen sollten, wenn die Nationalversammlung ihn zum Interimspräsidenten erklärte. Ross sprach zuerst und sagte, es sei klar, dass wir Guaidó unterstützen sollten, was sofort von Kudlow und Pompeo bekräftigt wurde. Glücklicherweise stimmte Mnuchin dem zu und sagte, dass wir Maduro bereits als illegitim erklärt hätten, so dass die Anerkennung von Guaidó einfach der nächste logische Schritt sei. Wir diskutierten nicht über die wirtschaftlichen Folgen; entweder sah Mnuchin den Zusammenhang nicht, oder er wollte das Thema nicht bekämpfen. Mir war beides recht. Nachdem die Anerkennung geklärt war, diskutierten wir andere Schritte: Wir würden mit der informellen »Lima-Gruppe« lateinamerikanischer Nationen zusammenarbeiten, damit sie Guaidó anerkannten (was wenig oder gar keine Überzeugungsarbeit erforderte), passten den Umfang unserer Reisewarnungen an, überlegten, wie wir die Kubaner vertreiben könnten, und wie wir mit den russischen Paramilitärs umgehen sollten, die angeblich zum Schutz von Maduro eintrafen.[13] Ich betrachtete das Treffen als einen vollständigen Sieg.

Später sprach ich mit Trump, der nun Zusicherungen bezüglich des Zugangs zu den venezolanischen Ölressourcen nach Maduro haben wollte, und versuchte sicherzustellen, dass China und Russland nicht weiterhin von ihren Geschäften mit dem illegalen Chávez-Maduro-Regime profitieren würden. Trump hatte wie üblich Schwierigkeiten, verantwortungsvolle Maßnahmen zum Schutz legitimer amerikanischer Interessen von einer gewaltigen Übervorteilung zu unterscheiden, wie sie keine andere Regierung, insbesondere eine demokratische, auch nur in Erwägung ziehen würde. Ich schlug vor, dass Pence das Thema gegenüber Guaidó in dem für später am selben Tag geplanten Anruf zur Sprache bringen sollte, und Trump stimmte dem zu. Ich rief auch mehrere Mitglieder der Kongressdelegation aus Florida an, die am Nachmittag Trump wegen Venezuela besuchen wollten, damit sie vorbereitet waren, falls die Ölfeldfrage auftauchen sollte. Die Senatoren Marco Rubio und Rick Scott sowie die Kongressabgeordneten Lincoln Diaz-Balart und Ron DeSantis sprachen sich nachdrücklich für den Sturz von Maduro aus, wobei Rubio sagte: »Dies könnte die letzte Chance sein«, und dieser Erfolg wäre »ein großer außenpolitischer Sieg«. Während des Treffens erklärten sie, dass die Nationalversammlung der Ansicht sei, dass viele russische und chinesische Geschäfte durch Bestechungsgelder und Korruption zustande gekommen seien, so dass sie nach der Einsetzung einer neuen Regierung leicht ungültig gemacht werden könnten.[14] Die Diskussion war sehr hilfreich, und Trump erklärte sich eindeutig bereit, Guaidó anzuerkennen, wozu Pence, der an dem Treffen teilnahm, voll und ganz bereit war. Später fügte Trump wenig hilfreich hinzu: »Ich möchte, dass er sagt, dass er den Vereinigten Staaten und niemandem sonst gegenüber äußerst loyal sein wird.«

Trump wollte immer noch eine militärische Option und stellte die Frage den Republikanern aus Florida, die schlichtweg fassungslos waren, mit Ausnahme von Rubio, der sie schon einmal gehört hatte und höflich abzulenken wusste. Später rief ich Shanahan und Dunford an, um zu fragen, wie ihre Überlegungen voranschritten. Keiner von uns hielt zu diesem Zeitpunkt eine militärische Option für ratsam. Für mich ging es bei dieser Übung einzig und allein darum, Trumps Interesse für das Ziel beizubehalten, Maduro zu stürzen, ohne tatsächlich viel Zeit auf eine Blindgänger-Aktion zu verschwenden. Das Pentagon müsste bei Null anfangen, denn unter der Obama-Regierung hatte Außenminister John Kerry das Ende der Monroe-Doktrin angekündigt,[15] ein Fehler, der in allen nationalen Sicherheitsabteilungen und -behörden mit vorhersehbaren Auswirkungen nachhallte. Aber all das ist ein Beweis dafür, was einige Leute für einen Witz hielten, als Trump später bemerkte, dass ich ihn zurückhalten müsste. In Bezug auf Venezuela hatte er recht. Dunford sagte am Ende unseres Telefonats höflich, er wisse zu schätzen, dass ich ihm helfen wollte zu verstehen, wie eine Beteiligung unseres Militärs entstehen könnte. Natürlich hatte ich die leichte Aufgabe und schloss mit den Worten: »Ich musste nur den Anruf tätigen.« Jetzt hatte Dunford das Problem. Er lachte und sagte: »Gefangen. Ich bin dran!« Wenigstens hatte er noch Sinn für Humor.

Pence bat mich, ihn in sein Büro zu begleiten, um den Guaidó-Anruf zu beantworten, der um etwa 18.15 Uhr stattfand. Guaidó war sehr dankbar für ein unterstützendes Video, welches Pence zuvor über das Internet verbreitet hatte, und die beiden hatten ein ausgezeichnetes Gespräch. Pence brachte erneut unsere Unterstützung zum Ausdruck, und Guaidó äußerte sich, wenn auch sehr allgemein, positiv darüber, wie sich die Opposition im Falle ihres Sieges verhalten würde. Er sagte, dass Venezuela mit der

Unterstützung der Vereinigten Staaten sehr zufrieden sei und angesichts der Risiken, die wir eingingen, Hand in Hand mit uns arbeiten werde. Meiner Meinung nach sollte dies Trump zufriedenstellen. Nach dem Anruf beugte ich mich über den Schreibtisch von Pence, um ihm die Hand zu schütteln, und sagte: »Dies ist ein historischer Augenblick.« Er schlug vor, ins Oval zu gehen, um Trump zu informieren, der mit dem Ergebnis recht zufrieden war und sich auf die Erklärung freute, die er am nächsten Tag abgeben würde.

Er rief mich gegen 9.25 Uhr am Dreiundzwanzigsten an, um mir zu sagen, dass der Entwurf der Erklärung, die abgegeben werden sollte, wenn sich die Nationalversammlung formell auf die venezolanische Verfassung berief, um gegen Maduro vorzugehen, »schön« sei, und fügte hinzu: »Das sage ich fast nie.«[16] Ich dankte ihm und sagte, wir würden ihn auf dem Laufenden halten. Guaidó erschien vor einer riesigen Menschenmenge in Caracas (nach Angaben unserer Botschaft die größte in der zwanzigjährigen Geschichte des Chávez-Maduro-Regimes) und legte den Amtseid als Interimspräsident ab. Die Würfel waren gefallen. Pence kam herein, um Hände zu schütteln, und wir gaben Trumps Erklärung sofort heraus. Wir befürchteten den bevorstehenden Truppenaufmarsch, aber es kamen keine Truppen (obwohl Berichte darauf hinwiesen, dass *Colectivos* über Nacht vier Menschen getötet hatten).[17] Die Botschaft in Caracas überreichte der neuen Guaidó-Regierung zusammen mit den Botschaftern der Lima-Gruppe ihre Beglaubigungsschreiben als Zeichen der Unterstützung. Etwa um 18.30 Uhr informierte ich Trump über die Ereignisse des Tages, und er schien standhaft zu bleiben.

Am nächsten Tag hielten Verteidigungsminister Padrino und eine Reihe von Generälen eine Pressekonferenz ab, um Maduro die Treue zu erklären, was nicht das war, was wir wollten, was sich aber bis zu diesem Zeitpunkt nicht in tatsächlichen militärischen Aktivitäten widerspiegelte. Die Opposition war der Ansicht, dass 80 Prozent oder mehr der gewöhnlichen Soldaten sowie die meisten Nachwuchsoffiziere, deren Familien im Allgemeinen die gleichen Nöte wie die Zivilbevölkerung Venezuelas ertragen mussten, die neue Regierung unterstützten. Während die Prozentzahl angesichts des autoritären Charakters des Maduro-

Regimes nicht bestätigt werden kann, behauptete Guaidó häufig, dass er die Unterstützung von 90 Prozent der Gesamtbevölkerung Venezuelas habe.[18] Top-Militäroffiziere, wie die auf der Pressekonferenz, waren jedoch wahrscheinlich immer noch zu sehr durch die jahrelange Herrschaft der Chávez-Anhänger korrumpiert, um aus der Reihe zu tanzen. Andererseits hatten sie dem Militär nicht befohlen, die Kasernen zu verlassen, um die Rebellion zu zerschlagen, wahrscheinlich aus Angst, dass ein solcher Befehl missachtet würde, was das Ende des Regimes bedeutet hätte. Der britische Außenminister Jeremy Hunt, der sich zu Gesprächen in Washington aufhielt, war sehr erfreut über die Zusammenarbeit bei Schritten, die sie unternehmen konnten, z.B. dem Einfrieren der venezolanischen Goldeinlagen in der Bank of England, so dass das Regime das Gold nicht verkaufen konnte, um sich selbst am Leben zu erhalten.[19] Dies war die Art von Schritten, die wir bereits unternahmen, um Maduro finanziell unter Druck zu setzen. Ich drängte Pompeo zu einer umfassenderen Unterstützung aus dem Außenministerium für die Bemühungen gegen die staatliche Ölgesellschaft, da ich immer noch besorgt war, dass Mnuchin uns hinhielt, was er auch zusagte. Pompeo war auch beunruhigt über Anzeichen dafür, dass Maduro die *Colectivos* ermutigen könnte, das Personal der US-Botschaft zu bedrohen, und sagte, Trump sei es auch.[20]

Das erste beunruhigende Zeichen von Trump kam am Abend nach 20.30 Uhr, als er anrief, um zu sagen: »Mir gefällt nicht, wo wir stehen«, und sich dabei auf Venezuela bezog. Er machte sich Sorgen über die Pressekonferenz von Padrino und sagte: »Die gesamte Armee steht hinter ihm.« Dann fügte er hinzu: »Ich habe immer gesagt, dass Maduro hart ist. Dieses Kind [Guaidó] – niemand hat je von ihm gehört.« Und: »Die Russen haben brutale Erklärungen abgegeben.« Ich lenkte Trumps Blick zurück auf die Tatsachen und erklärte, dass das Militär noch immer in den Kasernen sei, was sehr bedeutsam wäre, und dass hochrangige Militärs zwei Tage lang mit der Opposition darüber gesprochen hätten, was für sie dabei herausspringen würde, wenn sie zur Opposition überliefen oder sich zurückzogen. Die Dinge waren immer noch sehr in Bewegung, und je mehr Zeit verging, desto wahrscheinlicher war es, dass sich das Militär zersplitterte, und das war es, was wir wirklich brauchten. Ich glaube nicht, dass ich Trump zufriedengestellt habe, aber ich habe ihn zumindest zum Schweigen gebracht. Gott allein wusste, mit wem er sprach oder ob er gerade einen Anfall bekommen hatte, weil die Dinge noch ungewiss waren. In einer Sache war ich mir sicher: Jede Demonstration amerikanischer Unentschlossenheit würde jetzt das gesamte Unterfangen zunichtemachen. Ich vermutete, dass Trump das auch wusste, aber ich war erstaunt, dass unsere Politik schon dreißig Stunden nach dem Start so kurz davorstand, sich zu ändern. Das konnte man sich nicht ausdenken.

Am nächsten Morgen rief ich Pompeo an, um ihm zu sagen, dass Trump in Bezug auf Venezuela so gut wie abgesprungen war, und um sicherzustellen, dass Pompeo nicht folgen würde. Glücklicherweise hörte ich genau die entgegengesetzte Reaktion. Pompeo sagte: »Wir sollten alles Erdenkliche tun«, um Maduro aus dem Amt zu bekommen. Ermutigt bat ich Claver-Carone später, bei Guaidós Leuten nachzufragen, um sicherzustellen, dass sie Briefe an den Internationalen Währungsfonds, die Bank für Internationalen Zahlungsausgleich und ähnliche Institutionen schickten, in denen sie verkündeten, dass sie die rechtmäßige Regierung seien.[21] Pompeo dachte, es gäbe einen Weg nach vorn in Bezug auf die Sicherheit des US-Personals in Caracas, so dass wir eine verschlankte Mission beibehalten könnten, den er beschreiten wollte. Ich erklärte, dass das Außenministerium oft so sehr an Sicherheitsfragen hing, dass es in politischen Fragen Zugeständnisse machte und argumentierte, dass es erforderlich war, das offizielle Personal zu schützen. Ich sprach mich sicher nicht dafür aus, die Risiken für unsere Leute zu ignorieren, aber ich hielt es für besser, sie zurückzuziehen, als substanzielle Zugeständnisse an Regierungen wie die von Maduro zu machen.

Kurz nach neun Uhr morgens rief ich Trump an und fand ihn in etwas besserer Verfassung als am Abend zuvor. Er dachte immer noch, die Opposition sei »niedergeschlagen«, und bezog sich wieder auf das Bild von Padrino und »all den gut aussehenden Generälen«, die Maduro ihre Unterstützung erklärten. Ich sagte ihm, der wirkliche Druck würde beginnen, wenn wir die Erdölsanktionen verhängten und dem Regime einen beträchtlichen Teil seiner Einnahmen entzögen. »Tun Sie es«, sagte Trump, das war das klare Signal, was ich brauchte, um das Finanzministerium zu überrollen, wenn es noch immer dieses Vorhaben blockieren sollte. Was jedoch unser diplomatisches Personal in Caracas betraf, so wollte Trump sie alle rausholen, weil er einen Rückschlag befürchtete, falls etwas schiefgehen würde. Meistens schien er jedoch uninteressiert zu sein, was sich später am Tag erklärte, als er eine Teilübereinkunft zur Beendigung des Shutdowns der Regierung ankündigte, die vom gesamten politischen Spektrum als vollständige Kapitulation in Bezug auf sein Mexiko-Grenzmauer-Projekt interpretiert wurde. Kein Wunder, dass er in mürrischer Stimmung war.

Ich beschloss, Mnuchin anzurufen, der aus irgendeinem Grund wieder in Kalifornien war, und er stimmte zu, dass wir Ölsanktionen anwenden mussten, »jetzt, da wir das neue Regime anerkannt haben«. Ich rief Pompeo an, um ihm die gute Nachricht zu überbringen, und er sagte, dass Venezuelas Außenminister am Samstag zu der von uns und anderen geforderten Debatte im UN-Sicherheitsrat nach New York kommen würde. Wir beide dachten, dies könnte eine Gelegenheit für Pompeo sein, ihn allein zu sehen und eine klare Einschätzung seiner Einstellung zu erhalten, ohne dass Lakaien in der Nähe zuhörten, ähnlich wie wir es mit anderen Venezolanern in diplomatischen Missionen in der ganzen Welt taten. Da das russische und wahrscheinlich auch das chinesische Veto nahezu sicher war, erwarteten wir vom Sicherheitsrat nichts Substanzielles, aber es war ein gutes Forum, um Unterstützung für die Sache der Opposition zu gewinnen. Guaidó half wenig später mit, indem er Kuba aufforderte, seine Staatsangehörigen aus Venezuela herauszuholen und nach Hause zu schicken.[22]

Am Samstag, dem 26. Januar, tagte der Sicherheitsrat um neun Uhr morgens, und Pompeo attackierte das Maduro-Regime. Die europäischen Mitglieder sagten, Maduro habe acht Tage Zeit, um Wahlen auszurufen, sonst würden alle Guaidó anerkennen, eine erhebliche Verbesserung gegenüber dem, was wir für die Position der EU hielten. Russland stufte das Treffen als Putschversuch ein und prangerte mich persönlich an, weil ich eine Enteignung »bolschewistischer Art« in Venezuela gefordert hatte (eine Ehre!), und zeigte damit, dass wir auf dem richtigen Weg waren, das Ölmonopol anzugreifen.[23] Potenziell bedeutsam war die Nachricht, dass Venezuelas Militärattaché in Washington seine Loyalität zu Guaidó erklärt hatte. Diese und andere Überläufer brachten der Opposition neue Fürsprecher, welche die Opposition wiederum bat, so viele Offiziere und zivile Beamte wie möglich, die sich noch in Venezuela aufhielten, zu überzeugen und umzustimmen.

Leider war das Außenministerium in Aufregung über die Zusicherungen, die es von Maduro hinsichtlich der Sicherheit unseres diplomatischen Personals haben wollte. Dabei ging es nicht um den Wahrheitsgehalt der Garantie, ob die venezolanische Regierung für ausreichend Schutz sorgte, sondern darum, wie man »diplomatische Noten« austauschen könnte, ohne den breiteren politischen Kontext zu berücksichtigen. Das Außenministerium hatte der US-Notenbank auch mitgeteilt, dass wir eine neue Regierung in Caracas anerkannt hätten, was überwältigend war. Am Montag war die Behörde für Angelegenheiten der westlichen Hemisphäre des Außenministeriums in offener Revolte gegen die Erdölsanktionen und argumentierte, wie ich befürchtet hatte, dass dies das Botschaftspersonal gefährden würde. Die stellvertretende Leiterin für Angelegenheiten der westlichen Hemisphäre, Kim Breier, wollte eine dreißigtägige Verzögerung der Sanktionen, was offensichtlicher Unsinn war. Zuerst habe ich das nicht ernst genommen. Aber Breiers Argument schien sich von Tag zu Tag auszuweiten, da im Grunde alles, was wir taten, um Druck auf das Maduro-Regime auszuüben, unsere Botschaftsangehörigen (die meisten von ihnen waren zu diesem Zeitpunkt Sicherheitspersonal, keine »Diplomaten«) in Gefahr brächte. Wäre ich nur einen Hauch zynischer gewesen, hätte ich den Schluss ziehen können, dass Breier und ihre Behörde tatsächlich versuchten, unsere grundlegende Politik zu untergraben.

Pompeo rief mich am Samstagnachmittag an, unsicher, was gegen den Widerstand der Bürokratie zu tun sei. Ich überzeugte ihn davon, dass die Behörde der westlichen Hemisphäre nur auf Zeit spielte; jede Verzögerung, der er zustimmte, würde nur die Grundlage für den nächsten Antrag auf Verzögerung bilden. Schließlich stimmte er zu, am nächsten Tag zu den Sanktionen überzugehen, was wir auch taten. Dennoch war die Rebellion der Behörde kein gutes Zeichen. Wer konnte wissen, was man dort anderen Regierungen, der starken linken lateinamerikanischen

Think-Tank- und Lobby-Präsenz in Washington und den Medien erzählte? Mnuchin und ich sprachen am Montag mehrere Male. Er hatte das ganze Wochenende mit Führungskräften von Ölfirmen gesprochen, und die Sanktionen würden tatsächlich aggressiver ausfallen, als er zunächst erwartet hatte, was eine gute Nachricht war. Vorhersagen, denen zufolge wir wegen der negativen Auswirkungen auf die Raffinerien an der Golfküste nicht gegen die staatliche Ölgesellschaft vorgehen könnten, erwiesen sich als übertrieben; da diese Raffinerien seit Jahren die Möglichkcit von Erdölsanktionen zu schätzen gewusst hätten, waren sie, in Mnuchins Worten, »gut aufgestellt«, um andere Ölquellen zu finden; die Importe aus Venezuela machten bereits weniger als 10 Prozent ihrer gesamten Arbeit aus.

Am Nachmittag sollten wir die Sanktionen im Briefing Room des Weißen Hauses enthüllen, aber ich wurde zuerst ins Oval umgeleitet. Trump war sehr zufrieden damit, wie »die Venezuela-Sache« in der Presse gespielt wurde. Er fragte, ob wir fünftausend Soldaten nach Kolumbien schicken sollten, falls sie gebraucht werden könnten, was ich ordnungsgemäß auf meinem gelben Notizblock notierte und sagte, ich würde mich beim Pentagon erkundigen. »Gehen Sie und haben Sie Spaß mit der Presse«, sagte Trump, und das hatten wir auch, da meine Notiz, die von Kameras aufgenommen wurde, endlose Spekulationen hervorrief. (Einige Wochen später brachte mir der kolumbianische Außenminister Carlos Trujillo eine Packung Notizblöcke wie den, den ich im Briefing Room hatte, damit sie mir nicht ausgingen.) Im Wesentlichen glaubten wir, dass die Ölsanktionen ein schwerer Schlag für das Regime Maduros waren, und viele behaupteten, dass es nur noch eine Frage der Zeit sei, bis er stürzen würde. Ihr Optimismus war groß und wurde zu einem wesentlichen Teil dadurch genährt, dass sie glaubten, Maduro-Loyalisten wie Diosdado Cabello[24] und andere würden sowohl ihre finanziellen Vermögenswerte als auch ihre Familien zur Sicherheit ins Ausland schicken, was kaum ein Vertrauensvotum für das Regime war.

Am 30. Januar füllte sich mein Büro mit Menschen, darunter Sarah Sanders, Bill Shine und Mercedes Schlapp, um gegen neun Uhr morgens Trumps Telefonat mit Guaidó zu hören. Trump wünschte ihm viel

Glück bei den großen Anti-Maduro-Demonstrationen, die für den selben Tag geplant waren und die Trump als historisch bezeichnete. Trump versicherte Guaidó dann, dass er den Sturz Maduros durchziehen würde, und bot als Nebenbemerkung an, dass er sicher sei, dass sich Guaidó in Zukunft an das Geschehene erinnern würde, was Trumps Art war, auf sein Interesse an den Ölfeldern Venezuelas hinzuweisen. Es sei ein großer Moment in der Weltgeschichte, sagte Trump. Guaidó dankte Trump für seine Aufrufe zur Demokratie und seine entschlossene Führung, was mich zum Schmunzeln brachte. Entschlossen? Wenn der wüsste. Trump sagte, dass Guaidó sich frei fühlen sollte, später am Tag bei den Kundgebungen zu erzählen, dass er angerufen hatte, und dass er sich darauf freue, Guaidó persönlich zu treffen. Guaidó antwortete, dass es für die Menschen sehr, sehr bewegend sein würde zu hören, dass er mit Trump gesprochen hatte, wenn sie gegen die Diktatur kämpften. Trump sagte, es sei eine Ehre, mit ihm zu sprechen, und der Anruf endete.[25] Es war zweifellos ein Auftrieb für Guaidó, zu verkünden, er habe mit Trump gesprochen, was wir natürlich auch beabsichtigt hatten. Guaidó twitterte über den Anruf, noch bevor Trump es tat, und die Presseberichterstattung war durchweg positiv.

Um 13.30 Uhr traf ich mich mit amerikanischen Führungskräften der Citgo Petroleum Corporation, die sich mehrheitlich im Besitz der staatlichen Ölgesellschaft Venezuelas befindet, um ihnen zu sagen, dass wir ihre Bemühungen und die der venezolanischen Opposition unterstützten, die Kontrolle über die Raffinerien und Tankstellen von Citgo in den Vereinigten Staaten zu behalten, um sie so vor den Bestrebungen Maduros abzuschirmen, die Kontrolle zu behalten. (Wie ich ihnen und anderen erklärte, berieten wir Guaidó auf seine Bitte hin auch bei seinen Bemühungen, Personen für die verschiedenen Verwaltungsräte der Ölgesellschaft zu nominieren, die über Tochtergesellschaften letztlich die Eigentümer von Citgo waren.) Ich verwies die Führungskräfte an Wilbur Ross, mit dem sie am nächsten Tag zusammentrafen, um Ratschläge zur Vermeidung der Auswirkungen eines Pfandrechts der russischen Regierung auf die Aktien der venezolanischen Ölgesellschaft zu erhalten, das zu einem Verlust der Kontrolle über die US-Vermögenswerte führen könnte, was genau seine Sache war. (Aus Moskau erfuhren wir, dass Putin angeblich sehr besorgt über die rund 18 Milliarden Dollar war, die Venezuela Moskau schuldete; die Schätzungen der tatsächlich geschuldeten Beträge schwankten stark, aber sie waren alle erheblich.) Die US-Führungskräfte erzählten mir, dass zuvor Maduro-treue Venezolaner, die vor ihrer Abreise erfolglos versucht hatten, Unternehmensvermögen umzuleiten, mit einem der Firmenjets von Citgo mit Ziel Caracas aus den USA geflohen waren. Ich war sicher, dass wir in den kommenden Tagen mehr davon erwarten konnten.

Sogar die große russische Firma Lukoil kündigte an, die Geschäfte mit dem venezolanischen Ölmonopol auszusetzen, was zumindest den Wunsch Russlands widerspiegelte, sich abzusichern.[26] Wenige Tage später kündigte PetroChina, ein großes chinesisches Unternehmen, an, das Ölmonopol als Partner für ein chinesisches Raffinerieprojekt aufzugeben und zeigte damit erhebliches Unbehagen.[27] In der Folge fror die Gazprombank, Russlands drittgrößter Kreditgeber, der eng mit Putin und dem Kreml verbunden ist, ihre Konten ein, um nicht mit unseren Sanktionen in Konflikt zu geraten.[28] Wir glaubten, dass Guaidó und die Opposition die Gelegenheit nutzen würden, mit russischen und chinesischen Diplomaten und Geschäftsleuten zu sprechen, und betonten, dass es in ihrem Interesse liege, im innervenezolanischen Streit nicht Partei zu ergreifen. Innerhalb der US-Regierung planten wir auch für »den Tag danach« in Venezuela und überlegten, was getan werden könnte, um die Wirtschaft des Landes, die nach zwei Jahrzehnten der Misswirtschaft (die sogar Putin verunglimpfte) in schrecklichem Durcheinander war, wieder auf die Beine zu bringen. Wir haben intensiv darüber nachgedacht, wie wir einer neuen Regierung dabei helfen konnten, sowohl mit den unmittelbaren Bedürfnissen der Bevölkerung umzugehen als auch mit der längerfristigen Notwendigkeit, die systemische Zerstörung dessen, was eigentlich eine der stärksten Volkswirtschaften Lateinamerikas hätte sein sollen, rückgängig zu machen.

Der Paukenschlag diplomatischer Anerkennungen von Guaidó folgte, und wir hofften, dass dies selbst Maduros Loyalisten zeigen würde, dass seine Tage gezählt waren, und auch Guaidó und anderen Oppositionsführern eine Versicherung gegen Verhaftungen bieten würde. Dies war nicht hypothetisch. Maduros Geheimpolizei brach in Guaidós Haus ein und bedrohte seine Frau und seine kleine Tochter. Ihnen wurde kein Schaden zugefügt, aber das Signal war eindeutig.[29] Es sah sehr nach einer Operation unter kubanischer Leitung aus, was erneut unterstrich, dass die ausländische Präsenz in Venezuela, sowohl die kubanische als auch die russische, entscheidend war, um Maduro an der Macht zu halten. Die Proteste hielten im ganzen Land an, unbeeindruckt von der Aussicht, dass Maduro hart durchgreifen würde. Kontinuierlich wurden hochrangige Militäroffiziere wegen der Bedingungen kontaktiert, unter denen sie an die Seite Guaidós treten konnten, sowie ehemalige Mitglieder des Kabinetts der Chávez-Anhänger, Gewerkschaftsführer und andere Sektoren der venezolanischen Gesellschaft, um Allianzen zu bilden. Wir dachten, dass die Schwungkraft bei der Opposition bleiben würde, aber die musste das Tempo beschleunigen.

In Venezuela wurde ein Plan entwickelt, den wir für vielversprechend hielten, um humanitäre Hilfsgüter aus Kolumbien und Brasilien über die Grenzen zu bringen und in ganz Venezuela zu verteilen. Bis jetzt hatte Maduro die Grenzen effektiv geschlossen, was möglich war, weil schwieriges Gelände und dichte Wälder und Dschungel das Überqueren der Grenzen praktisch unmöglich machten, außer an bekannten und etablierten Grenzübergängen. Das humanitäre Hilfsprojekt würde Guaidós Besorgnis um die venezolanische Bevölkerung demonstrieren und auch zeigen, dass die internationalen Grenzen offen waren, was Maduros zunehmenden Kontrollverlust widerspiegeln würde.[30] Es gab auch Hoffnungen, dass wichtige Militärs den Befehlen zur Schließung der Grenzen nicht folgen würden, aber selbst wenn sie es täten, würde Maduro in die unmögliche Lage geraten, seinen verarmten Bürgern humanitäre Hilfslieferungen zu verweigern. Diese Strategie beunruhigte Maduro so sehr, dass er mich erneut namentlich kritisierte, indem er sagte: »Ich habe Beweise dafür, dass das Attentat von John Bolton im Weißen Haus befohlen wurde.«[31] Zu ihm gesellte sich Außenminister Arreaza, der sich beschwerte: »Was er hier versucht, ist, uns Befehle zu geben!«[32] Auch Kuba griff mich nun namentlich an, so dass ich in bester Laune war.

Der kolumbianische Präsident Iván Duque besuchte Trump am 13. Februar im Weißen Haus, und die Diskussion drehte sich um Venezuela. Trump fragte die Kolumbianer, ob er ein halbes Jahr früher mit Maduro hätte sprechen sollen, und Duque sagte unmissverständlich, das wäre ein großer Sieg für Maduro gewesen, was implizierte, dass es ein noch größerer Fehler gewesen wäre, jetzt mit ihm zu sprechen. Trump sagte, er sei einverstanden, was mich sehr erleichterte. Dann erkundigte er sich, wie die Bemühungen insgesamt verliefen und ob die Dynamik bei Maduro oder Guaidó lag. Hier war der kolumbianische Botschafter Francisco Santos besonders kompetent, indem er sagte, dass er noch vor zwei Monaten gesagt habe, Maduro habe den Vorteil, aber er glaubte nicht mehr daran und erklärte, warum. Dies ging eindeutig auf Trump zurück.

Dennoch war ich besorgt, dass unsere eigene Regierung nicht die angemessene Dringlichkeit an den Tag legte. In der gesamten Regierung herrschte eine obstruktionistische, eine »Damit-wollen-wir-nichts-zu-tun-haben«-Mentalität, zweifellos zu einem großen Teil deshalb, weil die venezolanischen, kubanischen und nicaraguanischen Regimes unter der achtjährigen Amtszeit Obamas nicht als US-Gegner angesehen worden waren. Es wurde wenig oder gar nicht darauf geachtet, was die USA tun sollten, wenn die Menschen in diesen Ländern unbequemerweise beschlossen, ihre eigenen Regierungen zu führen. Noch wichtiger war meines Erachtens, dass der wachsende russische, chinesische, iranische und kubanische Einfluss in der gesamten Hemisphäre keine Priorität hatte. Daher sah sich die Trump-Regierung in Lateinamerika mit einer Lawine fälliger Rechnungen konfrontiert, ohne darauf vorbereitet zu sein.

Die Opposition verfeinerte ihre Überlegungen, wie man humanitäre Hilfe aus Kolumbien und Brasilien nach Venezuela »zwingen« könnte, und setzte Samstag, den 23. Februar, als Zieldatum fest. Am Samstag zuvor hatten sich etwa sechshunderttausend Menschen in Caracas gemeldet, um zu helfen. Nach umfangreichen Abstimmungen zwischen der Behörde für internationale Entwicklung und dem Pentagon landeten nun C-17-Frachtflugzeuge in Cúcuta, einem der wichtigsten kolumbianischen Grenzübergänge, und luden die humanitäre Hilfe ab, die über die Brücken zwischen den beiden Ländern gebracht werden sollte. Innerhalb Venezuelas setzte sich die Bewegung in Richtung Opposition fort. Der katholische Bischof von San Cristóbal, der auch Vizepräsident der katholischen Bischofskonferenz des Landes war, sprach öffentlich und bezog sich dabei insbesondere auf einen Machtwechsel weg von Maduro. Wir hatten gehofft, dass die Kirche eine aktivere öffentliche Rolle übernehmen würde, und das schien nun zu geschehen. Als sich der 23. Februar näherte, verstärkten sich die Gerüchte, dass ein hochrangiger Militärführer, wahrscheinlich der Befehlshaber der venezolanischen Armee, Jesús Suárez Chourio, öffentlich verkünden würde, dass er Maduro nicht mehr unterstützte. Ähnliche Gerüchte hatte es schon früher gegeben, aber der Plan für eine grenzüberschreitende humanitäre Hilfe war der entscheidende Faktor, warum es diesmal wahr sein konnte. Gleichzeitig nannte Senator Marco Rubio sowohl Suárez Chourio als auch Verteidigungsminister Padrino und vier weiteren Personen ausdrücklich als militärische Schlüsselfiguren, die Amnestie erhalten könnten, wenn sie zur Opposition überliefen.[33] Man hatte auch das Gefühl, dass Überläufer dieser Größenordnung eine beträchtliche Anzahl von Truppen mit sich bringen würden, wobei sich die Militäreinheiten scheinbar auf die Grenzen zuzubewegen schienen, dann aber nach Caracas zurückkehrten, um den Miraflores-Palast, das Weiße Haus Venezuelas, einzukreisen. Diese optimistischen Prognosen haben sich jedoch nicht bewahrheitet.

Wir trugen unseren Teil dazu bei, mit einer Trump-Rede am 18. Februar an der Florida International University in Miami, die eine Wahlkampfkundgebung hätte sein können, so enthusiastisch war die Menge. Die Pläne für den Dreiundzwanzigsten kamen zustande, als Kolumbiens Präsident Duque ankündigte, dass die Präsidenten von Panama, Chile und Paraguay sowie der Generalsekretär der Organisation Amerikanischer Staaten, Luis Almagro, in Cúcuta zu ihm stoßen würden. Dies würde überzeugend beweisen, dass die Revolution Venezuelas kaum »in Washington gemacht« wurde. Die humanitären Hilfslieferungen nahmen an den Grenzen zu, und es gab Anzeichen dafür, dass die Sicherheitskräfte Maduros ihre Schikanen gegen Nichtregierungsorganisationen innerhalb des Landes verstärkten. Guaidó verließ Caracas am Mittwoch im Geheimen und begab sich zur kolumbianischen Grenze, wo er, wie ursprünglich geplant, auf der venezolanischen Seite warten sollte, während die humanitäre Hilfe über die Tienditas International Bridge aus Kolumbien kam. Wir hörten jedoch, dass Guaidó darüber nachdachte, tatsächlich nach Kolumbien zu reisen, um am Freitagabend an einem von Richard Branson gesponserten Konzert in Cúcuta teilzunehmen, um die Unterstützung für Venezuela zu fördern, und dann die Hilfsmittel am nächsten Tag zurück über die Grenze zu leiten, wobei er sich einer Konfrontation mit den Truppen Maduros gegenübersah, falls eine solche direkt kam.

Dies war aus mehreren Gründen keine gute Idee. Es war sehr dramatisch, aber auch gefährlich, nicht nur physisch, sondern vor allem politisch. Einmal über die Grenze und außerhalb Venezuelas, würde es für Guaidó wahrscheinlich schwierig sein, wieder hineinzukommen. Was würde mit seiner Fähigkeit geschehen, die Politik der Opposition zu lenken und zu kontrollieren, wenn er außerhalb des Landes isoliert sein würde, wenn die Maduro-Propaganda behaupten würde, er sei aus Angst geflohen? Wir hatten keine Möglichkeit, das Ergebnis am Samstag vorherzusagen. Es konnte von einem Extrem ins andere umschlagen: Es konnte gut gehen, wenn die Grenze wirksam geöffnet wurde, was eine direkte Herausforderung für Maduros Autorität wäre, oder es konnte Gewalt und Blutvergießen an den Grenzübergängen geben, möglicherweise mit der Verhaftung von Guaidó oder Schlimmerem. Ich hielt den Versuch, die humanitäre Hilfe über die Grenze zu bringen, für gut durchdacht und durchaus machbar. Grandiosere Pläne waren jedoch nicht gut durchdacht und konnten leicht zu Schwierigkeiten führen.

Mitten in all dem und angesichts des bevorstehenden Gipfels von Trump und Kim Jong-un in Hanoi verkürzte ich meine geplante Asien-Reise und sagte Treffen in Korea ab, um bis Sonntag in Washington zu bleiben und zu sehen, was in Venezuela geschah. Obwohl sich die Aufmerksamkeit der Medien auf die kolumbianisch-venezolanische Grenze, insbesondere in Cúcuta, konzentrierte, gab es auch auf brasilianischer Seite bedeutende Entwicklungen. Die Pemón, ein indigenes Volk innerhalb Venezuelas, die Maduro verabscheuten, kämpften gegen die Streitkräfte der Nationalgarde der Regierung. Beide Seiten erlitten Verluste, und Berichten zufolge nahmen die Pemón siebenundzwanzig Gardisten, darunter einen General, gefangen und brannten einen Flughafenkontrollpunkt nieder. Bis Freitag übernahmen die Pemón auch die Kontrolle über mehrere Straßen, die nach Venezuela führten.[34]

Später am Freitag überquerte Guaidó angeblich mit einem Hubschrauber die Grenze zu Kolumbien, unterstützt von sympathisierenden Mitgliedern des venezolanischen Militärs.[35] Diese Truppen sollten auch dabei helfen, die humanitäre Hilfe am Samstag durch die Grenzkontrollpunkte zu bringen. Ich war enttäuscht, aber immerhin hörten wir an diesem Abend, dass Richard Bransons Konzert viel besser besucht war als ein konkurrierendes Maduro-Konzert innerhalb Venezuelas, was wohl eine Art Sieg war. Die Vizepräsidentin von Maduro, Delcy Rodríguez, kündigte an, dass alle Grenzübergänge am Samstag geschlossen würden, aber wir hatten widersprüchliche Informationen darüber, was genau geschlossen war und was noch offen sein könnte.

Am Samstagmorgen versammelten sich große Menschenmassen auf der kolumbianischen Seite der Grenze, mit Bereitschaftspolizei in Táchira auf der venezolanischen Seite. Auch an der brasilianischen Grenze setzte sich die Gewalt auf niedrigem Niveau fort, da sich auch dort Menschenmassen versammelten. An mehreren Kontrollpunkten an beiden Grenzen bildeten sich seit Wochen Hilfslieferungen, und im Laufe des Tages waren weitere Konvois bereit, die von Freiwilligen aus Kolumbien oder Brasilien über die Kontrollpunkte gebracht wurden, um auf der anderen Seite von venezolanischen Freiwilligen empfangen zu werden. Zumindest war das der Plan. Zwischenfälle durch Steinewerfen, Konfrontationen mit der venezolanischen Nationalgarde und Barrikaden, die verschoben und ersetzt wurden, nahmen im Laufe des Tages zu, als die Zeitpunkte für die versuchten Überquerungen näher rückten. Mehrere Armee- und Marineoffiziere der mittleren Ebene liefen über, und es gab Berichte, dass auch Nationalgardisten entlang der Grenze überliefen.[36]

Guaidó kam gegen neun Uhr morgens an der Tienditas International Bridge an, bereit, sie zu überqueren. Den ganzen Tag gab es Berichte, dass er kurz davor war, die Brücke zu überqueren, aber es geschah nicht, und das ohne wirkliche Erklärungen. Tatsächlich verpuffte die Operation einfach, mit Ausnahmen an einigen Stellen, an denen Freiwillige versuchten, Hilfe herüberzubringen; an der brasilianischen Grenze gelang es ihnen, aber nicht an der kolumbianischen Grenze. Die Pemón waren nach wie vor am aggressivsten, sie nahmen den größten Flughafen in der brasilianischen Grenzregion ein und nahmen mehr Truppen der Nationalgarde gefangen.[37] Aber unter den *Colectivos* und einigen Einheiten der Nationalgarde stieg der Grad der Gewalt gegen versuchte Grenzübertritte, und die Menge der Hilfe, die durchkam, nahm nicht zu. Es gab große Demonstrationen in den Städten Venezuelas, die zeitgleich mit dem Eintreffen der humanitären Hilfe geplant waren, auch vor der Militärbasis La Carlota in Caracas, bei denen die Menschenmengen versuchten, die Soldaten zum Überlaufen zu bewegen, leider ohne Erfolg.

Am Ende des Samstags dachte ich, dass die Opposition wenig getan hatte, um ihre Sache voranzubringen. Ich war enttäuscht, dass das Militär nicht mit mehr Überläufern reagiert hatte, insbesondere auf hoher Ebene. Und ich war erstaunt, dass Guaidó und Kolumbien keine alternativen Pläne durchführten, als die *Colectivos* und andere die Hilfslieferungen stoppten und Lastwagen auf den Brücken verbrannten. Die Dinge schienen willkürlich und unzusammenhängend zu sein, sei es durch mangelnde Vorausplanung oder Nervenschwäche, die ich nicht sofort erkennen konnte. Aber wenn die Dinge in den nächsten Tagen nicht besser wurden und Guaidó nicht nach Caracas zurückkehrte, würde ich anfangen, mir langsam Sorgen zu machen.

Wir hörten, dass unter den Venezolanern das Gefühl herrschte, der Samstag sei ein Sieg für Guaidó gewesen, was mich sehr optimistisch stimmte. Viel später erfuhren wir, dass es Spekulationen gab, die Kolumbianer hätten kalte Füße bekommen, weil sie befürchteten, ein militärischer Zusammenstoß entlang der Grenze würde sie in eine Auseinandersetzung hineinziehen, und dass ihre Truppen nach Jahren der Aufstands- und Drogenbekämpfung innerhalb Kolumbiens einfach nicht bereit waren für einen konventionellen Konflikt mit den Streitkräften Maduros. Niemand hat das vor Samstag herausgefunden? Guaidó war am Nachmittag in Bogotá und bereitete sich auf das Treffen der Lima-Gruppe am Montag vor. Mir gefiel der Gedanke noch immer nicht, dass Guaidó überhaupt die Grenze überquert hatte, geschweige denn mehrere Tage in Kolumbien verbrachte, was Maduro dazu benutzte, um zu propagieren, dass Guaidó den traditionellen Gegner Venezuelas um Hilfe bat.

Ich sprach mit Pence, der auf dem Weg nach Bogotá war, um die USA bei der Lima-Gruppe zu vertreten, und betonte die Notwendigkeit, Guaidó zur Rückkehr nach Caracas zu bewegen. Ein Schlüsselelement für den bisherigen Erfolg der Opposition war ihr Zusammenhalt, während sie in der Vergangenheit stets zersplittert war. Mit jedem Tag, an dem Guaidó außer Landes war, stieg das Risiko, dass Maduro einen Weg finden würde, sie wieder zu spalten. Pence stimmte zu und sagte, er würde Guaidó in einem Dreiergespräch mit Duque treffen. Ich drängte Pence auch dazu, auf mehr Sanktionen gegen das Maduro-Regime zu beharren, um zu zeigen, dass es einen Preis für die Blockade der humanitären Hilfe zahlen musste. Trump hatte bei der Kundgebung in Miami gesagt, dass die venezolanischen Generäle eine Entscheidung treffen müssten, und Pence konnte sagen, dass er auf Trumps Standpunkt näher einging.

Ich informierte Trump am Sonntagnachmittag, aber er schien unbekümmert, was mich überraschte. Er war beeindruckt von der Zahl der Abtrünnigen vom Militär, die innerhalb weniger Tage bei fast fünfhundert liegen würde.[38] Ich vermutete, dass seine Gedanken bei Nordkorea und dem bevorstehenden Gipfel in Hanoi lagen. Als der Anruf endete, sagte er: »Okay, Mann«, was sein übliches Signal war, dass er mit dem, was er gehört hatte, zufrieden war. Als ich nach Hanoi flog, sprach ich erneut mit Pence, welcher auf dem Rückweg nach Washington von einer entschlossenen Rede in Bogotá vor der Lima-Gruppe war und der sagte, es herrsche »eine ungeheure Stimmung im Raum«, was ermutigend war. Guaidó hatte ihn beeindruckt: »Sehr aufrichtig, sehr klug, und er hielt eine extrem starke Rede vor der Lima-Gruppe.« Ich drängte Pence, sein Urteil an Trump weiterzugeben.

Venezuela fiel vom Radarschirm, während wir in Hanoi waren, aber als ich am 1. März aus Vietnam zurückkehrte, war es wieder ganz im Blickfeld. Guaidó, der gerade in Lateinamerika auf Tournee war, überlegte endlich ernsthaft, wie er wieder in Venezuela einreisen könnte, sei es über Land oder per Direktflug nach Caracas. Ich hielt Trump auf dem Laufenden, und am Sonntag, dem 3. März, sagte er zu mir: »Er [Guaidó] hat nicht das Zeug dazu ... Halten Sie sich ein wenig davon fern; lassen Sie sich nicht zu sehr darauf ein«, was so ähnlich war, wie wenn man sagen würde: »Werden Sie nicht zu schwanger.« Jedenfalls ergriff Guaidó trotz der Risiken am nächsten Tag die Initiative und flog am Morgen nach Venezuela. Das zeigte den Mut, den er zuvor bewiesen hatte, und erleichterte mich sehr. Liveaufnahmen über das Internet während des ganzen Tages zeigten die dramatische Rückkehr Guaidós nach Caracas, die sich als Triumph erwies. Ein Einwanderungsinspektor sagte zu ihm: »Willkommen zu Hause, Herr Präsident!« Auf der Fahrt vom Flughafen durch seinen Heimatstaat wurde Guaidó während der ganzen Fahrt von jubelnden Menschenmengen begrüßt, und es gab keine Anzeichen für militärische oder polizeiliche Bemühungen, ihn zu verhaften.

Angespornt durch die erfolgreiche Rückkehr Guaidós war ich bereit, das Beste zu tun, um den Druck auf Maduro zu erhöhen, angefangen bei der Verhängung von Sanktionen gegen die gesamte Regierung und weiteren Schritten gegen den Bankensektor, die wir alle im Januar hätten ergreifen sollen, die wir aber letztendlich umgesetzt haben. Im Hauptausschuss des Nationalen Sicherheitsrates zur Erörterung unserer Pläne leistete Mnuchin Widerstand, aber er wurde von anderen überwältigt: Perry erklärte ihm höflich, wie die Öl- und Gasmärkte international tatsächlich funktionierten, Kudlow und Ross stellten seine Wirtschaftsanalyse infrage, und sogar Kirstjen Nielsen schlug schärfere Sanktionen vor. Pompeo schwieg weitgehend. Ich sagte erneut, dass wir in Venezuela nur zwei Möglichkeiten hätten: gewinnen oder verlieren. In Anlehnung an die Suezkanalkrise von 1956 sagte ich, wir hätten Maduro an der Gurgel und müssten sie ihm abschnüren, was Mnuchin sichtbar erregte. Er war besorgt, dass Schritte im Bankensektor Visa und Mastercard schaden könnten, die er »für den Tag danach« am Leben erhalten wollte.[39] Ich sagte, wie auch Perry und Kudlow, dass es keinen »Tag danach« geben würde, wenn wir den Druck nicht dramatisch erhöhten, je früher, desto besser. Dies war keine akademische Übung. Was Mnuchins Besorgnis über den Schaden, den wir dem venezolanischen Volk zufügen würden, anging, so wies ich darauf hin, dass Maduro während dieser Runde von Oppositionsaktivitäten bereits über vierzig Menschen getötet hatte, und Hunderttausende riskierten jedes Mal ihr Leben, wenn sie auf die Straße gingen, um zu protestieren.[40] An Visa und Mastercard dachten sie gerade nicht! Die ärmsten Menschen hatten weder Visa noch Mastercard, und sie wurden bereits von der zusammengebrochenen Wirtschaft Venezuelas erdrückt. Es war wirklich eine Revolution im Gange, und Mnuchin sorgte sich um Kreditkarten!

Gegen Ende des 7. März erhielten wir die Nachricht von massiven Stromausfällen in ganz Venezuela, die durch den maroden Zustand des Stromnetzes des Landes noch verschlimmert wurden. Mein erster Gedanke war, dass Guaidó oder jemand beschlossen hatte, die Sache selbst in die Hand zu nehmen. Aber was auch immer die Ursache für das Ausmaß oder die Dauer des Stromausfalls sein mochte, er musste Maduro schaden, so sinnbildlich war er für die Gesamtkatastrophe, die das Regime für das Volk darstellte. Über die Auswirkungen des Stromausfalls wurde nur langsam berichtet, da fast die gesamte inländische Telekommunikation Venezuelas ausgefallen war. Was wir im Laufe des Tages erfuhren, bestätigte die Verwüstung. Fast das ganze Land war im Blackout, der Flughafen von Caracas war geschlossen, die Sicherheitsdienste schienen verschwunden zu sein, es gab Berichte über Plünderungen, und die *Cacerolazos* begannen wieder, was die anhaltende Unzufriedenheit der Bevölkerung mit dem Regime zeigte. Wie groß war der Schaden? Wie wir einige Monate später erfuhren, kam eine ausländische Delegation, die das Land besuchte, zu dem Schluss, dass die stromerzeugende Infrastruktur des Landes »nicht mehr zu reparieren« sei. Das Regime versuchte, Amerika die Schuld zuzuschieben, aber die Menschen verstanden im Allgemeinen, dass sich das nationale Stromnetz wie der Zerfall der venezolanischen Erdölindustrie in den zwei Jahrzehnten der Herrschaft der Chávez-Anhänger verschlechtert hatte, weil die Regierung es versäumt hatte, die notwendigen Instandhaltungs- und Neuinvestitionen vorzunehmen. Und wo war das Geld geblieben, das für die staatliche Ölgesellschaft und das nationale Stromnetz benötigt wurde? In den Händen des durch und durch korrupten Regimes. Wenn dies nicht der Stoff für Volksaufstände war, war es schwer zu sagen, was infrage kam. Wir verstärkten den Druck weiter, indem das Justizministerium die Anklage gegen zwei venezolanische Hauptakteure des Drogenhandels (beides ehemalige Regimebeamte) ankündigte[41], und indem die Mehrheit der Mitglieder der Interamerikanischen Entwicklungsbank die Vertreter Maduros mit breiter Unterstützung ausschlossen.[42]

Die Bemühungen des Regimes, das Stromnetz hochzufahren, scheiterten, als die Umspannwerke unter der erneuten elektrischen Belastung explodierten, was auf einen weit verbreiteten, langfristigen Mangel an Wartung und veraltete Ausrüstung zurückzuführen war. Der Verlust von Telekommunikationseinrichtungen beeinträchtigte auch die Koordinierung der Aktivitäten auf nationaler Ebene, auch in Schlüsselstädten wie Maracaibo. Guaidó setzte seine Kundgebungen fort, zog immer noch eine große Menschenmenge an und versicherte den Menschen, dass die Opposition voranschritt. Die Nationalversammlung erklärte wegen der Ausfälle den »Alarmzustand«, nicht, dass sie zu irgendetwas befugt gewesen wäre, aber zumindest demonstrierte sie den Menschen, dass sie darüber nachdachte, im Vergleich zu Maduros fehlender Präsenz, ein Zeichen für die anhaltende Unordnung des Regimes. Die Kontaktaufnahmen mit Regimebeamten gingen weiter, während Guaidó nach Führungsrissen suchte, um Maduros Autorität zu untergraben.

Leider gab es auch innerhalb der US-Regierung, insbesondere im Außenministerium, Unruhe. Zusammen mit dem schleppenden Vorgehen des Finanzministeriums erforderte jeder neue Schritt in unserer Druckkampagne gegen das Regime von Maduro weit mehr Zeit und bürokratischen Aufwand, als irgendjemand rechtfertigen konnte. Das Finanzministerium behandelte jede neue Sanktionsentscheidung so, als würden wir Strafverfahren vor Gericht verfolgen, da wir die Schuld zweifelsfrei beweisen mussten. So sollten Sanktionen nicht funktionieren; bei ihnen geht es darum, Amerikas massive Wirtschaftsmacht zu nutzen, um unsere nationalen Interessen zu fördern. Sie sind am wirksamsten, wenn sie massiv, schnell und entschlossen angewandt und mit aller verfügbaren Macht durchgesetzt werden. Dies beschreibt nicht, wie wir an die Sanktionen gegen Venezuela (oder die meisten anderen in der Trump-Regierung) herangingen. Stattdessen konnten selbst relativ geringfügige Entscheidungen Stachanowsche Anstrengungen von Mitarbeitern des

Nationalen Sicherheitsrates und Unterstützern in anderen Behörden erfordern, was Maduro gleichzeitig einen Sicherheitsvorsprung einräumte. Das Regime saß offensichtlich nicht untätig herum. Es ergriff ständig Maßnahmen, um Sanktionen zu umgehen und die Folgen für diejenigen zu mildern, die diesen nicht entkommen konnten. Unsere Langsamkeit und unsere mangelnde Beweglichkeit waren für Maduro, sein Regime und seine kubanischen und russischen Anhänger ein Glücksfall. Skrupellose globale Händler und Finanziers nutzten jede Lücke in unserer Druckkampagne aus.[43] Es war schmerzhaft zuzusehen.

Die vielleicht qualvollste Entscheidung kam am 11. März, als Pompeo beschloss, die Botschaft in Caracas zu schließen und das gesamte US-Personal abzuziehen. Es gab eindeutig Risiken für das verbleibende Personal, und die Brutalität der *Colectivos* war nicht zu leugnen. Pompeo hatte einen wesentlichen Teil seines politischen Ansehens aufgebaut, indem er die Fehler der Obama-Regierung während der Bengasi-Krise im September 2012 zu Recht kritisierte. Wie schon bei der früheren Reduzierung des Personals der Botschaft in Bagdad und der Schließung des Konsulats in Basra war Pompeo entschlossen, »ein weiteres Bengasi« unter seiner Aufsicht zu vermeiden. Trump war noch viel empfindlicher. Bei Pompeos bloßem Hinweis auf ein Risiko entschied Trump sofort, unser Personal abzuziehen, was Pompeo mit Eilfertigkeit tat.

Im Nachhinein sieht man die Dinge immer klarer, denn die Schließung der Botschaft in Caracas erwies sich als schädlich für unsere Anti-Maduro-Bemühungen. Die meisten europäischen und lateinamerikanischen Botschaften blieben ohne Zwischenfälle geöffnet, aber unsere Präsenz im Land wurde offensichtlich verringert. Und wegen Obamas entspannter Haltung gegenüber autoritären Regimen und chinesischen und russischen Bedrohungen in dieser Hemisphäre waren unsere Augen und Ohren bereits erheblich eingeschränkt. Noch schlimmer war, dass das Außenministerium die Nachwirkungen völlig falsch handhabte, indem es Jimmy Story, unseren venezolanischen Geschäftsträger, und zumindest einen Teil seines Teams nicht sofort nach Kolumbien zurückschickte, wo sie eng mit der Botschaft in Bogotá hätten zusammenarbeiten können, um ihre Arbeit über die Grenze hinweg fortzusetzen. Stattdessen behielt die Behörde für Angelegenheiten der westlichen Hemisphäre das Team in Washington, um sie enger unter Kontrolle halten zu können. Es trug nichts zu unseren Bemühungen bei, Maduro zu verdrängen.

Positiver war, dass die Verhandlungen der Opposition mit wichtigen Persönlichkeiten des Regimes darauf hindeuteten, dass ihrer Ansicht nach die von uns angestrebten Risse zu entstehen begannen. Es war nicht leicht, jahrelanges Misstrauen zu überwinden, aber wir versuchten potenziellen Überläufern zu zeigen, dass sowohl die Opposition als auch Washington es mit der Amnestie und der Vermeidung strafrechtlicher Verfolgungen für frühere Übertretungen ernst meinten. Das war Realpolitik. Viele Spitzenvertreter des Regimes waren korrupt und profitierten zum Beispiel vom Drogenhandel, und ihre Menschenrechtsbilanz war kaum vorbildlich. Aber ich war der festen Überzeugung, dass es besser war, ein paar Gewissensbedenken herunterzuschlucken, um das Regime zu zerschlagen und das venezolanische Volk zu befreien, als auf »Prinzipien« zu setzen, welche die Unterdrückung des Volkes sowie Kubas und Russlands Dominanz im Inneren aufrechterhielten. Deshalb wünschte ich Maduro auf Twitter, psychologische Spielchen mit dem Regime spielend, einen langen, ruhigen Ruhestand an einem schönen Strand irgendwo (wie z.B. Kuba). Das gefiel mir nicht, aber es war mir weitaus lieber, als dass er an der Macht blieb. Nach dem Urteil der Opposition standen wir auch vor dem Problem der starken, wahrscheinlich kubanischen Überwachung führender Regimebeamter, die offensichtlich einschüchternd wirkte und eine vertrauensvolle Kommunikation zwischen potenziellen Putschisten umso schwieriger machte.

Ein Trick, den wir in Erwägung zogen, um Signale an Schlüsselfiguren im Regime zu senden, war der Ausschluss von Personen wie Ehefrauen und Familienmitgliedern von den Sanktionen, eine gängige Praxis in der US-Politik, Signale zu senden, um das Verhalten ausgewählter Personen oder Organisationen zu beeinflussen. Solche Aktionen würden wahrscheinlich nur wenig öffentliche Aufmerksamkeit erhalten, aber es wären aussagekräftige Botschaften an Regimebeamte, dass wir bereit seien, ihnen den Weg entweder ganz aus Venezuela heraus oder in die Arme der Opposition, als Mitverschwörer statt als Gefangene, zu erleichtern. Wenn sie dann wiederum bei Maduros Amtsenthebung erleichternd mitwirken würden, könnten sie sich selbst von der Liste der Sanktionierten streichen. Mitte März spitzte sich das Problem zu, als das Finanzministerium die Streichung bestimmter Personen von der Liste trotz der einhelligen Unterstützung der anderen betroffenen Akteure rundweg ablehnte. Pompeo rief Mnuchin an, der sich erneut in Los Angeles aufhielt, und sagte ihm, er solle die administrative Rolle des Finanzministeriums erfüllen und aufhören, sein Ressort infrage zu stellen. Dennoch blieb das Finanzministerium hartnäckig, stellte Fragen zu den Verhandlungen der Opposition mit Persönlichkeiten des Maduro-Regimes und hinterfragte beim Außenministerium, ob eine Streichung von der Liste die gewünschten Ergebnisse bringen würde. Dies war nicht hinnehmbar. Es lag daher nahe, die gesamte Sanktionsoperation aus dem Finanzministerium herauszunehmen und an einen anderen Ort zu verlagern. Schließlich sagte Mnuchin, dass er die Führung des Außenministeriums akzeptieren würde, wenn ich ihm eine Notiz schickte, die besagte, dass dies für mich akzeptabel sei. Dies war nichts anderes als eine Absicherungstaktik, aber ich war gerne bereit, ein kurzes Memo an Pompeo, Mnuchin und Barr zu schicken, in dem ich meine Ansicht darlegte, dass das Finanzministerium kein Recht auf eine eigene Außenpolitik habe. Später freute ich mich, dass Elliott Abrams, ein alter Freund, der als weiterer »Sondergesandter« dem Außenministerium beigetreten war, mir eine E-Mail schickte, in der stand: »Dein Brief ist ein Klassiker. Er sollte in Schulen für Staatsführung studiert werden!« Leider hätte die Zeit und Mühe, die hier verschwendet wurde, für die Förderung der US-Interessen aufgebracht werden können.

Wir haben gleichzeitig Havanna unter Druck gesetzt. Das Außenministerium kehrte Obamas absurde Schlussfolgerung um, dass der kubanische Baseball irgendwie unabhängig von seiner Regierung sei, und erlaubte es dem Finanzministerium, die Lizenz zu entziehen, die es der Major League Baseball erlaubte, kubanische Spieler einzusetzen. Diese Aktion machte uns bei den Eigentümern nicht gerade beliebt, aber sie irrten sich leider, indem sie nicht begriffen, dass ihre Beteiligung am Profi-Baseball bedeutete, dass sie mit dem Feind im selben Bett lagen. Noch besser war, dass der mehrjährige Verzicht des Präsidenten auf zentrale Bestimmungen des Helms-Burton-Gesetzes zu Ende ging. Helms-Burton erlaubte es

Eigentümern von Vermögenswerten, die von Castros Regierung enteignet und an andere verkauft worden waren, vor US-Gerichten zu klagen, entweder um das Eigentum wiederzuerlangen oder um eine Entschädigung von den neuen Eigentümern zu erhalten, aber diese Bestimmungen wurden nie angewandt. Nun würden sie es werden. Im Einklang mit seinen öffentlichen Drohungen eines »vollständigen und kompletten Embargos« gegen Kuba wegen der Öltransporte zwischen Venezuela und Kuba bat Trump das Verteidigungsministerium wiederholt um konkrete Optionen, wie solche Transporte gestoppt werden könnten, einschließlich eines Verbots.[44] Obwohl militärisches Eingreifen innerhalb Venezuelas ein Fehlschlag gewesen wäre, hätte die Anwendung von Gewalt, um die kubanische Öl-Lebensader zu durchtrennen, entscheidend sein können. Das Pentagon unternahm nichts.

Wie schlimm war der Einfluss Kubas in Venezuela? Sogar die *New York Times* verstand das Problem und berichtete am 17. März in einer großen Reportage darüber, wie »medizinische Unterstützung« aus Kuba dazu benutzt worden war, Maduros Rückhalt unter der armen Bevölkerung Venezuelas zu festigen und sie von denen fernzuhalten, die nicht bereit waren, Maduros Befehle auszuführen.[45] Der Artikel zeigte das Ausmaß des Eindringens Kubas in Maduros Regime und wie schlecht die Bedingungen in Venezuela waren. Darüber hinaus beschrieb ein venezolanischer Spitzengeneral, der nach Kolumbien überlief, im Laufe der Woche öffentlich das Ausmaß der Korruption innerhalb des medizinischen Programms des Landes und fügte weitere Beweise für die Fäulnis innerhalb des Regimes hinzu.[46] Das *Wall Street Journal* brachte kurz darauf einen Artikel, in dem Maduros Verlust des Rückhaltes innerhalb der armen Bevölkerung Venezuelas beschrieben wurde, etwas, das wir seit Beginn der Rebellion im Januar geglaubt hatten.[47] Ich drängte darauf, weitere Maßnahmen in Betracht zu ziehen, um Keile zwischen das venezolanische Militär und die Kubaner und deren Banden von *Colectivos* zu treiben. Das Berufsmilitär verachtete die *Colectivos*, und alles, was wir tun konnten, um die Spannungen zwischen ihnen zu verstärken und die kubanische Präsenz weiter zu delegitimieren, wäre positiv.

Trump schien sich gut zu halten und sagte auf einer Pressekonferenz im Weißen Haus mit dem neuen brasilianischen Präsidenten Jair

Bolsonaro am 19. März: »Wir haben die wirklich harten Sanktionen gegen Venezuela noch nicht durchgeführt.« Natürlich warf dieser Kommentar die Frage auf: »Warum nicht?« Worauf genau warteten wir noch? Story, Claver-Carone und andere hörten weiterhin aus Venezuela, dass Tempo und Umfang der Gespräche zwischen der Opposition und potenziellen Verbündeten innerhalb des Regimes weiter zunahmen. Es schien alles unglaublich langsam zu gehen, aber es bewegte sich immer noch in die richtige Richtung. Tatsächlich konnten Hinweise auf eine Spaltung innerhalb des Regimes zur Verhaftung von zwei Spitzenhelfern Guaidós, insbesondere seines Stabschefs Roberto Marrero, geführt haben. Pence trug stark dazu bei, Trump dazu zu bewegen, die Einwände des Finanzministeriums gegen die Sanktionierung eines großen staatlichen venezolanischen Finanzinstituts und vier seiner Tochtergesellschaften zu überwinden. Pence erzählte mir später, dass Trump zu Mnuchin gesagt habe, als er ihm diese Anweisungen gab: »Vielleicht ist es an der Zeit, Maduro bankrott zu machen.« In der Tat. Das Finanzministerium willigte nun auch ein, den gesamten venezolanischen Finanzsektor für Sanktionen zu benennen, etwas, wogegen es sich lange Zeit heftig gewehrt hatte. Ich war froh, das richtige Ergebnis zu erzielen, aber der Zeitverlust in der internen Debatte war gleichbedeutend damit, Maduro einen Rettungsring zuzuwerfen. In der Zwischenzeit, Ende März, schickte Russland neue Truppen und Ausrüstung, wies eine Lieferung als humanitär aus und versuchte zu verschleiern, worauf seine Präsenz hinauslief.[48] Es gab starke Anzeichen dafür, dass in den nächsten Monaten weitere folgen würden. Zur gleichen Zeit teilte mir jedoch Brasiliens Verteidigungsminister Fernando Azevedo mit, dass das Ende für Maduro in Sicht sei. Ich traf in meinem Büro auch mit dem Präsidenten von Honduras, Juan Hernández, zusammen, der ähnlich optimistisch war, ganz im Gegensatz zur Situation in Nicaragua an seiner Grenze.

Am 27. März traf Guaidós Frau, Fabiana Rosales, im Weißen Haus zu einem Treffen mit Pence im Roosevelt Room ein, bei dem wir hofften, dass Trump vorbeikommen würde. Sie wurde von Marreros Frau und Schwester begleitet, und nach Fotos und Presseerklärungen von Rosales und Pence wurden wir stattdessen in das Oval Office geführt. Trump begrüßte

Rosales und die anderen herzlich, und dann stürmte die Pressemeute herein, was sich als zwanzigminütige, live übertragene Veranstaltung herausstellte. Rosales dankte Trump, Pence und mir für unsere Unterstützung (und sagte: »Mr. Bolton, es ist eine Ehre, auf Sie zählen zu dürfen, so wie wir es tun.«). Trump machte gute Arbeit mit der Presse und erwiderte auf die Frage nach der russischen Beteiligung in Venezuela: »Russland muss raus«, was einen starken Eindruck hinterließ und genau das war, was ich mir erhofft hatte.[49]

Noch interessanter war die Diskussion, als die Presse weg war und wir Rosales' Schilderung der schlimmen Lage in Venezuela hörten und Marreros Frau die Geschichte erzählte, wie die Geheimpolizei in ihr Haus eingebrochen war und ihren Mann in das Helicoide, das inzwischen berühmte Hauptquartiergebäude in Caracas, das auch als Gefängnis diente, verschleppt hatte. Während die Diskussion weiterging, sagte Trump zweimal zu mir, in Bezug auf die Russen: »Holen Sie sie raus«, und in Bezug auf das kubanische Regime: »Bringen Sie es [in Kuba] zum Erliegen«, beides Anweisungen, die ich begrüßte. An einem Punkt betonte Trump, er wolle die »schärfstmöglichen Sanktionen« gegen Venezuela, und ich wandte mich an Mnuchin, der zu einem weiteren Treffen gekommen war. Alle, sowohl die Venezolaner als auch die Amerikaner, lachten, weil sie wussten, dass Mnuchin das Haupthindernis dafür war, das auszuführen, was Trump wollte. Pence fragte Rosales, was mit dem venezolanischen Militär passiere, aber Trump unterbrach mit den Worten: »Es geht sehr langsam. Ich dachte, sie wären schon übergelaufen.« Rosales antwortete mit einer Beschreibung der extremen Gewalt, die sie sah, und der engen Verbindungen des venezolanischen Militärs zu Kuba.[50] Nach dem Ende des Rosales-Treffens sagte Trump zu Mnuchin und mir: »Sie können sich jetzt nicht mehr zurückhalten«, und ich sagte: »Steve und ich freuen uns beide darauf, sobald er [Mnuchin] aus China zurückkommt.« Ich war mir sicher, dass Mnuchin dies genauso genoss wie ich.

Das unerwartetste Ergebnis des Treffens war Trumps Beobachtung, dass Rosales keinen Ehering getragen hatte und wie jung sie aussah. Der zweite Punkt stimmte, obwohl sie so resolut wirkte, wie es nur geht, aber den ersten hatte ich nicht bemerkt. Später, wenn Guaidós Name aufkam, kommentierte Trump das »Problem« mit dem Ehering. Ich habe nie verstanden, was es bedeutete, aber für Trump war es nicht gut. Er hielt Guaidó für »schwach«, im Gegensatz zu Maduro, der »stark« war. Im Frühjahr nannte Trump Guaidó den »Beto O'Rourke von Venezuela«, kaum die Art von Kompliment, die ein Verbündeter der Vereinigten Staaten erwarten sollte. Es war alles andere als hilfreich, aber typisch dafür, wie Trump die Menschen um ihn herum leichtfertig diffamierte, wie damals, als er begann, mich für das Versagen der Opposition beim Sturz Maduros verantwortlich zu machen. Vielleicht vergaß Trump, dass er die eigentliche Entscheidung über die politische Linie traf, außer wenn er sagte, er sei der *Einzige*, der Entscheidungen traf. Dennoch war Trumps Moment mit Fabiana Rosales im Oval der eindrücklichste Auftritt, den er bisher in Bezug auf Venezuela gegeben hatte. Schade, dass die zuständigen Untergebenen des Finanzministeriums und des Außenministeriums nicht auch anwesend waren, um das zu sehen.

Ein Schachzug war eine Reihe von Tweets von mir an Verteidigungsminister Padrino, in denen ich versuchte, seinen venezolanischen Patriotismus gegen die Russen und Kubaner zu entfachen, indem ich ihn dazu drängte, im Sinne der Verfassung seines Landes »das Richtige zu tun«. Es schien, als seien wir zu ihm durchgedrungen. Auf die Frage eines Reporters antwortete Padrino: »Herr Bolton, ich sage Ihnen, dass wir das Richtige tun. Das Richtige zu tun bedeutet, das zu tun, was in der Verfassung geschrieben steht. [...] Das Richtige zu tun, heißt, den Willen des Volkes zu respektieren.«[51] Das war alles, was wir brauchten, um eine neue Reihe von Tweets mit der Nachricht zu senden, dass »der Wille des Volkes« darin bestand, Maduro loszuwerden, was sicherlich richtig war. Zumindest konnten wir jetzt sagen, dass wir in Padrinos Kopf waren, und vielleicht auch in denen anderer. Tatsächlich sagte Rosales nach dem Trump-Meeting zu Abrams: »Das Regime fragt sich, ob die militärische Bedrohung durch die USA glaubwürdig ist, aber sie haben am meisten Angst, wenn John Bolton anfängt zu twittern.« Nun, das war ermutigend!

In Venezuela entwickelten die Opposition und Schlüsselfiguren des Regimes ein Spiel mit dem Obersten Gerichtshof, um die Nationale Verfassungsgebende Versammlung, Maduros betrügerisch gewählte »Legislative«, für illegitim zu erklären.[52] Wenn Venezuelas oberstes Gericht, vollgepackt mit Kumpanen und Handlangern Maduros und angeführt von einem seiner nominell stärksten Anhänger, Maduros Scheinlegislative delegitimieren würde, könnte dies Maduro in Venezuela auf breiter Front dramatisch untergraben. Gleichzeitig hatten nun venezolanische Zivilisten die von Maduros Nationalgarde errichteten Barrikaden auf der Simón-Bolívar-Brücke bei Cúcuta, dem Grenzübergang nach Kolumbien, durchbrochen und damit den Kontakt zur Außenwelt wieder aufgenommen. Die Nationalgarde hatte sich einfach zerstreut, und es gab unbestätigte Berichte, dass die Provinzgouverneure in mehreren Grenzprovinzen die Sache selbst in die Hand zu nehmen schienen, aber nur vorübergehend. Das Endergebnis der Bemühungen vom 23. Februar lautete, dass bis zu tausendvierhundert venezolanische Soldaten, Angehörige der Nationalgarde und Mitarbeiter der Polizei übergelaufen waren,[53] und wir hatten immer noch keinen Zweifel daran, dass der größte Teil des verbliebenen Militärs Guaidó nachdrücklich unterstützte.

Wenn wir gewinnen wollten, mussten wir uns erheblich steigern. Bei einem »informellen« Treffen der NSC-Direktoren, das ich am 8. April organisierte, war Mnuchin nun flexibler, und wir einigten uns darauf, den Druck auf Russland sowohl innerhalb der westlichen Hemisphäre als auch außerhalb, zum Beispiel in der Ukraine oder im Baltikum oder bei der Nord-Stream-2-Pipeline, zu erhöhen. Er bot an, Russlands Finanzminister am Wochenende bei den jährlichen Treffen des Internationalen Währungsfonds und der Weltbank unter Druck zu setzen, was ein Fortschritt war. Mit geschätzten Gesamtschulden Venezuelas gegenüber Russland und China (vor allem Russland) in Höhe von 60 Milliarden Dollar oder sogar noch mehr stand offensichtlich viel auf dem Spiel, noch mehr, wenn die Opposition an die Macht käme.[54] Ich hoffte nur, dass Trump nichts dagegen haben würde, wenn wir den Einsatz gegenüber Moskau erhöhten.

Claver-Carone und Story hörten, dass der 20. April, der Tag vor Ostern, das Zieldatum für die Verhandlungen zur Zerschlagung des Regimes sein könnte. Sogar der Chef der Geheimpolizei, Manuel Cristopher Figuera, glaubte, wie wir hörten, Maduro sei am Ende.[55] Die Gespräche mit mehreren hochrangigen venezolanischen Militärführern, darunter Verteidigungsminister Padrino, bezogen sich nun mehr und mehr auf den Ablauf: nicht darüber, ob Maduro gestürzt, sondern darüber, wie es geschehen würde.[56] Diese Militärführer berieten sich auch mit den höchsten zivilen Behörden, insbesondere mit Moreno,[57] was ein gutes Vorzeichen für ein Vorgehen gegen Maduro und diejenigen war, die noch Loyalität gegenüber dem Regime zeigten. Das war wichtig, denn ein wirklicher Wandel erforderte mehr als nur den Rauswurf Maduros aus dem Amt. Mein Eindruck war, dass sich ein Großteil der Verhandlungen darauf konzentrierte, wie eine »Übergangsperiode« aussehen könnte, was sehr gefährlich war, da Unterstützer der Chávez-Anhänger auch nach Maduros Amtsenthebung immer noch wichtige Regierungsinstitutionen kontrollieren würden. Ich verstand die vorläufige Abfolge so, dass der Oberste Gerichtshof die Verfassungsgebende Versammlung für illegal erklären würde; Maduro würde dann zurücktreten; das Militär würde Guaidó als Interimspräsidenten anerkennen; die Nationalversammlung würde als Venezuelas einzige legitime Legislative anerkannt werden; und der Oberste Gerichtshof würde bestehen bleiben. Das war nicht perfekt, und es bestand meiner Meinung nach sicherlich die Gefahr, dass die Eliminierung Maduros, aber der Verbleib des Regimes an der Macht das versteckte Ziel einiger beteiligter Regimefiguren sein könnte.

Am 17. April sprach ich im Biltmore Hotel in Coral Gables, Florida, zur Gedenkfeier der Schweinebucht-Veteranenvereinigung zum Jahrestag ihrer Invasion in Kuba achtundfünfzig Jahre zuvor, was ein gescheiterter Versuch gewesen war, das Castro-Regime zu stürzen. Die Veteranen der Brigade 2506 hatten einen starken Einfluss auf die kubanisch-amerikanische Politik in Florida und im ganzen Land, und dieses jährliche Treffen zog viel Aufmerksamkeit auf sich, etwas, das aufstrebende Politiker möglichst nie versäumten. Ich konnte ihnen endlich die Nachricht überbringen, dass der Verzicht auf den Helms-Burton-Titel 2 aufgehoben wurde, wodurch Klagen gegen die Besitzer von Gütern möglich wurden, die von dem Castro-Regime enteignet worden waren, sowie die vollständige Durchsetzung von Titel 4, der ihnen die Visa für die USA verweigern konnte, ein großes Problem für ausländische Unternehmen, die nun einen Großteil dieses Eigentums besaßen. Es gab eine Reihe weiterer bemerkenswerter Maßnahmen, die wir sowohl gegen Kuba als auch gegen Venezuela ankündigten, insbesondere solche, die auf die Zentralbank Venezuelas abzielten. Die Gesamtwirkung bestand darin zu zeigen, wie entschlossen die Regierung gegen die »Troika der Tyrannei« war, obwohl ich der Einzige im überfüllten Ballsaal des Biltmore war, der wusste, wie wenig Entschlossenheit hinter dem Resolute Desk steckte.

Nach Verschiebungen aus diversen Gründen wurde der 30. April als neuer Stichtag für die Aktionen der Opposition festgelegt. Ich hatte das Gefühl, dass die Zeit angesichts der offensichtlichen Besorgnis Trumps über Guaidó und das »Ehering-Problem« zusehends gegen uns lief. Frühere Fehler, wie Guaidós Verlassen des Landes, das Versäumnis der Opposition und Kolumbiens, sich im Februar mit humanitärer Hilfe über die Grenze zu drängen, und die Schließung der Botschaft in Caracas, gingen mir durch den Kopf. Auf jeden Fall stand der 30. April fest, und am Tag vor den bereits angekündigten landesweiten Massendemonstrationen von Guaidó am 1. Mai kam vielleicht die entscheidende Stunde.

In der Tat kam sie. Pompeo rief mich am 30. April um 5.25 Uhr morgens an, um mir zu sagen: »Es gibt viel Bewegung in Venezuela«, und berichtete, dass unter anderem Oppositionsführer Leopoldo López vom relativ neuen Chef der SEBIN, einer wichtigen Geheimpolizeibehörde, General Manuel Cristopher Figuera, aus seinem langjährigen Hausarrest entlassen worden sei. Pompeo sagte, Padrino sei zu einem Treffen mit Guaidó gegangen, und er plane, Maduro in Kürze mitzuteilen, dass es für ihn an der Zeit sei, zu gehen. Es hieß, Padrino werde von dreihundert Militärangehörigen begleitet, was darauf hindeutete, dass er sich von den Kubanern losgesagt hatte, obwohl wir später erfuhren, dass diese Information (sowohl das angebliche Treffen als auch das Militärpersonal) falsch war. Der Teil des Plans, der den Obersten Gerichtshof betraf (die Verfassungsgebende Versammlung für unrechtmäßig zu erklären), war immer noch nicht umgesetzt, aber andere Teile schienen sich zu fügen. Ich war so weit, zum Weißen Haus aufzubrechen, und ging etwas früher als sonst, in Erwartung eines Tages voller Unruhe. Als ich den West Wing erreichte, befanden sich Guaidó und López auf dem Luftwaffenstützpunkt La Carlota im Zentrum von Caracas, der angeblich zur Opposition übergelaufen war. Guaidó twitterte eine Videobotschaft, in der er den Beginn der »Operation Freiheit« ankündigte und das Militär zum Überlaufen sowie Zivilisten zu Protesten auf den Straßen aufforderte. Bald darauf erfuhren wir jedoch, dass die Informationen über den Luftwaffenstützpunkt La Carlota ungenau waren und dass Guaidó und López sich niemals tatsächlich auf dem Stützpunkt befunden hatten. Darüber hinaus stellten sich innerhalb weniger Stunden Berichte, wonach Militäreinheiten, die Guaidó unterstützten, zumindest einige Radio- und Fernsehsender erobert hatten, als unwahr heraus.

Verwirrende und widersprüchliche Berichte dauerten den ganzen Vormittag über an, ein »Nebel des Krieges«, ein übliches Phänomen bei dieser Art von Ereignissen, aber es wurde immer deutlicher, dass der endlos diskutierte Plan zwischen der Opposition und den Schlüsselfiguren des Regimes auseinandergefallen war. Die ersten Berichte des Nachrichtendienstes trafen erst gegen 6.16 Uhr ein. Wir hörten, dass die Mitglieder des Obersten Gerichtshofs von Moreno vorgeladen worden waren, um die ihnen zugewiesene Rolle zu spielen, was wiederum Padrinos Eingreifen auslösen sollte. Es stellte sich jedoch heraus, dass die Richter den Anweisungen nicht Folge leisteten. Am Nachmittag war meine Einschätzung, dass hochrangige zivile und militärische Führer des Regimes, mit denen die Opposition verhandelt hatte, wie z.B. Moreno, alle vor den Maßnahmen zurückschreckten, weil sie der Meinung waren, dass sie zu früh eingeleitet worden waren. General Cristopher Figuera sagte, dass er Padrino persönlich auf die Beschleunigung des Zeitplans aufmerksam gemacht habe, aber ihm war klar, dass Padrino wegen der Planänderung nervös war.[58] Der Zeitplan wurde nur beschleunigt, weil die Kubaner am Montagabend wahrscheinlich Wind von der Verschwörung bekommen hatten, was die Beteiligten auf der Oppositionsseite dazu motivierte, abseits der vereinbarten Abfolge voranzuschreiten. Alle Beweise zeigten nach meiner Einschätzung, wer in Venezuela wirklich das Sagen hatte, nämlich die Kubaner, die Maduro informiert hatten. Als sich in den höchsten Ebenen des Regimes die Nachricht verbreitete, dass die Geheimhaltung des Plans verletzt worden war, wurde der Präsident des Obersten Gerichtshofs Moreno zunehmend nervös, was dazu führte, dass es ihm nicht gelang, die Verfassungsgebende Versammlung Maduros wie geplant durch sein Gericht delegitimieren zu lassen, was den hochrangigen Militärführern Angst einjagte. Da ihnen die »verfassungsmäßige« Deckung fehlte, zögerten sie, und die Freilassung von López am Dienstagmorgen verstärkte das Unbehagen der hochrangigen Militärverschwörer nur noch weiter. Ich dachte, dass diese Generäle vielleicht nie vorhatten, überzulaufen, oder zumindest ihre Wetten so weit abgesichert hatten, dass sie am Dienstag in beide Richtungen springen konnten, je nachdem, wie die Ereignisse verliefen.

In revolutionären Situationen läuft nie etwas wie geplant, und Improvisation kann manchmal den Unterschied zwischen Erfolg und Misserfolg ausmachen. Aber an diesem Tag in Venezuela brachen die Dinge auseinander. Wir waren sicherlich frustriert, vor allem, weil wir in Washington waren, weit entfernt von dem, was vor sich ging, und meist nicht in der Lage, über Ereignisse in Echtzeit Bescheid zu wissen. Wie wir später von den Oppositionsführern erfuhren, beschlossen López und Guaidó, nachdem Cristopher Figuera López aus dem Hausarrest entlassen hatte, weiterzumachen, in der Hoffnung, dass wichtige Regimevertreter sich auf ihre Seite schlagen würden. Die Geschichte wird verzeichnen, dass sie sich geirrt haben, aber sie waren nicht unvernünftig in dem Glauben, dass sie das Spiel nun auch zu Ende spielen sollten. Cristopher Figuera suchte später in einer Botschaft in Caracas Zuflucht, da er durch das Maduro-Regime um sein Leben fürchtete, und flüchtete daraufhin nach Kolumbien; seine Frau und die Ehefrauen vieler anderer hoher Maduro-Funktionäre hatten Venezuela zuvor in Richtung der Vereinigten Staaten und anderer, sichererer Orte verlassen.

Ich hatte mit der Frage gerungen, wann ich Trump wecken sollte, und beschloss, dies zu tun, nachdem ich im Weißen Haus angekommen war und schnell alle verfügbaren Informationen durchgesehen hatte. Ich rief ihn um 6.07 Uhr an und weckte ihn damit zum ersten Mal in meiner Amtszeit als Nationaler Sicherheitsberater. Ich weiß nicht, ob Flynn oder McMaster dies jemals getan haben. Trump war sehr schläfrig, aber als ich ihm sagte, was wir wussten, sagte er nur: »Wow.« Ich betonte, dass das Ergebnis alles andere als sicher sei. Der Tag könnte mit Maduro im Gefängnis enden, mit Guaidó im Gefängnis oder mit allem, was dazwischenliegt. Ich rief Pence um 6.22 Uhr an und übermittelte ihm dieselbe Nachricht, und dann rief ich andere Mitglieder des Nationalen Sicherheitsrates und wichtige Führungspersönlichkeiten des Kongresses an, in dem die Unterstützung von Republikanern und Demokraten für unsere harte Linie in Venezuela fast einheitlich war. Den ganzen Tag über telefonierten Pompeo und ich ständig mit ausländischen Regierungen, erzählten ihnen, was wir wussten, und warben um ihre Unterstützung für einen Kampf, dessen Dauer wir noch immer nicht vorhersagen konnten.

Niemand sagte Maduro, dass es an der Zeit sei zu gehen, wie es im Plan der Opposition vorgesehen war, aber es gab keinen Zweifel daran, dass ihn die Rebellion trotz aller Überwachung durch sein Regime überraschte. Maduro wurde schnell nach Fuerte Tiuna, einem militärischen Hauptquartier in der Nähe von Caracas, gebracht, wo er mehrere Tage lang unter strengster Bewachung gehalten wurde.[59] Ob dies geschah, um Maduro zu schützen oder ihn an seiner Flucht aus Venezuela zu hindern, oder eine Kombination beider Motive, war damals umstritten und ist bis heute unklar. (Die Kubaner hatten guten Grund, um Maduro besorgt zu sein; Pompeo sagte später öffentlich, dass wir glaubten, dass er an diesem Tag kurz vor seiner Flucht aus Venezuela stand.)[60] Padrino war Berichten zufolge auch die meiste Zeit des Tages in Tiuna, so die Opposition. Aber was auch immer die Gründe dafür waren, die Kubaner und die führenden Persönlichkeiten des Regimes waren zweifellos sehr besorgt über das, was sie sahen, was bezeichnend für ihre eigenen Fehleinschätzungen der Unterstützung für Maduro und das Regime innerhalb Venezuelas ist.[61]

Meine Sorge war nun, dass der gescheiterte Aufstand Massenverhaftungen der Opposition und das mögliche Blutbad, das wir seit Januar befürchtet hatten, auslösen würde. Aber diese Worst-Case-Szenarien fanden an diesem Tag und in dieser Nacht nicht statt, ebenso wenig wie in den Wochen und Monaten danach. Der wahrscheinlichste Grund dafür ist, dass Maduro und seine Kumpane genau wussten, dass ein hartes Durchgreifen schließlich das Militär und sogar seine höchsten Offiziere dazu veranlassen könnte, gegen das Regime vorzugehen. Weder Maduro noch seine kubanischen Handlanger waren bereit, dies zu riskieren, und das gilt auch heute noch.

Am 1. Mai habe ich eine Sitzung des Hauptausschusses des Nationalen Sicherheitsrates anberaumt, um zu besprechen, was zu tun sei. Jeder hatte Vorschläge, von denen wir viele annahmen, und wieder einmal stellte sich die Frage, warum wir sie nicht alle und noch mehr im Januar befolgt hatten. Jetzt wurden die Auswirkungen des bürokratischen Hin und Her deutlich und der Mangel an Konstanz und Entschlossenheit im Oval Office allzu offensichtlich. Obwohl die Parteien im Wesentlichen dort wieder auftauchten, wo sie vor den Turbulenzen vom 30. April gewesen waren, gab es keine Möglichkeit, so zu tun, als wäre dies etwas anderes als eine Niederlage der Opposition. Sie hatten einen Spielzug gemacht, aber kein Tor geschossen, und in einer Diktatur war das nie eine gute Nachricht. Aber die Tatsache, dass ein Spielzug erfolglos geblieben war, bedeutete nicht, dass das Spiel verloren war, trotz der spürbaren Enttäuschung auf unserer Seite. Die Aufgabe der Opposition bestand nun darin, sich aufzurichten, abzustauben und wieder in Bewegung zu setzen.

Eine unmittelbare Folge davon war, dass die zuvor geplanten Massendemonstrationen von Guaidó am 1. Mai zwar weit größer waren als die Gegendemonstrationen des Regimes, aber nicht annähernd so groß, wie sie hätten sein können. Viele Bürgerinnen und Bürger, die offensichtlich unsicher waren, wie das Regime reagieren würde, hatten Angst, auf die Straße zu gehen, obwohl Fernsehbilder aus Caracas zeigten, wie junge Männer und Frauen aus der Opposition sich in den Kampf warfen und gepanzerte Polizeifahrzeuge angriffen, die versuchten, die Demonstranten zurückzuhalten. Guaidó hielt den ganzen Tag über öffentliche Reden und rief zu kontinuierlichen Protesten und Streiks der Gewerkschaften des öffentlichen Dienstes auf, die er mit einigem Erfolg überredet hatte, sich von ihrer langjährigen Unterstützung für die Bewegung der Chávez-Anhänger hinter Maduro zu lösen. Die erbärmliche Wirtschaftslage bedeutete, dass selbst Regierungsangestellte wussten, dass es eine große Veränderung geben musste, bevor die Dinge besser würden. Maduro hingegen blieb unsichtbar, kam nicht an die Öffentlichkeit, versteckte sich wahrscheinlich in Fort Tiuna und legte Berichten zufolge den Grundstein für groß angelegte Verhaftungen, die von der Opposition und der Öffentlichkeit befürchtet wurden, die aber glücklicherweise nie stattfanden.

Eine unnötige negative Entwicklung war die Entscheidung von Trump, Putin am 23. Mai anzurufen, vor allem zu anderen Themen, aber am Ende auch zu Venezuela. Es war eine brillante Darbietung sowjetischer Propaganda von Putin, von der ich dachte, dass sie Trump weitgehend überzeugt hat. Putin sagte, unsere Unterstützung für Guaidó habe die Unterstützung für Maduro gefestigt, was völlig losgelöst von der Realität war, ebenso wie seine fiktive Behauptung, dass die Kundgebungen Maduros am 1. Mai größer gewesen seien als die der Opposition. In einer Weise, die auf Trump garantiert Eindruck machte, charakterisierte Putin Guaidó als jemanden, der sich selbst proklamierte, aber ohne wirkliche Unterstützung, ähnlich wie Hillary Clinton, wenn sie sich entscheiden würde, sich selbst zur Präsidentin zu erklären. Diese Orwellsche Linie setzte sich fort, indem Putin bestritt, dass Russland eine wirkliche Rolle bei den Ereignissen in Venezuela gespielt habe. Russland hatte, wie Putin zugab, zehn Jahre zuvor unter Chávez Waffen an Venezuela verkauft und die Verantwortung für Reparatur und Wartung gemäß dem damals unterzeichneten Vertrag beibehalten, aber nicht mehr als das. Er sagte, dass Cristopher Figuera (obwohl er nicht seinen Namen, sondern seinen Titel benutzte) wahrscheinlich unser Agent sei und uns Aufschluss darüber geben könnte. Was für ein Komiker! Putin hätte durch dieses Telefonat leicht denken können, er habe in Venezuela freie Hand. Kurz danach teilte uns das Finanzministerium mit, dass Trump mit Mnuchin gesprochen hatte, der glücklicherweise zu dem Schluss kam, dass Trump es ruhig angehen wollte mit weiteren Sanktionen gegen Venezuela.

In den nächsten Monaten verschlechterte sich Venezuelas Wirtschaft und setzte damit den zwanzigjährigen Niedergang unter Chávez und Maduro fort. Der Präsident des Internationalen Komitees des Roten Kreuzes sagte mir nach seinem Besuch in Venezuela, er habe seit seiner letzten Reise nach Nordkorea keine Krankenhäuser in einem solchen Zustand gesehen. Die Verhandlungen zwischen der Opposition und Schlüsselfiguren des Regimes wurden wieder aufgenommen. Die Fortschritte waren unterschiedlich, und es gab lange Zeiträume, in denen die Verhandlungen festgefahren schienen. Nach dem Misserfolg vom 30. April bemühte sich die Opposition, eine neue Strategie zu finden, mit gemischtem Erfolg. Ein potenziell attraktiver Weg wäre es, den Wettbewerb innerhalb des Regimes zu schüren, um Maduro zu stürzen. Wenn es gelingen würde, diese Skorpione in einer Flasche tödlich aufeinandertreffen zu lassen und dies zum Sturz Maduros führen würde, könnte dies, selbst wenn »das Regime« bestehen bliebe, die Instabilität erhöhen und die Machtkämpfe verschärfen, was der Opposition mehr Handlungsmöglichkeiten bieten würde. Die venezolanisch-amerikanische Gemeinschaft Floridas, die durch das Ergebnis deprimiert war, erholte sich schnell wieder, da es weiterhin unumgänglich war, die Unterdrückung ihrer Freunde und Familien zu beenden. Und US-Politiker von Trump abwärts erkannten, dass die venezolanisch-amerikanischen Wähler, ganz zu schweigen von den kubanischen und nicaraguanischen Amerikanern, die in Florida und anderswo entscheidend waren, die Kandidaten nach ihrer Unterstützung für die Opposition beurteilen würden.

Doch der grundlegende Stillstand in Venezuela hielt an. Keine Seite konnte die andere zu Fall bringen. Es wäre immer noch ein Fehler zu sagen, wie es viele Kommentatoren getan haben, dass das Militär Maduro treu blieb. Das Militär blieb in den Kasernen, was dem Regime schlussendlich zweifellos zugutekommt. Dennoch bedeutet das meiner Meinung nach nicht, dass die überwiegende Zahl der Nachwuchsoffiziere und Angeworbenen irgendein Gefühl der Loyalität gegenüber einem Regime empfinden, das das Land verwüstet hat, in dem sich die wirtschaftlichen Bedingungen von Tag zu Tag weiter verschlechtern. Stattdessen sind meiner Ansicht nach die höheren Offiziere der Armee mit ziemlicher Sicherheit noch mehr über den Zusammenhalt der Streitkräfte als Institution besorgt. Ein Befehl zur Unterdrückung der Opposition könnte zu einem Bürgerkrieg führen, wobei die meisten regulären Militäreinheiten die Opposition wahrscheinlich unterstützen würden, gegen die verschiedenen Formen von Geheimpolizei, Milizen und *Colectivos*, welche von den Kubanern gelenkt werden. Ein solcher Konflikt ist eine der seltenen Entwicklungen, die die Dinge tatsächlich schlimmer machen könnten, als sie es in Venezuela bereits sind. Aber genau aus diesem Grund ist das Militär unter den richtigen Umständen immer noch sehr wohl in der Lage, das Regime und nicht nur Maduro zu stürzen und eine Rückkehr zur Demokratie zu ermöglichen.

Was jetzt in erster Linie der Befreiung Venezuelas im Wege steht, ist die kubanische Präsenz, die durch russische Finanzmittel erheblich unterstützt wird. Wenn die kubanischen Militär- und Geheimdienstnetzwerke das Land verlassen würden, wäre das Maduro-Regime in ernsthaften, wahrscheinlich tödlichen Schwierigkeiten. Jeder versteht diese Realität, insbesondere Maduro, von dem viele glauben, dass er seine Position als Präsident der kubanischen Einmischung in den Kampf um die Kontrolle nach dem Tod von Chávez verdankt.[62] Rückblickend ist mir klar, dass Havanna Maduro als den formbarsten der führenden Kandidaten angesehen hat, und die Zeit hat diese These bestätigt.

Am Ende jenes letzten Tages im April 2019 brachten zwei Jahrzehnte gegenseitigen Misstrauens, die Feigheit mehrerer Regimeführer, die sich zum Handeln verpflichtet, aber im kritischen Augenblick die Nerven verloren hatten, einige taktische Fehler der unerfahrenen Opposition, das Fehlen jeglicher US-Berater vor Ort, die vielleicht, und ich betone »vielleicht«, dazu beigetragen hätten, einen Unterschied zu machen, und der kalte, zynische Druck der Kubaner und der Russen den versuchten Aufstand am Tag seines Beginns zum Stillstand. Ich legte all dies damals dar, in der Hoffnung, sowohl die Bemühungen der Opposition fortzusetzen als auch die historische Bilanz deutlich zu machen.[63] Anschuldigungen nach einem Scheitern sind unvermeidlich, und es gab viele, auch direkt von Trump.

Aber täuschen Sie sich nicht: Dieser Aufstand kam einem Erfolg sehr nahe. Anderes zu glauben, ignoriert die Realität, die in den kommenden Jahren, wenn weitere Informationen ans Licht kommen, nur noch deutlicher werden wird. Auch nach dem Scheitern vom 30. April lehnte sich die Opposition weiterhin auf, und die amerikanische Politik sollte sie weiterhin unterstützen. Wie Mitch McConnell Anfang Mai zu mir sagte: »Geben Sie nicht nach.« Alle Anerkennung gebührt denen, die in Venezuela ihr Leben riskiert haben, um ihre Landsleute zu befreien, und Schande über diejenigen, die sie infrage stellten. Venezuela wird frei sein.

KAPITEL 10

DONNER AUS CHINA

Die wirtschaftlichen und geopolitischen Beziehungen Amerikas zu China werden die Gestalt der internationalen Angelegenheiten im 21. Jahrhundert bestimmen. Deng Xiaopings Entscheidung, die chinesische Wirtschaftspolitik vom orthodoxen Marxismus loszulösen, was 1978 seinen Anfang nahm, und die Entscheidung der USA aus dem Jahr 1979, die Volksrepublik China völkerrechtlich anzuerkennen (und der Republik China auf Taiwan die Anerkennung zu entziehen), waren kritische Wendepunkte. Die Geschichte dieser Entscheidungen und ihrer Folgen ist komplex, aber die Strategie der USA und des Westens im weiteren Sinne sowie die »informierte« öffentliche Meinung für die nächsten Jahrzehnte beruhten auf zwei Grundvoraussetzungen: Erstens glaubten diejenigen, die diese Entwicklungen unterstützten, dass China durch den steigenden Wohlstand, der durch eine marktorientierte Politik, größere Auslandsinvestitionen, immer tiefere Verflechtungen mit den globalen Märkten und eine breitere Akzeptanz internationaler Wirtschaftsnormen entstehen würde, irreversibel verändert würde. Man ging davon aus, dass China »einen friedlichen Aufstieg« genießen und ein »verantwortungsbewusster Interessenvertreter« oder »konstruktiver Partner« in internationalen Angelegenheiten sein würde.[1] Die Aufnahme Chinas in die Welthandelsorganisation im Jahr 2001 war die Apotheose dieser Einschätzung.

Zweitens argumentierten die Befürworter der wohlwollenden Haltung gegenüber Chinas Aufstieg, dass fast zwangsläufig mit steigendem Volksvermögen Chinas auch die Demokratie wachsen müsse. Aufkommende

Muster freier Wahlen, die Beobachter in isolierten, lokalen Dorfwahlen im ländlichen China sahen, würden sich auf andere Orte ausbreiten, dann auf die Provinzebene und schließlich auf die nationale Ebene steigen. Es bestehe eine starke Korrelation zwischen dem Wachstum der wirtschaftlichen Freiheit und dem Entstehen echter Mittelschichten einerseits und der politischen Freiheit und Demokratie andererseits. Dann, wenn China demokratischer würde, würden die Konsequenzen der Theorie des »demokratischen Friedens« zum Tragen kommen: China würde sich dem Wettbewerb um regionale oder globale Hegemonie entziehen, die Welt würde dadurch der »Thukydides-Falle« entgehen, und das Risiko internationaler Konflikte, ob heiß oder kalt, würde zurückgehen.

Aber beide Ansichten waren grundlegend falsch. In der Wirtschaft hat China nach seinem Beitritt zur Welthandelsorganisation genau das Gegenteil von dem getan, was vorhergesagt wurde. Anstatt sich an bestehende Normen zu halten, setzte China die Organisation aufs Spiel und verfolgte in einem angeblich freihandelspolitischen Gremium erfolgreich eine merkantilistische Politik. Auf internationaler Ebene stahl China geistiges Eigentum, erzwang Technologietransfers von ausländischen Investoren und Unternehmen und diskriminierte sie, betrieb korrupte Praktiken und »Schuldendiplomatie« durch Instrumente wie die »One Belt, One Road«-Initiative und führte seine heimische Wirtschaft weiterhin auf statische, autoritäre Weise. Amerika war das Hauptziel dieser »strukturellen« Aspekte der chinesischen Politik, aber auch Europa, Japan und praktisch alle industriellen Demokratien sowie andere, die weder das eine noch das andere sind, aber dennoch Opfer waren. Darüber hinaus suchte China politisch-militärische Vorteile aus seiner wirtschaftlichen Tätigkeit, die freie Marktgesellschaften einfach nicht in Betracht ziehen. Es tat dies durch angeblich in Privatbesitz befindliche Unternehmen, die in Wirklichkeit Werkzeuge von Chinas Militär und Geheimdiensten sind,[2] indem es seine zivilen und militärischen Machtzentren miteinander verschmolz[3] und indem es einen aggressiven Cyber-Krieg führte, der auf ausländische Privatinteressen ebenso oder stärker abzielte als auf Regierungsgeheimnisse.

Politisch begann China, sich von einer Demokratie wegzubewegen, nicht auf sie zuzugehen. In Xi Jinping hat China nun seinen mächtigsten

Führer und die am stärksten zentralisierte Regierungskontrolle seit Mao Tse-tung. Jeder Diktator muss seine Chancen nutzen, daher sind interne Meinungsverschiedenheiten innerhalb einer allmächtigen kommunistischen Parteistruktur kaum ein Beweis für demokratische »grüne Triebe«. Wenn ein weiterer Beweis notwendig ist, dann haben die Bürger Hongkongs ihn erbracht, da sie das Versprechen »ein Land, zwei Systeme« in existenzieller Gefahr sehen. Die ethnische (Uiguren und Tibeter) und religiöse (Katholiken und Falun Gong) Verfolgung in massivem Ausmaß dauert an. In ganz China schließlich bietet Pekings Anwendung von »Sozialkredit«-Maßnahmen zur Einstufung seiner Bürger[4] die erschreckende Vision einer Zukunft, die in amerikanischen Augen kaum frei erscheint.

Wie ich vor meinem Eintritt in die Trump-Regierung in Reden und Artikeln wiederholt gesagt habe, haben sich Chinas militärische Fähigkeiten ständig erweitert: die Schaffung eines der weltbesten offensiven Cyber-Kriegsführungsprogramme; der Aufbau einer Hochseemarine zum ersten Mal seit fünfhundert Jahren; die Erweiterung seines Arsenals an Atomwaffen und ballistischen Raketen, einschließlich eines ernsthaften Programms für von U-Booten gestartete, nuklearfähige Raketen; die Entwicklung von Anti-Satelliten-Waffen, um die weltraumgestützten Sensoren der USA zu blenden; die Entwicklung von Anti-Zugangs- und Gebietsverweigerungswaffen, um unsere Marine von der asiatischen Küste zurückzudrängen; die Reform und Modernisierung der konventionellen Kriegsführungsfähigkeiten der Volksbefreiungsarmee und vieles mehr. Ich beobachtete Chinas Transformation im Laufe der Jahre und sah all dies als eine tiefe Bedrohung für die strategischen Interessen der USA und für unsere Freunde und Verbündeten weltweit.[5] Die Obama-Regierung lehnte sich im Grunde genommen einfach zurück und sah zu.

Amerika hat nur langsam aus grundlegenden Fehlern gelernt, die vor Jahrzehnten gemacht wurden. Wir haben großen wirtschaftlichen und politischen Schaden erlitten, aber glücklicherweise ist das Spiel noch lange nicht vorbei. Während sich das Wissen verbreitet, dass China nicht nach »unseren« Regeln gespielt hat und wahrscheinlich auch nie spielen wird, sind wir immer noch in der Lage, wirksam zu reagieren. Dazu ist es unerlässlich, dass genügend Amerikaner die Art der Herausforderung Chinas erkennen und rechtzeitig handeln. Wenn dies geschieht, brauchen wir uns keine Sorgen zu machen. Wie der japanische Admiral Yamamoto Isoroku nach Pearl Harbor angeblich sagte: »Ich fürchte, alles, was wir getan haben, ist, einen schlafenden Riesen zu wecken und ihn zu einem schrecklichen Entschluss zu bewegen.«

Trump verkörpert in mancher Hinsicht die wachsende Besorgnis der USA über China. Er ehrt den elementaren Grundsatz, dass politisch-militärische Macht auf einer starken Wirtschaft beruht. Je stärker die Wirtschaft, desto größer ist die Fähigkeit, große Militär- und Geheimdienstbudgets zu unterhalten, um Amerikas weltweite Interessen zu schützen und mit mehreren potenziellen Regionalhegemonien zu konkurrieren. Trump sagt häufig ausdrücklich, dass es grundsätzlich richtig ist, Chinas ungerechtes Wirtschaftswachstum auf Kosten der USA zu stoppen, um China militärisch zu besiegen. Diese Ansichten haben in einem ansonsten bitter gespaltenen Washington dazu beigetragen, dass sich die Bedingungen der amerikanischen Debatte über diese Fragen erheblich verändert haben. Aber nachdem wir eine gewisse Vorstellung von Chinas Bedrohung verinnerlicht haben, ist die eigentliche Frage, was Trump tut. In diesem Punkt sind seine Berater intellektuell stark zersplittert. Die Regierung hat China-Freunde wie Mnuchin, eingefleischte Freihändler wie Kevin Hassett, Vorsitzender des Rates der Wirtschaftsberater, und Kudlow, und China-Falken wie Ross, Lighthizer und Navarro.

Ich hatte die aussichtsloseste Rolle von allen: Ich wollte die chinesische Handelspolitik in einen breiteren strategischen Rahmen für China einpassen. Wir hatten einen Slogan, einen guten, der eine »freie und offene indopazifische« Region (ungünstig mit »FOIP« abgekürzt) forderte.[6] Konzeptionell ist die Erweiterung des strategischen Umfelds auf Süd- und Südostasien wichtig, um zu zeigen, dass sich nicht alles um China dreht. Aber ein Autoaufkleber ist keine Strategie, und wir hatten Mühe, sie auszuarbeiten und zu vermeiden, in das schwarze Loch der chinesischen Handelsfragen hineingezogen zu werden, was nur allzu oft geschah. Und das ist, zumindest in zusammengefasster Form, der Punkt, dem wir uns als Nächstes zuwenden.

Als ich dem Weißen Haus beitrat, waren bereits seit einiger Zeit Handelsgespräche aller Art mit China im Gange. Trump näherte sich dem Handel und den Handelsdefiziten wie dem Lesen einer Unternehmensbilanz: Handelsdefizite bedeuteten, dass wir verloren, und Handelsüberschüsse bedeuteten, dass wir gewannen. Zölle würden die Importe verringern und die Staatseinnahmen erhöhen, was besser als das Gegenteil war. Tatsächlich spotten Verfechter des Freihandels – und ich zähle mich dazu, schon vor, aber auch während und nach meiner Zeit mit Trump – über derartige Argumente. Dennoch deuteten die Handelsdefizite oft auf andere Probleme hin, wie zum Beispiel die enormen Vorteile, die China aus dem Diebstahl geistigen Eigentums zog, wodurch es wiederum in die Lage versetzt wurde, erfolgreicher gegen genau die Firmen anzutreten, denen es das geistige Eigentum gestohlen hatte. Erschwerend kam hinzu, dass Peking seine Unternehmen subventionierte, um ihre Preise international zu senken. Ein erheblicher Rückgang der Arbeitsplätze in der US-Fertigung resultierte aus den niedrigeren Arbeitskosten der Produktion in China und anderen Entwicklungsländern. Es waren daher die Handelsdefizite als Symptome anderer Probleme, nicht als Probleme an sich, die mehr Aufmerksamkeit verlangten, ob Trump es nun ganz verstand oder nicht.

Inmitten von US-Handelsdelegationen, die nach Peking reisten, und chinesischen Delegationen, die nach Washington kamen, rief mich Ross Mitte April, in meiner zweiten Arbeitswoche, an, um über ZTE, eine chinesische Telekommunikationsfirma, zu sprechen. ZTE hatte massive Verstöße gegen unsere Sanktionen sowohl gegen den Iran als auch gegen Nordkorea begangen, war von der Justiz erfolgreich strafrechtlich verfolgt worden und operierte unter einem strafrechtlichen Erlass[7], der das Verhalten des Unternehmens überwachte und regulierte. Ein vom Gericht bestellter Beobachter, der den Erlass beaufsichtigte, hatte gerade über umfangreiche Verstöße berichtet, die zu erheblichen zusätzlichen Geldstrafen führen und ZTE vom US-Markt abschneiden konnten, wozu Ross bereit war. Ich betrachtete dies nicht als eine Handelsfrage, sondern als eine Angelegenheit der Strafverfolgung. Wäre ZTE ein US-amerikanisches Unternehmen gewesen, hätten wir sie fertiggemacht, und ich sah keinen Grund, mich zurückzuhalten, weil ZTE ein chinesisches Unternehmen war. Dennoch wollte das Außenministerium vermeiden, China zu beleidigen, daher wollte Ross wissen, wie es am nächsten Tag mit einer geplanten Ankündigung des Handelsministeriums weitergehen sollte. Ich sagte ihm, er solle fortfahren, was er auch tat.[8]

Innerhalb weniger Wochen war Trump jedoch mit der Entscheidung von Ross unzufrieden und wollte die von ihm vorgeschlagenen hohen Strafen ändern, wobei ihm Mnuchin schnell zustimmte. Ich war entsetzt, denn durch die Rücknahme dessen, was Ross China bereits gesagt hatte, untergrub Trump ihn (was, wie ich kurz erfuhr, Trumps Standardprozedur war) und vergab ZTE sein inakzeptables, kriminelles Verhalten. Trotzdem beschloss Trump, Xi Jinping anzurufen, nur wenige Stunden bevor er bekanntgab, dass sich die USA aus dem Atomabkommen mit dem Iran zurückziehen würden. Trump begann damit, sich über Chinas Handelspraktiken zu beschweren, die er für so unfair hielt, und sagte, China müsse mehr US-Agrarprodukte kaufen. Xi kam tatsächlich als Erster auf ZTE zu sprechen, und Trump nannte unsere Maßnahmen sehr stark, ja sogar hart. Er sagte, er habe Ross angewiesen, etwas für China auszuarbeiten. Xi antwortete, dass er Trump einen Gefallen schuldete, wenn dies getan würde, und Trump entgegnete sofort, dass er dies wegen Xi täte. Ich war fassungslos über die unerwiderte Art der Konzession und weil, wie Ross mir später erzählte, ZTE durch die verhängten Strafen fast zerstört worden war. Es wäre unerklärlich, die Entscheidung rückgängig zu machen. Dies war Politik aus einer Laune und einem persönlichen Impuls heraus.

Laune und Impuls setzten sich am Sonntag, dem 13. Mai, fort, als Trump twitterte:

> Der chinesische Präsident Xi und ich arbeiten zusammen, um der riesigen chinesischen Telefongesellschaft ZTE eine Möglichkeit zu geben, schnell wieder ins Geschäft zu kommen. In China sind zu viele Arbeitsplätze verloren gegangen. Das Handelsministerium wurde angewiesen, das zu erledigen!

Wann hatten wir damit angefangen, uns um Arbeitsplätze in China zu sorgen?

Am Montag hörte ich, dass Navarro versuchte, eine Gruppe verschiedener Leute ins Oval zu lotsen, um Trump zu sagen, was für eine schlechte Idee es sei, vor ZTE zurückzuweichen. Im Wesentlichen stimmte ich natürlich zu, aber dies war eine völlig chaotische Art, Politik zu machen. Unglücklicherweise wurden Handelsfragen innerhalb der Regierung vom ersten Tag an genau so gehandhabt. Ich versuchte, die Ordnung wiederherzustellen, indem ich einen Hauptausschuss organisierte. Leider waren die verschiedenen Wirtschaftsbehörden darüber verärgert, dass sie in einem vom Nationalen Sicherheitsrat geführten Prozess operieren sollten, was darauf hindeutete, dass dies bisher nur selten geschehen war. Sie alle wollten lieber ihr Glück beim bestehenden politischen Entscheidungsroulette versuchen, als der Prozessdisziplin zu folgen. Die einzige Schlussfolgerung, die sich in diesem Moment klar abzeichnete, war, dass die internationale Wirtschaftspolitik völlig unstrukturiert blieb, und es war unwahrscheinlich, dass sich dies ohne übermenschliche Anstrengungen ändern würde, ganz zu schweigen von einem Präsidenten, der einer solchen Veränderung zustimmte.

Tatsächlich war es Trumps bevorzugte Vorgehensweise, kleine Armeen von Menschen zusammenzubringen, entweder im Oval oder im Roosevelt Room, um all diese komplexen, kontroversen Themen zu erörtern. Immer und immer wieder die gleichen Themen. Ohne Lösung, oder noch schlimmer, mit einem Ergebnis an einem Tag und einem gegenteiligen Ergebnis ein paar Tage später. Bei der ganzen Sache bekam ich Kopfschmerzen. Selbst dort, wo es gelegentlich Bereiche gab, in denen man sich einig war, gab es keine Grundlage, von der aus eine umfassendere Politik entwickelt werden konnte. Zum Beispiel hatten die Wissenschaftler um Hassett die Auswirkungen der chinesischen Zölle im Falle des Ausbruchs eines offenen Handelskonflikts sorgfältig modelliert. Anhand von Hassetts Daten wurde deutlich, dass Zölle auf chinesische Exporte in die USA in Höhe von etwa 50 Milliarden Dollar, an denen Lighthizer arbeitete, den USA tatsächlich Vorteile bringen würden.[9] Trump hörte das und sagte: »Das ist der Grund, warum sie verhandeln werden.« Ob China ein Währungsmanipulator sei, war ebenfalls ein beliebtes Gesprächsthema, wobei Navarro darauf beharrte, dass es stimmte, und Mnuchin wiederum, dass es nicht stimmte. Ich habe auch versucht, zusammen mit dem Nationalen Wirtschaftsrat Prozessdisziplin in diesem Bereich zu schaffen, aber auch das scheiterte. Im Laufe der Zeit verbarg Trump nicht seine Ansicht (die von Chuck Schumer entschieden geteilt wurde), dass China seine Währung zum Zwecke des Handelsvorteils manipulierte, und sagte Mitte November zu Mnuchin: »Vor zwei Monaten war ich auf Ihrer Seite. Ich war mit Ihrer Analyse einverstanden, aber jetzt bin ich nicht mehr auf Ihrer Seite«. Es ging weiter und weiter. Und dann ging es noch weiter.

Ein Teil der Streitigkeiten entstand, weil sich Mnuchin in den frühen Tagen der Regierung in Handelsverhandlungen eingemischt hatte, obwohl die Rolle des Finanzministeriums in vorherigen Präsidentschaften stets weitaus geringer war als die des Handelsbeauftragten der Vereinigten Staaten oder des Handelsministers. Seine überdimensionierte Rolle war nicht nur institutionell ungewöhnlich, Mnuchins pro-chinesischer Eifer für den Handel war auch wirklich gefährlich. Von Zeit zu Zeit sah das sogar Trump. Bei einer Sitzung im Roosevelt Room am 22. Mai schrie Trump Mnuchin praktisch an: »Seien Sie kein Unterhändler für den Handel. Verfolgen Sie Bitcoin [wegen Betrugs]!« Mnuchin entgegnete, nicht weniger laut: »Wenn Sie mich nicht im Handel haben wollen, schön, dann wird Ihr Wirtschaftsteam alles ausführen, was Sie wollen.« Das bedeutete nicht unbedingt, dass der Handelsbeauftragte der Vereinigten Staaten seine traditionelle Rolle als Hauptverhandlungsführer wieder aufnehmen würde, denn Trump schlug auch bei Lighthizer zu: »Sie haben noch keinen einzigen Deal abgeschlossen!«

Was hatte der Prozess überhaupt für eine Bedeutung, wo doch Trump ohnehin eigenständig twitterte, so wie am 14. Mai:

> ZTE, die große chinesische Telefongesellschaft, kauft einen großen Prozentsatz der Einzelteile von US-Firmen. Dies spiegelt auch das größere Handelsabkommen wider, das wir mit China aushandeln, sowie meine persönliche Beziehung zu Präsident Xi.

Was sollte das alles? Noch schlimmer war die explizite Verknüpfung einer Strafverfolgungsangelegenheit mit einem Handelsabkommen, ganz zu schweigen von Trumps »persönlicher Beziehung« zu Xi. Für Xi kamen persönliche Beziehungen jeglicher Art seinen fortschreitenden chinesischen Interessen nicht in die Quere, so wie Putins persönliche Beziehungen seine fortschreitenden russischen Interessen nicht behinderten. Ich glaube nicht, dass Trump diesen Punkt jemals verstanden hat. Hier ging es nur um Trump und Xi. Auch in zahllosen anderen Episoden hatte er Schwierigkeiten, das Persönliche vom Offiziellen zu trennen.

Am 16. Mai schlug Trump erneut zu: »Die *Washington Post* und *CNN* haben typischerweise falsche Berichte über unsere Handelsverhandlungen mit China geschrieben. Mit ZTE ist nichts passiert, außer dass es sich um ein größeres Handelsabkommen handelt. Unser Land verliert jedes Jahr Hunderte von Milliarden Dollar mit China …« Diese fortgesetzte Verknüpfung von ZTE mit allgemeinen Handelsfragen war nicht nur für den Handel, sondern auch für die Justiz recht beunruhigend, die die Leistung von ZTE im Rahmen des Zustimmungserlasses immer noch überwachte. Natürlich sprach Trump zu diesem Zeitpunkt kaum noch mit Justizminister Sessions, geschweige denn, dass er seinen Rat in Betracht zog. Stattdessen schrieb Trump Xi persönliche handschriftliche Notizen, weshalb man im Büro des Rechtsberaters des Weißen Hauses die Wände hochging. Was Trump nun von ZTE wollte, war eine Milliardenstrafe. Das hört sich nach viel an, aber es war nichts als Kleingeld im Vergleich zur Schließung von ZTE – und das war es, was die Maßnahmen des Handelsministeriums dem Unternehmen antaten. Sie fiel auch etwas geringer aus als die Geldbuße, die ZTE ursprünglich gezahlt hatte, als der Erlass erstmals verhängt worden war.[10] Die Einigung, die Ross unter dem Druck des Oval Office aushandelte, wurde schließlich im Juni bekannt gegeben. Demnach hätte ZTE theoretisch einen unabhängigen Vorstand und einen ständigen externen Beobachter.[11] Die meisten Wirtschaftsbeobachter waren der Ansicht, Trump habe ZTE nicht nur eine Gnadenfrist, sondern ein neues Leben geschenkt. Und was haben wir im Gegenzug erhalten? Gute Frage.

Auf der anderen Seite war Trump immer mehr der Meinung, dass China versuchte, die Kongresswahlen 2018 gegen die Republikaner zu beeinflussen, und, was (für ihn) noch wichtiger war, dass es versuchte, auf seine

Niederlage im Jahr 2020 hinzuarbeiten. Auf beide Vermutungen gab es reichlich logische Hinweise, aus gutem Grund, wenn man sich die deutliche Erhöhung der US-Militärausgaben unter Trump und den Handelskrieg ansah. In unseren öffentlichen Erklärungen zu den Bemühungen der ausländischen Regierung, sich in die US-Wahlen einzumischen, haben wir uns zu Recht sowohl auf China als auch auf Russland bezogen. China versuchte auch, Trumps ursprünglichen Drang zu nutzen, Geschäfte zu seinem wirtschaftlichen Vorteil abzuschließen, in der Hoffnung, uns zu »Handelsabkommen« zu drängen, die nicht die strukturellen Probleme lösen würden, die die eigentliche Ursache für die wirtschaftlichen und politischen Streitigkeiten zwischen uns waren. Peking musste wissen, wie tief Trumps China-Berater gespalten waren, weil sie routinemäßig in den Medien darüber lesen konnten.

Wir betrachteten Chinas Bemühungen im Zusammenhang mit den Wahlen als Teil einer der weitreichendsten Operationen zur Einflussnahme, die je unternommen wurden, die weit über das hinausging, wovon Demokraten und Medien im Jahr 2016 wie besessen waren. Ohne parteipolitische Scheuklappen betrachtet, könnte China erheblich mehr Ressourcen für diese Bemühungen aufbringen als Russland. Die Sache war ernst und erforderte eine ernste Reaktion. Eine Antwort war eine vernünftige Überprüfung zur Aufhebung der Geheimhaltung von Informationen, was mit Sorgfalt und Umsicht durchgeführt werden musste, nicht um nachrichtendienstliche Quellen und Methoden zu gefährden, sondern um uns zu ermöglichen, dem amerikanischen Volk vor Augen zu führen, womit wir es zu tun hatten. Trump bezog sich öffentlich auf Chinas Bemühungen, als er im September 2018 vor dem UN-Sicherheitsrat sprach, aber die Presse schenkte ihm wenig Beachtung.[12]

Pence nutzte die Gelegenheit einer Rede am Hudson Institute, um die Art der Einflussnahme Chinas zu beschreiben, wobei er sowohl die neu freigegebenen Informationen als auch eine Vielzahl anderer Daten verwendete, die bereits öffentlich zugänglich waren.[13] Die Ausarbeitung des Redemanuskripts brachte schwierige Entscheidungen mit sich, denn es war offensichtlich, dass Trump nicht wollte, dass der Vizepräsident etwas sagte, das seiner geschätzten persönlichen Beziehung zu Xi schaden konnte. Ansonsten war er bereit, es mit Peking aufzunehmen, weil er sah, dass die chinesischen Bemühungen auf ihn persönlich abzielten. Unter vier Augen sagte Trump, dass sowohl China als auch Russland Bedrohungen darstellten, und ich wünschte, die Presse hätte das hören können. Er interessierte sich so sehr für den endgültigen Redeentwurf, dass Pence, Ayers und ich am Tag vor seiner Übergabe mit Trump in seinem kleinen Speisesaal saßen und mit ihm Zeile für Zeile durchgingen. Kurz gesagt, Trump wusste alles, was Pence sagen würde, und genehmigte es höchstpersönlich. Am nächsten Tag waren wir alle sehr erfreut über die Berichterstattung in der Presse. Pence sagte zu Ayers und mir, dass es »die mutigste Rede zu China aller Zeiten« gewesen sei, was ich für wahr halte. Als wir mit Trump über die Presseberichterstattung sprachen, gestand er freimütig: »Andere Präsidenten hielten es einfach nicht für angebracht, über Geld zu sprechen. Das ist alles, worüber ich sprechen kann.«

Angesichts der bevorstehenden Wahlen im November gab es kaum Fortschritte an der Handelsfront, und die Aufmerksamkeit richtete sich unweigerlich auf das G20-Treffen in Buenos Aires Ende des Monats, bei dem Xi und Trump persönlich zusammentreffen würden. Trump sah dies als das Treffen seiner Träume an, bei dem die beiden großen Jungs zusammenkamen, die Europäer beiseiteließen und das große Geschäft abschlossen. Was konnte schon schiefgehen? Aus Lighthizers Sicht eine Menge. Er war sehr beunruhigt darüber, wie viel Trump verraten würde, wenn er einmal von der Leine war. Am Tag nach der Wahl traf ich mich im Vorfeld des G20-Gipfels mehrfach mit dem chinesischen Staatsrat Yang Jiechi in Washington. Wir versammelten uns im Ward Room, der mit Teilnehmern überfüllt war, darunter auch Kushner, der mir am Wahltag gesagt hatte: »Der Präsident hat mich gebeten, mich stärker in der chinesischen Handelsfrage zu engagieren«, und ich bin sicher, dass das Dutzende andere hochrangige Beamte erfreute, die sich darum rissen, zum Thema China-Handel gehört zu werden.

Wie es bei dieser Art von Treffen mit hochrangigen chinesischen Beamten üblich war, las Yang sorgfältig aus einem vorbereiteten Text vor und sagte, dass das G20-Treffen die höchste Priorität in den Beziehungen habe. Wir diskutierten, wie das Treffen strukturiert werden sollte, und mein Beitrag zum Weltfrieden bestand darin, vorzuschlagen, dass Xi und Trump, jeweils von sieben Helfern begleitet, am 1. Dezember miteinander zu Abend essen sollten, was schließlich nach viel Hin und Her geschah. Der Handel war die oberste Priorität. Yang versicherte mir, China wolle strategisches Vertrauen und habe nicht die Absicht, die Vereinigten Staaten herauszufordern oder zu verdrängen. Sie wollten keinen Konflikt, keine Konfrontation, sondern Lösungen, bei denen beide Seiten gewannen. Das ging immer so weiter, aber das einzige Problem, das wir lösten, war die Regelung des Abendessens. Das war schon schwierig genug, wenn man bedenkt, wie viele andere auf der US-Seite sich in dieses Mega-Thema einbringen wollten.

Der 1. Dezember, ein Samstag, kam schnell in Buenos Aires, und das Abendessen mit Xi war der letzte Termin, bevor Trump nach Hause flog. Am späten Nachmittag trafen wir Trump zu einem letzten Briefing. Mnuchin hatte den ganzen Tag mit Liu He geackert, Chinas wirtschaftspolitischem Zaren und Top-Unterhändler in Handelsfragen, der weithin als die Nummer drei im Regime von Xi angesehen wird. Liu legte dar, was Xi seiner Erwartung nach beim Abendessen sagen würde, einschließlich der Frage, wie ein Handelsabkommen seiner Meinung nach strukturiert werden sollte. Mnuchin sagte im Großen und Ganzen, Trump solle es einfach akzeptieren. Steve war eben ein zäher Verhandlungspartner. Es war unklar, inwieweit Lighthizer beteiligt war, aber Navarro war überhaupt nicht beteiligt, und das Feuerwerk begann. (Russland und Nordkorea standen ebenfalls auf der Tagesordnung des Abendessens; wir kamen aber nie zu Russland und verbrachten weniger als zwei Minuten mit Korea. In vielerlei Hinsicht war ich erleichtert.)

Lighthizer sagte, er fände ein »Freihandelsabkommen« mit China fast selbstmörderisch, aber Mnuchin war berauscht von seinem Erfolg, China dazu bewegt zu haben, dem Kauf von mehr Sojabohnen, anderen landwirtschaftlichen Produkten und Mineralien zuzustimmen, so als wären wir ein Dritte-Welt-Rohstofflieferant für das Reich der Mitte.

Ich sagte, ich sei nicht der Ansicht, dass die Zahlen, um die es ging, die wirklichen Probleme darstellten. Dies war kein Handelsstreit, sondern ein Konflikt der Systeme. Die »strukturellen Fragen«, die wir gegenüber China ansprachen, waren keine Handelsstrategien, sondern ein grundlegend anderer Ansatz zur Organisation des Wirtschaftslebens. Über diese Fragen sollten Verhandlungen aufgenommen werden, damit wir sehen konnten, ob es China wirklich ernst damit meinte, sein Verhalten zu ändern (und ich glaubte das sicher nicht). Kudlow stimmte dem zu und nahm eine Position ein, die weiter von Mnuchin entfernt war als je zuvor, und Mnuchin reagierte nicht gerade gut darauf. Während der anschließenden Debatte schlug ich vor, alle chinesischen Waren und Dienstleistungen in Amerika zu verbieten, wenn sie ganz oder teilweise auf gestohlenem geistigem Eigentum beruhten. »Diese Idee gefällt mir«, sagte Trump, ganz im Gegensatz zu Mnuchin. Ich sagte, wir bräuchten zusätzliche gesetzgeberische Autorität, aber es sei eine Schlacht, die es wert war, geschlagen zu werden. Trump sagte erneut (tatsächlich mehrmals), dass ihm die Idee gefalle, also dachte ich, dass zumindest ein gewisser Fortschritt erzielt worden sei. Die Besprechung endete Minuten später, um 16.45 Uhr.

Das Abendessen begann um 17.45 Uhr, nach dem obligatorischen Fototermin mit dem Pressemob, und dauerte bis 20 Uhr. Xi leitete damit ein, Trump zu sagen, wie wunderbar er sei, und trug ganz schön dick auf. Xi ging beständig seine Karteikarten durch, die zweifellos bei der Vorausplanung für diesen Gipfel bis ins Detail abgesprochen worden waren. Bei uns dagegen improvisierte der Präsident, und niemand auf amerikanischer Seite wusste, was er von einer Minute auf die andere sagen würde. Ein Höhepunkt war, als Xi sagte, er wolle noch sechs weitere Jahre mit Trump zusammenarbeiten, und Trump antwortete, dass die Leute sagten, die verfassungsmäßige Begrenzung der Präsidentschaft auf zwei Amtszeiten solle für ihn aufgehoben werden. Mir waren keine derartigen Gerüchte bekannt. Da ich wusste, dass Xi in China tatsächlich »Präsident auf Lebenszeit« war, versuchte Trump, mit ihm zu konkurrieren. Später beim Abendessen meinte Xi, dass die USA zu viele Wahlen hätten, da er sich nicht auf jemand anderen als Trump einstellen wolle, der zustimmend nickte. (Tatsächlich sagte Xi in einem anschließenden Telefongespräch am 29. Dezember ausdrücklich, dass China hoffe, Trump werde durch eine Verfassungsänderung eine weitere Amtszeit erhalten, damit er länger bleiben könne.)

Xi bestritt die Idee, in einem »100-Jahre-Marathon«[14] die Weltherrschaft erlangen oder die USA ersetzen zu wollen, und sagte, dies sei nicht Chinas natürliche Strategie. Sie respektierten unsere Souveränität und unsere Interessen in Asien und wollten lediglich, dass die 1,4 Milliarden Chinesen ein besseres Leben führen können. Wie nett.

Xi ging schließlich zu Inhaltlichem über und erklärte, dass die Mitarbeiter auf beiden Seiten seit ihrem Telefonanruf vom 1. November hart gearbeitet und einen Konsens in den wichtigsten Wirtschaftsfragen erreicht hätten. Dann beschrieb er die Positionen Chinas, im Wesentlichen das, wozu Mnuchin vorher gedrängt hatte: Die USA würden Trumps bestehende Zölle zurücknehmen, es gäbe keine wettbewerbsorientierte Währungsmanipulation, und wir würden uns darauf einigen, keinen Cyber-Diebstahl zu begehen (wie rücksichtsvoll). Es gebe keine Gewinner in einem Handelskrieg, bemerkte Xi, deshalb sollten wir die derzeitigen Zölle abschaffen oder uns zumindest darauf einigen, dass es keine neuen Zölle geben würde. »Die Menschen erwarten das«, sagte Xi, und ich befürchtete in diesem Moment, dass Trump einfach zu allem, was Xi dargelegt hatte, ja sagen würde. Er war nicht allzu weit davon entfernt, da er das einseitige Zugeständnis anbot, dass die US-Zölle bei 10 Prozent bleiben würden, anstatt auf die angedrohten 25 Prozent zu steigen. Im Gegenzug verlangte Trump lediglich einige Erhöhungen bei den Käufen von landwirtschaftlichen Erzeugnissen (um die entscheidenden Wählerstimmen aus den Agrar-Bundesstaaten zu sichern). Wenn man sich darauf einigen konnte, würden alle Zölle gesenkt werden. Die Fragen zum geistigen Eigentum würden an einem nicht näher bezeichneten späteren Zeitpunkt ausgearbeitet werden. Es gäbe eine Verhandlungsfrist von neunzig Tagen, um alles zu erledigen. Es war atemberaubend. Dann fragte er Lighthizer, ob er etwas ausgelassen habe, und Lighthizer tat, was er konnte, um das Gespräch zurück in die Realität zu bringen, indem er sich auf die strukturellen Fragen konzentrierte und den von Mnuchin so geliebten chinesischen Vorschlag in der Luft zerriss.

Trump bat Xi außerdem, Chinas Exporte von Fentanyl zu reduzieren, einem tödlichen Opioid, das in ganz Amerika verheerenden Schaden anrichtete und ein politisch brisantes Thema war, wozu Xi sich bereit erklärte (später dann aber im Wesentlichen nichts tat). Trump forderte auch die Freilassung von Victor und Cynthia Liu, die China aufgrund von Anschuldigungen gegen ihren Vater, Liu Changming, der sich in den USA aufhielt, als Geiseln hielt. Xi entgegnete, als ob dies die Antwort wäre, dass die Lius doppelte US-amerikanische und chinesische Staatsbürger seien. Trump zuckte verächtlich mit den Schultern und ließ das Thema fallen. So viel zum Schutz der US-Bürger. Die Chinesen hofften wahrscheinlich, dass das Abendessen die ganze Nacht andauern würde.

Trump schloss mit der Aussage, dass Lighthizer für den Geschäftsabschluss verantwortlich sein würde und Kushner ebenfalls beteiligt wäre, woraufhin alle Chinesen auflebten und lächelten. Trump beschrieb Lighthizer und Navarro (dessen bloße Anwesenheit die Chinesen irritiert haben muss) als Falken, und Mnuchin und Kudlow als Tauben, und über Pompeo und mich sagte er: »Das Geld ist ihnen egal.« Schwer zu sagen, wie die Chinesen all das aufgefasst haben, aber Xi hat zumindest keine eigene Wertung für seine Seite des Tisches dargeboten. Die Verkleinerung von Mnuchins Rolle war die beste Nachricht des Tages. Am Ende, nachdem wir die Presseerklärungen diskutiert hatten, machten wir uns alle auf den Weg zu unseren jeweiligen Flughäfen. Später wurde das Abendessen immer als viel länger dargestellt, drei Stunden, dreieinhalb und schließlich »über vier Stunden«, wenn Trump seine Zuhörer mit den Triumphen erfreute, die er errungen hatte.

Zurück in Washington versammelten wir uns am Montag, dem 3. Dezember, im Oval, um die Ergebnisse zu bewerten. Trump war erfreut, glücklich über die Reaktion der weltweiten Aktienmärkte, und ihm gefiel nach wie vor meine Idee, chinesische Exporte auf der Grundlage von gestohlenem geistigem Eigentum der USA zu verbieten. Mnuchin kämpfte jedoch gegen seine neue Rolle an und fragte in Bezug auf die kommenden Verhandlungen: »Wer hat das Sagen?« Trump hielt an Lighthizer an der Spitze fest und sagte: »Ich sehe nicht, was daran falsch ist. Das Finanzministerium ist eine ganz andere Welt.« Er wollte Lighthizer: »Mnuchin sendet eine andere Art von Signal. Ich weiß nicht, warum Sie [Mnuchin] beteiligt sein wollen. Wissen Sie, wie Sie ihm [Lighthizer] helfen können? Bringen Sie den Dollar in Ordnung.« Und schon ging es los, Trump attackierte den Vorstand der US-Notenbank Powell – der ständig als Boxsack herhalten musste –, weil er die Zinsen zu hoch hielt. Dann wandte sich Trump an Lighthizer und sagte: »In dieser Sache will ich Ihre Haltung, nicht die von Steve. Verdoppeln oder verdreifachen Sie die Einkäufe von Agrar-Produkten ... Wenn wir nicht viel bekommen, vergessen Sie es. Wir werden wieder da landen, wo wir waren [und die Zölle erhöhen]. Das gefällt Schumer. In neunzig Tagen wird die Reaktion auf die Zölle schon viel besser sein.« Und die neuen Verhandlungsrunden begannen für das, was Trump mehr als einmal als »größten Deal der Geschichte« bezeichnete. »Nicht nur der größte Handels-Deal, sondern der größte Deal aller Zeiten.«

Die Verhandlungen wurden mit Amateurtheater im Oval Office, mit Trump und Liu He in den Hauptrollen, abgeschlossen, was live in den Nachrichten übertragen wurde. Mit der Zeit wurde der 1. März als Frist eindeutig unerreichbar, so dass Trump sie mit den Worten, es seien »wesentliche Fortschritte« erzielt worden, verstreichen ließ.[15] Ich fand, das war ein Zeichen der Schwäche, da es zeigte, dass ein Deal das war, was er wirklich wollte. Tatsächlich war die Neunzig-Tage-Frist natürlich immer illusorisch gewesen; es war unmöglich zu glauben, dass China in drei Monaten in den »strukturellen Fragen« nachgeben würde, nachdem es seine Praktiken über Jahrzehnte entwickelt hatte. Aber das entscheidende Spiel folgte im Mai, als die Chinesen mehrere Schlüsselelemente des sich abzeichnenden Abkommens nicht einhielten, darunter alle wichtigen »strukturellen Fragen«, die wirklich den Kern der Sache ausmachten. Damals war ich von der wachsenden Bedrohung des Iran in der Golfregion ganz eingenommen, aber ein Anruf von Lighthizer erregte meine Aufmerksamkeit. Dies war ein ernster Rückschlag für die Befürworter des Deals, was laut Lighthizer und Mnuchin darauf zurückzuführen war, dass Liu He und seine Verbündeten in Peking die Kontrolle über die Politik verloren hatten.

Am nächsten Morgen, dem 6. Mai, um acht Uhr kam Lighthizer in mein Büro, um die Situation zu besprechen. Er sagte, dass sich die Chinesen in der Woche zuvor in Peking bei bestimmten Verpflichtungen, die sie eingegangen waren, weitgehend zurückgezogen hätten, etwa bei der Änderung bestehender Vorschriften, der Aufhebung von Gesetzen und der Verabschiedung neuer Gesetze (z.B. zum Schutz des geistigen Eigentums) und ähnlichen konkreten Schritten, die zeigen würden, dass sie es mit den strukturellen Fragen ernst meinten. Ohne diese spezifischen Verpflichtungen blieben nur vage Absichtserklärungen übrig, die seit Jahren mit China immer ergebnislos geblieben waren. Liu He sagte, er habe lediglich eine optische »Neugewichtung« des Textes des Abkommensentwurfs vorgeschlagen, der viele Schritte aufzählte, die China unternehmen würde, aber nur sehr wenige von Seiten der Vereinigten Staaten (aus gutem Grund!). Die Gesamtwirkung sei eine Verwässerung dessen, was Peking tatsächlich tun müsse, und die Chinesen drängten nun auch auf viele andere wenig hilfreiche Überarbeitungen. Lighthizer sagte, dass sowohl er als auch Mnuchin zu dem Schluss gekommen seien, dass Liu die Kontrolle über die Verhandlungen verloren habe, was Liu ihrer Meinung nach in Peking tatsächlich zugegeben habe. Liu plante immer noch, Ende der Woche in Washington zu sein, nach dem Muster der Heim- und Auswärtstreffen, denen die Verhandlungsführer gefolgt waren, aber es war unklar, ob er etwas Neues oder anderes zu sagen haben würde.

Es bestand nun keine Aussicht auf eine Einigung in der von Mnuchin so bezeichneten »letzten Runde« von Gesprächen, zumal viele andere ernste Fragen ungelöst blieben. Trump hatte per Twitter mit neuen Zöllen gedroht, so dass es auch durchaus möglich war, dass Liu überhaupt nicht kommen würde. Später kündigte Lighthizer an, dass er die nächste Runde von Zollerhöhungen bekannt geben würde, die am Freitag in Kraft treten sollten und zu deren Durchsetzung Trump eindeutig bereit war. Liu kam mit nichts Neuem nach Washington, und die Gespräche in seinen Büros endeten vorzeitig. Es kam zu keinem Treffen zwischen Liu He und Trump. Der Handelskrieg dauerte an.

Trump sprach mit Xi Jinping am 18. Juni telefonisch vor dem G20-Gipfel 2019 in Osaka, wo sie das nächste Mal zusammentreffen würden. Trump sagte Xi Jinping zunächst, dass er ihn vermisse, und beteuerte dann, dass die beliebteste Sache, mit der er je zu tun gehabt habe, ein Handelsabkommen mit China sei, was politisch ein großes Plus darstellen würde. Sie vereinbarten, dass ihre Wirtschaftsteams sich weiterhin treffen könnten. Die bilateralen G20-Gespräche hatten begonnen, und während des üblichen Medienchaos zu Beginn sagte Trump: »Wir sind Freunde geworden. Die Reise nach Peking mit meiner Familie war eine der unglaublichsten meines Lebens.«[16]

Ohne Presse erklärte auch Xi, dies sei die wichtigste bilaterale Beziehung der Welt. Er sagte, dass einige (namenlose) politische Persönlichkeiten in den Vereinigten Staaten falsche Urteile fällten, indem sie einen neuen Kalten Krieg forderten, diesmal zwischen China und den Vereinigten Staaten. Ob Xi einige von uns meinte, die auf der amerikanischen Seite des Tisches saßen, oder mit dem Finger auf die Demokraten zeigen wollte, weiß ich nicht, aber Trump nahm sofort an, dass Xi die Demokraten meinte. Trump sagte zustimmend, dass es unter den Demokraten große Feindseligkeit gab. Dann richtete er das Gespräch auf die bevorstehenden US-Präsidentschaftswahlen, was verblüffend war, machte Anspielungen auf Chinas wirtschaftliche Fähigkeit, die laufenden Kampagnen zu beeinflussen, und bat Xi eindringlich darum, dafür zu sorgen, dass er gewinnen würde. Er betonte die Bedeutung der Farmer und der erhöhten chinesischen Einkäufe von Sojabohnen und Weizen für den Wahlausgang. Ich würde Trumps Äußerungen hier gerne im Wortlaut wiedergeben, aber im Überprüfungsprozess der Regierung vor der Veröffentlichung hat man sich dagegen entschieden.

Trump erwähnte dann das Scheitern der Verhandlungen im Mai und drängte China, zu den Positionen zurückzukehren, von denen es sich zurückgezogen hatte. Angesichts der in Buenos Aires diskutierten Untätigkeit Chinas in Bezug auf Fentanyl und die Inhaftierung kanadischer Geiseln (ganz zu schweigen von den amerikanischen Geiseln) drängte Trump darauf, dass beide Seiten dort anknüpfen sollten, wo sie im Mai aufgehört hatten, und die Verhandlungen fortsetzen sollten, um das aufregendste und größte Abkommen abzuschließen, das je abgeschlossen wurde. Wie aus dem Nichts verglich Xi in seiner Antwort die Auswirkungen eines ungleichen Abkommens mit uns mit der »Demütigung« des Versailler Vertrags, in dem die chinesische Provinz Shandong Deutschland weggenommen und an Japan gegeben worden war. Xi sagte ganz offen, dass, wenn China in unseren Handelsgesprächen dieselbe Demütigung erleiden würde, es in China einen Aufschwung patriotischer Gefühle geben würde, was implizit bedeutete, dass sich dieses Gefühl gegen die Vereinigten

Staaten richten würde. Trump hatte offensichtlich keine Ahnung, was Xi meinte, sagte aber, dass ein Vertrag von Nicht-Gleichgestellten nicht in Xis Natur liege. Da Geschichte für Trump ein sehr einfaches Thema war, nachdem sie einmal zur Sprache gebracht worden war, deutete er an, dass China den USA einen Gefallen schulde, weil wir Japan im Zweiten Weltkrieg besiegt hatten. Xi hielt uns dann einen Vortrag darüber, wie China 19 Jahre lang gekämpft hatte und hauptsächlich auf sich selbst gestellt war, um die japanischen Aggressoren zu besiegen. Natürlich war dies ebenso unsinnig; die chinesischen Kommunisten hatten den größten Teil des Krieges damit verbracht, sich vor Japan zu ducken und zu versuchen, die chinesischen Nationalisten zu unterminieren. Der Krieg fand sein Ende, weil wir Atombomben einsetzten, aber Xi rezitierte die Geschichte aus dem kommunistischen Katechismus, und auch das hat Trump nicht verstanden.

Gegen Ende der Handelsfrage schlug Trump vor, dass die USA für die verbleibenden 350 Milliarden Dollar an Handelsungleichgewichten (nach Trumps Arithmetik) keine Zölle erheben würden, aber er forderte erneut, Xi und China sollten so viele amerikanische Landwirtschaftsprodukte wie möglich kaufen. Dann würde man sehen, ob ein Abkommen möglich sei. Trump fragte Liu He, ob wir, ausgehend von dem Punkt, an dem wir vor dem Rückzug Chinas im Mai standen, einen Deal machen könnten. Liu sah aus wie das Kaninchen vor der Schlange, sprachlos, und wollte offensichtlich nicht antworten. Nach einer bedeutungsschwangeren Pause unterstrich Trump Lius peinliches Schweigen, indem er sagte, er habe ihn noch nie so still erlebt. Trump wandte sich an Xi und fragte ihn nach der Antwort, da er der Einzige sei, der den Mut habe, sie auszusprechen. Xi stimmte zu, dass wir die Handelsgespräche wieder aufnehmen sollten, begrüßte Trumps Zugeständnis, dass es keine neuen Zölle geben würde, und stimmte zu, dass die beiden Verhandlungsteams vorrangig die Gespräche über landwirtschaftliche Produkte wieder aufnehmen sollten. »Sie sind der größte chinesische Führer seit dreihundert Jahren«, jubelte Trump und verbesserte sich einige Minuten später: »der größte Führer in der chinesischen Geschichte«. Nach einer Diskussion über Nordkorea, die im Vorbeigehen geführt wurde, da Trump sich an diesem

Abend auf den Weg nach Seoul begeben würde, war die Handelsfrage abgeschlossen.

Xi wandte sich wieder den Liu-Kindern zu und erinnerte daran, dass über sie schon am 1. Dezember in Buenos Aires gesprochen worden war, wobei er sie als chinesische Staatsbürger bezeichnete (eigentlich waren sie doppelte US-amerikanisch-chinesische Staatsbürger). Erstaunlicherweise sagte er ganz beiläufig, es sei ihnen untersagt, China zu verlassen, um sie zur Kooperation bei einer Ermittlung wegen Geldwäsche gegen ihren Vater zu bewegen, und er argumentierte, dass die Lius durch ihre mangelnde Kooperation die nationale Sicherheit Chinas gefährdeten. Xi sagte dann pointiert, dass der 1. Dezember dieselbe Nacht sei, in der Meng Wanzhou, CFO von Huawei, in Kanada verhaftet worden war. Er kam zu dem vagen Schluss, dass beide Seiten in Kontakt bleiben könnten. Natürlich fiel es Xi dann ganz leicht, sich darüber zu beschweren, dass nicht genügend Visa für chinesische Studenten ausgestellt würden, die in die Vereinigten Staaten kommen wollten!

Die Handelsgespräche mit China wurden nach Osaka wieder aufgenommen, aber die Fortschritte waren vernachlässigbar. Trump schien geneigt zu sein, sich abzusichern, und twitterte am 30. Juli gegen den Rat von Mnuchin und Lighthizer:

> China geht es sehr schlecht, das schlimmste Jahr seit 27 Jahren – eigentlich sollten sie jetzt anfangen, unsere landwirtschaftlichen Produkte zu kaufen – es gibt keine Anzeichen dafür, dass sie das tun. Das ist das Problem mit China, sie halten einfach nicht Wort. Unsere Wirtschaft ist in den letzten 3 Jahren VIEL größer geworden als die chinesische Wirtschaft …
>
> … Mein Team verhandelt jetzt mit ihnen, aber sie ändern die Vereinbarung am Ende immer zu ihrem Vorteil. Sie sollten wahrscheinlich unsere Wahlen abwarten, um zu sehen, ob wir einen Demokraten wie Sleepy Joe [Biden] bekommen. Dann könnten sie einen TOLLEN Deal machen, wie in den vergangenen 30 Jahren, und weitermachen, …

> ... die USA abzuzocken, noch größer und besser als je zuvor. Das Problem dabei, dass sie warten, ist jedoch: Wenn ich gewinne, wird der Deal, den sie bekommen, viel härter sein als das, was wir jetzt aushandeln ... oder gar kein Deal. Wir haben alle Karten in der Hand, unsere früheren Staatschefs haben das nie verstanden!

Als die Verhandlungen weitergingen, gab es einfach keine Anzeichen für eine wirkliche Bewegung aus China. Nach einem weiteren Besuch von Lighthizer und Mnuchin in Peking erstatteten sie Trump am 1. August im Oval Bericht. Trump hatte nichts Gutes zu sagen und eröffnete mit den Worten: »Sie hätten nicht dort hinfahren sollen. Das lässt uns schwach aussehen.« Tatsächlich hatte er am Tag zuvor über mehr Zölle nachgedacht und mir mit einem Augenzwinkern und einem Lächeln gesagt: »Ich bin Ihnen viel ähnlicher, als Sie ahnen.« Trump war nun noch mehr davon überzeugt, dass China darauf wartete, wer 2020 gewinnen würde, und glaubte, »sie wollen, dass der Präsident verliert«. Trump sagte schließlich: »Ich will Zölle erheben. Die führen Sie an der Nase herum«, und wir wandten uns der Frage zu, ob auf weitere 350 Milliarden Dollar chinesischer Exporte in die Vereinigten Staaten Zölle erhoben werden sollten. Trump sagte zu Mnuchin: »Sie reden zu viel. Haben Sie keine Angst, Steve.« Lighthizer war aus irgendeinem Grund besorgt darüber, dass unser Handelskrieg mit China Europa schadete, was nur noch mehr Öl ins Feuer goss und den bekannten Trump-Refrain »Die EU ist schlimmer als China, nur kleiner« provozierte, während er beschloss, die nächste Runde von Zöllen über Peking zu verhängen, natürlich über Twitter:

> Unsere Vertreter sind gerade aus China zurückgekehrt, wo sie konstruktive Gespräche im Zusammenhang mit einem künftigen Handelsabkommen geführt haben. Wir dachten, wir hätten vor drei Monaten ein Abkommen mit China geschlossen, aber leider hat China beschlossen, das Abkommen vor der Unterzeichnung neu zu verhandeln. Kürzlich hat China zugestimmt, ...

> … den USA landwirtschaftliche Produkte in großen Mengen abzukaufen, was sie aber nicht getan haben. Außerdem hat mein Freund Präsident Xi gesagt, dass er den Verkauf von Fentanyl an die Vereinigten Staaten stoppen würde – dies ist nie geschehen, und viele Amerikaner sterben weiterhin! Die Handelsgespräche gehen weiter, und …

> … während der Gespräche werden die USA am 1. September damit beginnen, einen kleinen zusätzlichen Zoll von 10 % zu erheben auf die verbleibenden 300 Milliarden Dollar an Waren und Produkten, die aus China in unser Land kommen. Dies beinhaltet nicht die 250 Milliarden, die bereits mit 25 % verzollt sind …

> … Wir freuen uns darauf, unseren positiven Dialog mit China über ein umfassendes Handelsabkommen fortzusetzen, und glauben, dass die Zukunft zwischen unseren beiden Ländern sehr rosig sein wird!

Dies war eine gewaltige Entscheidung, die im Wirtschaftsteam von Trump große Ängste auslöste, was ziemlich genau der Stand der Dinge war, als ich am 10. September zurücktrat. Nachfolgende Verhandlungen führten zu einem »Deal«, der im Dezember bekannt gegeben wurde, was der Sache nach weniger war, als es den Anschein hatte.

Am 1. Dezember 2018, am selben Tag, an dem das ausgedehnte Abendessen zwischen Xi und Trump in Buenos Aires stattfand, verhafteten die kanadischen Behörden in Vancouver Meng Wanzhou, die CFO von Huawei, einem weiteren chinesischen Mega-Telekom-Unternehmen, was auch beim Treffen in Osaka erwähnt wurde. (Wir hatten am Freitag erfahren, dass die Verhaftung am Samstag erfolgen könnte, als Meng, die Tochter des Gründers von Huawei, in Kanada landete.) Da diese Verhaftung auf unseren Ermittlungen gegen Huawei wegen Finanzbetrugs basierte, u.a. weil massive Verletzungen unserer Iran-Sanktionen verschleiert worden waren, erschien sie mir unkompliziert. In Buenos Aires war, gelinde gesagt, viel los, und ich hatte genug gelernt, als ich Trump mit Erdoğan beobachtete, um zu verstehen, dass ich alle Fakten in der Hand haben musste, bevor ich Trump informierte.

Als sich die Auswirkungen der Verhaftung über die Medien verbreiteten, waren Chinas amerikanische Freunde jedoch zunehmend verärgert. Beim Weihnachtsessen im Weißen Haus am 7. Dezember erwähnte Trump die Verhaftung von Meng und ritt darauf herum, wie viel Druck dies auf China ausübte. Er sagte über den Tisch hinweg zu mir, wir hätten gerade »die Ivanka Trump Chinas« verhaftet. Ich war nur einen Atemzug davon entfernt, zu sagen: »Ich wusste gar nicht, dass Ivanka eine Spionin und Betrügerin ist«, aber mein automatischer Zungenbeiß-Mechanismus funktionierte gerade noch rechtzeitig. Welcher Wall-Street-Finanzier hatte Trump diesen Spruch eingegeben? Oder war es Kushner, der seit dem Übergang mit Henry Kissinger verbandelt war, wenn es um China-Fragen ging? Trump beschwerte sich darüber, dass Huawei Chinas größtes Telekommunikationsunternehmen sei. Ich sagte, Huawei sei kein Unternehmen, sondern ein Arm von Chinas Geheimdiensten,[17] was ihn in seinem Redefluss bremste. In Kombination mit dem, was Trump später während desselben Abendessens über die Uiguren sagte, konnte ich feststellen, dass wir uns jetzt in einem anderen Zyklus von Trumps Überlegungen zum Umgang mit China befanden. Ich fragte mich, was nötig sein würde, um ihn von der Beschwichtigungspolitik wegzubekommen und wieder zu seiner aggressiveren Haltung zurückzubringen, wie damals, als er Lighthizer die Führung bei den Handelsverhandlungen übertrug.

Trump verschlimmerte die Lage bei mehreren Gelegenheiten, indem er andeutete, dass Huawei auch einfach nur ein weiteres Tauschobjekt der USA in den Handelsgesprächen sein könnte, wobei er sowohl die Bedeutung des Strafverfahrens als auch die weitaus größere Bedrohung ignorierte, die Huawei für die Sicherheit der Telekommunikationssysteme der fünften Generation (oder 5G) weltweit darstellte. Das bewirkte das Phänomen des schwarzen Lochs im Handel, indem alle anderen Fragen um Trumps Faszination für ein großes Handelsabkommen aufgebaut wurden. Huawei warf schwerwiegende Fragen der nationalen Sicherheit auf, von denen wir viele in den öffentlichen Erklärungen nur andeuten konnten. Der Gedanke, dass dies lediglich ein Handelsköder war, entmutigte und verwirrte unsere Freunde gleichermaßen. Mnuchin war stets beunruhigt darüber, wie sich diese oder jene Strafverfolgung wegen

Hacking oder anderer Cyberkriminalität negativ auf die Handelsgespräche auswirken würde, was Trump manchmal einsah und manchmal nicht. Irgendwann sagte er zu Mnuchin: »Steve, die Chinesen sehen Angst in Ihren Augen. Deshalb möchte ich nicht, dass Sie mit ihnen verhandeln.« Und das waren die guten Tage. Es gab viel mehr, die nicht gut waren.

Als sich die Handelsgespräche fortsetzten, begannen wir mit der Ausarbeitung von Entwürfen für Exekutivbefehle zur Sicherung der US-Telekommunikationssysteme und der Informationstechnologie im Allgemeinen. Bei jedem Schritt auf diesem Weg mussten wir die angeblichen Auswirkungen auf die Handelsgespräche mit China widerlegen. Zuweilen betrachteten einige wirtschaftspolitische Beamte der Regierung Huawei nicht als Bedrohung, sondern nur als einen weiteren Konkurrenten, den wir Vertreter der nationalen Sicherheit mit protektionistischen Maßnahmen zu benachteiligen versuchten, um US-Unternehmen zu unterstützen.[18] Schützengraben für Schützengraben haben wir diesen Widerstand überwunden. In mehreren Sitzungen im Oval Office drängte ich darauf, Zhou Enlais Ermahnung aus dem Zweiten Weltkrieg zu folgen, der mit Chiang Kai-shek Verhandlungen führte, obwohl kommunistische und Kuomintang-Streitkräfte im bewaffneten Kampf gegeneinander standen, dass das Motto »Kämpfen, während man redet« lauten sollte. Wie konnte Xi Jinping dagegen sein, dass wir Zhous Ratschlag befolgten? Mnuchin war nicht überzeugt. Dennoch sagte Trump: »Ich widerspreche John nicht«, aber er hielt sich nur unbeständig und widerwillig daran. Wir beschlossen weiterhin wichtige Verteidigungsmaßnahmen, aber viel langsamer, als ratsam war. Und natürlich war Trump selbst weiterhin Teil des Problems und fragte Lighthizer einmal im April, ob wir in dem Handelsabkommen etwas über den Cyberkrieg sagen sollten. Diese Idee grenzte an Irrationalität, oder Schlimmeres, und sie verschwand schnell aus den offiziellen US-Kreisen, aber wohin konnte sie noch vordringen und zu unabsehbarem Unheil führen, wenn sie auf dem nächsten Treffen zwischen Xi und Trump wieder auftauchte?

Wir stießen international auf ähnliche Hindernisse, als wir versuchten, unsere Verbündeten vor der Bedrohung durch Huawei und andere staatlich kontrollierte chinesische Firmen zu warnen. Wir verbreiteten auch das Bewusstsein dafür, wie tückisch Chinas »One Belt, One Road«-Initiative war, die auf »Schuldendiplomatie« beruhte und Länder mit scheinbar vorteilhaften Kreditbedingungen lockte, um sie dann finanziell abhängig zu machen, woraus sich vor allem die Länder der Dritten Welt nicht befreien konnten. Im Dezember 2018 legte ich bei der Heritage Foundation die Afrika-Strategie der Regierung dar und betonte unsere Besorgnis über den unfairen Vorteil, den China vielen afrikanischen Nationen verschafft hatte. In Europa hatten viele Länder so viele Geschäfte mit Huawei gemacht, dass es ihnen schwerfiel, da wieder herauszukommen. Mit Großbritannien zum Beispiel waren die Gespräche sehr schwierig, obwohl sich die Haltungen dort deutlich änderten, als Johnson Premierminister wurde und ein neues Kabinett ernannte. Aber selbst dann ging es nur schleppend voran wegen der großen Abhängigkeit von Huawei, die Großbritannien über einen längeren Zeitraum aufgebaut hatte. Diese berechtigten Sorgen hätten uns dazu veranlassen sollen, uns darauf zu konzentrieren, schnell neue Marktteilnehmer auf die 5G-Märkte zu bringen, und nicht darauf, wie wir die Folgen einer weiteren Bevormundung von Huawei abmildern konnten.[19]

Japan vertrat eine harte Position.[20] Während des Staatsbesuchs von Trump im Mai hatte Abe festgestellt, China sei mittel- bis langfristig die größte strategische Herausforderung. Sie missachteten die etablierten Regeln und Ordnungen völlig. Ihre Versuche, den Status quo im Ost- und Südchinesischen Meer einseitig zu ändern, seien inakzeptabel. Abe ermutigte Trump, die amerikanisch-japanische Einheit gegen China aufrechtzuerhalten, und vieles mehr. Auf diese Weise solle ein strategischer Dialog mit einem engen Verbündeten geführt werden. Auch der australische Premierminister Scott Morrison sah die Sache klar und hatte von Huawei so ziemlich das gleiche Bild wie ich, und auch Neuseeland vertrat, überraschend zwar, aber erfreulicherweise eine harte Linie.[21]

Wir mussten zugeben, dass wir alle zu spät kamen, um das volle Ausmaß von Huaweis Strategie zu erkennen, aber das war keine Entschuldigung dafür, unsere früheren Fehler zu verschlimmern. Sogar während wir diese Fragen diskutierten, zeigte China seine Zähne und hielt unrechtmäßig kanadische Bürger in China fest, nur um zu zeigen, dass sie es konnten.[22] Kanada stand unter großem innenpolitischen Druck, dem Trudeau nur schwer widerstehen konnte. Der ehemalige Premierminister Jean Chrétien, der nie ein Freund der USA gewesen war, argumentierte, dass sich Kanada einfach nicht an unseren Auslieferungsvertrag halten solle.[23] Pence, Pompeo und ich forderten Kanada auf, standhaft zu bleiben und betonten, dass wir sie auf jede erdenkliche Weise unterstützen würden, auch indem wir die schlechte Behandlung kanadischer Bürger gegenüber China direkt zur Sprache bringen würden. Wie wir betonten, war dieses Verhalten für China typisch, auch wenn einige Menschen seinen »friedlichen Aufstieg« als »verantwortungsbewusster Interessensvertreter« weiterhin lobten. Wie würde sich China verhalten, wenn wir zuließen, dass es dominierte? Dies ist eine nationale Sicherheitsdebatte, die bis weit in die Zukunft andauern wird. Sie mit Handelsfragen zu verknüpfen verschlechtert unsere Position sowohl im Handel als auch in der nationalen Sicherheit.

Anfang Mai war Ross bereit, Huawei auf die »Entity List« des Handelsministeriums zu setzen, wie es bei ZTE geschehen war, um damit US-Firmen daran zu hindern, ohne spezifische Lizenzen an Huawei zu verkaufen, was Huawei einen tödlichen Schlag versetzen konnte. Ich unterstützte diese Maßnahme nachdrücklich, aus denselben Gründen, aus denen wir der US-Regierung den Kauf von Waren und Dienstleistungen von Huawei durch die US-Regierung untersagt hatten. Es handelte sich eben nicht um ein kommerzielles Unternehmen, wie wir es üblicherweise kennen, und es hätte nicht als solches behandelt werden dürfen. Bei einer weiteren Runde im Oval Office am 15. Mai sagte Mnuchin, die Aufnahme von Huawei in die Liste sei gleichbedeutend mit der Schließung des Unternehmens; das stimmte zwar nicht, aber wenn doch, war das für mich in Ordnung. Fairerweise muss man sagen, dass Mnuchin vielleicht ein wenig angeschlagen war, da erst eine Woche zuvor die fünf Monate andauernden intensiven Handelsgespräche mit China in sich zusammengefallen und nun scheinbar unwiederbringlich gescheitert waren. Mnuchin sagte, der Entwurf der Presseerklärung von Ross zu Huawei sei extrem, deshalb fragte Ross, ob er ihn laut vorlesen und andere entscheiden lassen könne, was er auch tat. Trump sagte: »Es ist eine verdammt großartige

Erklärung. Sie ist wunderschön. Fügen Sie noch ›mit Zustimmung des Präsidenten‹ hinzu, gleich nach einem Verweis darauf, dass das Handelsministerium Huawei auf die Entity List setzt.« Mnuchin wollte nicht aufgeben, war aber schließlich überwältigt und sagte schnippisch zu Trump: »Ich habe Ihnen meinen Rat gegeben, aber Sie sind der falschen Person gefolgt.«

Im Telefongespräch mit Trump am 18. Juni (siehe oben) blieb Xi in Sachen Huawei hart. Trump wiederholte seinen Standpunkt, dass Huawei zusammen mit allen anderen diskutierten Faktoren Teil des Handelsabkommens sein könnte. Xi warnte davor, dass Huawei, wenn es nicht richtig behandelt würde, den gesamten bilateralen Beziehungen schaden würde. Xi stellte erstaunliche Chuzpe unter Beweis und beschrieb Huawei als herausragendes chinesisches Privatunternehmen, das wichtige Beziehungen zu Qualcomm und Intel unterhielt. Xi wollte, dass das Verbot von Huawei aufgehoben wurde und betonte, er wolle mit Trump persönlich in dieser Frage zusammenarbeiten. Trump schien dafür offen zu sein. Er twitterte seine Freude über den Anruf, kurz nachdem die beiden Staatschefs aufgelegt hatten. Xi hatte Schwäche gerochen und drängte weiter auf G20 und sagte, wir sollten die Huawei-Frage als Teil der Handelsgespräche lösen. Trump machte seine frühere Position sofort rückgängig und sagte, dass er nun US-Firmen erlauben würde, sofort an Huawei zu verkaufen, womit er Ross praktisch ins Gegenteil verkehrte, wie Trump es zuvor schon bei ZTE getan hatte. Glücklicherweise konnten wir nach diesem Treffen all dies wiederum rückgängig machen, und Trumps loser Kommentar hatte in der realen Welt kaum Auswirkungen. Aber welche Auswirkungen hatte es in den Köpfen der Chinesen, dieses Verhalten von Trump zu erleben? Wir hatten einfach nur Glück, dass China nicht schneller handelte und Trumps Zugeständnis in Stein meißelte, bevor wir irgendeinen Schaden verhindern konnten.

Wenige Stunden später informierte ich Mnuchin über den Anruf. Mehr als nur ein wenig besorgt sagte Mnuchin: »Wir müssen versuchen, den Präsidenten bei der Huawei-Sache zu schützen. Als es um ZTE ging, fanden die Leute, er hätte die nationale Sicherheit gegen den Handel eingetauscht, und wenn wir ihm erlauben, das bei Huawei noch einmal zu tun, werden wir die gleiche Art von Gegenreaktionen oder Schlimmeres bekommen.« Das stimmte damals und gilt auch heute noch.[24]

Der ehemalige Vizepräsident Dan Quayle beschrieb mir bereits im Oktober 2018 nach einer Reise nach Hongkong, dass China immer aggressiver geworden sei, und erzählte von Entführungen von Geschäftsleuten aus Hongkong, die Peking irgendwie in die Quere gekommen waren und von denen man einfach nie wieder etwas gehört hatte. Die Geschäftswelt war zu verängstigt, um etwas dazu zu sagen oder die internationale Presse darüber berichten zu lassen. Quayle glaubte, dass ein Grund dafür, dass China bereit war, sich so rücksichtslos zu verhalten, darin bestand, dass Hongkongs Wirtschaft nun nur noch 2 Prozent der Gesamtwirtschaft Chinas ausmachte, während sie zum Zeitpunkt der Übergabe durch Großbritannien 1997 20 Prozent betrug. Das waren erstaunliche Zahlen.

Die Unzufriedenheit in Hongkong hatte zugenommen, ohne jedoch die Aufmerksamkeit der Medien zu erhalten. Das allgegenwärtige Gefühl war, dass Peking das Konzept »ein Land, zwei Systeme« ständig aushöhlte und die Zeit knapp wurde, bevor Hongkong einfach nur eine weitere chinesische Stadt wurde. Ein von der Regierung Hongkongs vorgeschlagenes Auslieferungsgesetz gab den Anstoß, und Anfang Juni 2019 waren massive Proteste im Gange. Ich hörte Trump zum ersten Mal am 12. Juni reagieren, nachdem ich die Zahl der Menschen bei den Demonstrationen am Sonntag zuvor gehört hatte, etwa 1,5 Millionen: »Das ist eine große Sache«, sagte er, fügte aber sofort hinzu: »Ich will mich nicht einmischen«, und »Wir haben auch Menschenrechtsprobleme«. Damit endete so ziemlich meine Twitter-Kampagne, mit der ich China drängte, sein Abkommen mit Großbritannien einzuhalten, und mit der ich all jenen, die von der Aussicht auf ein Handelsabkommen so begeistert waren, verdeutlichte, wie wenig Respekt China internationalen Abkommen zollte.

Ich hoffte, Trump würde diese Entwicklungen in Hongkong als Druckmittel gegenüber China betrachten, wenn auch nicht unbedingt, weil er die Bemühungen der Demonstranten unterstützte, den einzigartigen Status Hongkongs zu erhalten. Ich hätte es besser wissen müssen. Während des Staatsbesuchs Großbritanniens am 4. Juni, dem dreißigsten Jahrestag des Massakers auf dem Tiananmen-Platz, weigerte sich Trump, eine Erklärung des Weißen Hauses abzugeben. Mnuchin sagte Trump, er sei besorgt über die Auswirkungen des Erklärungsentwurfs auf die Handelsgespräche und wolle ihn abschwächen. Das war schlimm genug, aber Trump erklärte, er wolle überhaupt keine Erklärung abgeben. »Das war vor fünfzehn Jahren«, sagte er unrichtigerweise. »Wen interessiert das schon? Ich versuche, einen Deal zu machen. Ich will nichts weiter.« Und das war's dann.

Die Demonstranten errangen jedoch einen großen Sieg, als die von Peking inthronisierte Hongkonger Regierungschefin Carrie Lam das Auslieferungsgesetz zurückzog und es damit faktisch zunichtemachte. Die Proteste gingen weiter, und am darauffolgenden Wochenende gingen zwei Millionen »HongKongpeople«, als ein Wort ausgesprochen, auf die Straße und forderten nun Lams Rücktritt.

In dem Telefongespräch vom 18. Juni sagte Trump, neben den Handelsfragen und Huawei, er sehe, was in Hongkong passierte, es handele sich um eine innerchinesische Angelegenheit, und er habe seinen Beratern geraten, sich zu Hongkong in keiner Weise öffentlich zu äußern. Xi war dankbar und erwiderte, was in Hongkong geschah sei in der Tat eine rein innerchinesische Angelegenheit. Er sagte, dass die Auslieferungsfrage, die die Demonstrationen ausgelöst habe, dazu diene, bestehende Gesetzeslücken in Hongkong zu schließen, und dass es sich um eine ernste strafrechtliche Angelegenheit handle. Er betonte auch, dass Stabilität und Wohlstand in Hongkong sowohl für China als auch für die Vereinigten Staaten ein Pluspunkt seien, und andere sollten sich nicht in Hongkong-Angelegenheiten einmischen. Trump stimmte zu. Damit wäre Hongkongs Schicksal fast von unserer Tagesordnung verschwunden.

Wie Pompeo jedoch noch am selben Tag ausführte, würde das Außenministerium aufgrund mehrerer gesetzlicher Berichtspflichten irgendwann gezwungen sein, sich zur Situation in Hongkong zu äußern, ohne dass es eine Möglichkeit gäbe, sich zu ducken. »Was werden Sie in den Talkshows am Sonntag sagen?«, fragte er rhetorisch. »Oder mir oder irgendeinem von uns?« Mitte August häuften sich die Medienberichte über ein mögliches chinesisches Einschreiten in Hongkong. Ich informierte Trump über das, was wir wussten, und er sagte, er werde darüber twittern. Ich drängte ihn, sich in diesem Fall nur auf öffentliche Quellen zu verlassen, aber wie so oft ignorierte er diese Warnung und twitterte stattdessen:

> Unser Geheimdienst hat uns informiert, dass die chinesische Regierung Truppen an die Grenze zu Hongkong verlegt. Alle sollten ruhig und sicher sein! Viele geben mir und den Vereinigten Staaten die Schuld an den Problemen, die in Hongkong vor sich gehen. Ich kann mir nicht vorstellen warum?

So viel zum Stoppen all dieser Informationslecks aus dem »deep state«.

Am 13. August, nach unserer Diskussion über F-16-Verkäufe an Taiwan (siehe unten), twitterte Trump erneut:

> Ich kenne den chinesischen Präsidenten Xi sehr gut. Er ist ein großer Anführer, der den Respekt seines Volkes genießt. Er ist auch ein guter Mann in einem »harten Geschäft«. Ich habe NULL Zweifel daran, dass Präsident Xi, wenn er das Problem in Hongkong schnell und menschlich lösen will, dies auch tun kann. Persönliches Treffen?

Da in Hongkong so viel auf dem Spiel stand, gab es natürlich kaum Zweifel daran, dass Xi persönlich das Heft in der Hand hatte. Als der 1. Oktober, der 70. Jahrestag der Gründung der Volksrepublik China, näher rückte, nahmen die Spannungen entsprechend zu. Niemand glaubte, dass Peking umfangreiche Demonstrationen in Hongkong akzeptieren würde, insbesondere wenn sie gewalttätig wurden und Xi so die Suppe versalzten. Die chinesische Nachrichtenagentur Xinhua warnte die Demonstranten: »Das Ende naht« – eindeutiger kann eine Drohung kaum sein.[25]

Im November jedoch verwandelten pro-demokratische Befürworter die Gemeinderatswahlen in ein Referendum über die Zukunft der Stadt. Erstaunlicherweise stimmten die Menschen in Hongkong in noch nie dagewesener Zahl ab, überstimmten pekingfreundliche Kandidaten und kehrten die politische Färbung der Gemeinderäte vollständig um. Dieser Kampf war im vollen Gange.

China unterdrückte auch eifrig ethnische Minderheiten – zum Beispiel in Tibet –, wie schon seit Jahrzehnten. Die Unterdrückung der Uiguren durch Peking ging zügig voran. Trump fragte mich beim Weihnachtsessen 2018 im Weißen Haus, warum wir in Erwägung zogen, China wegen seiner Behandlung der Uiguren zu sanktionieren, eines nicht-Han-chinesischen, weitgehend muslimischen Volkes, das hauptsächlich in der nordwestlichen Provinz Xinjiang lebte. Ross hatte mich am Morgen davor gewarnt, dass Trump wegen der chinesischen Handelsgespräche keine Sanktionen wollte. Die Frage der Uiguren hatte sich ihren Weg durch den NSC-Prozess gebahnt, aber sie war noch nicht entscheidungsreif. Es wurde nur schlimmer. Beim Abendessen zur Eröffnung des G20-Treffens in Osaka, bei dem ansonsten nur Dolmetscher anwesend waren, erklärte Xi Trump, warum er im Grunde Konzentrationslager in Xinjiang errichtete. Nach Angaben unseres Dolmetschers sagte Trump, dass Xi mit dem Bau der Lager fortfahren solle, was er für genau das Richtige halte. Pottinger erzählte mir, Trump habe bereits während seiner Chinareise 2017 etwas sehr Ähnliches gesagt, was bedeutete, dass wir die Unterdrückung der Uiguren von unserer Liste der möglichen Gründe für eine Sanktionierung Chinas streichen könnten, zumindest solange die Handelsgespräche weitergingen.[26]

Auch die religiöse Unterdrückung in China stand nicht auf Trumps Tagesordnung; ob es die katholische Kirche oder Falun Gong war, nichts davon kam bei ihm an. Pence, Pompeo und ich sahen das anders, aber es war Trumps Entscheidung. Der US-Sonderbotschafter für internationale Religionsfreiheit, Sam Brownback, drängte darauf, dass Trump bei der bevorstehenden Eröffnung der UN-Generalversammlung im September 2019 eine Veranstaltung zur Religionsfreiheit durchführen sollte, und war der Ansicht, China sei »auf der ganzen Linie schrecklich«, was gerade richtig war.

Besonders schwer verdaulich für Trump war Taiwan, nachdem er auf die Finanziers an der Wall Street gehört hatte, die durch Investitionen in Festlandchina reich geworden waren. Obwohl es mehrere Variationen gab, bestand einer von Trumps Lieblingsvergleichen darin, auf die Spitze einer seiner Filzstifte zu zeigen und zu sagen: »Das ist Taiwan«, und dann auf den Resolute Desk zu zeigen und zu sagen: »Das ist China.« So viel zu den amerikanischen Verpflichtungen und Zusagen gegenüber einem anderen demokratischen Verbündeten. Taiwan wünschte sich sehr ein Freihandelsabkommen mit den USA, was jedoch absolut kein Interesse hervorrief, soweit ich das erkennen konnte. China tat während meiner Amtszeit, was es wollte, da es fühlen konnte, dass unsere Spitze schwächelte, und zweifellos von diesen Finanztypen von der Wall Street gehört hatte. Yang Jiechi hielt mir bei unserem Treffen am 8. November den üblichen Vortrag darüber, dass Taiwan das wichtigste und sensibelste Thema in den Beziehungen zwischen den USA und China sei. Bemerkenswerterweise sagte er, dass wir ein gegenseitiges Interesse daran hätten, die Unabhängigkeit Taiwans zu verhindern, als ob wir Mitverschwörer wären, was ich natürlich ganz anders sah. Er sprach endlos über die »Ein-China«-Politik, die er zu Gunsten Pekings falsch charakterisierte. Beim Abendessen in Buenos Aires drängte Xi uns zur Vorsicht in Bezug auf Taiwan, und Trump stimmte zu, dass er wachsam sein würde, und das bedeutete, dass wir noch einmal mit unserem Leben davongekommen waren. Ich war erfreut, dass die Diskussion so kurz war.

Xi griff in Osaka das Thema Taiwan erneut auf, sagte, es gehe um die chinesische Souveränität und nationale Integrität, und warnte davor, dass unsere gesamte bilaterale Beziehung aus den Fugen geraten könnte. Er bat Trump um dessen persönliche Aufmerksamkeit für dieses Thema, wahrscheinlich in der Annahme, sein Zielobjekt gefunden zu haben, das er jetzt nicht wieder laufen lassen wollte. Xi, der es immer schaffte, mich wütend zu machen, drängte darauf, dass wir dem taiwanesischen Präsidenten Tsai Ing-wen nicht erlauben sollten, in die Vereinigten Staaten einzureisen, und dass wir Taiwan keine Waffen verkaufen sollten – beides Punkte, die Xi als entscheidend für die Stabilität jenseits der Meerenge von Taiwan erachtete. Ein Großteil von Xis Position stand in direktem Widerspruch zu unserem Taiwan Relations Act von 1979, einem Gesetz, das US-Waffenverkäufe an Taiwan zum Zweck der Selbstverteidigung erlaubt, einschließlich des wichtigen Verkaufs von F-16-Jets, um Taiwans Verteidigungskapazitäten deutlich zu erhöhen. Tatsächlich war Taiwan weit davon entfernt, sich kriegerisch zu verhalten. Ganz im Gegenteil. Dan Quayle sagte mir im Oktober, dass Taiwan sein Militär in den letzten Jahren dramatisch reduziert hatte, um mehr als die Hälfte, was ich als großen Fehler erachtete.

Pompeo hielt eine Benachrichtigung des Kongresses über den Verkauf der F-16 zurück, da er befürchtete, dass Trump diesmal nicht nur nörgeln würde, wie er es bei allen Verkäufen an Taiwan tat, sondern dass er sich sogar weigern könnte, mit der Transaktion fortzufahren. Angesichts der heiklen Umstände bei Waffenverkäufen an die Ukraine war dies nicht nur Fantasie. Wir legten uns eine Strategie zurecht, um Trump zu überzeugen, und holten Mick Mulvaney an Bord, der als ehemaliger Kongressabgeordneter für South Carolina aus einem Bundesstaat mit großen Boeing-Produktionsstätten kam. Am Nachmittag des 13. August erklärten wir in einer Telefonkonferenz mit Trump in Bedminster den enormen politischen Rückstoß, wenn der Verkauf nicht zustande käme. Es war keine US-Subvention oder ausländische Hilfe im Spiel, und Taiwan zahlte die vollen Kosten für die F-16, bei einem Verkaufspreis von insgesamt 8 Milliarden Dollar und der Sicherung von vielen Arbeitsplätzen in South Carolina. Wir fügten hinzu, dass es besser sei, jetzt weiterzumachen, bevor in Hongkong etwas Dramatisches passierte. Trump fragte: »Haben Sie jemals daran gedacht, nicht zu verkaufen?«, worauf die Antwort natürlich Nein lautete. Trump sagte schließlich: »Okay, aber tun Sie es im Stillen. John, Sie werden doch keine Rede darüber halten, oder?«, worüber ich tatsächlich gar nicht nachgedacht hatte. Aber wahrscheinlich hätte ich es tun sollen.

Als ich das Weiße Haus verließ, nachdem Trump die Kurden in Syrien im Stich gelassen hatte, gab es Spekulationen darüber, wen er als Nächstes im Stich lassen könnte.[27] Taiwan stand ganz weit oben auf der Liste und wird wahrscheinlich so lange dort stehen, wie Trump Präsident bleibt – keine fröhlichen Aussichten.

Anfang 2020 grollte noch mehr Donner aus China, in Form der Corona-Pandemie. Obwohl Epidemiologen (ganz zu schweigen von Biowaffenexperten) diese Katastrophe noch weit in die Zukunft hinein untersuchen werden, ist sie von Chinas autoritärer Regierung und sozialen

Kontrollsystemen geprägt. Es besteht kaum ein Zweifel daran, dass China Informationen über den Ursprung, den Zeitpunkt, die Ausbreitung und das Ausmaß der Krankheit verzögert, zurückgehalten, erfunden und verzerrt hat;[28] Dissens von Ärzten und anderen unterdrückt hat;[29] externe Bemühungen der Weltgesundheitsorganisation und anderer Stellen, genaue Informationen zu erhalten, behindert und aktive Desinformationskampagnen betrieben hat, und gleichzeitig versucht hat zu argumentieren, dass das Virus (SARS-CoV-2) und die Krankheit selbst (COVID-19) ihren Ursprung nicht in China hätten.[30] Die schlimmsten Auswirkungen von Chinas Vertuschung betrafen ironischerweise einige seiner engsten Verbündeten. Der Iran z.B. schien eines der am schwersten betroffenen Länder zu sein, wie Satellitenfotos von ausgehobenen Gräbern für die erwarteten Opfer des Coronavirus zeigten.[31]

Da 2020 ein Präsidentschaftswahljahr ist, war es unvermeidlich, dass Trumps Verhalten in dieser globalen Gesundheitsnotlage zu einem Wahlkampfthema werden würde; es wurde auch praktisch sofort als solches behandelt. Dabei gab es viel zu kritisieren, angefangen mit den frühen, unermüdlichen Behauptungen der Regierung, dass die Krankheit »eingedämmt« sei und nur geringe oder gar keine wirtschaftlichen Auswirkungen haben würde. Larry Kudlow, Vorsitzender des Nationalen Wirtschaftsrates, sagte am 25. Februar: »Wir haben es eingedämmt. Ich will nicht sagen, dass [es] luftdicht ist, aber es ist so gut wie luftdicht.«[32] Die Reaktionen des Marktes auf diese Art von Behauptungen waren entschieden negativ, was das Weiße Haus vielleicht endlich auf die Schwere des Problems aufmerksam machte. Und natürlich würden neben den humanitären Auswirkungen mit Sicherheit auch die wirtschaftlichen und geschäftlichen Folgen bis zu den Wahlen im November und darüber hinaus weiter nachhallen. Trumps reflexartiger Versuch, sich aus allem herauszureden, selbst aus einer Krise der öffentlichen Gesundheitsvorsorge, untergrub jedoch nur seine und die Glaubwürdigkeit der Nation, wobei seine Aussagen eher nach politischer Schadensbegrenzung als nach verantwortungsbewussten Ratschlägen zur öffentlichen Gesundheit aussahen. Ein besonders ungeheuerliches Beispiel war ein Medienbericht, demzufolge die Regierung versuchte, bestimmte Informationen zur öffentlichen Gesundheit in den Vereinigten Staaten unter Geheimhaltung zu stellen, und zwar unter dem fadenscheinigen Vorwand, dass China involviert sei.[33] Natürlich war China involviert, was dafür spricht, diese Informationen weiterzuverbreiten, anstatt sie einzuschränken. Aber dies hat Trump während der gesamten Krise nur widerwillig getan, aus Furcht vor einer Beeinträchtigung des schwer fassbaren endgültigen Handelsabkommens mit China, oder um den ach so sensiblen Xi Jinping nicht zu kränken.

Andere Beispiele für Kritik an der Regierung waren jedoch leichtfertig. Eine dieser Beschwerden bezog sich auf einen Aspekt der allgemeinen Rationalisierung des Mitarbeiterstabes des Nationalen Sicherheitsrates, die ich in den ersten Monaten meiner Amtszeit im Weißen Haus durchgeführt hatte. Um Doppelarbeit und Überschneidungen zu reduzieren und die Koordination und Effizienz zu verbessern, war es aus Managementgründen sinnvoll, die Zuständigkeiten der Direktion, die sich mit globaler Gesundheit und B-Schutz befasste, in die bestehende Direktion zu verlagern, die sich mit (biologischen, chemischen und nuklearen) Massenvernichtungswaffen befasste. Die Charakteristika von Biowaffenangriffen und Pandemien können viele Gemeinsamkeiten aufweisen, und das medizinische und gesundheitspolitische Fachwissen, das für den Umgang mit beiden Bedrohungen erforderlich war, gingen Hand in Hand. Die Zusammenlegung beider Direktionen maximierte daher die Möglichkeiten für eine effektivere Zusammenarbeit und erhöhte die Priorität der Biosicherheit, indem strukturell anerkannt wurde, dass die Bedrohung aus einer von zwei Richtungen kommen konnte, nämlich aus einer natürlichen oder einer vom Menschen verursachten. Die meisten Mitarbeiter der früheren Direktion für Globale Gesundheit wechselten einfach in die kombinierte Direktion und setzten genau das fort, was sie vorher taten. Eine Person wechselte in die Direktion für internationale Organisationen und arbeitete dort weiter an Gesundheitsfragen im UN-System und anderen Gremien. Wie in allen NSC-Direktionen kommen die meisten Mitarbeiter aus anderen Behörden und rotieren nach ein- oder zweijährigen Einsätzen im NSC zurück zu ihren ursprünglichen Einsatzorten. Dieser Prozess wurde fortgesetzt. Tim Morrison, der leitende Direktor, den ich für diese

Angelegenheiten hinzugezogen hatte, und sein Nachfolger Anthony Ruggiero haben die globale Gesundheit erfolgreich in den Mittelpunkt ihrer Arbeit gestellt.[34]

Ich persönlich habe deutlich gemacht, dass globale Gesundheit weiterhin oberste Priorität hat und dass die Rolle des NSC unverändert bleibt. Dass die Kritik an der Reorganisation von Ehemaligen der Obama-Regierung kam, die ursprünglich das separate Amt für globale Gesundheit geschaffen hatten, verdeutlichte ihre zugrunde liegende politische Basis. Obamas personelle Besetzung spiegelte die Meinung wider, dass das Weiße Haus oft in minutiöse operative Details eingebunden werden müsse, was im Widerspruch zu Scowcrofts Modell eines nicht operativen NSC stand sowie zu der Management-Philosophie, dass ordnungsgemäß delegierte Autorität ein weitaus effektiverer Weg ist, Programme und Strategien zu verwalten, als ständiges Zweifeln von höheren Stellen.[35]

Die umorganisierten Direktionen arbeiteten bestens, wie ich es erwartet hatte. So wurden in der Praxis die erneuten Ebola-Ausbrüche im Ostkongo und in den angrenzenden Gebieten in den Jahren 2018–19 im gesamten behördenübergreifenden Prozess mit großem Geschick gehandhabt.[36] Abgesehen von der kontinuierlichen Beaufsichtigung der Vorgänge beschränkten sich meine persönlichen Interventionen darauf, angemessene Sicherheit für die Experten der »Centers for Disease Control and Prevention« (CDC; Zentren für die Kontrolle und Prävention von Krankheiten) beim Zugang zu den betroffenen Regionen im Kongo zu gewährleisten. Trump selbst sagte zu Kupperman, als das Office of Management and Budget (OMB) Einwände gegen die Entsendung der Teams erhob, das OMB solle alle Mittel zur Verfügung stellen, »um Ebola von den USA fernzuhalten«. Darüber hinaus beaufsichtigte die Direktion die Ausarbeitung einer vollständig überarbeiteten nationalen B-Schutz-Strategie für 2018,[37] und fasste zwei wichtige Entscheidungen des Präsidenten – eine (auf die neue Strategie folgende) zur Unterstützung des B-Schutzes im September 2018[38] und eine andere zur Modernisierung der Grippeimpfstoffe im September 2019.[39] Diese und andere in der Öffentlichkeit weniger sichtbare Errungenschaften sind das Markenzeichen eines effektiv funktionierenden interinstitutionellen Prozesses.

Die Vorstellung, dass eine kleine bürokratische Umstrukturierung in der Zeit von Trump irgendeinen Unterschied hätte machen können, verdeutlichte nur, wie immun bürokratische Kleinlichkeit gegen die Realität ist. Allenfalls war die interne NSC-Struktur nicht mehr als das Zittern eines Schmetterlingsflügels im Tsunami von Trumps Chaos. Dennoch, trotz der Gleichgültigkeit an der Spitze des Weißen Hauses, erfüllten die kundigen NSC-Mitarbeiter ihre Pflicht in der Coronavirus-Pandemie. Wie die *New York Times* Mitte April in einem historischen Rückblick berichtete:

> Das Büro des Nationalen Sicherheitsrates, das für die Rückverfolgung von Pandemien zuständig ist, erhielt Anfang Januar Geheimdienstberichte, in denen die Ausbreitung des Virus in die Vereinigten Staaten vorhergesagt wurde, und innerhalb weniger Wochen wurden Möglichkeiten erwogen wie z. B. die amerikanische Bevölkerung im begrenzen Shutdown von der Arbeit freizustellen oder ganze Städte von der Größe Chicagos abzuriegeln. Mr. Trump vermied solche Schritte bis März.[40]

Als Reaktion auf das Coronavirus funktionierte das Biosicherheitsteam des NSC also genau so, wie es sollte. Der Stuhl hinter dem Resolute Desk dagegen war leer.

Grundsätzlich gibt es, nachdem alle menschlichen und wirtschaftlichen Kosten des Coronavirus berechnet wurden, zwei erschreckende Schlussfolgerungen: Erstens müssen wir alles in unserer Macht Stehende tun, um sicherzustellen, dass es China und seiner derzeitigen Desinformationskampagne über den Ursprung des Virus nicht gelingt, den Beweis zu erbringen, dass die Technik der Großen Lüge auch im 21. Jahrhundert noch funktioniert. Wir müssen über das Verhalten Chinas die Wahrheit sagen, was Trump durchweg verabscheut, oder wir werden die Konsequenzen tragen und mit dem Risiko bis weit in die Zukunft leben müssen.

Zweitens müssen wir nach Jahrzehnten, in denen biologische (und chemische) Kriegsführung als »Atomwaffe des armen Mannes« verharmlost wurde – angesichts dessen, was gerade in Nordkorea, im Iran und weltweit passiert ist –, diese beiden anderen Massenvernichtungswaffen zumindest mit der Wachsamkeit behandeln, die wir heute bei Atomwaffen walten lassen. Und in der Tat hatte ich genau das vor, als ich die Direktion für Biosicherheit mit der für Massenvernichtungswaffen zuständigen Direktion zusammenlegte.[41]

Die Reorganisation war keine Herabstufung der Biosicherheit, sondern ein Versuch, die Bedeutung biologischer Bedrohungen für die nationale Sicherheit der USA stärker in den Vordergrund zu rücken.

KAPITEL 11

EIN- UND AUSCHECKEN IM HILTON HANOI UND ZEIT FÜR SPIELCHEN IN DER DEMILITARISIERTEN ZONE

Als die Kongresswahlen 2018 zu Ende gingen, war ein weiterer Trump-Kim-Gipfel deprimierenderweise unausweichlich. Der Reiz, einen »Deal« mit dem Norden zu erreichen, war für Trump mal größer, mal kleiner, aber da seit dem Singapur-Gipfel mehr als sechs Monate vergangen waren und nicht viel passiert war, nahm er wieder zu. Pompeo sollte am Donnerstag, dem 8. November, in New York mit Kim Jong-chol aus Nordkorea zusammentreffen, und Kim wünschte für diesen oder den nächsten Tag ein weiteres Treffen im Weißen Haus. Glücklicherweise würde ich in Paris sein, um mich auf den bevorstehenden Besuch von Trump vorzubereiten, so dass es keine Wiederholung der Szene vom Frühjahr 2018 geben würde. Es drehte mir immer noch den Magen um, mir Kim Jong-chol wieder im Oval vorzustellen. Gnädigerweise sagte Kim Jong-un dann die Reise ab. Auch die Aussichten auf einen Moon-Kim-Gipfel führten nirgendwohin, bestenfalls würde er ins Jahr 2019 verschoben werden.

Nach Neujahr nahm das Tempo jedoch zu, nicht dass es viel brauchte, um Trump anzustacheln. Kim Jong-un flog an seinem Geburtstag, dem 8. Januar, unerwartet nach Peking, sehr wahrscheinlich, um sich auf ein weiteres Trump-Treffen vorzubereiten. Tatsächlich stand als Nächstes ein Besuch Kim Jong-chols in Washington am 17. und 18. Januar auf dem Programm, mit einem Treffen zwischen Trump und Kim am Freitag, den 18. Ich erklärte Pompeo, dass ich an diesem Tag eine kleine Operation hatte, die schon lange geplant war; er fragte mich, ob ich sicher sei, dass ich keine Hilfe bräuchte. Kim Jong-chol brachte einen weiteren Brief von Kim Jong-un mit, und die Sitzung im Oval Office dauerte neunzig Minuten, so dass eine Operation offensichtlich vorzuziehen war.[1] Charlie Kupperman (der vor kurzem Ricardel ersetzt hatte) nahm an der Sitzung teil und berichtete, dass die Diskussion weitschweifig wie gewohnt war und zweifellos auch in lockerer Sprache geredet wurde. Dennoch sah er keine *wirkliche* Einsatzbereitschaft von Trump, und am Ende sagte dieser, er könne die Sanktionen nicht aufheben, bevor Nordkorea nicht nuklear abrüstete, sonst würde er wie ein Idiot aussehen. Das stimmte, und es war gut, dass Trump sich noch daran erinnerte. Das mag normalerweise nicht die Grundlage für eine großartige Strategie sein, aber es war das, womit wir arbeiten mussten. Die Verhandlungen auf Mitarbeiterebene waren für das Wochenende in Schweden angesetzt, und dort befürchtete ich, dass die Dinge allmählich aus dem Ruder laufen würden. Presseberichten zufolge[2] schien dies sogar immer wahrscheinlicher zu werden, zumal Nordkorea schließlich ein Gegenüber zum Sondergesandten des Außenministeriums, Steve Biegun, benannt hatte: Kim Hyok-chol, einen Veteranen der Sechs-Parteien-Gespräche von George W. Bush. Dies war kein gutes Zeichen.

Da der Ort des Gipfels und die Termine mit Hanoi sowie dem 27. und 28. Februar feststanden, dachte ich intensiv darüber nach, wie ein Debakel verhindert werden konnte. Bemerkungen von Biegun in Stanford, die stark darauf hindeuteten, dass die Regierung bereit war, die von Nordkorea geforderte Formel »Aktion für Aktion« zu befolgen, beförderten meine Besorgnis nur noch[3], verstärkt durch die Rückbesinnung des Außenministeriums auf den Typus »unkooperativ und unkommunikativ« in Bezug auf das, was sie den Nordkoreanern erzählten. Das Außenministerium ging während der Sechs-Parteien-Gespräche genau auf dieselbe Weise mit dem Nationalen Sicherheitsrat um. Es war möglich, dass

Pompeo sich nicht völlig bewusst war, dass Bieguns persönliche Absichten, ein Abkommen zu erreichen, so stark waren. Aber ob Pompeo Bieguns Enthusiasmus anordnete, zuließ oder nichts von ihm wusste – darum ging es nicht, die gefährlichen Konsequenzen waren die gleichen.

Da die Unterhändler des Außenministeriums außer Kontrolle schienen, vom Eifer für den Deal überwältigt und von der Publicity berauscht, überlegte ich, was ich mit Trump persönlich tun sollte, um Fehler in Hanoi zu vermeiden. Ich kam zu dem Schluss, dass sich die Briefings von Trump vor Hanoi erheblich von denen vor Singapur unterscheiden mussten, die wenig Wirkung gezeigt hatten. Die erste Vorbereitungssitzung in Hanoi fand am 12. Februar im Sit Room statt, begann um 16.45 Uhr und dauerte fünfundvierzig Minuten. Wir zeigten einen Film, der mit Nachrichtenausschnitten von Carter, Clinton, Bush und Obama begann, die alle sagten, sie hätten große Fortschritte in Bezug auf Nordkorea erzielt, und sich dann dem tatsächlichen Verhalten der Nordkoreaner seit Singapur zuwandte und wie sie uns immer noch täuschten. Der Film endete mit Clips von Reagan, in denen er sein Gipfeltreffen in Reykjavik 1986 mit Gorbatschow beschrieb. Reagans Ansicht war, dass man, wenn man standhaft blieb, bessere Geschäfte machte, als wenn man nachgab. Die Diskussion verlief reibungslos, Trump stellte gute Fragen, und die Sitzung war bemerkenswert konzentriert. Als wir fertig waren, sagte Trump selbst, die wichtigsten Punkte, die er mitnahm, seien »Ich habe das Druckmittel«, »Ich brauche keine Eile« und »Ich könnte einfach abbrechen«. Das Briefing erlaubte Trump die Schlussfolgerung, dass Hanoi nicht auf der Kippe stand; wenn sich keine wirklichen Fortschritte abzeichneten, konnte er einfach weitermachen wie bisher. Ich hätte das Drehbuch nicht besser schreiben können.

Unser wirtschaftlicher Druck auf Nordkorea war größer als zuvor, aber es war eine Frage des Maßes. Dennoch verschafften uns die Sanktionen einen kurzfristigen Vorteil. Kim Jong-un war derjenige, der am meisten auf eine Einigung drängte, weil der Druck, wenn er auch bei Weitem nicht perfekt war, seine Bemühungen, wirtschaftliche Verbesserungen innerhalb seines Landes zu erreichen, aber weiterhin zunichtemachte. Langfristig kam die Zeit immer dem Verzögerer zugute, aber meine Definition von »langfristig« war nun zwei Wochen: den Gipfel von Hanoi ohne katastrophale Zugeständnisse und Kompromisse zu überstehen. Ich wäre schon zufrieden, wenn wir das Drängen, eine Einigung zu erzielen, nur um zu sagen, dass wir eine Einigung erzielt haben, was dem Außenministerium sehr am Herzen lag, etwas hinauszögerten. Ich sah voraus, dass der Druck auf uns abnehmen würde, sobald wir den zweiten Trump-Kim-Gipfel hinter uns gelassen hätten. Wir konnten uns stattdessen wieder auf die sehr ernste Bedrohung konzentrieren, die der Norden immer noch darstellte, unabhängig davon, ob er aktiv Atomwaffen und ballistische Raketen testete oder nicht. Ich fühlte mich enorm erleichtert, dass das Briefing keine Katastrophe gewesen war und dass wir mit Trump vielleicht sogar Fortschritte gemacht hatten.

Das zweite Briefing am 15. Februar, kurz nach 14 Uhr, dauerte wiederum etwa fünfundvierzig Minuten. Wir präsentierten einen Ausschnitt aus einem nordkoreanischen Propagandafilm, der zeigte, dass die Koreaner immer noch an strammen Kriegsspielen beteiligt waren, auch wenn wir es auf Trumps Befehl nicht waren. Er war sehr interessiert an dem Video und bat um eine Kopie. Wir konzentrierten uns auf den wichtigsten Punkt: die Bedeutung der »vollständigen Denuklearisierung«. Trump bat um die Schlussfolgerungen auf einem einzigen Blatt Papier, das wir bereits vorbereitet hatten. Nach einer guten Diskussion sagte Trump: »Überarbeiten Sie das und geben Sie es mir zurück«, was darauf hindeutete, dass er es vielleicht irgendwann Kim Jong-un übergeben würde. Ich betonte, wie wichtig es sei, eine vollständige Grundsatzerklärung zu erhalten und nicht den bruchstückhaften Ansatz, den das Außenministerium akzeptieren würde. Ich fand, dass auch dieses zweite Briefing sehr gut verlaufen war und alles erreicht hatte, was wir erwarten konnten, um Trump in die richtige Gemütsverfassung zu bringen, damit der Deal in Hanoi nicht platzen würde.

Selbst ein weiteres Telefongespräch mit Moon Jae-in, der Südkoreas Agenda hartnäckig vorantrieb, hatte am 19. Februar keinen größeren Schaden angerichtet. Trump verkündete, dass er der Einzige sei, der einen Atomdeal mit Kim Jong-un abschließen könne. Er drängte Moon, die

Medien wissen zu lassen, dass Fortschritte erzielt würden, da sie, wie immer, versuchten, seine Taten in schlechtem Licht erscheinen zu lassen. Er versprach, die Interessen Südkoreas im Auge zu behalten, betonte aber, dass Kim einen Deal wolle. Sie alle wollten einen Deal. Wenig später hatten Pompeo, Biegun, Allison Hooker vom Nationalen Sicherheitsrat und ich erneut ein Treffen mit Trump, bei dem er sagte: »Wenn wir abbrechen, ist das okay«, was der wichtigste Punkt in den Briefings war. Zu Biegun sagte Trump: »Sagen Sie ihnen [den Nordkoreanern], wie sehr ich den Vorsitzenden Kim liebe, aber sagen Sie ihnen auch, was ich will.«

Nach weiteren Diskussionen gingen Pompeo und ich in mein Büro zurück, um über Hanoi zu sprechen. Ich betonte erneut, warum eine Grundsatzerklärung Nordkoreas der Ausgangspunkt für jede klare Verhandlung war. Ich unterstrich auch, warum wir die Wirtschaftssanktionen nicht aufgeben konnten und warum wir mehr Druck brauchten. Pompeo sträubte sich gegen meine »Einmischung« in seinen Zuständigkeitsbereich, aber er war in der Sache nicht anderer Meinung, was er selten war, wenn wir allein sprachen. Auf einer Sitzung des Hauptausschusses zu Nordkorea am selben Tag beunruhigte die deutliche Schwäche, die Biegun zeigte, viele der Anwesenden, insbesondere Shanahan und Dunford, sogar Pompeo. War er Bieguns Vorgesetzter oder nicht? Dunford wollte sicher sein, dass eine Erklärung über ein Kriegsende keine verbindliche rechtliche Wirkung haben würde, was natürlich die Frage aufwarf, warum wir sie überhaupt in Erwägung zogen. Der Norden hatte uns gesagt, die Sache sei ihm egal, weil er sie als etwas ansah, was Moon wollte. Warum verfolgten wir sie also?

Das dritte und letzte Nordkorea-Briefing am 21. Februar folgte auf ein Telefonat mit Abe am Tag zuvor, das nicht besser hätte sein können. Wir hatten eine Reihe von »Wild Cards« vorbereitet, mit denen Kim Jong-un nach Hanoi kommen könnte, um Trump zu überraschen und ihn zu unnötigen Zugeständnissen zu bewegen. Die Sitzung dauerte wieder einmal etwa fünfundvierzig Minuten und war ein erfolgreicher Abschluss unserer Briefings. Ob sie ausreichen würden, um katastrophale Zugeständnisse an Kim zu verhindern, blieb abzuwarten.

Am 24. Februar brach ich früh nach Hanoi auf. Auf dem Weg zu unserem Tankstopp in Anchorage erhielten wir den Entwurf einer Erklärung der USA und Nordkoreas. Allison Hooker sagte, Biegun habe ihn bei einem Treffen mit dem Norden »auf den Tisch gelegt«, ohne es vorher abzuklären. Er las sich wie ein Entwurf Nordkoreas, der alle früheren »Zugeständnisse« von Trump an Kim Jong-chol im Oval Office aufzählte, ohne eine Gegenleistung zu verlangen, die über eine weitere vage Erklärung hinausginge, dass Nordkorea einer Definition von »Denuklearisierung« zustimmen würde. Es war mir ein völliges Rätsel, wie Pompeo einen solchen Text zulassen konnte. Was wäre, wenn die Nordkoreaner ihn einfach Wort für Wort akzeptierten? Dies war ein weiterer massiver Regelbruch und eine politische Zeitbombe. Ich ließ Kupperman den Entwurf Mulvaney und Stephen Miller in Washington zeigen, und Mulvaney stimmte zu, dass es sowohl ein politischer Fehler ersten Grades als auch eine bewusste Verletzung des etablierten interinstitutionellen Prozesses war. Sie flogen mit Trump mit der Air Force One nach Hanoi und erklärten ihm die Probleme auf dem Weg dorthin. Trump wusste nichts von dem Entwurf, so dass Biegun keine Autorität von oben hatte. Ich rief auch Pence in der Air Force Two an, als er von der Sitzung der Lima-Gruppe in Bogotá nach Washington zurückflog, und er reagierte auf den Biegun-Entwurf genauso wie ich.

Da ich vor meiner Abreise nach Hanoi von Venezuela überwältigt gewesen war, versuchte ich, nachdem ich mich im Hotel der US-Delegation, dem JW Marriott, einquartiert hatte, darüber zu informieren, was Sache war. Das Protokoll war sehr verwirrend, aber das Außenministerium machte – ohne Vertreter des Nationalen Sicherheitsrats und des Verteidigungsministeriums – Überstunden, um Bieguns Entwurf abzuschließen, bevor Trump am späten Abend eintraf. Es gab nur schlechte Nachrichten.

Am nächsten Morgen, Mittwoch, dem 27. Februar, sagte Mulvaney zu Pompeo und mir, dass Trump sehr unglücklich über einen Bericht im *Time Magazine*[4] über seine Geheimdienstbesprechungen sei, darüber, wie wenig er ihnen Aufmerksamkeit schenkte und sie verstand. Ich hatte noch nicht von der Story gehört, obwohl Pompeo davon gehört hatte, der sagte, dass

Time ein Porträt über ihn machte, wo es vielleicht zur Sprache gekommen sein könnte. Er war bereit, eine Erklärung abzugeben, ähnlich der, die er Monate zuvor abgegeben hatte, dass Trump tief in die Briefings involviert war. Ich hatte eine solche Erklärung vorher nicht abgegeben und suchte nun vom Hotelzimmer aus nach Auswegen, damit ich es auch jetzt nicht tun müsste. Der *Time*-Artikel hätte beinahe eine ohnehin angespannte Beziehung zu den Leuten vom Geheimdienst zerstört. Trump nannte den Direktor des Nationalen Geheimdienstes Dan Coats einen »Idioten« und fragte Pompeo und mich später im Aufzug: »Haben wir mit [der CIA-Direktorin] Gina [Haspel] einen Fehler gemacht?«

Wir begaben uns dann in einen anderen Raum, der eingerichtet worden war, um Trump über die Ereignisse des Tages zu informieren. Trump war noch immer in Rage wegen des *Time*-Artikels, begann aber damit, Pompeo zu sagen, dass er Bieguns Kommentare nicht mochte, die »zu viel« waren und sich auf den Entwurf der Erklärung bezogen, den Kupperman und Mulvaney ihm an Bord der Air Force One gezeigt hatten. Die Bedeutung war jedem im Raum klar. Nach einem Umweg über den *Time*-Artikel kritisierte Trump Biegun erneut und wiederholte, was er wenige Minuten zuvor gesagt hatte. (Für das Protokoll: Als er Biegun am nächsten Morgen sah, erkannte er ihn nicht wieder.) Trump sagte, er sehe drei mögliche Ergebnisse: einen großen Deal, einen kleinen Deal oder »Ich gehe«. Er lehnte den »kleinen Deal« sofort ab, weil er eine Schwächung der Sanktionen bedeuten würde. Der »große Deal« würde nicht passieren, weil Kim Jong-un weiterhin nicht bereit war, eine strategische Entscheidung zum Verzicht auf Atomwaffen zu treffen. Die Idee des »Ich gehe« kam immer wieder auf, was bedeutete, dass Trump zumindest darauf vorbereitet war und es vielleicht sogar vorzog (lass das Mädchen sitzen, bevor sie dich sitzen lässt). Es würde Kritik geben, egal was er tat, sagte Trump mit einem Achselzucken, also erwähnte ich Reagans Weggang in Reykjavik und den wichtigen Impuls, den er damit späteren Verhandlungen (ironischerweise über den INF-Vertrag, den wir verlassen wollten) Auftrieb gab. Trump grübelte darüber nach, was er auf der abschließenden Pressekonferenz sagen würde (»Wir mögen uns immer noch, wir reden weiter«), und schaute mich an und sagte: »Sie sollten hinausgehen und es verteidigen.«

Trump schien die kommende Zeugenaussage von Michael Cohen in Washington, einem seiner früheren Anwälte, sehr mitzunehmen – eine seltene Gelegenheit, bei der ich seine persönlichen Probleme die nationale Sicherheit beeinträchtigen sah. Ich war erleichtert, dass die vorherigen Briefings noch im Vordergrund standen und dass die Option, abzubrechen, immer noch bestand. Wir verbrachten den Rest des Tages mit Besprechungen mit der vietnamesischen Führungsspitze bis zu Trumps Abendessen mit Kim Jong-un. Zu diesem Zeitpunkt, am Morgen in Washington, betraf die gesamte Berichterstattung Michael Cohen. Die Nordkoreaner schlossen mich vom Abendessen aus, und nur Pompeo und Mulvaney nahmen mit Trump teil, nachdem ein Einzelgespräch mit den beiden Staatschefs stattgefunden hatte. Mir gefiel das nicht, aber ich erkannte, dass das der Preis fürs Geschäftemachen war.

Mulvaney rief mich nach dem Ende des Abendessens um 21 Uhr auf sein Zimmer, um mit Pompeo und anderen zu sprechen. Trump hatte bis zum nächsten Morgen Gewichtiges vermeiden wollen, aber als das Abendessen zu Ende ging, sagte Pompeo, Kim habe vorgeschlagen, dass der Norden seine Nuklearanlagen in Yongbyon aufgeben wolle, als Gegenleistung für die Aufhebung aller Sanktionen des UN-Sicherheitsrates nach 2016.[5] Dies war ein typischer »Aktion für Aktion«-Trick, der ihnen wirtschaftliche Erleichterung verschaffte, die sie dringend brauchten, uns aber nur sehr wenig brachte, da es öffentlich bekannt war, dass Nordkorea viele andere Anlagen abseits von Yongbyon hatte, mit denen es sein Atomprogramm fortsetzen konnte. Ich fragte, ob Kim Jong-un noch etwas anderes im Ärmel hätte, aber Pompeo verneinte. Ich fragte auch, ob Trump die Frage der entführten Japaner angesprochen habe, was er getan hatte; das bedeutete, dass er seine Verpflichtung gegenüber Japan erfüllt hatte.

Ich dachte, das war es für den Abend, aber bald kam die Nachricht, dass Shanahan und Dunford mit Pompeo und mir über eine sich steigernde Krise zwischen Indien und Pakistan sprechen wollten. Nach stundenlangen Telefongesprächen war die Krise vorüber, vielleicht, weil es im Grunde nie wirklich eine Krise gegeben hatte. Aber wenn zwei Nuklearmächte sich mit ihren militärischen Kapazitäten plustern, ist es besser, sie nicht zu ignorieren. Niemand sonst hat sich damals darum gekümmert, aber der Punkt war für mich klar: Das geschah, weil man die Verbreitung von Atomwaffen im Fall von Iran und Nordkorea nicht ernst nahm.

Am nächsten Morgen, den 26. Februar, war der große Tag da. Nachdem Trump bis weit in die Nacht aufgeblieben war, um Cohen bei seiner Aussage zuzusehen, sagte er die vorbereitenden Briefings ab. Ich machte mir Sorgen, dass er instinktiv etwas tun würde, um Cohens Anhörung in den Medien zu übertönen, was er nur mit etwas Dramatischem und Unerwartetem tun konnte. Die Verhandlungen abzubrechen würde dieses Ziel sicherlich erreichen. Aber er wollte auch einen Deal abschließen, den er als großen Erfolg bezeichnen könnte, auch wenn dieser schwerwiegende Mängel aufwies. Die Mängel würden erst später klar werden.

Trump ließ Mulvaney, Pompeo und mich mit ihm in der Präsidentenlimousine »Beast« zum Hotel Metropole fahren. Er hatte von jemandem gehört, dass wir die Nordkoreaner auffordern sollten, ihre Interkontinentalraketen aufzugeben, die ich für zweitrangig gegenüber der Demontage der Atomsprengköpfe hielt. Nur die Interkontinentalraketen abzuschaffen würde die Gefahren für Südkorea, Japan und unsere stationierten Streitkräfte nicht verringern und auch nicht vor U-Boot-Raketen mit kürzeren Reichweiten schützen, die vor unseren Küsten abgeschossen werden könnten und auf die der Norden drängte. Trump war gereizt und frustriert und fragte sich, was eine größere Story abgeben würde: wenn wir einen kleinen Deal hinkriegten oder wenn wir einfach wieder gingen. Ich fand, wegzugehen wäre eine viel größere Story – wenn es das war, wonach er suchte. Trump fragte sich, wie man einen Abbruch erklären sollte, und Pompeo bot einen Satz an: »Die Gruppen haben sich getroffen, wir haben Fortschritte gemacht, es gab immer noch keine Tests, und wir werden uns trotz des Scheiterns dieses Gipfels wieder treffen«, was Trump gefiel. Es machte mich etwas nervös, aber solange Trump sich mit der Erklärung wohlfühlte und wegging, würde ich mich nicht beschweren. Er bewegte sich in die richtige Richtung, aber der geringste Anlass hätte ihn um 180 Grad wenden können. Als wir im Metropole ankamen, hatte ich keine Ahnung, wie der Rest des Tages verlaufen würde.

Trump und Kim hatten ein Einzelgespräch um neun Uhr morgens, das nach etwa vierzig Minuten vorbei war. Sie begaben sich in einen Innenhof, wo sie von Pompeo und Kim Jong-chol für eine kurze, vielleicht zehnminütige Pause begleitet wurden. Kim Jong-un mochte die Hitze und die Feuchtigkeit nicht, und so gingen sie in einen treibhausähnlichen Bau im Innenhof, der als Café diente und zweifellos klimatisiert war. Die Diskussion ging weiter, während wir sie durch die Gewächshausfenster beobachteten. Meine Einschätzung war, dass Kim nicht besonders glücklich aussah. Seine Schwester stand stoisch draußen in der Hitze und Feuchtigkeit, während die Amerikaner natürlich dort hingingen, wo es klimatisiert war. Nach etwa einer Stunde war dieses Treffen vorbei, und Trump kam in das Hauptgebäude des Hotels, um eine dreißigminütige Pause einzulegen.

In den uns zugewiesenen Warteräumen schaltete Trump sofort Fox News ein, um zu sehen, wie in den Spätsendungen über Cohens Aussage sowie über die Ereignisse in Hanoi berichtet wurde. Pompeo sagte, dass es in der soeben beendeten Diskussion, wie auch beim Abendessen, um die Schließung von Yongbyon durch Nordkorea als Gegenleistung für die Aufhebung der Sanktionen gegangen war, was nirgendwo hinführte. Kim Jong-un sei »sehr frustriert« und werde langsam »wütend«, dass Trump ihm nicht das gab, was er wollte. Es sei nicht von ballistischen Raketen, den übrigen nuklearen, chemischen oder biologischen Waffenprogrammen des Nordens oder etwas anderem als Yongbyon die Rede gewesen. Trump war sichtlich müde und verärgert. Es war klar, dass auch er frustriert war, da keine zufriedenstellende Lösung in Sicht kam. Das sagte mir, dass wir uns immer noch auf gefährlichem Terrain befanden. Für Trump war eine Sache nie vorbei, bis er sie auf einer Pressekonferenz bekannt geben konnte, und manchmal nicht einmal dann. Er schien sich immer noch wohl dabei zu fühlen, wegzugehen; es war kein »großer Deal« in Sicht, und er konnte einen »kleinen Deal« politisch nicht durchhalten. Ich glaubte, dass Trumps »Ab nach Hause«-Instinkte einsetzten; er wollte es hinter sich bringen und nach Hause zurückkehren (natürlich erst nach der großen Pressekonferenz).

Das größere Treffen (Trump, Pompeo, Mulvaney und ich auf unserer Seite des Tisches; Kim Jong-un, Kim Jong-chol und Außenminister

Ri Yong-ho auf ihrer Seite, plus Dolmetscher) war für elf Uhr vormittags angesetzt. Wir kamen zuerst an, dann die Nordkoreaner, und wir schüttelten uns alle die Hand. Ich sagte zu Kim Jong-un: »Herr Vorsitzender, es ist sehr schön, Sie wiederzusehen«, und ich hoffte, dass sich das bewahrheiten würde. Der Pressemob ging rein und raus, und Trump fragte Kim: »Macht Ihnen die Presse das Leben schwer?« Etwas verblüfft sagte Kim: »Das ist eine naheliegende Frage. Ich habe diese Last nicht«, und lachte. Zu den Menschenrechten sagte Trump fröhlich, wir konnten sagen, wir hätten darüber gesprochen, weil die Presse Kim eine diesbezügliche Frage gestellt hatte. Ein weiterer Lachanfall. Dann wurde Trump ernst und fragte, was Kim sich in der Pause ausgedacht hatte. Kim war unglücklich darüber, dass er den ganzen Weg nach Hanoi gereist war mit einem Vorschlag, von dem er behauptete, er sei unvergleichbar mit all denen, die von allen ihren Vorgängern auf den Tisch gelegt worden waren, und trotzdem sei Trump nicht zufrieden. Dies ging einige Zeit so weiter.

Während Kim sprach, fragte Trump mich nach der Definition der »Denuklearisierung«, die wir in den Briefings in Washington diskutiert hatten, und auch nach dem Blatt, das wir »strahlende Zukunft« nannten. Er übergab Kim beide Seiten und bot ihm an, ihn nach Nordkorea zurückzufliegen und seinen Abend in Hanoi abzusagen. Kim lachte und sagte, das könne er nicht tun, aber Trump bemerkte fröhlich, dass das ein ganz schönes Bild abgäbe.

Er fragte, was Nordkorea zu seinem Angebot beitragen könnte; er wusste, dass Kim nicht wollte, dass er schlecht dastand, weil er der Einzige auf Kims Seite war. Kim erwiderte das Kompliment bereitwillig, da er der Einzige auf Trumps Seite war. Trump ließ die Bemerkung fallen, dass Kim in Nordkorea das Sagen hatte, und Kim schien überrascht, dass Trump die Dinge so sah, sagte aber, dass selbst ein Führer, der alles kontrollierte, nicht ohne eine gewisse Rechtfertigung vorgehen könne. Trump sagte, er verstehe, dass Kim einen Konsens erreichen wolle.

Kim betonte erneut, wie bedeutsam die »Konzession« von Yongbyon[6] für Nordkorea sei und wie viel Berichterstattung die Idee in den US-Medien erhalte. Trump fragte erneut, ob Kim seinem Angebot etwas hinzufügen könne, etwa nur eine prozentuale Reduzierung der Sanktionen zu fordern, anstatt sie vollständig aufzuheben.[7]

Dies war zweifelsohne der schlimmste Moment des Treffens. Hätte Kim Jong-un hier Ja gesagt, hätten sie vielleicht eine Vereinbarung getroffen, die für Amerika katastrophal gewesen wäre. Glücklicherweise biss er nicht an, sagte, er bekomme nichts, und unterließ es, die Aufhebung der Sanktionen zu erwähnen.

Trump versuchte, das Thema zu wechseln und fragte nach den Aussichten auf eine Wiedervereinigung Nord- und Südkoreas und nach der Meinung Chinas. Kim, der Ablenkungen überdrüssig wurde, bat darum, zur Tagesordnung zurückzukehren.

Trump wollte immer noch Kims Angebot verbessern und schlug vor, dass Kim anbieten könne, seine Langstreckenraketen, die die Vereinigten Staaten treffen könnten, zu eliminieren. Ich sah dies als eine offensichtliche Zurückweisung dessen, was ich vorher über die Bedenken Japans und Südkoreas hinsichtlich der Kurz- und Mittelstreckenraketen, die sie treffen könnten, gesagt hatte. Dann kam das Unerwartete von Trump: »John, was denken Sie?«

Ich wollte die Chance nicht verpassen. Wir bräuchten eine vollständige Grundsatzerklärung über Nordkoreas nukleare, chemische, biologische und ballistische Raketenprogramme (in Anlehnung an das Papier, das Trump Kim Jong-un gegeben hatte), sagte ich. Dies war ein traditioneller Schritt in Rüstungskontrollverhandlungen, und frühere Verhandlungen waren ohne eine solche Erklärung gescheitert.

Trump antwortete, dass das, was ich gerade gesagt hatte, ein wenig kompliziert sei, aber er wandte sich zu Kim, um dessen Reaktion abzuwarten.

Kim war nicht einverstanden und drängte darauf, dass wir, wenn wir Schritt für Schritt vorgingen, am Ende ein umfassendes Bild erhalten würden. Er beschwerte sich, wie schon in Singapur, dass Nordkorea keine rechtlichen Garantien zur Gewährleistung seiner Sicherheit habe, und Trump fragte, welche Art von Garantien der Norden wolle. Es gebe keine diplomatischen Beziehungen, siebzig Jahre Feindseligkeit und acht Monate persönlicher Beziehungen, antwortete Kim, der offensichtlich nicht bereit war, detailliert zu antworten. Was würde passieren, wenn ein US-Kriegsschiff in die Hoheitsgewässer Nordkoreas eindrang, fragte er, und Trump schlug vor, Kim solle ihn anrufen.

Nach längerem Hin und Her räumte Trump ein, dass sie in eine Sackgasse geraten seien, die er im laufenden Treffen politisch nicht lösen könne.

Kim sah jetzt wirklich frustriert aus, aber ich war besorgt. Nach anhaltenden Bemühungen, Trump zu erklären, wie gefährlich Nordkoreas nukleare Bedrohung war, wurden wir auf die Hoffnung zurückgeworfen, dass die Politik der Vermeidung einer Massenrevolte in der Republikanischen Partei ausreichen würde, um einen schlechten Deal zu verhindern. Trump wandte sich an Pompeo und bat ihn, das zu wiederholen, was er im »Beast« auf dem Weg zum Metropole gesagt hatte, was Pompeo folgendermaßen wiedergab: »Wir haben Fortschritte gemacht; wir verstehen einander besser; wir vertrauen einander mehr; hier wurden echte Fortschritte erzielt. Wir können erhobenen Hauptes vor die Öffentlichkeit treten.« Ich war froh, dass ich das nicht sagen musste.

Wir wandten uns den Schlusserklärungen zu, die Kim zu einem gemeinsamen Dokument machen wollte. Trump bevorzugte zunächst getrennte Erklärungen, entschied dann aber, dass er das nicht wollte. Dies ging so lange hin und her, bis Trump erneut sagte, dass er eine vollständige Einigung erzielen wolle. Kim sagte rundheraus, dass er höchstens das tun könne, was er bereits vorgeschlagen hatte, was offensichtlich nicht geschehen würde. Er bat stattdessen um eine »Erklärung von Hanoi«, um zu zeigen, dass Fortschritte erzielt worden seien, womit er vielleicht meinte, dass wir an Yongbyon dachten. Das ging jetzt wieder in die falsche Richtung, aber ich war schon früher von Trump niedergemacht worden, weil ich gesagt hatte, dass eine gemeinsame Erklärung zu zeigen drohte, dass wir nichts erreicht hätten. »Ich brauche keine Risiken. Ich brauche Sicherheiten«, antwortete Trump. Pompeo wollte über Fortschritte sprechen: »Wir haben in den letzten acht Monaten Fortschritte gemacht, und darauf werden wir aufbauen.« Selbst Kim wollte das nicht akzeptieren und sagte, dass wir offensichtlich noch nicht an einem guten Punkt angelangt seien. Trump warf nachdrücklich ein, dass, wenn wir Kims Vorschlag akzeptierten, die politischen Auswirkungen in den Vereinigten Staaten enorm sein würden und er die Wahl verlieren könnte. Kim reagierte schnell und sagte, er wolle nicht, dass Trump etwas tue, was ihm politisch schaden würde. Na toll. Kim drängte weiter auf eine gemeinsame Erklärung, beklagte aber, dass er eine Barriere zwischen den beiden Führern und einen Anflug von Verzweiflung verspürte. Kim spielte geschickt mit Trumps Gefühlen, und ich machte mir Sorgen, dass es funktionieren könnte. Trump sagte, Kim solle nicht so empfinden, und dann lachten wir glücklicherweise alle. Kim betonte erneut, wie wichtig das Yongbyon-Paket sei. Ich sagte, Nordkorea habe bereits wiederholt versprochen, zu denuklearisieren, angefangen mit der gemeinsamen Nord-Süd-Erklärung von 1992, so dass sie bereits weitgehend wüssten, was von ihnen verlangt werde. Trump fragte, was mit der Gemeinsamen Erklärung geschehen sei, und ich erklärte, dass Clinton kurz danach den vereinbarten Rahmen von 1994 ausgehandelt habe. Trump beklagte, dass es Kims Vorschlag zur Aufhebung der Sanktionen war, der das Abkommen brach. Kim stimmte zu, dass es eine Schande sei, weil er gedacht hatte, dass das Abkommen viel Beifall erhalten würde.

Stattdessen herrschte im Saal mehrere Sekunden lang völlige Stille, da wir alle dachten, die Sitzung sei zu Ende. Aber es war noch nicht zu Ende, denn Kim drängte immer wieder auf irgendeinen Hinweis auf Yongbyon, der zeigte, dass er und Trump über das hinausgegangen waren, was ihre Vorgänger erreicht hatten. Ich schaltete mich wieder ein und warb mit aller Kraft für zwei getrennte Erklärungen. Ich sagte, wenn sie nach einem positiven Ende suchten, konnten wir jeder auf unsere Weise positiv sein. Kim sagte, er wolle keine eigene Erklärung, was einige weitere Sekunden der Stille mit sich brachte. Trump sagte, er wolle, dass Kim glücklich sei. Dazu fiel mir nichts mehr ein. Trump machte deutlich, dass er eine gemeinsame Erklärung wollte, und übertrug Kim Jong-chol und Pompeo, sie zu verfassen. Damit trudelten die Nordkoreaner aus und ließen die US-Delegation allein im Raum zurück.

Während wir herumschwirrten, fragte mich Trump, warum wir »die Wirtschaft eines Landes sanktionieren sollten, das siebentausend Meilen entfernt ist«. Ich antwortete: »Weil sie Atomwaffen und Raketen bauen, die Amerikaner töten können.«

»Das ist ein guter Punkt«, stimmte er zu. Wir gingen zu Pompeo hinüber, und Trump sagte: »Ich habe John gerade gefragt, warum wir siebentausend Meilen entfernt sanktionieren, und er hatte eine sehr gute Antwort: weil sie die Welt in die Luft jagen könnten.«

»Ja, Sir«, sagte Pompeo. Ein weiterer Tag im Büro. Trump ging zurück in seinen Aufenthaltsraum, und Pompeo sagte mir, dass dieses größere Treffen im Wesentlichen eine Wiederholung des früheren, kleineren Treffens gewesen sei, bei dem Kim unerbittlich das Yongbyon-Geschäft vorangetrieben hatte, in der Hoffnung, Trump würde einlenken.

Im Warteraum fanden wir Trump müde vor, aber er drückte die richtige Einsicht aus, dass das »Weggehen« ohne Deal in Hanoi der Welt deutlich machte, dass er das auch anderswo tun konnte, zum Beispiel bei den Wirtschaftsverhandlungen mit China. Darüber hinaus hatte er jedoch keine Lust auf etwas anderes, nicht einmal auf das Mittagessen, das zusammen mit der gemeinsamen Unterzeichnungsveranstaltung, die vorläufig auf dem Kalender stand, abgesagt wurde. Trump sagte, er wolle bei der Pressekonferenz sowohl Pompeo als auch mich mit auf die Bühne nehmen, aber ich erklärte ihm, dass ich zum Flughafen fahren müsse, um meinen Flieger zu bekommen, weil ich eine lange Pause der Crew in Alaska vermeiden wollte, wovon er nicht ganz begeistert zu sein schien. Ein paar Minuten später sagte Pompeo zu mir: »Sie Glückspilz.« Ich verließ das Metropole gegen 13 Uhr in Richtung Flughafen und erfuhr nach dem Start, dass die Verhandlungen mit dem Norden über eine gemeinsame Erklärung gescheitert waren (keine Überraschung). Trump sagte Sanders, sie solle einfach eine Erklärung des Weißen Hauses herausgeben. Pompeo und Biegun machten ihr eigenes Briefing und versuchten, den Gipfel wie einen Erfolg klingen zu lassen, damit Bieguns Verhandlungen weitergehen konnten. Tatsächlich verfolgte er den gleichen gescheiterten Ansatz wie die drei vorherigen Regierungen, die dazu verdammt waren, das gleiche schlechte Ergebnis zu erzielen.

Als ich nach Washington flog, kam ich zu dem Schluss, dass Hanoi zeigte, dass die USA immer noch nicht wussten, wie sie mit Nordkorea und seinesgleichen umgehen sollten. Wir verbrachten endlose Stunden damit, mit uns selbst zu verhandeln und unsere eigene Verhandlungsposition zu schwächen, bevor unsere Gegner überhaupt dazu kamen – eine hohe Kunst, die das Außenministerium perfektioniert hatte. Die Nordkoreaner und andere waren Experten darin, diejenigen, die einen Deal, irgendeinen Deal, als Zeichen des Erfolgs wollten, voll auszunutzen. Wir waren ein perfektes Ziel. Die wahre Ironie hier war, wie ähnlich Trump dem Auslandsgeheimdienst war. Ein weiterer Hauptfehler bestand darin, die Presse ständig darüber zu informieren, wie erfolgreich die Verhandlungen auf Arbeitsebene waren, die Erwartungen der Medien an eine Einigung zu erhöhen und die Auswirkungen eines Nichtzustandekommens eines Abkommens zu übertreiben. Am wichtigsten war vielleicht, dass wir Trump durch den Briefing-Prozess vor Hanoi geholfen hatten, zu dem Schluss zu kommen, dass ein Weggehen kein Fehlschlag war, und damit den ungesunden Verhandlungsweg, auf dem Biegun sich befand, zum Scheitern zu bringen. Aber wie bei jedem Erfolg in der Regierung war dies ein momentaner Triumph, von dem ich wusste, dass er nicht lange anhalten würde. Der unerbittliche Drang der Bürokratie, »den Prozess« am Laufen zu halten, würde sich unweigerlich wieder entzünden, ebenso wie Trumps unsterblicher Glaube, dass alle mit ihm reden wollten, dass alle »für einen Deal sterben« würden.

Nach Hanoi erfuhren wir aus Pressequellen wie der südkoreanischen *Chosun Ilbo*, dass Kim Jong-chol Zwangsarbeit erdulden musste, obwohl er später rehabilitiert wurde; dass Kim Hyok-chol, Bieguns Amtskollege, zusammen mit mehreren anderen hingerichtet worden war; dass zur Buße Kim Jong-uns Schwester eine Zeitlang aus der Öffentlichkeit verschwunden war; und dass Shin Hye-yong, Kims Dolmetscherin, sich wegen eines Übersetzungsfehlers in einem politischen Gefangenenlager befand. Das war zumindest besser als der vorherige Bericht, dass sie hingerichtet worden war, weil sie Trump nicht daran gehindert hatte, ihre Übersetzung von Kim Jong-uns glühenden Worten zu unterbrechen.[8] Es war schwierig, irgendetwas davon zu überprüfen, aber jeder wusste, dass der nordkoreanische Führer voll und ganz in der Lage war, solche Bestrafungen anzuordnen. Ein Reporter der *Washington Post* twitterte als einen weiteren Beweis ihres verantwortungsvollen Journalismus: »Es sieht so aus, dass durch [Trumps] unberechenbare Diplomatie, einschließlich der Annahme maximalistischer Bolton-Positionen in Hanoi, einige Menschen getötet wurden.«[9]

Die Reaktionen auf den Gipfel von Hanoi waren fast einheitlich überrascht, wenn nicht ganz und gar ungläubig. Condi Rice und Steve Hadley riefen beide an und brachten ihre Unterstützung für Trumps Ausstieg zum Ausdruck, und Rice erzählte mir, dass sie Pence eine meiner Lieblings-Anekdoten über George W. Bush erzählt habe. Bush hatte Kim Jong-il mit einem Kind in einem Hochstuhl verglichen, das ständig sein Essen auf den Boden schob, während die USA und andere es immer wieder aufhoben und wieder auf das Tablett legten. Die Dinge hatten sich nicht sehr verändert. Die Kommunisten würden es erst lernen, wenn das Essen einfach auf dem Boden liegen bliebe, wenn überhaupt. Einige Tage später sprach ich mit dem Südkoreaner Chung Eui-yong, der eine interessante Einstellung hatte. Er sagte, sie seien überrascht, dass Kim Jong-un nur mit einer Strategie und ohne Plan B nach Hanoi gekommen sei. Chung nahm auch Moon Jae-ins schizophrenen Gedanken auf, dass wir zwar zu Recht Nordkoreas Formel »Aktion für Aktion« ablehnten, dass aber Kims Bereitschaft, Yongbyon (nie klar definiert) zu demontieren, ein sehr bedeutsamer erster Schritt sei, der zeige, dass der Norden in ein irreversibles Stadium der Denuklearisierung eingetreten sei. Diese letzte Behauptung war ebenso unsinnig wie Moons Befürwortung des »parallelen und gleichzeitigen Vorgehens« Chinas, das für mich sehr nach »Aktion für Aktion« klang. Chung war der erste, der auf der Grundlage der Berichterstattung über den Gipfel in der nordkoreanischen *Rodong Sinmun* (einer Zeitung für »die einfachen Leute«, wie Chung es beschrieb) voraussagte, dass »einige Beamte ersetzt werden [würden]«, was sich als Untertreibung erwies. Einen Fehler in der nordkoreanischen Außenpolitik zu machen könnte nicht nur für die Karriere, sondern auch für das eigene Leben fatal sein.

Die Überraschung, die viele Menschen, insbesondere US-Kommentatoren, empfanden, rührte von den unerbittlichen Bemühungen des Außenministeriums vor Hanoi her, die angedeutet hatten, dass wir tatsächlich eine Version von »Aktion für Aktion« akzeptieren würden. Reden, vertrauliche Interviews mit Reportern und Experten sowie Seminare in Think Tanks kündigten an, dass wir kurz davor seien, jene »weiten sonnenbeschienenen Hochebenen« zu erreichen, in denen ein Zugeständnis nach dem anderen aus Washington kommen würde. Das war es, was die Unterhändler des Außenministeriums jahrelang als »die Kunst des Verhandelns« verstanden hatten. Diejenigen, die nach Hanoi wirklich keinen Plan B hatten, waren die hochgesinnten Amerikaner, die nichts anderes wollten, als zum vereinbarten Rahmen der Clinton-Regierung oder zu den Sechs-Parteien-Gesprächen der Bush-Regierung oder zur Strategie der »strategischen Geduld« der Obama-Regierung zurückzukehren. Es stellte sich heraus, dass sie auf dem Weg nach Panmunjom geduldiger waren, als ich ihnen zugetraut hatte.

Im Laufe der Zeit war der Norden jedoch nicht mehr überrascht, sondern empört. Am 15. März beschimpfte unsere nordkoreanische Lieblings-Vizeaußenministerin Choe Son-hui Pompeo und mich, weil wir in Hanoi durch unsere »kompromisslosen Forderungen« eine »Atmosphäre der Feindseligkeit und des Misstrauens« geschaffen hätten.[10] Ich hätte ihr in einer Erklärung danken sollen. Im Gegensatz dazu sagte sie, die Trump-Kim-Beziehung sei »immer noch gut und die Chemie auf geheimnisvolle Weise wunderbar«. In der Tat. Dann kam die Drohung. Choe sagte, Kim Jong-un werde in Kürze über die Wiederaufnahme von Atom- und Raketentests entscheiden, was in Südkoreas Regierung enorme Besorgnis auslöste. Ich sprach am selben Tag mit Chung, und er sagte, Choes Erklärung habe sie überrascht. Dennoch hofften sie, dass ihre Äußerungen nur das wiederholten, was sie in Hanoi in einer nächtlichen Pressekonferenz gesagt hatte, nachdem Trump weggegangen war. Wir sahen zu, wie Moon weiterhin härter auf einen weiteren Moon-Kim-Gipfel drängte, der sich nur auf Nuklearfragen konzentrierte, vielleicht weil er sah, wie seine eigene innerkoreanische Politik beeinflusst wurde.

Ich spürte, dass Trump anfing, sich Sorgen zu machen, er sei in Hanoi zu hart gewesen, was sich auf verschiedene Weise manifestierte. Er begann erneut zu sagen: »Wir sollten keine zehn Cent für Kriegsspiele ausgeben«, und bezog sich dabei auf unsere Übungen mit Südkorea. Auf der anderen Seite gab er nie nach, die wirtschaftliche »Maximaldruck«-Kampagne gegen Nordkorea zu unterstützen. Am 21. März hielt ich einen NSC-Hauptausschuss ab, um zu beurteilen, ob die Kampagne so »maximal« wie möglich war, und um zu überlegen, wie man sie verstärken könnte. Der wichtigste Diskussionspunkt war die Frage, ob die Vereinigten Staaten mehr tun sollten, um den Schiff-zu-Schiff-Transfer auf See, den Export von Kohle aus Nordkorea und den Import von Öl zu verhindern. Durch die Schiff-zu-Schiff-Transfers hoffte der Norden offensichtlich, sich der Überwachung zu entziehen, und ich wollte sehen, ob es nicht Schritte zur Anwendung von Gewalt gäbe, die diesen Austausch erschweren würden. Es gab keine Diskussion über zusätzliche Sanktionen gegen Nordkorea, sondern nur darüber, wie die bereits bestehenden besser durchgesetzt werden könnten.

Am nächsten Tag, einem Freitag, waren wir in Mar-a-Lago, um Trump mit den Staatschefs von fünf karibischen Inselstaaten (Bahamas, Haiti, Dominikanische Republik, Jamaika und St. Lucia) zu treffen, eine weitere Begegnung, zu der ich ihn trotz seiner Einwände mehrmals gedrängt hatte, die er aber später als seine eigene Idee bezeichnete. Trump zog mich und ein paar andere in die »Bibliothek« (eigentlich eine Bar) vor der Lobby-Lounge und sagte, er wolle die jüngsten Maßnahmen des Finanzministeriums gegen zwei chinesische Unternehmen wegen Verletzung der Nordkorea-Sanktionen zurücknehmen. Wir hatten diese Entscheidungen gebilligt – die alle persönlich von Pompeo, Mnuchin und mir unterzeichnet worden waren –, bei denen es sich um Maßnahmen im Rahmen bestehender Sanktionen handelte, nicht um »neue« Sanktionen, mit denen das, was bereits bestand, ausgeweitet oder vergrößert wurde. Nach Singapur hatten wir diese Unterscheidung mit Trump ausdrücklich überprüft. Er stimmte zu, dass die strikte Durchsetzung bestehender Sanktionen fortgesetzt werden würde, und gemäß dieser Vereinbarung hatten wir in den mehr als neun Monaten seit Singapur eine beträchtliche Anzahl von Unternehmen und Einzelpersonen für Verstöße bestraft.

Warum Trump diese jüngsten Maßnahmen zurücknehmen wollte, war für alle ein Rätsel, es sei denn, er empfand Mitleid mit Kim Jong-un. Trump diktierte einen Tweet, der nur als Umkehrung der jüngsten Ankündigung des Finanzministeriums gelesen werden konnte. Ich konnte nicht anders, als davon so heftig wie möglich abzuraten, und Mulvaney stimmte dem voll und ganz zu. Wir hatten keinen Erfolg. Es ging darum, so Trump, dass der Tweet »nur für einen Einzigen bestimmt« sei, mit dem er versuche, ein Abkommen zu treffen. »Es wird nichts anderes beeinflussen«, sagte er und ignorierte dabei meine offensichtlich vergeblichen Bemühungen, zu erklären, dass viele andere Leute diesen Tweet ebenfalls sehen und ihn unweigerlich als eine Schwächung der Sanktionen und eine öffentliche Zurückweisung seiner eigenen Berater, insbesondere Mnuchins, interpretieren würden. Trump war das einfach egal. Er wollte eine Botschaft an Kim Jong-un senden, so wie er eine Botschaft an Xi Jinping senden wollte, als er die ZTE-Sanktionen von Ross zurücknahm, nachdem sie öffentlich angekündigt worden waren. Sanders fragte, was sie dazu sagen solle, warum Trump das getwittert habe, und er antwortete: »Ich mag Kim Jong-un, und diese Sanktionen waren unnötig.« Der Tweet ging raus.

Nachdem wir mit den Staats- und Regierungschefs der Karibik über gemeinsame regionale Herausforderungen diskutiert und uns auf den Weg zum Flughafen gemacht hatten, sahen wir Medienberichte darüber, dass sich Trumps Nordkorea-Tweet nicht auf das bezog, was das Finanzministerium am Donnerstag angekündigt hatte, sondern auf andere, nicht näher spezifizierte zukünftige Sanktionen, die noch nicht öffentlich waren. Pompeo rief mich kurz nach 18 Uhr aus dem Nahen Osten an, und ich versuchte zu erklären, was passiert war, aber es war immer noch verwirrend. Wir waren jedoch beide völlig entmutigt über das, was Trumps Tweet angerichtet hatte. Und an diesem Tag, dem 22. März, war es ein Jahr her, dass Trump mir die Position im Nationalen Sicherheitsrat angeboten hatte. Es schien mir zehn Jahre her zu sein.

Am Samstagmorgen gegen halb acht rief ich Mulvaney an, der in Mar-a-Lago übernachtet hatte. Mnuchin hatte ihn am Freitagnachmittag angerufen, um mit Trump zu sprechen und darauf zu beharren, dass die Aufhebung der neuen Sanktionen des Finanzministeriums für ihn peinlich wäre. Mulvaney stellte den Anruf durch, und Mnuchin gab Trump die gleiche Analyse, die ich hatte. Trump erklärte sich bereit, nur Stunden, nachdem er mit genau denselben Punkten nicht einverstanden war, die Entscheidungen beizubehalten. Als ich das hörte, fragte ich Mulvaney, ob ich mich am Tag zuvor nicht klar genug ausgedrückt hätte. »Sie haben sich sehr klar ausgedrückt«, sagte Mulvaney, »aber manchmal braucht es zwei oder drei Versuche, bis es ankommt.« Was die »zukünftigen« Sanktionen anging, sagte Mulvaney, dies sei lediglich die »ungeschickte Art des Finanzministeriums, die Dinge zu erklären«. Er und ich beschlossen, Mnuchin einzuladen. Mnuchin sagte, er versuche, Trump vor der Peinlichkeit zu bewahren, indem er sagte, wir würden keine zusätzlichen Sanktionen ergreifen, obwohl er damit einverstanden war, dass der Rest der Welt zu dem Schluss kommen könnte, dass wir vom »maximalem Druck« abkämen. Wir waren uns jedoch alle einig, dass eine Korrektur der Korrektur (unser neues Synonym für »umkehren«) die Dinge nur noch schlimmer machen würde.

Obwohl mir die Verschleierungsgeschichte von Mnuchin anfangs nicht gefiel, hätte ich mir im Laufe des Tages nichts Besseres wünschen können. Wir, oder genauer gesagt, Trump, wirkten vielleicht verwirrt, aber zumindest sahen wir nicht zu schwach aus. Ich sprach später mit Pompeo, und er stimmte auch zu, dass wir die Sache einfach ruhen lassen sollten. In jeder anderen Regierung wäre diese Affäre eine große Sache gewesen, aber für uns ging sie fast unbemerkt vorüber. Die Veröffentlichung des Mueller-Berichts, mit dem das Thema »Russlands geheime Absprachen« beendet wurde, dominierte die Berichterstattung. Am Montag bestätigten wir, mit Pompeo und mir im Oval bei Trump und Mnuchin am Telefon, was wir nach Singapur beschlossen hatten, nämlich dass die Maßnahmen fortgesetzt würden, dass wir aber keine weiteren Verbote gegen Nordkorea ohne die Zustimmung von Trump verhängen würden. Hätte Trump am Freitag einfach auf uns gehört, hätte dieses ganze Drama vermieden werden können.

Ein Thema, das die Beziehungen zu Südkorea (und Japan und in geringerem Maße auch zu den europäischen Verbündeten) belastete, war die Frage, welchen Anteil an den Kosten der US-Militärstützpunkte das Gastland tragen sollte. Praktisch überall, wo wir Stützpunkte hatten, zahlte das Gastgeberland einige Kosten, aber die Beträge und Formeln waren unterschiedlich, und es gab keine wirkliche Einigung darüber, wie hoch die tatsächlichen Kosten waren. Nach den kreativen Buchführungstechniken des Verteidigungsministeriums konnte fast jede »Kosten«-Zahl gerechtfertigt werden, ob hoch oder niedrig. Wie bei anderen militärischen Finanzierungsfragen war Trump der Meinung, dass unsere Verbündeten nicht genug zahlten. Das passte zu seiner nach unzähligen Diskussionen unerschütterlichen Vorstellung, dass wir, sagen wir, in Südkorea seien, um sie zu verteidigen. Wir waren nicht wegen »kollektiver Verteidigung« oder »gegenseitiger Sicherheit« oder wegen dieser komplexen internationalen Angelegenheiten dort. Wir verteidigten Deutschland, oder wir verteidigten Japan, oder wir verteidigten Estland, was auch immer, und sie sollten dafür bezahlen. Außerdem sollten wir, wie jeder gute Geschäftsmann sagen würde, aus der Verteidigung all dieser Länder, an denen die USA kein besonderes Interesse haben (»Warum sind wir in all diesen Ländern?«, würde Trump fragen), einen Gewinn erzielen oder zumindest eine bessere Verhandlungsstrategie entwickeln, die jedes Mal am Beginn der Verhandlungen steht, wenn die Unterstützungsabkommen des Gastgeberlandes zur Erneuerung anstehen.

Trump hatte lange Zeit die Idee gehabt, dass die Gastgeberländer »Kosten plus X Prozent« der Kosten der USA zahlen sollten, wie er bereits im April 2018 sagte, als er darauf drängte, dass arabische Streitkräfte uns in Syrien ersetzen sollen (siehe Kapitel 2). Irgendwann war er überzeugt, dass »Kosten plus 50 Prozent« zu roh klang, und so nannte er das, was er verlangte, bei verschiedenen anderen Namen, wie »gerechter Anteil« oder »volle und faire Erstattung unserer Kosten«[11]. Täuschen Sie sich aber nicht, der tatsächliche Dollarbetrag, den er wollte oder mit dem er zumindest Verhandlungen aufnehmen wollte, blieb »Kosten plus 50 Prozent«. Im Fall Südkoreas belief sich dieser Betrag im Rahmen unseres Abkommens über Sondermaßnahmen auf jährlich 5 Milliarden Dollar, eine enorme Steigerung gegenüber den weniger als 1 Milliarde Dollar, die Seoul pro Jahr zahlte. Das derzeitige Abkommen lief am 31. Dezember 2018 aus, was sowohl dem Außenministerium als auch dem Pentagon große Sorgen bereitete. Sie wollten von den Gastländern keine Gebühren verlangen, als ob wir Söldner wären, auch, weil sie wussten, dass es schwierig sein würde, solch bedeutende Erhöhungen zu erreichen. Die Südkoreaner waren zufällig die ersten, weil das Abkommen auslief, und die Japaner waren die Nächsten, aber letztlich würde diese Frage auf alle zukommen.

Da ich befürchtete, dass Trumps ultimative Drohung – unsere Truppen aus jedem Land abzuziehen, das nicht den von ihm als angemessen erachteten Betrag zahlte – im Fall Südkoreas ernst war, versuchte ich, eine andere Strategie zu entwickeln, als mich einfach zu weigern, das zu tun, was Trump wollte. Letzteres war der Ansatz von Mattis, und das funktionierte so lange, bis Trump explodierte und tat, was er tun wollte. Für das Außen- und Verteidigungsministerium war ein Abzug der US-Streitkräfte aus Südkorea undenkbar, so dass ihr anhaltender Widerstand gegen eine deutliche Erhöhung der Zahlungen des Gastgeberlandes das Risiko nur noch erhöhte. Leider wusste ich, wo der Rand der Klippe lag. Im Jahr 2018, nach ergebnislosen Verhandlungen am Ende des Kalenderjahres, wobei der 31. Dezember auf uns lastete, stimmte Südkorea einer Erhöhung seiner Kosten zu, die deutlich über dem derzeitigen Niveau lag, aber immer noch weniger als 1 Milliarde Dollar pro Jahr betrug. Das bedeutete, dass wir nun ein weiteres Jahr Zeit hatten, um eine Lösung zu finden, die sowohl Trump als auch die Südkoreaner akzeptieren würden, wobei wir hoffentlich einen Rückzug der US-Streitkräfte vermeiden konnten. So stand es mehrere Monate lang bis ins Jahr 2019 hinein.

Offensichtlich immer noch besorgt über den Kollaps in Hanoi kam Moon Jae-in am 11. April nach Washington. Pompeo und ich trafen Moon zum ersten Mal um neun Uhr morgens im Blair House, zusammen mit Außenministerin Kang Kyeong-wha und Chung Eui-yong. Nach den üblichen Höflichkeiten erfuhren wir, dass der Süden seit dem Hanoi-Gipfel keine substanziellen Kontakte mehr zu Nordkorea hatte; der Norden brauchte mehr Zeit, um Hanoi zu überwinden. Moon war sehr verärgert, weil Pjöngjangs kalte Schulter sowohl in der Nuklearfrage als auch in der innerkoreanischen Frage für ihn politisch eine schlechte Nachricht war, denn er vertrat den Standpunkt, dass »Sonnenschein« vom Norden greifbare Ergebnisse bringen würde, was er eindeutig nicht tat. Ich habe versucht, bei diesem Treffen und bei dem Treffen zwischen Moon und Trump so wenig wie möglich zu sagen, gerade weil ich wusste, dass die Regierung von Moon andere als Sündenbock suchte, und innerhalb der US-Mannschaft war ich die logische Person, die man als Quertreiber ins Visier nehmen sollte. Und warum auch nicht? Wenn man sich den Erfolg von Kim Jong-uns analoger Strategie Trump gegenüber ansieht, funktionierte es offensichtlich.

Moon kam mittags im Weißen Haus an, und nach dem üblichen Presserummel im Oval blieben Pompeo und ich bei Trump, um uns in einem kleineren Rahmen mit Moon, Kang und Chung zu treffen. Trump sagte, er bekomme viel Anerkennung für die Art und Weise, wie Hanoi sich entwickelt habe, da es besser sei, wegzugehen, als ein schlechtes Abkommen zu unterzeichnen. Moon fand das in Ordnung, aber er wollte, dass etwas Dramatisches den Anstoß zu dem gab, was seiner Meinung nach der Gipfel des Jahrhunderts sein könnte. Er drängte auf eine dramatische Herangehensweise hinsichtlich Zeitpunkt, Ort und Form, die wiederum zu dramatischen Ergebnissen führen könnte, und schlug ein Treffen entweder in Panmunjom oder auf einem Schiff der US-Marine vor. Trump unterbrach den Monolog, was ein Glücksfall war, denn es hatte den Anschein gehabt, als wäre er eingeschlafen, betonte, dass er Moons Ideen schätze, und unterstrich, es sei sein Wunsch, dass der nächste Gipfel zu einer tatsächlichen Einigung führe. Ein einmaliges Treffen ohne eine Einigung war kein Problem, aber niemand wollte zweimal weggehen. Moon machte sich jedoch immer noch eher Sorgen um die Form als um die Substanz, aber was für ihn wirklich am wichtigsten war, war die Betonung, dass er für Kim und Trump zur Verfügung stehe. Trump biss nicht an und bestand darauf, dass es eine Vereinbarung zur Zerstörung von Nordkoreas Atomwaffen geben müsse, bevor es einen weiteren Gipfel gäbe.

Wir vertagten uns für ein Arbeitsessen im Cabinet Room, und nach einer Überprüfung der Entwicklungen in Nordkorea und einem kleinen Streifzug durch bilaterale Handelsfragen erhöhte Trump unsere Militärbasis-Kosten in Südkorea. Trump erklärte, dass uns die Stützpunkte jährlich fünf Milliarden Dollar kosteten[12], wobei er sagte, dass die USA vier Milliarden Dollar pro Jahr durch das Privileg Südkoreas, uns Fernsehgeräte zu verkaufen, verloren hätten. Andere Länder hätten angeboten, deutlich mehr zu zahlen, und in der nächsten Phase der Verhandlungen sollte Südkorea mehr Bereitschaft zeigen. Trump wollte vermitteln, dass er Moon sehr in Schutz nahm, und dass er großen Respekt vor ihm habe. Moon versuchte zu erwidern, dass viele südkoreanische Unternehmen in den USA investierten, und plädierte dafür, dass Trumps Erwartungen hinsichtlich der Militärstützpunktkosten zu hoch seien. Trump fragte, ob die USA das Land für ihre Militärstützpunkte gepachtet hätten oder ob sie kostenlos wären, was Moon nicht beantwortete. Stattdessen parierte er, indem er sagte, Südkorea gebe 2,4 Prozent seines BIP für die Verteidigung aus, was Trump dazu veranlasste, Deutschland wegen seiner unzureichenden Verteidigungsausgaben zu kritisieren. Dann kehrte er zu Südkorea zurück, das davon befreit war, sich verteidigen zu müssen, und daher frei war, aufzubauen. Im Gegensatz dazu hatten die USA 5 Billionen Dollar für das Privileg ausgegeben, den Süden zu verteidigen, weil sie die härtesten Verhandlungspartner von allen waren. Trump wollte eine Formel, die den USA gegenüber fair war.

Nach weiteren Gesprächen über Nordkorea fragte Trump, wie die Beziehungen zu Japan seien. Wir alle sahen die zunehmenden Schwierigkeiten zwischen Tokio und Seoul, die sich in den nächsten Monaten rapide verschärfen würden. Moon versuchte, einen Vertrag von 1965 zwischen den beiden Ländern zu kippen. Dieser Vertrag zielte, sicherlich aus japanischer Sicht, darauf ab, die Feindseligkeiten zu beenden, die durch Japans Kolonialherrschaft über Korea von 1905 bis 1945 entstanden waren, insbesondere die Härten des Zweiten Weltkriegs und das bekannte Problem der »Trostfrauen«.

Moon sagte, dass die Geschichte die Zukunft der Beziehungen nicht beeinträchtigen dürfe, aber von Zeit zu Zeit mache Japan dies zu einem Thema. Natürlich war es nicht Japan, das die Geschichte zur Sprache brachte, sondern Moon, für seine eigenen Zwecke. Meiner Ansicht nach versuchte Moon, wie andere politische Führer Südkoreas, Japan zu einem Thema zu machen, wenn die Zeiten zu Hause schwierig waren.

Trump fragte, ob Südkorea gemeinsam mit Japan als Verbündete kämpfen könne, obwohl es keine Übungen mit Japan durchführen wollte. Moon antwortete freimütig, dass Tokio und Seoul gemeinsame Militärübungen durchführen könnten, dass aber japanische Streitkräfte in

Korea zu haben die Menschen an die Geschichte erinnern würde. Trump beharrte weiter, was passieren würde, wenn wir gegen Nordkorea kämpfen müssten, und ob Südkorea eine japanische Beteiligung akzeptieren würde. Moon wollte eindeutig nicht antworten und sagte, dass wir uns keine Sorgen machen sollten und dass Südkorea und Japan als Einheit kämpfen würden, solange es keine japanischen Selbstverteidigungskräfte auf südkoreanischem Boden gäbe.

Moon schloss mit der Bemerkung, dass er nach seiner Rückkehr nach Seoul dem Norden einen dritten US-Nordkorea-Gipfel zwischen 12. Juni und 27. Juli vorschlagen wolle. Trump sagte, jeder Termin sei in Ordnung, aber nur, wenn vorher eine Vereinbarung getroffen wurde. Moon versuchte es weiter und erklärte, was wir alle wussten, dass die Diplomaten auf Arbeitsebene des Nordens in Nuklearfragen keinen Ermessensspielraum hätten und dass er deshalb Gespräche auf höherer Ebene wünsche. Trump antwortete einfach, dass Pompeo und ich daran arbeiten würden.

Japans Premierminister Abe traf am 26. April in Washington ein und vertrat fast die gegenteilige Ansicht von Moon. Trump sagte Abe, er habe gute Reaktionen auf das Verlassen des Gipfels erhalten, die Menschen respektierten es. Abe stimmte zu, dass das Ergebnis sehr positiv war und dass Trump die einzige Person war, die den Gipfel verlassen konnte. Er betonte wiederholt, dass es wichtig sei, die Sanktionen aufrechtzuerhalten (was Kim hasste) und keine leichten Zugeständnisse zu machen. Abe betonte, die Zeit sei auf unserer Seite, und Trump stimmte ihm zu.

Leider fuhr Nordkorea fort, Raketen zu testen – nicht die Interkontinentalraketen, von denen Kim Trump versprochen hatte, dass er sie nicht testen würde, sondern Kurz- und Mittelstreckenraketen, die einen Großteil von Südkorea und Japan bedrohten. Einige wurden in Salven gestartet, die den Kriegsbedingungen nahekamen, von denen ich am Abend des Freitags, den 3. Mai (Samstagmorgen koreanischer Zeit), zum ersten Mal hörte. Nachdem ich von dem ersten Abschuss erfahren hatte, rief ich sofort Pompeo und Shanahan an, um ihnen eine Vorwarnung zu geben.

Kurz darauf wurden weitere Abschüsse gemeldet. Nachdem ich mit Dunford gesprochen hatte, beschloss ich, Trump anzurufen, um ihm mitzuteilen, was wir wussten. Die Raketen hatten eine kurze Reichweite, so dass keine unmittelbare Bedrohung bestand, aber bei den Nordkoreanern konnte man nie wissen.

Etwas später, nach noch mehr Starts, rief ich Trump ein zweites Mal an und sagte, dass es so aussah, als seien sie für heute fertig. Er sagte mit etwas erregter Stimme: »Bleiben Sie ruhig, spielen Sie es herunter, spielen Sie es herunter«, offensichtlich besorgt, dass die Leute seinen Freund Kim Jong-un für etwas gefährlich halten könnten. Zu diesem Zeitpunkt erschienen, beruhend auf öffentlichen Erklärungen des südkoreanischen Verteidigungsministeriums, Presseberichte in Südkorea, das sich weit mehr Sorgen über die Kurzstreckenraketen machen musste. Da das Außenministerium unweigerlich etwas über unsere Reaktion verfassen würde, kam ich zu dem Schluss, dass ich, nur um sicherzugehen, erst mit Trump sprechen musste. Ich rief ihn etwa eine Stunde später zum dritten und letzten Mal an diesem Abend an, und wie ich vermutete, wollte er überhaupt keine Erklärung. Er endete mit »Okay, Mann«, womit er üblicherweise ausdrückte, dass er beruhigt darüber war, wie wir ein bestimmtes Thema abgeschlossen hatten. Erklärung oder nicht, diese ballistischen Raketentests, egal welcher Reichweite, verstießen gegen die Resolutionen des Sicherheitsrates, die die Grundlage der internationalen Sanktionen gegen Nordkorea bildeten. Nicht, dass ich mir Sorgen über einen gewissen unantastbaren Status von Ratsresolutionen gemacht hätte, aber ich machte mir pragmatisch Sorgen, dass, wenn wir eindeutige Verstöße als unwesentlich abtun würden, andere Nationen die falsche Lektion lernen und anfangen würden, bedeutende Sanktionsverletzungen als geringfügig zu bezeichnen. Das war mehr als nur ein wenig riskant.

Nur um meine Befürchtungen zu bestätigen, sagte Trump, als ich am nächsten Morgen die neuesten Informationen an ihn weiterleitete: »Nennen Sie es Artillerie«, als ob es verschwinden würde, wenn ich es als etwas bezeichnete, das es nicht war. Unter anderem hatte er auch getwittert: »[Kim Jong-un] weiß, dass ich auf seiner Seite bin & will sein Versprechen mir gegenüber nicht brechen. Der Deal wird stattfinden!« Trump dachte offensichtlich, dass diese Tweets ihm bei Kim weiterhalfen, aber ich befürchtete, dass sie die Wahrnehmung verstärkten, dass er verzweifelt nach einem Deal suchte und dass nur seine destruktiven Berater (raten Sie mal, wer) im Weg standen. Wir alle hatten jeden Gedanken daran aufgegeben, er könne das Twittern beenden; wir konnten nur damit leben. Interessanterweise bezeichnete die südkoreanische Regierung die Raketen nun auch als »Geschosse«, um die Geschichte zu minimieren.[13] All das wegen eines Regimes in Pjöngjang, das die Welt um Nahrung für seine angeblich hungernde Bevölkerung bat, aber immer noch genug Kleingeld hatte, um sich an der Entwicklung von Raketen und Atomwaffen zu beteiligen.

Andere waren nicht so resigniert. Abe rief am Montag, dem 6. Mai, an, um zu sagen, dass Kim sich immer mehr über die Auswirkungen der Sanktionen auf Nordkorea ärgere, weil sie effektiv funktionierten, und dass diese erneuten Raketenstarts die Situation zu seinen Gunsten wenden sollten, indem sie die internationale Einigkeit über die Sanktionen untergruben. Abe sagte, er werde die hervorragende Politik von Trump, eine Einigung anzustreben sowie die Sanktionen und eine robuste militärische Haltung beizubehalten, voll und ganz unterstützen, eine Haltung, die er immer noch öffentlich vertritt. Ich verstand, was Abe zu tun versuchte, aber ich fragte mich, ob das ständige Ermuntern von Trump, seine Strategie sei brillant, Abes Fähigkeit, den Trump-Zug auf den Schienen zu halten, in Wirklichkeit nicht verringerte. Tatsächlich schlug Trump vor, Abe solle eine Erklärung herausgeben, dass Japan und die Vereinigten Staaten fest verbündet seien, damit Nordkorea eindeutig sähe, dass Japan zu uns gehörte. Er schloss mit der Zusage, Abe auf dem Laufenden zu halten, aber er solle keine Sorge haben, denn bei den Raketenstarts handelte es sich bloß um Kurzstreckenraketen und nicht um wirkliche Geschosse. Wenn er es oft genug sagte, würde es vielleicht wahr werden.

Am nächsten Tag rief Moon Trump an, um über die Starts am Wochenende zu sprechen. Es überraschte nicht, dass Moon die Bedeutung des Themas herunterspielen wollte, wovon sich Trump bereits überzeugt hatte. Während Moon über Kim Jong-uns Unzufriedenheit mit den gemeinsamen Militärübungen der USA und Südkoreas schwafelte, bemerkte Trump, dass Moon seine Beziehung zu Kim verloren zu haben schien, der nun nicht mehr, wie eigentlich vorgesehen, nach Südkorea reiste. Trump sah diesen Misserfolg nicht als einen Fehler von Moon an, aber offensichtlich war etwas passiert. Moon räumte ein, dass es seit Hanoi noch ein paar, wenn nicht sonderlich substanzielle Gespräche mit Nordkorea gegeben habe. Irgendwie gelang es Moon, dies in ein Argument zu verwandeln, dass die USA dem Norden direkte Nahrungsmittelhilfe leisten sollten, anstatt dem Süden einfach zu gestatten, sie über UNICEF und das Welternährungsprogramm bereitzustellen.[14] Trump antwortete, dass er Moon überraschen würde, indem er der Freigabe der Hilfe durch die UN-Organisationen seinen vollen Segen gab, und bat Moon, Nordkorea wissen zu lassen, dass er ihm dies vorgeschlagen hatte. Trump sagte, er tue dies trotz der Hardliner, die dagegen seien, weil er ein gutes Verhältnis zu Kim habe, und der Zeitpunkt sei gut gewählt.

Soviel zur Konsistenz. Nordkorea könnte zu dem Schluss kommen: »Wir feuern Raketen ab und erhalten kostenlose Nahrungsmittel.« Das war ein schreckliches Signal, das wieder einmal zeigte, wie sehr Trump auf ein Abkommen erpicht war. Ich betonte gegenüber Pottinger und Hooker, sie mögen Südkorea klar machen, dass wir selbst keine Nahrungsmittel zur Verfügung stellen würden. Wir hatten nicht einfach keine Einwände gegen die Bereitstellung von Ressourcen, sondern wir bestanden auch darauf, dass die Nahrungsmittelhilfe im Norden sehr sorgfältig überwacht werden musste. Im Frühjahr und Sommer folgten weitere Raketenstarts, was Kims Zuversicht zeigte, dass es keine Vergeltungsmaßnahmen geben würde.[15] Vielleicht einfach nur mehr Reis. Trump sagte zu mir am 9. Mai, nach der nächsten Salve: »Setzen Sie schwere Sanktionen auf«, später wurde das auf »massive Sanktionen« hochgestuft, aber nichts davon öffentlich verkündet. Wir ließen eine Wetterfahne wie den Felsen von Gibraltar aussehen.

Ende Mai reiste Trump nach Japan, womit er der erste Staatsgast in der Ära von Reiwa (was »schöne Harmonie« bedeutet) war, dem Namen, den Kaiser Naruhito für seine Regierungszeit wählte, die offiziell am 1. Mai begann – am Tag nach der Abdankung seines Vaters, Kaiser Akihito. Dies war eine unglaubliche Ehre für Trump, und Abe machte offensichtlich deutlich, was Japans Bündnisprioritäten waren. Ich war ein paar Tage früher da, um die letzten Vorbereitungen für die Diskussionen zu treffen, die stattfinden würden, und traf mich mit Abe, der seine Absichten mit Trump erläuterte. Was ich für ein ereignisloses Pressegespräch am Samstag, dem 25. Mai, hielt, brachte mich jedoch in eine unangenehme Lage. Ein Reporter fragte, ob Nordkoreas jüngste Raketenstarts gegen die Resolutionen des Sicherheitsrates verstießen, was ich sehr wohl wusste, da ich an der Abfassung der ersten beiden Resolutionen 1695 und 1718 beteiligt gewesen war, als ich US-Botschafter bei der UNO war. Ich hatte nicht vor zu ignorieren, worauf ich damals so sehr gedrängt hatte. Und aus logischen Gründen, wenn nicht aus Wahrnehmungsgründen, war es durchaus möglich, dass die Starts gegen die Resolutionen verstießen, ohne Kims Versprechen an Trump zu verletzen, das nur Interkontinental-Starts umfasste. Es war ebenso wahr, dass Trump dumm dastand, weil er nicht begriff, dass Kim ihm mit diesem Versprechen tatsächlich die Brooklyn Bridge verkauft hatte, aber wir konnten Trumps Glauben, dass er damit einen Coup gelandet hatte, nie erschüttern. Kurz nach der Ankunft der Air Force One in Japan twitterte Trump:

> Nordkorea feuerte einige Kleinwaffen ab, was einige meiner Leute und andere störte, mich aber nicht. Ich bin zuversichtlich, dass der Vorsitzende Kim sein Versprechen mir gegenüber halten wird, & lächelte auch, als er den Sumpfmann Joe Biden als Person mit niedrigem IQ & Schlimmeres bezeichnete. Vielleicht sendet er mir damit ein Signal?

Ich konnte schon jetzt sagen, dass dies eine lustige Reise werden würde.

Am Montag, dem 27. Mai, nahm die US-Delegation an der beeindruckenden Ehrengardezeremonie mit dem Kaiser auf dem Gelände des Kaiserpalastes im Zentrum Tokios teil. Trump betrachtete die Ehrengarde, aber der Kaiser tat dies nicht – ich vermutete, weil er einen Bruch mit der japanischen Geschichte vor dem Zweiten Weltkrieg zeigen wollte. Nach einem privaten Treffen zwischen Trump, der First Lady und dem Kaiserpaar fuhren wir mit dem Auto zum Akasaka-Palast. Der Palast, ein riesiges Gebäude, das aussah, als wäre es von Versailles nach Tokio transportiert worden, war direkt nach dem Ersten Weltkrieg gebaut worden, um den französischen Architekturstil zu kopieren. Mehrere Japaner sagten uns, der Palast sei jetzt unbeliebt, denn wer hätte nicht etwas gegen ein riesiges französisches Schloss mitten in Tokio?

Ich habe versucht, Trumps Aufmerksamkeit auf Nordkoreas Raketentests zu lenken. Auch wenn er sie vielleicht als unbedeutend ansah, hatten die Japaner, die viel näher an Nordkorea lebten, eine andere Ansicht. Er sagte: »Es macht mir nichts aus, Leute zu haben, die nicht mit mir übereinstimmen«, was nicht wirklich das war, was ich meinte. Bevor ich es noch einmal versuchen konnte, wurden wir für die erste Sitzung in einen großen Raum mit Ornamenten geleitet, in dem nur die beiden Staatschefs, Yachi, ich und die Dolmetscher anwesend waren. Abe begann, indem er Trump dafür dankte, dass er sich später mit den Familien der japanischen Staatsbürger treffen wollte, die Nordkorea im Laufe der Jahre entführt hatte. Nordkorea leugnete die Entführungen wiederholt, aber die gegenteiligen Beweise waren überwältigend.[16] Abe selbst hatte zu Beginn seiner politischen Karriere das Eintreten für die Geiselfamilien zu seinem Markenzeichen gemacht, so dass er Trumps Geste persönlich zu schätzen wusste. (Später nahmen die Familienmitglieder, die ich zuvor mehrmals in Washington getroffen hatte, kein Blatt vor den Mund. »Nordkorea hat Sie belogen und versucht, Sie zu betrügen«, sagte einer, und ein anderer fügte hinzu: »Nordkorea ist seit drei Generationen eine terroristische Nation.« Trump antwortete warmherzig und sagte zu einem Verwandten: »Geben Sie niemals auf. Geben Sie niemals auf« in Bezug auf dessen Versuche, sein Familienmitglied zu befreien. Zu der Mutter einer anderen Entführten sagte er: »Sie werden sie wiedersehen.« In ihren gemeinsamen Bemerkungen an die Presse nach dem Treffen, das für Abe ein großer Auftrieb war, sagte Trump: »Wir werden gemeinsam daran arbeiten, um die Entführten nach Hause zu bringen.«)

Nach weiteren Gesprächen mit Abe, vor allem über China, fragte Trump, als wir in den US-Aufenthaltsräumen waren, warum der US-Handelsbeauftragte Bob Lighthizer nicht an dem Treffen teilgenommen habe. Ich erläuterte die Terminierung der verschiedenen Themen, was Trump ignorierte. »Lighthizer hätte diese Rede [über China] hören sollen«, sagte Trump und fügte dann mit einem Blick auf mich hinzu: »Wenn Sie Ihr Buch schreiben, dann machen Sie es richtig.« Ich lachte und sagte, ich würde es tun, und sogar Trump lachte an diesem Punkt. Wunsch erfüllt.

Um drei Uhr nachmittags hatten Abe und Trump eine gemeinsame Pressekonferenz, wobei Trump erneut sagte, er sei nicht beunruhigt über die Raketenstarts Nordkoreas, und Abe sagte öffentlich, während Trump neben ihm stand, dass er glaubte, sie hätten gegen Resolutionen des Sicherheitsrates verstoßen. Die Presse liebte diese Gespaltenheit einfach, aber noch wichtiger war, dass sie Nordkorea zeigte, dass es trotz der den ganzen Tag laufenden Bemühungen, die Solidarität der amerikanisch-japanischen Allianz zu zeigen, klar war, dass Abe und Trump unterschiedliche Ansichten über Nordkorea hatten.

Im Juni kehrte Trump zum G20-Treffen in Osaka zurück und traf sich am Freitag, dem achtundzwanzigsten, um 8.30 Uhr mit Abe. Meiner Ansicht nach war Trumps beste persönliche Beziehung unter den führenden Politikern der Welt die zu Abe (sie waren sowohl Golffreunde als auch Kollegen), obwohl es, als Boris Johnson britischer Premierminister wurde, ein Unentschieden gab. Trump liebte es, zu erwähnen, dass Abes Vater im Zweiten Weltkrieg Kamikazepilot gewesen war. Trump benutzte ihn, um zu zeigen, wie hart die Japaner im Allgemeinen und Abe im Besonderen waren. In einer Version beschrieb Trump Abes Vater als enttäuscht darüber, dass er nicht in der Lage gewesen war, die ihm zugedachte Mission für den Kaiser zu erfüllen, und er schien nie zu erkennen, dass es keinen Shinzo Abe (geboren 1954) gegeben hätte, wenn der Vater als Kamikaze erfolgreich gewesen wäre. Bloße historische Details.

Abe dankte Trump noch einmal herzlich für das Treffen mit den Familien der Entführten während des Staatsbesuchs. Abe sagte, Nordkorea wolle dringend einen Deal, was für die beiden Staatschefs unterschiedliche Dinge bedeute. Für Abe bedeute es, dass Nordkorea mit konkreten Aktionen zur Denuklearisierung beginnen müsse, und dass keine Notwendigkeit bestünde, die Sanktionen zu lockern. Trump sagte jedoch, dass Kim ihm persönlich schöne Briefe und Geburtstagskarten schreibe und dass der Norden etwas tun wolle, weil die Sanktionen ihnen sehr wehtäten. Trump fragte, ob Japan die gleichen Sanktionen wie die USA verhängt habe, und er erzählte erneut, dass er bei seinem ersten Treffen mit Abe und Moon beide gefragt habe, ob sie auch Sanktionen gegen Nordkorea verhängten. Sie hätten geantwortet, dass dies nicht der Fall sei, weil die Sanktionen zu teuer seien. (Ich hatte sowohl die Südkoreaner als auch die Japaner gefragt, ob sie dieses Gespräch gehört hätten, und keiner hatte es gehört, und alle sagten, dass Japan und Südkorea natürlich alle UNO-Sanktionen umsetzten. Trump war von der Geschichte so fest überzeugt, dass es keinen Sinn hatte, ihn danach zu fragen.) Auf jeden Fall betonte Trump, dass Sanktionen Geld kosten, aber wenn man sie nicht verhängte, würde man später dafür bezahlen. Er war der Meinung, Nordkorea sende Signale aus, dass es vielleicht mehr als einen seiner Nuklearstandorte schließen wolle, wie es in Hanoi angeboten hatte, und wünschte ein weiteres Treffen. Er lachte darüber, dass sie Bolton, Pence und Pompeo hassten, ihn aber liebten. Abe und die Japaner lachten pflichtgemäß, vielleicht vor allem aus Unbehagen. Trump sagte, es sei ihm egal, weil es keine Raketen- oder Atomtests gebe.

Trump hatte am selben Tag weitere bilaterale Treffen, wie bei diesen Angelegenheiten üblich, und erwähnte in einem kurzen Gespräch mit Deutschlands Kanzlerin Merkel Nordkorea und seinen Besuch im Süden nach dem G20-Gipfel. Trump beklagte sich darüber, dass die USA überall Soldaten hätten, ihnen dies aber nichts bringe. Er schlug vor, sich mit Kim Jong-un, dessen Beziehung zu ihm beispiellos war, in der DMZ (Demilitarisierte Zone) zu treffen, weil Kim etwas tun wollte, aber nicht wusste, wie er es in Gang bringen sollte. Dies war, glaube ich, der erste Hinweis auf Trumps Wunsch, Kim in der DMZ zu treffen, den jemand in der US-Delegation hörte.

Wir hörten auch am Samstagmorgen davon und warteten darauf, Trump für den kommenden Tag zu briefen. Mulvaney zeigte mir einen Tweet auf seinem Handy und fragte mich, ob ich davon wüsste, was ich nicht tat:

> Nach einigen sehr wichtigen Treffen, darunter mein Treffen mit Chinas Präsidenten Xi, werde ich Japan in Richtung Südkorea (mit Präsident Moon) verlassen. Wenn der Vorsitzende Kim von Nordkorea dies sieht, würde ich ihn währenddessen an der Grenze/DMZ treffen, nur um ihm die Hand zu schütteln und Hallo zu sagen(?)!

Mulvaney sah genauso verblüfft aus wie ich. Für mich war der Tweet zum Wegwerfen. Am frühen Nachmittag, inmitten der üblichen Hektik der bilateralen Gespräche, zog Mulvaney Pompeo und mich beiseite und sagte, die Nordkoreaner hätten gesagt, der Tweet stelle nicht die formelle Einladung dar, die sie wollten und die er gerade vorbereitete. Mulvaney machte sich dann auf den Weg zu etwas anderem. Pompeo sagte zu mir allein: »Ich sehe keinen Mehrwert in dieser Sache. Das ist das totale Chaos«, was für uns beide galt. Aber das Nächste, was ich erfuhr, war, dass Trump das »formelle« Einladungsschreiben unterschrieben hatte, um das die Nordkoreaner gebeten hatten. Pompeo hatte wieder einmal versagt.

Er hatte auch Moons Versuche gesteuert, zu etwas zu kommen, das immer mehr wie ein Kim-Trump-Treffen auszusehen schien. Trump wollte Moon nirgendwo in der Nähe haben, aber Moon war entschlossen, anwesend zu sein und es zu einem trilateralen Treffen zu machen, wenn er konnte. Ich hegte die schwache Hoffnung, dass dieser Streit mit Moon die ganze Sache zunichtemachen könnte, denn es war sicher, dass auch Kim Moon nicht in der Nähe haben wollte.

Da wir verschiedene Flugzeuge hatten, reisten wir getrennt von Osaka nach Seoul, was bedeutete, dass ich es nicht zu einem Abendessen, das bei Moon stattfand, schaffte. Als ich unser Hotel in Seoul erreichte, sah ich, dass die Vorbereitungen für die DMZ mehr und mehr wie eine beschlossene Sache aussahen. Was mich betraf, so sollte sich jedes tatsächliche Trump-Kim-Treffen auf einen Handschlag und ein Foto beschränken, obwohl ich keinen Zweifel daran hatte, dass Trump schon jetzt gespannt darauf war, was der morgige Tag bringen würde. Es würde auf keinen Fall schnell enden. Ich hatte damals noch keine Entscheidung getroffen, ob ich mich in die DMZ begeben und danach eine lang geplante Reise in die Mongolei antreten oder einfach direkt nach Ulan Bator weiterreisen sollte. Ursprünglich hatte ich nicht geplant, an Trumps DMZ-Besuch teilzunehmen (der verschoben wurde, weil schlechtes Wetter einen Besuch auf seiner ersten Reise nach Südkorea verhindert hatte).

Es erschien mir absurd, dass ein verirrter Tweet tatsächlich zu einem Treffen führen konnte, obwohl ich etwas Trost aus dem Glauben schöpfte, dass das, was Trump motivierte, die Presseberichterstattung und der Fototermin dieses beispiellosen DMZ-Treffens waren, und nicht irgendetwas Substanzielles. Trump wollte schon eines der früheren Gipfeltreffen in der DMZ abhalten, aber mit dieser Idee wurde damals kurzer Prozess gemacht, weil sie Kim Jong-un einen Heimvorteil verschaffte (während wir um die halbe Welt fliegen würden) und weil wir noch immer nicht herausgefunden hatten, wie wir sicherstellen konnten, dass es nur ein bilaterales Treffen zwischen Trump und Kim war. Jetzt sollte es geschehen. Nordkorea hatte, was es von den Vereinigten Staaten wollte, und Trump hatte, was er persönlich wollte. Dies zeigte die Asymmetrie von Trumps Sicht der auswärtigen Angelegenheiten. Er konnte den Unterschied zwischen seinen persönlichen Interessen und den Interessen des Landes nicht erkennen.

Am Samstag, dem 30. Juni, erwartete mich nach dem Aufstehen die Überraschung, dass Pompeo als Teilnehmer des DMZ-Treffens aufgeführt war. Ich schickte eine E-Mail, um ihn zu fragen, ob er sich entschieden hatte, hinzugehen, und er antwortete: »Ich habe das Gefühl, ich muss dabei sein.« Ich fand nicht, dass irgendjemand dort sein musste, aber ich kam zu dem Schluss, dass, wenn er ging, ich auch gehen würde. Nach einem Frühstück mit südkoreanischen und amerikanischen Wirtschaftsführern im Hotel fuhren wir mit dem Auto zum südkoreanischen Cheong Wa Dae (»Blaues Haus«), wo wir uns mit Moon und seinem Team trafen. Auf dem Weg dorthin erfuhr ich, dass Nordkorea nach dem Fototermin kein großes bilaterales Treffen wollte, sondern stattdessen ein Staatschefs-plus-eins-Treffen für etwa vierzig Minuten vorzog. Kurz danach erfuhr ich, dass mal Außenminister Ri Yong-ho als »plus eins« eingeplant hatte, was bedeutete, dass Pompeo das »plus eins« auf unserer Seite sein würde. Da ich also nicht an dem wichtigen Treffen mit Kim Jong-un teilnehmen würde, entschloss ich mich, einfach nach Ulan Bator zu fahren, um dort zu einer angemessenen Zeit anzukommen. Ich hatte keine Lust, in der DMZ herumzustehen, während Trump und Kim sich trafen, und ich hatte kein Vertrauen, dass irgendein Rat, den ich Trump vorher gab, befolgt werden würde. Ich informierte Mulvaney, und er sagte, es sei meine Entscheidung.

In der Zwischenzeit fragte Moon im Blauen Haus bei einem sehr eingeschränkten bilateralen Treffen nach dem Plan für die DMZ. Trump sagte, wir wüssten nicht, was der Plan sei. Entgegen jeglicher Realität sagte Trump, Kim habe darum gebeten, ihn zu treffen, schlug aber vor, dass er und Moon in die DMZ gehen und sich gemeinsam treffen sollten, damit es für Moon gut aussah. Dies widersprach natürlich dem, was Trump uns erzählt hatte, und so unterbrach Pompeo, um die neuesten Vereinbarungen mit den Nordkoreanern zu beschreiben, einschließlich des Formats für das Trump-Kim-Treffen. In Beantwortung einer Frage Trumps unterstützte ich Pompeos Darstellung. Trump sagte, wir würden es in Kürze herausfinden, vielleicht würden wir uns treffen, vielleicht auch nicht. Moon sagte, das wichtigste Thema für Trump sei die Durchführung des Treffens. Wenn Kim jedoch südkoreanisches Territorium betreten würde, ohne dass Moon dabei wäre, sähe das falsch aus, so dass er vorschlug, Kim zu grüßen und ihn dann an Trump zu übergeben und abzureisen. Pompeo warf erneut ein, dass wir Moons Ansicht am Abend zuvor dargelegt hätten, und dass die Nordkoreaner das ablehnten. Trump sagte, dass er die Anwesenheit von Moon viel lieber hätte, aber er könne nur das weitergeben, was der Wunsch des Nordens war (ein völlig abstruser Bericht). Moon blieb hartnäckig und erinnerte daran, dass es mehrere Fälle gegeben habe, in denen Präsidenten die DMZ besucht hätten, aber dies sei das erste Mal, dass der südkoreanische und der US-Präsident gemeinsam dort sein würden. Trump sagte, er wolle sich diese große Gelegenheit nicht entgehen lassen, da er Kim natürlich einiges zu sagen habe, und er könne nur das weitergeben, was der Secret Service gesagt habe, da sie die Reise arrangierten (eine weitere Fantasie).

Moon wechselte das Thema und sagte, dass Verhandlungen auf Arbeitsebene mit Nordkorea immer sehr schwierig seien, aber mit einem geduldigen Ansatz seien Ergebnisse möglich. Trump antwortete daraufhin aus dem Nichts, dass er möglicherweise verlangen würde, dass der nächste Gipfel zwischen den USA und Nordkorea nach den Wahlen in den USA stattfand. An diesem Punkt wandte sich Trump zu Tony Ornato, dem Leiter seiner Secret-Service-Gruppe, um, wie ich dachte, nach dem DMZ-Treffen zu fragen. Stattdessen stellte sich heraus, dass er fragte, warum Jared und Ivanka nicht an dem Treffen teilnahmen (wofür es einen durchaus guten Grund gab) und Ornato bat sie in den Raum zu bringen (wofür es überhaupt keinen Grund gab). Sogar den Südkoreanern war das peinlich. Trump fuhr fort und sagte, er sei der Meinung, dass er zumindest ein wenig verstünde, wie Kim Jong-un tickte, und er wisse, dass Kim ihn sehen wolle. Vielleicht, so schlug Trump vor, könnte Moon ihn von Seoul aus in die DMZ schicken, und dann könnten sie sich während des Meet-and-Greet mit den US-Soldaten auf dem Luftwaffenstützpunkt Osan wieder treffen. Moon hielt nichts davon und drängte darauf, dass es besser sei, wenn er Trump zum OP Ouellette (einem Beobachtungsposten in der DMZ, der nach einem im Koreakrieg gefallenen US-Soldaten benannt ist) begleitete, dann könnten sie entscheiden, wie es weitergehen sollte. Trump sagte, dass alles, was Moon tun wolle, für ihn in Ordnung sei und dass sie zusammen zum OP Ouellette gehen könnten. In Beantwortung einer weiteren Frage von Trump versicherte ich ihm, dass dies der Plan sei.

Unerwartet wandte sich Trump dann den Kosten für den Militärstützpunkt zu und erzählte, dass Pompeo und ich das Problem zuvor bei Moon angesprochen hätten. Trump liebte Südkorea, aber die USA verlören durch den Handel mit ihnen jährlich 20 Milliarden Dollar. Einige Leute wollten Zölle auf Südkorea erheben, so dass die USA, statt 38 Milliarden Dollar zu verlieren (diese Zahlen kamen und gingen), 30 Milliarden Dollar verdienen würden, aber Trump hätte sich wegen seiner Beziehung zu Moon dagegen gesträubt. Im Jahr zuvor hätte er mich gebeten, die Höhe der Stützpunktkosten zu berechnen und mit Südkorea für einen fairen und gerechten Anteil zusammenzuarbeiten, und dieser Betrag hätte sich auf 5 Milliarden Dollar pro Jahr belaufen, oder 5,5 Milliarden Dollar (weitere Zahlen kamen und gingen). Trump sagte dann, dass die Länder in allen anderen Fällen zugestimmt hätten, mehr für die Stützpunkte zu zahlen (was nicht stimmte, zumindest noch nicht), und stellte fest, dass Südkorea Ende 2018 zugestimmt habe, knapp 1 Milliarde Dollar zu zahlen, womit die Berechnung um ein Jahr verschoben wurde. Nun müssten wir uns etwas Faires und Gleichberechtigtes für die USA einfallen lassen, da wir 4 Milliarden Dollar pro Jahr verlieren würden, um Südkorea gegen Nordkorea zu verteidigen. Der Norden rüstete auf, und es hätte ernsthafte Konsequenzen, wenn die USA nicht auf der Halbinsel präsent wären. Er bat Moon, jemanden damit zu beauftragen, sich mit Pompeo oder mir zu befassen, damit wir die Dinge zum Laufen bringen könnten, und betonte, wie feindselig der Nachbar des Südens in Pjöngjang sei. Trump sagte, dass die Menschen über dieses Thema sprächen, und dass er deswegen gewählt worden sei.

Moon, der vielleicht vergaß, dass Trump im April im Weißen Haus die Zahl von 5 Milliarden Dollar angesprochen hatte, sagte, dass in wirtschaftlichen Fragen der Handelsüberschuss seit Trumps Amtsantritt zurückgegangen sei, dass Südkorea der größte Importeur von US-Flüssiggas sei, dass die koreanischen Investitionen in den USA zugenommen hätten und dass die bilaterale Handelsbilanz jetzt für die USA günstiger sei. Dennoch würde der Süden Konsultationen aufnehmen und dabei die von Trump erwähnte Zahlung von 1 Milliarde Dollar und die kostenlose Bereitstellung von Land und Bauten für verschiedene Einrichtungen sowie den Kauf von Waffen zur Kenntnis nehmen, die allesamt bedeutende Beiträge zu unserer gemeinsamen Verteidigung darstellten. Zu diesem Zeitpunkt wurde Trump sichtlich frustrierter, gestikulierte, Moon solle sich beeilen, und warf uns und den anderen Südkoreanern verärgerte Blicke zu. Noch mehr Peinlichkeiten. Trump sagte, die USA sollten keine Grundsteuern für Land zahlen, um den Süden zu schützen, da wir das Land nicht besäßen, und dass wir vielleicht das Land verlassen würden, wenn die Dinge friedlich wären. Trump sagte, er sei dazu verpflichtet; wir wollten keinen Profit, sondern lediglich eine Rückerstattung von einer sehr wohlhabenden Nation, dafür, dass wir sie vor ihrem nördlichen Nachbarn schützten.

Trump winkte nun mit den Händen, zuckte mit den Achseln und seufzte, war des Zuhörens müde und offensichtlich begierig, fortzufahren, aber Moon war es offensichtlich nicht. Südkorea zahle 2,4 Prozent des BIP für seinen Verteidigungshaushalt, den höchsten aller US-Verbündeten, drängte er. Trump stimmte dem zu und sagte, Deutschland und Japan säßen im selben Boot wie Südkorea, und sie seien nicht bedroht. Trump wollte 5 Milliarden Dollar und befahl mir, die Verhandlungen zu leiten. Die USA seien siebzig Jahre lang das Militär des Südens gewesen, und jetzt würde er Kim Jong-un treffen, damit wir den Süden retten könnten.

Moon widersetzte sich, obwohl er die enormen Summen der US-Hilfe anerkannte, mit dem Argument, dass es nicht stimmte, dass Seoul nur ein Empfänger von Hilfe gewesen sei. Südkorea habe zum Beispiel Truppen nach Vietnam und Afghanistan geschickt. Aber Trump war fertig und sagte mir, ich solle bei jemandem anrufen und anfangen zu verhandeln.

Während des Mittagessens, nachdem die Presse sich zurückgezogen hatte, wiederholte Trump, dass Kim sich unbedingt treffen wolle. Trump fragte die US-Seite erneut nach der Vereinbarung mit Moon und wunderte sich meiner Meinung nach heuchlerisch, warum Kim nicht wollte, dass Südkorea vertreten war. Moon antwortete, dass es wegen der Rigidität Nordkoreas keine sinnvollen Gespräche zwischen den beiden Koreas gegeben habe, da der Norden der Ansicht sei, er könne im Nachteil sein, weil der Süden sich auf die Seite der USA stelle. Trump sagte, dass er bei seinem bilateralen Treffen die Hilfe des Südens betonen und Moon alles erzählen würde, was zwischen ihm und Kim passiert sei. Trump war froh darüber, dass die ganze Welt wegen des Treffens verrückt spielte und dass es (seiner Meinung nach) das G-20-Treffen überschattet hatte. Kim hatte zugestimmt, die Grenze zu überqueren, und wollte gleich danach Verhandlungen auf Arbeitsebene führen, so dass Trump das Mittagessen früh verlassen wollte. All dies war Unsinn. Es gab keinen Zweifel, wer sich unbedingt treffen wollte, und das war derjenige, der da redete.

Trump wiederholte, dass die Diskussion über die Kosten der Stützpunkte sehr wichtig sei, und dass er mich damit beauftragte. Er fragte, mit wem ich schon einmal zu tun hatte, und schlug vor, ich solle mir jemand anderen suchen, was Chung wohl nicht sehr froh gemacht haben dürfte. Dann machte er sich über chinesische Währungsmanipulationen lustig. Moon versuchte, die Diskussion wieder auf Kims Wunsch nach Sicherheitsgarantien für sein Regime zu lenken. Trump stimmte zu, dass Kim eine Garantie nur von den USA wollte, nicht von China oder Russland. Trump sagte, dass wir die Sicherheit Südkoreas bereits garantiert hätten, aber für uns nichts dabei herumkomme. Er dachte, er würde ein kurzes, aber sehr erfolgreiches Treffen mit Kim haben, das für Moon sehr gut wäre. Moon sagte, das koreanische Volk respektiere und möge Trump, der sich damit brüstete, er wisse, dass er beliebt sei. Er erklärte, wie die koreanischen Frauen in seinen Clubs auf ihn zukamen, ihn umarmten und dann darüber referierten, wie die Dinge in Korea sich seit seiner Amtsübernahme verändert hatten. Er hielt es für ein großes Zeichen, dass Kim einem Treffen auf der Grundlage eines Tweets zugestimmt hatte. Niemand sonst wusste, wie man an ihn rankäme. Moon gestand, dass der Süden eine Hotline für den Vorsitzenden Kim eingerichtet hatte, aber die befand sich im Hauptquartier der Koreanischen Arbeiterpartei, und Kim ginge nie dorthin.[17] Auch funktioniere das Telefon am Wochenende nicht.

Obwohl das Arbeitsessen mit zwanzig Minuten Verspätung begann, sagte Trump, fünf Minuten vor dem geplanten Ende um 13 Uhr, dass er genau dann gehen wolle.

Zu diesem Zeitpunkt hatte ich beschlossen, direkt in die Mongolei und nicht in die DMZ zu reisen, obwohl ich nur das Personal des Nationalen Sicherheitsrats informiert hatte. Ich wartete in der Nähe der Präsidentenlimousine, damit ich Trump sagen konnte, was ich tat. Ich verstand, welche Schlussfolgerungen aus meiner Abwesenheit in der DMZ gezogen werden konnten, aber zu diesem Zeitpunkt interessierte mich das nicht mehr.

Ich verließ Südkorea am frühen Nachmittag in Richtung Ulan Bator und sah mir während des Fluges Berichte über die Ereignisse in der DMZ an. Wie seine früheren Kommentare und der unwiderstehliche Fototermin bereits andeuteten, ging Trump nach Nordkorea, mit Kushner und Ivanka in der Nähe. Kim sah auf den Bildern entzückt aus, ganz wie er es sollte. Was für ein unglaubliches Geschenk hatte Trump ihm gemacht, als er zur persönlichen Werbung in die DMZ kam. Die ganze Sache machte mich krank. Es wurde später nicht besser, als die Medien berichteten, Trump habe Kim ins Weiße Haus eingeladen. Das Kim-Trump-Treffen selbst dauerte etwa fünfzig Minuten, und die beiden waren sich einig, dass die Gespräche auf Arbeitsebene rasch wieder aufgenommen werden sollten. Natürlich hatte Biegun noch keinen neuen Verhandlungspartner; sein ehemaliger lag nun wahrscheinlich irgendwo in einem anonymen Grab, aber das machte nichts.

Nach einem Tag der Begegnungen in Ulan Bator am 1. Juli reiste ich nach Washington, um die Berichterstattung über das DMZ-Treffen zu begutachten. Das meiste war so, wie ich es erwartet hatte, aber eine

Meldung in der *New York Times* stach als besonders schlecht heraus.[18] Unsere Politik hatte sich in der DMZ nicht geändert, aber das Briefing, über das die *Times* berichtete und in dem es um einen »nuklearen Stillstand« ging, ähnelte genau dem Weg, den Biegun vor Hanoi beschritten hatte. Ich dachte, wir hätten diesen Ansatz begraben, als Trump wegging, aber hier war er wieder, so schlimm wie oder schlimmer als zuvor. Es gab noch andere Medienberichte, in denen ich Bieguns Fingerabdrücke zu entdecken vermeinte,[19] aber dieser war meiner Ansicht nach sowohl inhaltlich als auch formell völlig inakzeptabel. Ich fragte Matt Pottinger, was diese Medienoffensive rechtfertigte, und kam zu dem Schluss, dass Trump nach dem Kim-Jong-un-Treffen kein »nukleares Einfrieren« genehmigt hatte, obwohl er sich offensichtlich über die Wiederaufnahme von Verhandlungen auf Arbeitsebene freute. Trump schrieb Kim noch einen weiteren Brief, der im Wesentlichen Blödsinn war, aber zumindest verriet er nichts oder lieferte keine Grundlage für das, was den Reportern mitgeteilt worden war.[20] Biegun hatte den Enthusiasmus von Trump als Lizenz genommen, die nächsten Gespräche mit Nordkorea in einer Weise zu gestalten, die dreißig Jahre lang stets gescheitert war.

Biegun leugnete zunächst gegenüber Hooker und Pottinger, dass er die Quelle für die Geschichte der *Times* war, obwohl das »Leugnen« sorgfältig formuliert war, und wurde dann vollends unglaubwürdig, als wir von einem befreundeten Reporter eine Abschrift seines Briefings erhielten. So viel zur behördenübergreifenden Koordination. Er hat sich daneben benommen, ob mit Pompeos Segen oder nicht. Ich hielt es für wichtig, den Eindruck zu korrigieren, dass wir auf dem Weg zurück zur gescheiterten Politik früherer Regierungen waren, bevor die Dinge aus dem Ruder liefen. Ich wusste, es war riskant, öffentlich etwas zu sagen, aber es war an der Zeit, Risiken einzugehen. Außerdem, wenn ich zurücktreten musste, wäre das nicht das Ende der Welt. Nach einer sorgfältigen Ausarbeitung twitterte ich das Folgende, kurz bevor wir in Tokio aufgetankt haben:

> Ich habe diese Geschichte in der NYT mit Interesse gelesen. Weder die Mitarbeiter des NSC noch ich haben den Wunsch diskutiert oder davon gehört, sich mit einem »Atomwaffenstopp von Nordkorea zu begnügen«.

> Dies war ein verurteilenswerter Versuch von jemandem, den Präsidenten in die Enge zu treiben. Das sollte Konsequenzen haben.

Ich habe noch nie ein Wort von Trump über diesen Tweet gehört. Und ich habe mich gefreut, dass Lindsey Graham es kurz nachdem ich es verschickt hatte, retweetet hat:

> Es freut mich zu sehen, dass der Nationale Sicherheitsberater Bolton hart gegen den Bericht der *NY Times* vorgegangen ist, in dem es hieß, dass die Regierung einen Atomwaffenstopp von Nordkorea als akzeptables Ergebnis akzeptieren würde.

Am 3. Juli sprach ich mit Pompeo über mehrere Themen, und er brachte die Geschichte der *Times* und meinen Tweet zur Sprache und beklagte sich bitterlich. »Warum haben Sie mich nicht angerufen?«, fragte er. »Was Biegun sagte,« – so viel zu Bieguns Dementis – »ist dem Präsidenten viel näher, als Sie es sind.« Das war erschreckend, wenn es stimmte. Ich antwortete, dass ich die gleiche Frage über ihn und Biegun stellen könnte: Warum hatten sie mich nicht angerufen? Mein Tweet repräsentierte immer noch die offizielle Regierungspolitik, Bieguns Briefing hingegen nicht, was Pompeo nicht bestritt. Ich sagte, dass ich nicht auf ihn ziele und dass wir beide effektiver sein würden, wenn wir in der Sache zusammenhielten, was er auch so sah. Er sagte lachend: »Unseren Teams gefällt dieses Zeug, aber wir werden unser Bestes tun, wenn wir uns wie Erwachsene benehmen, was ich zumindest immer noch versuche.«

Es war gut, das aus der Welt zu schaffen, aber ich dachte, dass Pompeo vor allem besorgt war, dass ich ihn öffentlich von rechts kritisiert hatte, was durch Grahams Tweet noch verstärkt worden war. Noch ernster sagte Pompeo, er befürchte, dass Trump die Halbinsel wieder vollständig verlassen würde, was mich grundsätzlich wegen der Frage der Stützpunktkosten beunruhigte, und was sich mit dem deckte, was Trump wahllos über Afghanistan, Irak, Syrien, Afrika und verschiedene andere Orte sagte. Dennoch glaubte Pompeo, dass »wir bei Kim die Katze nicht aus dem Sack gelassen« hätten, was bedeutete, dass nichts öffentlich bekannt werden würde, was unsere Position kompromittieren könnte. Andererseits sagte Pompeo, er habe versucht, Trump nach der DMZ wieder zurückzuholen, und habe ihn gedrängt: »Wir wollen nicht tun, was John Kerry tun würde.« Trump antwortete: »Das ist mir scheißegal, wir brauchen einen Sieg in dieser Sache«, obwohl er auch wiederholte, er habe es »nicht eilig«. Trotz unseres Gesprächs sagte Pompeo jedoch nach wenigen Tagen zu Biegun, er solle nicht an NSC-Sitzungen über Nordkorea teilnehmen, da er gegenüber Nordkorea dasselbe überhebliche Verhalten an den Tag legte, das er wiederholt gegenüber Afghanistan gezeigt hatte. Mir waren die Gebote der Zuständigkeiten in Regierungsangelegenheiten klar, aber ich konnte nie verstehen, warum Pompeo in diesen Fragen keine Verbündeten suchte. Wenn seine Politik aus den Fugen geriet, wäre das nicht nur schlecht für das Land, sondern Pompeo würde, zusammen mit Trump, ausschließlich mit ihr in Verbindung gebracht werden. Aber, so dachte ich mir, letztendlich war das Pompeos Problem.

Wie hat Trump die DMZ-Party eingeschätzt? »Niemand sonst konnte tun, was ich getan habe. Obama rief elf Mal an und erhielt nie eine Antwort«, sagte er später an diesem Tag.

In meinen verbleibenden Tagen im Weißen Haus machte ich mir Sorgen über unnötige Zugeständnisse an Nordkorea. Ironischerweise aber blockte der Norden meist ab, außer wenn er ballistische Raketen abschoss oder andere Regierungsmitglieder als Trump angriff. Ich machte mir auch Sorgen über das schädliche Potenzial der Militärbasenkostenfrage sowohl in Südkorea als auch in Japan und über die wachsende Kluft zwischen diesen beiden Ländern, die Amerikas strategische Position in Ostasien insgesamt bedrohte.

Zurück in Washington sprachen Pompeo und ich am 16. Juli über eine weitere Trump-Forderung, eine gemeinsame Militärübung der USA und Südkoreas zu stoppen, die den immer sensibleren Kim Jong-un aufgeregt hatte. Diese Übung war größtenteils eine »Tabletop«-Affäre, was einst bedeutet hätte, dass viel Papier ausgetauscht und Truppenmarkierungen in Sandkisten herumgeschoben worden wären. Heute wurde sie fast ausschließlich am Computer durchgeführt. Trotz wiederholter

Versicherungen, dass es keine Marines gab, die mit B-52 über die Strände flogen, wollte Trump, dass die Übung abgesagt wurde. Ich flehte Trump an, mich meinen geplanten Besuch in Japan und Südkorea machen zu lassen, um über die Stützpunktkosten zu sprechen, bevor er eine Entscheidung traf, woraufhin er zustimmte. Logischere Argumente, wie die Notwendigkeit dieser und weiterer Übungen mit Feldmanövern, um sicherzustellen, dass unsere Truppen voll einsatzbereit waren und gegebenenfalls »heute Nacht« kämpfen konnten, hatten ihren Reiz für Trump längst verloren. Pompeo sagte mir auch, dass Nordkorea bis Mitte/Ende August keine Gespräche auf Arbeitsebene plane, was weit von den Mitte-Juli-Vorhersagen von Biegun und anderen direkt nach dem DMZ-Treffen entfernt war.

Einige Tage später reiste ich nach Japan und Südkorea, um mich der Frage der Militärstützpunktkosten zu widmen. Ich machte zunächst Halt in Tokio und warf die Frage auf, obwohl die derzeitigen Vereinbarungen mit Japan erst nach den Vereinbarungen mit Südkorea ausliefen. Das Verteidigungsministerium ebenso wie das Außenministerium konnten es wohl kaum wagen, vom Gastgeberland mehr Mittel zu fordern, und ein Untergebener auf der zivilen Seite des Pentagon sagte Generalleutnant Kevin Schneider, dem Kommandeur der US-Streitkräfte in Japan, die die Stützpunkte besetzten, dass er nicht an meinen Treffen teilnehmen könne, in der Hoffnung, die Hände des Verteidigungsministeriums nicht zu beschmutzen. Der Grund dafür, dass ich Personal sowohl vom Außen- als auch vom Verteidigungsministerium bei mir haben wollte, war genau der, zu zeigen, dass die US-Regierung zur Abwechslung einmal eine geschlossene Haltung in einer Frage hatte. Nachdem ich herausgefunden hatte, welcher zivile Untergebene das Problem verursacht hatte, rief ich Dunford an und sagte es ihm. Der oberste Militäroffizier der Nation hatte noch nichts davon mitbekommen, dass zivile Politiker seinen uniformierten Untergebenen befohlen hatten, an welchen Treffen sie teilnehmen sollten. Dunford brauchte nicht überzeugt zu werden und sagte, er habe an ähnlichen Treffen teilgenommen, als er US-Kommandeur in Afghanistan war. All dies verbrauchte unnötig Zeit und Energie. Ihre Regierung bei der Arbeit.

Ich traf mich zunächst mit Yachi, um ihm zu erklären, warum Trump ab nächstem Jahr jährlich 8 Milliarden Dollar haben wollte, verglichen mit den etwa 2,5 Milliarden Dollar, die Japan jetzt zahlte.[21] Ich hatte nicht erwartet, dass er zufrieden sein würde, und er war es auch nicht, aber wir standen am Anfang einer Verhandlung; sie konnten sich immerhin vorbereiten, was mehr an Vorwarnung war, als Südkorea erhielt. Letztendlich wusste nur Trump, welche Zahlung ihn zufriedenstellen würde, so dass es keinen Sinn hatte, jetzt zu versuchen, die »wirkliche« Summe zu erraten. Trump selbst kannte sie noch nicht. Aber wenigstens gab ich Japan und Südkorea die Chance, eine Antwort zu finden, indem ich sie darauf aufmerksam machte, dass sie ein echtes Problem hatten.

Den größten Teil des Treffens mit Yachi nahmen die Japaner in Anspruch, um ihre Position in dem sich beschleunigenden Streit mit Südkorea zu erläutern.[22] Sie glaubten, dass Moon einen kritischen Vertrag zwischen den beiden Ländern aus dem Jahr 1965 untergrub, einen Vertrag, der nach Ansicht Japans zwei Ziele hatte. Das eine war die Normalisierung der bilateralen Beziehungen während des Kalten Krieges. Das zweite Ziel war die endgültige Entschädigung für Südkoreas Ansprüche auf Zwangsarbeit und andere Misshandlungen (einschließlich der Trostfrauen des Zweiten Weltkriegs) während der japanischen Kolonialherrschaft. Japan betrachtete diesen Vertrag, dessen Aushandlung vierzehn Jahre gedauert hatte, als den endgültigen Abschluss mit der Vergangenheit. Aus amerikanischer Sicht war die Normalisierung der Beziehungen zwischen Tokio und Seoul, zwei wichtigen Verbündeten, von entscheidender Bedeutung für unsere Bemühungen in Ostasien, russische, nordkoreanische und chinesische Kriegstreiber abzuschrecken. Wir hatten kein NATO-Pendant im pazifischen Raum, sondern nur eine Reihe von bilateralen Bündnissen, die »Dreh- und Angelpunkt« waren, so dass wir uns stets für eine stärkere südkoreanisch-japanische Zusammenarbeit einsetzten und diese mit anderen Bündnispartnern wie Singapur, Australien und Neuseeland ausbauen wollten. Sogar in unserer ansonsten gleichgültigen Regierung galt das Konzept der »freien und offenen indopazifischen Region« als eine Möglichkeit, die horizontalen Beziehungen zwischen gleichgesinnten Staaten zu stärken. Darüber hinaus stand bei Trump ganz oben auf der Prioritätenliste für einen erfolgreichen Atomdeal mit Nordkorea, dass er darauf bestand, dass Japan und Südkorea einen großen Teil der wirtschaftlichen Kosten tragen sollten; Trump gab dem Norden keine »ausländische Hilfe«, sondern nur die Aussicht auf große, profitable private Investitionen. Zu diesem Zeitpunkt war Japan meines Erachtens bereit, einen ordentlichen Scheck auszustellen, aber nur in der Annahme, dass Nordkorea ein Gegenstück zum Vertrag zwischen Südkorea und Japan von 1965 unterzeichnen würde, das alle ausstehenden oder potenziellen Ansprüche regeln würde.[23] Wenn der Vertrag von 1965 das Blatt für Seoul nicht wirklich gewendet hatte, wie konnte Tokio dann etwas Vergleichbares von Pjöngjang erwarten?

Japan hatte sich auf die Schiedsgerichtsklausel des Vertrags von 1965 berufen, die Südkorea nicht akzeptierte. Die Parteien waren festgefahren, aber Abe saß nicht still. Die harte Haltung Südkoreas hatte die öffentliche Meinung Japans entflammt, und so wandte sich Abe, so gerissen und hart wie eh und je, ihren Exportkontrollgesetzen zu, die auf vier internationalen Abkommen basierten, die die Verbreitung nuklearer, chemischer und biologischer Waffen und Materialien sowie bestimmter konventioneller Waffen verhindern sollten. Seoul stand für diese Zwecke auf Tokios »weißer Liste«, wodurch der Handel mit Gütern, die ansonsten durch die vier Abkommen verboten wären, zulässig wurde, da keine der beiden Seiten die anderen Abkommen als Bedrohung durch Kernwaffen betrachtete. Auch die USA beteiligen sich aktiv an diesen Vereinbarungen und unterhalten zahlreiche Handelsbeziehungen, die denen mit Südkorea und Japan ähnelten. Da Seoul und Tokio ihre bilateralen Beziehungen im Rahmen der Gruppe für konventionelle Waffen (Wassenaar-Abkommen) jedoch zuvor nicht formalisiert hatten und der Vorwurf aufkam, dass illegale Umladungen im Rahmen der anderen drei Gruppierungen, vielleicht sogar nach Nordkorea, stattfanden, drohte Japan damit, Südkorea von der weißen Liste zu streichen. Dies hätte zur Folge, dass für viele Güter, die zwischen den beiden Ländern gehandelt werden, Einzellizenzen erforderlich wären, insbesondere für drei sensible Güter, die für die Herstellung von Halbleitern benötigt werden und die Computer- und andere Hightech-Industrien des Südens bedrohen würden.

Als ob all dies nicht schon schlimm genug wäre, drohte Südkorea in einer weiteren Reaktion damit, ein bilaterales Abkommen mit Japan, das so genannte General Security of Military Information Agreement, zu kündigen. Im Rahmen dieses Abkommens tauschten die beiden Länder lebenswichtige militärische Geheimdienstinformationen und andere sensible Informationen aus und ermöglichten so eine engere bilaterale Zusammenarbeit zwischen den Streitkräften. Dies war nicht nur eine bilaterale Angelegenheit zwischen Japan und Südkorea, sondern wirkte sich auch direkt auf die nationalen Sicherheitsinteressen der USA aus.[24] Wie Verteidigungsminister Mark Esper später sagte, war das Abkommen »entscheidend für den Austausch von Geheimdienstinformationen, insbesondere in Bezug auf jede Art von nordkoreanischen Aktionen, und zwar zeitnah«.[25] Wenn Seoul kündigte und das Abkommen zusammenbräche, hätte dies erhebliche negative Auswirkungen auf die trilateralen Verteidigungsvereinbarungen in der Region, und das zu einem kaum günstigen Zeitpunkt. Das Timing war entscheidend. Das Abkommen war jedes Jahr automatisch verlängerbar, es sei denn, eine der Parteien kündigte es mit einer Frist von neunzig Tagen, wofür 2019 der schnell näher rückende 24. August vorgesehen war.

Trump hatte Moon bereits gesagt, dass er sich nicht in den Streit einmischen wolle, also sah ich nicht viel, was wir tun konnten. Aber dieses schwelende Problem, das sich jetzt groß auftat, war eine schlechte Nachricht. In Südkorea veranstaltete Botschafter Harris am nächsten Tag, dem 24. Juli, in seiner Residenz ein Frühstück mit General Robert Abrams, dem Kommandeur der US-Streitkräfte in Korea, und mir, nur unter uns dreien, um die Stützpunktkosten offen zu besprechen. Harris, ehemaliger Kommandeur des US-Pazifikkommandos, bevor er sich aus dem Militärdienst zurückzog, verstand, wie heikel dieses Thema für Trump war, nachdem er die Treffen vom 30. Juni durchgestanden hatte, bei denen Trump Moon damit belästigte. Ich wollte sicher sein, dass ich dieses Frühstück mit dem Eingeständnis beider verließ, dass es ein Fehler war, die Frage einfach abzuwürgen, vor allem, da das Ende des Jahres näher rückte. Ich musste auch Trumps Angst vor der bevorstehenden Militärübung am Tisch erklären, damit sie denjenigen von uns in Washington helfen konnten, die das Problem zu lösen hatten, anstatt es einfach nur zu bekämpfen. Weder Abrams noch Harris konnten glauben, was sie hörten, was bewies, wie weit das Gerede im Oval Office mit Trump von der gefährlichen realen Welt, in der diese Männer lebten, entfernt war.

Schließlich fuhren wir mit dem Auto zum Blauen Haus, um uns mit Chung und einem behördenübergreifenden Team zu treffen und die Frage der Militärbasiskosten zu besprechen. Es war genauso ein Spaß wie in Japan, vielleicht sogar ein noch größerer, denn der 31. Dezember, der Stichtag für die Erneuerung des bilateralen Kostenteilungsabkommens Südkoreas mit den Vereinigten Staaten, lastete auf uns allen. Nach ausführlichen Diskussionen über die Frage der Stützpunktkosten wandten wir uns dem sich entwickelnden Streit zwischen Südkorea und Japan zu. Es versteht sich von selbst, dass die Südkoreaner nicht glaubten, dass sie den Vertrag von 1965 zerreißen würden, und behaupteten, dass sie aufgrund von Entscheidungen des Obersten Gerichtshofs Südkoreas so handeln müssten.[26] Südkorea war der Ansicht, dass die Drohung Tokios, Seoul von der weißen Liste zu streichen, einem »Bruch des Vertrauensverhältnisses« zwischen den beiden Ländern gleichkam. Japans Außenministerium hatte offenbar auch einen Hinweis auf Südkorea als »strategischen Verbündeten« von seiner Website gestrichen, und auch das stimmte nicht froh. Deshalb sei das Abkommen über die gemeinsame Nutzung des Militärgeheimdienstes in Gefahr, und Japan, so Chung weiter, müsse sich bewusst sein, dass es ohne die Zusammenarbeit mit Südkorea seine diplomatischen Ziele nicht erreichen könne. Außerdem sei Südkorea dabei, rasch zu Japan aufzuschließen; während Japans Wirtschaft noch vor wenigen Jahren fünfmal so groß gewesen sei wie die Südkoreas, sei sie jetzt nur noch 2,7 Mal so groß, und das Pro-Kopf-BIP sei fast gleich groß.

Als ich nach Washington zurückkam, berichtete ich Trump von den Militärstützpunkt-Verhandlungen (Pompeo und Mnuchin waren wegen anderer Fragen mit mir im Oval), und er sagte, wie er es immer öfter tat, dass der Weg zu den jährlichen Zahlungen in Höhe von 8 bzw. 5 Milliarden Dollar darin bestehe, mit dem Abzug aller US-Streitkräfte zu drohen. »Das bringt Sie in eine sehr starke Verhandlungsposition«, sagte Trump. Glücklicherweise war er durch meinen Bericht besänftigt genug, um zuzustimmen, dass die gemeinsamen Militärübungen am Tisch mit Südkorea fortgesetzt werden konnten, obwohl er darüber nicht glücklich war. Er wiederholte seine Ansicht am nächsten Tag, nachdem er mehr über Nordkoreas jüngste Raketenstarts gehört hatte, und sagte: »Dies ist ein guter Zeitpunkt, um sie um das Geld zu bitten«, womit die erhöhten Zahlungen für die Militärbasis gemeint waren. Trump fuhr fort, den anderen im Oval zu sagen: »John hat es dieses Jahr auf eine Milliarde Dollar gebracht. Sie werden die fünf Milliarden Dollar wegen der Raketen bekommen.« Wie ermutigend.

Alles deutete darauf hin, dass sich der Streit zwischen Japan und Südkorea verselbstständigte und sich ohne viel bewusstes Nachdenken auf beiden Seiten ausweitete. Trotz Trumps Desinteresse schlug ich Chung vor, die beiden Länder sollten ein »Stillhalteabkommen« für einen Monat in Erwägung ziehen, währenddessen keines der beiden Länder irgendwelche Schritte unternehmen würde, um die Lage zu verschlimmern. Das konnte zumindest Zeit für kreatives Denken gewinnen, um den Teufelskreis, in dem wir uns befanden, zu durchbrechen. Chung war bereit, darüber nachzudenken, und ich sagte, ich würde mit den Japanern sprechen. Sie waren pessimistisch, aber bereit, alles in Betracht zu ziehen, was uns aus dem Loch herausholen könnte, das sie und die Südkoreaner emsig gruben. Nach mehreren Tagen intensiven Hin und Hers kamen wir im Stillstand voran. In der Zwischenzeit hatte Nordkorea weiterhin Salven von Kurzstreckenraketen abgefeuert, darunter am 30. Juli zwei ballistische Kurzstreckenraketen in das Japanische Meer. Wir reagierten immer noch nicht. Ich informierte Trump, aber er antwortete: »Was zum Teufel tun wir dort überhaupt?« Das verhieß nichts Gutes für Hilfe von ganz oben, falls Abe oder Moon beschließen sollten, Trump erneut anzurufen. Japan und Südkorea machten keine Fortschritte, und das japanische Kabinett beschloss formell, Südkorea von der weißen Liste zu streichen. Daraufhin teilte Südkorea mit, dass es sein Abkommen über den Austausch militärischer Geheimdienstinformationen kündigen und Japan von seiner eigenen weißen Liste streichen würde. Zu diesem Zeitpunkt, nachdem sie auf den Meeresgrund gesunken war, war die Krise zwischen Japan und Südkorea beendet.[27]

Während all dem hatte Trump ein überraschend gutes Treffen mit dem mongolischen Präsidenten Khaltmaagiin Battulga, der Washington besuchte. Battulgas Sohn kämpfte mit US-Streitkräften in Afghanistan, und Trump signierte ein Foto des jungen Mannes, das sein Vater mitgebracht hatte. Battulga schlug nicht zurück, als Trump ihn fragte, was Kim Jong-un seiner Meinung nach wirklich wolle. Mehr als alles andere fürchte Kim wegen der Gefahr für sein autokratisches Regime einen Volksaufstand, sagte Battulga und betonte, dass die Lebensbedingungen der Menschen in Nordkorea ernst seien, und nach den Sanktionen umso mehr.

Trotz seiner wiederholten Raketenstarts und der Fehde zwischen unseren beiden wichtigsten ostasiatischen Verbündeten blieb Trump auf Kim Jong-un konzentriert. Am 1. August twitterte Trump drei Botschaften:

> Kim Jong-un und Nordkorea haben in den letzten Tagen 3 Kurzstreckenraketen getestet. Diese Raketentests stellen weder eine Verletzung unseres unterzeichneten Abkommens von Singapur dar noch gab es eine Diskussion über Kurzstreckenraketen, als wir uns die Hand gaben. Es mag eine Verletzung der Vereinten Nationen vorliegen, aber …

> … Vorsitzender Kim will mich nicht enttäuschen mit einer Verletzung des Vertrauens, es gibt viel zu viel für Nordkorea zu gewinnen – das Potenzial des Landes unter der Führung von Kim Jong-un ist unbegrenzt. Auch gibt es viel zu viel zu verlieren. Ich mag mich irren, aber ich glaube, dass …

> … Vorsitzender Kim eine große und schöne Vision für sein Land hat, und nur die Vereinigten Staaten mit mir als Präsidenten können diese Vision Wirklichkeit werden lassen. Er wird das Richtige tun, denn er ist viel zu klug, um es nicht zu tun, und er will seinen Freund, Präsident Trump, nicht enttäuschen!

Das war unsere Nordkorea-Politik.

Während des Wahlkampfs 2020 wird Nordkorea zweifelsohne ein wichtiger Schwerpunkt im Weißen Haus bleiben. Was wir nicht vorhersagen können, ist, wie Kim Jong-un sich positionieren wird. Wird er unter Ausnutzung der Politik der USA im Wahljahr versuchen, Trump in einen schlechten Deal zu locken, die Art Vorgehensweise, die die Vorgänger Trumps zu großen Fehlern geführt hat? Oder wird er zu dem Schluss kommen, dass kein Geschäft mit Trump möglich ist und dass ihm besser damit gedient wäre, abzuwarten, ob ein nachgiebiger Demokrat mit noch weniger außenpolitischer Erfahrung als Trump Präsident wird?

Wie auch immer die Antwort ausfallen mag, Nordkoreas Weg zu einem voll funktionsfähigen Kernwaffenstaat wird weitergehen. Und die Vereinigten Staaten werden es als vierte Regierung in Folge über fast drei Jahrzehnte hinweg versäumt haben, die ernsthafteste nukleare Bedrohung der Welt zu stoppen.

Das bedeutet unweigerlich, dass sich eine künftige Regierung mit einem Regime in Pjöngjang auseinandersetzen muss, welches unserem Land unkalkulierbaren Schaden zufügen kann (neben einem vollständig wirksamen nationalen Raketenabwehrsystem fehlt uns auch immer noch die Entschlossenheit zu dessen Aufbau). All dies hätte vermieden werden können, wenn wir uns nur früher zum Handeln entschlossen hätten. Seit fast dreißig Jahren haben Nordkoreas Fortschritte auf dem Weg zu einsatzfähigen Atomwaffen die Bedrohung nur noch erhöht. Wir können nur hoffen, dass wir noch eine Chance haben, sie zu stoppen, bevor sie unmittelbar bevorsteht.

KAPITEL 12

TRUMP VERLIERT DIE ORIENTIERUNG UND DANN DIE NERVEN

Wann immer die Aufmerksamkeit der USA für den Iran nachließ, speziell bei Trump, wusste ich, Teheran würde uns helfen, den Iran wieder ganz nach oben auf Trumps Agenda zu bringen. So war es keine Kleinigkeit, dass der Ajatollah Chamenei, Irans Oberster Führer, eine hilfreiche Erklärung dafür anbot, was Irans gut organisierte Demonstranten beabsichtigten, wenn sie »Tod für Amerika« riefen und »Tod für Israel«, ihre Lieblingslosungen. »Tod für Amerika«, sagte Chamenei, bedeute »Tod für Trump und John Bolton und Pompeo«.[1] Diese Ausbrüche unbeabsichtigter Wahrheit, wie etwa, wem die iranischen Führer den Tod wünschten, erinnerten uns an die fortwährende Notwendigkeit, »maximalen Druck« auf Teheran auszuüben. Das lag nicht nur an Irans Atomwaffen- und Raketenprogrammen, sondern auch an seiner beständigen Rolle als Zentralbank der Welt für den Terrorismus und an seiner aggressiven konventionellen Militärpräsenz im gesamten Nahen Osten.

Ein äußerst strittiger Punkt war die Frage, ob die Islamischen Revolutionsgarden als ausländische Terrororganisation bezeichnet werden sollten, ein gesetzlich festgelegter Begriff, der bestimmte Konsequenzen für die so eingestufte Organisation nach sich ziehen würde. Trump wollte diese Einstufung, ebenso wie Pompeo und ich, weil der Umgang mit einer so eingestuften Gruppe und ihren Protagonisten eine Anklage wegen Schwerverbrechen nach sich ziehen kann. Mnuchin befürchtete, dass eine solche Einstufung für die Eliteeinheit des iranischen Militärs oder gar für die Quds-Einheit, ihre auswärtig stationierten Expeditionsstreitkräfte, die derzeit im Irak, in Syrien, im Libanon und im Jemen sind,[2] weitreichende Konsequenzen haben würde, eine Sorge, die ich nicht verstand. Ich dachte, es ginge darum, diesen Terroristen so viel Schmerz wie möglich zuzufügen. Andere Behörden vertraten unterschiedliche Positionen, deren allgemeiner Tenor lautete: Können wir es nicht einfach gut sein lassen, ohne uns mehr Arbeit aufzuhalsen?

Die eigentliche Opposition kam von der ständigen Bürokratie der Regierung. Die Anwälte im Büro der Rechtsberaterin des Außenministeriums hielten das Thema einfach monatelang zurück und informierten die Rechtsberaterin nicht. Die Anwälte des Ministeriums für Innere Sicherheit taten im Wesentlichen dasselbe und hofften, das Problem würde einfach verschwinden. Und während unserer Bemühungen im März 2019, den Prozess voranzubringen, wurde die Zeit der Anwälte in vielen wichtigen Behörden durch Streitigkeiten über die Finanzierung von Trumps Mexiko-Grenzmauer verschwendet, die für die Regierung lange Zeit ein Fass ohne Boden waren. Es gab rechtliche Fragen, z.B. ob das geltende Statut es erlaubte, eine Regierung ganz oder teilweise als ausländische Terrororganisation zu bezeichnen, oder ob das Statut nur für »nichtstaatliche Akteure« wie al-Qaida galt. Das Büro des Rechtsberaters des Justizministeriums fällte im März 2019 ein salomonisches Urteil, indem es zu dem Schluss kam, dass eine Regierungseinheit wie die Revolutionsgarde die Einstufung erhalten könne, nicht aber eine ganze Regierung. Diese Schlussfolgerung schränkte die potenziellen Auswirkungen der Entscheidung ein, was ich nicht als einen Vorteil erachtete, aber wir waren zunächst nur hinter der Garde her. Eine weitere Grundsatzdebatte erschien hier unproduktiv.

Es bestand die berechtigte Sorge, dass ein Vorgehen gegen den Iran das Risiko für die US-Streitkräfte im Irak und in der gesamten Region erhöhen könnte. Doch dieses Argument erwies sich als übertrieben. Wie allzu oft nutzte das Verteidigungsministerium diesen Einwand unterschiedslos gegen zahlreiche Vorschläge zur Erhöhung des Drucks auf den Iran. Die Antwort auf die Sorgen des Pentagons bezüglich des Drucks auf den

Iran musste darin bestehen, unseren Truppenschutz im Irak zu erhöhen, vorausgesetzt, man war der Meinung, die US-Streitkräfte sollten dort bleiben. Es konnte nicht darum gehen, die größere strategische Bedrohung durch den Iran, die aufstrebende Atommacht, zu ignorieren, indem man die politischen Prioritäten der USA umkehrte und die iranische Bedrohung im Irak über die weltweiten nuklearen und terroristischen Bedrohungen seitens des Iran stellte. Diese Umkehrung nahm von Tag zu Tag zu, da der Iran sowohl in der Regierung in Bagdad als auch durch seine Organisierung irakischer Schiiten-Milizengruppen als Hilfstruppen der Quds-Einheit an Einfluss gewann.[3] Ich befürchtete, dass, wie die alte Mahnung besagte, die Generäle immer noch den letzten Krieg ausfochten, statt sich der aktuellen Bedrohung zuzuwenden. Eine Regierung in Bagdad zu unterstützen, wie wir es nach dem Zweiten Golfkrieg taten, in der Hoffnung, dass sie repräsentativ und funktionsfähig für den gesamten Irak werden würde, war eine Sache. Ein Regime zu unterstützen, das die kurdischen Gebiete des Irak nicht kontrollierte, das unter den sunnitischen Arabern nur minimale Unterstützung hatte und das in wirklich kritischen Bereichen seine Anweisungen aus Teheran[4] erhielt, war etwas völlig anderes.

In der zweiten Märzhälfte kam es Tag für Tag zu einem bürokratischen Guerillakrieg, doch zu diesem Zeitpunkt war ich zuversichtlich, dass das Ergebnis nicht in Zweifel stand, trotz schädlicher Indiskretionen der Gegner, die schlimmste Folgen der Terroristeneinstufung prophezeiten. Am 8. April schließlich gab Trump die Ankündigung bekannt und fügte damit unseren Bemühungen um »Maximaldruck« ein mächtiges neues Werkzeug hinzu.[5] Dieser »Druck« wäre noch »maximaler« gewesen, wenn er sechs Monate zuvor oder noch früher ausgeübt worden wäre, aber er zeigte eine ernsthafte Absicht, die nun zu den massiven wirtschaftlichen Auswirkungen der Sanktionen selbst auf den Iran hinzukam. Der Druck stieg an.

Die Berichterstattung wies regelmäßig darauf hin, wie oft die Regierung auf Sanktionen und Zölle als Instrumente nationaler Macht zurückgriff. Dies mag im Vergleich zu früheren Präsidenten zutreffen, aber es gibt keine Belege dafür, dass diese Maßnahmen wirklich wirksam, systematisch oder gut durchgeführt waren. Die wirkliche Geschichte war viel komplexer, vor allem, weil weder Trump noch Finanzminister Mnuchin an einer Sanktionspolitik interessiert oder bereit waren, sie entschlossen und konsequent zu verfolgen.

Im Gegenteil, Mnuchin argumentierte, dass die ständige Anwendung von Sanktionen und der Druck, den wir auf das internationale Finanzsystem ausübten, im Laufe der Zeit dazu führen würde, dass das Instrument geschwächt würde, da die von den Sanktionen betroffenen Staaten versuchten, sich ihnen zu entziehen. Mnuchin argumentierte weiter, dass die Nutzung des Zugangs zum US-Finanzsystem als eines unserer Hauptinstrumente den Status des Dollars als Reservewährung der Welt untergraben und andere, wie Russland und China, dazu ermutigen würde, Transaktionen in Euro oder mittels Kompensationsgeschäften und anderen Techniken durchzuführen. Es war selbstverständlich, dass Länder versuchen würden, Sanktionen zu umgehen. Der wahre Grund dafür, dass die Sanktionen nicht so erfolgreich waren, wie sie hätten sein können, war nicht, dass sie zu häufig angewendet wurden, sondern dass sie ineffektiv eingesetzt wurden, sowohl unter Trump als auch unter Obama. Und während die Sorge, den Dollar als Reservewährung zu verlieren, abstrakt gesehen legitim war, war für Schurkenstaaten bis weit in die Zukunft keine wirkliche Alternative in Sicht. Darüber hinaus liefen beide Argumente Mnuchins darauf hinaus, dass die Androhung von Sanktionen wirksamer sei als die Anwendung von Sanktionen, was offenkundig falsch war.

Der richtige Weg, Sanktionen zu verhängen, besteht darin, dies schnell und unerwartet zu tun, sie breit und umfassend und nicht bruchstückhaft zu gestalten und sie rigoros durchzusetzen, gegebenenfalls unter Einsatz militärischer Mittel, um den illegalen Handel zu unterbinden. Dies war die Formel, die die Regierung von George Bush senior unmittelbar nach der Invasion Saddam Husseins in Kuwait im August 1990 anwandte – mit verheerender Wirkung. Aber selbst dort war sie nicht ausreichend. Obwohl der Irak stark geschwächt war, schmuggelte er immer noch genug Öl heraus, um zu überleben, so dass letztlich militärische Gewalt erforderlich war, um ihn aus Kuwait zu vertreiben. Aber für einen Fahrplan zur raschen und umfassenden Verhängung von Sanktionen bleiben die Resolutionen des UN-Sicherheitsrates Nr. 661, in der die Sanktionen gegen den Irak aufgezählt werden, und Nr. 665, in der die Anwendung militärischer Gewalt zu ihrer Durchführung genehmigt wird, wichtige Dokumente. Stattdessen begannen die Sanktionen, insbesondere unter Obama, so angewandt zu werden, als handele es sich um individuelle Gerichtsentscheidungen gegen bestimmte Entitäten und Einzelpersonen. Dieser Ansatz existierte zwar bei bestimmten Sanktionsbehörden im US-Recht, die für begrenztere Zwecke gedacht waren als für den Umgang mit massiven Bedrohungen wie im Irak 1990–91, aber es war ein Fehler, diese Praxis auszuweiten. Stattdessen hätte die Gesetzgebung geändert werden müssen, wo es nötig war, um weitreichende Sanktionen ohne quasi-staatsanwaltschaftliche Untersuchungen und quasi-richterliche Entscheidungen des Finanzministeriums zu ermöglichen.

Trump und Mnuchin haben diese Politik der Obama-Ära nicht zurückgenommen; ironischerweise wurde sie erweitert und institutionalisiert. Der Prozess der Entscheidung für die Sanktionen ähnelte dem Rechtsstreit »Jarndyce gegen Jarndyce« in Charles Dickens' »Bleak House«. Darüber hinaus war Mnuchin einer negativen Presseberichterstattung derart abgeneigt, dass er an jede potenziell umstrittene Sanktionsentscheidung nervös heranging. In der Anfangszeit der Regierung genoss Mnuchin den Medienrummel um sich bei der Verhängung neuer Sanktionen, aber als die Dinge heikler und komplexer wurden, wurde er immer schreckhafter. Nach zwölf Jahren in die Regierung zurückgekehrt, war ich überrascht zu sehen, welch große politische Rolle das Finanzministerium inzwischen bei Sanktionsentscheidungen spielte. Statt einfach nur ein operativer Durchsetzungsmechanismus zu sein, strebte das Ministerium nun eine außenpolitische Betätigung an, was nach meiner Auffassung unangemessen war. Es warf auch die Frage auf, ob, wie bei anderen Strafverfolgungsfunktionen des Finanzministeriums, die zuvor der Inneren Sicherheit übertragen wurden, der Prozess der Sanktionsdurchsetzung woanders angesiedelt werden sollte: bei der Justiz, dem Handel oder gar der Verteidigung.

Das Risiko, den US-Dollar als globale Reservewährung zu untergraben, war theoretisch wichtig, aber dieses Risiko bestand unabhängig von den Auswirkungen von US-Sanktionen. Andere Währungen spielten bereits eine wichtige Rolle in internationalen Finanzangelegenheiten, und die Einführung des Euro schuf einen noch bedeutenderen Konkurrenten. Auf der anderen Seite koppelten einige Länder ihre Währungen an den Dollar, und Ökonomen sprachen von einer »Dollarisierung« der nationalen Volkswirtschaften, manchmal durch offizielle Entscheidung und manchmal nur durch die reale Praxis. Die Trends gingen kaum alle in eine Richtung. Tatsächlich verwandelte sich die »Bedrohung« für den Status des Dollars in ein weiteres Argument Mnuchins, wenn er sich vor der Verhängung von Sanktionen und der Gefahr medialer Kritik fürchtete. Wie Wilbur Ross im Zusammenhang mit Venezuela sagte, schien Mnuchin oft eher die US-Firmen zu schützen, die mit dem Feind paktierten, als die Mission zu erfüllen, die wir zu erreichen versuchten. In der Tat ist es in der harten, chaotischen Welt der internationalen Angelegenheiten selten, wenn die Androhung einer Aktion tatsächlich mächtiger ist als die Aktion selbst. Wären die wirtschaftlichen Schwerter Amerikas während der Trump-Regierungszeit schärfer gewesen, hätten wir viel mehr erreicht.

Eine Frage, die eigentlich zu den am leichtesten zu lösenden gehören sollte, die aber tatsächlich eine der anstrengendsten darstellte, war, wie stark die iranische Ölindustrie unter Druck gesetzt werden sollte. Die allgemeine Reaktion auf jeden Vorschlag zur Verschärfung der Ölsanktionen gegen den Iran (oder in diesem Fall auch Venezuela) war unweigerlich, dass die globalen Ölpreise dramatisch in die Höhe schnellen würden. Am lautesten waren hier Mnuchin und das Finanzministerium, eine unerwartete Quelle von Fachwissen über die globalen Ölmärkte. Der Vorsitzende des Nationalen Wirtschaftsrats Larry Kudlow, der Energieminister Rick Perry und der Vorsitzende des Rates der Wirtschaftsberater Kevin Hassett betonten wiederholt, dass das globale Angebot und die globalen Kapazitäten die Preisauswirkungen strengerer Sanktionen abschwächen würden. Hassett verwies auf die interessante Statistik, laut der der Anstieg der inländischen Ölförderung in den USA seit der Trump-Wahl den Rückgang der iranischen Verkäufe klein aussehen ließ, der sich aus dem Wegfall der einigen Ländern gewährten Sonderfreigaben für den Kauf iranischen Öls ergab, die meiner Ansicht nach fälschlicherweise bei Inkrafttreten der Sanktionen im November 2018 erteilt wurden. Darüber hinaus wies Hassett darauf hin, dass angesichts der gewachsenen Rolle Amerikas als Erdölproduzent die steigenden Ölpreise das BIP der USA sogar in die Höhe trieben, auch wenn höhere Verbraucherpreise entsprechende negative Auswirkungen hatten. Insgesamt war es für uns wirtschaftlich gesehen im Grunde ein Schlag ins Wasser.

Aber Mnuchins Argumente hatten Gewicht, weil Trump stets der Meinung war, dass unsere Verbündeten nicht genug taten. Dies traf sicherlich auf den Umgang mit dem Iran zu. Frankreich, Deutschland und das Vereinigte Königreich verbrachten ihre Zeit damit, den Atomhandel mit dem Iran zu retten, anstatt die Ajatollahs unter Druck zu setzen. Weder sie noch die Amerikaner, die Obamas Abmachung unterstützten, glaubten jemals daran, dass einseitige US-Sanktionen die iranische Wirtschaft vernichten könnten, obwohl genau das ihre Wirkung war. Sie sprachen sich dagegen aus, dies durch eine weitere Verschärfung der Sanktionen anschaulicher zu machen. Dementsprechend waren die Erfolge bei der Verschärfung der Sanktionen gemischt. Hätten wir Hardliner Trump überredet, Mnuchin zu Leibe zu rücken, hätten wir einen noch dramatischeren wirtschaftlichen Niedergang im Iran erlebt, aber das sollte nicht sein. Trump konnte zwar politische Maßnahmen einleiten, aber sein Mangel an Konsequenz, Standhaftigkeit und Entschlossenheit untergrub sie ausnahmslos. So lief es auch bei den Iran-Sanktionen.

Ein wichtiges Schlupfloch für den Iran waren die Öl-Sonderfreigaben, die acht Ländern (Taiwan, China, Indien, Japan, Südkorea, Italien, Griechenland und der Türkei) gewährt wurden, als die erneuerten Sanktionen im November 2018 in Kraft traten, sechs Monate nach dem oben erwähnten Rückzug der USA aus dem Atomabkommen. Taiwan, Griechenland und Italien stellten den Kauf von iranischem Öl rasch ein, so dass die Nichtverlängerung ihrer Sonderfreigaben eine Selbstverständlichkeit war. Die Behörden fanden endlose Gründe, die anderen Sonderfreigaben zu verlängern, da die »Klientitis« einsetzte. »Aber Indien ist so wichtig« oder »Japan ist so wichtig«, sagten die Beamten und argumentierten eher mit den Interessen »ihrer« Länder als mit den Interessen der USA, die auf dem Spiel standen.[6] Einer der schlimmsten Fälle betraf Indien, das, wie die anderen, iranisches Öl zu Preisen kaufte, die weit unter dem Weltmarktpreis lagen, weil der Iran so verzweifelt Verkäufe tätigen wollte.[7] Indien beklagte sich darüber, dass es nicht nur benachteiligt würde, weil es neue Lieferanten finden müsse, sondern auch, weil die neuen Quellen auf den vorherrschenden Marktpreisen bestanden! Dass Indien dieses Argument vorbrachte, war verständlich, aber es war unverständlich, dass die US-Bürokraten sich ihm wohlwollend anschlossen.

Pompeo war wackelig, gefangen zwischen widersprüchlichen Zwängen. Er bezweifelte auch, dass die arabischen Ölförderstaaten ihre Versprechen, die Produktion zu steigern, um den »Verlust« des iranischen Öls im Rahmen der Sonderfreigaben auszugleichen, wirklich einhalten würden. Und natürlich würden die globalen Ölpreise in die Höhe schnellen. Trump, der zwar an jedem beliebigen Tag zu jedem beliebigen Thema schwankte, neigte hier jedoch zunehmend zur »Ende der Sonderfreigaben«-Seite der Skala. Im Oval sagte er am 25. März ausdrücklich: »Ich bin bereit, damit Schluss zu machen«, und am 12. April sagte er: »Erhöhen Sie die Sanktionen. Maximieren Sie sie, tun Sie es sofort, auch in Bezug auf das Öl«, und am 18. April sagte er: »Gehen Sie auf Null«. In einem Telefongespräch mit Pompeo zeigte Trump wenig Anteilnahme für den indischen Premierminister Narendra Modi, indem er nur sagte: »Er wird es überstehen.« Ich erinnere mich an ein ähnliches Gespräch, das Trumps Gleichgültigkeit bei der Benachrichtigung von Verbündeten über Sonderfreigabe-Entscheidungen widerspiegelte. Im Vorfeld der Reise eines ausländischen Oberhaupts nach Washington, bei der auch die Beendigung einer solchen Sonderfreigabe zu besprechen sein würde, hatte Trump einen fertigen Vorschlag: »Tun Sie es, bevor er herkommt, und dann werde ich sagen, dass ich nichts davon wusste«, und: »Tun Sie es zum Anfang der Woche. Ich will damit nichts zu tun haben.«

Am 22. April gab das Weiße Haus nach sechs Monaten endloser, unnötiger, zeitraubender Opposition vieler innerhalb der Regierung, aber mit breiter republikanischer Unterstützung aus dem Kongress, das Ende der Sonderfreigaben bekannt.[8] Viele Medienleute, die auf das gehört hatten, was von den Behörden gegenteilig durchgesickert war, waren überrascht. Das militärische und zivile Personal der USA in der Region wurde zu Recht für einen angemessenen Zeitraum in Alarmbereitschaft versetzt, und wir machten deutlich, dass wir den Iran für jegliche Vergeltungsmaßnahmen verantwortlich machen würden. Dies war ein wichtiger Schritt nach vorn, obwohl die Sonderfreigaben von vornherein nicht hätten erteilt werden dürfen. Die ursprünglichen Sanktionen wurden im Mai 2018 angekündigt und traten sechs Monate später in Kraft. Das war mehr als genug Zeit für alle Beteiligten, um alternative Vorkehrungen zu treffen. Die eigentliche Schlussfolgerung war, dass die Sanktionen für alle neuen Transaktionen sofort nach Beendigung des Atomdeals mit dem Iran hätten in Kraft treten müssen. Es mag zwar angemessen gewesen sein, bestehende Transaktionen, die »unschuldig« eingegangen worden waren, in Bestandsschutz zu nehmen, aber sechs Monate zur Abwicklung dieser Geschäfte waren viel zu großzügig. Neunzig Tage waren genug. Dem Iran volle sechs Monate zu geben, bevor entweder bestehende oder potenzielle Transaktionen unters Beil gebracht wurden, war ein Geschenk Allahs, das Teheran nicht verdient hatte. Die nächste Regierung sollte das Vorgehen Mnuchins sofort korrigieren, damit alle wissen, dass Sanktionen eine wirtschaftliche Waffe sind, die wir wirksam einsetzen werden, und nicht etwas, wobei wir uns schuldig fühlen.

Eine weitere Reihe von Sonderfreigaben, die endlose Kontroversen auslösten, waren die »Atomwaffen-Sonderfreigaben«, die westliche Hilfe oder Zusammenarbeit mit Elementen des angeblich »zivilen« iranischen Atomprogramms erlaubten. Seit der Wiedereinführung von Sanktionen im November 2018 erließ das Außenministerium aufgrund von Einwänden seitens des Nationalen Sicherheitsrates ursprünglich sieben solcher Sonderfreigaben. Nicht alle davon waren für die Begünstigung der iranischen Atomindustrie gleich schwerwiegend, aber die politische Symbolik war schlecht. Als der Ablauf der Geltungsdauer der Freigaberegelungen im Mai 2019 näher rückte, bemühten wir uns um eine regierungsinterne Vereinbarung, zumindest einige zu beenden und für andere die Freigabe-Frist auf neunzig Tage zu verkürzen. Unsere Bemühungen waren nicht so produktiv, wie ich gehofft hatte, vor allem weil das Außenministerium einen Grabenkrieg führte, um so viele Genehmigungen zu retten, wie es konnte. Dennoch beendeten wir Anfang Mai zwei der Sonderfreigaben, wodurch wir auf fünf zurückgingen, und alle verbleibenden waren sowohl in der Dauer als auch im Umfang begrenzt. Bevor ich zurücktrat, hatte sich das Epizentrum des Widerstands gegen die Abschaffung der Sonderfreigaben auf Mnuchin und das Finanzministerium verlagert. Sie argumentierten, dass die Aufhebung der Sonderfreigaben einschlägige chinesische und russische Interessen verletzen würde, weshalb wir sie verlängern sollten. Mnuchin, Pompeo und ich stritten darüber am 25. Juli im Oval im Beisein von Trump, und Mnuchins Sorgen um China und Russland gewannen die Oberhand über meine Bemühungen, den Druck auf den Iran zu erhöhen; Pompeo schwieg weitgehend.

***

Trump klagte oft darüber, dass Leute auf der ganzen Welt mit ihm reden wollten, dass sie jedoch irgendwie nie durchkamen. Da überrascht es nicht, dass er schließlich begann, über die Aufnahme von Gesprächen mit dem Iran nachzudenken. Der Außenminister jenes Landes, Dschawad Sarif, gab in New York eine Reihe von Interviews, in denen er sagte, Trump wolle reden, aber Bibi Netanjahu, der saudische Kronprinz Mohammed bin Salman und ich würden stattdessen versuchen, das Regime der Ajatollahs zu stürzen.[9] Wenn es nur so wäre. Darüber hinaus wollte der iranische Präsident Hassan Rohani reden, Putin wollte reden, alle wollten mit Trump reden, aber irgendjemand schnitt ihn. Natürlich hatten weder Putin noch Rohani Anstrengungen unternommen, mit uns Kontakt aufzunehmen, und in dem Maße, wie Sarif und andere mit den Medien sprachen, spielten sie Trumps Eitelkeiten zu. Die jüngste Variation dieses Themas, die von Kim Jong-un perfektioniert wurde, bestand darin, Trumps Berater zu kritisieren, vermutlich um Trump davon zu überzeugen, dass nur er etwas bewirken könne. Iran, Kuba und Nordkorea versuchten es Ende April erneut, und es gab allen Grund zu der Annahme, dass sich die Taktik verbreiten würde. Ein solcher Ansatz war recht scharfsinnig, denn genau so dachte Trump auch. Was er nicht akzeptieren konnte, war, dass diese Gegner mit ihm reden wollten, um ein besseres Abkommen zu erzielen als durch Verhandlungen mit seinen lästigen Beratern. Ich dachte mir, ich würde das Trump an dem Tag sagen, an dem ich zur Tür hinausginge, was immer näher rückte.

Bei seinem Treffen mit Abe im Weißen Haus im April sagte Trump, weder Pompeo noch ich hätten eine nennenswerte Beziehung zum Iran, und er habe überhaupt keine Beziehung zum Iran, Abe aber schon. Das ist, was Trump dachte, worum es in der internationalen Geopolitik ginge. Vielleicht ist es so im New Yorker Immobiliengeschäft. Rückblickend waren diese Bemerkungen das erste Anzeichen dafür, dass Trump für Abe eine Aufgabe im Sinn hatte, die zu keinem guten Ende führen konnte. Diese Diskussion dauerte nicht lange, bis Trump, der sich wegen der hervorragenden Wirtschaftsnachrichten des Vormittags immer noch in der Stratosphäre wähnte, den Vorsitzenden der US-Notenbank, Jerome Powell, als »den Idioten bei der US-Notenbank« ins Abseits drängte, weil der höhere Zinssätze anstrebte. Am 30. April jedoch brachte Trump in einem Telefongespräch mit Frankreichs Präsident Macron die Idee erneut zur Sprache und ermutigte Macron, der für den Atomdeal mit dem Iran lebte, diese offensichtliche Öffnung der US-Position zu nutzen. Trump sah in diesen Gesprächsangeboten als nahezu einziger der führenden Politiker der Welt niemals eine Schwächung unserer Gesamtposition, obwohl andere, Freund und Feind gleichermaßen, dies genau so sahen. Trump konnte sich selbst nicht bremsen: »Ich bin ein Schwätzer, ich rede gern.« Große Strategie in der Trump-Regierung.

Gleichzeitig bereitete der Iran eine große Kampagne gegen US-Interessen im Nahen Osten vor. Der Iran bewaffnete die jemenitischen Huthi-Rebellen und irakische Schiiten-Milizengruppen mit entwickelteren Raketen und Drohnenwaffen. Die Quds-Einheit, die faktisch der Schöpfer der libanesischen Hisbollah war, war eine entscheidende Stütze für Assads Regime in Syrien, und sowohl Beirut als auch Damaskus profitierten von den verbesserten militärischen Fähigkeiten, die von Teheran geliefert wurden (zumindest wenn Israel nicht gerade iranische Lieferungen mit wiederholten Luftangriffen in Syrien und später im Irak zerstörte). Der Iran weitete auch seine Unterstützung für die Taliban aus und bewies damit einmal mehr, dass er als staatlicher Sponsor für Terrorismus sowohl sunnitischer als auch schiitischer Art tätig war, solange es nur seinem nationalen Interesse diente.[10] Als Abwehrreaktion erhöhte das Pentagon die militärischen Mittel der USA in der Region und beschleunigte unter anderem die Entsendung des Flugzeugträgers »Abraham Lincoln« und seiner Eingreiftruppe. Wir gaben am 5. Mai eine öffentliche Erklärung ab, die über meinen Namen lief.[11] Dies löste in der Presse ein Beben aus, da man sich fragte, warum sie nicht vom Pentagon kam. Die Antwort? Dunford rief an, um zu sagen: »Hey, Botschafter, ich brauche hier etwas Hilfe«, und versuchte, eine Erklärung aus der Verwaltung des Weißen Hauses zu bekommen, die sich zunehmend so schwerfällig aufführte wie der Rest der Regierung. Ein paar Tage später sagte Dunford zu mir: »Wir haben ein Sprichwort: ›Im Krieg sind einfache Dinge manchmal schwer.‹« Ich war froh, helfen zu können. Rätsel gelöst.

Die Eskalation des Iran war kein Ad-hoc-Schritt der Feldkommandeure der Quds-Einheit, sondern ein systematisches Aufrütteln dessen, was der Iran »maximalen Widerstand«[12] gegen den Druck der USA nannte. Diese Änderung der iranischen Strategie und die fortgesetzte Stärkung terroristischer Gruppen und anderer Hilfstruppen unterstrich die Risiken einer vermeintlichen Schwächung der amerikanischen Entschlossenheit, die Teheran zu der Schlussfolgerung veranlassen würde, dass es die Oberhand habe. In den nächsten vier Monaten wurde dieses Risiko durch Trumps sprunghaftes Verhalten spürbar. In der Zwischenzeit kündigte Rohani am 8. Mai an, dass der Iran binnen sechzig Tagen willens sein würde, gegen vier Schlüsselelemente des Nuklearabkommens zu verstoßen, nämlich (1) die Begrenzung seines Vorrats an schwach angereichertem Uran (in Reaktorqualität) auf 300 kg; (2) die Begrenzung seines Schwerwasserlagers auf 130 metrische Tonnen (wobei der Iran bereit ist, jeden Überschuss für den Export zu verkaufen); (3) die Begrenzung des Umfangs der Urananreicherung auf 3,67 Prozent des U-235-Isotops (d.h. die Entwicklung hin zu höheren Anreicherungsniveaus, die sich dem Waffengrad annähern); und (4) das Verbot, den Schwerwasserreaktor von Arak zu einem Brutreaktor für Plutonium, einer Alternative zu angereichertem Uran für Spaltmaterial für Kernwaffen, zu machen.[13] In einem parallelen

Brief an Putin drohte Rohani mit dem Austritt aus dem Vertrag über die Nichtverbreitung von Kernwaffen, eine merkwürdige Wendung für ein Land, das angeblich nicht nach Kernwaffen trachtete.[14]

Die vier Einschränkungen, die der Iran ablehnte, waren von zentraler Bedeutung für das Atomabkommen. Wenn sein Atomprogramm wirklich nur ziviler Natur war, hatte Teheran keinen Grund, gegen die Beschränkungen zu verstoßen. Die einzige vernünftige Erklärung für die Drohung Rohanis war die Verkürzung der »Ausbruchszeit«, damit der Iran genügend hochangereichertes Uran erwerben konnte, um mit der Herstellung von Waffen zu beginnen. Rohanis erpresserische Forderungen und der daraus folgende Kurs in Richtung Atomwaffen erregten die Aufmerksamkeit der Europäer. Dies hätte ein Moment der Wahrheit für Großbritannien, Frankreich und Deutschland sein können, war es aber nicht. Sie lehnten Rohanis »Ultimatum« wegen seines Tons ab, ignorierten jedoch den Inhalt seiner Aussagen.[15]

Im Pentagon sagte Dunford, er brauche klare Ziele und klare Befehle, wenn er die Möglichkeit eines Vorgehens gegen den Iran ernst nehmen wolle. Zum Teil spiegelte dies Mattis' Argument wider: In der Nationalen Sicherheitsstrategie wurden China, Russland, Nordkorea und der Iran als unsere Hauptbedrohungen genannt, was in Mattis' Worten bedeutete, dass der Iran eine Bedrohung der »vierten Stufe« sei, die implizit nicht viel Aufmerksamkeit verdiente. Obwohl es schon vor meinem Antritt geschrieben worden war, ging ich immer davon aus, dass dies bedeutete, dass diese vier Länder zusammengenommen die »erste Stufe« der Bedrohungen darstellten. Innerhalb dieser ersten Stufe mag der Iran an vierter Stelle gestanden haben, aber nur, weil wir noch nicht glaubten, dass er über Atomwaffen verfügte.

Ich erklärte, dass wir zur Anwendung militärischer Gewalt bereit sein müssten, wenn die Politik verhindern sollte, dass der Iran Atomwaffen erhielt. Fünfundzwanzig Jahre lang waren die Menschen nicht bereit gewesen, das zu tun, was notwendig war, um Nordkorea daran zu hindern, ein Atomwaffenstaat zu werden, und diese Ignoranz hatte uns an den Punkt gebracht, an dem Nordkorea Atomwaffen besaß. Ich erzählte, wie George Bush senior gesagt hatte, es sei »inakzeptabel«, dass der Iran

Atomwaffen besaß, und dass ich zu sagen pflegte: »Ich glaube, wenn der Präsident sagt, es sei ›inakzeptabel‹, dann meint er es auch so.« Ich lag falsch. Das ist nicht das, was Bush senior (oder seine Vorgänger oder seine Nachfolger) wirklich gemeint hat. Wir haben eben doch akzeptiert, dass Nordkorea Atomwaffen bekommt. Um dieses Ergebnis mit dem Iran zu vermeiden, mussten wir den Druck weiter erhöhen, wirtschaftlich, politisch und militärisch.

Dunford fragte, ob ich wirklich glaubte, dass die angekündigte Politik der Regierung, »maximalen Druck« auszuüben, das Verhalten des Iran ändern würde. Ich sagte, dass es fast unmöglich sei, sich ein solches Verhalten des gegenwärtigen Regimes vorzustellen, und dass nur ein vollständiger Regimewechsel den Iran letztlich daran hindern würde, Atomwaffen zu besitzen. Wir standen wahrscheinlich kurz vor unserer letzten Chance. Dunford sagte, er sehe das genauso. Er glaubte, der Iran denke nicht daran, dass wir es mit der Anwendung von Gewalt ernst meinten, weder in der Nuklearfrage noch bei der Verteidigung gegen die Angriffe der Quds-Einheit im Persischen (oder, je nachdem, wo man lebt, Arabischen) Golf, am Roten Meer, im Irak und in Afghanistan, um die wir uns jetzt Sorgen machten. Das ist es, was Dunford meinte, als er befürchtete, der Iran würde sich »verkalkulieren«: Teheran dachte, es könne Atomwaffen entwickeln oder uns sogar in der Region angreifen, ohne Vergeltungsmaßnahmen befürchten zu müssen.[16] Vielleicht waren Dunford und Shanahan überrascht, all dies zu hören, deshalb sagte ich: »Es ist nicht so, dass ich meine Ansichten dazu über die Jahre hinweg verheimlicht hätte«, was sie lachend zugaben. Dies war eine sehr nützliche Diskussion. Anders als Mattis, dachte ich, kämpfte Dunford nicht gegen die Schlussfolgerung an; er wollte nur sicher sein, dass wir die Implikationen verstanden. Als wir fertig waren, war ihm sicherlich klar, dass ich es tat. Dies war zumindest ein Teil der »größeren Diskussion«, die Dunford zum Iran wollte.

Während dieser Tage ging ich häufig zum Kapitol, um wichtige Mitglieder des Repräsentantenhauses und des Senats, darunter auch später am 9. Mai Mitch McConnell, zu informieren, so dass sie genau wussten, was auf uns zukam. Als wir zum Ende kamen, sagte McConnell: »Ich beneide Sie nicht um Ihre Arbeit«, und ich sagte: »Das Gleiche könnte ich über Ihre Arbeit sagen.« McConnell lachte und antwortete: »Ihr Job ist viel schwieriger als meiner.«

Die Geschichte unserer unangemessenen Reaktionen auf die direkten iranischen Angriffe auf zivile und militärische Ziele der USA im Nahen Osten war vollständig öffentlich bekannt, angefangen mit der Beschlagnahme unserer Botschaft in Teheran im Jahr 1979 und dem vom Iran initiierten Angriff auf die Marinekaserne in Beirut im Jahr 1983 (der dazu führte, dass die amerikanischen, französischen und italienischen Streitkräfte aus dem Libanon abgezogen wurden), bis hin zum Ausbleiben von Vergeltungsmaßnahmen der USA für die iranischen Angriffe mittels schiitischer Milizen auf die Botschaft in Bagdad und unser Konsulat in Basra im September 2018. Diese lange Kette der Passivität, die bis zum heutigen Tag andauert, hatte den Iran davon überzeugt, dass er in der Region praktisch ungestraft handeln konnte.

Da diese jüngste Debatte über den Iran innerhalb der Regierung geführt wurde, war ich der Ansicht, dass das Pentagon offensichtlich noch viel Arbeit zu leisten hatte, um Mattis' mangelndes Interesse an einer Auseinandersetzung mit seinem Atomwaffenprogramm auszugleichen. Es war während dieser Zeit der internen Diskussionen über den Iran, dass Trump von einem Reporter gefragt wurde: »Sind Sie mit dem Rat, den Sie von John Bolton erhalten haben, zufrieden?« Trump antwortete: »Ja, John ist sehr gut. John ist ein – er hat starke Ansichten zu den Dingen, aber das ist in Ordnung. Ich mäßige John tatsächlich, was ziemlich erstaunlich ist, nicht wahr? Niemand dachte, dass das passieren würde. Ich bin derjenige, der ihn mäßigt. Aber das ist okay. Ich habe verschiedene Seiten. Ich meine, ich habe John Bolton, und ich habe andere Leute, die ein bisschen friedfertiger sind als er. Und letztendlich treffe ich die Entscheidung. Nein, ich verstehe – ich mag John. Ich bekomme sehr gute Ratschläge von John.«[17] Können Sie sich vorstellen, welche Worte die Medien zitiert haben? Mercy Schlapp, die Kommunikationsdirektorin des Weißen Hauses, beschrieb Trumps Tonfall als »liebevoll«, was mir, wie ich ihr sagte, sehr optimistisch erschien.

Am 9. Mai wandelten wir Trumps regelmäßige Geheimdienstbesprechung in eine größere Diskussion über den Iran um, an der neben der regulären Besatzung auch Shanahan, Dunford und Pompeo teilnahmen. Als wir vor dem Resolute Desk saßen, sagte Trump zu Shanahan: »Herzlichen Glückwunsch«, was ihn verwirrt aufblicken ließ, bis Trump sagte: »Ich nominiere Sie als Verteidigungsminister«, was allgemeine Zustimmung und Handschläge brachte, obwohl die Entscheidung längst überfällig war. Pompeo informierte Trump über seinen kürzlichen Besuch im Irak, der Trump unweigerlich dazu veranlasste, die Fehler der Regierung George W. Bushs aufzuzählen: »Der schlechteste Präsident, den wir je hatten«, sagte Trump. Wie es bei Diskussionen über den Iran oft der Fall war, sprach Trump John Kerry an. Trump war von der Idee besessen, Kerry wegen Verstoßes gegen den Logan Act, ein selten angeführtes Gesetz aus dem Jahr 1799, das es Privatpersonen verbietet, mit ausländischen Regierungen zu verhandeln, strafrechtlich zu verfolgen. Zweifellos versuchte Kerry, den Iran davon zu überzeugen, im Atomabkommen zu verbleiben und Trumps Zeit bis 2020 abzuwarten, wenn ein Demokrat die Wahlen mit Sicherheit gewinnen und es wiederbeleben würde. Ihn strafrechtlich zu verfolgen war jedoch ausgeschlossen. Das Logan-Gesetz verstößt gegen den Ersten Verfassungszusatz und ist, als Strafgesetz, aufgrund seiner Unbestimmtheit verfassungswidrig und nichtig, aber es wird immer noch häufig zur Einschüchterung Unvorsichtiger eingesetzt. Trump war der Meinung, dass Mike Flynn, sein erster Nationaler Sicherheitsberater, ungerechtfertigterweise mit einer strafrechtlichen Verfolgung im Rahmen des Gesetzes bedroht worden war, was ein berechtigter Punkt war, und er wollte es gegen Kerry einsetzen. Bei einem Treffen nach dem anderen im Oval bat Trump Justizminister William Barr oder jeden, der zuhörte, eine Anklage einzuleiten. Ich bin zuversichtlich, dass niemand jemals so etwas getan hat. Ich habe schon früh versucht, Trump zu erklären, wie wahrscheinlich es ist, dass der Logan Act für verfassungswidrig erklärt würde, wenn er vor Gericht getestet würde, aber ich bin völlig gescheitert. Solange Trump Präsident ist, und wahrscheinlich auch danach, wird er sich nach einem Anwalt umsehen, der bereit ist, Kerry strafrechtlich zu verfolgen. Wenn ich Kerry wäre, würde ich darüber keinen Schlaf verlieren.

Zurück zur Wirklichkeit. Dunford betonte, der Iran glaube nicht, dass wir auf die von ihm erwogenen Angriffe reagieren würden. Trump antwortete sofort: »Sie verstehen uns nicht sehr gut.« Wir sprachen über die verschiedenen militärischen und anderen Optionen, und tatsächlich kam Trump auf Kerry zurück: »Ich bin überrascht, dass sie nicht anrufen. Es liegt an Kerry [, der sagt]: ›Sie werden mich schlecht aussehen lassen.‹ Wir werden gewinnen.«

Dunford und andere, mich eingeschlossen, waren überrascht, wie positiv Trump gestimmt war, einige der von mir vorgeschlagenen Ziele anzugreifen, wobei Dunford zu Recht sagte: »Man muss auf den nächsten Schritt vorbereitet sein.«

»Ich bin vorbereitet«, antwortete Trump. »Der Vorsitzende Kim wird zusehen. Sie [Shanahan und Dunford] sollten über einen Aufbau nachdenken.«

»Darum sind wir hier, Mr. President«, antwortete Dunford und nannte Einzelheiten dazu, was benötigt würde.

Trump billigte keinen Freibrief, aber er sagte, er wolle, dass die arabischen Verbündeten dafür bezahlten, ein vertrautes Thema.

Nachdem wir Nordkorea, Venezuela, Israel, Syrien und einige andere Themen diskutiert hatten, endete das Treffen. Ich kehrte in mein Büro zurück, wo sich einige der anderen versammelt hatten, um das Gespräch fortzusetzen. Ich fragte Shanahan und Dunford, ob sie hätten, was sie von Trump benötigten, und es war klar, dass sie genau wussten, was Trump wollte, was ich als eine faktische Umkehrung des Ansatzes von Mattis betrachtete.

Der Sit Room rief mich am Sonntag, dem 12. Mai, früh an, und berichtete, dass ein Öltanker in der Nähe der Straße von Hormus von einer Art Munition getroffen wurde und in Flammen stand. Möglicherweise waren bis zu vier Schiffe getroffen worden. Ich forderte den Sit Room auf, Kupperman und andere zu wecken, falls sie es nicht schon getan hätten. Ich duschte, zog mich an und ließ meine Secret-Service-Gruppe ins Weiße Haus fahren. Kurz nach 5 Uhr rief ich Dunford aus dem Auto an und stellte fest, dass er im Wesentlichen die gleichen Informationen hatte wie ich. Ich kam gegen 5.20 Uhr im West Wing an und rief sofort Dan Coats an, um sicherzustellen, dass er Bescheid wusste. Als ich das Telefonat mit Coats beendete, rief Dunford an, um zu bestätigen, dass ein Tanker brannte und dass keine Schiffe amerikanischer Eigentümer oder Registrierung betroffen zu sein schienen. Ich fragte mich laut, ob der Iran die Vereinigten Staaten absichtlich auf die Probe stellte, indem er nicht-amerikanische Vermögenswerte attackierte. Dunford sagte, er glaube, dass es definitiv Teil der iranischen Strategie sei, uns zu provozieren. Es war früh, und wir hatten unvollständige Informationen, aber zweifellos war ein großes Ereignis im Gange.

Nach einigen weiteren Anrufen ging ich hinunter in den Sit Room, wo das rund um die Uhr tätige Personal alle verfügbaren Daten sammelte und wo sich Kupperman seit seiner Ankunft aufhielt. Wir wussten nun, dass die angegriffenen Schiffe im Golf von Oman vor dem Hafen von Fudschaira in den Vereinigten Arabischen Emiraten vor Anker lagen. Die Informationen waren nach wie vor lückenhaft und manchmal widersprüchlich, wie z.B. Berichte über Explosionen in Fudschaira selbst, die die Stadtregierung prompt dementierte und die sich als unwahr herausstellten. Ein Schiff war wahrscheinlich norwegisch, zwei waren saudisch und eins von den Emiraten, und die Angriffe erfolgten entweder durch Kampfschwimmer, die Haftminen an den Rümpfen der Tanker befestigt hatten, oder vielleicht von Kurzstreckenraketen, die von kleinen Marinefahrzeugen abgefeuert worden waren. Bis Ende des Sonntags schien die Kampfschwimmer-Variante die wahrscheinlichste zu sein,[18] und sie wurde in den folgenden Tagen von US-Sondereinsatzkräften bestätigt.[19]

Gegen 6.15 Uhr kam ich zu dem Schluss, dass es Zeit war, Trump anzurufen. Obwohl dies das zweite Mal innerhalb von zwei Wochen war, dass ich ihn mit ziemlicher Sicherheit aufwecken würde (das erste Mal war der Aufstand vom 30. April in Venezuela), beschloss ich, so vorzugehen. Ich informierte ihn über das, was wir wussten, und er fragte: »Was sollen wir tun?« Ich sagte, wir würden weiterhin Informationen sammeln, auf weitere mögliche Angriffe achten und darüber nachdenken, wie eine militärische Reaktion aussehen könnte. »Aber warum wussten wir davon nichts?«, fragte er, wobei er anscheinend immer noch glaubte, wir wüssten alles. Ich erklärte, wie ich es schon häufig getan hatte, dass wir nicht allwissend seien und dass ich ihn auf dem Laufenden halten würde. (Später am Tag, als Trump mit Pompeo sprach, wunderte er sich erneut, dass wir nicht schon im Voraus von dem Angriff gewusst hatten.)

Ich hinterließ Nachrichten für Mulvaney, der in Camp David mit Mitgliedern des Repräsentantenhauses und des Senats auf einer Art Klausur war. Ich ließ den Sit Room auch mit der Botschaft in Oslo, der Botschaft in Abu Dhabi und der Botschaft in Riad Kontakt aufnehmen, um ihre Gastgeberregierungen anzufragen und herauszufinden, was diese wussten. Mein vorläufiger Gedanke war, dass diese drei Regierungen eine Dringlichkeitssitzung des Sicherheitsrates einberufen sollten, um den Iran ins Rampenlicht zu rücken. Ich sprach um etwa 6.25 Uhr mit Pompeo, und er stimmte dieser Vorgehensweise zu. Um 7.30 Uhr rief ich Pence an und informierte ihn, nachdem ich Kupperman bereits gebeten hatte, um 8 Uhr morgens einen Stellvertreterausschuss einzuberufen, der darüber entscheiden sollte, wie an einer Antwort, der ersten von drei an diesem Tag, gearbeitet werden sollte. Mehrere Behörden murrten darüber, dass sie an einem Sonntag belästigt wurden.

Um 8 Uhr waren die Informationen noch lückenhaft. Die Saudis bestritten zunächst aus Gründen, die nur ihnen bekannt sein konnten, dass es zu irgendwelchen Angriffen gekommen war, revidierten dies aber später. Wir berieten uns eng mit allen unseren betroffenen Verbündeten und beobachteten besonders aufmerksam die iranischen Desinformationskampagnen, die bereits im Gange waren. Um 8.20 Uhr bestätigte Norwegen öffentlich, dass sein Schiff getroffen worden war, wobei es keine Opfer gab und das Schiff seetüchtig blieb. Ab 8.40 Uhr sprach ich dreimal in rascher Folge mit Dunford. Zu diesem Zeitpunkt hatten wir Bilder, die von der Besatzung eines der Schiffe aufgenommen worden waren, die ein Loch in der Seite des Schiffes zeigten. Dunford sagte, dieses Loch sei eindeutig nicht von einer Drohne verursacht worden. Er rief um 8.50 Uhr erneut an, um zu sagen, dass die Verbündeten vieles von dem bestätigten, was wir gehört hatten, aber die Desinformationsbemühungen des Iran nahmen zu. Es wurde behauptet, dass sieben bis zehn Schiffe in Flammen stünden und dass amerikanische und französische Flugzeuge in der Nähe gesichtet worden seien. Teheran wetteiferte um die Auszeichnung »Chuzpe des Jahres«, aber sie wussten, dass viele in der ganzen Welt bereits darauf eingestimmt waren, ihnen zu glauben. Dunford und ich sprachen darüber, was zu tun wäre, wenn das Ganze in erster Linie nur eine Operation für iranische Einflussnahme wäre. Das war ein Grund dafür, dass die US-Regierung im Laufe des Tages offiziell nichts sagte. Wir waren sehr umsichtig, nicht die Arbeit für den Iran zu tun, indem wir etwas sagten, das unbeabsichtigt Ölpreiserhöhungen verursachen oder beschleunigen könnte. Um 8.57 Uhr rief Dunford erneut an, um zu sagen, dass sich Beamte des Pentagon an einen Vorfall vor einem Jahrzehnt erinnerten, als der Iran versucht hatte, uns in einen Konflikt zu locken, indem er gefälschte Minen vor die »Grace Hopper«, einen Lenkwaffenzerstörer, legte. Hopper war eine bahnbrechende Informatikerin in der Marine, deren Arbeit für die Kryptoanalyse zum Knacken feindlicher Codes im Zweiten Weltkrieg von zentraler Bedeutung war und die in den Rang eines Konteradmirals aufstieg. Ich erzählte Dunford, wie Yale 2017 die Geschichte neu schrieb und mein College in Calhoun nach Hopper umbenannte, die als eine der ersten Frauen in Yale in Mathematik promovierte. Ich bat um ein Bild des nach ihr benannten Zerstörers für den Gemeinschaftsraum des College, um zu sehen, wie das der linken Fakultät und den Studenten gefallen würde. Wenigstens hatten wir etwas zu lachen an einem möglicherweise düsteren Tag.

Wir waren besorgt über weitere Angriffe, insbesondere gegen unsere Botschaften und Konsulate. Ich rief Trump kurz nach Mittag wieder an, nur um mich zu melden. Zu diesem Zeitpunkt begann Trump zu glauben, dass es überhaupt keinen Angriff gegeben hatte, also versuchte ich, alles, was wir hörten, ausführlicher zu erklären, obwohl wir noch immer Fakten sammelten und Nachforschungen anstellten. Im Laufe der Zeit wurden immer weniger neue Informationen gesammelt. Gegen 16.45 Uhr gab Dunford die Einschätzung des Pentagons weiter, dass die Schäden an den vier Tankern gering zu sein schienen und dass wir auf Einladung der Vereinigten Arabischen Emirate am nächsten Tag Teams nach Fudschaira entsenden würden, um ins Wasser zu gehen und die Schäden zu beurteilen. Ich rief Trump ein letztes Mal um 17.15 Uhr an, um ihn über das zu informieren, was wir wussten und beobachteten sowie über unsere Ansicht, dass wir nichts öffentlich sagen sollten, bis wir mehr wüssten. »Ja«, sagte er sofort, »unauffällig, sagen Sie nichts.« Er wollte, dass die arabischen Golfstaaten die Kosten für die von uns durchgeführten Operationen tragen sollten, wobei er erneut darauf hinwies, dass wir uns das irakische Öl nach der Invasion im Jahr 2003 hätten nehmen sollen. Am Ende des Anrufs sagte er: »Danke, John, tschüs«, was darauf hindeutete, dass er damit zufrieden war, wo wir standen. Ich ging gegen 17.30 Uhr nach Hause.

Bei Trumps regelmäßigem Geheimdienstbriefing gegen Mittag fragte er sofort: »Warum reden sie [die Iraner] nicht?« Er konnte einfach nicht glauben, dass sie nicht reden wollten und hegte immer noch den Gedanken, dass Pompeo und ich ihre Bemühungen, mit ihm zu sprechen, blockierten. Nach allem, was wir wussten, gab es jedoch einfach keinen Hinweis darauf, dass Teheran daran interessiert war, mit uns zu sprechen. Trump war noch eindringlicher als zuvor, wollte, dass die arabischen Ölförderländer »die vollen Kosten« dessen, was wir taten, tragen sollten. Nachdem er die Risiken für unser Personal im Irak erörtert hatte, verschob Trump Syrien und die Frage, warum wir ganz aussteigen sollten, ganz zu schweigen von Afghanistan und dann auch noch dem Irak, wenn wir schon dabei waren. »Rufen Sie Pompeo an und sagen Sie ihm, er soll sich an Bengasi erinnern«, schloss Trump. Andererseits war Trump klar, wie ich Shanahan später erklärte, dass er eine sehr robuste Reaktion wollte, falls Amerikaner getötet würden, etwas wesentlich Größeres als eine »Retourkutsche«.

Eine damit zusammenhängende und potenziell wichtige Erweiterung der iranischen Kapazitäten betraf das Raketenprogramm. Die Tests wurden in den Jahren 2018 und 2019 zügig fortgesetzt, auch wenn es beim Start oder kurz danach zu einer Reihe von Testausfällen kam. Obwohl uns die Fehlschläge ein Trost waren, erinnerte ich mich, da ich in den 1950er und 60er Jahren aufwuchs, daran, dass amerikanische Wissenschaftler damals die auf der Startrampe explodierenden Vanguard- und Jupiter-C-Raketen als »90%ige Erfolge« bezeichneten. Sie haben aus den Misserfolgen ebenso gelernt wie aus beeindruckenden Starts. Es war fast unvermeidlich, dass die Bedrohlichkeit des Iran in der Region und letztlich weltweit mit der Fortsetzung und den Fortschritten der iranischen Starttests zunehmen würde. Aber trotz wiederholter Bemühungen konnte ich Trump nicht dazu bringen, sich darauf strategisch zu konzentrieren. Nach einem fehlgeschlagenen iranischen Testabschuss einer Safir-Rakete[20] twitterte er jedoch am 30. August:

> Die Vereinigten Staaten von Amerika waren an dem katastrophalen Unfall während der letzten Startvorbereitungen für den Start der SLV Safir am Semnan-Startplatz Eins im Iran nicht beteiligt. Ich wünsche dem Iran das Beste und viel Glück bei der Aufklärung der Geschehnisse an Startplatz Eins.

Darüber zerriss man sich einige Zeit das Maul, da Trump genau das Gegenteil von dem andeutete, was der Tweet besagte. Wie Trump später sagte: »Ich verarsche sie gerne.« Noch mehr große Strategie.

Am Dienstag, dem 14. Mai, erfuhren wir morgens, dass der Iran über Nacht erneut zugeschlagen und zwei Pumpstationen an der Ost-West-Pipeline Saudi-Arabiens getroffen hatte.[21] Obwohl die Huthis im Jemen sich dazu bekannten, gab es einige, die glaubten, der Angriff stamme von schiitischen Milizen im Irak, die in beiden Fällen unter iranischer Leitung und Kontrolle in Bewegung gesetzt worden waren. Diesmal annoncierten die Saudis die Angriffe schnell öffentlich, so dass ich um etwa 8.30 Uhr Trump anrief. Er reagierte ruhig, sagte aber über den Iran: »Wenn sie uns treffen, werden wir sie hart treffen, das kann ich Ihnen sagen.« Als er das Weiße Haus in Richtung Louisiana verließ, um eine neue Flüssiggas-Exporteinrichtung einzuweihen (irgendwie von Gordon Sondland und irgendeinem zufälligen EU-Kommissar begleitet, den in die Air Force One zu lassen Sondland Mulvaney überredet hatte), fragten Reporter nach Berichten, wonach er plane, 120000 neue Truppen in den Nahen Osten zu entsenden. Trump antwortete, es handele sich um »Fake News« und fügte hinzu: »Und wenn wir das täten, würden wir verdammt viel mehr Truppen als die entsenden.«[22] Zu diesem Zeitpunkt begannen sogar die Demokraten sich Sorgen zu machen, dass das Ausmaß und das Tempo der Bedrohung durch den Iran inakzeptabel zunahm. Später an diesem Tag wurde die Besorgnis durch das öffentliche Bewusstsein über die »befohlene Abreise« von über hundert nicht unbedingt notwendigen Mitarbeitern der Botschaft in Bagdad noch verstärkt.

Am nächsten Tag leitete Trump ab 9.30 Uhr eine Sitzung des Nationalen Sicherheitsrates, um sich ein besseres Bild von dessen Haltung zu machen. Dunford und Shanahan drängten Trump zu Recht mehrmals, über die nächste unmittelbare Entscheidung hinauszuschauen und weitere Schritte in Betracht zu ziehen. Shanahan sagte, sie wollten seine Risikotoleranz beurteilen, worauf Trump antwortete: »Ich habe eine unglaubliche Risikofähigkeit. Risiko ist gut«, gefolgt von einem Vortrag über seine Ansichten zum Irak; warum er aus Syrien abziehen wolle; warum wir, wie er an anderer Stelle auch schon über den Irak gesagt hatte, uns das Öl in Venezuela nach der Verdrängung Maduros nehmen sollten; und warum er China für den »größten Betrüger der Welt« hielt, wie kürzlich durch dessen Verhalten bei den Handelsverhandlungen bewiesen, wodurch ein Riss in der wirtschaftlichen Macht als Grundlage der militärischen Macht herbeigeführt worden sei. Das brachte das Thema Flugzeugträger auf, und eine weitere Ausführung darüber, wie die Dampfsysteme zum Heben von Flugzeugen von und zu den Träger-Flugdecks den elektronischen Systemen weit überlegen waren, wie sie auf dem unglaublich teuren Flugzeugträger »Gerald Ford« zum Einsatz kamen – 16 Milliarden Dollar bisher, sagte Trump (spitzfindige Leser mögen die tatsächlichen Kosten selbst nachschlagen; ich möchte nicht mit Detailfakten den Erzählfluss verlangsamen) –, obwohl die Seeleute selbst sagten, sie können die Dampfsysteme mit Hammerschlägen reparieren, aber nicht anfangen zu verstehen, wie man die elektronischen Systeme repariert. Dieselbe Logik galt auch für die Dampfkatapulte, mit denen die Flugzeuge gestartet wurden und die Trump auf allen Trägern, die auf fortschrittlichere Systeme umgestiegen waren, wieder installieren wollte.

Plötzlich schaltete sich Gina Haspel von der CIA, zu ihrer Ehre, ein und begann ihren Teil des Briefings, womit sie Trump bremsen konnte. Natürlich kann ich nicht beschreiben, was sie zu sagen hatte, aber wir anderen waren dankbar, als sie begann, es zu sagen. John Sullivan beschrieb, während Pompeo abwesend war, den Rückzug des Botschaftspersonals in Bagdad, der Trump auf Afghanistan brachte. »Gehen Sie verdammt noch mal raus«, sagte Trump, was ich so verstand, dass damit sowohl der Irak als auch Afghanistan gemeint waren, doch bevor wir es herausfinden konnten, fragte Trump: »Wie lange dauert es, bis wir aus Syrien herauskommen, abgesehen von den vierhundert [zweihundert in At-Tanf und ›ein paar Hundert‹ mit der geplanten multilateralen Beobachtertruppe]?«

»Nur ein paar Monate«, antwortete Dunford.

»Wir sind dem Irak scheißegal«, fuhr Trump fort und bezog sich auf das Konsulat in Erbil, sagte: »Schließen Sie die Tür ab und gehen Sie«, und meinte dann: »Dieser Flugzeugträger [die ›Lincoln‹] war ein wunderschöner Anblick.« Vielleicht erinnerte der Gedanke an die Navy Trump an die Armee und General Mark Milley, der am 1. Oktober die Nachfolge von Dunford antreten würde. Trump fragte, ob wir damit beginnen sollten, Milley zu Sitzungen des Nationalen Sicherheitsrates einzuladen, und sagte, dass er die Entscheidung Dunford überlassen würde. Der Gedanke war völlig falsch. Nur einer von uns saß zu einem bestimmten Zeitpunkt auf diesen Stühlen, und es gab eine Zeit für den Beginn und eine Zeit für das Ende. Niemand, auch Milley nicht, mit dem ich dieses Thema später besprach, hielt es für eine gute Idee, beide an diesen Sitzungen teilnehmen zu lassen, bis der Übergang unmittelbar bevorstünde, wenn überhaupt. Dunford antwortete gleichbleibend: »Ich gehe, wann immer Sie wollen, Mr. President«, was Trump glücklicherweise zum Rückzug brachte. (Ich sagte Dunford nach dem Treffen unter vier Augen, es komme nicht infrage, dass er vor dem Ende seiner Amtszeit ging oder dass Milley an Sitzungen des Nationalen Sicherheitsrates teilnahm, bevor der richtige Zeitpunkt dafür gekommen war. Dunford blieb teilnahmslos, aber es würde mich nicht überraschen, wenn er nur einen Zoll davon entfernt war, aufzustehen und den Sit Room für immer zu verlassen.)

Nach der »Lincoln«-Träumerei ging Trump zu einer Kurzfassung des Monologs über John Kerry und den Logan Act über: »Die Iraner reden nur wegen John Kerry nicht«, sinnierte er, aber Shanahan, der sah, wie erfolgreich Haspel Trump einfach ignorierte und unterbrach, nahm das Gespräch über langweiligere Dinge wie Risiko, Kosten und Zeitplan bezüglich der verschiedenen Optionen, die wir in Betracht ziehen mussten, einschließlich der Anwendung von Gewalt, wieder auf. »Ich glaube nicht, dass sie mit dem Bau von Atomwaffen beginnen sollten«, bot Trump an. Als Dunford versuchte, sich genauer darüber zu informieren, was wir tun könnten und wann wir auf einen iranischen Angriff reagieren sollten, sagte Trump, die arabischen Golfstaaten könnten zahlen. Dunford versuchte immer wieder, Trump dazu zu bringen, sich auf bestimmte Optionen entlang einer abgestuften Leiter möglicher Reaktionen zu konzentrieren, aber irgendwie wichen wir nach Südafrika aus und was Trump über die Behandlung weißer Farmer hörte, und dass er versicherte, ihnen Asyl und Staatsbürgerschaft gewähren zu wollen.[23] Die Diskussion über die Ziele wurde dann wieder aufgenommen, vieles davon zu meiner Zufriedenheit. Leider veranlasste die Erwähnung unserer verbleibenden Truppenpräsenz im Irak Trump zu der Frage: »Warum schalten wir sie nicht aus? In Syrien sind wir den IS losgeworden.« Was ich als Nächstes hörte, war schockierend, aber ich erinnere mich deutlich daran, dass ich ihn sagen hörte: »Es ist mir egal, ob der IS in den Irak zurückkommt.« Was den Iran anbelangte, ging die Diskussion über mögliche US-Aktionen weiter, aber dann gingen wir zu Afghanistan über, als Trump sich darüber beschwerte, wie viel wir den Soldaten der afghanischen Regierungsarmee zahlten, ungeachtet dessen, dass Shanahan sagte, es handele sich um durchschnittlich nur etwa 10 Dollar pro Tag.

Eine Woche nach dem Angriff auf die vier Tanker, am 19. Mai, rief mich der Sit Room am frühen Nachmittag an, um einen Bericht über eine Explosion zu übermitteln, vielleicht eine Katjuscha-Rakete, die im Zawraa-Park, einen Kilometer von unserer Botschaft in Bagdad entfernt, eingeschlagen war.[24] Ich rief Dunford und dann Pompeo an, beide hatten nichts gehört, aber wir waren uns alle einig, dass ein Katjuscha-Start in Bagdad kaum etwas Neues war. Gegen fünf Uhr nachmittags twitterte Trump:

> Wenn der Iran kämpfen will, wird das das offizielle Ende des Iran sein. Bedroht nie die Vereinigten Staaten!

Am nächsten Tag beklagte sich Trump bei der Geheimdienstbesprechung über »Nachrichten«-Berichte, wonach wir gebeten hätten, mit den iranischen Führern zu sprechen. Er twitterte später:

> Die Fake News gaben eine typisch falsche Erklärung ab, ohne zu wissen, dass die Vereinigten Staaten versuchten, Verhandlungen mit dem Iran aufzunehmen. Dies ist eine Falschmeldung ... Der Iran wird uns anrufen, falls und wenn er jemals bereit ist. In der Zwischenzeit bricht seine Wirtschaft weiter zusammen – sehr traurig für das iranische Volk!

Rohani selbst sagte öffentlich: »Die aktuelle Situation ist nicht für Gespräche geeignet.«[25]

Ich dachte, dass der Iran Trump geschickter provozierte, als dieser zu erwidern vermochte. Sie sagten öffentlich, sie wüssten, dass Trump reden wolle, aber von Beratern wie mir frustriert sei, oder dass Trump Frieden wolle, aber seine Berater Krieg wollten.[26] Ähnlich wie Kim Jong-uns Bemühungen, Trump von anderen zu trennen und mit ihm allein fertig zu werden, war dies alles ein Psycho-Spielchen. Es störte mich, dass die US-Medien diese ausländischen Behauptungen leichtgläubig meldeten, als seien sie völlig logisch, und so die Propagandabemühungen Pjöngjangs und Teherans verstärkten. Viel schlimmer war, dass offenbar auch Trump die Geschichten ernst nahm. Frühere Präsidenten hätten Charakterisierungen ihrer eigenen Berater durch ausländische Gegner abgelehnt, doch Trump schien die gegenteilige Reaktion zu zeigen. Es war schwierig, dies Außenstehenden zu erklären, aber im Weißen Haus von Trump völlig normal. Am nächsten Tag zum Beispiel sagte er zu mir in einem anklagenden Ton: »Ich möchte nicht, dass irgendwer den Iran zum Reden auffordert.« Ich antwortete: »Das tue ich ganz sicher nicht!« Trump bestätigte: »Nein, das würden Sie nicht tun.«

Während ich nach Japan flog, um bei den Vorbereitungen für Trumps Staatsbesuch beim Kaiser zu helfen, trafen sich Shanahan und Dunford mit Trump, um die intensivierten Verteidigungsvorbereitungen für unsere Streitkräfte, die sich bereits am Golf befanden, zu besprechen. Auch Pompeo und Kupperman nahmen teil. Bevor die Diskussion jedoch zu weit ging, fragte Trump: »Wann werden wir aus dem verdammten Afghanistan herauskommen? Können Sie einige von ihnen hier [im Nahen Osten] gebrauchen?« Dunford erklärte, dass die Streitkräfte in Afghanistan andere Fähigkeiten hätten. »Dieser verdammte Mattis«, sagte Trump, und los ging es, wie er Mattis die Einsatzregeln gegeben hatte, die er in Afghanistan wollte, und wir noch immer nicht gewonnen hatten. »Wann werden wir aus Syrien herauskommen?«, fragte Trump weiter. »Alles was wir getan haben, war, Assad zu retten.« Dunford versuchte zu erklären, dass wir in Syrien weiterhin das taten, was Trump schon Monate zuvor zugesagt hatte, was Trump dazu veranlasste, zu fragen, welcher von zweien unserer arabischen Freunde die besseren Soldaten hervorbrachte. Erst etwas erschrocken, fasste sich Dunford, indem er ausführte, welche seiner Meinung nach die besseren Soldaten seien, aber Trump fragte dann: »Sind die nicht alle gleich groß?« Nun wieder gefasster, entgegnete Dunford, es gebe Unterschiede in der Kultur. Irgendwie kehrte die Diskussion zum eigentlichen Thema zurück, und Trump akzeptierte die Einsatzempfehlungen des Pentagons und stimmte zu, dass sie umgehend bekannt gegeben werden sollten.

Obwohl Trump es mir damals nicht gesagt hatte, hatte er Abe gebeten, zwischen dem Iran und den USA zu vermitteln, und Abe hatte die Bitte ernst genommen. Angesichts der wachsenden Bedrohungen für die US-amerikanischen und alliierten Interessen am Persischen Golf war dies ein besonders ungünstiger Zeitpunkt für diese jüngste Irreführung, zumal mir klar war, dass Trump Abe in eine öffentliche Rolle drängte, die zum Scheitern verurteilt war (was sie schließlich auch tat). Abe dachte an einen Besuch im Iran Mitte Juni, noch vor dem G20-Treffen in Osaka, was die Sache noch mehr ins Licht der Öffentlichkeit rücken würde. Als ich mich kurz vor Trumps Staatsbesuch in Japan und der Begegnung mit dem Kaiser selbst mit Abe traf, betonte er, dass er die Reise in den Iran nur unternehmen würde, wenn Trump dies wünsche und eine gewisse Aussicht darauf bestünde, dass sie hilfreich war. Ich konnte natürlich nicht sagen, dass ich die gesamte Initiative für eine schreckliche Idee hielt, aber ich schlug Abe vor, mit Trump unter vier

Augen darüber zu sprechen und sich sein eigenes Urteil darüber zu bilden, wie er vorgehen sollte.

Während Trumps Staatsbesuch kamen Abe und Trump am Montag, dem 27. Mai, um elf Uhr morgens im Asahi-No-Ma-Saal des Akasaka-Palastes zur Sache, nur mit den beiden Staatsoberhäuptern, Yachi und mir und den Dolmetschern. Abe fasste das Abendessen mit Trump am Vorabend zusammen und bestätigte seinen Besuch im Iran am 12. und 13. Juni. Zu diesem Zeitpunkt schlief Trump ernsthaft ein. Er fiel nicht aus seinem Stuhl und schien nichts Wichtiges zu verpassen, aber er war, in den unsterblichen Worten eines meiner Drill-Sergeants vom Fort Polk, »dabei, seine Augenlider auf Nadelstiche zu untersuchen«. Sarif war in der Woche zuvor in Tokio gewesen, und Abe sagte, er habe daraus gefolgert, dass der Iran litt und sich in einer Krise befand. Er sagte, er halte die Entscheidung von Trump, den Flugzeugträger »Abraham Lincoln« zu schicken, für sehr effektiv. Er sei bereit, über eine Reise in den Iran zu entscheiden, habe aber kürzlich mit einigen unserer arabischen Freunde gesprochen, die dieser Idee sehr kritisch gegenüberstanden. Trump warf ein, Abe solle nicht behelligt werden, da die Vereinigten Staaten sie verteidigten, wir hätten selbst das Sagen, und niemand habe uns gesagt, was wir tun sollten. Nach weiteren Aussprachen sagte Trump, die Inflation im Iran betrage eine Million Prozent, das Bruttoinlandsprodukt liege bei minus 10 Prozent, und das Land sei schwer angeschlagen. Dann sagte er etwas wie, Moon habe ihn angefleht, auf dieser Reise Südkorea zu besuchen, er aber habe abgelehnt.

Trump dachte, der Iran läge im Sterben und müsse Verhandlungen aufnehmen. Er wollte sich sofort mit ihnen auf halbem Wege treffen (geografisch, glaube ich, meinte er). Obwohl er den Iran nicht demütigen wollte und ihnen in der Tat Erfolg wünschte, war klar, dass sie keine Atomwaffen haben durften, die weltweit bereits zu verbreitet waren, ein Punkt, den er zweimal wiederholte und Abe drängte, die Iraner anzurufen und ihm das zu sagen, sobald er Japan verlassen hatte. Trump wollte vor allem, dass die Iraner wussten, dass sie nicht auf John Kerry hören sollten. Er glaubte, er könne die Verhandlungen an einem Tag führen und nicht über neun bis zwölf Monate hinziehen. Natürlich war Trump auch voll und ganz bereit, in den Krieg zu ziehen, wenn es sein musste, und der Iran sollte das verstehen; wenn er es nicht täte, würde er niemals einen Handel abschließen. Trump hatte eine große Zahl von Menschen um sich, die jetzt in den Krieg ziehen wollten, aber es würde nie seinetwegen dazu kommen. Ein klassischer Trump, der in nur wenigen Sekunden von einem Abkommen zum totalen Krieg überging. Abe sagte, er werde Trumps Botschaft übermitteln, und schloss mit dem Vorschlag, dass, während er sich auf seinen Iran-Besuch vorbereitete, Yachi und ich unseren Vorschlag zur Abgabe an den Iran fertig ausarbeiten sollten. Das war die beste Nachricht des Vormittags. Trump sagte, Abe solle so schnell wie möglich vorgehen. Zu diesem Zeitpunkt, kurz vor Mittag, kamen die Teilnehmer des größeren Treffens herein, und Abe begann das zweite Treffen, indem er sagte, er und Trump hätten ein sehr produktives Treffen mit ihren Nationalen Sicherheitsberatern gehabt – was ich für bestreitbar hielt.

Auf der Weiterreise von Tokio nach London für den Staatsbesuch im Vereinigten Königreich übernachtete ich zum Auftanken und auch zur Erholung der Besatzung in Abu Dhabi, wo ich am 29. Mai Gelegenheit hatte, mit Kronprinz Mohammed bin Zayed von den Vereinigten Arabischen Emiraten, den ich seit vielen Jahren kannte, sowie mit meinem emiratischen Amtskollegen, Scheich Tahnoon bin Zayed, und anderen zusammenzutreffen. Der Kronprinz wiederholte mehrmals, er könne mir gar nicht sagen, wie wichtig es sei, dass ich hergekommen sei, und was für ein Signal dies rund um den Golf aussende. Er und die Emiratis waren sehr besorgt über unsere Nichtreaktion auf die jüngsten Provokationen des Iran und die sich beschleunigende Anhäufung von Raketen und Drohnen in den Händen der Huthis und der schiitischen Miliz im Irak sowie über die iranische Hilfe für die Taliban und den IS in Afghanistan. Sie konnten auch, als sie es von Abe hörten,[27] nicht verstehen, warum Trump mit dem Iran sprechen wolle; ich versuchte erfolglos, Trumps Idee zu erklären, dass Reden eigentlich nichts anderes bedeutete oder implizierte, als eben zu reden. Der Kronprinz und die arabischen Golfstaaten waren damit nicht einverstanden, und noch wichtiger, der Iran war es auch nicht; sie alle sahen es als Schwäche an. (Tatsächlich erreichte mich nach meiner

Ankunft in London der saudische nationale Sicherheitsberater Musaed bin Mohammed al-Aiban, den ich noch nicht kannte, um mir mitzuteilen, dass sein Kronprinz, Mohammed bin Salman, mich wissen lassen wollte, wie unglücklich sie darüber waren, dass Abe in den Iran reisen würde.[28] Ich drängte den Kronprinzen, Trump direkt anzurufen, da ich dachte, er würde vielleicht mehr Glück haben als ich.) Ich ging nach London, so entmutigt wie während der Obama-Jahre, als ein Staatschef des Nahen Ostens nach dem anderen fragte, warum Obama dachte, dass die Ajatollahs jemals freiwillig auf Terrorismus oder Atomwaffen verzichten würden.

Nach dem Staatsbesuch in Großbritannien waren die Briten und dann die Franzosen Gastgeber der Feierlichkeiten zum fünfundsiebzigsten Jahrestag des D-Day, zuerst am 5. Juni in Portsmouth, von wo aus viele der Landungstruppen eingeschifft worden waren, und dann am 6. Juni in der Normandie selbst. Nach den Feierlichkeiten in der Normandie veranstaltete Macron ein Mittagessen für Trump, bei dem der Iran das Hauptthema war. Macron war auf »den 8. Juli als Frist« für das Ultimatum des Iran an Europa fixiert, um die wirtschaftlichen Vorteile zu gewähren, die Teheran im Rahmen des Nuklearabkommens seiner Meinung nach zustünden, sonst würde der Iran beginnen, wichtige Beschränkungen darin zu verletzen. In der Theologie der Europäischen Union konnten solche Verstöße durchaus den Tod des Abkommens bedeuten. Außerdem wollte Macron meiner Ansicht nach bei Abes Aktion mitmachen. Was wären wir bereit aufzugeben, wollte Macron wissen. Wären wir bereit, die Sanktionen abzuschwächen? Und was würden wir vom Iran verlangen? Dass sie ihre militärischen Aktivitäten in Syrien und im Jemen reduzierten? Nachdem Trump noch einmal die Auswirkungen der amerikanischen Wiedereinführung der Sanktionen gegen den Iran erklärt hatte, ging er auf Kerry los, weil der gegen den Logan Act verstoßen und den Iran davon überzeugt habe, nicht zu verhandeln. Mnuchin sagte, wir könnten die Sanktionen in Bezug auf den Iran leicht aus- und anschalten, was in Bezug auf die Wirksamkeit der Sanktionen völlig falsch war und durch nichts, was Trump bis dahin gesagt hatte, autorisiert war. Er mag sich vielleicht in diese Richtung bewegt haben, aber Mnuchin war nachgiebig und kapitulierte, ohne auch nur über das Signal nachzudenken, das bei einer Lockerung der Sanktionen weltweit wahrgenommen würde, oder auch nur zu fragen, was wir als Gegenleistung erhalten würden. Macron sagte ausdrücklich, er sei besorgt, dass der Iran die Verhandlungen rundweg ablehnen würde, was ich für nahezu sicher hielt und wodurch wir vor uns selbst gerettet würden. Dieses ganze Gespräch war eine Katastrophe. Abes Besuch im Iran war schlimm genug, aber die Europäer hinzuzuziehen konnte es nur noch schlimmer machen. Sie hatten eine völlig andere Agenda, nämlich die Rettung des Atomdeals um jeden Preis, statt ernsthaft gegen das zugrundeliegende Problem vorzugehen. Wenn der Iran seine kriegerischen Aktionen fortsetzte und neue US-amerikanische oder alliierte Ziele angriff, würde natürlich jede militärische Reaktion der USA jede japanische oder europäische Diplomatie sofort ausbremsen. Das war es, was meine Rücktrittsgedanken vorerst in Schach hielt.

Als ich zurück nach Andrews flog, rief Kupperman kurz nach sechs Uhr abends Washingtoner Zeit an. Nur wenige Stunden zuvor war eine US-Drohne MQ-9 Reaper (eine Version der Predator) in der Nähe von Hodeida im Jemen von einer Boden-Luft-Rakete abgeschossen worden, die wahrscheinlich von den Huthis (oder Iranern aus dem Huthi-Gebiet) abgefeuert worden war. Die Huthis beanspruchten die Täterschaft, und so berief Kupperman am Freitagmorgen um acht Uhr ein Stellvertreterkomitee ein, um zu überlegen, wie darauf zu reagieren sei.[29] Wie sich herausstellte, unternahmen wir nichts, was zum großen Teil darauf zurückzuführen war, dass das Militär in der Person des stellvertretenden Vorsitzenden des Generalstabs der Streitkräfte der USA, Paul Selva, darauf bestand, dass wir unsicher waren, wer die Drohne tatsächlich abgeschossen und wer die anderen jüngsten Angriffe zu verantworten hatte. Meine Einschätzung hätte nicht gegenteiliger sein können. Selva verhielt sich wie ein Ankläger, der von uns verlangte, dass wir eine über jeden vernünftigen Zweifel erhabene Schuld beweisen sollten, woran wir eigentlich recht nah waren, wenn die Betonung auf »vernünftig« lag. Wer sonst außer dem Iran oder seinen Stellvertretern würde so etwas tun? Aber noch wichtiger war, dass wir hier keine Strafsachen vor Gericht verhandelten. Wir befanden uns in einer chaotischen realen Welt, in der das Wissen immer unvollkommen war. Natürlich gehören zu dieser realen Welt auch Amtsträger, die Experten darin sind, sicherzustellen, dass sie nicht tun, was sie nicht tun wollen, was speziell bei einem Präsidenten, dessen Ansichten manchmal stündlich im Zickzack verliefen, ein großes Problem darstellte. Als ob das alles nicht schon schlimm genug gewesen wäre, versuchten Zivilisten vom Verteidigungsministerium auch noch, Israel unter Druck zu setzen, keine Maßnahmen zur Selbstverteidigung zu ergreifen, worüber Pompeo mir sagte, er habe persönlich eingegriffen, und zu Recht, um das umzuwerfen. Der Geist von Mattis lebte weiter.

Yachi rief mich am Freitag, dem 7. Juni, um 8.30 Uhr an, um Abes Gesprächspunkte für den Iran-Besuch durchzugehen, und beschrieb einen Vorschlag, der von Macron oder Merkel hätte stammen können, so großzügig war er dem Iran gegenüber. Japan war schizophren gegenüber dem Iran und Nordkorea, weich gegenüber Ersterem (wegen des Öls) und hart gegenüber Letzterem (wegen der düsteren Realität), und ich bemühte mich wiederholt und mit gemischtem Erfolg, den Japanern klarzumachen, wie ähnlich die beiden Bedrohungen waren. Japan verstand ziemlich gut, dass »maximaler Druck« die richtige Strategie gegen Nordkorea war, und wenn ein EU-Land für Pjöngjang das vorgeschlagen hätte, was Abe für Teheran vorschlug, hätte er es nachdrücklich und ohne zu zögern abgelehnt. Ich wollte so viel Abstand wie möglich zwischen Japan und die Europäer bringen, weil ich fand, ihre Ziele seien zu unterschiedlich, ja sogar widersprüchlich. Eine Schwächung der Sanktionen gegen Kim Jong-un hätte ihn nur ermutigt, auf bessere Bedingungen in der Nuklearfrage zu drängen, so wie eine Lockerung der Sanktionen gegen den Iran das Gleiche in Teheran getan hätte, wie ich es Yachi ausführlich erläuterte. Ich informierte Yachi über die iranischen Bedrohungen, denen wir uns gegenübersahen, nur damit er wusste, wie ernst sie waren, und nutzte den Abschuss der Reaper-Drohne und die anderen oben beschriebenen Angriffe, um den Punkt zu veranschaulichen. Ich erzählte Yachi auch, für wie wichtig Trump Abes Reise erachtete, wie schwierig sie war und wie wichtig es war, sie richtig anzugehen. Ich hatte nicht vor, Abes Mission zu untergraben, aber ich war ebenso entschlossen, keinen Freibrief zu erteilen, zumal Frankreich und Mnuchin mit ihrem Versuch umherstolperten, den Iran-Deal zu retten.

Am Montag, dem 10. Juni, sprach ich mit Trump über die Entwicklung von Abes Plänen. In unserer Diskussion stellte Trump klar, dass Abes Idee nur akzeptabel war, »wenn sie [der Iran] den Deal machen«, also kein Zugeständnis jetzt, sondern erst, nachdem der Iran zufriedenstellend auf Atomwaffen verzichtet hatte. Dies war eine wesentliche Unterscheidung, allerdings eine, die aufrechtzuerhalten Trump selbst Schwierigkeiten hatte, sowohl gegenüber dem Iran als auch gegenüber Nordkorea. Ich rief Pompeo an, um ihm die gute Nachricht zu überbringen, und er sagte: »Ich denke, das war's dann«, was bedeutete, dass wir außer Gefahr waren, zumindest vorerst. Dennoch war er weniger optimistisch als ich, dass wir vor dem gerettet würden, was für die Trump-Regierung eine Variante des »Bargeldes auf Paletten« werden könnte, wie es unter Obama an den Iran geliefert wurde. Ausgehend von seinen Gesprächen mit Japans Außenminister war Pompeo besorgt, dass sie nicht bereit sein würden, zu akzeptieren, was Trump mir zuvor übermittelt hatte. Mit der Annäherung der Entwicklungen im Iran und in Nordkorea im Juni und Juli wurden die Risiken für uns beide immer ernster. Zum Iran sagte mir Pompeo, dass ein Dutzend Außenminister ihn angerufen hätten, sobald sich die Nachricht von Abes Mission herumgesprochen hatte, weil sie glaubten, dass die »Kampagne des maximalen Drucks« vorbei sei, und anboten, bei der Vermittlung zu helfen. Das war ein weiterer Beweis dafür, dass nur Trump unter den führenden Politikern der Welt glaubte, Gespräche mit Gegnern seien rein inhaltsneutral. Pompeo formulierte es so: Wenn man nur einen Atomdeal mit dem Iran will, ist es egal, wie gut er ist, und es ist auch egal, ob es um ballistische Raketen, Unterstützung des Terrorismus oder vieles andere geht, denn dieser Deal existierte bereits, in Form des Atomdeals mit dem Iran! Nordkorea war genauso schlimm. Wir befanden uns, in den Worten Pompeos, »in der Gefahrenzone«, dass Trump seine eigene Politik komplett unterlaufen würde. Wie der Rest der Welt unser Durcheinander und unsere Verwirrung auffasste, war weniger sicher, denn im Moment konzentrierten sich die Medien mit freundlicher Genehmigung der *New York Times* und anderer[30] auf den Riss zwischen Trump und mir in Bezug auf Nordkorea und den Iran. Das größere Bild war der Riss zwischen Trump und Trump.

An diesem Abend rief Abe Trump an, um sein endgültiges Iran-Drehbuch zu überprüfen, das so unschädlich war, wie wir es nur gestalten konnten. Dennoch fragte Abe nach seinem vorgeschlagenen Programm und sagte, er verstehe, dass die Vereinigten Staaten skeptisch waren, diese Idee dem Iran zu diesem Zeitpunkt zu präsentieren. Trump reagierte einfach nicht auf Abes Kommentar, was allen Beteiligten signalisierte, dass er sich freuen würde, wenn Abe es mit dem Iran nicht zur Sprache brächte. Ich konnte unser Glück kaum fassen. Es ging nicht nur darum, einer Kugel auszuweichen, sondern vielmehr einer Interkontinentalrakete mit Mehrfach-Sprengköpfen.

Am Donnerstag, dem 13. Juni, mitten in der Nacht, rief der Sit Room an, um die Information durchzugeben, dass zwei Tanker im Golf von Oman angegriffen worden waren. Die »Front Altair« und die »Kokuka Courageous« (Letztere in japanischem Besitz) meldeten Brände und mögliche Überschwemmungen, und ein Schiff der US-Marine war unterwegs, um Hilfe zu leisten. Es gab keinen unmittelbaren Hinweis darauf, wer zugeschlagen hatte, aber ich hatte keine Zweifel. Drei Stunden später waren die Brände ernster geworden, und nahe gelegene Handelsschiffe, von denen sich eines später als die »Hyundai Dubai« herausstellte, evakuierten beide Besatzungen. Iranische Marineschiffe näherten sich der »Hyundai Dubai« und forderten, die von ihr geretteten Matrosen zu übergeben, was sie auch taten. (Das US-Zentralkommando veröffentlichte diese Tatsachen später auf seiner Webseite und widerlegte damit die ungeheuerliche Behauptung des Iran, seine Marine habe eine der Besatzungen gerettet.[31]) Ich kam um 5.45 Uhr morgens im Weißen Haus an, nachdem Kupperman schon früher eingetroffen war, und ging sofort in den Sit Room. Reuters berichtete bereits, von Al Jazeera aufgegriffen, die Nachricht verbreitete sich also rasch im Nahen Osten.

Ich brach zum zuvor geplanten Treffen im Tank auf. Shanahan und Dunford wollten eine strategische Diskussion über den Iran, was, wie ich sagte, in Ordnung war, aber wir standen nun vor einem »Angriff auf den globalen Ölmarkt«, den wir einfach nicht ignorieren konnten. Die Quds-

Einheit setzte die Eskalationsspirale nach oben fort, und warum auch nicht? Sie sahen ganz sicher keinerlei Reaktion seitens der Vereinigten Staaten. Dennoch arbeiteten wir uns durch die übliche Anordnung von Diagrammen im Pentagon (wegen der Größe des verwendeten Papiers »Platzdeckchen« genannt). Sie hatten Linien, Säulen und Pfeile, alles sehr kunstvoll gestaltet. Schließlich sagte ich, dass unsere verschiedenen politischen Prioritäten gegenüber dem Iran (Atomwaffen, Terrorismus, konventionelle militärische Aggression) nicht voneinander abgekoppelt werden könnten und dass wir insbesondere das Atomprogramm des Iran nicht von all seinen anderen bösartigen Verhaltensweisen trennen könnten. Genau das war der Fehler Obamas beim Atomabkommen. Warum zu seinem gescheiterten analytischen Modell zurückkehren? Ich argumentierte erneut, dass es unabhängig davon, ob es sich um unseren erklärten »Endzustand« (ein bevorzugter behördlicher Begriff) handelte oder nicht, keinen »neuen« Iran-Deal und keine »Abschreckung« geben würde, solange das derzeitige iranische Regime bestehen blieb. Es mochte einem gefallen oder nicht, aber die Politik auf irgendeine andere Realität zu beziehen, würde uns zu keinem von uns angestrebten »Endzustand« bringen. Ob diese Diskussion produktiv war oder nicht, oder ob sie nur zu einer weiteren Reihe aufwendiger Platzdeckchen führen würde, blieb abzuwarten.

Auf dem Weg zurück ins Weiße Haus rief ich Trump an. Ich beschrieb unser Treffen im Tank und auch, was sich im Golf von Oman abspielte, wovon Fox bereits einiges ausgestrahlt hatte. »Spielen Sie es herunter«, sagte Trump, was wieder einmal der falsche Ansatz war, der aber seine Ansicht widerspiegelte, dass, wenn man so tat, als seien keine schlimmen Dinge geschehen, es vielleicht niemandem sonst auffiel. Als ich im West Wing ankam, war unsere Information bereits eindeutig, dass es sich um einen iranischen Angriff handelte. Wir waren alle erstaunt, als wir sahen, wie iranische Seeleute sich der »Kokuka Courageous« näherten und eine Mine, die nicht detoniert war, aus dem Rumpf des Schiffes entfernten.[32] Wie unverschämt konnte man noch werden? Ich informierte Pence, der in Montana war und später am Tag zurückkehrte.

Die Ergebnisse von Abes Treffen mit Chamenei später am Tag unterstrichen die Tank-Diskussion. Chamenei machte sich Notizen, während Abe sprach, sagte aber am Ende, dass er keine Antwort habe, was fast schon eine Beleidigung war. Außerdem war Chamenei viel härter als Rohani am Tag zuvor. Dies zeigte die Torheit von Macron und anderen (Trump eingeschlossen), die mit Rohani sprachen, anstatt mit dem »Obersten Führer«. War an diesem Titel irgendetwas unklar? Darüber hinaus gab Chamenei, noch bevor Abe sein Flugzeug zurück nach Japan bestieg und entgegen seiner ausdrücklichen Bitte, das Treffen nicht zu veröffentlichen, eine lange Reihe von Tweets heraus; die beiden kritischsten waren aus unserer Sicht:

> Wir zweifeln nicht an @abeshinzos Wohlwollen und Ernsthaftigkeit; aber in Bezug auf das, was Sie über den US-Präsidenten erwähnten, halte ich Trump nicht für eine Person, die es verdient, mit ihm Nachrichten auszutauschen; ich habe keine Antwort für ihn & werde ihm nicht antworten.

> Wir glauben überhaupt nicht, dass die USA aufrichtige Verhandlungen mit dem Iran anstreben; denn aufrichtige Verhandlungen würden niemals von einer Person wie Trump kommen. Aufrichtigkeit ist unter US-Beamten sehr selten.

Die Schlussfolgerung war eindeutig: Abes Mission war gescheitert. Der Iran hatte Abe praktisch ins Gesicht geschlagen und in der Nähe des Iran zivile Schiffe angegriffen, von denen eines in japanischem Besitz war, obwohl Abe sich gleichzeitig mit Chamenei traf. Gleichwohl leugneten die Japaner dies; vielleicht versuchten sie, Abe vor der Erniedrigung zu schützen, zu der Trump ihn gedrängt hatte.

Pompeo und ich trafen uns mit Trump um 12.15 Uhr, und ich zeigte ihm die Tweets von Chamenei. »Scheußlich«, sagte er, »sehr scheußlich«, bevor er sich lange darüber ausließ, wie Kerry ihn daran hinderte, mit dem Iran zu verhandeln. Trump wollte auf Chameneis Tweets antworten, was schließlich darauf hinauslief:

> Obwohl ich es sehr schätze, dass P.M. Abe in den Iran reist, um den Ajatollah Ali Chamenei zu treffen, bin ich persönlich der Meinung, dass es noch zu früh

ist, um überhaupt an ein Abkommen zu denken. Sie sind nicht bereit, und wir sind es auch nicht! Es ist die Einschätzung der US-Regierung, dass der Iran für die heutigen Angriffe im Golf von Oman verantwortlich ist …

Am Freitagmorgen gab Abe Trump eine persönliche Zusammenfassung seiner Reise und sagte, dass er weder von Rohani noch von Chamenei die Bereitschaft gesehen habe, einen Dialog mit den Vereinigten Staaten zu führen, solange die Wirtschaftssanktionen in Kraft blieben. Immerhin beklagte sich Abe darüber, dass der Iran das Treffen sofort öffentlich gemacht habe, aber er war dennoch der Meinung, dass Rohani wirklich einen Dialog mit den USA wolle. Er wurde immer poetischer darüber, wie Rohani ihm nach dem Treffen mit Chamenei im Flur nachgerannt war, um zu sagen, dass die Aufhebung der Sanktionen der Aufnahme eines solchen Dialogs förderlich wäre. Das Schlimmste war, dass Abe in der Vorstellung verhaftet blieb, dass der Iran und Nordkorea sehr unterschiedliche Fälle seien, und sagte, wir bräuchten eine andere Herangehensweise an den Iran. Sie hatten wirklich Scheuklappen aufgesetzt. Trump sagte, Abe solle sich nicht schuldig fühlen, dass er völlig und absolut versagt habe,[33] aber dann hielt er sich zurück; vielleicht dachte er, er sei ein bisschen zu hart gewesen, und sagte, das sei nur ein kleiner Spaß. Er hatte nicht erwartet, dass Abe Erfolg haben würde, und er war über das Ergebnis überhaupt nicht überrascht. Er wandte sich dem zu, was ihm wirklich auf der Seele lag, und sagte, dass er die Anstrengung sehr zu schätzen wisse, aber dass es für ihn persönlich wirklich viel wichtiger sei, dass Japan mehr amerikanische Agrarprodukte kaufe. Die USA taten viel für Japan, verteidigten es und verloren viel Geld beim Handel. Abe räumte ein, er würde überlegen, was er tun solle, und Trump sagte, je früher, desto besser, am besten sofort. Dann sagte Trump, auf den Iran zurückkommend, dass Abe sich nicht mehr die Mühe machen müsse, mit ihnen zu verhandeln, angesichts der sehr bösartigen Erklärungen, die der Iran nach Abes Treffen abgegeben habe. Trump würde die Verhandlungen selbst führen, was er kurz nach dem Telefonat twitterte.[34]

Wir hatten eine Sitzung des Nationalen Sicherheitsrates geplant, die direkt nach dem Telefonat mit Abe beginnen sollte, aber es war spät geworden. Trump begann, indem er seine Diskussion mit Abe zusammenfasste, und nach einer Auslassung über Kerrys Verletzung des Logan-Gesetzes blickte Trump auf Cipollone und Eisenberg und sagte: »Die Anwälte weigern sich, es zu tun. Ich kann das nicht verstehen. Es ist lächerlich, dass Sie es nicht tun.« Shanahan und Dunford wollten ein besseres Gefühl für Trumps »Intention« bekommen, und im Zuge dessen zeigten sie einen neuen Satz Platzdeckchen mit einigen interessanten öffentlichen Statistiken über Ölkäufe durch verschiedene Länder aus dem Nahen Osten, die sehr hohe Importe aus dem Nahen Osten für China, Südkorea, Japan, Indien und Indonesien auswiesen.[35] Ich wusste, was kommen würde: Warum haben diese importierenden Länder nicht mehr getan, und warum haben sie und die Ölproduzenten im Nahen Osten nicht mehr bezahlt, um ihre eigenen Öllieferungen zu sichern? Als Shanahan und Dunford zur vierten oder fünften Tafel kamen, begann Trump das Interesse zu verlieren und sagte: »Gehen wir zur ›Was wollen Sie tun?‹-Seite.« Wir diskutierten die verschiedenen Optionen, kamen aber zu keinem Ergebnis. Dann kehrte Trump zum Thema zurück, aus Syrien und Afghanistan abzuziehen und die arabischen Golfstaaten für das bezahlen zu lassen, was wir beschlossen hatten. Ich erklärte, wie ich es bereits zuvor getan hatte, dass die Regierung von George Bush senior beträchtliche Unterstützung für die Finanzierung des Golfkriegs 1991 eingeworben hatte. Pompeo versicherte Trump, er werde die entsprechenden Länder in der Region anrufen.

Trump ging, obwohl Pence, Pompeo, Dunford, Shanahan und ich das Gespräch fortsetzten. Dunford wollte sicher sein, dass Trump verstand, dass, wenn wir dem Iran Verluste zufügen würden, das »Moratorium« des Iran für die Tötung von Amerikanern enden würde. Ich fragte: »Welches Moratorium?«, angesichts der Zahl der Amerikaner, die der Iran getötet hatte, angefangen bei der Marinekaserne im Libanon 1983. Die Frage der Verluste beschäftigte jedermann bei diesem und anderen Treffen mit Trump. Pence sagte, es sei klar, dass Trump sogenannte »kinetische Optionen« wünschte, wie ich ihn auch interpretiert hatte. Dies war eine von einer langen und wachsenden Liste von Diskussionen, bei denen kein Zweifel bestand, dass Trump solche Optionen in Betracht ziehen wollte –

nicht, dass er irgendetwas entschieden hätte – und dass er frustriert war, weil er nicht mehr Optionen vor sich hatte. Bis zum nächsten Treffen am Montag gab es noch beträchtliche Arbeit, aber ich dachte, uns konnte zumindest niemand vorwerfen, dass wir die Auswirkungen militärischer Gewaltanwendung nicht erschöpfend erörterten.

Am Montag, dem 17. Juni, kamen wir jedoch immer noch nicht zu einer Entscheidung. Die Behörden und Schlüsselbeamten nutzten die Ungeduld und die kurze Aufmerksamkeitsspanne von Trump, um eine Reaktion auf die Angriffe auf die Tanker zu verzögern. Das brachte die Dinge über den Punkt hinaus, an dem eine militärische Aktion angebracht schien. Die Obstruktionspolitiker hatten keinen eigenen Plan, aber sie rechneten erfolgreich mit einer Verzögerung, um jede Alternative zu vereiteln. Vor allem aber versäumten sie es weiterhin einzusehen, dass die Untätigkeit den Iran nicht nur in die Lage versetzte, seine Hegemonialbestrebungen am Golf voranzutreiben, sondern auch die falschen Lehren in Bezug auf Abschreckung erteilte. Sie waren von der amerikanischen »Zurückhaltung« nicht beeindruckt, sondern zunehmend überzeugt, dass wir überhaupt kein Hindernis darstellten. Wir kamen uns einfach nur selbst in die Quere.

Noch vor dem Treffen des Nationalen Sicherheitsrates um zehn Uhr morgens verkündete ein Sprecher der iranischen Atomenergiebehörde, dass sie nicht bis zum 8. Juli warten werde, um wichtige Grenzwerte des Atomabkommens zu verletzen, sondern bereits damit begonnen habe. Der Iran würde den Grenzwert für die Lagerung von schwach angereichertem Uran (300 kg) innerhalb von zehn Tagen und den Grenzwert für die Lagerung von schwerem Wasser (130 Tonnen) innerhalb von zwei bis drei Monaten verletzen.[36] Die Anreicherung auf ein U-235-Niveau über dem im Abkommen festgelegten Grenzwert von 3,67 Prozent könnte innerhalb weniger Tage oder Stunden beginnen, da sie lediglich mechanische Veränderungen an den Zentrifugenkaskadensystemen, die die Anreicherung vornehmen, erfordere. Der Iran beabsichtigte offensichtlich, den Druck auf die Europäer zu erhöhen, die verzweifelt versuchten, den Atomdeal zu retten. Aber noch wichtiger war, dass Teheran auch bewies, dass sein Hauptziel das Atomwaffenprogramm war. Auf die Frage, ob der Iran aus dem Atomabkommen aussteigen würde, sagte der Sprecher: »Wenn wir so weitermachen, wird dies tatsächlich geschehen.«[37]

Shanahan, Dunford, Pompeo und ich trafen uns vor der Sitzung des Nationalen Sicherheitsrates in meinem Büro, um die Optionen durchzugehen, die das Pentagon vorbereitet hatte. Unglücklicherweise hatten sie im Grunde das gleiche Set mitgebracht, das wir am Freitag besprochen hatten, zu dem Trump schon damals sagte: »Wir hätten sofort, nachdem die Tanker getroffen wurden, etwas angreifen sollen. Mein Militär hat mir keine Optionen gegeben.« Pompeo eröffnete das Treffen des Nationalen Sicherheitsrates und sagte, er mache Fortschritte mit den arabischen Golfstaaten bei der Finanzierung künftiger Operationen: »Ich bin zuversichtlich, dass sie bedeutende Schecks ausstellen werden.« – »Das sollten sie«, sagte Trump. »Wir brauchen ihr Öl nicht mehr. Ich will nur nicht, dass der Iran Atomwaffen hat.« Inzwischen hatte er seine eigenen Vorstellungen darüber, welche Ziele getroffen werden sollten, und sie gingen weit über die vom Verteidigungsministerium vorgeschlagenen Optionen hinaus. Trump mag es vielleicht bemerkt haben oder auch nicht, aber er machte ein wichtiges Statement über die »Wiederherstellung der Abschreckung«, eine Lieblingsphrase des Pentagon. Die Generalstabschefs zogen es vor, dies durch eine »angemessene« Antwort (»wie du mir, so ich dir«) zu tun, für die ihnen niemand Vorwürfe machen konnte. Meiner Meinung nach war es jedoch weitaus wahrscheinlicher, dass eine unverhältnismäßige Reaktion – wie der Angriff auf Ölraffinerien oder Teile des iranischen Atomwaffenprogramms – notwendig war, um die Abschreckung wiederherzustellen. Es ging darum, den Iran davon zu überzeugen, dass ihm im Falle der Anwendung von Gewalt weitaus höhere Kosten entstehen würden, als er uns oder unseren Freunden auferlegte. Bis jetzt hatte der Iran überhaupt keine Kosten getragen. Selbst Obama drohte zumindest mit einem Angriff auf den Iran, obwohl die Ernsthaftigkeit seiner Äußerungen infrage gestellt werden konnte.[38] Leider war es genau das, was wir immer noch taten: keine Optionen zu verfolgen. Wir einigten uns lediglich darauf, das Personal aufzustocken, um die US-Streitkräfte in der Region defensiv vorzubereiten, und wir hatten Mühe, am Ende des Tages auch nur eine Pressemitteilung in diesem Sinne herauszugeben. Außerdem wurde diese bescheidene Nachricht von der Tatsache überschattet, dass der Iran die Grenzen des Atomabkommens überschritten hatte. Teheran befand sich immer noch auf dem Weg zu Atomwaffen, während wir dem Gras beim Wachsen zusahen.

Am nächsten Tag beschrieb Trump in einem Interview mit der Zeitschrift *Time* die ersten und jüngsten Angriffe als »sehr geringfügig«[39]. Ich fragte mich, warum ich mir die Mühe machte, jeden Morgen in den West Wing zu kommen. Das lud praktisch zu etwas Ernsterem ein. Genau wie am Mittwoch wurden in Basra Raketen abgefeuert, wahrscheinlich von schiitischen Milizengruppen, die auf die örtlichen Hauptquartiere dreier ausländischer Ölkonzerne (Exxon, Shell und Eni) gerichtet waren und mehrere Verletzte, aber keine Todesopfer forderten.[40] Die Antwort der irakischen Regierung war die Ankündigung eines Verbots von Angriffen gegen ausländische Staaten von ihrem Territorium aus.[41] Es wäre schön gewesen, wenn der Irak die iranischen Streitkräfte und schiitischen Hilfstruppen auf seinem Territorium mindestens genauso behandelt hätte wie die USA, aber das war angesichts der Dominanz des Iran in Bagdad unmöglich. Wir weigerten uns, diese Realität anzuerkennen, auch wenn sie sich, wie schon seit mehreren Jahren, immer weiter ausdehnte. Und DC an diesem Morgen zeigte kein Interesse daran, auf die Raketenangriffe zu reagieren. Der neue Kommandeur der Iranischen Revolutionsgarde, Hussein Salami, und sein Kommandeur der Quds-Einheit, Qasem Soleimani, müssen breit gegrinst haben.

Die größere Nachricht an diesem Tag war, dass Shanahan seine Nominierung zum Verteidigungsminister ablehnte. Berichte über vergangene Familienzwiste, die durch seine frühere Ehefrau verursacht wurden, waren wieder aufgetaucht, und er wollte nicht, dass dies bei seinen Bestätigungsanhörungen aufgebauscht wurde. Es war eine große Tragödie, aber man konnte ihm den Wunsch nicht verwehren, seine Familie vor noch mehr Unglück zu bewahren. Trump entschied sich fast sofort, Armeesekretär Mark Esper (ein Klassenkamerad von Pompeo aus West Point) für den Posten zu nominieren, und rief ihn sofort vom Oval aus an. Zurück in meinem Büro rief ich Esper selbst an, um ihm zu gratulieren und mit seiner formellen Nominierung zu beginnen. Tags darauf kam Esper am späten Nachmittag ins Weiße Haus, um Fotos mit Trump zu machen, und wir sprachen im Vorfeld über die aktuelle Iran-Krise, während wir auf das Treffen und die Bilder warteten.

Danach gingen Esper und ich zurück in mein Büro, wo er einen Anruf erhielt, dass das Kraftwerk einer saudischen Entsalzungsanlage von einer Huthi-Rakete getroffen worden war. Esper begab sich sofort zum Pentagon, und ich rief Dunford an, der noch nichts von dem Angriff gehört hatte. Ich ging um 18.20 Uhr zum Oval, um Trump zu informieren, und er fragte, ob wir uns sofort treffen sollten, um zu überlegen, was zu tun sei. Ich war besorgt, dass dieser Bericht falsch oder übertrieben sein könnte, also sagte ich, dass wir bis Donnerstagmorgen warten sollten.[42] Ich rief Dunford an und informierte Pompeo und sagte beiden, dass wir am nächsten Morgen eine Sitzung abhalten würden.

Während der Schlag gegen die Entsalzungsanlage Shuqaiq zu dieser Zeit eine große Sache zu sein schien, war eine viel größere Sache der Anruf aus dem Sit Room an diesem Abend gegen 21.30 Uhr, dass der Iran eine weitere US-Drohne abgeschossen habe, die zweite innerhalb von weniger als zwei Wochen, diesmal eine RQ-4A Global Hawk, über der Straße von Hormus. Das wöchentliche Frühstück mit Shanahan und Pompeo war bereits für Donnerstagmorgen angesetzt, und Esper und Dunford waren nach dem Angriff auf die Entsalzungsanlage hinzugekommen, so dass wir schon bereit waren, uns zu beraten. Wir trafen uns am nächsten Morgen, dem 20. Juni, um sieben Uhr morgens im Ward Room. Dunford berichtete zunächst, dass sich, auf Ersuchen der Saudis, der Kommandeur des Zentralkommandos Frank McKenzie auf dem Weg zur Anlage Shuqaiq befand, um den Schaden zu beurteilen und festzustellen, welche Waffen die Anlage (die wie viele andere saudische Anlagen auch als Kraftwerk diente) getroffen hatten. Wir waren uns einig, dass ein Offizier des Zentralkommandos so bald wie möglich eine öffentliche Informationsveranstaltung abhalten sollte, um weitläufig über den Vorfall zu informieren.

Viel wichtiger war Dunfords Reaktion auf den Abschuss der Global Hawk. Er charakterisierte diesen Vorfall, der zur Zerstörung eines US-Sachguts führte, dessen Kosten in den Medien auf einen Wert von 120 bis 150 Millionen Dollar geschätzt wurde,[43] als »qualitativ anders« als die anderen in der langen Liste von Angriffen und Provokationen in den letzten Monaten, nach denen wir nichts unternommen hatten. Dunford war völlig davon überzeugt, dass sich das ferngesteuerte Überwachungsflugzeug schon immer im internationalen Luftraum befunden hatte, obwohl es wahrscheinlich durch eine Zone geflogen war, die der Iran einseitig als über seinen Gewässern liegend bezeichnet hatte und die nur der Iran anerkannte. Dunford schlug vor, wir sollten drei Standorte entlang der iranischen Küste angreifen. Diese drei Stätten waren zwar wahrscheinlich selbst nicht am Abschuss der Global Hawk beteiligt, aber dennoch angemessen.[44] Einer seiner Hauptpunkte war, dass er diese Reaktion für »proportional« und »nicht eskalierend« hielt. Gerade weil ich der Meinung war, dass wir für die Wiederherstellung der Abschreckung eine wesentlich größere Reaktion benötigen, schlug ich vor, weitere Elemente aus den Optionslisten hinzuzufügen, die zuvor infolge der Tankerangriffe mit Trump diskutiert worden waren. Wir erwogen einige Zeit das Für und Wider, und es war klar, dass wir alle der Meinung waren, dass wir für den Angriff Vergeltung üben sollten, obwohl Pompeo und ich für eine stärkere Reaktion plädierten als Dunford und Shanahan. Esper, der neu in dieser Sache war, schwieg weitgehend. Letztendlich haben wir einen Kompromiss über die Zerstörung der drei Standorte und verschiedene andere Maßnahmen geschlossen. Ich sagte, ich wolle sicher sein, dass wir uns alle einig waren, damit ich Trump sagen könne, dass seine Berater eine einstimmige Empfehlung vorlegen würden. Das war eine gute Sache für den Präsidenten. Er hatte zwar offensichtlich die endgültige Entscheidung, aber niemand konnte sagen, dass er den Iran zu hart oder zu weich behandelte, wenn er sich für unser Paket entschied. Auch gäbe es keine Gelegenheit für die Lieblingsbeschäftigung der Medien, Konflikte zwischen seinen Beratern aufzudecken. Spätere Presseberichte, die nur anonyme Quellen zitierten, behaupteten, dass Dunford mit der Entscheidung von Trump nicht einverstanden war.[45] Das war einfach nicht wahr. Dunford und alle anderen beim Frühstück stimmten dafür.

Während wir sprachen, entschied Trump, dass er sich mit den Kongressführern treffen wolle – mit ihnen war ein Treffen für später am Nachmittag geplant –, bevor er sich endgültig entschied. Ich rief ihn sofort nach Verlassen des Frühstücks an, um unser Gespräch zu erläutern, und sagte, dass seine leitenden Berater sich auf eine Antwort geeinigt hätten und dass wir dachten, unsere Einstimmigkeit würde für ihn hilfreich sein. Trump stimmte sofort zu, und ich hatte das deutliche Gefühl, dass er wusste, dass er als Reaktion auf die Zerstörung der Global Hawk etwas unternehmen musste. Das war zu viel, um es ohne eine militärische Reaktion zu akzeptieren. Sein Tweet vor dem Treffen des Nationalen Sicherheitsrates war eindeutig:

> Der Iran hat einen sehr großen Fehler begangen!

Mulvaney sagte später, dass er auch der Meinung war, Trump würde handeln, und er wolle, dass das Briefing auf dem Kapitol politische Deckung für das bieten würde, was immer er zu tun beschloss.

Die Sitzung des Nationalen Sicherheitsrates begann tatsächlich pünktlich um elf Uhr morgens, was zeigte, dass sogar Trump dies ernst nahm. Pence, Esper, Shanahan, Dunford, Pompeo, Haspel, Mulvaney, Cipollone, Eisenberg und ich nahmen daran teil. Bei so vielen Sitzungen des Nationalen Sicherheitsrates und anderen Gesprächen zwischen den Schlüsselfiguren in den Wochen zuvor waren die Themen kaum neu oder ermangelten einer substanziellen Grundlage aus vorherigen Überlegungen und Diskussionen. Ich stellte die Probleme vor, mit denen wir konfrontiert waren, und bat dann Dunford um eine Erklärung, was mit der Global Hawk geschehen war.[46] Er sagte, dass unser unbemanntes Fahrzeug 146 Millionen Dollar kostete;[47] es hatte sich während seiner gesamten Mission in internationalem Luftraum befunden, auch als es abgeschossen wurde; und wir kannten den Standort der Batterie, die die Rakete gestartet hatte, die es zerstörte, und zwar auf der Grundlage von Berechnungen und Erfahrungen analog zu Untersuchungen von Flugzeugabstürzen.[48] Dunford präsentierte dann den Vorschlag, auf den wir uns beim Frühstück geeinigt hatten, nämlich drei andere Standorte zu treffen sowie weitere Maßnahmen. Wir anderen, die am Frühstück teilgenommen hatten, sagten, dass wir mit Dunford einer Meinung seien. Eisenberg sagte, er wolle »es sich ansehen«, äußerte aber keinen Vorbehalt, dass es rechtliche Bedenken geben könnte. Er fragte in keiner Weise, wie hoch die Zahl der Opfer dieser Schläge ausfallen könnte. Trump fragte, ob die Standorte russisch seien und wie teuer sie seien, und Dunford versicherte ihm, dass sie aus russischer Produktion stammten, aber nicht so teuer seien wie unsere Drohne.[49] Wir diskutierten, ob es russische Opfer geben könne, was zweifelhaft, aber nicht unmöglich war. Dunford sagte, die Angriffe würden mitten in der Nacht stattfinden, so dass die Anzahl der Menschen, die die Standorte besetzen, gering sein würde, obwohl er keine genaue Zahl nannte. Er wurde von den Anwesenden auch nicht darum gebeten.

Aus Trumps Verhalten war für mich klar ersichtlich, dass er mehr treffen wollte, als wir vorgeschlagen hatten. Als er verschiedentlich nach dieser Möglichkeit fragte, sagte ich: »Wir können alles auf einmal machen, wir können es in Stücken machen, wir können es so machen, wie Sie wollen«, nur damit Trump verstand, dass wir seiner Suche nach anderen Optionen nicht durch die Vorlage einer vereinbarten Empfehlung vorgreifen konnten. Die Wiederherstellung der Glaubwürdigkeit der USA und unsere völlig zu vernachlässigende Abschreckung gegen einen nach Atomwaffen strebenden, theokratisch-militaristischen Schurkenstaat hätte viel mehr gerechtfertigt, aber ich hatte nicht das Gefühl, dass ich dieses Argument vorbringen musste. Ich war mir sicher, dass Trump zumindest das vereinbarte Paket vom Frühstück billigen würde. Dunford lehnte alles andere als die Frühstücksidee ab, obwohl er, wie wir alle, sehr zuversichtlich war, dass dieses Paket Erfolg haben würde. Die Diskussion ging weiter, obwohl Pompeo weitgehend schweigsam war. »Bolton als Gemäßigter«, sagte Trump an einer Stelle, weil ich das Frühstückspaket unterstützte, und alle lachten. Zur Frage der Finanzierung sagte ich: »Dies wird eine gewinnbringende Operation sein«, und Pompeo beschrieb erneut seine bisherigen ermutigenden Bemühungen um Geldbeschaffung, bei denen er auch eine tatsächliche militärische Beteiligung an gemeinsamen Marinepatrouillen und Ähnlichem anstrebte. Im Laufe des Wochenendes reiste er zu weiteren Konsultationen in die Region ab. »Reden Sie nicht über Gespräche«, sagte Trump, »fragen Sie einfach nach dem Geld und den Patrouillen.«[50]

Trump begab sich dann auf den Weg in seine Kerry/Logan Act-Ausführungen, ohne die kein Treffen zum Iran wirklich amtlich war. Ich brachte die Diskussion zum Abschluss, indem ich die Entscheidung zusammenfasste, die aus dem Frühstückspaket bestand. Trump stimmte dem zu und wollte eine Erklärung abgeben, in der er uns diktierte, dass wir »eine kleine Reaktion auf einen unvorhergesehenen Fehler der Iraner« geben würden. Da die Vergeltung für den Iran eine Überraschung sein sollte, stimmte niemand sonst zu, und die Idee ging in dem Durcheinander verloren. Trump fragte, wann der Vergeltungsschlag stattfinden würde, und Dunford sagte, man rechne mit 21 Uhr Washingtoner Zeit (womit er die Zielzeit meinte). Dunford sagte auch: »Mr. President, wir melden uns wieder bei Ihnen, wenn sie als Reaktion darauf versuchen, Amerikaner zu töten«, und Trump sagte: »Das glaube ich nicht. Ich mache mir Sorgen um unsere Soldaten in Syrien. Holen Sie sie raus.« Dunford antwortete: »Wir wollen zu diesem Punkt kommen«, und Trump antwortete: »Syrien ist nicht unser Freund.«

Drei wesentliche Aspekte beinhaltete die soeben getroffene Entscheidung: (1) Wir trafen, wie oben erläutert, funktionierende militärische Ziele, nicht nur symbolische; (2) wir trafen innerhalb des Iran, überquerten eine iranische rote Linie und wollten mit Sicherheit ihre wiederholten Behauptungen testen, dass ein solcher Angriff mit einer Reaktion in vollem Umfang beantwortet werden würde; und (3) wir trafen Ziele, die wahrscheinlich mit Verlusten verbunden waren, eine Frage, die wir erörtert hatten, da Trump gehört hatte, dass die von ihm angeordneten Angriffe tote Iraner (und möglicherweise auch tote Russen) bedeuten würden. Im Nachhinein gab es alternative Theorien über Trumps verblüffende Entscheidung, den Angriff abzubrechen, aber ich glaube fest daran, dass Trump genau wusste, was er tat, als er die Entscheidung traf.

Wir hatten eine Kongressbesprechung angesetzt, zu der Pelosi mit zwanzig Minuten Verspätung eintraf. Trump wartete mit uns anderen im Cabinet Room, und es gab ein (gelinde gesagt) gestelztes Gespräch. Huawei kam auf, und Chuck Schumer sagte: »Sie haben die Demokraten auf Ihrer Seite«, um Huawei gegenüber hart zu sein. Senator

Mark Warner, der ranghöchste Demokrat im Geheimdienst-Ausschuss des Senats, fügte hinzu: »Es gibt keine Sicherheit mit einem Huawei-Netzwerk. Wir könnten bei unseren Verbündeten an Glaubwürdigkeit verlieren, wenn wir es für den Handel nutzen würden [sprich, als Gegenleistung für die Aufhebung der Huawei-Strafen Handelszugeständnisse von Peking verlangen würden].« Warner hatte in diesem Punkt recht, aber Trump glaubte, dass bei Handelsverhandlungen alles offen sei. Als Pelosi schließlich eintraf, erklärte Trump die Situation. Adam Schiff, der demokratische Vorsitzende des ständigen Geheimdienstausschusses des Repräsentantenhauses, fragte nach unseren Plänen. Trump duckte sich mit den Worten: »Sie [die Iraner] wollen reden«, und warf Kerry mit seiner Verletzung des Logan-Gesetzes vor, sie entmutigt zu haben. Die Demokraten waren besorgt über die Anwendung militärischer Gewalt, aber Trump ärgerte die Idee eines »Treffers, aber eines, der nicht so verheerend sein wird«. Trump sagte später: »Nichtstun ist das größte Risiko«, woraufhin Jim Risch einwarf: »Ich stimme zu«, und alle Republikaner stimmten dem zu. Mike McCaul (Republikaner, Texas) fragte, ob wir die Stätten im Iran, von denen der Angriff ausgegangen war, zerstören könnten. Ich hoffe, dass keiner von uns eine Miene verzog, als Trump antwortete: »Ich kann das nicht kommentieren, aber Sie werden sich freuen.« Mitch McConnell fragte: »Wie unterscheidet sich dieser von anderen periodischen Ausbrüchen in den letzten Jahren?« Trump antwortete korrekt: »Es geht nicht um diesen [Vorfall]. Es geht darum, wohin sie gehen wollen. Wir können nicht zulassen, dass sie es [Atomwaffen] haben.« Dunford fügte hinzu: »Was qualitativ anders ist: dass es sich um einen direkten Angriff aus dem Iran handelt. Er ist zuordenbar.«

Dieses Treffen endete um 16.20 Uhr, und die Vorbereitungen für den Angriff wurden beschleunigt. In der Erwartung, dass ich die ganze Nacht im Weißen Haus sein würde, ging ich gegen 17.30 Uhr nach Hause, um mich umzuziehen und zurückzukehren. Dunford hatte bestätigt, dass 19 Uhr der Entscheidungs-Zeitpunkt für den Angriff auf die drei iranischen Standorte war, also dachte ich mir, dass ich noch genügend Zeit hatte vor dem auf 21 Uhr angesetzten Angriff. Um etwa 17.35 Uhr rief ich Trump vom SUV des Secret Service aus an und sagte ihm, dass alles nach Plan verlief. »Okay«, sagte er, »auf geht's.« Um 17.40 Uhr sprach ich mit Shanahan über die Art von Erklärungen, die er und Dunford nach Beendigung der Anschläge im Pentagon abgeben würden und ob sie Fragen beantworten oder nur schriftliche Erklärungen verlesen sollten. Ich kam zu Hause an, zog mich um und kehrte sofort um, wobei ich am George Washington Memorial Parkway in einen dichten Verkehr geriet. Auf dem Weg rief Shanahan an wegen einer Sache, die sich später als fälschlicher Bericht herausstellte, wonach die britische Botschaft im Iran angegriffen worden sei, und dass er und Dunford beschlossen hätten, den Zeitpunkt des Angriffs auf 22 Uhr zu verschieben. Die Quelle dieser Information war ein britischer Verbindungsoffizier bei den Joint Chiefs, aber Shanahan sagte, Pompeo überprüfe das (und stellte fest, dass es sich um einen banalen Autounfall handelte). Ich konnte nicht glauben, dass das Pentagon den Zeitpunkt des Angriffs ganz von allein geändert hatte, insbesondere aufgrund der spärlichen Informationen, um die es ging. Ich rief Trump an, um ihm zu sagen, dass wir den Angriff vielleicht um eine Stunde verschieben müssten, obwohl wir die Sache noch immer überprüften. Trump verstand auch nicht, warum wir die Dinge aufschieben mussten, aber er erhob keinen Einspruch.

Ich rief Dunford an, kurz nachdem ich bei Trump aufgelegt hatte, und mir wurde gesagt, dass die beiden miteinander redeten. Da ich nun besorgt war, dass Shanahan und Dunford vielleicht kalte Füße bekommen hatten, rief ich Pompeo (der in seiner Wohnung war) an, um die Notizen abzugleichen. Er meinte, Shanahan und Dunford seien in Panik geraten und hätten sich völlig daneben benommen; sie hatten ihm gegenüber argumentiert, wir sollten angesichts des »Angriffs« auf die britische Botschaft ein paar Tage warten, um zu sehen, ob wir die Briten dazu bringen könnten, sich der Vergeltung anzuschließen (obwohl diese Idee angesichts späterer Ereignisse nie weiter verfolgt wurde). Es wurde noch schlimmer. Als Pompeo und ich uns unterhielten, drang der Sit Room dazwischen und meldete, Trump wolle eine Telefonkonferenz mit uns beiden, Shanahan und Dunford abhalten. Trump kam etwa um 19.20 Uhr in die Leitung (ich überquerte gerade langsam die Roosevelt-Brücke über den Potomac), um zu sagen, dass er beschlossen hatte, die Vergeltungsschläge abzusagen, weil sie nicht »verhältnismäßig« seien. »Hundertfünfzig zu eins«, sagte er, und ich dachte, er bezog sich vielleicht auf die Anzahl der Raketen, die wir abfeuern würden, im Vergleich zu der einen iranischen Rakete, die die Global Hawk zum Absturz gebracht hatte. Stattdessen sagte Trump, ihm sei von jemandem ohne Namen gesagt worden, dass es hundertfünfzig iranische Opfer geben könnte. »Zu viele Leichensäcke«, sagte Trump, was er nicht bereit war, für eine unbemannte Drohne zu riskieren – »nicht verhältnismäßig«, sagte er erneut. Pompeo versuchte, ihn zur Vernunft zu bringen, aber er wollte nicht. Trump sagte, wir könnten später immer noch zuschlagen, und unterbrach die Diskussion, indem er wiederholte, er wolle nicht, dass viele Leichensäcke im Fernsehen gezeigt würden. Ich versuchte, seine Meinung zu ändern, aber ich kam nicht weiter. Ich sagte, ich nähere mich dem Weißen Haus und würde zum Oval kommen, wenn ich angekommen sei.

Nach meiner Regierungserfahrung war dies das Unvernünftigste, was ich je von einem Präsidenten erlebt habe. Es erinnerte mich an Kellys Frage an mich: Was würde passieren, wenn wir mit Trump als Präsident jemals in eine echte Krise gerieten? Nun, wir hatten jetzt eine, und Trump hatte sich bizarr verhalten, genau wie Kelly befürchtet hatte. Als ich am Eingang des Weißen Hauses in der West Executive Avenue ankam, kurz nach 19.30 Uhr, war Kupperman draußen, um mich zu begrüßen und mir zu sagen, dass der Einsatz beendet sei. Ich ging in meinem Büro vorbei, um meine Aktentasche abzugeben, und ging direkt zum Oval, wo ich Cipollone, Eisenberg und einen Mitarbeiter von Mulvaney vorfand. Ich hatte ein durch und durch surreales Gespräch mit Trump, in dessen Verlauf ich erfuhr, dass Eisenberg von sich aus mit der Zahl »einhundertfünfzig Tote« ins Oval gegangen war, einer Zahl, die irgendwo im Verteidigungsministerium aufgestellt worden war (über die ich am nächsten Tag mehr erfuhr), und argumentierte, dass es illegal sei, auf solch unverhältnismäßige Weise Vergeltung zu üben. Das war alles völliger Unsinn, sowohl die so genannte Zahl der Opfer, die kein hoher Beamter untersucht hatte, als auch das Rechtsargument, das eine groteske Fehlinterpretation des Verhältnismäßigkeitsprinzips war. (Nach der Veranstaltung verbreiteten Kommentatoren ein Zitat von Stephen Schwebel, dem ehemaligen Präsidenten des Internationalen Gerichtshofs, dass »im Falle einer Maßnahme, die mit dem spezifischen Ziel ausgeführt wurde, einen bewaffneten Angriff zu stoppen und abzuwehren, dies nicht bedeutet, dass die Maßnahme mehr oder weniger verhältnismäßig zu dem Angriff sein sollte«.)[51] Trump sagte, er habe Dunford angerufen (wahrscheinlich der Punkt, an dem ich versucht hatte, ihn zu erreichen), nachdem Eisenberg mit ihm gesprochen hatte, und Dunford habe die Entscheidung nicht angefochten. Dunford sagte mir am nächsten Tag, dies sei nicht korrekt, aber der Schaden sei bereits angerichtet. Mir fehlten die Worte, was wohl jedem im Oval klar war. Ich versuchte zu erklären, dass die angeblichen »Opferzahlen« fast ausschließlich auf Vermutungen beruhten, doch Trump hörte nicht zu. Ihm schwebten Bilder von hundertfünfzig Leichensäcken vor, und es gab nichts zu erklären. Er bot keine andere Rechtfertigung an, er wiederholte lediglich seine Sorge über Fernsehbilder von toten Iranern. Trump sagte schließlich: »Machen Sie sich keine Sorgen, wir können später immer noch angreifen, und wenn wir es tun, wird es viel härter sein«, ein Versprechen, das genau das wert war, was ich dafür bezahlt habe.

Ich ging in mein Büro und rief Pompeo um 19.53 Uhr in seiner Wohnung an. Wir waren beide in der gleichen Stimmung. Ich beschrieb die Szene im Oval, wobei Pompeo sich über Eisenberg aufregte, der, als Pompeo Direktor der CIA war, einmal eine Aktion der Agentur mit derselben Art unverantwortlicher, halbgarer Vermittlung blockiert hatte. Pompeo hatte ihm nie verziehen. Kupperman, der sich die ganze Zeit in seinem Büro direkt neben meinem befand, bestätigte, dass Eisenberg nicht versucht hatte, mit ihm zu sprechen, mich zu erreichen oder Cipollone oder Mulvaney zu finden. Er eilte einfach ins Oval, um Trump zu sagen, dass er im Begriff war, hundertfünfzig Iraner zu töten. Das war völlig ungenau, ungefiltert und unüberlegt, aber genau die Art von »Tatsache«, die Trumps Aufmerksamkeit entzündete, wie es hier der Fall war. Kein Prozess, Punkt. »Das ist wirklich gefährlich«, sagte Pompeo, als wir die Fehler des Tages erörterten, insbesondere das Wegwerfen einer Entscheidung, die auf einer Konsensanalyse und Bewertung der relevanten Daten beruhte, einfach deshalb, weil Eisenberg in letzter Minute, ohne jemanden zu konsultieren, der Meinung war, Trump solle eine »Tatsache« hören, die überhaupt keine Tatsache war, die völlig falsch war. Wie Pompeo es ausdrückte: »Es gibt Zeiten, in denen man einfach sagen will: ›Macht es doch alleine.‹«

Nachdem ich aufgelegt hatte, erzählte mir Kupperman, Pence sei ins Weiße Haus zurückgekehrt, immer noch in Erwartung eines Angriffs um 21 Uhr, und wolle wissen, was passiert war. Ich ging gegen 20 Uhr ins Büro des Vizepräsidenten, und wir unterhielten uns zwanzig Minuten lang. Pence war genauso verblüfft wie ich. Er willigte ein, zu Trump hinüberzugehen und herauszufinden, ob es eine Möglichkeit gäbe, die Entscheidung rückgängig zu machen, aber offensichtlich gab es keine. Ich ging gegen 20.40 Uhr nach Hause.

Ich hatte schon öfter daran gedacht, zurückzutreten, aber dies war für mich ein Wendepunkt. Wenn wir auf diese Weise Krisenentscheidungen trafen, und wenn dies die Entscheidungen waren, die getroffen wurden, welchen Sinn hatte es dann? Ich war etwas mehr als vierzehn Monate im Weißen Haus gewesen. Ich strebte nicht nach Langstreckenrekorden.

Am Freitag, dem 21. Juni, während in den Medien verwirrende Geschichten grassierten,[52] sagte Mulvaney, er habe in der Nacht zuvor mit Cipollone und Eisenberg gesprochen und Eisenberg habe zugegeben, dass er mit niemandem gesprochen habe, bevor er in das Oval gestürmt war, und er habe behauptet, vor dem Entscheidungs-Zeitpunkt sei keine Zeit dafür gewesen. Eisenberg hatte auch keine Erklärung dafür, warum die »Tatsache« des Verteidigungsministeriums erst in letzter Minute bekannt wurde, und er wusste nicht, dass der Angriff bereits um eine Stunde zurückgeworfen worden war, was bewies, wie weit er aus dem Spiel war. Es war genügend Zeit für ein wohlüberlegtes Urteil gewesen. Mulvaney schloss aus Eisenbergs verworrenen Antworten und Cipollones Unkenntnis, dass Eisenbergs Verhalten »inakzeptabel« sei. Am Donnerstag hatte es eine Reihe von »inakzeptablen« Verfahrensfehlern gegeben, wobei der von Eisenberg der schlimmste war.

Ich habe danach mit Pompeo gesprochen, und wir haben die schlimmsten Momente des Vortags wieder aufgewärmt. Auf die trügerische Idee des Angriffs auf die britische Botschaft in Teheran hin schrieb

Außenminister Jeremy Hunt (den Pompeo aufgeweckt hatte, um die Fakten zu erfahren) Pompeo eine E-Mail, in der er laut Pompeo sinngemäß schrieb: »Ich freue mich immer, mit Ihnen zu sprechen, aber warum haben Sie mich mitten in der Nacht geweckt? Irgendein Trottel fährt ein Auto in das Tor unserer Botschaft? Das ist nichts Neues in unserer Welt!« So viel zu dieser Fantasterei. Wir sprachen später am Morgen noch einmal, und Pompeo sagte, wobei er noch einmal über die Ereignisse vom Donnerstag nachdachte: »Ich kann nicht tun, was er [Trump] von mir verlangt. Das ist massiv unfair. Ich kann es nicht tun. Wir setzen unsere Leute einem Risiko aus. Und Sie wissen, was passiert, wenn ich ihn heute zum Mittagessen sehe; er wird mir die Worte im Mund umdrehen. Er wird sagen: ›Mike, Sie wissen, das ist der richtige Weg‹, stimmt's?« Ich fragte Pompeo, wie er mit dieser Wendung umzugehen gedenke, die nicht deshalb stattfinden würde, weil Trump seine Entscheidung bezweifelte, sondern weil er wollte, dass Pompeo seine Linie akzeptierte. Pompeo antwortete: »Ich werde sagen: ›Sir, das ist eine Sichtweise; lassen Sie mich Ihnen meine Theorie darlegen. Wenn ich ein Elternteil eines Kindes auf dem Luftwaffenstützpunkt Asad wäre, würde ich mich stärker gefährdet fühlen‹, um zu versuchen, es für ihn persönlich zu machen. Ich würde sagen: ›Wenn wir das unbeantwortet lassen, steigt das Risiko eines nuklearen Iran.‹« Das war alles wahr, aber keiner von uns glaubte, dass es Trump beeinflussen würde. Er hat nie versucht, mich auf diese Linie zu bringen, vielleicht weil es ihm inzwischen egal war oder schon immer egal gewesen war.

Pompeo sagte, er sei bis zwei Uhr morgens aufgeblieben, so verzweifelt sei er gewesen. Er meinte, der Konsens vom Donnerstagsfrühstück sei fest genug, um die Grundlage für eine Einsatzentscheidung zu bilden. Diese Entscheidung rückgängig zu machen, untergrub all unsere Argumente zum Iran. Er sagte: »Ich kann ihm [Trump] Spielraum geben in dem, was er entscheidet, was er will, aber ich weiß nicht, wie ich das machen soll, was er will. Wir können den Menschen weiterhin sagen, dass wir über die Raketenprogramme des Iran besorgt sind, aber wer wird uns glauben?« Es gab noch mehr, aber Pompeos Kommentar hier offenbarte tatsächlich eine erhebliche Divergenz zwischen uns. Ich war nicht derart willens, Trump Spielraum für seine Entscheidungen zu geben, weil so viele davon schrecklich falsch waren. Ich drängte darauf, dass wir »weiterhin sagen, was wir gesagt haben«. Wir hatten gerade die Krise gehabt, die Kelly vorhergesagt hatte, und Trump hatte sich genauso irrational verhalten, wie Kelly befürchtet hatte. Wir waren uns einig, nicht zurückzutreten, ohne uns vorher gegenseitig anzurufen, was das erste Mal war, dass dieses Thema zur Sprache kam. Ich würde dies keineswegs als einen langwierigen Austausch über das Für und Wider des Rücktritts bezeichnen, was es auch nicht war, aber das Thema lag offensichtlich in der Luft.

Trump hatte ein Gespräch mit Mohammed bin Salman vereinbart, und bevor er es führte, fragte er mich nach meiner Meinung zu einer Aussage, die er zu twittern gedachte. Ich erhob keinen Einspruch und dachte mir: »Warum nicht? Gestern liefen die Dinge so schief, wie können ein paar Tweets es noch schlimmer machen?« Hier sind sie:

> Präsident Obama schloss einen verzweifelten und schrecklichen Handel mit dem Iran ab – gab ihm 150 Milliarden Dollar plus 1,8 Milliarden Dollar in CASH! Der Iran steckte in großen Schwierigkeiten, und er hat ihnen aus der Klemme geholfen. Gab ihnen den Weg zu Atomwaffen frei, und zwar BALD. Anstatt sich zu bedanken, schrie der Iran …
>
> … Tod für Amerika. Ich beendete das Abkommen, das nicht einmal vom Kongress ratifiziert wurde, und verhängte strenge Sanktionen. Sie sind heute eine wesentlich geschwächtere Nation als zu Beginn meiner Präsidentschaft, als sie im gesamten Nahen Osten große Probleme verursachten. Jetzt haben sie ausgespielt! …
>
> Am Montag schossen sie eine unbemannte Drohne ab, die in internationalen Gewässern flog. Wir waren gestern Abend auf 3 verschiedene Ziele gesichert und geladen, um Vergeltung zu üben, als ich fragte, wie viele sterben würden. 150 Menschen, Sir, war die Antwort eines Generals. 10 Minuten vor dem Angriff stoppte ich ihn, nicht …

> ... proportional zum Abschuss einer unbemannten Drohne. Ich habe es nicht eilig, unser Militär ist wieder aufgebaut, neu und einsatzbereit, bei weitem das beste der Welt. Sanktionen greifen & gestern Abend kamen weitere hinzu. Der Iran darf NIEMALS Atomwaffen haben, nicht gegen die USA und nicht gegen die WELT.

Ich nehme an, ich habe wirklich gedacht: »Wenn er etwas so Dummes veröffentlichen will, wer bin ich schon, dass ich dagegen Einspruch erhebe?« Ich glaubte, Trump würde nach diesen Tweets vollständig dazu stehen, so dass die Leute vielleicht verstehen würden, wie eigenartig die ganze Sache gewesen war. Es schmerzte, all dies in der Öffentlichkeit auszubreiten, aber Trump war nicht davon abzuhalten, sich zu offenbaren.

Ich rief Dunford um 8.45 Uhr an, um seine Version der Ereignisse zu erfahren. Er sagte, er sei bis ein Uhr morgens aufgeblieben und habe versucht, den Punkt der »Verluste« ausfindig zu machen, nur für den Fall, dass Trump seine Meinung wieder ändern würde, wenn er am Freitagmorgen aufwachte. Dunford war nicht froh und sagte, Trump habe ihn während des Treffens im Sit Room im Grunde genommen als »untauglich« bezeichnet, weil er Dunfords Zieloptionen für »zu klein« hielt, um dann später die ganze Vergeltungsaktion abzusagen, weil sie zu groß war! Gutes Argument. Zur Frage der Opfer sagte Dunford, bald nach der Sitzung im Sit Room hätten Anwälte des Pentagon gefragt, wie hoch wohl die potenziellen Verluste des Iran sein könnten. Dunford hatte gesagt: »Wir wissen es nicht«, was er auch im Sit Room gesagt hatte. Die Anwälte suchten dann nach einem Verzeichnis, das das Besetzungsmuster für die von uns ausgewählten Zielarten aufzeigen könnte, und kamen irgendwie zu dem Schluss, dass es fünfzig Personen pro Batterie sein würden. »Das sind alles Anwälte«, sagte Dunford, womit er meinte, dass niemand mit praktischer Kampf- oder Befehlsverantwortung an dieser »Schätzung« beteiligt war.[53] Soweit Dunford wusste, gab es, als der Angriff näher rückte, kein rechtliches Problem. Niemand hatte ein Warnsignal gegeben. Um 19.13 Uhr, so Dunford, rief Trump an, um zu sagen, er habe gehört, dass es hundertfünfzig tote Iraner geben könnte. Dunford sagte, er habe geantwortet: »Nein, es sind nicht hundertfünfzig.« Erstens, so Dunford, seien wir bereits auf zwei statt drei Standorte heruntergegangen, weil einer, den wir identifiziert hatten, bereits abgebaut und umgezogen sei und wir nicht sicher seien, wo er sich befand. Das bedeutete, dass die Zahl der potenziellen Todesfälle selbst nach Schätzungen der Anwälte höchstens einhundert betrug. Was die beiden verbleibenden Standorte anbelangte, so sagte Dunford, sie schätzten, dass es »maximal« fünfzig Personen pro Standort sein würden, und er versuchte Trump zu erklären, warum die Zahlen an den Standorten mitten in der iranischen Nacht wahrscheinlich viel geringer sein würden. Er kam damit nicht durch, und Trump sagte: »Das gefällt mir nicht. Sie haben niemanden von unseren Leuten getötet. Ich möchte das verhindern. Nicht hundertfünfzig Leute.«

Dann erklärte ich Dunford, was aus meiner Sicht geschehen war, als Eisenberg mit der Schätzung der Anwälte in das Oval lief. Ich konnte spüren, wie Dunford am anderen Ende des Telefons vor Erstaunen den Kopf schüttelte. »Ich will nur, dass der Präsident dazu steht«, sagte er. »Gestern Abend wollte er nicht dazu stehen. Es gibt Konsequenzen, wenn das passiert ...« Er verstummte. Dann sagte er: »Und die Tweets heute früh. Er erzählt den Iranern: ›Macht, was ihr wollt, solange ihr nicht Amerikanern schadet.‹ Das bedeutet, dass sie alles andere tun können, was sie wollen.« Das war genau richtig.

Trump sagte später am Morgen, dass seine Tweets »perfekt« waren und sprach: »Teheran ist genau wie hier. Man trifft sich in Räumen, in denen darüber diskutiert wird« – ein weiteres Beispiel für die Selbstbespiegelung bei Trump – und ferner: »Die Iraner wollen unbedingt reden.« Und dann, wie wir später erfuhren, beauftragte er Rand Paul, mit den Iranern zu sprechen. Als ich diese Nachricht am Samstag an Pompeo weitergab, war er einfach sprachlos und reagierte auf dieselbe Weise wie ich: Es war verblüffend, dass Trump Paul irgendwelche sensiblen Informationen anvertraute, ganz zu schweigen von Dingen, die über das Schicksal seiner Präsidentschaft entscheiden konnten.[54] Ich sagte Pompeo, dass ich mich am Sonntag in Jerusalem mit Netanjahu treffen würde, und es könnte durchaus ein bahnbrechender Auftritt werden, wenn ich das sagen würde, was ich wirklich dachte, und damit gewiss meine Amtszeit als Nationaler Sicherheitsberater beendete. Pompeo scherzte: »In diesem Fall wird es ein Doppelangebot sein.« Nach unseren vielen Gesprächen am Freitag dachte ich, dass Pompeo es mit all dem ernst meinte. Wenn das so war, befänden wir uns in unbekanntem Fahrwasser, wenn wir beide gleichzeitig zurückträten. Das war zwar immer noch unwahrscheinlich, aber wir waren viel näher dran als je zuvor. Reporter fragten Trump nach mir, und er sagte, als er am Samstag nach Camp David abreiste: »Ich bin mit John Bolton ganz und gar nicht einverstanden ... John Bolton macht einen sehr guten Job, aber er nimmt eine allgemein harte Haltung ein ... Ich habe andere Leute, die diese Haltung nicht einnehmen, aber der Einzige, der zählt, bin ich.«[55] Man musste sich regelrecht fragen, wie lange ich noch bleiben sollte.

Jedenfalls reiste ich einige Stunden später nach Israel ab, und es gab keinen Grund, es nicht zu tun, da der Angriff abgesagt worden war. In Israel überprüfte ich den Stand der Dinge in Bezug auf den Iran. Netanjahu und sein Team konzentrierten sich auf die neuesten Informationen infolge des gewagten israelischen Überfalls auf die iranischen Nukleararsenale und der anschließenden Inspektion des Turquzabad-Geländes durch die Internationale Atomenergiebehörde, bei der menschlich aufbereitetes Uran entdeckt wurde.[56] Es handelte sich nicht um angereichertes Uran, sondern vielleicht um Urangelb (Uranoxid in fester Form) und sicherlich um Beweise, die den wiederholten Behauptungen Teherans widersprachen, dass es nie ein Kernwaffenprogramm gehabt habe.[57] Der Iran hatte versucht, Turquzabad zu sanieren, so wie er 2004 versucht hatte, Lavizan zu sanieren und zwischen 2012 und 2015 die Sprengstoff-Testkammern in Parchin, aber er war erneut gescheitert.[58] Dies konnte durchaus ein Beweis dafür sein, dass der Iran seinen »Amad-Plan« für Atomwaffen weiterverfolgte, lange nachdem er 2004 angeblich beendet worden war; das würde Teheran international definitiv in die Defensive bringen.

Als ich wieder in Washington war, wehrte sich das Pentagon charakteristischerweise gegen die Sanktionen, die Trump schließlich gegen das Büro des Obersten Führers verhängen wollte. Es bestand auf einer Sitzung des Nationalen Sicherheitsrates, bevor es weitermachte, was zu einem ungünstigen Zeitpunkt geschah, da sowohl Pompeo als auch ich außer Landes waren. Dennoch wurde eine Sitzung einberufen, an der ich über eine Satelliten-Video-Verbindung aus dem Gebäude des ehemaligen US-Konsulats in Jerusalem, der heutigen »provisorischen« Botschaft, teilnahm. Esper und Dunford sagten, sie seien besorgt, dass die vorgeschlagenen Sanktionen unsere Fähigkeit, mit dem Iran zu verhandeln, behindern könnten. (Pompeo, der wegen einer Reise nicht teilnehmen konnte, sagte, er habe Esper später erklärt, dass er von ihrer Besorgnis »gerührt« sei, aber fand, er könne damit umgehen.)

Trump unterbrach, um zu sagen: »Sogar unseren Feinden gefiel, dass wir nicht angegriffen haben.« (Kein Scherz!) »Wir haben Kapital angesammelt. Es war der präsidialste Akt seit Jahrzehnten. Es hat sehr gut funktioniert.« Mnuchin drängte auf den von ihm entworfenen Exekutivbefehl, wobei dieser Chamenei nicht wirklich sanktionierte, sondern nur sein Amt, was ich für einen Fehler hielt. Trump antwortete: »Es wäre viel effektiver, wenn wir den Obersten Führer benennen würden«, was zweifellos richtig war. Es folgte eine verwirrendere Diskussion, und Trump sagte, wir wüssten »nicht wirklich«, welche Wirkung die Sanktionen haben würden. »Eigentlich denke ich, dass es bei den Gesprächen helfen wird. Die meisten würden sagen, es hilft bei den Gesprächen. Und warum nehmen wir nicht [den Kommandeur der Quds-Einheit Qasem] Soleimani? Schreiben Sie seinen Namen da rein.« Als jemand nahelegte, Soleimani könnte bereits durch andere Sanktionen abgedeckt sein, sagte Trump: »Schreiben Sie seinen Namen trotzdem da rein. John, würden Sie seinen Namen da reinschreiben?«

»Ja, Sir«, sagte ich.

»Würden Sie den Namen des Obersten Führers da reinschreiben?«

»Ja, Sir«, sagte ich wieder.

»Ich weiß nicht, ob es gut oder schlecht ist, aber ich will es tun. Setzen Sie sie ein. Sie müssen einen Grund zum Verhandeln haben. Fügen Sie Sarif hinzu«, sagte Trump und versüßte mir den Tag weiter. »Machen Sie sie [die Sanktionen] stark, superstark«, schloss Trump.[59]

Indem sie diese Probleme zur Sprache brachten und versuchten, den Entwurf des Exekutivbefehls zu blockieren, hatten Dunford und Esper die Lage für ihre eigene Position noch verschlechtert. Es geschah ihnen recht. Ich fand auch, dass Trump den anderen zeigte, dass ich trotz seiner erbärmlichen Entscheidung am Donnerstagabend, gegen meinen Rat, wie jeder wusste, noch nicht davor stand, gefeuert zu werden. Ich betrachtete das Ergebnis dieses NSC-Treffens als fast vollständigen Sieg. (Außenminister Paul überredete Trump später, die Sanktionen gegen Sarif um dreißig Tage aufzuschieben. Ich frage mich, ob er das mit Außenminister Giuliani geklärt hat. Ende Juli jedoch war Trump, wieder den Kurs wechselnd, bereit, Sanktionen gegen Sarif zu genehmigen, was wir auch taten). In Washington twitterte Trump:

> Die iranische Führung versteht die Worte »nett« oder »Mitgefühl« nicht, das haben sie nie. Traurigerweise verstehen sie nur Stärke und Macht, und die USA sind die bei weitem stärkste Militärmacht der Welt, mit 1,5 Billionen investierten Dollars allein in den letzten zwei Jahren ...
>
> ... Das wunderbare iranische Volk leidet, und ohne jeglichen Grund. Ihre Führung gibt ihr ganzes Geld für den Terror aus und wenig für irgendetwas anderes. Die USA haben nicht den Einsatz von IEDs und EFPs (Bomben) durch den Iran vergessen, der 2000 Amerikaner tötete und viele weitere verletzte ...
>
> ... Die sehr ignorante und beleidigende Erklärung des Iran, die heute abgegeben wurde, zeigt nur, dass er die Realität nicht versteht. Jeder Angriff des Iran auf irgendetwas Amerikanisches wird mit großer und überwältigender Gewalt beantwortet werden. In einigen Gebieten wird Überwältigung die Auslöschung bedeuten. Nie wieder John Kerry & Obama!

Als ob das Debakel nach dem Abschuss der Global Hawk nicht schon genug gewesen wäre, sahen wir uns sofort mit einem diplomatischen Ansturm von Macron konfrontiert. Auf seine eigene fehlgeleitete Initiative hin hatte er Rohani hart bearbeitet, damit der Iran mit seinen nuklearen Aktivitäten nicht die kritischen Grenzen des Atomabkommens durchbrach. Zweifellos sah Macron in der Lockerung der Sanktionen gegen den Iran den Schlüssel zur Aufnahme von Verhandlungen, sonst wäre das kostbare Atomabkommen der Europäischen Union auf dem Weg zum Friedhof. Ohne Zugeständnisse der USA würde der Iran nach Macrons Ansicht niemals an den Verhandlungstisch kommen, was für mich völlig in Ordnung war. In Vorbereitung auf ein Gespräch mit Macron am Montag, dem 8. Juli, informierten Pompeo und ich Trump darüber, was zu erwarten sei, wobei Pompeo sagte, wir dachten, Macron »würde ein weitgehendes Zugeständnis vorschlagen, nur um die Verhandlungen zu beginnen«, was »genau das war, was Kerry und Obama getan haben, eine schlechte Idee«. Trump antwortete: »Wir können ein Abkommen innerhalb eines Tages schließen. Es gibt keinen wirklichen Grund, die Sanktionen zu lockern. Wenn wir das einmal getan haben, ist es schwer, sie wieder aufzuheben«, was genau richtig war. Die Diskussion wanderte eine Weile umher, und es kam das Thema der Urananreicherungsaktivitäten des Iran zur Sprache. »Wir müssen vielleicht zuschlagen«, sagte Trump, und dann fragte er sich wieder hilflos, wann Milley die Nachfolge von Dunford antreten würde: »Sollten wir Milley einbeziehen? Möglicherweise müssen wir dies in zwei Wochen tun. Wenn man zwanzig Tomahawks in eine Türöffnung steckt, ist mir scheißegal, was sie sagen, es ist schlecht.« Das war auch richtig, obwohl ich keine Ahnung hatte, welche Tür er im Sinn hatte oder wo er die Zahl »zwanzig« hernahm.

Was Pompeo und ich nicht wussten (und auch sonst niemand im Staatsapparat oder im Nationalen Sicherheitsrat) und schon gar nicht gutgeheißen haben, war, dass Mnuchin im Stillen mit dem französischen Finanzminister Bruno Le Maire verhandelt hatte, um genau das zu tun, was Trump nicht tun wollte. Ich erfuhr dies von Mulvaney, der sagte, Mnuchin habe ihn angerufen, um zu berichten, dass wir ein Abkommen mit dem Iran hätten, was Mnuchin mir später im Wesentlichen wiederholte. Weder Pompeo noch ich wussten etwas über Mnuchins Gespräche mit Le Maire (obwohl Mnuchin behauptete, dies sei irgendwie beim D-Day-Lunch mit Trump und Macron vereinbart worden). Außerdem hörte sich das ziemlich nach Mnuchins Handelsverhandlungen mit den Chinesen an; es wurde immer oder fast immer eine Vereinbarung getroffen. Mnuchin hat anscheinend nie eine Verhandlung gesehen, bei der er nicht genügend Zugeständnisse machen konnte, um ein Abkommen zu erzielen. Als Trump mit Macron sprach, fiel mir auf, dass Trump vielleicht sogar nicht wusste, dass Mnuchin versucht hatte, den Laden zu verschenken, als Macron die Verhandlungen zwischen Mnuchin und Le Maire zur Sprache brachte. Nach einem Vortrag von Trump über Kerry und den Logan Act fragte Macron direkt, was Trump bereit wäre aufzugeben, womit er genau seine Mentalität demonstrierte, Zugeständnisse an den Iran zu machen, ohne eine Gegenleistung zu erhalten. Obwohl Trump sich zunächst duckte, diskutierten sie vor dem Ende des Anrufs für eine kurze Zeit die Idee einer deutlichen Reduzierung der Öl- und Finanzsanktionen gegen den Iran, und Trump schien klar in diese Richtung zu tendieren. Das war genau das, was Pompeo und ich zu verhindern versucht hatten.

Ein weiteres Desaster. Nach einer gewöhnlichen Veranstaltung im Oval Office, bei der die neuen Botschafter ihre Beglaubigungsschreiben präsentierten, blieb ich, um Trump zu bitten, mir sein Angebot an Macron zu erläutern. Trump verunglimpfte Macron, sagte aber, er sei die Art Mann, der etwas aushandeln könne. Es handele sich nur um einige der Ölsanktionen für eine kurze Zeit, sagte er, was besser war als die anderen Vorschläge, die er mit Macron besprochen hatte, und was ich auch sofort meinem neuen französischen Amtskollegen Emmanuel Bonne übermittelte. »Mir geht es nicht ums Öl«, sagte Trump, »man kann das [die Sanktionen] jederzeit wieder einschalten.« Das war natürlich genau das Gegenteil von dem, was er Pompeo und mir zuvor gesagt hatte, und veranlasste Pompeo, zu sagen, dass er Graham, Cruz und Tom Cotton anrufen würde, um die republikanische Opposition gegen Verhandlungen zu schüren. Ich schickte Pompeo die Aufzeichnung des Anrufs und sprach später am Tag mit ihm. Das Zugeständnis, die Ölsanktionen aufzuheben, war für ihn »unglaublich«, wie auch für mich, denn es zeigte, dass Trump nicht verstand, welchen Schaden unsere allgemeinen Bemühungen um »maximalen Druck« erleiden würden, wenn wir die Sanktionen wie einen Drehregler auf- und abdrehen würden. Wieder einmal war Pompeo zum Rücktritt bereit, und er sagte, es sei nur eine Frage der Zeit, bis wir beide diese Entscheidung treffen würden. Er sagte: »Wir können dieses Feuer löschen, aber das nächste wird schlimmer sein ...«, und verstummte. Alles, was wir tun konnten, war, zu hoffen, dass der Iran uns noch einmal zu Hilfe kommen würde.

Ich war in diesem Punkt nicht ganz passiv und ermutigte Netanjahu, Trump am 10. Juli anzurufen, um ihm den Rücken zu stärken.[60] Binnen zwei Stunden twitterte Trump:

> Der Iran hat seit langem heimlich »angereichert«, in völliger Verletzung des schrecklichen 150-Milliarden-Dollar-Deals, der von John Kerry und der Obama-Regierung abgeschlossen wurde. Denkt daran, dass dieses Abkommen in wenigen Jahren auslaufen sollte. Die Sanktionen werden bald verschärft werden, erheblich!

Wir entwickelten ein Geleitprogramm für Handelsschiffe im Golf, bekannt als »Operation Sentinel«, an dem Saudi-Arabien und die Emirate sowie die Briten und andere Europäer teilnahmen und das zumindest diese Form der iranischen Einmischung in die globalen Ölmärkte verhindern sollte.[61] Zuvor, am 4. Juli, hatte die Marine des Vereinigten Königreichs auf Ersuchen der Regierung Gibraltars den in iranischem Besitz befindlichen Tanker »Grace 1« wegen Verletzung der EU-Sanktionen gegen Syrien beschlagnahmt. Als Reaktion darauf versuchte der Iran am 10. Juli, den in britischem Besitz befindlichen Tanker »British Heritage« in der Straße von Hormus zu beschlagnahmen; am 13. Juli kaperte er einen unter panamaischer Flagge fahrenden Tanker namens »Riah«, der sich im Besitz der Emirate befand; und am 19. Juli bekamen sie schließlich, was sie wollten, indem sie die unter britischer Flagge fahrende, in schwedischem Besitz befindliche »Stena Impero« beschlagnahmten. Offensichtlich beabsichtigte der Iran, die »Grace 1« (inzwischen in »Adrian Darya 1« umbenannt) gegen die »Stena Impero« auszutauschen, obwohl die beiden Beschlagnahmungen kaum gleichwertig waren. Leider war ein Tausch genau das, was die Briten anstreben.

Offensichtlich war das Spiel noch lange nicht zu Ende, es sei denn, wir führten die Operation Sentinel durch, die sich als schwieriger erwies als erwartet, weil viele Länder zögerten, ihr beizutreten. Ein Teil des Zögerns war zweifellos auf den Beschwichtigungsinstinkt zurückzuführen, ein Teil aber auch auf die Unsicherheit hinsichtlich der Entschlossenheit und des Durchhaltevermögens der USA aufgrund der unberechenbaren Züge von Trump. Sowohl wegen ihrer Hingabe an die Rettung des Atomdeals mit dem Iran als auch wegen ihres Wunsches, dass nichts anderes von dem existenziellen Imperativ, den Brexit zu erreichen, ablenken sollte, hielt selbst die neue Regierung von Boris Johnson nicht stand und gab die »Grace 1« mit der Zusage frei, ihre Ölladung nicht in Syrien abzuladen, ein Versprechen, das genau das wert war, was London als Gegenleistung dafür erhielt. Sie wollten einfach keinen Kampf haben. Eine weitere schlechte Lektion, die in Teheran zweifellos gebührend zur Kenntnis genommen wurde.

Am nächsten Tag, dem 11. Juli, rief mich mein neuer französischer Amtskollege Emmanuel Bonne aus Paris an, der gerade aus dem Iran zurückgekehrt war. Chamenei selbst, sagte er, habe seine Bemühungen rundweg abgelehnt. Die Formel des Iran lautete »maximaler Widerstand gegen maximalen Druck«, was genau die Linie war, die der Iran in der Öffentlichkeit zu verwenden begann.[62] Während einige Sanktionsentlastungen Verhandlungen ermöglichen könnten, sei das Raketenprogramm des Iran völlig vom Tisch, hatte Sarif deutlich gemacht. Rohani war ebenso entschlossen gewesen: Der Iran glaubte, dass er am Ende gewinnen würde, und sie waren bereit, sich der US-Eskalation mit allen verfügbaren Mitteln entgegenzustellen. Als Bonne sagte, Macron habe um einen wirtschaftlichen Waffenstillstand gebeten, sagte Rohani, er wolle einen solchen Waffenstillstand, aber nur die vollständige Aufhebung der US-Sanktionen würde den Iran wieder in Einklang mit dem Atomabkommen bringen, was lächerlich war. Nur um es klar zu sagen, Rohani hatte auch betont, dass der Oberste Führer diese Position befürwortete.[63] Ich versprach ihm, seinen Bericht an Trump weiterzugeben, und suchte diesen gegen 15.30 Uhr auf. Trump antwortete: »Das war's. Ziehen Sie das Angebot zurück. Sanktionieren Sie die Scheiße aus ihnen heraus. Machen Sie sich bereit, die [...] Zielorte zu treffen [eine Auslassung, die hier wegen des Genehmigungsprozesses vor der Veröffentlichung erforderlich ist]«, die wir hin und her diskutiert hatten. Dann ging es Trump wieder darum, aus Syrien abzuziehen. Als ich das Oval verließ, wartete Mnuchin draußen, und so nutzte ich die Gelegenheit, ihm die guten Nachrichten über das Scheitern der französischen Bemühungen um den Iran zu überbringen.

Rand Paul bemühte sich zu diesem Zeitpunkt darum, dass Sarif von New York nach Washington kam, um Trump zu treffen,[64] wie es Kim Jong-chol aus Nordkorea im Jahr zuvor getan hatte. Für den Fall der Fälle bereitete ich zu Hause eine maschinengeschriebene Kopie meines zwei Sätze umfassenden Rücktrittsschreibens vor, das ich im Juni handschriftlich verfasst hatte und das ich jederzeit einreichen konnte. Ich war bereit.

Trotz der Abfuhr durch den Iran wurden Macrons Bemühungen um Zugeständnisse zur Aufrechterhaltung des Atomabkommens unvermindert fortgesetzt. Damit wurde das Atomabkommen nicht verbessert, sondern auf verzweifelte und immer gefährlichere Weise noch weiter verschlechtert, nur um die Hülle des Abkommens am Leben zu erhalten. Es wäre lachhaft gewesen, wenn Trump nicht der Subversion seiner eigenen erklärten Politik erlegen wäre. Trump hatte Momente, in denen er wieder auf Kurs kam, z.B. als er schließlich am 19. Juli das Rand-Paul-Gambit öffentlich ablehnte.[65] Am nächsten Tag sagte er zu mir: »Rand Paul ist nicht die richtige Person, um darüber zu verhandeln. Er ist ein Friedensaktivist. Da bin ich gestern rausgekommen, haben Sie gesehen?« Ich ließ die Gelegenheit nicht verstreichen, festzustellen, dass Mark Levin in seiner Radiosendung am Vorabend gesagt hatte, dass Pauls Außenpolitik im Wesentlichen die gleiche sei wie die von Ilhan Omar, der radikalen Abgeordneten der Demokraten aus Minnesota. Bei einem anschließenden Anruf bei Macron erklärte Trump die Abwehrmaßnahme, die die »USS Boxer«, ein amphibisches Angriffsschiff, ergriffen hatte, indem es eine iranische Drohne abschoss, die dem Schiff unannehmbar nahe gekommen war.[66] Zumindest verteidigten wir uns noch immer, obwohl die Kosten der iranischen Drohne im Vergleich zu denen der abgeschossenen Global Hawk unbedeutend waren. Macron hatte nichts Neues zu bieten, und Trump behauptete weiterhin, er werde direkt mit den Iranern sprechen. Die Richtung von Macron blieb unverändert.

Trump schien dies gelegentlich zu verstehen, wie am 8. August, als er zu mir über Macron sagte: »Alles, was er anfasst, wird zu Scheiße.«

Das hatte den richtigen Ton. Pompeo und ich diskutierten ständig über Macrons Beteiligung, und später am selben Tag, nach dem Treffen mit Trump, platzte Pompeo in mein Büro und sagte, bereits lachend: »Ich habe Ihr Problem für Sie gelöst. Er hat inzwischen sicher schon über Macron getwittert, schauen Sie nach«, was ich schnell tat, und ich sah, dass Trump nur Minuten zuvor verkündet hatte:

> Iran ist in ernsten finanziellen Schwierigkeiten. Sie wollen verzweifelt mit den USA sprechen, erhalten aber gemischte Signale von all denen, die vorgeben, uns zu vertreten, einschließlich Präsident Macron aus Frankreich … Ich weiß, dass Emmanuel es gut meint, wie alle anderen, aber niemand spricht für die Vereinigten Staaten, außer den Vereinigten Staaten selbst. Niemand ist in irgendeiner Art, Form oder Gestalt autorisiert, uns zu vertreten!

Pompeo und ich lagen nun vor Lachen am Boden und glaubten fälschlicherweise, dass Macrons Bemühungen tatsächlich erledigt waren. Das waren sie nicht.

Das zeigte sich, als die Vorbereitungen für den G7-Gipfel in Biarritz Ende August beschleunigt wurden. Trotz der Gerüchte, dass Frankreich Rohani als Gast einladen würde, bestritt Bonne mir gegenüber wiederholt, dass dies stimmte. Und das tat es nicht – sie luden Sarif ein. Trump war nach dem Spaß in Charlevoix 2018 sehr wenig begeistert von der Teilnahme an einem weiteren G7-Gipfel und sagte mir und anderen mehrmals, dass er spät kommen und früh gehen würde. Die Franzosen versuchten, uns zu Tode zu knabbern, wenn es um die »Ergebnisse« der G7 ging, und waren in Logistik- und Sicherheitsfragen im Allgemeinen nicht hilfreich, was die Vorausteams des Secret Service und des Weißen Hauses beschäftigte. Bonne und andere waren sich im Wesentlichen darüber im Klaren, dass der Iran für Macron höchste Priorität hatte, was natürlich beunruhigend war. Macron akzeptierte kein Nein als Antwort, was zum Teil daran lag, dass Mnuchin zusammen mit Le Maire immer noch die Idee förderte, dass eine Einigung erzielt werden müsse.

Trump war so uninteressiert am G7-Gipfel, dass es für Kudlow und mich schwer war, auch nur ein Briefing für ihn anzusetzen, aber wir schafften es schließlich am Dienstag, dem 20. August, vier Tage vor Beginn des Gipfels. Trump hörte eine lange Liste von Beschwerden von Kudlow, dem Secret Service und dem Weißen Haus, so dass er beschloss, Macron mit uns allen im Oval anzurufen. Er erreichte ihn gegen 17 Uhr Washingtoner Zeit.[67] Er ließ andere die Probleme ansprechen und fing dann an, sich darüber zu beschweren, wie schlecht Macron ihn bei früheren Besuchen behandelt hatte (wie die berühmte Beleidigung über Nationalismus versus Patriotismus bei der Zeremonie zum Waffenstillstandstag im November). Macron unterbrach ihn, um zu sagen, dass es in Frankreich elf Uhr abends war und dass er zwei Tage zuvor um einen Anruf gebeten hatte. Trump explodierte, pausierte den Anruf, wandte sich an mich und sagte: »Davon hat man mir nichts gesagt, verdammt, Bolton, das hätten Sie mir sagen sollen. Das höre ich von jedem. Geben Sie mir diese verdammten Anrufe.« Ich sagte, dass Macron das in Wirklichkeit nicht getan hatte, aber Trump ließ sich nicht davon abbringen. Berichten zufolge hatte Trump schon früh Michael Flynn beschuldigt, ihm einen Anruf von Putin vorenthalten zu haben.[68] Vielleicht dachte Trump, er sei immer noch das Opfer einer fortwährenden Verschwörung.

Zu diesem Zeitpunkt hätte ich beinahe das Oval verlassen, aber dazu hätte ich zurücktreten müssen, was ich auch fast getan hätte. Ich wollte es jedoch nicht über diesem Punkt tun, weil er und Macron beide unrecht hatten. Bonne hatte mich mehrere Tage lang angemailt und gefragt, wann wir in Biarritz ankommen würden, und ich hatte zurückgeschrieben, dass wir noch immer daran arbeiteten und einen Zeitpunkt suchten, um von Trump zu erfahren, was seine Präferenz sei. Am Tag zuvor hatte Bonne darum gebeten, dass Macron Trump über sein kürzliches Treffen mit Putin in Moskau informierte. Ich schlug vor, das Treffen nach unserer G7-Planungssitzung mit Trump anzusetzen, so dass die beiden Staatschefs beide Themen erörtern konnten. Bonne stimmte zu, was für beide Seiten völlig vernünftig und effizient war. Natürlich habe ich Bonne nicht gesagt, dass Trump meiner Einschätzung nach der G7 bis dahin keinerlei Aufmerksamkeit geschenkt hatte.

Dieses Gespräch mit Macron dauerte bis 18 Uhr. Als es zu Ende war, blieb ich zurück, um zu entscheiden, ob Trump nach dem Gipfel nach

Dänemark reisen sollte. Trump hatte sich bis dahin beruhigt und begann, einen Tweet zu diktieren, warum er nicht nach Dänemark fahren, das aber in Zukunft nachholen würde. Mit dem in der Hand verließ ich gerade das Oval, als mir eine Notiz von Kupperman überreicht wurde, in der stand, dass eine weitere MQ-9-Drohne abgeschossen worden war, diesmal anscheinend von den Huthi über dem Jemen.[69] Obwohl wir noch Informationen erhielten, hatten die Huthi sich bereits in den sozialen Medien zu der Tat bekannt, also ging ich wieder hinein, um Trump zu informieren. Trump antwortete sofort: »Ich will Vergeltung. Bringen Sie mir später einige Optionen«, was ich zusagte.

Wieder in meinem Büro angelangt, erzählte ich Kupperman, was Trump während des Telefonats mit Macron zu mir gesagt hatte, und Kupperman sagte: »Trump sollte sich bei Ihnen entschuldigen«. Ich sagte: »Das wird niemals passieren.«

Am nächsten Tag blieb ich jedoch nach dem regulären Geheimdienstbriefing zurück, um Trump den ausgedruckten E-Mail-Austausch zwischen Bonne und mir vorzulegen, der zeigte, dass ein mögliches Telefonat Macron-Trump unter Kontrolle war und ihm gewiss nicht vorenthalten wurde. Ich hatte keine Erwartung, dass Trump die E-Mails lesen würde, genauso wenig wie er die meisten anderen Dinge las, aber ich wollte ihn wissen lassen, dass ich ehrlich gewesen war, als ich sagte, dass ich Macron nicht davon abgehalten hätte, ihn zu erreichen. Trump antwortete: »Ich hätte Sie nicht anschreien sollen. Es tut mir leid, ich habe zu viel Respekt vor Ihnen. Aber die Leute dringen nicht zu mir durch.« Dieser letzte Satz war damals genauso unwahr wie am Abend zuvor, aber er war es kaum wert, abstrakt angefochten zu werden.

Ich reiste am Freitag, dem 23. August, früh nach Biarritz ab, flog den Tag über und kam am frühen Abend dort an, um Vorbereitungen für die Ankunft von Trump am Samstagmittag zu treffen. Er erreichte sein Hotel um 13.30 Uhr, und wir erfuhren unerwartet, dass er um 14 Uhr mit Macron zu Mittag essen würde, was vorher nicht vorgesehen war. Ich hatte mich verpflichtet, weitere Treffen abzuhalten, die ich hastig absagte, um zum Hotel du Palais zu gelangen, wo die G7-Chefs wohnten. Als ich ankam, saßen Trump und Macron an einem Tisch auf der Veranda und gaben eine Pressekonferenz. Andere Mitglieder der französischen und der US-Delegation saßen an einem separaten Tisch in der Nähe. Was ich erst am nächsten Tag, am Sonntag, erfuhr, war, dass der Iran fast das einzige Thema zwischen Macron und Trump war, nämlich ob Trump sich mit Sarif treffen sollte, der auf dem Weg nach Biarritz war, wahrscheinlich von Paris aus, wo er sich seit dem Treffen mit Macron am Vortag versteckt hatte. Trump sagte Abe später, dass das persönliche Mittagessen mit Macron die besten anderthalb Stunden gewesen seien, die er je verbracht habe.

Am Sonntagmorgen frühstückten Trump und der Brite Boris Johnson, ihr erstes Treffen, seit Johnson Premierminister geworden war. Unvermeidlich kam das Thema Irak zur Sprache, und Johnson begann eine freundliche Neckerei mit den Worten: »Ich stimme mit dem Präsidenten überein, dass ›Demokratieaufbau‹ ein Fehler war. Sind wir fertig mit der Ära des Regimewechsels, John?« Ich lachte und sagte: »Nun, das ist ein heikles Thema«, machte aber darauf aufmerksam, dass das Streben nach einem »Regimewechsel« unter bestimmten Umständen nicht dasselbe sei wie »Demokratieförderung« oder »Nationsbildung«. Wie aus dem Nichts sagte Trump dann: »John hat gute Arbeit geleistet. Wenn er einen Raum betritt, werden Xi Jinping und die anderen aufmerksam«, was allgemeine Heiterkeit auslöste, während er sich zu mir umdrehte, lächelte und sagte: »Es stimmt.« Das war nett. Solange es dauerte.

Die G7-Treffen dauerten während des Mittagessens am Sonntag an, bis die Bombe einschlug, als im Bellevue-Konferenzzentrum Gerüchte aufkamen, dass Sarif in einem Flugzeug saß, das alsbald in Biarritz landen würde. Als wir versuchten, die Fakten zu erfahren, erhielt ich eine E-Mail von Pompeo mit der Bitte, ihn sofort anzurufen, was ich gegen 15.40 Uhr tat. Er berichtete von einem Telefonat, das er gerade mit Netanjahu über einen israelischen Luftangriff in Syrien in der Nacht zuvor geführt hatte, der sich gegen iranische Drohungen gegen Israel richtete, ein nicht seltenes Ereignis, da Israel im Gegensatz zur Regierung Trump nicht zögerte, Bedrohungen präventiv zu zerquetschen.[70] Wir besprachen, wie wir angesichts des israelischen Angriffs vorgehen sollten, und ich erzählte Pompeo dann, was ich darüber hörte, dass Sarif in Biarritz auftauchen würde, wovon er nichts wusste. Ich erklärte ihm, dass ich mich auf dem Weg zurück ins Bellevue befand und ihn auf dem Laufenden halten würde. Dort machte ich Mulvaney ausfindig, und er sagte, er wüsste nichts von einem möglichen Kontakt mit Sarif, obwohl er dieselben Gerüchte gehört hatte wie ich. Ich schickte eine Notiz in das Treffen der G7-Führer, die Kelly Ann Shaw, die US-Chefunterhändlerin, an Trump weiterleiten sollte und in der ich beschrieb, was wir über Sarifs Verbleib wussten. Sie schickte eine Notiz zurück, in der sie sagte, Trump habe meine gelesen und ihr gesagt, Macron habe ihn eingeladen, Sarif heute zu treffen. »POTUS will das auf jeden Fall tun«, schrieb sie.

Ich saß allein in einem unbenutzten bilateralen Sitzungssaal, um meine Gedanken zu sammeln. Ich sagte den Mitarbeitern vom Nationalen Sicherheitsrat, sie sollten sich mit unseren Piloten in Verbindung setzen, um eine alternative Flugroute für später am Tag oder Montag zu erstellen. Anstatt nach Kiew und zu den anderen Stationen vor Warschau zu fliegen, wollte ich einen Flugplan zurück zur Joint Base Andrews. Ich sagte nicht warum, aber wenn Trump sich mit Sarif traf, war meine Neigung, nach Hause zurückzukehren und zurückzutreten. Ich sah keinen Sinn darin, den Rest der Reise fortzusetzen, wenn ich wusste, dass ich zurücktreten würde, sobald ich endlich wieder im Weißen Haus ankam. Ich beschloss, dass ich es genauso gut jetzt tun und es hinter mich bringen konnte.

Bizarrerweise hatten wir dann ein bilaterales Treffen Trumps mit dem australischen Premierminister Scott Morrison, bei dem der Iran kaum erwähnt wurde, und ich fuhr in Trumps Wagenkolonne zurück zum Hotel du Palais, um mit ihm unter vier Augen über dieses Sarif-Treffen zu sprechen. Da erhielt ich eine E-Mail von Pompeo, der erneut mit Netanjahu gesprochen hatte. Netanjahu hatte von dem möglichen Treffen mit Sarif gehört und drängte darauf, Trump um 17.30 Uhr Biarritzer Zeit anzurufen, was bald war. Nachdem ich im Hotel angekommen war, sprach ich erneut mit Pompeo, während ich darauf wartete, Trump in seiner Suite zu treffen. Ich sagte ihm, ich würde bezüglich Netanjahus Anruf tun, was ich konnte, aber ich war entschlossen, noch einmal zu versuchen, Trump ein Treffen mit Sarif auszureden. Netanjahu und Israels Botschafter Ron Dermer riefen mich auch an, also bat ich Pompeo, ihnen zu sagen, dass ich mich wie die Leichte Brigade fühle – Ausgang ungewiss. Auf Trumps Etage fand ich Mulvaney und Kushner. Kushner telefonierte mit David Friedman, dem US-Botschafter in Israel, und sagte Friedman, dass er nicht zulassen werde, dass Netanjahus Anruf durchgestellt wurde. (Jetzt wussten wir, wer all diese Anrufe an Trump stoppte!) Als er auflegte, erklärte Kushner, er habe dies und einen früheren Versuch Netanjahus gestoppt, weil er es nicht für angebracht hielt, dass ein ausländischer Staatschef mit Trump darüber redete, mit wem der sprechen solle.

Ich sagte Mulvaney, ich müsse Trump über Israels nächtliche Militäraktivitäten in Syrien[71] und auch im Iran informieren. Mulvaney sagte, Trump habe ihm im Auto zum Hotel erzählt, dass Macron das Samstagsmittagessen mit Trump genutzt habe, um die Einladung zu einem Treffen mit Sarif auszusprechen. Trump hatte daraufhin Mnuchin an ihren Tisch eingeladen, um die Sarif-Frage zu erörtern und vorzuschlagen, dass Mnuchin anstelle von Trump mit Sarif zusammenkam. Mulvaney sagte, Trump habe ihm auch erzählt, dass Kushner von dem möglichen Treffen mit Sarif wusste. Ich ging um etwa 17.25 Uhr in Trumps Suite, begleitet von Mulvaney und Kushner. Trump begann mit der Frage, warum ich die Talkshows am Sonntag (!) nicht hatte machen wollen. Ich erklärte, dass Mnuchin, Kudlow und Lighthizer sie an diesem Tag gut erledigt hätten, weil wir uns bemühten, die G7 wieder auf wirtschaftliche statt auf politische Fragen zu konzentrieren. Trump akzeptierte die Erklärung, die zumindest den kleinen Vorzug hatte, wahr zu sein.

Dann beschrieb ich Trump die israelische Militäroperation. Trump sprach das Thema Sarif an, sagte, er wolle sich mit ihm treffen, und fragte: »Halten Sie das für eine gute Idee?« – »Nein, Sir, das tue ich nicht«, antwortete ich und legte dann dar, warum dies nicht der richtige Zeitpunkt für ein Treffen sei, geschweige denn für eine Lockerung der Wirtschaftssanktionen, oder gar für eine weitere Ausdehnung der Kreditlinie von 5–15 Milliarden Dollar, die Frankreich vorgeschlagen hatte und über die Mnuchin mit Le Maire verhandelt hatte.[72] Ich sagte, sobald wir den Druck vom Iran nähmen, würde es sehr schwer, ihn wieder zu erhöhen (genau wie bei Nordkorea). Selbst ein wenig wirtschaftliche Erleichterung trug viel dazu bei, Länder unter harten Sanktionen zu unterstützen, aber wir hatten keine Möglichkeit herauszufinden, wie viel tatsächliche Verhaltensänderung wir vom Iran erhalten würden. Trump fragte Mulvaney und Kushner, was sie davon hielten. Mulvaney stimmte mir zu, aber Kushner sagte, er würde das Treffen abhalten, weil es nichts zu verlieren gäbe. Diese Leute hatten eine Aufmerksamkeitsspanne, die nicht länger war als der Deal, der jeweils vor ihnen lag. Dann, als ob ein Licht in Trumps Kopf erloschen wäre, sagte er: »Sie bekommen keine Kreditlinie, bis das ganze Geschäft abgeschlossen ist. Ich werde nicht zustimmen, nur damit sie aufhören, das [Atomabkommen] zu verletzen«. Das war, natürlich, das genaue Gegenteil von dem, was Macron vorschlug. Obwohl Trumps Kommentar besser war als das, was ich befürchtet hatte, drängte ich ihn dennoch, sich nicht mit Sarif zu treffen. »Ich denke immer noch, dass ich ihn treffen werde«, sagte Trump, »es wäre unter vier Augen, vielleicht nur ein Handschlag.« Ich drängte ihn erneut, es nicht zu tun, und das Treffen endete.

Draußen auf dem Flur sprachen Mulvaney, Kushner und ich noch ein paar Minuten. Ich erklärte, dass Macron eine Schraube locker hatte, wenn er glaubte, dass irgendein seriöses Finanzinstitut darauf wartete, dem Iran eine Kreditlinie zu gewähren. Wir waren uns zumindest alle einig, dass Macron ein Wiesel war (daran erinnere ich mich) und dass er versuchen würde, die Lorbeeren zu ernten, egal, was für ein Treffen stattfinden würde. Ich war jetzt eher davon überzeugt, dass Mulvaney nichts von diesem Schlamassel gewusst hatte, bevor ich am frühen Nachmittag im Zentrum Bellevue mit ihm sprach. Um etwa 18.15 Uhr rief ich Pompeo ein drittes Mal an, um ihn zu informieren. »Wir haben also Mnuchin und Jared, zwei Demokraten, die unsere Außenpolitik betreiben«, sagte er, als ich meinen Bericht beendete, was mir in etwa richtig erschien. Er fügte hinzu: »Wir haben hier ein Substanzproblem und ein massives Prozessproblem«, beides war klar. »Es ist die Neigung des Präsidenten, dieses Treffen abzuhalten, und er fragt in der Welt herum, bis er jemanden findet, der mit ihm übereinstimmt« (ebenfalls korrekt). Ich antwortete, dass ich zweifellos zurücktreten würde, wenn das Treffen stattfand, und dass ich, selbst wenn es nicht stattfand, womöglich dennoch zurücktreten würde. »Ich bin bei Ihnen«, sagte Pompeo. Ich wartete bis in den Abend hinein auf das Treffen zwischen Trump und Sarif, in der Erwartung, dass man mich irgendwann wecken würde, um die Nachricht zu hören, aber sie kam nie.

Am nächsten Tag, Montag, 24. August, kam ich zu dem Schluss, dass es, erstaunlicherweise, kein Treffen gegeben hatte. Es gab mit Sicherheit keine Medienberichterstattung über ein Treffen, obwohl der französische Außenminister Jean-Yves Le Drian ein über drei Stunden dauerndes Treffen mit Sarif hatte, zu dem sich an einem Punkt auch Macron gesellte.[73]

Die Franzosen erzählten Kelly Ann Shaw, dass Macron Trump einen Einzelvortrag über diese Gespräche in Trumps Hotelzimmer gab, aber anscheinend niemanden sonst informierte. Als ich an diesem Morgen kurz vor Trumps erstem bilateralen Gespräch mit Mulvaney sprach, sagte er, er glaube nicht, dass es ein Treffen mit Sarif gegeben hatte. Ich schickte diese Nachricht gegen 10.30 Uhr per E-Mail an Pompeo und sagte, ich könne einen Anruf nicht ausschließen, und ich sei auch nicht sicher, ob sich Kushner oder Mnuchin mit Sarif getroffen oder mit ihm gesprochen haben könnten, um einen zukünftigen Kommunikationskanal zu schaffen. (Die letztere Hypothese war etwas, das meiner Meinung nach hohe israelische Beamte beunruhigte, und das Pompeo natürlich wütend machte.)

Ich weiß nicht, ob ich es Trump allein ausgeredet habe, Sarif zu treffen, aber die Entscheidung genügte mir, um weiter nach Kiew zu reisen, anstatt nach Hause zurückzukehren. Trotzdem, wie lange würde es noch dauern, bis Trump einen wirklich schlimmen, irreversiblen Fehler machte? Wieder einmal hatten wir nur den Tag der Abrechnung verschoben, und vielleicht nicht für lange.

KAPITEL 13

VON DER ANTI-TERROR-MISSION IN AFGHANISTAN ZUM BEINAHE-DESASTER VON CAMP DAVID

Ich wusste, was ich in Afghanistan erreichen wollte, und die anderen leitenden Berater von Trump teilten meine beiden Ziele. Diese waren zum einen, das potenzielle Wiederaufleben des IS und von al-Qaida und die damit einhergehende Bedrohung durch Terroranschläge gegen die USA zu verhindern; und zum anderen, wachsam gegenüber den Atomwaffenprogrammen im Iran im Westen und Pakistan im Osten zu bleiben. Dies war die Strategie zur Terrorismusbekämpfung[1], die wir Anfang 2019 verfolgen wollten.[2] Das Schwierige war, Trump dazu zu bewegen, ihr zuzustimmen und dann an seiner Entscheidung festzuhalten. Wenn diese Ziele schlecht präsentiert würden oder zum falschen Zeitpunkt, dann riskierten wir einen weiteren Wutausbruch, bei dem Trump fordern würde, alle Truppen sofort abzuziehen; sie nicht zu präsentieren, bedeutete automatisch den Abzug.

Die laufenden Verhandlungen von Zalmay Khalilzad mit den Taliban gestalteten das Problem noch komplexer. Pompeo glaubte, dass er Trumps Mandat ausführte, ein Abkommen auszuhandeln, durch das die Präsenz der US-Truppen auf Null gesenkt wurde. Ich fand es offensichtlich, dass dies eine schlechte Strategie war. Theoretisch lehnte die US-Regierung jede derartige Vereinbarung ab, es sei denn, sie wäre »bedingungsbasiert«, was bedeutete, dass wir nur dann auf Null gehen würden, wenn es (1) keine terroristischen Aktivitäten im Land gäbe, (2) der IS und al-Qaida keine aktiven Einsatzbasen errichten dürften und wir (3) über angemessene Mittel zur Überprüfung verfügten. Ich fand das rührend naiv, ganz ähnlich wie die Haltung des Pentagons zur Rüstungskontrolle: Wir machen einen Deal mit einer Bande von Schurken, und sie halten sich daran. Wie schön.

Von Anfang an beharrte Pompeo, dass das Pentagon ein Abkommen mit den Taliban wolle, um die Gefahr für US-Soldaten zu reduzieren, während wir unsere Präsenz verringerten; ohne ein solches Abkommen waren die Risiken für die schrumpfenden US-Streitkräfte zu groß. Aber noch einmal, ich hielt dies für eine fast kindliche Sichtweise. Ich habe nie verstanden, warum uns ein solches Abkommen wirklichen Schutz vor einer Gruppe Terroristen bieten sollte, zu der wir noch nie Vertrauen hatten. Wenn die Taliban, der IS und al-Qaida aus den vorhandenen Beweisen für den spürbaren Abzug von US-Truppen die richtigen Schlüsse zogen, und wenn das die Risiken für unsere schrumpfenden Streitkräfte erhöhte, welche Schlüsse würden diese Terroristen erst aus einem Stück Papier ziehen, das ausdrücklich besagte, dass wir bis Oktober 2020 auf Null gehen würden?

Ein Übereinkommen an Bedingungen zu knüpfen wirkte im afghanischen Kontext wie ein Opiat. Einige von uns (ich nicht eingeschlossen) fühlten sich wohl mit dieser Entscheidung, aber das war bestenfalls eine vorübergehende, letztlich irrelevante Erfahrung. Ich bezweifelte, dass es eine Vereinbarung mit den Taliban gab, die wir angesichts ihres Hintergrundes akzeptieren sollten. Wenn ein »vollständiger Rückzug« das Ziel wäre, würden Verletzungen der »Bedingungen« an diesem Ergebnis nichts ändern, wenn man Trumps Haltung bedachte. Wenn wir uns erst einmal im Sturzflug auf die Null zu befanden, dann würden wir dort auch enden. Aber wenn uns die Fortsetzung der Verhandlungen Zeit verschaffen würde, eine nachhaltige Präsenz bei der Terrorismusbekämpfung vorzubereiten und aufrechtzuerhalten, dann war ich bereit mitzuspielen.

Shanahan, Dunford, Pompeo und ich waren alle der Meinung: Je früher wir Trump darüber informieren konnten, wie derartige Operationen in der Praxis funktionieren würden, desto besser. Ein Briefing wurde für Freitag, den 15. März, angesetzt, und die Vorbereitungen dafür wurden ernsthaft in Angriff genommen. Da wir wussten, wie viel auf dem Spiel stand, hatten wir am Freitag zuvor eine Vorbereitungssitzung im Tank. Merkwürdigerweise ließ Pompeo John Sullivan an seiner Stelle teilnehmen; vielleicht wollte er vor dem Trump-Briefing nicht verraten, wie der tatsächliche Stand der Diplomatie mit den Taliban war, was seiner üblichen Vorgehensweise entsprach, so wenig wie möglich über die Verhandlungen preiszugeben. Seine Abwesenheit störte mich nicht, denn ich war zu dem Schluss gekommen, dass die afghanische Diplomatie auf lange Sicht ohnehin keine große Rolle spielen würde. Mein Fokus lag vielmehr auf der Frage, wie man die Präsentation des Verteidigungsministeriums für Trump am darauffolgenden Freitag so effektiv wie möglich gestalten konnte, um ihn davon zu überzeugen, dass erhebliche Ressourcen für die Terrorismusbekämpfung im Land bleiben mussten. Wie es für Pentagon-Briefings typisch war, waren Diagramme und Folien vorbereitet worden, die alles komplizierter als nötig machten, selbst wenn sie »gute« Nachrichten an Trump übermittelten, wie z.B. die erheblichen Personal- und Kosteneinsparungen, die das Militär erreichen würde. Ich forderte Shanahan und Dunford auf, Trumps Reaktionen beim Briefing aufmerksam zu verfolgen und nicht einfach nur stoisch die Folien und Diagramme zu erläutern. Das war nämlich der Mattis-Stil, und ich hatte die Geschichten darüber gehört – ob wahr oder nicht –, dass Trump bei langen, ausschweifenden Briefings von McMaster einfach abgeschaltet hatte. Das brauchten wir nicht noch einmal durchzumachen. Darüber waren wir uns, wie ich fand, alle einig, aber in der Woche drauf würde der Test folgen.

Am Morgen des 15. März rief Trump den äthiopischen Präsidenten Abiy Ahmed Ali (der im Oktober Friedensnobelpreisträger 2019 wurde) an, um ihm sein Beileid zum jüngsten Absturz eines Linienflugs der Ethiopian Airlines auszusprechen (der zum weltweiten Flugverbot für alle Flugzeuge des Typs Boeing 737 Max führte). Während Trump und ich uns unterhielten und darauf warteten, dass der Anruf durchgestellt wurde, sprach er Afghanistan an und sagte: »Wir müssen von dort verschwinden.« Das war kein vielversprechender Start in den Tag. Ich rief ihn nach dem Gespräch mit Abiy zurück, um zu erklären, das Briefing werde weitgehend aus einer Präsentation des Pentagons bestehen, die zeigen sollte, wie man die Afghanistan-Mission auf Grundlage von Trumps Anweisungen zur Reduzierung der US-Präsenz neu definiert hatte. Er fragte: »Das wird den Verhandlungen doch nicht schaden, oder?« Er war besorgt, dass die Verminderung unserer Zahlen auf Schwäche hindeuten könnte, aber ich entgegnete, das würde es nicht. Er bat mich, mit ihm im »Beast« zum Pentagon zu fahren, zusammen mit Pence, was eine weitere Gelegenheit bot, seine Stimmung festzustellen und auf alle Bedenken einzugehen, aber das Gespräch während der Fahrt drehte sich weitgehend um Nordkorea.

Im Tank sagte Shanahan, das Briefing werde verdeutlichen, wie wir unsere Terrorismusbekämpfung und andere nötige Mittel aufrechterhalten könnten, nun, da die Taliban verhandelten. Trump unterbrach sofort und fragte: »Schwächen wir unsere Verhandlungsposition, indem wir sagen, dass wir unsere Streitkräfte abziehen?« Ich hatte sowohl Shanahan als auch Pompeo direkt nach meinem vorangegangenen Gespräch mit Trump angerufen, daher waren ihre Antworten wohlbedacht. Sie sagten, der Zeitpunkt sei eigentlich perfekt. Wie es oft der Fall ist, macht die Dezimierung der Opposition die Überlebenden verhandlungsfreudiger. Trump sprach dann darüber, wie schlecht frühere Kommandeure gewesen wären (unfair, aber eine häufige Beschwerde), ganz zu schweigen von Mattis' Leistung, obwohl Trump die von Mattis geforderten Einsatzregeln gebilligt hatte. »Wie laufen die Verhandlungen?«, fragte Trump und unterbrach sofort Pompeos Antwort, indem er die endemische Korruption unter afghanischen Amtsträgern ansprach, insbesondere den afghanischen Präsidenten Ghani und dessen angeblichen Reichtümer, obwohl er leider Ghani mit dem ehemaligen Präsidenten Hamid Karzai verwechselte, wie er es ständig tat. Hoffentlich unbemerkt, bedeutete ich Dunford, sich einzuschalten und zu erklären, dass der durch unsere gegenwärtige Strategie erreichte Rückgang der Gewalt bedeutete, dass wir unsere laufenden Antiterror- und anderen Missionen in der Praxis mit reduzierten Ressourcen erfüllen konnten, auch ohne Zustimmung der Taliban. »Wir haben auf Sie gehört«, sagte Dunford zu Trump – was in der Ära nach Mattis eine gute Wortwahl war –, und dass wir mit einer eventuellen Schwächung der afghanischen Regierung umgehen und uns auf al-Qaida und den IS, die wirklichen terroristischen Bedrohungen für Amerika, konzentrieren könnten. Ich wies darauf hin, dass eine schwache Zentralregierung die historische Standardposition Afghanistans und für die Einwohner nichts Neues sei.

Dunford erläuterte außerdem die Notwendigkeit, eine aktive Terrorismusbekämpfung für die weitere Region aufrechtzuerhalten. Als er auf seine Diagramme und Folien einging, um zu zeigen, wie unsere laufenden Einsätze in Afghanistan personell und finanziell ausgestattet sein würden, entgegnete Trump: »Es sind immer noch viele Menschen dort«, aber glücklicherweise fuhr er fort: »Es ist gefährlich, niemanden zu haben, denn sie [die Terroristen] neigen dazu, sich dort zu formieren und Gebäude einstürzen zu lassen«, und genau darum ging es. Trump wiederholte eines seiner Lieblingsthemen, nämlich dass es billiger sei, das World Trade Center wiederaufzubauen, als in Afghanistan zu kämpfen, wobei er ungünstigerweise den Verlust von Menschenleben bei den Anschlägen vom 11. September ignorierte, nicht nur die Kosten des Wiederaufbaus. Ignoriert wurde auch die reelle Gefahr, dass ein Rückzug Trumps, gefolgt von einem Terroranschlag, politisch verheerend wäre. Dunford fuhr fort, dass unser militärischer Druck ein Wiedererstarken der Terroristen verhindere und wie eine Versicherungspolice wirke. Er hatte keinen genauen Zeitplan im Sinn, aber das Pentagon würde dem diplomatischen Versöhnungsprozess ermöglichen, einen zeitlichen Ablauf festzulegen. Ich fand, wir näherten uns hier gefährlichem Terrain, wo erneut die Frage aufgeworfen wurde, ob wir überhaupt in Afghanistan sein sollten. Die Diskussion wand sich so dahin, und Trump fragte mich, warum wir im Irak und in Afghanistan kämpften, aber nicht in Venezuela, was zumindest allen anderen im Raum zeigte, was er wirklich tun wollte.

Nach weiterem Gerede wandte sich Shanahan den Kostensenkungen zu, die die Aufrechterhaltung der Terrorismusbekämpfung mit sich bringen würde, aber bevor er weit gekommen war, unterbrach Trump, um sich über die Weigerung des Kongresses zu beschweren, die Grenzmauer zu Mexiko zu finanzieren. Dann war er nicht mehr zu bremsen: »Warum können wir nicht einfach raus aus Syrien und Afghanistan? Ich hätte den anderen zweihundert [in Syrien] niemals zustimmen dürfen, in Wahrheit sind es sowieso vierhundert.« Dunford meinte, dass andere NATO-Länder hoffentlich einen Beitrag zur multilateralen Beobachtertruppe in Syrien leisten würden, und Trump antwortete: »Wir zahlen sowieso für die NATO«, was wiederum zu einem weiteren Gezänk über Erdoğan und seine Aktivitäten in der Türkei führte. Dann, nachdem Trump buchstäblich fünfundvierzig Sekunden über Afghanistan gesprochen hatte, fragte er: »Warum sind wir in Afrika?« Er stellte bald klar, dass er ganz aus Afrika herauswollte, indem er für einige Zeit unsere 22 Billionen Dollar Staatsschulden darlegte, gefolgt von den Problemen unserer Handelsbilanzdefizite, gefolgt von einer erneuten Klage darüber, dass Nigeria jährlich 1,5 Milliarden Dollar an ausländischer Hilfe erhielt, wie ihm der Präsident Nigerias bei einem früheren Besuch bestätigt hatte, obwohl sie keine amerikanischen Agrarprodukte kauften. Nach weiteren Afrika-Diskussionen kehrte Trump zu Afghanistan zurück und sagte: »Bringen Sie sie [die jährlichen Kosten] auf zehn Milliarden Dollar herunter [eine Zahl, die sich aus den Ressourcen ableitete, die unsere Vorstellung einer fortgesetzten US-Präsenz erforderte], und zwar schnell.« Daraufhin schlug er einen Bogen zu den Kosten der US-Militärstützpunkte in Südkorea und dazu, wie viel Seoul zur Deckung der Ausgaben beitragen sollte. Trump frohlockte, dass wir Ende 2018 in Verhandlungen 500 Millionen Dollar mehr aus dem Süden herausgeholt hätten (es waren eigentlich rund 75 Millionen Dollar, wie so ziemlich jeder andere im Tank wusste). Er wollte immer noch, dass die Zahlung Südkoreas den US-Kosten plus 50 Prozent entsprach. Und ungeachtet unserer politischen Differenzen mit dem Irak erinnerte Trump uns daran, dass wir, nachdem wir so viel für den Aufbau unserer Stützpunkte dort bezahlt hatten, uns nicht zurückziehen würden.

Nach etwas weniger als einer Stunde, als wir langsam zum Ende kamen, fragte Trump Dunford vor allen Anwesenden: »Wie geht es unserem amtierenden Minister?« Dunford, offensichtlich überrascht, antwortete schnell: »An dieser Stelle sage ich, was für großartige Arbeit er leistet«, und alle lachten. Ich wollte endlich zur Tür hinaus, also standen Pompeo und ich einfach auf und fingen an, unsere Papiere zusammenzusuchen. Dann standen auch die anderen auf und wir gingen alle zum Flusseingang des Pentagons, wo die Autokolonne wartete. Pence und ich fuhren mit Trump im »Beast«, wo wir uns hauptsächlich über den Absturz der 737 Max unterhielten. Zurück im West Wing des Weißen Hauses rief ich Shanahan an, um ihm zu dem Ergebnis zu gratulieren und ihm zu sagen, er solle sich den Rest des Tages freinehmen. Es war zwar nicht schön, wie ich auch Dunford bestätigte, als ich ihn ein paar Minuten später anrief, aber es war definitiv ein Sieg. Dunford sagte: »[Trump] glaubt jetzt, dass wir ihm zuhören, was er vorher nicht geglaubt hat«, was nur allzu sehr stimmte. Pompeo, mit dem ich am nächsten Tag sprach, glaubte ebenfalls, dass das Briefing ein Sieg war.

Das noch immer ungelöste Problem bestand jedoch in den Verhandlungen mit den Taliban. Bei einem Frühstück am 21. März brachten Shanahan und Dunford ein Schaubild mit, das verschiedene Fälle aufzeigte, in denen das Außenministerium von den nach Ansicht des Pentagons vereinbarten Verhandlungsrichtlinien abgewichen war. Am meisten beunruhigte mich jedoch, dass die Verhandlungsziele des Außenministeriums völlig losgelöst von dem waren, was ich als unsere eigentlichen Ziele betrachtete: voll und ganz in der Lage zu sein, ein Wiederaufleben des Terrorismus zu verhindern und wachsam gegenüber den nuklearen Gefahren aus dem Iran und aus Pakistan zu bleiben. Die Mengen an Ressourcen, die Trump implizit auf dem Tank-Briefing genehmigt hatte, war nicht annähernd so hoch, wie wir sie in einer größeren Krise benötigen würden, aber meiner Ansicht nach hatten wir zumindest noch mehrere Stützpunkte in Afghanistan und die Möglichkeit, unsere Kapazitäten rasch zu erweitern. Pompeo und Khalilzad verhandelten jedoch immer noch so, als würden wir uns vollständig zurückziehen. Wir hatten zwar im November an diesem Punkt mit den Verhandlungen begonnen, hatten uns aber seitdem einen langen Weg zurückgekämpft, und Shanahan, Dunford und ich befürchteten, dass die erzielten Fortschritte wieder rückgängig gemacht werden könnten. Keine dreißig Minuten nach dem Frühstück rief ich Trump an und sagte, es sei seine Entscheidung, ob er Khalilzad und das Außenministerium in den Verhandlungen völlig unabhängig agieren lassen wolle, aber ich hielte das für gefährlich in Bezug auf das, was er wollte. »Ich weiß nicht einmal, wer er ist«, erwiderte Trump und meinte Khalilzad. »Tun Sie, was Sie für das Beste halten.«

Am selben Morgen traf ich mich mit Khalilzad, den ich seit fast dreißig Jahren kannte. Er erzählte, Pompeo habe ihn angewiesen, nicht mit mir zu kommunizieren, weil ich bei Trump Pompeos Autorität unterminieren würde. Das war, nebenbei bemerkt, unwahr, und ich fragte mich, ob Pompeo in Wahrheit die Frage beschäftigte, wer die Lorbeeren für Afghanistan einheimsen würde – ein weitverbreitetes Phänomen in Washington. Wenn das so stimmte, war es völlig unangebracht. Ich glaubte nicht, dass es irgendeine materielle Chance gab, die Verhandlungen zu einem akzeptablen Ergebnis zu führen, deshalb war ich kaum darauf erpicht, »die Lorbeeren« für das Ergebnis einzuheimsen. Khalilzad stimmte einem informellen Treffen mit allen beteiligten Beamten zu, um die Missverständnisse auszuräumen, bevor er Washington verließ, um die Gespräche mit den Taliban wiederaufzunehmen. Ich hielt das für eine gute Entscheidung. Einige Tage später rief Pompeo jedoch an, um sich darüber zu beschweren, dass hohe Beamte des Pentagons und Lisa Curtis, die leitende Direktorin des Nationalen Sicherheitsrates für Südasien, Khalilzad in die Quere kamen; sie sollten ihn in Ruhe lassen. Normalerweise war für solche Treffen eine »behördenübergreifende Koordination« nötig, aber Pompeo sah darin eine Einmischung. Kein Wunder, dass wir innerhalb der Regierung Probleme zu Afghanistan hatten.

Inmitten dieser Schwierigkeiten erhielten wir am 12. April eine außerordentlich gute Nachricht: Die »Vorverfahrenskammer« des Internationalen Strafgerichtshofs in Den Haag hatte ein zweiunddreißigseitiges Gutachten abgegeben, in dem sie den Antrag des Anklägers ablehnte, eine Untersuchung über das Verhalten von US-Militär- und Geheimdienstmitarbeitern in Afghanistan einzuleiten. Ich sprach mehrmals mit dem ehemaligen Kongressabgeordneten Pete Hoekstra, unserem Botschafter in den Niederlanden. Er war fast ebenso überrascht wie ich, dass es uns gelungen war, diesen Justizirrtum zu stoppen. Ich war seit langem ein Gegner des Gerichtshofs[3] und hatte schon zu Beginn meiner Amtszeit eine Rede vor der Federalist Society in Washington darüber gehalten, warum die Regierung den Gerichtshof aus Prinzip ablehnte und welche Schritte wir bereit waren, gegen ihn einzuleiten, wenn er sich mutmaßlich gegen amerikanische Staatsbürger richtete.[4] Um 9.15 Uhr rief ich Trump an, um ihn von der Entscheidung zu unterrichten, und er sagte: »Geben Sie etwas Schlagkräftiges von sich«, was ich sehr gern tat.

Was die Treffen zwischen den USA und den Taliban anging, so war ich über deren Inhalt weniger besorgt als zuvor und daher auch weniger besorgt als das Pentagon, weil ich fand, wir hatten die entscheidende Schlacht in Trumps Kopf weitgehend gewonnen. Die Vereinigten Staaten würden sich nicht vollständig aus Afghanistan zurückziehen, sondern eine anhaltende Truppenpräsenz zur Terrorismusbekämpfung und für andere Ziele beibehalten. Wenn sich herausstellen sollte, dass Trump seinen Kurs änderte und eines Tages einfach sagte, er wolle sofort abziehen (was er in regelmäßigen Abständen tat), hing selbst diese Entscheidung nicht vom Stand der Gespräche ab. Kurz gesagt, die militärische Haltung der USA war nicht mehr an den Friedensprozess gebunden, wenn sie es je gewesen war. Daher gab es meines Erachtens für Khalilzad keinen besonderen Druck, Ergebnisse zu erzielen, und kein wirkliches Zieldatum für den Abschluss der Verhandlungen.

Doch am 1. Juli erfuhr das Verteidigungsministerium, dass Khalilzad im Begriff war, ein Abkommen mit den Taliban anzukündigen, ohne jemanden in Washington über dessen Inhalt informiert zu haben. Vernünftigerweise rief Esper Pompeo, seinen Klassenkameraden aus West Point, an, um ihm vorzuschlagen, das Abkommen zur Überprüfung nach Washington zu schicken. Kupperman wiederum hörte von Espers Stabschef, dass Pompeo Esper und seine Untergebenen in aller Deutlichkeit »belehrt« hätte, weil sie sich in die Afghanistan-Verhandlungen eingemischt hatten. Pompeo erklärte, oft schreiend, wie wir erfuhren, Khalilzad handle nach der Anweisung – er ließ unausgesprochen, von wem –, einen Deal ohne Aufsicht von außen abzuschließen. Shanahan hatte versucht, vernünftig zu sein, und war gescheitert, und nun war Esper an der Reihe. Als ich am nächsten Tag mit ihm sprach, waren seine Bedenken weniger auf die Politik gerichtet, sondern eher taktischer Natur, wie etwa sein legitimes Interesse an der Sicherheit des Rückzugs der US-Streitkräfte. »Mike wurde etwas lebhaft«, formulierte es Esper höflich, aber als unser Gespräch weiterging, gab es eindeutig eine Diskrepanz zwischen dem Ziel des Außenministeriums – null US-Streitkräfte – und meinem Wunsch (und dem des Pentagons), die Kapazitäten zur Terrorismusbekämpfung und andere zu erhalten. Esper beschäftigte sich zu Recht mit der Frage, wie der tatsächliche Ablauf der militärischen Operationen beeinträchtigt würde, wenn wir auch nur einen Fuß aus Afghanistan zurückwichen.

Ich brachte diese Schizophrenie in einem Gespräch mit Khalilzad am 19. Juli zur Sprache. Mein Ziel war es, innerhalb der US-Regierung aus allen verschiedenen Denkrichtungen eine Einigung zu erzielen und die Diskrepanzen in unseren internen Beratungen aufzulösen. Konkret hatte er damals zwar von Trump (oder Pompeo oder wem auch immer) den Auftrag, die US-Streitkräfte auf Null zu reduzieren, aber er hatte auch Anweisungen von Trump, unsere Antiterror-Kapazitäten aufrechtzuerhalten, was mit dem übereinstimmte, worüber Trump im Tank informiert worden war, im Wesentlichen ohne eine Terminierung. Der Trick bestand darin, die Taliban und die afghanische Regierung dazu zu bringen, zuzustimmen, dass wir die bestehende Mission auf Null setzten, während gleichzeitig eine modifizierte Mission zur Unterstützung der Antiterror-Kapazitäten geschaffen wurde. Khalilzad stimmte dem bereitwillig zu und sagte, er verstehe voll und ganz, was Trump erwartete, so dass ich dies als bedeutenden Fortschritt betrachtete. Mein Ziel war es, sicherzustellen, dass sich unsere Regierung in dem Kontext, den wir an diesem Punkt vor uns hatten, intern einig war. Wir hätten dies früher und leichter lösen können, wenn Pompeo Khalilzad gestattet hätte, diese Gespräche öfter zu führen und wir sie nicht wie Treffen unter Geheimagenten hätten organisieren müssen. Auf jeden Fall setzten sich die Taliban-Gespräche den ganzen Sommer über zügig fort.

Am Mittwoch, dem 14. August, hörte Kupperman im Trump National Golf Club in Bedminster, wo er etwa eine Woche verbrachte, zum ersten Mal von Espers Stabschef, dass am folgenden Freitag eine Sitzung zu Afghanistan stattfinden sollte. Das war uns neu, also rief ich am nächsten Morgen um 7.10 Uhr Mulvaney an, der ebenfalls in New Jersey war, um zu erfahren, was los war. Er sagte, er habe von einem Treffen am Freitag gehört und Madeleine Westerhout danach gefragt. Sie sagte, es handele sich um ein Treffen mit »dem Typen aus Afghanistan« (gemeint war Khalilzad) und Pompeo. »Sie können kommen«, meinte Mulvaney, »nimmt [das Verteidigungsministerium] auch teil?« Ich antwortete, meiner Meinung nach schon, und wir beendeten das Gespräch. All dies zeigte einmal mehr, wie das Außenministerium den Rest des nationalen Sicherheitsteams behandelte. Ich hatte keinen Zweifel daran, dass die Taliban mit den Bedingungen des sich abzeichnenden Abkommens zunehmend zufrieden waren, wobei ich glaubte, dass sie kaum die Absicht hatten, die meisten von ihnen zu befolgen. Ich vermutete, dass Pompeo wollte, dass Trump mit möglichst wenig interner Opposition unterschrieb; aber die endlosen Verhandlungen hatten ein Ergebnis hervorgebracht, von dem ich und viele andere glaubten, dass es schwerwiegende negative Folgen für Amerika haben würde. Die Aufgabe des Nationalen Sicherheitsberaters ist die Koordinierung zwischen Außenministerium, Verteidigungsministerium und anderen NSC-Mitgliedern. Wenn ich diese Aufgabe nicht erfüllen konnte, hatte es keinen Sinn zu bleiben. In der Zwischenzeit war es mir aber immerhin »gelungen«, eingeladen zu werden.

Ich verständigte mich noch am selben Vormittag mit Pompeo und sprach dabei unter anderem das Bedminster-Treffen an. Er sagte, wir seien »noch nicht fertig« mit den Verhandlungen, z. B. in Bezug auf die Art des Waffenstillstands, die allgemeine Reduzierung der Gewalt durch die Taliban und die Antiterror-Mission, die alle ungelöst seien. Ich sagte, dass ich zu dem Treffen fliegen würde, wahrscheinlich mit der Air Force Two mit Pence, und fragte, wann er fliege. Man hätte eine Stecknadel zu Boden fallen hören können. Offensichtlich hatte er nicht damit gerechnet, dass eine kleine Armee von Leuten an dem Treffen in Bedminster teilnehmen würde, und schon gar nicht ich. Wie sich herausstellte, nahmen neben Mulvaney, Esper und Dunford auch Haspel, Cipollone, Marc Short, der Stabschef des Vizepräsidenten, und Kellogg teil.

Lindsey Graham rief mich an, nachdem er vom Bedminster-Treffen gehört hatte, und betonte am Mittwoch Trump gegenüber die Notwendigkeit einer Reststreitmacht zur Bekämpfung der terroristischen Bedrohung und für andere Zwecke. Dennoch war er sehr besorgt über Presseberichte, die darauf hindeuteten, dass das Abkommen mit den Taliban keine derartigen Bestimmungen enthielt, und er bat mich, mit Jack Keane zu sprechen, dem Vier-Sterne-General im Ruhestand, der regelmäßiger Fox-Kommentator war. Ich rief Keane an, während ich darauf wartete, dass mein Flieger vom Andrews-Flugplatz startete, und forderte ihn auf, Trump direkt anzurufen, da er und Trump sich häufig über solche Fragen verständigten. Wenn es jemals einen passenden Zeitpunkt gab, an dem Keane mit Trump über Afghanistan sprechen konnte, dann war er jetzt gekommen. Pence bat mich, den Flug in seiner Kabine zu verbringen, und ich erklärte ihm die Risiken des vorgeschlagenen Abkommens, soweit ich sie verstanden hatte, sowie die beträchtlichen politischen Nachteile für Trump, wobei ich anmerkte, dass Graham und andere bereits ihre Ansichten kundgetan hatten. Wir landeten auf dem Flughafen von Morristown, New Jersey, und fuhren dann per Autokolonne nach Bedminster.

Das Treffen begann kurz nach drei Uhr nachmittags. Pompeo stellte eingangs fest: »Wir sind mit den Taliban noch nicht ganz fertig«, legte dann aber die Grundzüge eines Abkommens dar, das so gut wie fertig wirkte. Diese Beschreibung stand in krassem Gegensatz zu dem, was Pompeo mir noch am selben Tag am Telefon gesagt hatte. Trump stellte Fragen, insbesondere zu einer Bestimmung über den Austausch von Gefangenen und Geiseln zwischen den Taliban und der afghanischen Regierung, die zahlenmäßig viel günstiger für die Taliban aussah als für uns. Trump gefiel das überhaupt nicht. Dann fing Trump an, sich über den afghanischen Präsidenten Ghani und sein luxuriöses Haus in Dubai zu ärgern, von dem wir durch konkrete Recherche wussten, dass es nicht Ghani gehörte. Aber das machte nichts, denn Pompeo wies auf die Tatsache hin, dass Ghani jetzt Präsident sei und die Streitkräfte der Regierung kontrolliere. Vollkommen vorhersehbar fragte Trump: »Wer bezahlt sie?« Esper, für den dieses Drehbuch neu war, antwortete prompt: »Wir«, woraufhin sich Trump darüber ausließ, dass Mattis immer gesagt habe: »Diese Soldaten kämpfen tapfer für ihr Land«, bis Trump gefragt habe, wer sie bezahlte, und herausfand, dass die Gesamtkosten (einschließlich Ausrüstung und anderer Vorräte) etwa 6,5 Milliarden Dollar jährlich betrugen. »Sie sind die bestbezahlten Soldaten der Welt«, schloss Trump. Anschließend ließ er sich über die »Grün-gegen-Blau«-Angriffe aus, bei denen afghanische Regierungssoldaten die US-Streitkräfte angriffen: »Wir bringen ihnen das Schießen bei, und dann nehmen sie die Waffen und sagen: ›Oh, danke, Sir‹, und dann töten sie unsere Jungs.« Dann wandten wir uns den Wahlen in Afghanistan zu und Trump wiederholte, warum er diesen oder jenen hohen afghanischen Beamten nicht leiden konnte. Hätte Trump nur den amtierenden Präsident Ghani und den früheren Präsident Karzai auseinanderhalten können, hätte uns das viel Ärger erspart.

Im Verlauf der Diskussion sagte Trump einmal: »Ein schlechtes Geschäft zu machen ist schlimmer, als einfach auszusteigen. Ich würde lieber keinen Deal machen.« Ich fand, diese Bemerkung war ein Hoffnungsschimmer. Aber bevor wir weit gekommen waren, ging Trump wieder dazu über, sich über undichte Stellen zu beschweren, einschließlich der Tatsache, dass CNN vorher bereits von diesem unseren Treffen berichtet hatte. »Diese Leute sollten hingerichtet werden, sie sind Duckskerle«, empörte er sich, bemerkte dann aber, es sei »keine schlechte Sache, dass heraus[kam]«, dass wir über Afghanistan sprachen. Dies führte zu einem von Trumps liebsten juristischen Schachzügen, nämlich, das Justizministerium die Reporter verhaften zu lassen, diese zu einer Gefängnisstrafe zu zwingen und dann zu verlangen, dass sie ihre Quellen preisgaben. Nur dann würden die undichten Stellen aufgedeckt. Trump forderte Cipollone auf, Barr diesbezüglich anzurufen, wozu sich Cipollone bereit erklärte. Trump fuhr fort: »Mir gefällt diese Botschaft. Wenn sie auf uns losgehen, werden wir ihre ganze Nation zerstören. Aber nicht mit Atomwaffen. Sie hassen uns auch. Die Taliban wollen ihr Land. Wir sind reingegangen, um uns ihr Land zu nehmen, und sie haben Gauner« in den höchsten Regierungskreisen.

Das Gespräch ging weiter, aber ich spürte, dass Trump immer distanzierter wirkte. Etwas beunruhigte ihn, aber ich konnte nicht sagen, was. Dann war er plötzlich wieder voll da: »Ich will aus allem raus«, sagte er und kritisierte unsere militärischen Programme in Afrika, während Esper und Dunford sich beeilten, ihm zu versichern, dass sie bereits reduziert würden. Dann ging es wieder um den NATO-Gipfel 2018 und wie er mit dem Rückzug der USA gedroht hatte (was nicht ganz stimmte), und wie viel wir in der Ukraine ausgaben. Dann erzählte er noch einmal von seinem ersten Gespräch mit Angela Merkel und dass Merkel, noch bevor sie ihm zu seinem Wahlsieg gratulierte, gefragt hatte, was er in der Ukraine vorhabe. Trump hatte mit der Gegenfrage geantwortet, was sie in der Ukraine vorhabe.[5] Dann fragte er uns: »Wollen wir wirklich Fort Trump [in Polen]?« Ich antwortete, dass er dem in mehreren Gesprächen mit dem polnischen Präsidenten Andrzej Duda zugestimmt habe, dass die Polen für den Bau bezahlen und dass er am 1. September nach Polen reisen werde, um des 80. Jahrestages des Überfalls Nazideutschlands auf Polen zu gedenken, was ihn nicht bremste. Er meinte, er erinnere sich nicht daran, Fort Trump genehmigt zu haben, was sich entweder auf sein Gedächtnis oder auf seine Fähigkeit bezog, alles zu ignorieren, woran er sich nicht erinnern wollte.

Esper versuchte zu erklären, dass die Truppen in Polen eher nach dem Rotationsprinzip als permanent stationiert sein würden, aber Trump ging zu seinem nächsten Punkt über, den laufenden Kriegsspielen in Südkorea. »Sie hätten nicht zulassen dürfen, dass sie weitergehen«, sagte er zu mir, obwohl er ihnen zugestimmt hatte, und obwohl er wusste, dass es sich um Planübungen und nicht um Feldmanöver handelte. »Ich versuche, Frieden mit einem Psychopathen zu schließen«, sagte er, womit er zumindest anerkannte, dass Kim Jong-un vielleicht ein klein wenig problematisch war. »Die Kriegsspiele sind ein großer Fehler. Ich hätte den Übungen niemals zustimmen dürfen«, stellte er fest. »Raus da, wenn wir den Fünf-Milliarden-Dollar-Deal [für südkoreanische Unterstützung von US-Militärbasen] nicht bekommen. Wir verlieren 38 Milliarden Dollar an Handelseinnahmen in Korea. Lasst uns verschwinden.« Er fragte mehrmals, wann die laufenden Übungen zu Ende gingen, was am 20. August der Fall sein würde, und sagte dann: »Beenden Sie sie in zwei Tagen, verlängern Sie nicht einmal um einen Tag!«

Als hätte er bereits beschlossen, dem Pompeo-Khalilzad-Deal zuzustimmen, sagte Trump: »Machen wir eine große Sache daraus, als wäre es ein wunderbares Geschäft. Wenn sie etwas Schlimmes tun [was ich als möglichen Bruch des Abkommens durch die Taliban interpretierte], werden wir ihr verdammtes Land in eine Million Stücke sprengen. [Ich hielt das nicht für eine gut durchdachte Militärstrategie, sondern einfach für eine typische Trump-Analyse.] Und ich gebe nicht dem Militär die Schuld, weil man Ihnen nicht die nötigen Mittel gegeben hat.« Dieser letzte Punkt hätte Mattis überrascht, zu dem Trump immer wieder gesagt hatte, er habe genau das getan. Dann sprang er zum Thema Grönland, dann aber schnell wieder zu Afrika: »Ich will raus aus Afrika und so vielen anderen Orten wie möglich. Ich will unsere Soldaten auf unserem Boden haben. Holen Sie sie aus Deutschland aus. Ich werde Deutschland sagen: ›Ihr müsst sofort bezahlen.‹« Dann ging es wieder um Fort Trump, und Esper versuchte ein zweites Mal zu erklären, dass die US-Truppen dort abwechselnd ein- und ausrücken würden und nicht wirklich dort stationiert seien. »Ich wurde dafür gewählt, weil ich aus Afghanistan und diesen Kriegsspielen heraus will«, sagte Trump und fuhr fort: »Wir haben 52000 Soldaten in Europa ... Die Leute sind so sehr in die NATO verliebt.« Sodann ging er zu Kaschmir über: »Ich möchte Modi am Montag anrufen. Wir haben eine ungeheure Macht [...] wegen des Handels.«

Pence versuchte, das Gespräch wieder auf die Ankündigung des Afghanistan-Abkommens zu lenken, und fragte, ob sie in der kommenden Woche stattfinden sollte. Trump entgegnete: »Erwähnen Sie in der Erklärung nicht das Wort ›Rückzug‹, sondern sagen Sie, dass wir im Oktober [2020] kurz vor der Wahl auf Null gehen werden. Wir könnten es über die Wahl hinausschieben. Wie sieht es politisch aus?« Dunford antwortete, wir könnten auf die vorgeschlagenen Ressourcenmengen zurückgehen, über die Trump im Tank (siehe oben) informiert worden war, und dort einfach stehen bleiben. Pompeo drängte erneut auf eine Nullverpflichtung in der Vereinbarung, weil die Taliban darauf bestanden. Das war der Kern des Problems. Ich erklärte gegen Ende des Treffens, dass ich den Text des Abkommens nicht wirklich gesehen hätte, und Pompeo sagte: »Es stimmt, dass wir das sehr begrenzt gehalten haben, aber wir werden Informationslecks haben, sobald wir die Verteilung ausweiten.« Das war ein weiteres Problem. Pompeo versuchte, die ganze Sache zwischen sich, Khalilzad und Trump auszumachen (obwohl Trump zu Beginn des Treffens sagte, es sei lange her, dass er Khalilzad gesehen habe). Indem Pompeo den Kreis so eng hielt, garantierte er, dass die ganze Sache vollkommen unter seiner Kontrolle blieb. Das war für mich in Ordnung. Wenn es das war, was er und Trump wollten, dann konnten sie auch den politischen Rückstoß ganz allein haben. Das Treffen endete gegen 16.50 Uhr, ohne dass eine Entscheidung darüber gefällt worden wäre, ob es in der kommenden Woche eine Erklärung geben würde oder nicht. Zum Teil lag das daran, dass wichtige Fragen noch ungelöst waren, wenn sie überhaupt gelöst werden konnten.

Am Montag traf ich Khalilzad auf seine Bitte hin, um das Bedminster-Treffen auszuwerten. Er und Pompeo hatten das Ergebnis vom Freitag eindeutig so verstanden, dass sie einen Freibrief für die Fortsetzung der Verhandlungen hatten, was, wie ich Khalilzad sagte, meiner Meinung nach übertrieben war. Jedenfalls hatte ich kaum Zweifel daran, dass Trump sich das Recht vorbehielt, alles abzulehnen, was ihm nicht gefiel, bis zur letzten Minute und sogar noch darüber hinaus. Khalilzad wollte zuerst, dass ich die Dokumente las, über die man sich größtenteils geeinigt hatte, aber er durfte keine Kopien hinterlassen. Ich bedankte mich, gab ihm die Dokumente jedoch ungelesen zurück und sagte, ich ließe mich in diesen Dingen auf gar keinen Fall hetzen. Ich wollte Zeit haben, um die Dokumente zu studieren, und ich änderte meine Meinung auch dann nicht, als Khalilzad sagte, dass Esper, Dunford und Haspel dem von ihm vorgeschlagenen Vorgehen zugestimmt hätten. Er schien fassungslos zu sein, dass ich nicht mitmachen wollte, aber für mich stand fest, dass ich nicht in zehn Minuten etwas durchgehen würde, an dem er und Pompeo zehn Monate lang gearbeitet hatten. Ich sagte, ich könne beim besten Willen nicht verstehen, weshalb Pompeo all dies derart unter Verschluss halten wollte, wobei er die Verhinderung von Informationslecks vorschob, um es niemals irgendwem zu zeigen. Warum wollte Pompeo keine Verbündeten, fragte ich, wo wir doch alle wussten, dass die politischen Risiken dieses Abkommens von den meisten Republikanern ausgingen, von den Demokraten ganz zu schweigen? Wenn er den ganzen Ruhm dafür ernten wollte, könnte ich das verstehen, aber es würde herzlich wenig »Ruhm« geben, wenn das Abkommen in sich zusammenfiel, was sogar Pompeo für unvermeidlich hielt, wie er mir anvertraute. Wo war da die Logik? Khalilzad antwortete nicht, ich vermute, weil er auch nicht verstand, warum er unter so vielen von Pompeo auferlegten Zwängen arbeitete.

Als Nächstes erörterten wir, was während der Verhandlungen geschehen würde. Ich erklärte, warum es bei einem »bedingungsabhängigen«

Rückzug, bei dem die US-Streitkräfte auf Null reduziert wurden, von Natur aus unwahrscheinlich war, dass die Bedingungen tatsächlich erfüllt wurden. Wir könnten den Ausdruck »bedingungsbasiert« so oft wiederholen, wie wir wollten, aber in Wirklichkeit würde diese Vereinbarung so verstanden werden, als würden wir unsere Zelte abbrechen (was Trump wahrscheinlich vorgezogen hätte, auch wenn es keiner von uns anderen tat), mit all dem damit verbundenen Chaos, das wahrscheinlich folgen würde. Khalilzad verstand das, sagte aber, dies sei das Beste, was wir zu bieten hatten. Für mich persönlich stand zweifelsfrei fest, dass ich nach wie vor bereit war, die Streitkräfte ohne jegliches Abkommen bis zu einem gewissen Grad zu reduzieren (auch wenn ich darüber unglücklich gewesen wäre, denn obwohl die Zahlen, die Trump schon vorgelegt worden waren, das Beste waren, was wir von ihm erwarten konnten, hielt ich sie nach wie vor für zu niedrig). Dennoch sagte Khalilzad, er glaube immer noch, dass Trump und sicherlich auch Pompeo ein unterzeichnetes Dokument wollten, Punkt. Optimistisch wie eh und je bat ich Khalilzad, mit mir in Kontakt zu bleiben, sobald er zu den Verhandlungen zurückkehrte.

Später am selben Tag sagte Pompeo beim Mittagessen mit Esper und mir, er habe Trump als »angespannt« empfunden, was sich auch mit meinem Eindruck deckte. Trump wollte die Verhandlungen nicht abbrechen, war aber eindeutig besorgt, dass er sich mehr politischen Risiken aussetzte, als er erwartet hatte, und das vielleicht ohne jeglichen Grund. Wenige Tage später, am 27. August, erreichte mich Pompeo in Kiew, um mir mitzuteilen, dass Khalilzad alles zum Abschluss gebracht habe und die finalen Dokumente mitbringen würde. Interessanterweise war er der Meinung, dass Trump meiner Option zuneigte, die Streitkräfte auf das Niveau einer Antiterror-Mission zu reduzieren (auf 8600, eine Zahl, die selbst Trump jetzt in der Öffentlichkeit benutzte)[6], ohne das Abkommen zu unterzeichnen. Pompeo meinte, Trump sehe ein, wie verheerend es wäre, das »Null«-Niveau schriftlich zu fixieren, vor allem bei all dem undeutlichen Gerede von Bedingungen. Dies entsprach voll und ganz meiner Analyse, und dies hatte ich in Bedminster in aller Entschiedenheit versucht darzulegen. Auf die Frage, ob das Militär ohne den »Schutz« eines Abkommens leben könne, antwortete Pompeo, er glaube, der US-Kommandeur würde ein Abkommen vorziehen, könne aber so oder so damit leben. Damit war für mich die Sache klar. Auch Trump sagte in einem Radiointerview mit Brian Kilmeade von Fox: »Wir werden dort weiterhin präsent sein. Wir werden diese Präsenz sehr stark reduzieren, und wir werden immer präsent sein. Der Geheimdienst wird sehr aktiv sein ... Aber wir werden die Zahlen reduzieren – falls der Deal zustande kommt. Ich weiß nicht, ob es passieren wird ... Sie kennen meine Einstellung zu solchen Dingen, Brian.«[7] Am 29. August rief ich Pompeo von meinem Flugzeug aus auf dem Weg nach Warschau an, und er sagte, seine Telefonleitung habe vor Anrufen von NATO-Außenministern und von Stoltenberg geglüht, als Trump diese Bemerkungen machte.

Am Nachmittag des selben Tages sagte Trump wegen Hurrikan Dorian seinen Besuch in Polen ab und bestimmte, dass Pence stattdessen unsere Delegation führen würde. Daher fand am Freitag, dem 30. August, ein Treffen statt, das für die Afghanistan-Verhandlungen entscheidend sein sollte, und bei dem Pence von außen zugeschaltet war. Khalilzad war, glaube ich, von Doha aus zugeschaltet, ich selbst nahm per Videokonferenz von Warschau aus teil. Alle anderen Teilnehmer saßen im Sit Room, einschließlich Kupperman, der mir später die Stimmung im Raum beschrieb. Es war vorgesehen, dass wir nicht nur über Afghanistan, sondern auch über die Ukraine sprechen sollten, so dass viel von dieser Telefonkonferenz abhing, die erst um 20.45 Uhr Warschauer Zeit begann. Das war eine schöne Ironie, denn die stets fleißige *Washington Post* war im Begriff, einen Bericht zu veröffentlichen (und tat es dann auch), in dem es hieß, ich sei bei wichtigen Afghanistan-Treffen nicht dabei. (Diese Leute waren vielleicht anstrengend.) Die anfängliche Diskussion klang ähnlich wie die in Bedminster, da Trump meinte: »Die Taliban wollen nur ihr Land zurück« und wiederum Präsident Ghani und den ehemaligen Präsidenten Karzai sowie ihr jeweiliges Vermögen miteinander verwechselte.

»Würden Sie es unterschreiben, John?«, fragte mich Trump, und ich erwiderte: »Das würde ich nicht, Mr. President.« Ich erklärte noch einmal meine Gründe, warum Trump meiner Meinung nach einfach auf 8600 Militärangehörige plus assoziierte und Koalitionskräfte reduzieren sollte, wenn das sein Wunsch war, um dann die weiteren Entwicklungen wie etwa die Wahlen in Afghanistan abzuwarten. Es gab weder die Option, den Taliban zu vertrauen, noch einen Durchsetzungsmechanismus. Das war kein New Yorker Immobiliengeschäft. Khalilzad erklärte dann, dies sei der Deal, den Trump nach eigener Aussage gewollt habe. Esper sagte, er finde, ich hätte viele gute Argumente vorgebracht, aber das Verteidigungsministerium wolle den Deal, weil er schließlich »auf Bedingungen basierte«. Trump stellte die Frage, die immer seine Schlüsselfrage war: »Wie schlecht wird mich dieses Abkommen aussehen lassen? Die Demokraten würden ein großartiges Abkommen durch den Dreck ziehen.« Esper schlug vor, führende Parlamentarier zu Konsultationen hinzuzuziehen. Trump fragte: »Ist dieses Abkommen verkaufsfähig?«, und ich sagte, ich sei nicht der Meinung, vor allem, weil sich die Taliban meines Erachtens nicht daran halten würden und jeder es wusste.

Dann haute Trump alle Teilnehmer um, indem er sagte: »Ich möchte mit den Taliban sprechen. Sie sollen nach Washington kommen.« Als ich das hörte, hätte ich nicht glücklicher sein können, mich in einem sicheren Raum tief in Osteuropa zu befinden und nicht im Sit Room. Trump fragte Pence, was er davon hielt, und Pence antwortete vorsichtig: »Wir sollten nachdenken, bevor wir diese Entscheidung treffen. Sie [die Taliban] haben ihr Volk missbraucht und unterdrückt. Haben sie sich tatsächlich verändert?« Trump nahm dann Bezug auf Billy Grahams Enkel, einen Major, der in Afghanistan gedient und gesagt hatte: »Wir haben ihr Land genommen.« – »Warum ist er nur ein Major?«, fragte Trump Dunford. »Er sieht gut aus, er könnte im Fernsehen arbeiten.« Wir erörterten dann, wie der Kongress auf eine Zusage der USA reagieren würde, die Truppen vollständig abzuziehen, und was wir mit der rechtmäßig gewählten afghanischen Regierung tun würden, ganz egal, wie Trump zu Ghani stand.

Trump sagte: »Ich will auch Ghani hier haben, ebenso wie die Taliban. Lasst es uns tun, bevor unterzeichnet wird. Ich möchte mich mit ihnen treffen, bevor unterzeichnet wird. Kein Telefonanruf.«

»Sie würden sehr gerne kommen«, meinte Khalilzad.

»Hey, John«, wandte sich Trump an den Bildschirm im Sit Room, »was denken Sie darüber?«

Mein Instinkt sagte mir, dass dieses Treffen den anstehenden Deal stoppen könnte, während die Taliban und die afghanische Regierung noch mit seinen Auswirkungen rangen, oder ihn zumindest für einen bestimmten Zeitraum hinauszögern könnte, weil die afghanischen Parteien Zeit bräuchten, um sich über ihre Positionen klar zu werden. Das würde uns Zeit geben, einen anderen Weg zu finden, um das Abkommen zu vereiteln. Also sagte ich: »Meinetwegen, solange sie das stärkste Magnetometer der Welt durchlaufen, bevor sie sich mit Ihnen treffen.«

»Und chemische Messgeräte«, stellte Trump ganz richtig fest.

Nur Trump konnte sich ein Treffen zwischen dem Präsidenten der Vereinigten Staaten und diesen Verbrechern ausdenken, aber damit bedrohte er genau das Abkommen, auf das Pompeo drängte. »Entweder kommen sie oder sie kommen nicht«, sagte Trump.

»Wir müssen es gut durchdenken«, meinte Pompeo.

Pence fragte: »Würden Sie sich zuerst mit Ghani treffen?«

»Nur wenn Ghani Bescheid weiß, dass ich mich danach auch mit den Taliban zusammensetze«, erwiderte Trump.

Trumps nächster Gedanke war, sofort mit der Reduzierung der Truppenstärke zu beginnen. Niemand unterstützte diese Idee, obwohl sich nur Khalilzad dagegen aussprach. Trump sagte: »Unsere Haltung ist: Ich muss nicht unbedingt raus. Ich werde mich zuerst mit Ghani treffen. Das könnte ein Home Run werden. Die Taliban würden gerne mit Donald Trump über Frieden sprechen. Wir sollten der Presse sagen, dass der Präsident einem Treffen zugestimmt hat und sich auf das Treffen freut.« Selbst über meine Fernschaltung konnte ich spüren (und Kupperman stimmte später zu), dass Pompeo und andere im Sit Room kurz davor waren, zusammenzubrechen. Pence fügte hinzu: »Um sich mit Ghani und anderen in der afghanischen Regierung zu treffen«, und Trump stimmte zu: »Ja, und noch vor dem Treffen mit den Taliban.«

Damit stand Trump auf und war im Begriff zu gehen. Ich schrie praktisch aus Warschau: »Was ist mit der Ukraine?«, und man ging zu diesem Thema über, was ich im nächsten Kapitel ausführlich beschreiben werde.

Nach der Sitzung kam ich zu dem Schluss, dass Trump ein Treffen mit den Taliban vorgeschlagen hatte, weil er nach Alternativen zur Unterzeichnung des Pompeo-Khalilzad-Deals suchte. Offensichtlich stimmte er nicht ganz mit mir darin überein, dass er es nicht unterschreiben sollte, aber er sah zumindest die klaren politischen Risiken, die eine Unterzeichnung mit sich bringen würde. Angesichts dieser unglücklichen Entscheidung griff er nach etwas, um dem Dilemma zu entgehen und eine Option zu finden, die ihn in die Hauptrolle versetzte. Was konnte schon schiefgehen? Der Kampf tobte weiter.

Zurück in Washington hörte Kupperman von Dan Walsh, einem der Stellvertreter von Mulvaney, am Mittwoch nach dem Labor Day, dass Trump die Treffen mit den Taliban und Ghani in Camp David wünschte. Ich hatte irrtümlicherweise die Vorbereitungen für dieses Treffen außer Acht gelassen, in der Annahme, dass die Logistik so kompliziert sein würde, dass eine Verzögerung unvermeidlich sei, ganz zu schweigen von der Möglichkeit, dass die Taliban-Führer eine Falle wittern und die Einladung völlig ablehnen würden. Der Gedanke, dass die Dinge schon so weit fortgeschritten waren, dass Trump Camp David ins Spiel brachte, war wirklich entmutigend. Ich wollte weder diese Treffen noch wollte ich das Abkommen, aber jetzt schien es so, als könnten wir beides bekommen. Am nächsten Tag, dem 5. September, kam Mulvaney kurz vor acht Uhr morgens in mein Büro, um mir persönlich zu sagen, dass die Dinge tatsächlich in diese Richtung gingen. Er plante, mit Trump am Samstag nach Camp David zu fahren, und schlug vor, dass ich am Sonntag mit dem Rest der Bande (Pompeo, Esper, Dunford und Khalilzad) nachkommen sollte. Pompeo kümmerte sich um die Reisevorbereitungen für die Taliban, und die Katarer flogen die Taliban-Schurken ein. Interessant war auch, dass Pompeo sich scheinbar von dem Abkommen zurückzog und vielleicht endlich erkannte, dass es für ihn politisch gefährlich war, weiterhin der stärkste Unterstützer des Abkommens zu sein.[8]

Walsh war rasend angesichts der physischen Gefahren dieser Übung und des Zeitmangels, der eine angemessene Planung unmöglich machte, aber Trump war entschlossen, weiterzumachen. Er befürchtete, dass zu aufdringliche Sicherheitsmaßnahmen die Würde der Taliban verletzen könnten. Überstürzt beriefen wir anderen chaotische Treffen am frühen Morgen ein, um zu erörtern, wie man Trump vor seinen »würdigen«

Gästen schützen konnte. In einer Sache waren Mulvaney, Kupperman, Walsh und ich uns einig: Pence sollte auf keinen Fall nach Camp David kommen, egal was passierte. Es gibt vieles, was ich hier nicht beschreiben kann, es genügt die Feststellung, dass mit einer Ausnahme niemand im West Wing von diesem Spaß begeistert war.

Inmitten dieser Gespräche hörten wir Berichte aus Afghanistan über ein Selbstmordattentat in Kabul, bei dem zehn Menschen, darunter ein amerikanischer und ein rumänischer Soldat, getötet und mehrere verwundet worden waren.[9] Es handelte sich mit ziemlicher Sicherheit um einen Angriff der Taliban, auch wenn es sich angesichts der jüngsten Aktivitäten des Iran in Afghanistan um eine gemeinsame Aktion gehandelt haben könnte. Mulvaney kam kurz vor neun Uhr morgens in mein Büro und sagte: »Wenn meine Trump-o-Meter-Anzeige korrekt ist, besteht meiner Meinung nach eine mindestens zwanzigprozentige Chance, dass er [das Treffen am Sonntag] absagt. Er [Trump] sagte sofort: ›Wir können das Treffen nicht machen‹« – das klang für mich nach mehr als 20 Prozent. Ich wies darauf hin – obwohl es wahrscheinlich schon zu spät war –, dass Trump, sobald er sich mit Ghani und den Taliban getroffen hatte, keine Chance mehr hätte, sich von dem Deal zu distanzieren, wenn etwas schiefging. Tatsächlich häuften sich bereits die Kommentare darüber, wie schlecht das zugrunde liegende Abkommen sei, obwohl niemand außerhalb der Regierung etwas über ein Treffen mit den Taliban wusste, geschweige denn über eines in Camp David. So gab es zumindest eine Chance, die Dinge weiter hinauszuschieben, inklusive der damit einhergehenden, zunehmenden Möglichkeit, das Abkommen vollständig zunichtezumachen. Darüber hinaus sollte das Treffen, wenn überhaupt, am 8. September stattfinden, drei Tage vor dem Jahrestag der Anschläge von al-Qaida am 11. September, denen die Taliban Hilfe und Trost gespendet hatten. Wie hatte das nur irgendjemand übersehen können?

Mulvaney und ich einigten uns darauf, Trump so früh wie möglich zu treffen, was dann auch um 11.45 Uhr geschah, zusammen mit Pompeo und anderen, darunter auch, aus irgendeinem unbekannten Grund, Mnuchin. Kurz bevor wir im Oval Platz nahmen, sagte Trump: »Sagen

Sie das Treffen ab. Geben Sie eine Erklärung ab, die besagt: ›Wir hatten ein Treffen geplant, aber sie haben einen unserer Soldaten und neun andere getötet, also haben wir es abgesagt.‹ Es soll einen Waffenstillstand geben, oder ich will nicht verhandeln. Wir sollten eine Bombe abwerfen und sie hart treffen. Wenn sie sich nicht an einen Waffenstillstand halten können, will ich kein Abkommen.« Damit war das so ziemlich geregelt. Pompeo und ich sprachen miteinander, nachdem er wieder im Außenministerium war, um zu klären, ob sein Verständnis mit meinem übereinstimmte, dass nicht nur das Treffen mit den Taliban, sondern auch das mit Ghani abgesagt war. Er stimmte mir zu, Trump habe das seiner Meinung nach gesagt. Wir kamen auch zu dem Schluss, ebenso wie Mulvaney und ich, dass wir keine Erklärung darüber abgeben sollten, dass wir uns nicht mit den Taliban treffen würden. Es war viel besser, nichts zu sagen und zu hoffen, dass diese Möglichkeit nie öffentlich bekannt wurde. Es gab bereits Medienberichte in Afghanistan über eine Reise Ghanis nach Washington, aber US-Presseberichte hatten den wahren Grund nicht aufgegriffen; vielleicht würde es so bleiben.[10]

Natürlich blieb es nicht dabei. Am Samstagabend, den 7. September, twitterte Trump ohne jegliche Vorwarnung:

> Fast niemand wusste davon, aber die wichtigsten Taliban-Führer und, getrennt davon, der Präsident Afghanistans wollten sich am Sonntag in Camp David heimlich mit mir treffen. Sie sollten heute Abend in die Vereinigten Staaten kommen. Leider haben sie sich, um ein falsches Druckmittel aufzubauen, ...
>
> ... zu einem Angriff in Kabul bekannt, bei dem einer unserer tollen, tollen Soldaten und 11 weitere Menschen getötet wurden. Ich habe das Treffen sofort abgesagt und die Friedensverhandlungen abgebrochen. Was für Menschen würden so viele töten, um ihre Verhandlungsposition scheinbar zu stärken? Das haben sie nicht geschafft, sie ...
>
> ... haben sie nur verschlimmert! Wenn sie während dieser sehr wichtigen Friedensgespräche einem Waffenstillstand nicht zustimmen können und

> sogar 12 unschuldige Menschen töten würden, dann haben sie wahrscheinlich ohnehin nicht die Macht, ein bedeutsames Abkommen auszuhandeln. Wie viele Jahrzehnte sind sie noch bereit zu kämpfen?

Er konnte sich nicht zurückhalten. Die Medien wurden am Sonntag mit Berichten über das Beinahe-Desaster von Camp David überflutet. Die Taliban behaupteten dreist, den USA würde »mehr als allen anderen geschadet«, wenn sie das Treffen absagten, was völlig falsch war, aber es bedeutete auch, dass die Präsidentschaftswahlen in Afghanistan am 28. September nun stattfinden würden, was auch geschah. Weder der Amtsinhaber, Präsident Ghani, noch der Chef der afghanischen Exekutive, Abdullah Abdullah, erhielten eine absolute Mehrheit, so dass eine Stichwahl erforderlich wurde. Dies führte demnach leider nicht zu einer Stärkung der Regierung, sondern zu neuer politischer Unsicherheit. Dennoch blieb die Entschlossenheit der Afghanen, die eine gewählte Regierung und keine theokratische Herrschaft wollten, stark, was denjenigen, die einen Ausverkauf an die Taliban entschieden verhindern wollten, zumindest etwas mehr Kraft verlieh.

***

Dies war faktisch das letzte Mal, dass ich in Afghanistan involviert war. Seit ich zurückgetreten bin, hat Trump die Gespräche mit den Taliban wieder aufgenommen, was für die Vereinigten Staaten genauso nachteilig war wie zuvor. In Verbindung jedoch mit dem Rückzugsdebakel in Syrien vom Oktober, einem eindeutigen, nicht erzwungenen Fehler von Trump persönlich, verstärkte sich die politische Opposition gegen eine Kapitulation in Afghanistan. Trotzdem unterzeichneten die Vereinigten Staaten und die Taliban am Samstag, dem 29. Februar 2020, ein Abkommen, das meiner Ansicht nach dem im September nicht zustande gekommenen Abkommen sehr ähnelte. Da dies immer noch die Twitter-Präsidentschaft war, twitterte ich an jenem Morgen meinen Widerspruch: »Die Unterzeichnung dieses Abkommens mit den Taliban ist ein inakzeptables Risiko für die amerikanische Zivilbevölkerung. Dies ist ein Abkommen im Stile

Obamas. Die Legitimierung der Taliban sendet ein falsches Signal an die Terroristen vom IS und von al-Qaida und an die Feinde Amerikas im Allgemeinen.« Trump antwortete in typischer Weise auf einer Pressekonferenz einige Stunden später, indem er über mich sagte: »Er hatte seine Chance; er hat sie nicht genutzt.«[11] Das vorangegangene Kapitel zeigt im Gegenteil, dass dieser Afghanistan-Deal ausschließlich Trumps Sache ist. Es wird sich zeigen, wer recht hat, und die vollen Auswirkungen des Abkommens werden möglicherweise erst nach Trumps Ausscheiden aus dem Amt deutlich. Aber man sollte diese Realität nicht verkennen: Trump wird für die Konsequenzen verantwortlich sein, politisch und militärisch.

KAPITEL 14

DAS ENDE DER IDYLLE

Die Ukraine scheint ein merkwürdiger Ort zu sein für ein Schlachtfeld, das eine amerikanische Präsidentschaft gefährden kann, aber genau das passierte 2019, und es explodierte buchstäblich nur wenige Tage nach meinem Rücktritt. Mein Timing hätte nicht besser sein können. Ich war nicht nur an einem Großteil des Debakels beteiligt und Zeuge davon, sondern war auch bereit, im Guten wie im Schlechten, an dem erst vierten ernsthaften Versuch in der amerikanischen Geschichte teilzunehmen, einen Präsidenten anzuklagen. Während meiner gesamten Amtszeit im West Wing wollte Trump tun, was er wollte, auf der Grundlage dessen, was er wusste und was er für seinen persönlichen Interessen zuträglich hielt. Und in der Ukraine schien es für ihn endlich möglich, alles auf einmal zu haben.

Die Ukraine steht unter starkem politischen und wirtschaftlichen Druck seitens Russlands. Im Jahr 2014 arrangierte Moskau die unrechtmäßige Annexion der Krim, nachdem es militärisch interveniert hatte – die erste Veränderung der europäischen Grenzen durch militärische Gewalt seit 1945. Russische Truppen blieben in der gesamten Donbas-Region im Osten der Ukraine stationiert und unterstützten und lenkten dort die separatistischen Kräfte. Dieser erhebliche russisch-amerikanische Streit beweist, dass das Versäumnis, die Ukraine in die NATO zu bringen, dieses große, äußerst wichtige Land anfällig für Putins Bemühungen um die Wiederherstellung der russischen Hegemonie im Raum der ehemaligen Sowjetunion machte. Auf dem NATO-Gipfel in Bukarest im April 2008 versuchte die Regierung von George W. Bush, Georgien und die Ukraine auf den Weg zur NATO-Mitgliedschaft zu bringen, was die Europäer, insbesondere Deutschland und Frankreich, ablehnten. Die tragischen Folgen wurden im August deutlich, als russische Truppen in Georgien einmarschierten und damit faktisch zwei Provinzen unter die Kontrolle Moskaus stellten, was bis heute so geblieben ist. Das Leiden der Ukraine begann später, aber das Muster war dasselbe. Es folgten westliche Sanktionen, aber Russland zog sich während der Obama-Regierung weder zurück noch änderte es sein kriegerisches Verhalten wesentlich, da es die spürbare Schwäche wahrnahm, die weltweit von Obama ausging.

An Trump wurde dieses Debakel weitergegeben, aber er schenkte ihm in den ersten beiden Jahren seiner Amtszeit, zumindest offiziell, sehr wenig Beachtung. Im Jahr 2017 ernannte Tillerson Kurt Volker, einen mir bekannten ehemaligen Beamten des Auswärtigen Dienstes, zum Sonderbeauftragten für die Verhandlungen mit der Ukraine. Mein erstes Treffen mit Volker in dieser Funktion fand am 10. Mai 2018 statt, als er seine Rolle und seine Prioritäten beschrieb. Damals plädierte er für eine »Nichtanerkennungspolitik« in Bezug auf die Annexion der Krim durch Russland und seine militärische Präsenz im Donbas, entlang der Grenze. Während meiner restlichen Amtszeit im Weißen Haus war Volker ein regelmäßiger Besucher, der mich über seine Bemühungen auf dem Laufenden hielt. Ich empfand ihn als professionell und hilfsbereit, während ich mich mit meinen europäischen Amtskollegen über die Ukraine und verwandte Themen austauschte.

Meine erste größere Begegnung in der Trump-Regierung mit der Ukraine selbst fand 2018 statt, als ich nach Kiew flog, um den 24. August, den Jahrestag der Unabhängigkeitserklärung der Ukraine 1991 von der Sowjetunion, zu feiern. Jim Mattis hatte an dieser Zeremonie im Jahr 2017 teilgenommen, weil er wie ich der Meinung war, dass es wichtig sei, die Entschlossenheit der USA zur Unterstützung der weiteren Unabhängigkeit und Lebensfähigkeit der Ukraine zu demonstrieren. Angesichts der einseitigen Annexion der Krim durch Russland und der offensichtlichen russischen Unterstützung für und Kontrolle über die »oppositionellen« Kräfte im Osten der Ukraine war diese Besorgnis alles andere als hypothetisch.

Ich kam in der Nacht zuvor aus Genf, nachdem ich mich mit Nikolai Patruschew, meinem russischen Amtskollegen, zur Beratung über US-Russland-Fragen getroffen hatte, wo ich ihm freudig erzählte, dass ich zu den Feierlichkeiten von der Schweiz in die Ukraine fliegen würde. Lächeln von allen Seiten. Ob von russischer Seite beabsichtigt oder nicht, die Ukraine war eines der letzten Themen auf der Tagesordnung mit Patruschew und wir hatten kaum Zeit dafür, bevor wir beide die US-Mission in Richtung des Genfer Flughafens verließen. Anstelle einer wirklichen Diskussion, aber um dennoch zu unterstreichen, dass uns die Ukraine wichtig ist, sagte ich: »Ich beziehe hiermit alles ein, was wir bereits gesagt haben, und wir meinen es immer noch so!« Patruschew sagte zu allem nicht viel.

Am 24. August hatte ich ein Arbeitsfrühstück mit Premierminister Wolodymyr Hrojsman über die Wirtschaft der Ukraine und die zunehmenden Bemühungen Russlands, sich in die bevorstehenden Wahlen 2019 einzumischen. Hrojsman argumentierte, die Ukraine sei eine Grenze für Putin, und wenn er sie erfolgreich überschreiten könne, würde er in ganz Europa und weltweit Straffreiheit für seine Handlungen herstellen, die für die Vereinigten Staaten völlig legitime Bedenken aufwarfen.[1] Marie Yovanovitch, unsere Botschafterin in der Ukraine, und mehrere Botschaftsmitarbeiter nahmen ebenfalls an dem Frühstück teil und waren so ziemlich den ganzen Tag über bei mir. Nach dem Frühstück gingen wir zur Tribüne für die Parade auf dem Chreschtschatyk-Boulevard, wo 2013/14 die Euromaidan-Demonstrationen stattgefunden hatten, die das pro-russische Janukowytsch-Regime verdrängt hatten. Ich stand auf dem Podium mit Präsident Petro Poroschenko und acht oder zehn Mitgliedern seiner Regierung neben Generalstaatsanwalt Jurij Luzenko, was angesichts der künftigen Entwicklungen ironisch war. Die Parade erinnerte zwar an den Maifeiertagsumzug auf dem Roten Platz in Moskau während des Kalten Krieges, war aber politisch gesehen das Gegenteil. Poroschenkos Rede war zutiefst antirussisch und der lauteste Beifall kam, als er schwor, ein autokephales (von Moskau unabhängiges) ukrainisch-orthodoxes Kirchenpatriarchat zu errichten.

Während der Parade dankte Poroschenko mir mehrmals für die von den USA gelieferten Waffensysteme und Ausrüstungen, wenn sie vorbeizogen, sowie für die Einheit der Nationalgarde von Tennessee, die mit anderen NATO-Truppen marschierte, die in der Ukraine für die Ausbildung des Militärs stationiert waren. Danach fuhren wir zum Mariinski-Palast, der ursprünglich für Katharina die Große erbaut und vor kurzem von Poroschenkos Frau restauriert worden war und in Kürze Schauplatz eines großen Empfangs sein sollte, den Poroschenko veranstaltete. Dort traf ich um die Mittagszeit mit Poroschenko, Außenminister Pawlo Klimkin, dem nationalen Sicherheitsberater Kostja Jelisejew und anderen zusammen. Wir erörterten die Sicherheitslage der Ukraine, insbesondere gegenüber Russland, und die verschiedenen Bedrohungen, denen sie nicht nur militärisch, sondern auch durch die Bemühungen Moskaus, die Wahlen in der Ukraine 2019 zu untergraben, gegenüberstand. Poroschenko wollte mehr US-Waffen kaufen, und wir erörterten unsere Besorgnis darüber, dass ukrainische Unternehmen fortschrittliche Flugzeugtriebwerkskonstruktionen nach China verkauften – eine Besorgnis, die sich im Laufe des Jahres vor meinem nächsten Besuch in Kiew zuspitzte.

Nach dem Treffen brachte mich Poroschenko zu einem persönlichen Gespräch in einen anderen Raum, wo er die USA bat, seine Wiederwahlkampagne zu unterstützen. Er bat mich auch um eine Reihe von Dingen, die ich angesprochen hatte, so dass ich die Bitte um Unterstützung umgehen konnte, ohne zu unhöflich zu sein, wenn ich ablehnte. Was Poroschenko wirklich wollte, war, dass Amerika Ihor Kolomojskyj sanktionierte, einen ukrainischen Oligarchen, der Julija Timoschenko unterstützte, die, zumindest zu diesem Zeitpunkt, Poroschenkos wichtigste Konkurrentin bei den Wahlen 2019 war. Obwohl es in diesem Gespräch nicht zur Sprache kam, unterstützte Kolomojskyj auch Wolodymyr Selenskyj, der damals in den Meinungsumfragen führte, aber nicht als seriös angesehen wurde, denn schließlich war er nur ein Schauspieler ... (Für liberale Leser ist das ein Witz. Ronald Reagan, einer der größten Präsidenten Amerikas, war ebenfalls Schauspieler.) Ich sagte Poroschenko, wenn er Beweise über Kolomojskyj habe, solle er sie an das Justizministerium senden. Ich informierte Yovanovitch über dieses Gespräch, als wir zur nächsten Veranstaltung fuhren, einer Pressekonferenz mit ukrainischen Medien.

Das letzte Treffen war ein Kaffee um 14.45 Uhr in der offiziellen Residenz von Yovanovitch mit verschiedenen Führungspersonen im Parlament, darunter Timoschenko, auf die ich in der Regierung von George W. Bush und danach getroffen war. Das Außenministerium wollte nicht, dass ich mich separat mit Timoschenko traf, weil sie der Meinung waren, sie stünde Russland zu nahe – obwohl das typisch für die Methoden des Ministeriums war, drückten sie es nicht so aus. Näher als in diesem Gespräch kam ich nicht an ein gesondertes Treffen heran. Nicht, dass es darauf angekommen wäre, denn Timoschenko, als einzige Präsidentschaftskandidatin unter den Parlamentsführern, dominierte das Gespräch, was nicht überraschte. Sie erinnerte mich daran, dass sie mein Buch »Surrender Is Not an Option« gelesen hatte – immer ein guter Weg, die Aufmerksamkeit eines Autors zu erregen – und erwähnte Senator Kyls Rat, in Bewegung zu bleiben und weiter zu feuern, wie ein großes, graues Schlachtschiff. Gut vorbereitet. Zu diesem Zeitpunkt schnitt nur Selenskyj in den Umfragen gut ab, während alle anderen Kandidaten danach strebten, in der ersten Runde unter die ersten beiden zu kommen und so in die erwartete Stichwahl zu gelangen. Nach diesem Treffen machten wir uns auf den Weg zum Flughafen und dann zurück nach Andrews.

Fast drei Monate lang hatte ich kaum mit ukrainischen Angelegenheiten zu tun, bis zum frühen Nachmittag des Sonntags, 25. November, als ich die Nachricht von einem Zwischenfall auf See zwischen Russland und der Ukraine erhielt. Ukrainische Kriegsschiffe und ein begleitender Schlepper hatten versucht, durch die Straße von Kertsch – das schmale Gewässer, das die Halbinsel Krim von Russland trennt und über das Russland vor kurzem eine Brücke gebaut hatte – ins Asowsche Meer zu gelangen. Unseren ersten Informationen zufolge hatte ein russisches Marineschiff ein ukrainisches Schiff gerammt, aber spätere Informationen deuteten darauf hin, dass Russen vielleicht als Warnschüsse gedachte Schüsse abgegeben hatten, von denen einer oder mehrere die ukrainischen Schiffe trafen. All dies konnte kein Zufall sein. Die Russen beschlagnahmten alle drei ukrainischen Schiffe und ihre Besatzungen (wobei einige von ihnen angeblich verletzt wurden), obwohl nicht klar war, in wessen Gewässern sich die Schiffe befanden, als sie besetzt wurden. Die meisten dieser Informationen kamen über unsere Botschaft in Kiew, so dass wir die Geschichte, zumindest anfangs, aus ukrainischer Sicht hörten.

Da eine Eskalation denkbar war, beschloss ich, Trump anzurufen. Ich wollte sicher sein, dass er wusste, dass wir die Situation beobachteten, für den Fall, dass Journalisten anfingen, Fragen zu stellen. Seine erste Antwort lautete: »Was unternehmen die Europäer in dieser Sache?« Die Antwort darauf war natürlich »Nichts«, genau wie wir. (Die Europäische Union gab später eine Erklärung ab, aber es war der übliche Brei.) Trumps erster Gedanke war, dass die Ukraine provokativ gewesen sei, was angesichts der bevorstehenden Präsidentschaftswahlen zumindest möglich war. Aber es war auch möglich, dass die Russen eine Konfrontation suchten, vielleicht versuchten sie auf irgendeine Weise ihre »Annexion« der Krim zu legitimieren, welche nur sehr wenige andere Länder anerkannten. Trump war nicht daran interessiert, schnell zu handeln, auch wenn Russland völlig im Unrecht war. Am Abend schien Poroschenko bereit, das Kriegsrecht zu verhängen, was eine überraschende Reaktion auf einen Zwischenfall auf See zu sein schien. Das Außenministerium wollte eine starke antirussische Erklärung abgeben, die ich aufgrund dessen, was Trump einige Stunden zuvor gesagt hatte, blockierte. Darüber hinaus gab es die Aussicht auf eine Sitzung des UN-Sicherheitsrates am Montag, die ironischerweise von Russland einberufen wurde und auf der es natürlich eine Erklärung der USA geben würde, die uns mehr Zeit verschaffen würde, um die Fakten zu erfahren.

Der Deutsche Jan Hecker rief mich am Montagmorgen um 7.30 Uhr an, und das erste Thema, das er zur Sprache brachte, war der Vorfall in der Straße von Kertsch. Die Deutschen waren vorsichtig, und mein Eindruck war, dass Hecker glaubte, Poroschenko sei wegen der möglichen politischen Vorteile, die er voraussah, keineswegs unglücklich über das Geschehene; er würde als der starke antirussische Kandidat Wahlkampf betreiben, spekulierte Hecker und bemerkte, dass die Werchowna Rada in etwa zweieinhalb Stunden über einen von Poroschenko vorgeschlagenen Gesetzentwurf abstimmen sollte, der für sechzig Tage das Kriegsrecht ausrief. Der Gesetzentwurf würde einhunderttausend Reservisten für die Ausbildung aktivieren und jegliche politische Aktivität während der Geltungsdauer des Kriegsrechts ausschließen. Da ein anderes ukrainisches Gesetz vorschreibt, dass unmittelbar vor einer nationalen Wahl mindestens neunzig Tage lang Wahlkampf geführt werden muss, würde Poroschenkos Gesetzentwurf garantieren, dass die Wahlen am 31. März verschoben würden, was ihm angesichts seiner niedrigen Meinungsumfragezahlen sicherlich zugutekäme.[2] Deutschland spreche sich gegen eine Verschiebung der Wahlen aus, sagte Hecker; bisher hätten die Ukraine und Russland unterschiedliche Berichte über den Vorfall abgegeben, aber die Fakten blieben unklar. Merkel sollte in Kürze mit Poroschenko sprechen und tatsächlich wurde Hecker, während wir sprachen, in Merkels Büro gerufen, um zuzuhören, und sagte, er werde danach wieder anrufen.[3]

In der Zwischenzeit erzählte mir Pompeo, dass er gerade mit Trump über das Briefing gesprochen habe, das er und Mattis dem Kongress in einigen Tagen über die Gesetzgebung zum Verbot der Hilfe für Saudi-Arabien im Zusammenhang mit dem Jemenkrieg geben würden. Während dieses Gesprächs sprach Trump die Straße von Kertsch an und sagte, dass Poroschenko aus politischen Gründen etwas provoziert haben könnte. »Lasst das Sache der Europäer sein«, sagte Trump, »ich will nicht, dass es meine Sache ist.« Pompeo ging nicht auf die sonntägliche Bitte des Außenministeriums um eine Erklärung des Weißen Hauses ein, aber er sagte ihm, dass seine Mitarbeiter versuchten, Nikki Haleys Bemerkungen zum Nationalen Sicherheitsrat zu verwässern, da sie wegen des Vorfalls entschieden gegen Moskau vorgegangen sei. (Sie nutzte die sehr wenigen Kameraauftritte, die ihr noch blieben, da ihre Zeit in New York dahinschwand.) Pompeo sagte Trump, er und ich würden dafür sorgen, dass Haley seinen Anweisungen folgte. Ich schlug vor, Haleys Erklärung zu nutzen, um die endgültige Sicht der USA zu vermitteln, statt unterschiedliche zu haben, und er stimmte zu. Pompeo sagte, er würde Haley anrufen und ihr sagen, sie solle »die Grenzen nicht überschreiten«, was sich richtig anhörte. Ich rief dann Trump an und sagte ihm, was Pompeo und ich bezüglich Haleys Erklärung beschlossen hatten. Das gefiel ihm, und ich informierte ihn auch über die Reaktion Deutschlands und die ukrainische Kriegsrechtsgesetzgebung.

Während ich auf den Rückruf von Hecker wartete, versuchte ich, Sedwill in London und Étienne in Paris zu erreichen, um zu erfahren, wie sie die Situation einschätzten. Étienne war nicht in Paris, aber Sedwill rief ziemlich schnell zurück, und wir verglichen unsere Notizen über das, was wir wussten. Sedwill hatte bereits gehört, dass Kanada, das bis Ende 2018 noch Vorsitzender der G7 war, einen Entwurf für eine Erklärung vorbereitete, obwohl keiner von uns den Entwurf bisher gesehen hatte. Ich erzählte Sedwill, was Trump in den letzten vierundzwanzig Stunden gesagt hatte, damit die Briten dies berücksichtigen konnten.[4]

Um 11.05 Uhr rief Pompeo an und sprang im Dreieck. Er sagte, er habe Haley angerufen und ihr gesagt, was wir vereinbart hätten, und dass auch sie zugestimmt habe. Dann, wie er später erfuhr, rief sie sofort Trump an, um sich zu beschweren. Sie las Trump eine völlig andere Liste von Gesprächspunkten vor, und Trump akzeptierte sie. Pompeo wollte eine Telefonkonferenz mit ihr und mir, um alle auf den gleichen Stand zu bringen, aber bevor die Telefonkonferenz arrangiert werden konnte, rief Trump Pompeo an, um zu sagen, dass Haleys Gesprächspunkte in Ordnung seien und dass er nicht von der Presse zerrissen werden wolle, weil er zu nachgiebig sei. Pompeo und ich waren sehr froh, eine stärkere Aussage zu haben, die wir Trump zuschreiben konnten, aber wir wussten beide, dass Haley von ihrem eigenen Wunsch motiviert war, nicht von der Presse zerrissen zu werden. Kurz darauf sagte Trump im Oval beim regelmäßigen Geheimdienst-Briefing zu mir: »Sie verstehen, dass das Statement [von Haley] etwas härter war, als ich gesagt habe, aber das ist in Ordnung. Sie wollten es wahrscheinlich sowieso härter, richtig?« Ich sagte, dass ich mit der Erklärung einverstanden sei und fügte hinzu, dass wir Russland aufgefordert hätten, die ukrainischen Schiffe und Besatzungen freizulassen, als Trump einwarf: »Fordern Sie nicht die Freilassung der Besatzungen. Wenn sie es dann nicht tun, sieht es nach dem Iran-Geiselnahme-Ding aus. Das will ich nicht.« Ich sagte, ich würde es Haley sagen, aber als ich aus dem Oval herauskam, hatte sie ihr Statement bereits abgegeben. Viele andere Länder sagten dasselbe, also dachte ich nicht, dass wir auf eine Weise auffallen würden, die Trump nicht gefallen würde. Auf jeden Fall provozierte der Vorfall Trump dazu, wieder einmal eine seiner Lieblingsgeschichten zu erzählen, nämlich sein erstes Telefongespräch mit Merkel, als sie ihn fragte, was er mit der Ukraine vorhabe, und er mit der Frage geantwortet hatte, was sie denn mit der Ukraine vorhabe.

Als Pompeo und ich das alles später noch einmal überdachten, war klar, dass wir wieder einmal sahen, wie Haley arbeitete, wenn Tillerson Außenminister war: als freies Elektron. Das würde sich in einem Monat mit ihrem Weggang ändern, und Pompeo und ich waren uns sicher, dass ihr Nachfolger, wer auch immer es werden sollte, nicht auf diese Weise arbeiten würde. »Leicht wie eine Feder«, wie Pompeo sie in einem späteren Gespräch beschrieb.

Hecker bat um 13.30 Uhr zum Abschluss unseres Telefongesprächs und berichtete, dass Russland bei einem gerade beendeten Treffen, an dem Vertreter der Ukraine, Russlands, Frankreichs und Deutschlands teilgenommen hatten, gesagt habe, die ukrainischen Schiffe hätten es versäumt, die erforderliche Ankündigung für die Durchfahrt durch eine vorübergehende Sperrzone (völkerrechtlich zulässig für Zwecke wie militärische Übungen) zu machen, was lächerlich erschien. Im Gespräch mit Merkel sagte Poroschenko, er habe das in der Werchowna Rada zu bearbeitende Kriegsrechtsgesetz abgeändert und den betroffenen Zeitraum von sechzig auf dreißig Tage verkürzt, so dass die Wahlen im März wie geplant stattfinden könnten. Dies war ein Fortschritt, obwohl das Kriegsrecht Poroschenko politisch helfen würde, und es würde sich erst zeigen, ob die Frist von dreißig Tagen später verlängert würde (was nicht der Fall war). Merkel würde in etwa einer Stunde mit Putin sprechen, um auf beiden Seiten auf Deeskalation zu drängen, wobei sie ausdrücklich darum bat, dass Putin direkt mit Poroschenko zusammenarbeitete.[5]

Am Morgen des 28. November flog ich von Andrews nach Rio de Janeiro, um den neu gewählten brasilianischen Präsidenten Jair Bolsonaro vor dem G20-Treffen in Buenos Aires zu treffen. Um etwa 8.45 Uhr rief ich Trump vom Flugzeug aus an, um ihn zu fragen, ob er weitere Gedanken zu den bilateralen Putin-Treffen im Rahmen der G20 habe, da Russland die ukrainischen Schiffe und Besatzungen noch immer zurückhielt. Trump sagte, er halte es für schrecklich, sich unter diesen Umständen mit Putin zu treffen, und dass die Presse nur über die Ukraine-Frage sprechen werde. Er sagte, ich solle Putin eine Nachricht zukommen lassen, in der er erklärte, dass er sich auf ein Treffen freue, dass Russland aber zuerst die Matrosen und Schiffe freilassen müsse, damit sich das Treffen auf die Schlüsselfragen konzentrieren könne und nicht auf die Ukraine. Etwa zwei Stunden später erreichte ich Patruschew in Moskau, um Trumps Botschaft zu überbringen, und er sagte, er werde sie unverzüglich an Präsident Putin weiterleiten, der sie seiner Meinung nach auf jeden Fall in Erwägung ziehen werde. Obwohl er wusste, dass ich die russische Position kannte, wiederholte er sie mir dann ausführlich.

Ich landete in Brasilien gegen 23 Uhr, Rio-Zeit. Trump rief erneut an, um zu sagen, dass er die bilateralen Verhandlungen führen würde, wenn Putin nach deren Ende ankündigte, dass er die Schiffe und Besatzungen freiließe, was den Effekt hätte, dass Trump deren Befreiung angerechnet würde. In Anbetracht der Zeitverschiebung habe ich Moskau nicht angerufen. Außerdem würde eine Änderung unserer Position zu diesem Zeitpunkt Trump so aussehen lassen, als habe er das Treffen dringend nötig, was wahrscheinlich der Fall war. Am nächsten Morgen sprach ich mit unserem stellvertretenden Moskauer Missionschef Anthony Godfrey (Huntsman war abwesend), der sagte, dass die Russen die Besatzungen wegen widerrechtlichen Eindringens anklagen würden, was, gelinde gesagt, kein gutes Zeichen sei. Patruschew erreichte mich, als ich gerade nach Buenos Aires flog, und sagte, er habe eine Nachricht, die ich von Putin an Trump übermitteln solle, nämlich dass wegen des »illegalen Eindringens« in russisches Territorium ein Strafverfahren, einschließlich Ermittlungsmaßnahmen, eingeleitet worden sei. Die Russen behaupteten, dass es sich nach den Dokumenten, die sie von den Schiffen beschlagnahmt hatten, und nach den von den Besatzungen gelieferten Informationen um eine militärische Provokation handelte, eine Operation, die von den Sicherheitsdiensten der Ukraine geleitet und kontrolliert wurde. Daher, so Patruschew, seien in Übereinstimmung mit den russischen Rechtsverfahren die Formalitäten jetzt im Gange, so dass eine Freigabe der Schiffe und Besatzungen unmöglich sei.[6] Er sagte, er sei überzeugt, dass wir das Gleiche tun würden, indem er Moskaus Vorgehen mit Trumps Politik entlang der mexikanischen Grenze verglich. Es folgte ein

Vortrag, unter anderem über unsere Aktionen der letzten Wochen zu diesem Thema.

Es gab wenig Raum, Patruschews Botschaft misszuverstehen, aber ich fragte, wie lange ein Verfahren gegen die ukrainischen Besatzungen wohl dauern würde. Er sagte, er könne mir keine Antwort geben, würde es aber herausfinden und mir Bescheid geben. Ich sagte, ich würde mit Trump sprechen und sehen, ob es noch ein bilaterales Treffen geben würde. Es stellte sich heraus, dass Trump (wie üblich) spät dran war, so dass ich ihn erst um 11.20 Uhr Washingtoner Zeit auf der Air Force One erreichte. Ich beschrieb, was Patruschew von Putin übermittelt hatte, was ich für ein »sehr hartes Nein« hielt. »Was würden Sie tun?«, fragte Trump, und ich sagte, ich würde das Treffen absagen. Trump stimmte sofort zu und sagte: »Wir dürfen nicht zu freigebig sein.« Ein entsprechender Tweet erschien kurz danach, bevor ich auf Patruschew zurückkommen konnte, der meinen Anruf ablehnte, um zu zeigen, wie gereizt sie waren.

In Buenos Aires kamen Putins diplomatischer Berater Juri Uschakow und ich mehrmals zusammen, um zu prüfen, ob es eine Möglichkeit für ein Putin-Trump-Treffen gäbe, was wir angesichts der jeweiligen öffentlichen Positionen beider Seiten zum Vorfall in der Straße von Kertsch für unmöglich hielten. Stattdessen sprach Trump beim Abendessen der G20-Staats- und Regierungschefs mit Putin, wobei außer der First Lady keine anderen Amerikaner anwesend waren. Sie benutzten Putins Dolmetscher, und die amerikanische Vorhut, die den Präsidenten begleitete, konnte das Gespräch nicht mithören. Die Russen schrieben nichts über das Treffen in ihrer Presse und Trump erzählte mir am nächsten Morgen, dass er Putin im Wesentlichen gesagt habe, er sehe nicht, wie die beiden sich zu irgendeinem Zeitpunkt treffen könnten, bis der Vorfall in der Straße von Kertsch gelöst sei und die Schiffe und Besatzungen in die Ukraine zurückkehren würden, was für einige Zeit unwahrscheinlich schien. In einem späteren bilateralen Trump-Merkel-Treffen deutete Trump an, dass ein ukrainischer Präsident, der Russland verständnisvoll gegenüberstand, helfen könnte, einen dritten Weltkrieg zu vermeiden. Das hätte den Russen gefallen.

In Erwartung der ersten Runde der Präsidentschaftswahlen am 31. März blieb es in der Ukraine im Grunde genommen ruhig, aber es rückten andere

Dinge in den Vordergrund. Trump hatte sich eine Zeit lang über unsere Botschafterin Yovanovitch beschwert und sagte mir am 21. März während eines Telefongesprächs zu einer Reihe von Themen, dass sie »uns wie verrückt schlechtredete« und dass ihr einziges Anliegen LGBTQ-Angelegenheiten seien. »Sie erzählt schlimme Scheiße über mich und über Sie«, fügte er hinzu und sagte, er wolle, dass sie »heute« gefeuert werde. Ich sagte, ich würde Pompeo anrufen, der sich im Nahen Osten aufhielt; ich versuchte mehrmals, ihn zu erreichen, tat es aber wegen der Zeitpläne und Zeitzonenunterschiede nicht. Nach dem Hauptausschuss des Nationalen Sicherheitsrates später am Nachmittag zog ich den stellvertretenden Außenminister John Sullivan zur Seite, um Trumps Anweisungen zu übermitteln, damit er Pompeo informieren konnte. Sullivan wusste von Trumps Wunsch, Yovanovitch zu feuern, also verstand er, dass diese Wiederholung von Trumps Anweisung ernst war.

Ein paar Tage später, am 25. März, rief Trump mich ins Oval, aber ich fand ihn in seinem kleinen Speisesaal mit Rudy Giuliani und Jay Sekulow (einem weiteren seiner Privatanwälte) vor, die offensichtlich gern über die Reaktion auf Muellers Bericht zu seiner Russlanduntersuchung diskutierten. Bei diesem Treffen erfuhr ich, dass Giuliani die Quelle der Geschichten über Yovanovitch war, von der er sagte, sie werde von einem stellvertretenden Staatssekretär im europäischen Büro des Außenministeriums, George Kent, geschützt (ich glaube nicht, dass Giuliani Kents Berufsbezeichnung genau kannte; Pompeo klärte mich später auf). Trump sagte erneut, dass Yovanovitch sofort entlassen werden sollte. Ich rief Pompeo am späten Nachmittag an, um diese neueste Nachricht weiterzugeben, jetzt mit dem Update, dass sie von Giuliani kam. Pompeo sagte, er habe zuvor mit Giuliani gesprochen und es gebe keine Fakten, die seine Behauptungen untermauern würden, obwohl Pompeo nicht daran zweifelte, dass Yovanovitch, wie 90 Prozent des Auswärtigen Dienstes, wahrscheinlich für Clinton gestimmt habe. Er sagte, sie versuche, die Korruption in der Ukraine einzudämmen und sei möglicherweise hinter einigen von Giulianis Klienten her gewesen. Pompeo sagte, er werde Giuliani noch einmal anrufen und dann mit Trump sprechen. Am nächsten Morgen rief ich Trump wegen verschiedener Angelegenheiten an und fragte, ob er und Pompeo über Yovanovitch gesprochen hätten. Das hatten sie nicht, aber er wiederholte, dass er »es satt hatte, dass sie uns schlecht machte«, und dass sie sagte, er würde angeklagt werden und so weiter. »Wirklich schlimm«, sagte Trump. Ich rief Pompeo gegen 9.45 Uhr an, um von diesem Gespräch zu berichten. Er protestierte erneut, dass Giulianis Behauptungen einfach nicht wahr seien, und sagte, er werde Trump anrufen. Ich erwähnte dies später Trump gegenüber, nur damit er wusste, dass er nicht ignoriert wurde.

Unabhängig davon, ob Giulianis Aufdringlichkeit im Zusammenhang mit den bevorstehenden Wahlen in der Ukraine stand oder nicht, am Sonntag, dem 31. März, erreichte Selenskyj nach der vollen Auszählung den ersten Platz, Poroschenko den zweiten, und damit kamen sie in die Stichwahl am 21. April. Kurz danach besprach ich mit dem Franzosen Étienne und dem Deutschen Hecker, wie wir alle vorgehen würden. Obwohl wir uns zuvor darauf geeinigt hatten, die Finger ganz davon zu lassen, sagte Hecker, Deutschland lade Poroschenko nach Berlin ein, trotz des Risikos einer Gegenreaktion der Ukraine, falls Selenskyj die Stichwahl gewinnen sollte. Étienne sagte mir, dass Frankreich bereits vor der Stichwahl sowohl Poroschenko als auch Selenskyj nach Paris eingeladen habe, was zumindest unparteiischer sei. Keiner von uns wusste viel über Selenskyjs Eignung, Präsident zu werden, und es gab Bedenken darüber, wie nahe er dem Oligarchen Kolomojskyj stand, was zu Korruptionsproblemen führen könnte. Beunruhigende Behauptungen schwirrten umher, und die Vernunft erforderte, dass man die Hände aus dem Spiel lassen sollte. Der Meinungsumschwung in Deutschland und Frankreich – der Eifer, sich zu engagieren – erschien mir fehlgeleitet. Es gab keine Uneinigkeit darüber, dass Selenskyj mit einem großen Vorsprung in den Umfragen in die Stichwahl ging, was vor allem auf seinen Widerstand gegen das beträchtliche Korruptionsproblem in der Ukraine zurückzuführen war.

Selenskyjs Unterstützung hielt an, und am Ostersonntag, dem 21. April, besiegte er Poroschenko mit 73 Prozent der Stimmen. Wir hielten ein »Anrufpaket« für Trump bereit, falls er sich entschied, Selenskyj an diesem Tag zu gratulieren, was er gegen 16.30 Uhr unserer Zeit tat. Ich informierte Trump vor dem Anruf, dass Selenskyj ihn zu seiner Amtseinführung einladen könnte (das Datum dafür war noch nicht offiziell festgelegt worden), und Trump sagte, er würde stattdessen Pence schicken. Der Anruf war kurz, weniger als fünf Minuten, aber sehr herzlich, und Trump eröffnete: »Ich möchte Ihnen zu Ihrer guten Arbeit gratulieren«. Selenskyj antwortete: »Vielen, vielen Dank«, und sagte, er schätze die Glückwünsche und fügte hinzu: »Wir hatten Sie als großartiges Beispiel.« Trump sagte, er habe viele Freunde, die Selenskyj kannten und ihn mochten, und fügte hinzu: »Ich habe keinen Zweifel, dass Sie ein fantastischer Präsident sein werden.« Selenskyj lud Trump zu seiner Amtseinführung ein, und Trump antwortete, er werde »das Datum prüfen« und sagte: »Wir werden Ihnen an diesem großen Tag einen großartigen Repräsentanten der Vereinigten Staaten schicken.« Trump lud auch Selenskyj ins Weiße Haus ein und sagte: »Wir sind ganz an Ihrer Seite.« Selenskyj drängte Trump zu einem Besuch und sagte, die Ukraine sei ein großartiges Land mit netten Menschen, gutem Essen und so weiter. Trump sagte, als ehemaliger Eigentümer des Miss-Universe-Wettbewerbs wisse er, dass die Ukraine immer gut aufgestellt sei. Selenskyj verabschiedete sich mit den Worten auf Englisch: »Ich werde viel auf Englisch üben« (damit er es sprechen konnte, wenn sie sich trafen). Trump antwortete: »Ich bin sehr beeindruckt. Das könnte ich in Ihrer Sprache nicht tun.«

Ein paar Tage später, am 23. April, wurde ich ins Oval gerufen, wo ich Trump und Mulvaney am Telefon vorfand, um mit Giuliani erneut über Yovanovitch zu sprechen, der immer noch auf ihre Entlassung drängte. Er hatte Trump mit der »Nachricht« aufgewirbelt, dass sie mit dem designierten Präsidenten Selenskyj gesprochen hatte, um ihm mitzuteilen, dass Trump selbst die Einstellung bestimmter Ermittlungen durch ukrainische Staatsanwälte wünsche. In Giulianis Augen schützte Yovanovitch Hillary Clinton, deren Kampagne angeblich Gegenstand ukrainischer strafrechtlicher Ermittlungen war, und es bestand auch eine gewisse Verbindung zu Joe Bidens Sohn Hunter. Giuliani hatte nichts zu bieten außer dritt- oder viertgradiges Hörensagen; er führte keine Beweise für seine Anschuldigungen an. Ich sagte, ich hätte mit Pompeo über Yovanovitch gesprochen und würde mich noch einmal bei ihm melden. Trump konnte nicht glauben, dass Pompeo Yovanovitch noch nicht gefeuert hatte, denn das wollte er, ohne Wenn und Aber. Trump sagte, ich solle sofort von Pompeo in Erfahrung bringen, was los war, und ich solle Selenskyj anrufen, um klarzustellen, dass Yovanovitch nicht für die Regierung sprach. Da wir natürlich nicht wirklich wussten, was sie gesagt hatte, war unklar, wovon ich Selenskyj sagen sollte, er solle es ignorieren.

Ich ging zurück in mein Büro und erreichte Pompeo gegen 16 Uhr. Er sagte, er habe Yovanovitch bereits von Ende November oder Anfang Dezember auf den 1. Juni gekürzt und einige Zeit zuvor Trump informiert, der nichts dagegen gehabt habe. Pompeo wollte es dabei belassen. Ich sagte ihm, die Stimmung sei ziemlich aufgeladen, weil sie nicht ganz weg sei, was mit einem Stöhnen beantwortet wurde. Er erwähnte erneut seine früheren Gespräche mit Giuliani, der nicht im Detail beschreiben konnte, was angeblich passiert war, der es aber in den letzten Monaten ständig gegenüber Trump vorgebracht hatte. Aber Pompeo sagte auch, dass das Außenministerium, nachdem man sich in der Botschaft umgesehen hatte, jetzt einen Stapel von Materialien habe, die man der Justiz schicken wollte und die implizierten, dass Yovanovitch und ihr Vorgänger in einige unbenannte und unklare Aktivitäten verwickelt seien, die durchaus kriminell sein konnten. Pompeo schloss mit der Ankündigung, dass er sie noch in dieser Nacht zurück nach Washington beordern würde. Wenn Yovanovitch nach Hause beordert wurde, hatte es keinen Sinn, Selenskyj anzurufen (was ich ohnehin nicht gewollt hatte), also tat ich es nicht.

Ich habe Eisenberg über diese jüngste Entwicklung in Bezug auf Yovanovitch informiert. Etwas später kam Mulvaney zusammen mit Cipollone und Emmet Flood, einem Anwalt der Rechtsabteilung des Weißen Hauses, der für die Mueller-Untersuchung zuständig war, in mein Büro. Ich sprach bei ihnen etwas an, worüber ich mich zuvor entweder bei Cipollone oder Eisenberg erkundigt hatte: ob Giuliani ethische Probleme nach dem professionellen Verhaltenskodex der Anwälte hatte, wenn er eine Anwalt-Klienten-Beziehung dazu benutzte, die Interessen eines anderen Klienten zu fördern, eine Dynamik, von der ich dachte, dass sie bei seinen Geschäften in Trumps Namen am Werk sein könnte. Ich sagte, dass ich es für einen ethischen Verstoß hielt, dies zu tun, aber ich war in der Minderheit; die anderen stimmten zu, dass es »schmierig« sei. So viel zur Rechtsethik.

Einige Stunden zuvor war ich zum Justizministerium gegangen, um mit Bill Barr zu Mittag zu essen, den ich seit Mitte der 1980er Jahre, also vor der Regierung von George Bush senior, kannte. Barr war Mitte Februar (wieder) Justizminister geworden, und wir hatten seither versucht, einen geeigneten Termin zu finden, an dem wir uns treffen und über das Leben in der Trump-Regierung sprechen konnten. Insbesondere wollte ich meine Entschlossenheit zu einer besseren Koordination demonstrieren, wenn sich nationale Sicherheitsinteressen und staatsanwaltschaftliche Angelegenheiten überschneiden und miteinander in Konflikt geraten könnten. Wir brauchten bewusste Entscheidungen über die US-Prioritäten bei solchen Ereignissen, anstatt sie willkürlich festzulegen. Als jemand, der sich sehr für Sicherheitsfragen interessiert, war Barr für bessere Arbeitsbeziehungen zwischen den betroffenen Abteilungen und Behörden sehr empfänglich.

Insbesondere wollte ich ihn aber auch über Trumps Vorliebe informieren, Diktatoren, die ihm gefielen, persönliche Gefälligkeiten zu erweisen, wie zum Beispiel bei den Kriminalfällen der Halkbank, ZTE, möglicherweise Huawei und wer weiß, was noch alles. Barr sagte, er sei sehr besorgt über die Auftritte von Trump, insbesondere wegen seiner Bemerkungen über die Halkbank gegenüber Erdoğan in Buenos Aires auf dem G20-Treffen, dessen, was er zu Xi Jinping über ZTE sagte, und wegen anderer Gespräche. Ich hatte im Wesentlichen dasselbe Gespräch mit Cipollone und Eisenberg am 22. Januar für etwa eine Stunde geführt, kurz nachdem Cipollone McGahn am 10. Dezember 2018 ersetzt hatte. Damals sprachen wir über die Halkbank, ZTE, einen türkischen Agenten, den Israel verhaftet hatte (und den Trump während seines Juli-Aufenthalts in Turnberry in Gesprächen mit Netanjahu wieder befreien konnte), die Frage, ob die US-Sanktionen gegen den russischen Oligarchen Oleg Deripaska aufgehoben werden sollten (was Anfang April geschah), Huawei, die Auswirkungen auf die Handelsgespräche mit China, Trumps persönliche rechtliche Probleme und andere Fragen. Ich zweifelte nicht an der verfassungsmäßigen Autorität des Präsidenten, unter den widersprüchlichen Zuständigkeiten der Exekutive, wie Strafverfolgung und nationale Sicherheit, Prioritäten zu setzen. Dennoch war es in der fiebrigen Atmosphäre in Washington, die durch die Vorwürfe der russischen Kollusion hervorgerufen wurde, nicht schwer, politisch zu erkennen, wie all dies dargestellt werden würde. Ob es unter der Oberfläche etwas noch Beunruhigenderes gab, wusste keiner von uns. Cipollone hatte im Vorhinein keine Informationen über diese Fragen erhalten, und er war schlichtweg fassungslos über Trumps Herangehensweise an die Strafverfolgung oder vielmehr das Fehlen einer solchen.

Noch früher, am 10. Dezember, sprach ich, angeregt durch Trumps Bemerkungen auf der Weihnachtsfeier über Huawei und die Uiguren, mit Pompeo über diese Probleme und auch über Regelungen einiger von Trumps persönlichen Rechtsfragen. Es sah nach einem Muster aus, nach welchem die Behinderung der Justiz als Lebensstil vollzogen wurde, was wir nicht akzeptieren konnten. Darüber hinaus konnte die Nachsicht gegenüber chinesischen Firmen, die gegen die US-Sanktionen verstießen, unsere Unternehmen betrogen oder unsere Telekommunikationsinfrastruktur gefährdeten, nur als Beschwichtigung unserer Gegner bezeichnet werden, was unseren Interessen völlig zuwiderlief. Wir seien nah dran am Rücktritt, sagte ich, und Pompeo stimmte zu. Es war noch nicht erforderlich, ein Rücktrittsschreiben zu verfassen, aber die Warnleuchten blinkten bereits.

Trump rief Putin am 3. Mai an, weil Putin, wie er ohne ersichtlichen Grund sagte, »darauf brannte«, mit ihm zu sprechen. Tatsächlich »brannte« Trump darauf, mit *ihm* zu sprechen, da er seit dem Vorfall in der Straße von Kertsch, der die Annullierung ihrer bilateralen Gespräche auf dem G20-Gipfel von Buenos Aires erzwang, kein wirkliches Gespräch mit Putin geführt hatte. Obwohl Trump damals angekündigt hatte, dass keine substanziellen Treffen stattfinden würden, bis die ukrainischen Schiffe und Besatzungen freigelassen würden, hob dieser Anruf für Putin jenes Moratorium, das seit Ende November gedauert hatte, kurzerhand auf, da Russland sie noch immer festhielt. Sie diskutierten kurz über die Ukraine, aber ohne große Wirkung. Putin wollte wissen, ob Ihor Kolomojskyj angesichts seiner finanziellen Unterstützung für die erfolgreiche Kampagne Selenskyjs seine ukrainischen Vermögenswerte zurückerhalten würde. Selenskyj, so Putin, sei in Russland aufgrund seiner Fernsehkarriere recht bekannt, und er habe dort viele Kontakte. Putin fügte jedoch hinzu, dass er sich erst noch festigen müsse. Er sagte, er habe noch nicht mit Selenskyj gesprochen, weil er noch nicht Präsident sei und weil es bislang kein endgültiges Ergebnis gebe. Ob Putin das Schicksal der bestehenden Werchowna Rada meinte oder die Frage, ob Selenskyj vorgezogene Parlamentswahlen anberaumen würde, war unklar.[7]

Am 8. Mai begann sich das Tempo in der Ukraine zu beschleunigen. Gegen 13.45 Uhr rief Trump mich ins Oval, wo er sich mit Giuliani, Mulvaney, Cipollone und möglicherweise noch anderen traf. Das Thema war die Ukraine und Giulianis Wunsch, sich mit dem designierten Präsidenten Selenskyj zu treffen, um entweder die Untersuchung seines Landes bezüglich Hillary Clintons Bemühungen, den Wahlkampf 2016 zu beeinflussen, oder etwas anderes zu diskutieren, das mit Hunter Biden und der Wahl 2020 oder vielleicht mit beidem zu tun hatte. In den verschiedenen Kommentaren, die ich zu diesen Themen gehört habe, schienen sie immer vermischt und verworren, ein Grund dafür, dass ich ihnen nicht viel Beachtung schenkte. Sogar nachdem sie öffentlich wurden, konnte ich die Stränge der verschiedenen Verschwörungstheorien, die am Werk waren, kaum voneinander trennen. Trump machte deutlich, dass ich Selenskyj anrufen und dafür sorgen sollte, dass Giuliani nächste Woche sein Treffen in Kiew bekam. Giuliani schwor, dass er keine Kunden involviert habe, was ich nur schwer glauben konnte, aber ich hoffte trotzdem, nicht in diesen Schlamassel zu geraten. Die Entlassung von Yovanovitch war bereits in der Presse, und ein Besuch Giulianis in der Ukraine würde sicherlich auch den Weg dorthin finden. Giuliani sagte auch, er habe es auf einen Staatsbeamten mit dem Nachnamen Kent abgesehen, der mit George Soros im Bunde und Trump sehr feindlich gesinnt sei. Ich hatte den Namen schon einmal im Zusammenhang mit Yovanovitch gehört, hatte ihn aber noch nie gesehen.

Ich war froh, um etwa 13.55 Uhr zu entkommen und in mein Büro zurückzukehren, wo ich Selenskyj nicht sofort anrief, in der Hoffnung, die ganze Sache würde verschwinden. Kaum hatte ich mich an meinem Schreibtisch niedergelassen, stürmten John Sullivan und Marc Short herein und sagten, Trump habe sie von der wöchentlichen Handelsbesprechung im Roosevelt Room losgeschickt, um über Kent zu sprechen. (Ich fand diese wöchentlichen Handelsbesprechungen so chaotisch, dass ich sie größtenteils Kupperman überließ – eine Strafe, die er nicht verdiente, aber das Leben ist hart.) Sullivan wusste auch kaum, wer Kent war, aber er beschrieb die Szene im Roosevelt Room: Trump unterhielt sich in lautem Flüstern mit ihm, während Bob Lighthizer eine Reihe von Schaubildern zu verschiedenen Handelsthemen durchlief, wobei Trump ihm offensichtlich keine Aufmerksamkeit schenkte. Nachdem er sein Gespräch mit Sullivan über Kent beendet hatte, wandte sich Trump einige Sekunden lang wieder an Lighthizer, bevor er mit lauter Stimme zu Sullivan sagte: »Sprechen Sie mit Bolton über Kent.« Dann sagte er zu Short: »Zeigen Sie ihm, wo Johns Büro ist.« Und hier waren sie. Short ging, und ich erläuterte Sullivan das letzte Ukraine-Gespräch, das ich gerade im Oval geführt hatte, und bat ihn, so bald wie möglich mit Pompeo zu sprechen. Pompeo kam am nächsten Morgen um neun Uhr wieder in Washington an und Sullivan sagte, er werde ihn dann informieren.

Die Frage von Giulianis Reise in die Ukraine ging einige Tage lang ohne eine klare Entscheidung um. Cipollone und Eisenberg kamen am 10. Mai zu mir, da die Entlassung von Yovanovitch in den Medien zunehmend Beachtung fand (auch wenn die allgemeine Presse wenig Interesse zeigte) und Giuliani selbst ziemlich große Aufmerksamkeit erregte. In einem Interview mit der *New York Times*, das an jenem Morgen erschien,[8] wurde er mit den Worten zitiert: »Wir mischen uns nicht in eine Wahl ein, sondern in eine Untersuchung, und dazu haben wir das Recht ... Daran ist nichts Illegales ... Jemand könnte sagen, es sei unzulässig. Und es ist keine Außenpolitik – ich bitte sie, eine Untersuchung durchzuführen, die sie bereits durchführen und von der andere Leute ihnen sagen, sie sollen sie beenden. Und ich werde ihnen Gründe nennen, warum sie sie nicht beenden sollten, denn diese Information wird sehr, sehr hilfreich für meinen Klienten sein und könnte sich als hilfreich für meine Regierung erweisen.« Wir drei waren uns einig, dass Giuliani nicht in die Ukraine reisen durfte, aber der Tumult machte es auch unsicher, wer von der Trump-Regierung an Selenskyjs Amtseinführung teilnehmen konnte, angesichts der negativen Resonanz in der Öffentlichkeit, die sie erhalten könnte.

Die Teilnahme von Pence war daher fraglich und kompliziert, weil das genaue Datum der Einweihung noch immer nicht festgelegt war. Die

Botschaft in Kiew war am 16. Mai ziemlich überrascht zu hören, dass die ukrainische Werchowna Rada den 20. Mai ausgewählt hatte, was uns nicht viel Zeit ließ, die Zeitpläne zu prüfen und die US-Delegation auszuwählen. Zu diesem Zeitpunkt war Trump zu dem Schluss gekommen, dass Pence nicht teilnehmen konnte, und Pompeo entschied sich aus eigenen Gründen dagegen. Am Ende des Tages, am 16. Mai, sah es so aus, als würde Energieminister Rick Perry die Führung übernehmen, was angesichts der bedeutenden Energiefragen, die die Ukraine aufwarf, und der Bedeutung der Zusammenarbeit zwischen Kiew und Washington vor dem Hintergrund der Ausbeutung der Energieressourcen in ganz Mittel- und Osteuropa durch Moskau gerechtfertigt war. Der US-Botschafter bei der Europäischen Union, Gordon Sondland, bemühte sich sehr darum, in die US-Delegation aufgenommen zu werden, aber da er keinen legitimen Grund hatte, teilzunehmen, habe ich seinen Namen wiederholt gestrichen. Letztendlich gehörte er jedoch der Delegation an, weil Mulvaney, wie wir später erfuhren, darauf bestanden hatte. Warum die Werchowna Rada sich für eine so frühe Amtseinführung entschied, war unklar, aber unsere Beobachter vor Ort glaubten, dass Poroschenkos Partei beschloss, vorgezogene Parlamentswahlen zu riskieren, da sie glaubte, dass Selenskyj die um ihn herum wachsenden Erwartungen unmöglich erfüllen konnte. Dies stellte sich als Fehleinschätzung von Poroschenkos Beratern und als enormer Auftrieb für Selenskyj heraus.

Tatsächlich brachte Selenskyjs Amtsantritt am 20. Mai die weitere Überraschung, dass er Poroschenkos Bluff durchschaute und vorgezogene Parlamentswahlen ansetzte. Ein genaues Datum war noch nicht festgelegt, aber die Abstimmung sollte irgendwann im Juli stattfinden. Es wurde auch immer deutlicher, nicht nur für mich, sondern auch für andere, darunter Fiona Hill, die leitende Direktorin des NSC für Europa und Russland, dass Trump Giulianis Linie, die von innenpolitischen Gegnern der USA erfundene Erzählung der »Russland-Kollusion« sei über die Ukraine gelaufen, voll und ganz akzeptierte. Mit anderen Worten, Trump nahm die Idee an, dass die Ukraine tatsächlich für die Durchführung von Moskaus Bemühungen, die US-Wahlen zu hacken, verantwortlich war. Das hieß eindeutig, dass wir in nächster Zeit nichts Nettes für die Ukraine tun würden, ganz gleich, wie sehr es uns helfen würde, weitere russische Vorstöße dort zu verhindern.

Nachdem ich bei der Abschlusszeremonie der Coast Guard Academy in New London, Connecticut, eine Rede gehalten hatte, brach ich am 22. Mai nach Japan auf, um die letzten Vorbereitungen für Trumps Staatsbesuch zu treffen, den ersten unter dem neuen Kaiser Naruhito. Zwei Tage später sprach ich von Tokio aus mit Kupperman, der kurz zuvor an Trumps Nachbesprechung (es war noch der 23. Mai in Washington, als wir sprachen) unserer Delegation zu Selenskyjs Amtsantritt teilgenommen hatte: Perry, Sondland, Volker und Senator Ron Johnson. Es war ein Klassiker. »Ich will mit der Ukraine verdammt noch mal nichts zu tun haben«, sagte Trump laut Kupperman. »Sie haben mich verdammt noch mal angegriffen. Ich kann nicht verstehen, warum. Fragen Sie Joe diGenova, er weiß alles darüber. Die haben versucht, mich zu verarschen. Die sind korrupt. Ich lege mich nicht mit ihnen an.« All dies, sagte er, beziehe sich auf die von Hunter Biden unterstützten Bemühungen der Clinton-Kampagne, Trump in den Jahren 2016 und 2020 zu schädigen.

Volker versuchte zu intervenieren, um etwas Sachdienliches zur Ukraine zu sagen, und Trump antwortete: »Das ist mir scheißegal.«

Perry sagte, wir könnten das Scheitern eines Staates nicht zulassen, womöglich einer Ukraine, in der eine effektive Regierung zusammengebrochen sei, und Trump sagte: »Sprechen Sie mit Rudy und Joe.«

»Geben Sie mir neunzig Tage«, versuchte Perry erneut, aber Trump unterbrach ihn mit den Worten: »Die Ukraine hat versucht, mich zu Fall zu bringen. Ich bin verdammt noch mal nicht daran interessiert, ihnen zu helfen«, obwohl er nachgab und sagte, dass Selenskyj ihn im Weißen Haus besuchen könne, aber nur, wenn ihm gesagt würde, wie Trump zu dieser Angelegenheit stand. »Ich will den verdammten DNC-Server[9]«, sagte Trump und fügte hinzu: »Okay, Sie können neunzig Tage haben. Aber ich habe kein verdammtes Interesse daran, mich mit ihm zu treffen.« Danach waren sich Perry und Kupperman einig, dass Selenskyj nicht vor den Werchowna-Rada-Wahlen im Juli eingeladen werden sollte, um zu sehen, ob er irgendeine Chance hatte, effektiv zu regieren. (Mehrere Oberhäupter nahe gelegener Staaten, wie der Ungar Viktor Orbán, hielten Selenskyjs Aussichten für düster, was nicht im Widerspruch zu Putins distanzierten Ansichten stand.) Es gab auch Gerüchte, dass Perry die Regierung in naher Zukunft verlassen würde, so dass die Anzahl »neunzig Tage« mit der Vorstellung übereinstimmte, er wolle die Zeit nutzen, um in der Ukraine etwas zu erreichen. Senator Johnson sagte mir einige Wochen später in Bezug auf dieses Trump-Meeting: »Ich war ziemlich schockiert von der Reaktion des Präsidenten.« Ich fand, es klang wie ein ganz normaler Tag im Büro.

Dennoch drängte Sondland, der anscheinend nicht genug zu tun hatte mit der Europäischen Union in ihrem Brüsseler Hauptquartier, in den folgenden Wochen weiter auf einen baldigen Selenskyj-Besuch in Washington. Pompeo war es so oder so egal. Es war klar, dass er keine Lust darauf hatte, Sondland im Zaum zu halten, obwohl er normalerweise darauf bestand, dass die Botschafter ihm Bericht erstatteten (was sie in der Regel über stellvertretende Minister taten), und dass er nicht wollte, dass sie an ihm vorbei zum Präsidenten gingen. Dies war bei dem Kurs, den Pompeo bei der Leitung des Außenministeriums einschlug, nicht anders zu erwarten: Konfliktvermeidung. Trump löste das Besuchsproblem kurz vor seiner Abreise in das Vereinigte Königreich im Juni, indem er sagte: »Nicht vor dem Herbst«, was meiner Meinung nach das richtige Ergebnis war. Europäische Schlüsselfiguren zeigten sich in Bezug auf Selenskyjs Aussichten ebenfalls vorsichtig. Sowohl der deutsche Außenminister Heiko Maas als auch der französische Außenminister Jean-Yves Le Drian besuchten Selenskyj Ende Mai in Kiew, zogen aber keine endgültigen Schlussfolgerungen. Als Trump am 6. Juni mit dem französischen Präsidenten Macron zusammentraf, schien sich Macron für Selenskyj zu erwärmen, ebenso wie Merkel, als Trump mit ihr auf dem G20-Gipfel in Osaka zusammentraf. Auf der Grundlage von Trumps jüngstem Gespräch mit Putin gab es jedoch keine Anzeichen dafür, dass Putin zu ernsthaften Diskussionen über die Krim oder den Donbas bereit war, jedenfalls nicht vor den Wahlen in der Werchowna Rada.

Die nächste Diskussion mit Trump über die Ukraine, an die ich mich erinnere, fand erst am 25. Juni statt. Ich war in Israel, um Netanjahu zu treffen und für ein trilaterales Treffen mit Patruschew und Ben-Shabbat, aber ich nahm per Videokonferenz von unserem früheren Konsulat in Jerusalem aus, in der Nähe des Hotels David Citadel, wo ich wohnte, an einer Sitzung des NSC teil. Bei dem Treffen, das in Washington im Sit Room mit der üblichen Besetzung stattfand, sollten andere Angelegenheiten besprochen werden, aber irgendwann schimpfte Trump über Nord Stream 2 und beschwerte sich über »unsere großen europäischen Verbündeten« und die niedrigen Verteidigungsausgaben Deutschlands: »Angela [Merkel] sagte, sie würde bis 2030 [zwei Prozent des BIP] erreichen, vergessen Sie das nicht, John«, sagte er zu dem Bildschirm im Sit Room, wo ich von Israel aus zu sehen war.[10] »Ich höre auf meine Berater, ungeachtet dessen, was die Leute denken.« Trump lachte (ich auch), und dann legte er wieder mit vollem Tamtam los: »Jeder verarscht uns beim Handel. Das wird der beste Juni seit Jahren. Bei den Zöllen fließt eine Menge Geld herein.«

Dann ging es um die Ukraine und zu einem 250-Millionen-Dollar-Hilfsprogramm für Waffenkäufe. »Haben Sie es genehmigt, John?« Ich sagte, es sei eine Zweckbindung des Kongresses, mit der das Verteidigungsministerium fortfahren würde. »Wie dumm ist das denn?«, fragte Trump. »Deutschland gibt nichts für Nachbarländer aus. Angela sagt: ›Wir geben nichts aus, weil es ein Nachbarland ist.‹[11] John, sind wir uns bei der Ukraine einig?« Ich antwortete nicht direkt, ich war besorgt über das, was Trump plötzlich auf diese spezielle Militärhilfe aufmerksam gemacht hatte. Stattdessen schlug ich vor, dass Esper all diese Fragen über die Lastenteilung zwischen der NATO und der Ukraine auf dem in den nächsten Tagen stattfindenden Treffen der NATO-Verteidigungsminister zur Sprache bringen sollte. Dies war wahrscheinlich das erste Mal, dass ich hörte, wie die Sicherheitshilfe für die Ukraine infrage gestellt wurde, aber die eigentliche Frage war, wie Trump davon erfahren hatte und wer auf die Idee kam, sie als Druckmittel gegen Selenskyj und seine neue Regierung einzusetzen. Ich habe die Antworten auf diese Fragen nie erfahren, aber Mulvaney in seiner fortgesetzten Funktion als Direktor des Office of Management and Budget war sicherlich eine mögliche Quelle. Der Kernpunkt, den ich aus diesem Gespräch mitnahm, war, dass die Sicherheitshilfe der Ukraine Gefahr lief, von den fantasievollen Ukraine-Verschwörungstheorien geschluckt zu werden.

Am 10. Juli traf ich in meinem Büro meinen ukrainischen Amtskollegen Oleksandr Danyljuk, den neuen Sekretär ihres Nationalen Sicherheits- und Verteidigungsrates. Danyljuk war ein pro-westlicher Reformer. Der ehemalige Finanzminister von Poroschenko war zurückgetreten, weil er nicht glaubte, dass Poroschenkos Regierung sich zu wirklichen Reformen verpflichtet fühlte.[12] Perry, Sondland und Volker baten alle um Teilnahme (verbrachte Sondland Zeit in Brüssel?), und es war sofort klar, dass die drei versuchten, mich dazu zu drängen, Selenskyj vor den Parlamentswahlen im Juli ins Weiße Haus einzuladen. Da ich wusste – und sie hätten es nach ihrem Treffen mit Trump am 23. Mai im Oval Office merken müssen –, dass er nichts mit Ukrainern irgendwelcher Couleur zu tun haben wollte (fälschlicherweise beeinflusst durch den Unsinn, mit dem Giuliani ihn gefüttert hatte), spielte ich nicht mit. Danyljuk wollte offensichtlich eine engere Beziehung mit uns, was ich nachdrücklich unterstützte und worüber viel leichter zu sprechen war. Danyljuk war überrascht und verunsichert, dass ich nicht bereitwillig einem Selenskyj-Besuch zustimmte, was durch das unaufhörliche Drängen der anderen Teilnehmer des Treffens zustande kam, aber ich wollte Ausländern nicht erklären, dass die drei sich zu weit aus dem Fenster lehnten. Je mehr ich mich widersetzte, desto mehr drängte Sondland sich in Giulianis Territorium, das in meinen Augen nicht betreten werden durfte.

In den späteren Anhörungen des Kongresses sagte Fiona Hill wahrheitsgemäß aus, dass ich ihr nach dem Treffen und einem Foto mit Danyljuk und den Horden von anwesenden US-Beamten sagte, sie solle in eine Besprechung einsteigen, die Sondland allein im Ward Room mit den Ukrainern und anderen Teilnehmern an dem Treffen in meinem Büro abhielt. Ich war verblüfft über die Einfalt, auf ein persönliches Trump-Selenskyj-Treffen zu drängen, bei dem die »Giuliani-Probleme« gelöst werden konnten, ein Ansatz, den Mulvaney anscheinend von seinen häufigen Treffen mit Sondland mitbrachte. Ich sagte ihr, sie solle diese ganze Angelegenheit vor das Büro des Rechtsberaters des Weißen Hauses bringen; sie zitierte mich treffend mit den Worten: »Ich bin nicht Teil des

Drogengeschäfts, das Sondland und Mulvaney aushecken.« Ich hielt die ganze Angelegenheit für eine schlechte Politik, rechtlich fragwürdig und als Verhalten des Präsidenten inakzeptabel. War es ein Faktor bei meinem späteren Rücktritt? Ja, aber als einer von vielen »Tropfen«, die zu meinem Rücktritt beitrugen. Früher, so sagte Hill aus, hatte ich Giuliani »eine Handgranate, die alle in die Luft jagen wird«, genannt, was mir auch heute noch richtig erscheint. Vor allem Perry und Sondland drängten Danyljuk weiter darauf, mich zumindest zu einem Trump-Selenskyj-Telefonat vor den Werchowna-Rada-Wahlen zu bewegen. Ich wehrte sie weiterhin ab, aus Angst, der Anruf könnte nach hinten losgehen.

Am Samstagmorgen, dem 20. Juli, dem Tag vor den Parlamentswahlen, reiste ich nach Japan und Südkorea, um die Frage der Kosten für die Militärbasis zu erörtern. Ich rief Kupperman aus der Luft an, da nun klar war, dass ein Trump-Anruf erst nach den Werchowna-Rada-Wahlen stattfinden würde, und bat ihn, Danyljuk anzurufen und ihm höflich zu sagen, er solle nicht mehr auf Sondland hören. Kupperman sagte mir kurz danach, dass Danyljuk sehr dankbar war, diese Nachricht zu erhalten, ebenso wie Bill Taylor, unser Geschäftsträger der amerikanischen Botschaft in Kiew, der genau wie wir wusste, dass Sondland selbstständig tätig war. Am interessantesten war, dass Danyljuk sagte, das Trump-Selenskyj-Treffen (oder der Anruf) sei nicht seine Idee gewesen, sondern die von Sondland. Die ganze Sache war ein komplettes Drunter und Drüber. Selenskyjs Unterstützer haben bei den Wahlen sehr gut abgeschnitten und etwa 43 Prozent der Stimmen erhalten, genug, um seiner Partei und gleichgesinnten unabhängigen Kandidaten eine brauchbare Mehrheit in der Werchowna Rada zu verschaffen. Ich hoffte, dass dies ein wichtiger Schritt war, um die Dinge wieder in die richtigen Bahnen zu lenken.

Ich kehrte am Abend vor Trumps inzwischen berühmtem Telefonat mit Selenskyj vom 25. Juli aus Asien zurück. Ich informierte ihn schnell vor dem Anruf um neun Uhr morgens, von dem ich erwartete, dass er eine Wiederholung des im Wesentlichen Pro-forma-Anrufs zur Gratulation sein würde, den Trump am Abend von Selenskyjs Sieg in der Stichwahl zum Präsidenten getätigt hatte. Ich erklärte, dass die Ukraine gerade ein russisches Tankschiff und eine russische Besatzung beschlagnahmt hatte, als Vergeltung für die russischen Beschlagnahmungen, die den Vorfall in der Straße von Kertsch im Jahr 2018 ausgelöst hatten, was von echtem Rückgrat Selenskyjs und seines neuen Teams zeugte. Sondland, den ich aus meinem Briefing-Anruf herausgehalten hatte (es wäre das erste Mal in meiner Amtszeit gewesen, dass ein Botschafter an einem solchen Briefing teilgenommen hätte), hatte durch Mulvaney um 7.30 Uhr mit Trump gesprochen, Gott weiß, mit welcher Agenda.

Das »Gesprächsprotokoll« der Trump-Selenskyj-Diskussion, die ich, wie üblich, mit anhörte, das von NSC-Schreibern zusammengestellt wurde und jetzt der Öffentlichkeit zugänglich ist, ist keine »Abschrift«, wie sie von einem Gerichtsreporter von Zeugenaussagen im Prozess oder in der eidesstattlichen Aussage erstellt wird. Bald nach meiner Ankunft im Weißen Haus, am 18. Mai 2018, traf ich mich mit Eisenberg, um das Verfahren zur Erstellung dieser Anrufprotokolle und seine Entwicklung zu besprechen. Wir beschlossen, die Dinge so zu belassen, wie sie waren, um zu vermeiden, dass nach dem Presidential Records Act[13] Dinge, die nicht für die Nachwelt aufbewahrt werden sollten, endgültig aufgezeichnet wurden. Bis zum Ausbruch der Ukraine-Kontroverse war mir nicht bewusst, dass wir jemals von dieser Politik abgewichen sind, einschließlich der Verfahren zur »Aufbewahrung«. Damals dachte ich auch nicht, dass die Kommentare von Trump während des Telefonats eine wesentliche Richtungsänderung widerspiegelten; die Verknüpfung der Militärhilfe mit den Giuliani-Fantasien war bereits geschehen. Der Anruf war für mich nicht der Schlussstein, sondern einfach ein weiterer Baustein in der Mauer. Dies sind meine Erinnerungen an das, was in dem Gespräch wichtig war, nicht Auszüge aus der Aufzeichnung des Anrufs.

Trump gratulierte Selenskyj zu den Werchowna-Rada-Wahlen, und Selenskyj dankte Trump und fügte hinzu: »Ich sollte öfter kandidieren, damit wir öfter miteinander reden können. Wir versuchen, den Sumpf in der Ukraine trockenzulegen. Wir haben neue Leute eingestellt, nicht die alten Politiker.«

Trump sagte: »Wir tun viel für die Ukraine, viel mehr als die europäischen Länder, die mehr tun sollten, wie Deutschland. Sie reden nur. Wenn ich mit Angela Merkel spreche, spricht sie über die Ukraine, aber sie tut nichts. Die USA sind sehr, sehr gut zu der Ukraine gewesen, aber das beruht nicht auf Gegenseitigkeit wegen der Dinge, die geschehen sind [Giulianis Verschwörungstheorien].«

Selenskyj antwortete: »Sie haben völlig recht, eintausend Prozent. Ich habe mit Merkel und Macron gesprochen und mich mit ihnen getroffen und sie tun nicht so viel, wie sie tun sollten. Sie setzen keine Sanktionen [gegen Russland] durch. Die EU sollte unser größter Partner sein, aber die USA sind es, und dafür bin ich Ihnen sehr dankbar. Die USA tun viel mehr für Sanktionen.« Dann dankte er den USA für ihre Verteidigungshilfe und sagte, er wolle weitere Javelins kaufen.

Trump wandte sich dem eigentlichen Thema zu: »Ich möchte, dass Sie uns einen Gefallen tun, denn unser Land hat viel durchgemacht, und die Ukraine weiß eine Menge darüber. Finden Sie etwas über CrowdStrike [eine Cyberfirma, die das DNC benutzte] heraus, den Server, von dem die Leute sagen, die Ukraine habe ihn. Ich möchte, dass unser Justizminister Sie anruft und der Sache auf den Grund geht. Die ganze Sache endete gestern mit Mueller [seiner im Fernsehen übertragenen Anhörung im Repräsentantenhaus[14]]: impotent, inkompetent. Ich hoffe, Sie können der Sache auf den Grund gehen.«

Selenskyj antwortete: »Dies ist für mich als Präsident sehr wichtig und wir sind bereit für eine zukünftige Zusammenarbeit und dazu, eine neue Seite in unseren Beziehungen aufzuschlagen. Ich habe den ukrainischen Botschafter in den Vereinigten Staaten gerade abberufen und er wird ersetzt werden, um sicherzustellen, dass sich unsere beiden Länder einander annähern. Ich möchte eine persönliche Beziehung zu Ihnen aufbauen. Ich werde Ihnen persönlich sagen, dass einer meiner Assistenten gerade mit Giuliani gesprochen hat. Er wird in die Ukraine reisen und wir werden uns treffen. Ich werde mich mit den besten Leuten umgeben. Wir werden unsere strategische Partnerschaft fortsetzen. Die Untersuchung wird offen und ehrlich durchgeführt werden. Das verspreche ich als der Präsident der Ukraine.«

Trump sagte: »Sie hatten einen guten Staatsanwalt. Herr Giuliani ist ein hoch angesehener Mann. Wenn er Sie zusammen mit dem Justizminister anrufen könnte und wenn Sie mit ihm sprechen könnten, wäre das großartig. Die ehemalige Botschafterin der Vereinigten Staaten war ein Missgriff. Die Leute, mit denen sie zu tun hatte, waren ebenfalls schlecht. Es wird viel darüber geredet, dass Bidens Sohn die Anklage [gegen diejenigen, die die geheimen Absprachen in Russland formuliert und durchgeführt haben] stoppt. Er lief herum und prahlte damit, dass er die Anklage gestoppt habe. Das klingt schrecklich.«

Selenskyj sagte: »Da wir eine absolute Mehrheit im Parlament haben, wird der nächste Generalstaatsanwalt zu hundert Prozent mein Kandidat sein. Er wird im September beginnen. Er wird sich mit dem Unternehmen befassen. Die Untersuchung soll die Offenheit wiederherstellen. Wenn Sie zusätzliche Informationen haben, die Sie uns mitteilen möchten, tun Sie dies bitte. Was die US-Botschafterin in der Ukraine, Yovanovitch, betrifft, so bin ich froh, dass Sie mir gesagt haben, dass sie schlecht ist. Ich stimme Ihnen hundertprozentig zu. Ihre Haltung mir gegenüber war bei weitem nicht die beste. Sie wollte mich nicht als Präsidenten akzeptieren.«

Trump antwortete: »Ich werde Giuliani und Justizminister Barr Bescheid geben. Ich bin sicher, Sie werden es hinbekommen. Viel Glück mit allem. Die Ukraine ist ein großartiges Land. Ich habe viele ukrainische Freunde.«

Selenskyj sagte, er habe auch viele ukrainisch-amerikanische Freunde und fügte hinzu: »Vielen Dank für Ihre Einladung nach Washington. Ich nehme den Fall sehr ernst. Es gibt großes Potenzial für unsere beiden Länder. Wir wollen Energieunabhängigkeit.«

Trump sagte: »Zögern Sie nicht, anzurufen. Wir werden ein Datum vereinbaren.«

Selenskyj lud Trump sodann in die Ukraine ein und bemerkte, dass beide am 1. September zum achtzigsten Jahrestag des deutschen Einmarsches in Polen, womit der Zweite Weltkrieg ausgelöst wurde, in Warschau sein würden, und schlug vor, Trump könne dann nach Kiew kommen, was Trump höflich ablehnte.

Dies waren für mich die wichtigsten Bemerkungen in dem Anruf vom 25. Juli, die später so viel Aufmerksamkeit erregten, und zwar zu Recht, ob sie nun eine Amtsenthebung rechtfertigten, kriminell waren oder Sonstiges. Als 1992 Unterstützer der Regierung von Bush senior vorschlugen, ausländische Regierungen um Hilfe bei seiner gescheiterten Kampagne gegen Bill Clinton zu bitten, lehnten Bush und Jim Baker diese Idee vehement ab.[15] Trump tat das genaue Gegenteil.

In der darauffolgenden Woche drängten das Außen- und das Verteidigungsministerium darauf, fast 400 Millionen Dollar an Sicherheitshilfe an die Ukraine zu überweisen, und riefen zu Treffen auf hoher Ebene auf, wie es die Bürokratie reflexartig tut. Natürlich wussten die Bürokraten nicht, dass Pompeo, Esper und ich dieses Thema schon seit geraumer Zeit im Stillen besprochen und bei Trump versucht hatten, das Geld freizusetzen, was alles fehlgeschlagen war. (Bis zu dem Zeitpunkt, als ich zurücktrat, hatten wir berechnet, dass wir einzeln und in verschiedenen Kombinationen zwischen acht und zehn Mal mit Trump gesprochen hatten, um das Geld freizusetzen.) Wenn die Bürokraten glaubten, dass der Hauptausschuss des Nationalen Sicherheitsrates die Meinung von Trump ändern würde, hatten sie zweieinhalb Jahre lang nicht sehr gut aufgepasst. Ich sagte Tim Morrison, dem Nachfolger von Fiona Hill, dass das Außen- und das Verteidigungsministerium aufhören sollten, sich auf Sitzungen zu fokussieren, aber ich wollte die Mittel bereit haben, falls Trump der Freigabe zustimmen würde. Dazu mussten wir die notwendigen Formulare vorbereiten, um zu gewährleisten, dass wir die Sicherheitshilfe vor dem sich abzeichnenden Ende des Finanzjahres am 30. September bekommen konnten. Nach den Haushaltsregeln, die für die Gesetzgebung zur Zweckbindung dieser Mittel seit langem gelten, würden diese Mittel verschwinden, wenn sie nicht bis zu diesem Zeitpunkt zweckgebunden wären. Deshalb begann die Bürokratie, Anzeichen von Aufregung zu zeigen. Natürlich könnte man sich fragen, warum die Bürokratie nicht schon früher im Steuerjahr anfing, sich aufzuregen, anstatt bis zum Ende zu warten und ihre potenziellen Probleme jemand anderem anzulasten. Das könnte man fragen, aber so arbeiten Bürokratien, schmerzlich langsam, und dann geben sie anderen die Schuld, wenn etwas schiefgeht.

Am 1. August sprach ich mit Barr, um ihn darüber zu informieren, was Trump zu Selenskyj über Giuliani gesagt hatte und welche Referenzen Trump zu Barr selbst angab. Ich schlug ihm vor, jemanden zu beauftragen, um Giuliani zu zügeln, bevor er völlig außer Kontrolle geriet. Wir sprachen auch über den Status der Halkbank und die noch offene Frage der Sanktionierung der Türkei wegen des Kaufs russischer S-400-Luftabwehrsysteme. Barr sagte, er warte auf die Antwort des Rechtsbeistands der Halkbank auf das jüngste Vergleichsangebot des Justizministeriums. (Am 15. Oktober, kurz nachdem ich aus der Regierung ausgeschieden war, gab das Justizministerium in New York eine glühende Anklageschrift gegen die Halkbank weiter, nachdem es das endgültige Vergleichsangebot der Anwälte der Bank offensichtlich für unzureichend befunden hatte.)[16]

Esper, Pompeo und ich setzten den Austausch darüber fort, wie wir Trump davon überzeugen könnten, die Sicherheitshilfe vor dem 30. September freizugeben. Wir hätten Trump direkt konfrontieren können, indem wir versucht hätten, die Theorien Giulianis zu widerlegen und zu argumentierten, dass es unzulässig sei, die Behörden der US-Regierung für persönliche, politische Vorteile zu instrumentalisieren. Mit ziemlicher Sicherheit wären wir gescheitert, und vielleicht hätten wir auch eine oder mehrere offene Stellen bei Trumps leitenden Beratern geschaffen. Der richtige Kurs war, die Sicherheitshilfe für die Ukraine von den Ukraine-Fantasien zu trennen, die Militärhilfe genehmigen zu lassen und sich mit Giuliani und den Fantasien später zu befassen. Ich dachte in der Tat, dass ich den zweiten, auf Giuliani bezogenen Weg bereits mit dem Büro des Rechtsberaters des Weißen Hauses und später mit Bill Barr begonnen hätte. Es hatte auch keinen Sinn, mehr ertragloses Mahlen auf den unteren Ebenen der Bürokratie zu fördern. Nichts davon würde die Entscheidungsfindung von Trump beeinflussen, sondern nur Presseberichte riskieren, durch die Trump sich noch mehr darauf versteifen würde, die Hilfe nicht freizugeben. So jedenfalls lautete meine damalige Einschätzung, und ich glaube, Esper und Pompeo stimmten zu.

Wir wussten um die Implikationen der nahenden Frist, aber wir wussten auch, dass unser Handlungsspielraum begrenzt war, da das normalerweise unausgesprochene Problem der Verschwörungstheorien über die Wahlen 2016 und 2020 die Wurzel war. Wir alle wussten genau, was Trump dachte, und deshalb hielten wir es für entscheidend, das Thema erst zum richtigen Zeitpunkt für seine Entscheidung voranzutreiben. Ein falsches Timing könnte die Hilfe ein für alle Mal zum Scheitern verurteilen. Folglich war ich, als Trump die Frage der Ukraine während der Diskussion über Afghanistan in Bedminster am Freitag, dem 16. August, zur Sprache brachte und fragte, wie viel wir dort ausgaben, besorgt, dass die Hilfe für die Ukraine in der Hitze der umstrittenen Afghanistan-Diskussion für immer verloren gehen könnte. Esper überraschte mich mit seiner Antwort, als er sagte, dass der amtierende Direktor des Office for Management and Budget Russ Voight »das gestoppt« habe, d.h. die Versuche, die Freigabe der Hilfe zu verhindern. Das bedeutete, dass die Entscheidung getroffen und die weitere Diskussion ausgeschlossen war, was ich definitiv nicht geglaubt hatte. Glücklicherweise durchlief das Thema Ukraine Trumps frei fließenden Monolog ohne weitere Zwischenfälle.

Das Office for Management and Budget war zu diesem Zeitpunkt natürlich schon auf der Bildfläche erschienen, angeblich aus Haushaltsgründen, aber wir vermuteten eher, weil Trump Mulvaney dazu benutzte, alle Bemühungen des Außen- oder des Verteidigungsministeriums zu unterbinden, Gelder zu verschieben, die sie jeweils beaufsichtigten. Das Budget Office versuchte auch, mehr als 4 Milliarden Dollar an ausländischer Wirtschaftshilfe (die nur das Außenministerium, nicht das Pentagon betraf) zurückzufordern, eine jährliche Übung. Wie im Jahr 2018 zogen sich die Budgetverantwortlichen schließlich zurück, hauptsächlich weil es zu einem offenen Krieg mit dem Kongress gekommen wäre, wenn Trump beschlossen hätte, mit der Rücknahme fortzufahren. Mulvaney und andere argumentierten später, der Streit über die Sicherheitshilfe der Ukraine hänge mit der Rücknahme der Wirtschaftshilfe zusammen, doch dies war ein reiner nachträglicher Rechtfertigungsversuch.

Da die Zeit drängte, schlug ich Pompeo und Esper vor, noch einmal nachzusehen, wie Trump geneigt war, und dass wir drei dann unsere Zeitpläne koordinieren sollten, um gemeinsam mit Trump zu sprechen. Sie waren einverstanden. Am nächsten Morgen, dem 20. August, habe ich Trumps Meinung über die Sicherheitshilfe für die Ukraine überprüft, und er sagte, er sei nicht dafür, ihnen irgendetwas zu senden, solange nicht alle russischen Untersuchungsmaterialien im Zusammenhang mit Clinton und Biden übergeben worden seien. Das könnte Jahre dauern, also klang es nicht so, als gäbe es eine große Aussicht, dass die Militärhilfe fortgesetzt würde. Da die Zeit jedoch knapp wurde, sagte ich, dass Esper, Pompeo und ich Trump gerne später in der Woche zu diesem Thema aufsuchen würden, was er akzeptierte. Aufgrund von Terminschwierigkeiten für Pompeo und Esper und weil ich am Freitagmorgen zum G7-Gipfel in Biarritz abreiste, vertrat mich Kupperman am 23. August, um über die Ukraine zu sprechen. Leider war dies während eines Treffens, bei dem Trump erneut beschloss, nichts zu unternehmen, nachdem eine weitere US-Drohne, die dritte in den letzten Monaten, vom Iran und von Huthis abgeschossen worden war. Die Diskussion über die ukrainische Hilfe war kurz. Trump wich aus mit den Worten: »Lassen Sie mich ein paar Tage darüber nachdenken. Ich werde auf dem G7-Gipfel mit anderen darüber sprechen.« Esper, der kurz vor der Teilnahme an einem NATO-Verteidigungsministertreffen stand, sagte, er werde andere Mitglieder drängen, mehr für die Ukraine zu tun, was ebenfalls helfen könnte. Es hätte schlimmer kommen können, aber die Zeit drängte noch immer.

Auf dem G7-Gipfel schienen Frankreich und Deutschland optimistischer zu sein, dass Putin Schritte unternehmen könnte, um die Spannungen mit der Ukraine abzubauen, etwa durch einen Austausch der Geiseln und der im November inhaftierten Schiffsbesatzungen. Da Biarritz jedoch von gefährlichen Beinahezusammenstößen mit dem Iran so stark belastet war, spielte die Ukraine eine relativ geringe Rolle (obwohl die meisten anderen G7-Mitglieder sich entschieden dagegen aussprachen, Russland 2020 in die von den USA ausgerichtete G7 einzuladen). Nach Biarritz, kurz vor dem Rücktritt stehend, flog ich nach Kiew, um Selenskyj persönlich sowie wichtige Mitglieder seines neuen Teams zu treffen. Ich hoffte, sicherstellen zu können, dass das bevorstehende Selenskyj-Trump-Treffen in Warschau, das sich nicht vermeiden ließ, ein Erfolg werden würde. Als ich am 26. August nach Kiew flog, sprach ich mit Volker über den ukrainischen Unabhängigkeitstag zwei Tage zuvor, den Selenskyj seiner Meinung nach gut bewältigt hatte. Volker betonte, dass Selenskyj sich nicht in die Innenpolitik der USA einmischen wolle, obwohl er froh sei, untersucht zu haben, was auch immer vor seiner Zeit im Jahr 2016 passiert sein mochte.

In Kiew traf ich mich erneut mit Danyljuk, begleitet vom diplomatischen Geschäftsträger Bill Taylor und mehreren NSC-Beamten, zu einer ausführlichen Diskussion darüber, wie ein ukrainischer Nationaler Sicherheitsrat funktionieren könnte, sowie über den Umgang mit den Russen auf der Krim und im Donbas. Taylor und ich legten dann an einer Gedenkstätte für die etwa dreizehntausend Ukrainer, die im andauernden Krieg mit Russland getötet worden waren, einen Kranz nieder. Am nächsten Tag frühstückten wir mit Iwan Bakanow, dem damaligen amtierenden Vorsitzenden des ukrainischen Sicherheitsdienstes, der einige Tage später bestätigte, dass wir »amtierend« aus seinem Titel streichen könnten. Bakanow war für die Reform des Sicherheitsdienstes verantwortlich, eine gewaltige Aufgabe, aber unsere Botschaftsbeamten glaubten, dass er die richtige Person für diese Aufgabe sei. Ein Großteil unseres Gesprächs drehte sich, wie schon am Tag zuvor mit Danyljuk, um Motor Sich und Antonow, zwei wichtige Luft- und Raumfahrtunternehmen, die Gefahr liefen, unter chinesische (oder andere ausländische) Kontrolle zu geraten, was es den USA fast unmöglich machen würde, mit ihnen zusammenzuarbeiten. Diese Firmen (und viele andere) waren das Erbe der Sowjetzeit, die von diesen sachkundigen kommunistischen Wirtschaftsplanern ohne besonderen Grund dort angesiedelt wurden, aber eine unabhängige Ukraine mit erheblichen Vermögenswerten hinterließen, die sie nicht entwischen lassen wollte. Hier lag nun ein strategisches Interesse, das für die US-Entscheidungsträger eine hohe Priorität hätte haben müssen.

Es folgte ein Treffen mit dem designierten Verteidigungsminister Andrij Sahorodnjuk, der entschlossen war, inmitten des andauernden bewaffneten Konflikts mit Russland und seinen Ersatzstreitkräften im Donbas bedeutende Reformen im ukrainischen Militär durchzuführen. Er sprach sich dafür aus, die ausstehende US-Sicherheitshilfe nicht nur für den Kauf von Waffen von US-Firmen zu verwenden, obwohl er dies sicherlich tun wollte, sondern auch, um US-Hilfe beim Aufbau der institutionellen Ressourcen des ukrainischen Militärs zu erhalten. Er erwartete sich davon eine verstärkte Wirkung der Hilfe für die Zukunft. (Am Ende des Tages traf ich auch mit General Ruslan Chomtschak, dem Chef des Generalstabs der Ukraine, zusammen, mit dem ich ausführlich über den

Donbas und die Krim sprach. Chomtschak war ebenfalls ein begeisterter Befürworter der US-Militärhilfe: Er betonte die Notwendigkeit, die Kultur des ukrainischen Militärs zu verändern, u.a. durch die Ausbildung in englischer Sprache und andere Reformen, um sich vom Einfluss Moskaus zu befreien. Er war außerdem sehr besorgt über die russischen Bemühungen um den Aufbau von Wehrkraft in der Region, die eine direkte Bedrohung sowohl für Polen als auch für die Ukraine darstellen würde. Dies waren ernste Angelegenheiten, die sowohl Sahorodnjuk als auch Chomtschak meines Erachtens ernst nahmen.)

Anschließend fuhren wir zum Regierungsgebäude des Präsidenten zu einem Treffen mit Selenskyjs Leiter der Präsidialverwaltung Andrij Bohdan und einem seiner Stellvertreter, Ruslan Rjaboschapka. Bohdan war im Privatleben Selenskyjs Anwalt gewesen und vertrat auch den Oligarchen Ihor Kolomojskyj. Es gab sichtbare Spannungen zwischen Bohdan und Danyljuk, der etwas später zu uns stieß, die den Rücktritt Danyljuks als nationaler Sicherheitsberater Selenskyjs Mitte September erahnen ließen.[17] Mit Danyljuks Ankunft kamen auch Iwan Bakanow, Wadym Prystajko (der designierte Außenminister) und Aivaras Abromavičius (der Leiter der staatlichen Holdinggesellschaft, die die rüstungsindustrielle Basis der Ukraine, darunter Motor Sich und Antonow, effektiv kontrollierte) zum Treffen dazu. Bohdan betonte, dass die Ukraine auf die Unterstützung der USA für das Reformprogramm zählte. Obwohl Selenskyj die absolute Mehrheit in der Werchowna Rada hatte, hatten die meisten der neuen Parlamentarier, wie auch Selenskyjs eigener innerer Kreis, keinerlei Regierungserfahrung. Das Kabinett war dementsprechend auf der Grundlage von technischem Fachwissen ausgewählt worden und umfasste Personen aus einer Reihe von anderen politischen Parteien sowie einige Berufsbeamte wie Prystajko, der damals als Botschafter der Ukraine bei der NATO diente und dort auf die Aufnahme der Ukraine drängte.

Wir sprachen über ein breites Spektrum von Themen, danach hatte ich fünfundvierzig Minuten allein mit Prystajko, um über Außenpolitik zu sprechen. Interessanterweise war die Ukraine zusammen mit dem Büro des Rechtsberaters des Außenministeriums zu dem Schluss gekommen, dass unser Rückzug aus dem INF-Vertrag bedeutete, dass der gesamte

Vertrag ungültig wurde.[18] Dementsprechend stand es der Ukraine als Nachfolgestaat der UdSSR, der ehemals theoretisch an den Vertrag gebunden war, nun frei, eigene nicht-INF-konforme Raketensysteme zu entwickeln. Angesichts der Situation mit der annektierten Krim und dem gefährdeten Donbas war dies keine Kleinigkeit für die Ukraine, Europa oder die Vereinigten Staaten. Was auch immer die Westeuropäer dachten, die Ukraine und andere osteuropäische Staaten hatten ihre eigenen Vorstellungen davon, wie sie auf Russlands Mittelstreckenraketen-Kapazitäten reagieren sollten.

Als das größere Treffen endete, zog ich Rjaboschapka zur Seite, bevor ich mich mit Prystajko traf, um unter vier Augen mit ihm zu sprechen. Er hatte während des Treffens nicht viel gesagt, was, wie ich hoffte, seine Diskretion zeigte. Rjaboschapka, als das baldige Äquivalent zum US-Justizminister, war der Selenskyj-Kabinettsbeamte, der am ehesten benötigt wurde, um sich mit Giulianis Verschwörungstheorien zu befassen, und auch der ukrainische Beamte, an den Bill Barr sich für alle Rechtsfragen von Regierung zu Regierung wenden würde. Hier hatte ich mein einziges Gespräch in der Ukraine zu Giulianis Themen, und zwar ein sehr kurzes. Ich drängte Rjaboschapka, direkt mit Barr und dem Justizministerium zu sprechen, sobald er sein Amt antrat, da ich der Meinung war, dass dies der beste Weg sei, um zu verhindern, dass die Fantasie die Realität besiegte. Ich erwähnte die Worte »Rudy Giuliani« nicht, in der Hoffnung, dass diese Auslassung Bände sprach. Die Zeit würde es zeigen.

Die Selenskyj-Sitzung begann um 12.30 Uhr und dauerte bis etwa 14 Uhr. Auf ukrainischer Seite waren im Grunde alle diejenigen zugegen, die an den früheren Treffen teilgenommen hatten. Die US-Seite bestand aus Bill Taylor, NSC-Beamten und mehreren Botschaftsbeamten. Selenskyj war durchweg beeindruckend und beherrschte die Themen sehr gut. Zunächst dankte er uns dafür, dass wir unsere Krim-Sanktionen aufrechterhielten und die angebliche Annexion Russlands weiterhin nicht anerkannt hatten. Ich dachte: Wenn er nur wüsste, wie nahe wir dran waren, all das preiszugeben! Wir diskutierten über die Krim, den Donbas, den gescheiterten Friedensprozess des Normandie-Formates und seinen Wunsch, dass die USA und Großbritannien bei der Lösung des russischukrainischen Konflikts aktiver wurden. Innenpolitisch sagte Selenskyj, der Kampf gegen die Korruption, das Kernstück seines Präsidentschaftswahlkampfes, habe für ihn höchste Priorität. Seine Partei »Diener des Volkes«, benannt nach seiner Fernsehsendung, zählte 254 Werchowna-Rada-Mitglieder, und er sagte, dass bei der Eröffnung der neuen Legislaturperiode 254 Reformgesetze eingebracht würden, eines für jedes Parteimitglied, das dafür zuständig sein würde. Selenskyj betonte, dass die Zeit der Versprechungen allein vorbei und es nun an der Zeit sei, die Versprechen einzulösen, mit denen er Wahlkampf geführt habe.

Er sagte, das Thema, das seinen ersten Anruf bei Putin veranlasste, sei der Versuch, die Freilassung der ukrainischen Seeleute zu erreichen. Er sei entschlossen, den Donbas so schnell wie möglich zurückzubekommen und den Krieg im Rahmen des Minsker Abkommens zu beenden. Selenskyj hatte sehr konkrete Ideen für einen Waffenstillstand, der von einer bestimmten Stadt ausgehen und dann ausgedehnt werden sollte. Es werde keine diplomatischen Spielchen von ihm geben, sagte er, aber die Ukraine brauche gegenseitige Schritte mit Russland: Er wolle das Problem lösen und es nicht jahrelang hinauszögern. Wir diskutierten auch die heikle Frage, was passieren würde, wenn der Donbas geklärt würde, aber nicht die Krim. Niemand, auch nicht die USA, hatte einen Ausweg aus diesem Dilemma, aber Selenskyj betonte, dass der Westen als Ganzes die Sanktionen an das Krim-Problem knüpfen müsse und nicht nur die Beendigung des Donbas-Krieges. Nach einer Diskussion über Weißrussland und Moldawien und ihre Probleme mit Russland und der Korruption kamen wir zum Schluss. Es gab keine Diskussion über Hillary Clinton, Joe Biden oder irgendetwas, das mit Giuliani zu tun hatte. Wenn dies nicht zeigte, was Amerikas wirkliche Interessen waren und was Selenskyj mit Trump in Warschau zur Sprache bringen sollte, wusste ich nicht, was ich sonst tun sollte.

Ich verließ Kiew in der Zuversicht, dass Selenskyj das Ausmaß der Aufgabe, vor der er im In- und Ausland stand, verstanden hatte, ebenso wie sein neues Team. Das waren Menschen, mit denen wir zusammenarbeiten konnten, solange wir uns nicht in den verrückten, extremen und verschwörungstheoretischen politischen Positionen verirrten, was sich erst noch zeigen sollte. Taylor, der an allen meinen Treffen mit Ausnahme meines kurzen Einzelgesprächs mit Rjaboschapka teilgenommen hatte, sprach vor meiner Abreise zum Flughafen allein mit mir und fragte mich, was er gegen die aufwirbelnden Giuliani-Probleme unternehmen solle. Ich hatte Mitleid mit ihm, also drängte ich ihn, eine Depesche an Pompeo zu schreiben und ihm mitzuteilen, was er wusste. Depeschen dieser Art sind seltene, direkte Nachrichten von einem diplomatischen Geschäftsträger direkt an den Außenminister, die für außergewöhnliche Umstände reserviert sind, die hier offensichtlich vorlagen. Außerdem war es höchste Zeit, Pompeo aktiver in die Auseinandersetzung einzubeziehen. Taylors nachfolgende Aussage im Kongress machte ihn zu einem der wichtigsten Zeugen bei den Ermittlungen zum Amtsenthebungsverfahren im Repräsentantenhaus.[19]

Am 29. August flog ich von Kiew aus nach Moldawien und Weißrussland und setzte meine Reise in die ehemaligen Republiken der UdSSR fort. Ich wollte Russland zeigen, dass wir uns nachhaltig auf seine Peripherie konzentrierten und uns nicht damit begnügten, diese sich mühenden Staaten alleine mit Moskau ringen zu lassen. Wäre ich länger im Weißen Haus geblieben, hätte ich substanziellere Pläne für die Beziehungen der USA zu den ehemaligen Sowjetstaaten gehabt, aber das sollte nicht sein. Insbesondere in Minsk wollte ich trotz Alexander Lukaschenkos alles andere als strahlender Menschenrechtsbilanz beweisen, dass die USA nicht einfach zusehen würden, wie Weißrussland von Russland reabsorbiert wurde, was Putin anscheinend ernsthaft in Erwägung zog. Ein Aspekt meiner Strategie war ein Treffen, das die Polen in Warschau am Samstag, dem 31. August, mit den nationalen Sicherheitsberatern Polens, Weißrusslands, der Ukraine und der Vereinigten Staaten arrangiert hatten. Sollte der Kreml eine Weile darüber nachdenken. Ich hatte natürlich viel mehr im Sinn als nur zusätzliche Treffen, aber dies war ein Treffen, das anderen ehemaligen Sowjetrepubliken signalisieren sollte, dass weder wir noch sie passiv sein durften, wenn sie mit russischer Kriegslust oder Bedrohungen ihrer internen Regierungsführung konfrontiert wurden. Es gab vieles, was wir alle sowohl auf diplomatischer als auch auf militärischer Ebene tun konnten. Nachdem ich zurückgetreten war, schienen sich die Regierung und andere in eine ähnliche Richtung zu bewegen.[20]

Als ich von Minsk nach Warschau flog, rief ich Pompeo an, um ihn über die Reise in die Ukraine, nach Moldawien und Weißrussland zu informieren. Ich übermittelte insbesondere, was Taylor mir in Kiew offen gesagt hatte: Er hatte den Privatsektor verlassen, um vorübergehend als diplomatischer Geschäftsträger in einem Land, in dem er Botschafter gewesen war, wieder in die Regierung einzutreten (ein seltener Fall, wenn es überhaupt jemals zuvor geschehen ist), weil er eine enge Beziehung zwischen der Ukraine und den USA so stark befürwortete. Wenn wir uns der Ukraine gegenüber gleichgültig oder feindselig verhielten, sagte er: »Ich bin hier nicht Ihr Mann«, was, wie Pompeo bestätigte, auch Taylor ausdrücklich gesagt hatte, bevor er im Frühjahr, nachdem Yovanovitch abgesetzt worden war, das Amt übernahm. Weder Pompeo noch ich hatten Zweifel daran, dass Taylors Rücktritt so gut wie sicher war, wenn die Militärhilfe nicht zustande käme.

Ich fragte, ob es möglich wäre, eine Entscheidung über die Sicherheitsfonds zu erreichen, bevor Trump nach Warschau abreiste. Pompeo war der Meinung, dass es möglich wäre, und bemerkte auch, dass er eine weitere Chance auf der Air Force One haben würde, die Andrews am Freitagabend verließ und am Samstagmorgen in Warschau eintraf. Das Treffen mit Selenskyj war für Sonntagmorgen geplant, so dass auch in Warschau zumindest etwas Zeit blieb. Jim Inhofe, der Vorsitzende des Senatsausschusses für Streitkräfte, versuchte, mich zu erreichen, und Pompeo und ich besprachen die verschiedenen Optionen für den Kongress, die wir in Erwägung gezogen und diskutiert hatten, um etwas Entlastung von der Frist des 30. September zu erhalten. Es konnte Möglichkeiten geben, mehr Zeit zu gewinnen, was am Ende eines Finanzjahres normalerweise unmöglich ist, hier aber aufgrund der überwältigenden parteiübergreifenden Unterstützung für die Sicherheitshilfe für die Ukraine auf verschiedene Weise machbar war.

In dieser Nacht erfuhren wir, dass Trump wegen des sich Florida nähernden Hurrikans Dorian nicht nach Polen reisen würde und dass stattdessen Pence käme, der nicht vor Sonntagmorgen landen würde. Sowohl Pompeo als auch Esper brachen die Reise ab, und der Warschauer Zeitplan geriet durcheinander, weil Pence vierundzwanzig Stunden später, als für Trump geplant war, eintreffen würde. Insbesondere das Selenskyj-Treffen müsste nun nach der Zeremonie zum achtzigsten Jahrestag des Nazi-Angriffs auf Polen stattfinden und nicht vorher. All das war möglich, aber es bedeutete offensichtlich, dass eine Entscheidung Trumps über die Militärhilfe für die Ukraine wieder in den Hintergrund gedrängt worden war. Die Zeit rannte uns nun davon.

Am Freitagabend, 30. August, Warschauer Zeit, nahm ich von Warschau aus per Videokonferenz an einem NSC-Treffen zu Afghanistan mit Trump und den meisten anderen im Sit Room teil. Wie ich bereits beschrieben habe, war die Afghanistan-Diskussion so aufreibend, dass Trump den Raum verließ, bevor ich merkte, dass das Treffen sich auflöste. Ich schrie den Bildschirm fast an: »Moment, was ist mit der Ukraine?«, und alle setzten sich wieder hin. Trump sagte: »Die NATO ist mir scheißegal. Ich bin bereit zu sagen: ›Wenn Sie nicht zahlen, werden wir sie nicht verteidigen.‹ Ich will, dass die dreihundert Millionen Dollar [er meinte zweihundertfünfzig Millionen Dollar, ein Teil der für die Ukraine vorgesehenen Hilfe] über die NATO gezahlt werden.« Natürlich war nichts davon praktisch möglich, was Trumps anhaltendes Unverständnis darüber widerspiegelte, was diese Gelder waren und wie sie zweckgebunden wurden, aber das war nichts Neues. »Die Ukraine ist eine Mauer zwischen uns und Russland«, sagte er und meinte damit, glaube ich, ein Hindernis für engere Beziehungen zwischen Moskau und Washington. Dann sagte er zu Pence: »Rufen Sie [NATO-Generalsekretär] Stoltenberg an und lassen Sie ihn die NATO bezahlen. Sagen Sie: ›Der Präsident ist für Sie, aber das Geld sollte von der NATO kommen‹«, was immer noch keinen Sinn ergab. »Warten Sie bis zum NATO-Treffen im Dezember«, sagte Trump und deutete damit an, zumindest meiner Meinung nach, dass er unseren Rückzug ankündigen würde.

Das waren keine guten Nachrichten, obwohl Kupperman mir erzählte, dass Senator Inhofe nach dem NSC-Treffen fast dreißig Minuten lang mit Trump sprach und an der Frage der Sicherheitsunterstützung arbeitete. Trump sagte schließlich zu ihm: »Pence wird meine Botschaft abschwächen«, was auch immer das bedeutete. Senator Ron Johnson teilte mir einige Tage später mit, er habe ebenfalls mit Trump gesprochen und den politischen Standpunkt vertreten, dass die Unterstützung für die Ukraine im Kongress nahezu einstimmig sei. Er war sich nicht sicher, ob er Trump beeinflusst hatte, aber ich wusste, dass die Zahl der Mitglieder des Repräsentantenhauses und des Senats, die sich auf einen Anruf oder ein Treffen mit Trump vorbereiteten, rasch anstieg. Es mochte sein, dass rohe Politik bei Trump besser ankam als substanzielle Argumente. Jedenfalls endete das Treffen ergebnislos.

Pence rief Samstagabend an, als er nach Warschau flog, um über Trump zu sprechen: »Ich dachte, ich hätte ihn sagen hören, er wisse, dass es das Ende des Finanzjahres ist, und dass es keine vorherige Benachrichtigung [an die Ukraine] gegeben hat, dass wir das Geld zurückhalten wollen, aber er hatte echte Bedenken. Ich glaube, ich kenne den Präsidenten gut genug, um zu sagen, dass er damit meint: ›Lasst uns das tun, aber bringt unsere Verbündeten dazu, in Zukunft mehr zu tun.‹« Ich hoffte, dass das die Botschaft war, die er in Warschau übermitteln würde. Aber das wusste noch keiner von uns. Pence landete am Sonntagmorgen in Warschau, etwas früher als geplant, kurz vor zehn Uhr morgens. Zu meiner Überraschung war Sondland mit der Air Force Two geflogen und schaffte es auch, in das Briefing, das der Stab des Vizepräsidenten arrangiert hatte, hereinzuplatzen, ungeachtet der Bemühungen des Vorausteams, ihn fernzuhalten. Sondland sagte später aus, er sei »in allerletzter Minute eingeladen worden«. Er lud sich selbst ein, obwohl die Voraustruppe des Vizepräsidenten fast körperliche Anstrengungen unternommen hatte, um ihn abzuhalten. Beim Briefing erzählte ich Pence in verkürzter Form von meiner Reise in die drei osteuropäischen Länder, insbesondere von meinem Treffen mit Selenskyj und den anderen Ukrainern in Kiew. In der Folge sagte Sondland aus, er habe bei demselben Treffen gesagt, dass die Hilfe für die Ukraine an die »Untersuchungen« gebunden sei, die Trump und Giuliani wünschten, und dass sein Kommentar von Pence »gebührend zur Kenntnis genommen« worden sei. Ich kann mich nicht daran erinnern, dass Sondland bei diesem Treffen irgendetwas gesagt hat.

Die Zeit war knapp, bevor wir zum Piłsudski-Platz aufbrechen mussten, dem Ort, an dem die Zeremonie stattfand und wo Papst Johannes Paul II. 1979 die berühmte Messe gehalten hatte, die nach Ansicht vieler

Polen den Beginn des Endes des Kalten Krieges markierte. Wir kehrten erst um 14.30 Uhr ins Hotel zurück, weit hinter dem Zeitplan, wegen der komplexen Logistik für alle anwesenden Staats- und Regierungschefs. Bei einer anderen Gelegenheit, Pence ohne die Anwesenheit von Sondland zu informieren, erklärte ich, dass ich das Selenskyj-Treffen (das um 15.30 Uhr begann, fast eine Stunde zu spät) spätestens um 15.45 Uhr verlassen musste. Pence und ich konzentrierten uns auf die Frage der Sicherheitsunterstützung und er räumte ein, dass wir immer noch keine gute Antwort parat hatten. Als Selenskyj eintraf, stolperte der Pressemob herein und stellte Fragen zu diesem Thema, die Pence so geschickt wie möglich umging. Die Presse ging, wie ich auch, damit mein Flugzeug seinen Flughafenslot auf dem überfüllten Warschauer Flughafen nicht verlor. Daher erfuhr ich erst später, als Morrison anrief, dass Selenskyj sich gleich nach dem Abgang der Presse auf das Sicherheitspaket eingeschossen hatte. Pence redete um den heißen Brei, aber das Fehlen einer »Ja, es kommt auf jeden Fall«-Erklärung konnte man nicht verbergen. Glücklicherweise hat Sondland die Giuliani-Fragen während des Treffens mit Selenskyj nicht zur Sprache gebracht, wozu er uns gedrängt hatte. Morrison sagte jedoch, Sondland habe sich danach einen von Selenskyjs Beratern, Andrij Jermak, geschnappt, der sich um »US-Angelegenheiten« kümmerte und der sich zuvor mit Giuliani getroffen hatte. Morrison war sich nicht ganz im Klaren darüber, was Sondland und Jermak besprochen hatten, aber ich bezweifelte, dass es etwas mit der Krim oder dem Donbas zu tun hatte, ganz zu schweigen von den Auswirkungen des Scheiterns des INF-Vertrags. Morrison sagte mir in einem späteren Gespräch, dass Sondland die Giuliani-Fragen gegenüber Jermak angesprochen hatte.

Nach einem ruhigen Labor Day verbrachte ich den Dienstag im Weißen Haus und holte Versäumtes nach. Als Haspel und das Geheimdienst-Team zu Trumps Briefing eintrafen, sagte sie: »Das können Sie nicht noch einmal tun!« – »Was?«, fragte ich. »Wegfahren für eine Woche«, sagte sie, und wir alle lachten. Am 4. September sprach ich mit Pence, der sich immer noch in Europa in Trumps Golfresort Doonbeg in Irland aufhielt, was zum jüngsten Skandal des Tages geworden war. Pence war von Selenskyj beeindruckt, informierte daher Trump und schloss mit den Worten:

»Meine Empfehlung und die Konsensempfehlung Ihrer Berater lautet, dass wir mit den zweihundertfünfzig Millionen Dollar vorankommen sollten.« Pence drängte Trump auch dazu, Selenskyj bei der UN-Generalversammlung zu treffen, und sagte »nur unter uns Mädchen«, dass Trump seiner Meinung nach einen Aufhänger für Nachrichten suchte, um die von uns erhoffte richtige Entscheidung zu treffen. »Selenskyj beendete die Argumentation [in ihrer Sitzung] nicht ganz schlüssig, also tat ich es für ihn«, sagte Pence, was sich positiv anhörte. In der Zwischenzeit begann die Presse den Zusammenhang zwischen der Vorenthaltung der Militärhilfe für die Ukraine und Trumps Besessenheit von den Wahlen 2016 und 2020 in der Person von Hillary Clinton und Joe Biden zu erschnüffeln.[21] Die parteiübergreifende Opposition im Kongress gegen die Vorenthaltung der Hilfe nahm weiter zu (was, wie ich hoffte, zum richtigen Ergebnis führen würde, wenn alles andere scheiterte). Doch erst Ende September begannen die Medien zu würdigen, was schon lange vor dem Anruf vom 25. Juli geschehen war.[22]

Am Wochenende kam es zu Selenskyjs Gefangenenaustausch mit Russland, ein an sich positives Ereignis, bezüglich dessen Trump durchscheinen ließ, dass es ausreichen konnte, um ihn zur Freigabe der Sicherheitsunterstützung zu bewegen. Pompeo und ich diskutierten dies am Morgen des 9. Septembers und Esper und ich sprachen später am Tag telefonisch darüber; in beiden Fällen drängte ich weiterhin auf gesetzliche Erleichterungen, um mehr Zeit zu gewinnen. Am Mittwochnachmittag beschloss Trump, das Geld für die Ukraine freizugeben.[23]

Zu diesem Zeitpunkt war ich nicht mehr im Regierungsdienst. Um etwa 14.15 Uhr am Montag, dem 9. September, rief Trump mich ins Oval, wo wir uns allein trafen. Er beschwerte sich über die Presseberichterstattung über Afghanistan und die Absage des Treffens von Camp David mit den Taliban, ganz zu schweigen von der überwältigend negativen Reaktion, besonders unter Republikanern, sowohl auf den Deal als auch auf die Einladung der Taliban nach Camp David. Natürlich hatte er den größten Teil der negativen Reaktion selbst durch seine unbedachten Tweets hervorgerufen. Vielleicht überrascht es, dass vor den Tweets nichts durchgesickert war, aber die Tweets haben die Geschichte aufgedeckt. Er war wütend, dass er als Idiot hingestellt wurde, nicht dass er es so ausdrückte. Er sagte: »Viele Leute mögen Sie nicht. Sie sagen, Sie seien ein geheimer Informant und kein Teamplayer.« Das wollte ich nicht hinnehmen. Ich sagte, ich sei in den letzten Monaten einer Kampagne von negativen Lecks gegen mich ausgesetzt gewesen, die ich gerne im Detail beschreiben würde, und ich würde ihm auch gerne sagen, von wem die Lecks meiner Meinung nach stammten. (In den meisten Fällen glaubte ich, dass die undichten Stellen von Pompeo und Mulvaney arrangiert wurden.)

Was die Behauptung anbelangt, ich sei ein geheimer Informant, so drängte ich ihn, in der *New York Times*, der *Washington Post* und anderswo nach all den wohlwollenden Berichten über mich zu suchen, die oft enthüllten, wer die undichte Stelle war; er würde keine finden. Trump fragte ausdrücklich nach dem Treffen mit den Taliban und ich erinnerte ihn daran, dass ich ihm gesagt hatte, dass die Taliban lediglich durch ein starkes Magnetometer gehen sollten. Was ich gesagt hatte, war, dass ich den Vertrag mit dem Außenministerium nicht unterzeichnet hätte, und Trump zeigte mit dem Finger auf mich und sagte: »Ich stimme zu.« Dann ging es wieder mit ihm durch, und er sagte: »Sie haben Ihr eigenes Flugzeug«, und ich erklärte kurz, dass das nicht stimmte. Ich flog auf allen Dienstreisen mit Militärflugzeugen und folgte denselben Regeln, denen meine Vorgänger und viele andere hohe Beamte, die mit der nationalen Sicherheit zu tun hatten, unterlagen. Ich habe diese Regeln nicht geschrieben; ich habe sie befolgt. Ich wusste, dass dies speziell eine Beschwerde von Mulvaney war, die Quelle für eine Menge dieses Unsinns. »Sie haben alle Ihre eigenen Leute da hinten [im Stab des Nationalen Sicherheitsrates]«, sagte Trump, eine weitere Beschwerde von Mulvaney. Natürlich war Trumps übliche Beschwerde, dass zu den Mitarbeitern des NSC zu viele Mitglieder des »deep state« gehörten.

An diesem Punkt erhob ich mich vom Stuhl vor dem Resolute Desk und sagte: »Wenn Sie wollen, dass ich gehe, gehe ich.« Trump sagte: »Lassen Sie uns morgen früh darüber reden.«

Das war mein letztes Gespräch mit Trump. Ich verließ das Oval um etwa 14.30 Uhr und kehrte in mein Büro zurück. Ich erzählte Kupperman und Tinsley von dem Gespräch und sagte, was mich betraf, war's das. Ich gab mein kurzes Rücktrittsschreiben, das ich einige Monate zuvor geschrieben hatte, meiner Assistentin Christine Samuelian, um es auf Briefpapier des Weißen Hauses zu setzen. Ich sagte, ich würde nach Hause gehen und eine Nacht darüber schlafen, aber ich sei bereit, am nächsten Tag zurückzutreten. Angesichts der anschließenden Kontroverse sollte ich anmerken, dass Kupperman mir am Dienstag mitteilte, dass Dan Walsh, einer von Mulvaneys Abgeordneten, ihn spät am Montag angerufen habe, als er mit Trump in der Air Force One von einer politischen Kundgebung in North Carolina zurückkehrte, zu der Trump direkt nach seinem Gespräch mit mir aufgebrochen war. Trump war immer noch über meinen Einsatz von Militärflugzeugen aufgebracht, was Walsh ihm erfolglos zu erklären versucht hatte, und sagte zu Walsh: »Sagen Sie ihm, er bekommt kein weiteres Flugzeug, es sei denn, ich stimme ausdrücklich zu.« Dieser Kommentar von Trump zeigt, dass er am Montagabend noch dachte, ich würde nach unserem Treffen am Dienstag immer noch da sein, um Anträge für Militärflugzeuge zu stellen.

Am Dienstag, dem 10. September, kam ich morgens zur gewohnten frühen Stunde, kam noch einigen Verpflichtungen nach und ging dann, damit ich zu Hause war, wenn der Sturm losbrach. Ich bat Christine, den Brief ins Outer Oval zu bringen und um 11.30 Uhr Kopien an Pence, Mulvaney, Cipollone und Grisham zu geben. Ich bin sicher, dass Trump das nicht erwartet hatte, denn er twitterte um etwa 11.50 Uhr, um seine Geschichte als Erster zu veröffentlichen. Ich hätte vorbeugend zuschlagen sollen – daraus habe ich gelernt –, aber ich begnügte mich damit, mit den Fakten zu kontern. Ich weiß, wie es tatsächlich endete. Und damit war ich wieder ein freier Mann.

KAPITEL 15

EPILOG

Als ich am 10. September 2019 als Nationaler Sicherheitsberater zurücktrat, hat noch niemand die nachfolgende Saga des Amtsenthebungsverfahrens gegen Trump kommen sehen. Damals war mir weder die Beschwerde des inzwischen berühmten Informanten noch der Umgang innerhalb der Exekutive damit bekannt, aber diese Beschuldigung und die öffentliche Aufmerksamkeit, die sie in der Folge erhielt, veränderten die politische Landschaft Washingtons auf völlig unvorhersehbare Weise. Ich habe keine Ahnung, wer der Whistleblower ist.

Dennoch wusste ich, wie das vorige Kapitel zeigt, mehr über Trumps Umgang mit den Angelegenheiten der Ukraine, als ich wollte, und während sich die Nation als Ganzes auf die Ereignisse im Zusammenhang mit der Amtsenthebung konzentrierte, fokussierte ich mich darauf, zu entscheiden, welche persönlichen und konstitutionellen Verantwortlichkeiten ich in Bezug auf diese Informationen hatte. Ob Trumps Verhalten nun die Stufe eines strafbaren Vergehens erreicht hatte oder nicht, ich fand es zutiefst beunruhigend, weshalb ich dem Rechtsberater des Weißen Hauses, Pat Cipollone, seinen Mitarbeitern und Justizminister Bill Barr Bericht erstattet hatte und weshalb Pompeo, Mnuchin und ich uns bereits in Gesprächen untereinander darüber besorgt gezeigt hatten. Aber die Aufrechterhaltung der verfassungsmäßigen Autorität des Präsidenten und dessen, was Hamilton die »Kraft in der Exekutive« nannte, waren ebenfalls keine Kleinigkeiten. Beim anschließenden Armageddon der Parteien waren die ach so Tugendhaften auf beiden Seiten der Schlacht schnell dabei der Welt zu sagen, wie einfach doch die Entscheidungen waren. Ich sah das nicht so.

Weder ich noch meine Anwälte, ein hervorragendes Team unter der Leitung von Chuck Cooper, einem alten Freund und Kollegen aus dem Justizministerium während der Reagan-Regierung, sprachen mit der Presse – aus guten und hinreichenden Gründen. Das geringe Gefühl für Komplexität und intellektuelle Strenge, das die politische Debatte in Amerika noch hat, ging im Amtsenthebungsverfahren schnell verloren, und der Versuch, meine Ansichten zu erklären, hat angesichts der vorhersehbaren Ergebnisse meine Kosten-Nutzen-Analyse des Zeit- und Arbeitsaufwands nicht bestanden. Viele andere Beteiligte am Konflikt dieser Amtsenthebung hatten jedoch ihre eigene Agenda, die in den Medien oft energischer verfolgt wurde als in der realen Welt. Daher war die Presseberichterstattung oft erschreckend falsch und spiegelte sowohl die nicht so versteckte Agenda vieler anderer Akteure als auch die übliche Voreingenommenheit der Medien wider sowie ihre Faulheit, mangelnde Ausbildung und Professionalität und kurze Aufmerksamkeitsspanne. Ich fühlte mich damals und fühle mich auch heute nicht verpflichtet, die Fehler der Reporter in Bezug auf mich stückweise zu korrigieren; wenn ich das täte, hätte ich kaum Zeit für etwas anderes. Ich glaubte, dass ich zu gegebener Zeit zu Wort kommen würde (eine der wenigen Bemerkungen, die ich bei mehreren Gelegenheiten gegenüber der Presse gemacht habe), und ich begnügte mich damit, meine Zeit abzuwarten. Ich glaubte durchweg, wie eine Zeile in »Hamilton« lautet, dass »ich meine Chance nicht wegwerfe«, vor allem nicht, um die heulende Presse, die heulenden Befürworter der Anklage oder Trumps heulende Verteidiger zufriedenzustellen.

Meine inhaltlichen Ansichten über das Amtsenthebungsverfahren waren ausgesprochen gemischt. Am wichtigsten war, dass die Befürworter des Amtsenthebungsverfahrens gegen Trump in der Ukraine-Frage, von Beginn des Verfahrens im Repräsentantenhaus an, Amtsenthebungsfehler begingen. Sie schienen sich eher von ihren eigenen politischen Zwängen leiten zu lassen, rasch über Amtsenthebungsartikel abzustimmen, um den Zeitplan der demokratischen Präsidentschaftsnominierung nicht zu stören, als eine umfassende Untersuchung abzuschließen. Ein solches Vorgehen war verfassungsrechtlich nicht seriös. Wenn Trump eine Amtsenthebung und Verurteilung verdiente, dann verdiente die amerikanische Öffentlichkeit einen ernsthaften und gründlichen Versuch, die außerordentliche Strafe der Amtsenthebung eines gewählten Präsidenten zu rechtfertigen. Das ist nicht geschehen. Die von den Demokraten wahrgenommenen Imperative, die sich aus dem Wahlkalender ergaben, mögen für die Befürworter einer Amtsenthebung harte politische Fragen und schwierige logistische Probleme aufgeworfen haben, aber das war ihre eigene Schuld. Ihre selbst auferlegten Zeitplanbeschränkungen erreichten kaum ein konstitutionelles Niveau, geschweige denn ein Niveau, das einer Amtsenthebung des Präsidenten gebührt, eine der schwerwiegendsten verfassungsrechtlichen Aufgaben des Kongresses. Ebenso wenig rechtfertigten Terminierungsfragen die anschließenden taktischen Entscheidungen der Befürworter der Amtsenthebung, wie etwa die Nichtverfolgung von Zwangsvorladungsklagen vor Gericht oder den anderweitigen Aufbau eines nicht nur »angemessenen«, sondern überzeugenden Beweismaterials. In gewisser Hinsicht war dies in der Tat ein Spiegelbild dessen, was die Befürworter der Amtsenthebung Trump vorwarfen: legitime Regierungsbefugnisse um ein illegitimes, nicht staatliches Ziel herum zu verdrehen.

Die Folgen dieser parteiischen Haltung des Parlaments waren zweifacher Art. Erstens schränkte es den Umfang des Amtsenthebungsverfahrens dramatisch ein und bot keine Gelegenheit, Trumps ungeschickte Verwicklungen in andere Angelegenheiten – straf- und zivilrechtliche, internationale und innenpolitische – zu untersuchen, die eigentlich nicht Gegenstand der Manipulation durch einen Präsidenten aus persönlichen Gründen (politisch, wirtschaftlich oder anderweitig) sein sollten. Das soll nicht heißen, dass ich irgendwelche Zweifel an der Autorität eines Präsidenten (gemäß Artikel II) über das Justizministerium habe. Aber es heißt, dass die verfassungsmäßige Verpflichtung eines Präsidenten, »darauf zu achten, dass die Gesetze getreulich ausgeführt werden«, bedeutet, dass die Gesetze unparteiisch angewendet werden müssen. Ein Präsident darf die legitimen Befugnisse der nationalen Regierung nicht missbrauchen, indem er sein eigenes persönliches Interesse als gleichbedeutend mit dem nationalen Interesse definiert oder indem er Vorwände erfindet, um die Verfolgung persönlicher Interessen unter dem Deckmantel des nationalen Interesses zu verschleiern. Hätte sich das Repräsentantenhaus nicht nur auf die ukrainischen Aspekte von Trumps Verwechslung seiner persönlichen Interessen (ob politisch oder wirtschaftlich) konzentriert, sondern auf das breitere Muster seines Verhaltens – einschließlich seiner Druckkampagnen, an denen u.a. die Halkbank, ZTE und Huawei beteiligt waren –, wäre die Chance größer gewesen, andere davon zu überzeugen, dass »schwerwiegende Verbrechen und Vergehen« begangen wurden. Tatsächlich fällt es mir schwer, eine bedeutende Entscheidung Trumps während meiner Amtszeit zu erkennen, die nicht von Kalkulationen bezüglich seiner Wiederwahl getrieben war.

Zweitens bedeutete das überstürzte Verfahren in Verbindung mit der hysterischen Stimmung vieler Amtsenthebungsbefürworter, die keine andere Meinung zu der Behauptung zuließen, dass Trump mit allen verfügbaren Mitteln aus dem Amt entfernt werden müsse, dass die Erarbeitung einer wirklich genauen Aufzeichnung – zumindest einer »vollständigen« Aufzeichnung – keine Option war, die die Demokraten verfolgen wollten. Dies wiederum führte im wahrsten Sinne des Wortes zur Vertreibung der Republikaner des Repräsentantenhauses, die zumindest geneigt gewesen wären, Anklagepunkte in Betracht zu ziehen, die breitere Aspekte von Trumps Verhalten betrafen. Von den allerersten Tagen des Verfahrens im Repräsentantenhaus an bedeutete dies, dass die gesamte Affäre bitterlich parteiisch sein würde, und als genau das stellte sie sich heraus. Dies traf insbesondere auf den zweiten Artikel der Anklage (»Behinderung des Kongresses«) zu, der ganz offensichtlich sofort ins Auge sprang. Und was für die Kammer galt, traf auch auf den Senat zu, denn es wurden Grenzen aus Parteigründen gezogen, was Trumps Freispruch im Senat zur Gewissheit machte, noch bevor die letzte Kammer über die Amtsenthebung abstimmte. Dieses Szenario war nicht von Anfang an unvermeidlich, aber es wurde durch die bewussten Entscheidungen der Befürworter der Amtsenthebung im Repräsentantenhaus erreicht.

Das ist schlicht und einfach Amtsmissbrauch. Und so habe ich es fast von Anfang an gesehen. Natürlich dauerte es nicht lange, bis der ehemalige stellvertretende Nationale Sicherheitsberater Charlie Kupperman und ich Anfragen des Geheimdienstausschusses des Repräsentantenhauses erhielten, ob wir aussagen würden, genauso wie die Anwälte anderer Zeugen, die vor dem Ausschuss aussagten. Cooper bat um Vorladungen, und eine wurde ordnungsgemäß für Kupperman ausgestellt. Sofort teilte das Weiße Haus Kupperman mit, dass der Präsident angeordnet habe, dass er sich auf »Zeugenimmunität« berufen solle, eine strengere Anweisung, als andere vom Geheimdienstausschuss vorgeladene Zeugen bis dahin erhalten hatten, und dass er zur angekündigten Aussage nicht einmal erscheinen solle. Im Namen Kuppermans reichte Cooper umgehend eine Klage ein, um gerichtliche Beratung darüber zu erhalten, welcher der beiden widersprüchlichen Anweisungen zu folgen sei – genau das, was ich getan hätte, wenn ich an Kuppermans Stelle gewesen wäre. Aus den verschiedenen Schriftsätzen, die Cooper im Namen Kuppermans einreichte, ging deutlich hervor, dass er sich im Hinblick darauf, wie sein Verhalten aussehen sollte, weder von den materiellen Vorzügen der Exekutive noch der Legislative leiten lassen, sondern lediglich die Unterstützung der Judikative suchen sollte.

Viele der darauffolgenden Entwicklungen wurden in vielfacher Hinsicht falsch dargestellt, mehr als es vielleicht möglich erscheint, aber die Erklärung, die ich am 6. Januar 2020 abgegeben habe, stellt immer noch die beste Zusammenfassung dieser Ereignisse und meiner Überlegungen dar:

> »Während der gegenwärtigen Amtsenthebungskontroverse habe ich versucht, meinen Verpflichtungen sowohl als Bürger als auch als ehemaliger Nationaler Sicherheitsberater nachzukommen. Mein Kollege, Dr. Charles Kupperman, der sich einerseits mit einer Vorladung durch den Ausschuss des Repräsentantenhauses und andererseits mit einer Anweisung des Präsidenten, nicht auszusagen, konfrontiert sah, bemühte sich um eine endgültige Lösung dieses Verfassungskonflikts durch die Bundesjustiz. Nachdem mein Anwalt dem Ausschuss des Repräsentantenhauses mitgeteilt hatte, dass auch ich eine gerichtliche Lösung dieser Verfassungsfragen anstreben würde, entschied sich der Ausschuss, mich nicht vorzu-

> laden. Dennoch beschloss ich öffentlich, mich vom Ausgang von Dr. Kuppermans Fall leiten zu lassen.
>
> Aber sowohl der Präsident als auch das Repräsentantenhaus widersetzten sich seinen Bemühungen aus Gründen der Rechtsprechung, wie auch einander in der Hauptsache. Der Ausschuss des Repräsentantenhauses ging so weit, seine Vorladung an Dr. Kupperman zurückzuziehen, in einem bewussten Versuch, den Fall hinfällig zu machen und dem Gericht die Zuständigkeit zu entziehen. Richter Richard Leon hielt in einer sorgfältig begründeten Stellungnahme vom 30. Dezember den Fall von Dr. Kupperman für hinfällig und kam daher nicht zu den Fragen der Gewaltenteilung.
>
> Das Repräsentantenhaus hat seine verfassungsmäßige Verantwortung mit der Annahme von Amtsenthebungsartikeln im Zusammenhang mit der Ukraine-Affäre abgeschlossen. Es obliegt nun dem Senat, seiner verfassungsmäßigen Verpflichtung nachzukommen, über Amtsenthebungen zu verhandeln, und es erscheint nicht möglich, dass eine endgültige gerichtliche Lösung der noch unbeantworteten Verfassungsfragen erreicht werden kann, bevor der Senat handelt.
>
> Dementsprechend musste ich, da es wieder einmal um meine Aussage geht, die ernsthaften konkurrierenden Probleme so gut wie möglich auf der Grundlage sorgfältiger Überlegungen und Studien lösen. Ich bin zu dem Schluss gekommen, dass ich bereit bin, auszusagen, wenn der Senat eine Vorladung für meine Aussage erlässt.«

Der Senat lehnte es natürlich ab, Zeugen anzuhören, und sprach Trump in Bezug auf die beiden Anklageartikel, die das Repräsentantenhaus angenommen hatte, frei. Hätte eine Senatsmehrheit der Vernehmung von Zeugen zugestimmt und hätte ich ausgesagt, so bin ich angesichts des damaligen Umfelds aufgrund des Amtsenthebungsfehlers des Repräsentantenhauses überzeugt, dass dies keinen wesentlichen Einfluss auf das Ergebnis des Senats gehabt hätte.

Ein Vorfall während der Senatsverhandlungen, der große Aufmerksamkeit erregte, war die Weitergabe angeblicher Informationen aus dem Manuskript dieses Buches an die *New York Times.* Als Reaktion auf diese beunruhigende und unliebsame Entwicklung gab Cooper am Samstag, dem 26. Januar 2020, eine Erklärung ab, in der er das Übermittlungsschreiben (vom 30. Dezember 2019) des Manuskripts an den Nationalen Sicherheitsrat zur Prüfung vor der Veröffentlichung beifügte. Diese Überprüfung soll sicherstellen, dass keine Verschlusssachen veröffentlicht werden. Obwohl wir nicht glaubten, das Manuskript einreichen zu müssen, taten wir dies aus übermäßiger Vorsicht heraus und weil es immer meine feste Absicht war, nichts aufzunehmen, was rechtmäßig als geheim klassifiziert war. Bis dahin hatten wir sogar die Tatsache der Einreichung des Manuskripts von der Öffentlichkeit ferngehalten, aber die undichte Stelle erforderte eindeutig eine öffentliche Reaktion. In Coopers Erklärung hieß es unter anderem:

> »Aus dem heute veröffentlichten Artikel der *New York Times* geht bedauerlicherweise hervor, dass der Überprüfungsprozess vor der Veröffentlichung korrumpiert wurde und dass Informationen von anderen Personen als denjenigen offengelegt wurden, die ordnungsgemäß an der Überprüfung des Manuskripts beteiligt waren. Wir haben das Manuskript [...] mit der Zusicherung eingereicht, dass ›der Prozess der Überprüfung der eingereichten Materialien auf diejenigen Regierungsbeamten und Mitarbeiter beschränkt ist, die regelmäßig mit der Verantwortung für solche Überprüfungen betraut sind‹, und dass der ›Inhalt des Manuskripts von Botschafter Bolton nicht überprüft oder anderweitig an Personen weitergegeben wird, die nicht regelmäßig an diesem Prozess beteiligt sind.‹«

Cooper sagte auch gegenüber der *Washington Post*: »Ich kann Ihnen unmissverständlich sagen, dass wir mit der Weitergabe von Informationen über Johns Manuskript nichts zu tun hatten.«[1] Am nächsten Tag, dem 27. Januar, gaben wir auch diese Erklärung ab: »Botschafter John Bolton, Simon & Schuster und Javelin Literary stellen kategorisch fest, dass es absolut keine Koordination mit der *New York Times* oder irgendjemandem sonst gab, was das Erscheinen von Informationen über sein Buch, THE ROOM WHERE IT HAPPENED, bei Online-Buchhändlern betraf. Jede gegenteilige Behauptung ist unbegründete Spekulation.« Wer auch immer für diese Informationslecks gesorgt hat, eine Frage, die leider unbeantwortet bleibt, ist sicherlich kein Freund von mir.

Trumps anschließender Freispruch zeigte eine weitere Folge des fehlerhaften Amtsenthebungsverfahrens seitens des Repräsentantenhauses. Die Demokraten argumentierten, dass die Amtsenthebung selbst die Präsidentschaft Trumps für immer beflecken würde und rechtfertigten damit ihr Handeln im Repräsentantenhaus. Unerklärlicherweise ignorierten sie die greifbare Realität, dass die unvermeidliche Konsequenz einer fehlgeschlagenen Amtsenthebung bedeutete, dass Trump Anspruch auf Rechtfertigung erheben und dementsprechend handeln konnte, und exakt das tat er. Dies ist genau das Gegenteil von dem, was die Befürworter der Amtsenthebung des Repräsentantenhauses angeblich beabsichtigten, und doch marschierten sie im Gleichschritt von der Klippe und beseitigten damit eine weitere »Leitplanke«, ein allgemein verwendeter Begriff, die Trumps Missbrauch der Regierungsgewalt einschränkte. Wie Yogi Berra einmal über die unglückseligen »New York Mets« fragte: »Weiß denn hier niemand, wie man dieses Spiel spielt?«

Die Amtsenthebung ist natürlich verfassungsrechtlich größtenteils nur eine theoretische Leitplanke. Die wirkliche Leitplanke sind die Wahlen, die Trump im November 2020 bevorstehen. Sollte er gewinnen, schließt der 22. Verfassungszusatz jede weitere Wahlbeschränkung für Trump aus (und sollte dies auch weiterhin tun). Während Liberale und Demokraten sich auf die Amtsenthebung konzentrieren, sollten Konservative und Republikaner darüber besorgt sein, dass die Beseitigung der politischen Leitplanke von Trump vor einer Wiederwahl steht. Wie diese Memoiren zeigen, hingen viele von Trumps Entscheidungen zur nationalen Sicherheit mehr von politischen als von philosophischen, strategischen oder außen- und verteidigungspolitischen Erwägungen ab. Im weiteren Sinne sagte Trump angesichts der Coronavirus-Krise: »Wenn jemand Präsident der Vereinigten Staaten ist, ist die Autorität total, und so muss es auch sein.«[2]

Er drohte mit der Vertagung des Kongresses, wobei er fälschlicherweise eine Verfassungsbestimmung zitierte, die nie benutzt wurde.[3]

Kein Konservativer, der die Verfassung gelesen hat, könnte über diese Behauptungen etwas anderes als Fassungslosigkeit empfinden.

Natürlich ist die Politik in der Regierung immer präsent, aber ein Präsident Trump in der zweiten Amtszeit wird weit weniger durch die Politik eingeschränkt sein als in seiner ersten Amtszeit. Die Ironie könnte durchaus darin liegen, dass sich die Demokraten in seiner zweiten Amtszeit inhaltlich mit einem Trump, der ein Vermächtnis anstrebt, weitaus mehr zufriedengeben werden als Konservative und Republikaner. Darüber sollte man nachdenken.

***

Als ob ein Amtsenthebungsverfahren nicht genug wäre, sah ich mich auch mit der gewaltigen Herausforderung konfrontiert, gegen einen amtierenden Präsidenten zu kämpfen, der entschlossen war, die Veröffentlichung eines Buches über meine Erfahrungen im Weißen Haus zu verhindern. Trump verhielt sich typisch, indem er die Beschlagnahmung und das Zurückhalten von persönlichen und anderen als nicht geheim klassifizierten Dokumenten meiner Berater anordnete, und sie trotz zahlreicher Bitten um deren Rückgabe einbehielt; er behinderte meinen Twitter-Account und drohte schlichtweg mit Zensur.[4] Seine Reaktion reichte somit von böswillig bis hin zum verfassungsmäßig Unzulässigen. Meine Reaktion ... meine Erwiderung? Lasst das Spiel beginnen.

Ein angeblich »legitimer« Weg für Trumps Angriff war der zermürbende, bürokratische Überprüfungsprozess der US-Regierung vor der Veröffentlichung, dem ich widerwillig zustimmte, damit dieses Buch veröffentlicht werden konnte. Um Zugang zu Verschlusssachen zu erhalten, während ich als Nationaler Sicherheitsberater diente, unterzeichnete ich, wie viele andere Regierungsbeamte auch, vor und während meiner Amtszeit zahlreiche Geheimhaltungsvereinbarungen.[5] Ohne Frage ist jeder, der Verschlusssachen erhält, dauerhaft verpflichtet, sie nicht an Unbefugte weiterzugeben, was ich beim Verfassen des Manuskripts dieses Buches nie beabsichtigt hatte. Es gab auch so viel zu sagen, ohne dass ich solches Material preisgeben musste.

Diese Geheimhaltungsvereinbarungen sind bestenfalls unklar formuliert, wo es darum geht, unter welchen Umständen ein Manuskript dem Überprüfungsverfahren vor der Veröffentlichung unterzogen wird, was sicherstellen soll, dass keine Verschlusssachen offengelegt werden. Ich habe zum Beispiel 2007 weder »Surrender Is Not an Option« zur Überprüfung vor der Veröffentlichung eingereicht noch hat Colin Powell, wie ich mich erinnere, seine Memoiren »My American Journey«[6] zur Überprüfung eingereicht. Im Gegensatz dazu sagte mir James Baker, kurz nachdem sein Buch »The Politics of Diplomacy«[7] während der Clinton-Regierung veröffentlicht wurde, dass er wünschte, er hätte es nicht zur Überprüfung eingereicht. Er war zu Recht entsetzt über die Anzahl der Einwände, die erhoben wurden, weil seine Aussagen, beispielsweise über die Politik der USA gegenüber China, nicht die Politik der Clinton-Regierung widerspiegelten. Dies führte zu erheblichen Verzögerungen bei der Veröffentlichung. All diese Erfahrungen warnten vor der Gefahr einer Zensur, die dem Überprüfungsverfahren der Regierung innewohnt, insbesondere unter einer Präsidentschaft wie der von Trump.

Andererseits war aufgrund der Umstände meines Ausscheidens aus der Regierung und während des Entstehens des Buches von Anfang an klar, dass Trump alles tun würde, um die Veröffentlichung zu verhindern, zumindest bis nach den Präsidentschaftswahlen 2020. Angesichts dieser beispiellosen Feindseligkeit und Chuck Coopers umsichtigem Rechtsbeistand beschloss ich, mich der Vorabprüfung zu unterziehen, ungeachtet unserer Überzeugung, dass wir dazu nicht verpflichtet waren, weil das Manuskript kein rechtmäßig als geheim klassifiziertes Material enthielt. In der Trump-Ära galten die normalen Regeln einfach nicht.

Der Überprüfungsprozess selbst wurde professionell, zuvorkommend und akribisch durchgeführt, aber sicherlich nicht so zügig, wie ich es mir gewünscht hätte (obwohl die Corona-Krise zugegebenermaßen einen gewissen Einfluss auf den Zeitplan hatte). Ich nahm zahlreiche Änderungen am Manuskript vor, um die Genehmigung zur Veröffentlichung zu erhalten, von denen der Großteil meines Erachtens nichts an den dargelegten Fakten änderte. In einigen Fällen musste ich lediglich eine Formulierung wie »meines Erachtens« hinzufügen (siehe vorhergehender

Satz), um deutlich zu machen, dass ich meine Meinung zum Ausdruck bringe und mich nicht auf einige hochsensible Informationen stütze. In anderen Fällen musste ich die Fakten, die ich diskutierte, auf einer etwas höheren Abstraktionsebene charakterisieren, so etwa potenzielle militärische Ziele im Iran etwas allgemeiner beschreiben als in meinem ursprünglichen Entwurf. Der Leser kann sich also selbst vorstellen, was ich und andere, einschließlich Trump, tatsächlich im Sinn hatten.

Zwei Kategorien von Änderungen fallen auf. Erstens wurde ich bei fast jeder Nacherzählung von Gesprächen zwischen Trump und ausländischen Staatschefs sowie zwischen mir und meinen ausländischen Amtskollegen und anderen hohen ausländischen Beamten angewiesen, »die Anführungszeichen herauszunehmen«. In vielen Fällen ist das buchstäblich alles, was ich getan habe: die Anführungszeichen zu streichen. In vielen anderen Fällen waren einige Umschreibungen notwendig, um zu verdeutlichen, dass ich keine direkten Zitate mehr benutzte, so dass Personalpronomen und Ähnliches geändert werden mussten, um den Inhalt klar zu vermitteln. In einer sehr geringen Anzahl von Fällen wurde ich daran gehindert, Informationen zu vermitteln, die ich für nicht eindeutig klassifizierbar hielt, da sie Informationen enthüllten, die nur als peinlich für Trump oder als Hinweis auf ein möglicherweise unzulässiges Verhalten gelesen werden können. Ich habe vor, weiterhin entweder für die Freigabe dieser Passagen oder für das Recht zu kämpfen, in späteren Ausgaben dieses Buches oder anderer Schriften direkte Zitate zu verwenden.

Die Leser können sicher sein, dass ich in diesem Text den Inhalt von Trumps Gesprächen mit ausländischen Führungspersönlichkeiten so getreu wie möglich dargestellt habe, und das gilt auch für meine. In einigen Fällen setzen Sie einfach Ihre eigenen Anführungszeichen um die entsprechenden Passagen; Sie werden nicht sehr weit danebenliegen. Und interessanterweise waren in meiner Darstellung von Gesprächen zwischen Trump und seinen Untergebenen fast keine Änderungen erforderlich. Diese scheinbare Anomalie ist darauf zurückzuführen, dass die Überprüfung der Einstufung dazu dienen sollte, ausländische Führungskräfte davor zu bewahren, das, was Trump ihnen sagte, leugnen zu müssen. Anstatt direkte Zitate zu leugnen, werden sie Umschreibungen verneinen müssen. Es mag durchaus eine Erklärung für diese ungleiche Behandlung geben, aber sie erschließt sich mir nicht. Trump gefällt sie vielleicht sogar noch weniger als mir.

Die zweite große Gruppe von Änderungen bestand darin, die Anzahl der Fußnoten im Buch ungefähr zu verdreifachen. Der Zweck dieser Übung bestand darin, zu beweisen, dass ich mich bei den im Text vermittelten Informationen nicht auf als geheim klassifiziertes Material stützte. Diese Anmerkungen waren zwar mühsam, aber jedes Mal, wenn ich ein Zitat zur Verfügung stellte, vermied ich damit, faktisches Material löschen zu müssen – ein Kompromiss, den ich immer gern eingegangen bin.

Zahlreiche Kommentatoren haben beobachtet, dass der Überprüfungsprozess der Regierung vor der Freigabe mit verfassungsrechtlichen Mängeln, dem Potenzial für Behinderung, Zensur und Missbrauch behaftet ist und einer rechtzeitigen Debatte über kritische Fragen der öffentlichen Ordnung abträglich ist. Sie können meinen Namen auf die Liste der Kritiker setzen, insbesondere dann, wenn der Prozess in den Händen eines Präsidenten liegt, der der Kritik so abgeneigt ist, dass ihm die Idee, Bücher zu verbieten, ganz natürlich und gelassen kommt.

Es gibt noch einen weiteren Punkt, der es wert ist, angesprochen zu werden, und zwar nicht im Zusammenhang mit dem Genehmigungsverfahren, sondern mit der Idee, ein solches Buch unmittelbar nach dem Ausscheiden aus dem Staatsdienst zu schreiben. Eine Reihe von Kritikern, die das Buch natürlich nicht gelesen hatten, prangerten es als eine Enthüllung an, die bestenfalls ungebührlich und, mit den Worten von Trump selbst, verräterisch sei. Genau diese Fragen habe ich 2014 angesprochen, als ich eine Rezension von Robert Gates' Memoiren »Duty: Memoirs of a Secretary at War«[8] verfasste, in der ich Kritik an Gates ansprach, die ähnlich wie die jetzt an mich gerichtete Kritik klang:

> »Die Kritiker von Gates haben zwei grundlegende Punkte angesprochen, einen politischen und einen ethischen. Erstens, so sagen sie, sei es unangemessen, über eine noch amtierende Regierung zu schreiben, wobei der Afghanistan-Krieg (ein wichtiger Aspekt des Buches) noch im Gange ist und, was noch amüsanter ist, in

der die ehemalige Außenministerin Hillary Clinton ihren für 2016 erwarteten Präsidentschaftswahlkampf vorantreibt.

Zweitens argumentieren sie, dass Gates das Vertrauen von Präsident Obama und anderen hochrangigen Kollegen aus dem Verteidigungs- und Verwaltungsbereich verraten hat, indem er ihre Gespräche, Positionen und Emotionen preisgab [...].

Ich glaube, dass ehemalige hohe Beamte praktisch die Pflicht haben, zu erklären, was sie während ihrer Regierungszeit getan haben [...]. Für Regierungsveteranen ist es himmelschreiend offensichtlich, dass es für diejenigen, die noch nie ›drinnen‹ waren, schwierig, wenn nicht gar unmöglich ist, zu verstehen, was vor sich geht und warum. Presseberichten und ›unmittelbaren Chroniken‹ mangelt es viel zu oft an Einsicht und Verständnis für die Regierungsarbeit. Dementsprechend sind Memoiren entscheidend, um den Vorhang für die Uneingeweihten zu öffnen, wie es Gates tut.

Was Gates' Timing betrifft, so halte ich die Kritik für unfair und unangebracht. Es gibt für einen angehenden Autor keinen besseren Zeitpunkt zu schreiben als den, wenn sein Gedächtnis noch frisch ist, kurz nach seinem Ausscheiden aus dem Staatsdienst. Wenn ein solcher Zeitpunkt für die amtierende Regierung oder ehemalige Kollegen ungünstig ist, ist das deren Problem, nicht das des Autors. Besonders für diejenigen, die der Art vernichtender Kritik ausgesetzt sind, wie sie Gates an Obama übt, ist kein Zeitpunkt günstig. Stellen Sie sich vor, was diejenigen, die sich jetzt über Gates' Timing beklagen, gesagt hätten, wenn das Buch im September 2012 erschienen wäre.

Wenn Gates in der Tat hinsichtlich des Zeitpunkts kritisiert wird, dann genau deshalb, weil er eben nicht vor der Wahl 2012 veröffentlicht hat, wo die Enthüllung von Barack Obamas Ansichten über Afghanistan und sein mangelndes Interesse am globalen Krieg gegen den Terrorismus von Bedeutung gewesen sein könnte. Zum Beispiel hätten die Wähler durchaus davon profitieren können, zu wissen, was Gates während einer Sitzung des Nationalen Sicherheitsrates im März 2011 im Situation Room des Weißen Hauses dachte, als er dem Oberbefehlshaber zuhörte: ›Der Präsident vertraut seinem Kommandeur nicht, kann Karzai nicht ausstehen, glaubt nicht an seine eigene Strategie und betrachtet den Krieg nicht als seinen. Für ihn geht es nur darum, rauszukommen.‹

Die schwierigere und wichtigere Frage ist, ob Gates implizit das Vertrauen des Präsidenten und anderer hochrangiger Kollegen verletzt hat. In mancher Hinsicht weist diese Kritik Parallelen zur Rechtfertigung des ›Exekutivprivilegs‹ auf, nämlich, dass der Präsident in der Lage sein muss, von seinen Untergebenen eine offene und aufrichtige Beratung zu erhalten, und dass eine solche Offenheit einfach unmöglich ist, wenn die Leute erwarten müssen, anschließend darüber zu lesen. Da die Integrität der Entscheidungsfindung in der Exekutive aus praktisch allen erdenklichen Richtungen unter Belagerung steht, ist es nicht unerheblich, wenn sie von den Menschen, die den Präsidenten direkt beraten, so verwundbar gemacht wird.

Aber die Analogie zwischen Exekutive und Privileg ist nur oberflächlich richtig. Jedwede Geschichte stellt eine Bedrohung der Exekutivprivilegien dar, und Insider haben regierungsinterne Auseinandersetzungen durchsickern lassen, seit Alexander Hamilton und Thomas Jefferson über Parteizeitungen gegeneinander Propaganda gemacht haben. Irgendwie hat sich Präsident Washington durchgeschlagen. Darüber hinaus besteht die wahre Rechtfertigung des Exekutivprivilegs in der Verteidigung gegen einen eingreifenden Kongress oder eine zudringliche Justiz, und sein Grundprinzip unterscheidet sich daher von der normalen menschlichen Erwartung, dass Vertraulichkeiten nicht ewig dauern. Abgesehen von geheimen Informationen, um die es hier nicht geht, verstehen die Menschen in der US-Politik heute, dass sie immer auf der Bühne stehen. In der Politik gibt es keine Omertà, außer vielleicht in Chicago.«

Ich stehe auch heute noch zu diesen Ansichten.

ANMERKUNGEN

KAPITEL 1

1 John Bolton: Surrender Is Not an Option. Defending America at the United Nations and Abroad. Simon & Schuster, New York 2007

2 Im Westflügel des Weißen Hauses befinden sich die offiziellen Büros des Präsidenten.

3 PAC = *Political Action Committee*, In den USA Bezeichnung für eine Lobbygruppe, die sich zur Aufgabe macht, Abgeordnete oder Wahlbeamte der Regierung zu unterstützen oder zu bekämpfen. Als *Super-PAC* bezeichnet man ein PAC, das laut Gesetz von den Regeln zu Höchstgrenzen von Spenden in einem Wahlkampf ausgenommen ist.

4 Für Interessierte siehe Bolton 2007

5 Im Oktober 2016 von der Tageszeitung *Washington Post* veröffentlichtes Video aus dem Jahr 2005, das Trump auf dem Weg zu einer Aufzeichnung der Fernsehsendung »Access Hollywood« zeigt. In diesem Video prahlt Trump mit seinem sexuell übergriffigen Verhalten Frauen gegenüber.

6 Siehe z.B. Josh Dawsey et al.: »Giuliani pulls name from contention for secretary of state«, https://www.politico.com/story/2016/12/giuliani-pulls-name-from-contention-for-secretary-of-state-232439

7 Elise Labott: »Donald Trump Told Nikki Haley She Could Speak her Mind. She's Doing Just That«, https://www.cnn.com/interactive/2017/politics/state/nikki-haley-donaley-doney-trump-united-nations/

8 Emily Smith: »Trump spent Thanksgiving asking: Mitt or Rudy?«, *New York Post*, 27. November 2016, https://nypost.com/2016/11/26/trump-spent-thanksgiving-asking-mitt-oder-rudy/

9 Siehe Gregg Jaffe und Adam Entous: »As a general, Mattis urged action against Iran. Now, as a defence secretary, he may be a voice of caution«, https://www.washingtonpost.com/world/national-security/as-a-general-mattis-urged-action-against-iran-as-a-defense-secretary-he-may-be-a-voice-of-caution/2017/01/08/5a196ade-d391-11e6-a783-cd3fa950f2fd_story.html; Josh Rogin: »Mattis clashing with Trump transition team over Pentagon staffing«, https://www.washingtonpost.com/news/josh-rogin/wp/2017/01/06/mattis-clashing-with-trump-transition-team-over-pentagon-staffing/

10 Kenneth P. Vogel und Josh Dawsey: »CIA freezes out top Flynn aide«, https://www.politico.com/story/2017/02/mike-flynn-nsa-aide-trump-234923

11 Siehe Gardiner Harris: »Where Is Rex Tillerson? Top Envoy Keeps Head Down and Travels Light«, https://www.nytimes.com/2017/02/15/world/europe/germany-rex-tillerson.html?searchResultPosition=2

12 Matt Apuzzo et al.: »Trump Told Russians That Firing ›Nut Job‹ Comey Eased Pressure From Investigation«, https://www.nytimes.com/2017/05/19/us/politics/trump-russia-comey.html

13 Siehe »Remarks by President Trump Before a Briefing on the Opioid Crisis«, 8. August 2017, https://www.whitehouse.gov/briefings-statements/remarks-president-trump-briefing-opioid-crisis/

14 Siehe Conor Finnegan: »Tillerson: Americans should ›sleep well at night‹ amid N. Korea crisis«, 9. August 2017, https://abcnews.go.com/International/tillerson-americans-sleep-night-amid-korea-crisis/story?id=49111147

15 Siehe Peter Baker: »Trump Says Military Is ›Locked and Loaded‹ and North Korea Will ›Regret‹ Threats«, 11. August 2017, https://www.nytimes.com/2017/08/11/world/asia/trump-north-korea-locked-and-loaded.html

16 Siehe Ben Kesling: »On North Korea, Mattis, Mattis Stresses Diplomacy, But Advises Army to Be Ready«, https://www.wsj.com/articles/on-north-korea-mattis-stresses-diplomacy-but-advises-army-to-be-ready-1507591261

17 Shinzo Abe: »Solidarity Against the North Korean Threat«, https://www.nytimes.com/2017/09/17/opinion/north-korea-shinzo-abe-japan.html?searchResultPosition=22

18 Siehe »Interview with John Dickerson of CBS's Face the Nation«, 17. September 2017, https://www.state.gov/interview-with-john-dickerson-of-cbss-face-the-nation/

19 Jackie Northam: »China Cuts Off Bank Business With North Korea As Trump Announces New Sanctions« https://www.npr.org/2017/09/21/552708231/china-cuts-off-bank-business-with-north-korea-as-trump-announces-new-sanctions

20 John Bolton: »Trump must withdraw from the Iran nuclear deal–now«, https://thehill.com/blogs/pundits-blog/foreign-policy/342237-opinion-trump-must-withdraw-from-iran-nuclear-deal-now

21 Siehe Peter Baker: »Trump Recertifies Iran Nuclear Deal, but Only Reluctantly«, https://www.nytimes.com/2017/07/17/us/politics/trump-iran-nuclear-deal-recertifyhtml?auth=login-email&login=email& searchResultPosition=1

22 Siehe Stephen F. Hayes und Michael Warren: »Getting to No: How the Trump Administration Decided to Decertify the Iran Nuclear Deal«, https://www.washingtonexaminer.com/weekly-standard/getting-to-no-how-the-trump-administration-decided-to-decertify-the-iran-nuclear-deal-2009955; und Peter Baker: s. Anmerkung 21

23 POTUS = *President Of The United States*

24 Siehe John R. Bolton: »How to Get Out of the Iran Nuclear Deal«, https://www.nationalreview.com/2017/08/iran-nuclear-deal-exit-strategy-john-bolton-memo-trump/

25 Omer Carmi: »How Will Iran Prepare for Potential U.S. Withdrawal from the JCPOA?«, https://www.washingtoninstitute.org/policy-analysis/view/how-will-iran-prepare-for-potential-u.s.-withdrawal-from-the-jcpoa

26 John Bolton: »Mr. President, don't put America at risk with flawed Iran deal«, https://thehill.com/opinion/national-security/354484-john-bolton-mr-president-dont-put-america-at-risk-with-flawed-iran

27 Siehe »Remarks by President Trump on Iran Strategy«, 13. Oktober 2017, https://www.whitehouse.gov/briefings-statements/remarks-president-trump-iran-strategy/

28 Siehe Bolton: Surrender Is Not an Option, besonders S. 233–38

29 Siehe David M. Halbfinger: »U.S. Funding Cut Reignites Debate on Palestinian Refugee Agency«, https://www.nytimes.com/2018/01/17/world/middleeast/palestinian-refugee-agency-unrwa.html?searchResult Position=2

30 Siehe Stephen Farrell: »Israel admits bombing suspected Syrian nuclear reactor in 2007, warns Iran«, https://www.reuters.com/article/us-israel-syria-nuclear/israel-admits-bombing-suspected-syrian-nuclear-reactor-in-2007-warns-iran-idUSKBN1GX09K

31 Reuters: »South Korea approves record $2.6 million budget for North Korea's Olympic visit«, 13. Februar 2018, https://www.reuters.com/article/us-olympics-2018-northkorea-payment/south-korea-approves-record-2-6-million-budget-for-north-koreans-olympic-visit-idUSKCN1FY094

32 Siehe z.B. Michael Schwirtz: »U.N. Links North Korea to Syria's Chemical Weapons Program«, https://www.nytimes.com/2018/02/27/world/asia/north-korea-syria-chemical-weapons-sanctions.html

33 Siehe Gordon Corera, BBC: »Salisbury poisoning: What did the attack mean for the UK and Russia«, 4. März 2020, https://www.bbc.com/news/uk-51722301

34 Siehe »Press Briefing by Principal Deputy Press Secretary Raj Shah«, https://www.whitehouse.gov/briefings-statements/press-briefing-principal-deputy-press-secretary-raj-shah-03262018/

35 *Joint Chiefs of Staff:* Gremium, das den US-Präsidenten und den US-Verteidigungsminister sowie den Vorsitzenden des Homeland Security Council und des National Security Council in militärischen Fragen zu beraten hat.

36 Nahal Toosi: »Dunford: Military option for North Korea not ›unimaginable‹«, https://www.politico.com/story/2017/07/22/dunford-north-korea-military-option-not-unimaginable-240851

37 Dean Acheson: Present at the Creation. W.W. Norton & Co., New York 1969, S. 88

KAPITEL 2

1 Siehe Ben Hubbard: »Dozens Suffocate in Syria as Government Is Accused of Chemical Attack«, https://www.nytimes.com/2018/04/08/world/middleeast/syria-chemical-attack-ghouta.html

2 Siehe Sarah Almukhtar: »Most Chemical Attacks in Syria Get Little Attention. Here Are 34 Confirmed Cases«, https://www.nytimes.com/interactive/2018/04/13/world/middleeast/syria-chemical-attacks-maps-history.html?searchResultPosition=2

3 Siehe »Statement from Pentagon Spokesman Capt. Jeff Davis on U.S. strike in Syria«, 6. April 2017, https://www.defense.gov/Newsroom/Releases/Release/Article/1144598/statement-from-pentagon-spokesman-capt-jeff-davis-on-us-strike-in-syria/

4 Siehe Karen DeYoung und Missy Ryan: »Strike on Assad for use of chemical agents unlikely to advance wider US goals in Syria«, https://www.washingtonpost .com /world / national-security /strike-on-assad-for-use-of-chemical-agents-unlikely-to-advance-wider-us-goals-in-syria /2018 /04 /10/0c5fe3f8-3c0a-11e8-974f-aacd97698cef story.html

5 In der Erklärung des Weißen Hauses nach diesem Anruf hieß es, Trump und Macron hätten sich auf eine »starke, gemeinsame Reaktion« geeinigt. Monique El-Faizy: »Will Macron Do in Syria What Obama Wouldn't?«, https://www.france24.com/en/20180413-france-will-macron-do-syria-what-obama-would-not-russia-ghouta-chemical-weapons

6 Trump sprach am selben Tag die Möglichkeit einer russischen Verantwortung öffentlich an: »Also, wenn es Russland ist, wenn es Syrien ist, wenn es der Iran ist, wenn es alle zusammen sind, werden wir es herausfinden, und wir werden die Antworten recht bald kennen.« – »Remarks by President Trump at Cabinet Meeting«, https://www.whitehouse.gov / briefings-statements/remarks-president-trump-cabinet-meeting-7/

7 Diese Art von Konsultationen unter Verbündeten sind üblich und finden, wie in diesem Fall, Erwähnung in der Öffentlichkeit: »British officials said Monday they are monitoring the situation in coordination with allies.« Carol Morello: »U.N. to meet on chemical attack in Syria, though Russia is expected to stick up for Assad government«, https://www.washingtonpost.com/world/national-security/un-to-meet-on-chemical-attack-in-syria-though-russia-is-expected-to-stick-up-for-assad-government/2018/04/09/f2e18176-3bf4-11e8-a7d1-e4efec6389f0_story.html

8 Siehe Catherine Lucey und Jill Colvin, Associated Press: »In run-up to missile strike, an orderly, chaotic White House«, https://www.militarytimes.com/flashpoints/2018/04/15/in-run-up-to-missile-strike-an-orderly-chaotic-white-house/; sowie Dion Nissenbaum, Michael Gordon, und Stacy Meichtry: »U.S. Presses Allies to Back a Military Strike on Syria«, https://www.wsj.com/articles/watchdog-agency-to-investigate-syria-chemical-strike-site-1523383551?mod=searchresults&page=1&pos=20

9 Ebd.

10 Siehe Associated Press: »Macron: France persuaded Trump to strike in Syria«, https://www.usatoday.com/story/news/world/2018/04/15/macron-france-persuaded-trump-strike-syria/518960002/

11 Der Iran war eindeutig der Ansicht, Israel habe den Angriff durchgeführt, und drohte mit Vergeltung. Siehe Thomas Erdbrink: »Iran Threatens Israel Over Air Strike in Syria«, https://www.nytimes.com/2018/04/10/world/middleeast/iran-israel-missile-syria.html?searchResultPosition=1

12 Siehe Peter Baker et al.: »Trump Weighs More Robust Military Strike Against Syria«, https://www.nytimes.com/2018/04/10/us/politics/trump-military-strike-syria.html

13 Tatsächlich wurde May von der Opposition heftig kritisiert, weil sie eine Abstimmung im Unterhaus vermieden hatte, und zwar aus all jenen Gründen, die Sedwill erläuterte. Siehe John Rentoul: »Theresa May avoided a vote in parliament on Syrian air strikes because she knew she would lose«, https://www.independent.co.uk/voices/theresa-may-trump-syria-strikes-parliament-vote-britain-russia-chemical-weapons-latest-a8303146.html. Es ist nicht überraschend, dass Mays Erklärung vor dem Unterhaus, warum sie keine parlamentarische Abstimmung zur Verteidigung dieser Entscheidung beantragt hat, diesen Punkt nicht direkt ansprach. Sie nannte andere Gründe, unter anderem, dass »es sich um eine Entscheidung handelte, die die Auswertung von Informationen und Erkenntnissen erforderte, von denen ein Großteil nicht mit dem Parlament geteilt werden konnte.« Ebd. Siehe auch Alissa J. Rubin und Stephen Castle: »With Eye on Issues at Home, May and Macron Back Trump on Syria Strikes«, https://www.nytimes.com/2018/04/14/world/europe/france-britain-syria-strikes.html?searchResultPosition=21

14 Siehe Gordon Rayner und Ben Riley-Smith: »Theresa May stands behind Donald Trump on

Syria strikes, as Russia warns against ›illegal‹ intervention«, https://www.telegraph.co.uk/politics/2018/04/10/theresa-may-joins-donald-trump-emmanuel-macron-condemning-syria/

15 Russland sagte offiziell, dass israelische F-15er acht Raketen auf den Stützpunkt abgefeuert hätten. Israelische Beamte äußerten sich nicht öffentlich dazu, aber Israel hatte die gleiche Basis am 10. Februar angegriffen. Siehe Scott Neuman und Camila Domoneske: »Russia, Syria: Israeli Jets Strike Air Base After Alleged Poison Gas Attack in Douma«, https://www.npr.org/sections/thetwo-way/2018/04/09/600765750/russia-syria-israeli-jets-strike-air-base-after-alleged-poison-gas-attack-in-dou. Die USA dementierten den Angriff auf Tiyas. Siehe: »U.S. denies carrying out missile strike in Syria, Russia says Israel did it«, https://www.cbsnews.com/news/syria-missile-strike-attack-t4-air-base-not-us-retaliation-douma-gas-attack-israel-russia-says/

16 Eine öffentliche Bestätigungen des Anrufs (unter anderen) war eine von Wladimir Schamanow, dem Vorsitzenden des Verteidigungskomitees der Staatsduma und ehemaligen Oberbefehlshaber der russischen Luftlandetruppen. Siehe: »President Erdogan, U.S. counterpart Trump, discuss developments in Syria«, https://www.dailysabah.com/syrian-crisis/2018/04/11/president-erdogan-us-counter part-trump-discuss-developments-in-syria

17 Zuvor hatte Macron öffentlich erklärt, dass er einseitig handeln würde, sollte Syrien erneut chemische Waffen einsetzen, eine Aussage, die sein Außenminister am 9. April wiederholte: »In Bezug auf eine Warnung von Präsident Emmanuel Macron vom vergangenen Monat, dass Frankreich einseitig zuschlagen würde, falls Syrien erneut chemische Waffen einsetzt, sagte Außenminister Jean-Yves Le Drian, dass die Nation Verantwortung übernehmen würde.« Carol Morello und Jenna Johnson: »Trump tweets condemnation of Syria chemical attack, saying Putin shares the blame«, https://www.washingtonpost.com/world/national-security/trump-tweets-condemnation-of-syria-chemical-attack-criticizing-putin-for-sharing-the-blame/2018/04/08/c9c1c0e5-d063-4133-ae4d-e26496f79fff_story.html

18 Siehe Seth J. Frantzman: »Ankara Seeks middle path between U.S. and Russia on Syria«, https://www.jpost.com/Middle-East/Ankara-Seeks-middle-path-between-US-and-Russia-on-Syria-549801

19 Siehe Mehmet Celik: »Ankara exerts diplomatic efforts to end US-Russia row in Syria«, https://www.dailysabah.com/diplomacy/2018/04/13/ankara-exerts-diplomatic-efforts-to-end-us-russia-row-in-syria

20 Siehe Dan Lamothe et al.: »US strikes Syrian military airfield in first direct assault on Bashar al-Assad's government«, https://web.archive.org/web/20170407024143/https://www.washingtonpost.com/world/national-security/trump-weighing-military-options-following-chemical-weapons-attack-in-syria/2017/04/06/0c59603a-1ae8-11e7-9887-1a5314b56a08story.html

21 Siehe: »Timeline of Syrian Chemical Weapons Activity«, https://www.armscontrol.org/factsheets/Timeline-of-Syrian-Chemical-Weapons-Activity

22 Dunford und Mattis brachten diese Punkte in einem Briefing unmittelbar nach Abschluss der Vergeltungsmaßnahmen öffentlich zur Sprache. Siehe: »Mattis, Dunford Detail Attacks on Syrian Chemical Arsenal«, https://www.defense.gov/Explore/News/Article/Article/1493636/mattis-dunford-detail-attacks-on-syrian-chemical-arsenal/

23 Siehe: »Assad forces emptying airports, bases over possible US strikes, Syrian Observatory says«, https://www.dailysabah.com/syrian-crisis/2018/04/11/assad-forces-emptying-airports-bases-over-possible-us-strikes-syrian-observatory-says

24 Siehe Kommentare von LTG Kenneth McKenzie vom 14. April, zitiert in Gareth Davies: »Syria fired 40 missiles ›at nothing‹ after allied air strikes destroyed three Assad chemical sites«, https://www.telegraph.co.uk/news/2018/04/14/russia-claims-ally-syria-shot-71-103-missiles-launched-us-britain/

25 Siehe: »Readout of President Donald J. Trump's Call with President Emmanuel Macron of France«, 14. April 2018, https://www.whitehouse.gov/briefings-statements/readout-president-donald-j-trumps-call-president-emmanuel-macron-france-15/

26 Siehe Michael R. Gordon: »US Intelligence Finds Syrian Government Conducted Chlorine Rocket Attack in May«, https://www.wsj.com/articles/u-s-intelligence-finds-syrian-government-conducted-chlorine-rocket-attack-in-may-11569513600, sowie Lara Jakes: »US Concludes Syria Used Chemical Weapons in May Attack«, https://www.nytimes.com/2019/09/26/world/middleeast/syria-chemical-weapons-us.html

KAPITEL 3

1 Abe hatte zuvor argumentiert, dass es »im Falle von Nordkorea nicht funktionieren wird, der Diplomatie Vorrang einzuräumen und die Bedeutung des Dialogs zu betonen« und dass »jetzt die Zeit gekommen ist, den äußersten Druck auf den Norden auszuüben«. Er schrieb ausdrücklich: »Ich unterstütze nachdrücklich die Position der Vereinigten Staaten, dass alle Optionen auf dem Tisch liegen«, wobei er die bekannte Formulierung verwendete, die militärische Gewalt als die nicht erwähnte Option einschließt. Siehe Shinzo Abe: »Solidarity Against the North Korean Threat«, https://www.nytimes.com/2017/09/17/opinion/north-korea-shinzo-abe-japan.html

2 Siehe »Treasury Designates Russian Oligarch, Officials, and Entities in Response to Worldwide Malign Activity«, https://home.treasury.gov/news/press-releases/sm0338

3 Viele politische Kommentatoren teilten meine Skepsis. Siehe z.B. Derek Grossman: »China's Reluctance on Sanctions Enforcement in North Korea«, https://www.rand.org/blog/2018/01/chinas-reluctance-on-sanctions-enforcement-in-north.html

4 »Trump calls Iran deal ›insane‹ in meeting with France's Macron«, https://www.cnbc.com/video/2018/04/24/trump-calls-iran-deal-insane-in-meeting-with-frances-macron.html

5 Macron enthüllte dies der Presse einige Tage später auf eigene Faust. Siehe https://www.efe.com/efe/english/world/macron-believes-trump-will-scrap-iran-nuclear-deal/50000262-3596907

6 Siehe Peter Baker und Julie Hirschfeld Davis: »Trump Signals Openness to a ›New Deal‹ to Constrain Iran«, https://www.nytimes.com/2018/04/24/world/europe/trump-macron-iran-climate.html?searchResultPosition=22

7 Macron verwendete genau diesen Satz noch einmal in der gemeinsamen Pressekonferenz im Anschluss an das bilaterale Treffen. Siehe »Remarks by President Trump and President Macron of France in Joint Press Conference«, 24. April 2018, https://www.whitehouse.gov/briefings-statements/remarks-president-trump-president-macron-france-joint-press-conference/

8 Trump sagte im Wesentlichen dasselbe noch einmal in der gemeinsamen Pressekonferenz nach der Klausurtagung. Siehe Anm. 7 oben (»Aber wir werden auch sehen – wenn ich das tue, was einige Leute erwarten –, ob es möglich sein wird, einen neuen Deal mit solidem Fundament zu machen oder nicht. Denn dies ist ein Deal mit verfallenem Fundament. Es ist ein schlechter Deal. Es ist eine schlechte Struktur. Sie bricht zusammen.«)

9 Ebd.

10 Siehe z.B. Caroline Houck: »Trump Calls Europe ›as bad as China‹ on trade«, https://www.vox.com/world/2018/7/1/17522984/europe-china-trade-war-trump, worin Trump im Interview mit Maria Bartiromo von Fox News zitiert wird

11 Siehe Julie Hirschfeld Davis: »Trump and Merkel Meet One on One, but Don't See Eye to Eye«, https://www.nytimes.com/2018/04/27/us/politics/trump-merkel.html?searchResultPosition=6

12 BBC: »Merkel lobbies Trump on trade and Iran«, https://www.bbc.com/news /world-us-canada-43925422

13 Siehe Judah Ari Gross: »US officials say Israel behind latest Syria strike, preparing for war with Iran«, https://www.timesofisrael.com/us-officials-say-israel-behind-latest-syria-strike-preparing-for-war-with-iran/, mit Bezug auf Courtney Kube: »Israel seems to be preparing for war with Iran, U.S. officials say«, 1. Mai 2018, https://www.nbcnews.com/news/mideast/israel-seems-be-preparing-war-iran-say-u-s-officials-n870051

14 Siehe »Readout of President Donald J. Trump's Call with Prime Minister Theresa May of the United Kingdom«, 5. Mai 2018, https://www.whitehouse.gov/briefings-statements/readout-president-donald-j-trumps-call-prime-minister-theresa-may-united-kingdom-7/

15 Siehe Boris Johnson: »Don't Scuttle the Iran Nuclear Deal«, https://www.nytimes.com/2018/05/06/opinion/boris-johnson-trump-iran-nuclear-deal.html

16 Siehe »Press briefing by National Security Advisor John Bolton on Iran«, 8. Mai 2018, https://www.whitehouse.gov/briefings-statements/press-briefing-national-security-advisor-john-bolton-iran/

17 Siehe z.B. Michael Gordon et al.: »After Trump's Threat, White House Convenes a Policy Meeting«, https://www.wsj.com/articles/after-trumps-threat-to-iran-white-house-convenes-a-policy-meeting-1532597520?mod=searchresults&page=1&pos=2

18 Siehe Michael Gordon: »White House Blames Iranian-Backed Militias for Attacking U.S. Facilities in Iraq«, 11. September 2018, https://www.wsj.com/articles/white-house-blames-iranian-backed-militias-for-attacking-u-s-facilities-in-iraq-1536707458; hier wird die Pressesprecherin des Weißen Hauses Sarah Sanders zitiert.

19 Siehe z.B. Redaktionsleitung des *Wall Street Journal*: »A Swift Iran Decision: Iranian banks have to be expelled from the global financing network«, https://www.wsj.com/articles/europes-not-so-swift-diplomacy-1539730896

KAPITEL 4

1 John Bolton: Surrender Is Not an Option, insbesondere Kapitel vier und elf

2 Winston Churchill: Rede vor dem Parlament, 2. Mai 1935, zitiert in John H. Maurer: »Churchill and the Outbreak of the Second World War in Europe«, *Orbis*, Sommer 2019, S. 313

3 Entsprechende Gerüchte kursierten nach dem Gipfel in Seoul, und ich brachte das Thema direkt mit Chung zur Sprache, da ich es selbst vermutet hatte. Noch bevor er nach Pjöngjang reiste, deutete Chung an, dass Gespräche zwischen den USA und Nordkorea Teil seiner Mission seien: »Ich habe vor, eingehende Gespräche über verschiedene Wege zu führen, die Gespräche nicht nur zwischen dem Süden und dem Norden, sondern auch zwischen dem Norden und den Vereinigten Staaten fortzusetzen.« Siehe BBC News: »North Korea's Kim Jong-un meets South Korea's envoys«, https://www.bbc.com/news/world-asia-43282807

4 Siehe Punkt fünf in: »Joint Statement of the Fourth Round of the Six-Party Talks«, Peking, 19. September 2005, https://2009-2017.state.gov/p/eap/regional/c15455.htm: »Die sechs Parteien kamen überein, koordinierte Schritte zu unternehmen, um den oben genannten Konsens schrittweise im Einklang mit dem Prinzip ›Verpflichtung für Verpflichtung, Aktion für Aktion‹ umzusetzen.«

5 In der Folge einigten sich die USA und Japan auf ein einjähriges Rückbauprogramm. Siehe Anm. 8 unten

6 David French: »A Trip Down Memory Lane: In 2015, the Obama Administration Said the Iran Deal Wasn't Even a ›Signed Document‹«, 10. Mai 2018, https://www.nationalreview.com/corner/iran-nuclear-deal-not%20-signed-document-not-binding/

7 Shinzo Abe: »Solidarity Against the North Korean Threat«, 17. September 2017, https://www.nytimes.com/2017/09/17/opinion/north-korea-shinzo-abe-japan.html

8 Adam Mount und Ankit Panda: »North Korea Is Not Denuclearizing«, https://www.theatlantic.com /international/archive/2018/04 /north-korea -kim-jong-un-trump-nuclear-summit-weapons-missiles /558620/; Joby Warrick: »Suspicious factory underscores challenge of verifying North Korea's nuclear promises«, https://www.washingtonpost.com /world/national-security / suspicious-factory-underscores-challenge-of-verifying-north-koreas-nuclear-promises/2018/04/21/fad9764e-457d-11e8-8569-26fda6b404c7story.html

9 Nicholas Eberstadt: »North Korea's Phony Peace Ploy«, https://www.nytimes .com /2018 / 04 /25 /opinion /north-korea-south-korea-peace.html

10 Angesichts dieses relativen Erfolgs in Bezug auf den Zeitplan nahm ich die Einjahresperiode von Moon-Kim als eine akzeptierte Vereinbarung an. Siehe z. B. Hyonhee Shin: »U.S. has plan to dismantle North Korea nuclear program within a year: Bolton«, https://www.reuters.com/article/us-northkorea-missiles-usa/u-s-has-plan-to-dis mantle-north-korea-nuclear-program-within-a-year-bolton-idUSKBN1JR1KP

11 Choe Sang-hun: »North Korea Envoy Hails Bolton's Ouster and Trump's Talk of a New Approach«, https://www.nytimes.com/2019/09/20/world/asia/north-korea-us-nuclear-talks.html ?searchResultPosition=1

12 Siehe: »Remarks by President Trump and Secretary General Stoltenberg of NATO Before Bilateral Meeting«, https://www.whitehouse.gov/briefings-statements/remarks-president-trump-secretary-general-stoltenberg-nato-bilateral-meeting/

13 Siehe Erklärung von Botschafter John Bolton, wie berichtet in: »Security Council Condemns Nuclear Test by Democratic People's Republic of Korea, Unanimously Adopting Resolution 1718 (2006)«, https://www.un.org/press/en/2006/sc8853.doc.htm

14 Die Bobbsey-Zwillinge sind die Hauptfiguren einer bekannten US-amerikanischen Kinderbuchreihe.

15 Jamie Tarabay: »To experts, North Korea dismantling nuclear site is like destroying evidence«, https://www.cnn.com/2018/05/22/asia/north-korea-destroy-nuclear-site-intl/index.html, Zitat Cheryl Rofer: »»Wenn ich mitkommen würde, hätte ich gerne die Möglichkeit, Proben zu entnehmen und ich würde auch einen Geologen mitbringen wollen. Ich würde einen Strahlungszähler haben wollen, Ich würde in den Tunnel gehen wollen, um zu sehen, ob weiter hinten Teile eingestürzt sind, und ich würde Strahlungsmessungen vornehmen wollen.‹ All diese Proben und Tests könnten Aufschluss über die Arten von Waffen geben, die getestet wurden, sagte sie. ›Isotopenmessungen könnten Aufschluss über das Design des Geräts geben, es würde verraten, welche Art von Bomben sie herstellen, woraus sie sie herstellen, wie viel Uran und Plutonium sich in den Bomben befindet. Vielleicht können wir daraus ableiten, was sie planen und wie ihr Fortschritt aussieht‹, sagte sie.«

16 Ebd.

17 Christina Maza: »China Tells Trump to Stay Calm as North Korea Threatens to Cancel Historic Talks«, 17. Mai 2018, https://www.newsweek.com/china-tells-trump-stay-calm-north-korea-threatens-cancel-historic -talks-931275

18 Joyce Lee und Heekyong Lee: »North Korea won't hold talks with ›incompetent‹ South unless differences settled«, Reuters, https://www.reuters.com/article/us-northkorea-missiles-southkorea/north-korea-says -wont-hold-talks-with-incompetent-south-unless-differences-settled-idUS KCN1II0B7

19 Am Montag, dem 8. Mai 2019, als ich mit Bob Lighthizer über Handelsfragen diskutierte, erzählte ich diese Anekdote über »zuerst mit dem Mädchen Schluss machen«. Lighthizer war erstaunt und sagte: »Das ist genau das, was Trump mir am Freitag sagte, als ich ihn über den Verlauf der Verhandlungen in Peking informierte!« Dies war ein seltenes Zeichen innerer Konsistenz in Trumps Politik.

20 Joshua Berlinger: »North Korea warns of nuclear showdown, calls Pence ›political dummy‹«, https://www.cnn.com/2018/05/23/politics/mike-pence-north-korea-intl/index.html

21 Thomas Maresca und Jane Onyanga-Omara: »South Korean president calls cancellation of Trump-Kim summit ›very regrettable‹«, https://www.usatoday.com/story/news/world/2018/05/24/trump-cancels-summit-kim /640452002/

22 Die öffentliche Reaktion Japans war verhalten und unterstützte die Absage von Trump. Siehe Reiji Yoshida und Daisuke Kikuchi: »Tokyo shows united front on Trump-Kim summit cancellation, calling for cooperation with U.S. and South Korea«, https://www.japantimes.co.jp/news/2018/05/25/national/politics-diplomacy/tokyo-understands-trumps-cancelation-u-s-north-korea-summit-officials/#.XmEfbKhKiF4

23 Siehe: »Full address by South Korean President Moon Jae-In on May 26 inter- Korea summit«, 27. Mai 2018, https://www.straitstimes.com/asia/east-asia /full-address-by-south-korean-president-moon-jae-in-on-may-26-inter -korea-summit

24 Im US-amerikanischen Politiksystem ist eine Einteilung zwischen Tauben (Doves) und Falken (Hawks) geläufig. Tauben meint gemäßigte Politiker, die zu einer pazifistischen Politik tendieren, während Falken häufig als Hardliner für ein hartes Durchgreifen plädieren, auch mit militärischen Mitteln.

25 Siehe: »South Korea's Moon Jae In might join Trump, Kim in Singapore for 3-way summit: Official«, https://www.straitstimes.com/asia/east-asia/south -koreas-moon-jae-in-might-join-trump-kim-in-singapore-for-3-way-summit-official

26 Siehe: »Italy's Conte wants G8 with Russia, not quick end to sanctions«, 8. Juni 2018, https://www.reuters.com/article/us-g7-summit-italy/italys -conte -wants-g8-with-russia-not-quick-end-to-sanctions-idUSKCN1J50MV

27 George Armstrong Custer war der Generalmajor des Unionsheeres während des amerikanischen Bürgerkriegs von 1861 bis 1865.

28 In der Öffentlichkeit wurde ständig darüber spekuliert, dass China die Sanktionen nicht strikt durchsetzt. Siehe z.B. Derek Grossman: »China's Reluctance on Sanctions Enforcement in North Korea«, https://www.rand.org/blog/2018/01/chinas-reluctance-on-sanctions-enforcement-in-north.html; und: »China is quietly relaxing its sanctions against North Korea, complicating matters for Trump«, https://www.latimes.com/business/la-fg-china-north-korea-sanctions-2018-story.html

29 Siehe Gardiner Harris und Choe Sang-hun: »North Korea Criticizes ›Gangster-Like‹ U.S. Attitude After Talks with Mike Pompeo«, 7. Juli 2018, https://www.nytimes.com/2018/07/07/world/asia/mike-pompeo-north-korea-pyongyang.html

30 Siehe z.B. Nuclear Threat Initiative: »North Korea«, https://www.nti.org /learn/countries / north-korea /nuclear/

31 Siehe: https://ustr.gov/trade-agreements/free-trade-agreements/korus-fta/final-text

32 Siehe: »Press Briefing by Press Secretary Sarah Sanders and National Security Officials«, 2. August 2018, https://www.whitehouse.gov/briefings-statements /press-briefing-press-secretary-sarah-sanders-national-security-officials -08022018/

33 Trump twitterte später am Abend auch, dass er sich darauf freute, Kim zu sehen. Siehe John Wagner: »Trump says he is looking forward to meeting again ›soon‹ with Kim Jong-un«, https://www.washingtonpost.com/politics/trump-says-he-is-looking-forward-to-meeting-again-soon-with-kim-jong-un/2018/08/02/7084654e-963b-11e8-a679-b09212fb69c2_story.html

34 Siehe: »Press Briefing by Press Secretary Sarah Sanders and CEA Chairman Kevin Hassett«, https://www.whitehouse.gov/briefings-statements/press-briefing-press-secretary-sarah-sanders-cea-chairman-kevin-hassett-091018/

KAPITEL 5

1 Meine früheren Begegnungen mit Putin sind in »Surrender Is Not an Option« beschrieben, insbesondere in Kapitel 3.

2 Siehe Jeffrey Goldberg: »The Obama Doctrine«, https://www.theatlantic.com/magazine/archive/2016/04/the-obama-doctrine/471525/; Mark Landler: »Obama Criticizes the ›Free Riders‹ Among America's Allies«, https://www.nytimes.com/2016/03/10/world/middleeast/obama-criticizes-the-free-riders-among-americas-allies.html

3 Siehe Susan B. Glasser: »Trump National Security Team Blindsided by NATO Speech«, https://www.politico.com/magazine/story/2017/06/05/trump-nato-speech-national-security-team-215227

4 Nicholas Fiorenza: »Allies agree to reduce US contributions to NATO common funding«, https://www.janes.com/article/92915/allies-agree -to-reduce-us-contributions-to-nato-common-funding

5 Siehe Veronica Stracqualursi: »Trump says Putin meeting ›may be the easiest of them all‹«, https://www.cnn.com/2018/07/10/politics/trump-putin-meeting/index.html

6 Siehe »Remarks by President Trump and NATO Secretary General Jens Stoltenberg at Bilateral Breakfast«, 11. Juli 2018, https://www.whitehouse.gov/briefings-statements/remarks-president-trump-nato-secretary-general-jens-stoltenberg-bilateral-breakfast/

7 Merkel wiederholte, was sie früher schon gesagt hatte, als sie das NATO-Hauptquartier betrat. Offensichtlich hatte sie von dem Stoltenberg-Trump-Frühstück gehört. Siehe Steve Erlanger und Julie Hirschfeld Davis: »Trump versus Merkel: Blistering Salvo Meets Quiet Rejoinder«, https://www.nytimes.com/2018/07/11/world/europe/germany-merkel-russia-trump-nato.html

8 Das alles waren frühere öffentliche Bemerkungen Trumps. Siehe ebd.

9 Siehe »Statement from the Press Secretary on the Expulsion of Russian Intelligence Officers«, 26. März 2018, https://www.whitehouse.gov/briefings-statements/statement-press-secretary-expulsion-russian-intelligence-officers/

10 Siehe Mark Mazzetti et al.: »12 Russian Agents Indicted in Mueller Investigation«, https://www.nytimes.com/2018/07/13/us/politics/mueller-indictment-russian-intelligence-hacking.html

11 Siehe »Remarks by President Trump and Prime Minister May of the United Kingdom in Joint Press Conference«, 13. Juli 2018, https://www.whitehouse.gov/briefings-statements/remarks-president-trump-prime-minister-may-united-kingdom-joint-press-conference/

12 Siehe »Fearing Russian aggression, Finland tells 900K military reservists to be prepared ›in the event of war‹«, https://nationalpost.com/news/world/fearing-russian-aggression-finland-tells-900k-military-reservists-to-be-prepared-in-the-event-of-war, wo eine Zahl von 285000 Reservisten genannt wird.

13 Alle den beiden Präsidenten zugeschriebenen Kommentare in diesem und dem folgenden Absatz sind aus: »Remarks by President Trump and President Putin of the Russian Federation in Joint Press Conference«, 16. Juli 2018, https://www.whitehouse.gov/briefings-statements/remarks-president-trump-president-putin-russian-federation-joint-press-conference/

KAPITEL 6

1 Von Atomwaffen

2 Siehe »New START: Treaty Text«, https://2009-2017.state.gov/t/avc/newstart/c44126.htm

3 Des Weißen Hauses

4 Siehe »Remarks by President Trump Before Marine One Departure«, https://www.whitehouse.gov/briefings-statements/remarks-president-trump-marine-one-departure-18/

5 Siehe Reuters: »Bolton says we're a long way from deploying U.S. missiles in Europe«, 23. Oktober 2018, https://www.reuters.com/article/us-usa-nuclear-bolton-inf/bolton-says-were-a-long-way-from-deploying-u-s-missiles-in-europe-idUSKCN1MX2L9

6 Siehe Deutsche Welle: »INF: Vladimir Putin Threatens to mirror US deployment of nuclear missiles in Europe«, 24. Oktober 2018, https://www.dw.com/en/inf-vladimir-putin-threatens-to-mirror-us-deployment-of-nuclear-missiles-in-europe/a-46031790

7 Siehe U.S. Department of Defense: »Nuclear Posture Review«, 2018, https://media.defense.gov/2018/Feb/02/2001872886/-1/-1/1/2018-NUCLEAR-POSTURE-REVIEW-FINAL-REPORT.PDF, auf S. 9 und 53

8 Siehe John Bolton: Surrender Is Not an Option, S. 87–92, 97

9 Siehe Aaron Mehta: »US, Russia remain at ›impasse‹ over Open Skies treaty flights«, https://www.defensenews.com/air/2018/09/14/us-russia-remain-at-impasse-over-nuclear-treaty-flights/

10 Aric Jenkins: »Why Russia Was Allowed to Fly a Surveillance Plane Over the Capitol and the Pentagon«, https://time.com/4895574/open-skies-treaty-russia-surveillance-plane/

11 Julian Borger: »Trump administration determined to exit treaty reducing risk of war«, 5. April 2020, https://www.theguardian.com/us-news/2020/apr/05/trump-administration-treaty-war-russia-withdraw

12 Siehe Curtis A. Bradley: »Unratified Treaties, Domestic Politics, and the US Constitution«, 48 Harvard International Law Journal 307 (Number 2, Summer, 2007), https://scholarship.law.duke.edu/cgi/viewcontent.cgi?article=2517&context=faculty scholarship

13 Die Geschichte, wie wir den ICC nicht unterzeichnet haben, wird kurz in John Bolton: Surrender Is Not an Option, S. 85–87, erzählt.

14 Siehe John Bolton: »Vladimir Putin looked Trump in the eye and lied to him. We negotiate with Russia at our peril«, https://www.telegraph.co.uk/news/2017/07/10/vladimir-putin-looked-trump-eye-lied-negotiate-russia-peril/

15 David Filipov et al.: »Putin denies election hacking after Trump pressed him, Tillerson says«, https://www.washingtonpost.com/world/heres-whats-at-stake-whentrump-finally-meets-putin/2017/07/07/a5c577d2-627c-11e7-80a2-8c226031ac3fstory.html

16 Siehe »National Cyber Strategy of the United States of America«, September 2018, https://www.whitehouse.gov/wp-content/uploads/2018/09/National-Cyber-Strategy.pdf, S. 1–2 und durchweg

17 Ebd.

18 Jacqueline Thomsen: »US to prioritize attacks against foreign adversaries under new cyber strategy«, https://thehill.com/policy/cybersecurity/407670-us-to-launch-offensive-attacks-against-foreign-adversaries-under-new

19 Justin Lynch: »Trump's national cyber strategy praised by experts«, https://www.fifthdomain.com/congress/policy/2018/09/21/

trumps-national-cyber-strategy-praised-by-experts/

20 Siehe »Executive Order on Imposing Sanctions in the Event of Foreign Interference in a United States Election«, 12. September 2018, https://www.whitehouse.gov/presidential-actions/executive-order-imposing-certain-sanctions-event-foreign-interference-united-states-election/

21 Siehe z. B. Eric Geller: »Trump silent as top officials warn of Russia threat«, https://www.politico.com/story/2018/08/02/trump-russian-election-hacking-720428

22 Siehe Anm. 9, Kapitel 5

23 Siehe Ivan Gutterman et al.: »A Timeline of All Russia-Related Sanctions«, https://www.rferl.org/a/russia-sanctions-timeline/29477179.html

24 Ellen Nakashima and Paul Sonne: »Bolton says US is conducting ›offensive cyber‹ action to thwart would-be election disrupters«, https://www.washingtonpost.com/world/national-security/bolton-acknowledges-us-has-taken-action-to-thwart-would-be-election-disrupters/2018/10/31/0c5dfa64-dd3d-11e8-85df-7a6b4d25cfbb story.html

25 Darwin McDaniel: »Nakasone: 2018 Midterm Elections a Success in Feds' Cyber Efforts«, https://www.executivegov.com/2019/01/nakasone-2018-midterm-elections-a-success-in-feds-cyber-efforts/

KAPITEL 7

1 Siehe Greg Farrell und Christian Bertelsen: »Turkey's Halkbank Could Suffer from Ex-Banker's US Conviction«, https://www.bloomberg.com/news/articles/2018-01-04/turkey-s-halkbank-could-suffer-from-ex-banker-s-u-s-conviction, und Amanda Sloat: »Why Turkey cares about the trial of Reza Zarrab«, https://www.brookings.edu/blog/order-from-chaos/2017/11/22/why-turkey-cares-about-the-trial-of-reza-zarrab/

2 Siehe »A court case in New York rattles Turkey's president, Recep Tayyip Erdogan«, https://www.economist.com/europe/2017/12/09./a-court-case-in-new-york-rattles-turkeys-president-recep-tayyip-erdogan

3 Siehe Andrew Brunson: »US hits Turkey with sanctions over jailed pastor«, https://www.bbc.com/news/world-us-canada-45036378

4 Siehe Zeynep Bilginsoy: »Turkey slaps sanctions on 2 US officials in retaliation«, https://www.apnews.com/4d47a56373e64669b80a3a14f87c0be2.

5 »Turkey expects no fine for Halkbank: finance minister«, https://www.reuters.com/article/us-turkey-currency-albayrak-usa/turkey-expects-no-fine-for-halkbank-finance-minister-idUSKCN1LJ0L6

6 Siehe Jack Ewing und Carlotta Gall: »Qatar Comes to Aid of Turkey, Offering $15 Billion Lifeline«, https://www.nytimes.com/2018/08/15/world/europe/turkey-andrew-brunson-tariffs.html

7 Siehe Carlotta Gall: »Turkey Frees Pastor Andrew Brunson, Easing Tensions With US«, https://www.nytimes.com/2018/10/12/world/europe/turkey-us-pastor-andrew-brunson.html

8 Siehe z. B. Atlantic Council: »The sticky situation of the final Idlib offensive«, 15. August 2018, https://www.atlanticcouncil.org/blogs/syriasource/the-sticky-situation-of-the-final-idlib-offensive/

9 Siehe z. B. »Israel says it launched 200 strikes in Syria since 2017«, 5. September 2018, https://www.aljazeera.com/news/2018/09/israel-launched-200-strikes-syria-2017-180905063755959.html

10 Siehe Barbara Starr et al.: »Syria accidentally shot down a Russian military plane«, https://www.cnn.com/2018/09/17/politics/syrian-regime-shoots-down-russian-plane/index.html

11 Siehe Jonathan Marcus: »Is Russia taking control of Syria's air defenses?«, https://www.bbc.com/news/world-middle-east-45625388

12 Siehe z. B. Michael Knights, Washington Institute: »Responding to Iranian Harassment of U. S. Facilities in Iraq«, https://www.washingtoninstitute.org/policy-analysis/view/responding-to-iranian-harassment-of-u. s.-facilities-in-iraq; Al Jaazeera: »Rockets hit Iranian Kurdish opposition office's in Iraq's Koya«, 8. September 2018, https://www.aljazeera.com/news/2018/09/rockets-hit-iranian-kurdish-opposition-offices-iraq-koya-180908090605503.html; und Edward Wong: »Blaming Iran, U. S. Evacuates Consulate in Southern Iraq«, https://www.nytimes.com/2018/09/28/world/middleeast/iraq-iran-consulate-basra-closed.html

13 Siehe Edward Wong: Anm. 12 oben

14 Siehe Glenn Harlan Reynolds: »Turkey's new sultan«, 20. Juli 2016, https://www.usatoday.com/story/opinion/2016/07/20/turkey-coup-islam-erdo gan-sharia-sultan-caliphate-crackdown-democracy-column/87344676/

15 Traditionelles American Football-Match zwischen den beiden Teilstreitkräften Heer und Marine

16 Der Anruf vom 14. Dezember ist auf Seite 138 vermerkt bei https://www.govtinfo.gov/content/pkg/DCPD-2018DIGEST/pdf/DCPD-2018DIGEST.pdf. Siehe auch Barbara Starr et al.: »Trump orders rapid withdrawal from Syria in apparent reversal«, https://www.cnn.com/2018/12/19/politics/us-syria-with drawal/index.html; und Karen DeYoung, »Trump Administrationtries to head off Turkish assault on Kurds in Syria«, 14. Dezember 2018, https://www.washingtonpost.com/world/national-security/trump-administration-tries-to-head-off-turkish-assault -on-kurds-in -syria/2018/12/14/6d614120-ffe5-11e8-ad40-cdfd0e0dd65a story.html

17 Gunatanamo Bay

18 Siehe Mark Landler et al.: »Trump to Withdraw US Forces From Syria, Declaring ›We Have Won Against ISIS‹«, https://www.nytimes.com/2018/12/19/us/politics/trump-syria-turkey-troop-wthdrawal.html

19 Gemeint ist Capitol Hill, Sitz des Kongresses.

20 Siehe S. 140 unter https://www.govinfo.gov/content/pkg/DPCD-2018DIGEST/pdf/DPCD-2018DIGEST.pdf

21 Siehe »Remarks by President Trump to Troops at Al Asad Air Base, Al Anbar Province, Iraq«, 26. Dezember 2018, https://www.whitehouse.gov/briefings-statements/remarks-president-trump-troops-al-asad-air-base-al-anbar-province-iraq/

22 Siehe Zeke Miller und Lolita C. Baldor: »US pushes NATO allies to join observer force in Syria«, https://apnews.com/1fa36d41b686410e84bfc986c9f56337

23 Siehe John Bolton: Surrender Is Not an Option, durgängig zu diesem Thema

24 Siehe David A. Sanger: »Bolton Puts Conditions on Syria Withdrawal, Suggesting a Delay of Months or Years«, https://www.nytimes.com/2019/01/06/world/middleeast/bolton-syria-pullout.html

25 Siehe »Remarks by President Trump Before Marine One Departure«, 6. Januar 2019, https://www.whitehouse.gov/briefings-statements/remarks-president-trump-marine-one-departure-29/

26 Siehe Anm. 21 oben

27 Siehe Associated Press: »Turkey slams Pompeo comments on ›slaughtering‹ Kurds«, 4. Januar 2019, https://apnews.com/27fa54d76e8d4fa79453430f9e2b57ae

28 Missy Ryan und Karen DeYoung: »›No different from my original statements‹: Trump denies changes to Syria exit plan«, https://www.washingonpost.com/world/national-security/no-different-from-my-original-statements-trump-denies-changes-to-syria-exit-plan/2019/01/07/d93922f2-128f-11e9-90a8-136fa44b80ba story.html

29 Karen DeYoung und Karoun Demirjian: »Contradicting Trump, Bolton says no withdrawal from Syria until ISIS destroyed, Kurds' safety guaranteed«, https://www.washingtonpost.com/world/national-security/no-different-from-my-original-statements-trump-denies-changes-to-syria-exit-plan/2019/01/07/d93922f2-128f-11e9-90a8-136fa44b80ba story.html

30 Siehe Australian Broadcasting Corporation: »Turkish president Recep Tayyip Erdogan says ›no concession‹ for Syrian Kurds, snubbing US plea«, 8. Januar 2019, https://www.abc.net.au/news/2019-01-09/turkey-rejects-us-request-to-protect-us-kurdish-allies-in-syria/10700680

31 Siehe Radio Free Europe/Radio Liberty: »White House Now Says 400 ›Peacekeepers‹ To Remain In Syria, Up From 200«, 23. Februar 2019, https://www.rferl.org/a/us-keeping-peacekeepers-syria-pullout-kurds-russia-iran-turkey/29786293.html

32 Siehe Zachary Cohen: »Inside the dramatic US military raid that killed ISIS leader Baghdadi«, https://www.cnn.com/2019/10/27/politics/bagdhadi-inside-the-raid-timeline/index.html

33 Stärkste konventionelle US-Fliegerbombe

34 Siehe Eliza Relman: »Defense Secretary Mattis reportedly wasn't consulted before the military dropped the ›mother of all bombs‹«, https://www.businessinsider.com/mattis-mother-of-all-bombs-2017-5

35 Siehe Julie Turkewitz: »Brent Taylor, Utah Major Killed in Afghanistan, Was on 4th Deployment«, 4. November 2018, https://www.nytimes.com/2018/11/04/us/utah-mayor-killed-afghanistan-brent-taylor.html

36 Das Konzept einer »Plattform zur Terrorismusbekämpfung« in Afghanistan, das freilich viele Varianten durchlief, war lange Zeit in der Diskussion, siehe z. B. Andrew deGrandpre: »Before there's another surge in Afghanistan, Mattis and his general need to meet«, https://www.militarytimes.com/news/your-military/2017/02/11/before-there-s-another-surge-in-afghanistan-mattis-and-his-general-need-to-meet/

37 Siehe Mujib Mashal: »U.S. and Taliban Agree in Principle to Peace Framework, Envoy Says«, 28. Januar 2019, https://www.nytimes.com/2019/01/28/world/asia/taliban-peace-deal-afghanistan.html

38 Siehe »President Donald J. Trump's State of the Union Address«, 5. Februar 2019, https://www.whitehouse.gov/briefings-statements/president-donald -j-trumps-state-union-address-2/

KAPITEL 8

1 John H. Sununu: The Quiet Man. The Indispensible Presidency of George H. W. Bush. Broadside Books, New York 2015

2 Siehe Jeane J. Kirkpatrick: »Dictatorships and Double Standards«, https://www.commentarymagazine.com/articles/dictatorships-double-standard/

3 Siehe Helene Cooper: »Fraying Ties With Trump Put Jim Mattis's Fate in Doubt«, Beitrag unter https://www.nytimes.com/2018/09/15/us/politics/jim-mattis-trump-defense-relationship.html

4 Siehe Ashley Parker und Phillip Rucker: »›A rising star‹: Haley poses a potential threat to Trump even oft he doesn't run in 2020«, https://www.washingtonpost.com/politcs/a-rising-star-haley-poses-a-potential-threat-to-trump-even-if-she-doesn't-run-in-2020/018/10/09/bca850db-cbd9-11e8-920f-dd52e1ae4570_storyhtml

5 Siehe Christina Zhao: »Nikki Haley Denies ›False Rumors‹ of a Possible Trump/Haley 2020 Ticket: Pence Has My ›Complete Support‹«, https://www.newsweek.com/nikki-haley-denies-false-rumors-possible-trump-haley-2020-ticket-pence-has-my-complete-1455584

6 Siehe z. B. BBC: »France's Macron pushes for ›true European army‹«, 6. November 2018, https://www.bbc.com/news/world-europe-46108633

7 Siehe Scott McDonald: »John Kelly's ›Yes Man‹ Comments on Trump Ripped Trough Social Media«, https://newsweek.com/john-kellys-yes-man-comments-ripped-trough-social-media-1467986

8 Siehe Caroline Kelly et al.: »White House: John Kelly ›was totally unequipped to handle the genius of our great President‹«, https://edition.cnn.com/2019/10/26/politics/john-kelly-trump-yes-man/index.html

9 Siehe Rachel Frazin: »Grisham: John Kelly is ill-equipped to work with ›the genius of our great president‹«, https://thehill.com/homenews/administration/467602-grisham-john-key-ill-equipped-to-work-with-the-genius-of-the

KAPITEL 9

1 Siehe z. B. das Interview mit Elliott Abrams, dem Ansprechpartner des Außenministeriums für Venezuela, in David Luhnow und José de Córdoba: »Venezuela's Opposition Held Talks with Government on Ousting Maduro«, 1. Mai 2019, https://www.wsj.com/articles/venezuelas-opposition-held-talks-with-government-on-ousting-maduro-11556767656

2 Siehe *New York Times*: »Trump Alarms Venezuela With Talk of a ›Military Option‹«, 12. August 2017, https://www.nytimes.com/2017/08/12/world/americas/trump-venezuela-military.html; und Christopher Woody: »Trump: ›I'm not going to rule out a military option‹ for Venezuela«, 11. August 2017, https://www.businessinsider.com/trump-im-not-going-to-rule-out-a-military-option-for-venezuela-2017-8

3 Siehe Siobhán O'Grady: »As Maduro clashes with opposition, Washington engages in ›careful little dance‹ with Venezuela«, 12. Januar 2019, https://www.washingtonpost.com/world/2019/01/12/maduro-clashes-withopposition-washington-engages-careful-little-dance-with-venezuela/

4 Der Sprecher des Außenministeriums, Robert Palladino, sagte: »Es ist an der Zeit, den geordneten Übergang zu einer neuen Regierung zu beginnen. Wir unterstützen den Aufruf der Nationalversammlung an alle Venezolaner, friedlich zusammenzuarbeiten, um eine verfassungsmäßige Regierung wiederherzustellen und eine bessere Zukunft aufzubauen.« Ebd.

5 Siehe Ana Vanessa Herrero: »Venezuela Opposition Leader Is Arrested After Proposing to Take Power«, 13. Januar 2019, https://www.nytimes.com/2019/01/13/world/americas/venezeula-juan-guaido-arrest.html

6 Tatsächlich war das Durcheinander innerhalb des Regimes von Maduro, siehe ebd., ein Anzeichen dafür, dass externe Kräfte am Werk gewesen sein könnten. Die kubanische Präsenz in Venezuela und insbesondere die Schlüsselrolle, die sie bei der Aufrechterhaltung des Maduro-Regimes spielen, ist ausführlich dokumentiert. Es ist vorhersehbar, dass Kuba alles leugnet. Siehe z. B. Ethan Bronner, Alex Vasquez und David Wainer: »How Has Maduro Survived? With Lots of Help from Cuban Operatives«, 1. April 2019, https://www.bloomberg.com/news/articles/2019-04-01/how-has-maduro-survived-with-lots-of-help-from-cuban-operatives; Jorge C. Carrasco: »Venezuelan Democracy Was Strangled by Cuba«, 14. Mai 2019, https://foreignpolicy.com/2019/05/14/venezuelan-democracy-was-strangled-by-cuba/; Jose Miguel Alonso-Trabanco (https://www.geopoliticalmonitor.com/author/josemiguel/): »Cuba's Intelligence Masterstroke in Venezuela«, 9. August 2018, https://www.geopoliticalmonitor.com/cubas-intelligence-masterstroke-in-venezuela/; und Adam Taylor: »How many Cuban troops are there in Venezuela? The U.S. says over 20,000. Cuba says zero.«, 2. Mai 2019, https://www.washingtonpost.com/world/2019/05/02/how-many-cuban-troops-are-there-venezuela-us-says-over-cuba-says-zero/

7 Siehe Jennifer Hansler, Flora Charner und Zachary Cohen: »US orders non-emergency personnel out of Venezuela«, 25. Januar 2019, https://www.cnn.com/2019/01/24/politics/pompeo-bolton-venezuela-maduro/index.html

8 Siehe *Associated Press*: »The Latest: Venezuela opposition leader backs US sanctions«, 29. Januar 2019, https://apnews.com/aea46490266049c6a20a6aba29efc2ca

9 Siehe Nick Paton Walsh, Natalie Gallón und Diana Castrillon: »Corruption in Venezuela has created a cocaine superhighway to the US«, 17. April 2019, https://www.cnn.com/2019/04/17/americas/venezuela-drug-cocaine-trafficking-intl/index.html

10 Siehe: »Remarks by President Trump and President Duque of the Republic of Colombia Before Bilateral Meeting«, 25. September 2018, https://www.whitehouse.gov/briefings-statements/remarks-president-trump-president-duque-republic-colombia-bilateral-meetings/

11 Das war genau das, was wir während der gesamten Krise auf Trumps Geheiß öffentlich gesagt haben. Siehe z. B. John Allen: »Bolton: ›All options are on the table‹ for Trump in Venezuela«, 28. Januar 2019, https://www.nbcnews.com/politics/white-house/bolton-all-options-are-table-trump-venezuela-n963681; und Ellen Mitchell: »Bolton says ›all options are on the table‹ in Venezuela as protests intensify«, 30. April 2019, https://thehill.com/homenews/administration/441426-bolton-says-all-options-are-on-the-table-in-venezuela-as-protests

12 Siehe Mary Beth Sheridan und Mariana Zuñiga: »Maduro's muscle: Politically backed motorcycle gangs known as ›colectivos‹ are the enforcers for Venezuela's authoritarian leader«, 14. März 2019, https://www.washingtonpost.com/world/the_americas/maduros-muscle-politically-backed-motorcycle-gangs-known-as-colectivos-are-the-enforcers-for-venezuelas-authoritarian-leader/2019/03/13/2242068c-4452-11e9-94ab-d2dda3c0df52_story.html

13 Reuters berichtete, dass »private Militärfirmen, die geheime Missionen für Russland ausführen, in den letzten Tagen nach Venezuela geflogen sind, um die Sicherheit für Präsident Nicolás Maduro zu erhöhen angesichts der von den USA unterstützten Proteste der Opposition, so zwei ihnen nahestehende Personen«. Siehe Maria Tsvetkova und und Anton Zverev, Reuters: »Exclusive: Kremlin-linked contractors help guard Venezuela's Maduro–sources«, 25. Januar 2019, https://www.reuters.com/article/us-venezuela-politics-russia-exclusive/exclusive-kremlin-linked-contractors-help-guard-venezuelas-maduro-sources-idUSKCN1PJ22M

14 Siehe Jessica Donati, Ian Talley und Andrew Scurria: »Venezuela's Opposition Leader Guaidó to Name New Citgo Board, Rubio Says«, 6. Februar 2019, https://www.wsj.com/articles/venezuelas-opposition-leader-guaido-to-name-new-citgo-board-sen-rubio-says-11549501327

15 Siehe Keith Johnson: »Kerry Makes It Official: ›Era of Monroe Doctrine Is Over‹«, 18. November 2013, https://blogs.wsj.com/washwire/2013/11/18/kerry-makes-it-official-era-of-monroe-doctrine-is-over/

16 Siehe: »Statement from President Donald J. Trump Recognizing Venezuelan National Assembly President Juan Gaido as the Interim President of Venezuela«, 23. Januar 2019, https://www.whitehouse.gov/briefings-statements/statement-president-donald-j-trump-recognizing-venezuelan-national-assembly-president-juan-guaido-interim-president-venezuela/

17 Siehe *Deutsche Welle*: »Venezuelan opposition leader Juan Guaido declares himself acting president«, 23. Januar 2019, https://www.dw.com/en/venezuelan-opposition-leader-juan-guaido-declares-himself-acting-president/a-47201512

18 Siehe BBC News: »Venezuela crisis: Opposition's Guaidó awaits army support«, 1. April 2019, https://www.bbc.com/news/world-latin-america-47769121

19 Siehe z.B. Patricia Laya, Ethan Bronner und Tim Ross: »Maduro Stymied in Bid to Pull $1.2 Billion of Gold From U.K.«, 25. Januar 2019, https://www.bloomberg.com/news/articles/2019-01-25/u-k-said-to-deny-maduro-s-bid-to-pull-1-2-billion-of-gold

20 Siehe Hollie McKay: »As Venezuela crisis deepens, US embassy faces security challenge«, 26. Januar 2019, https://www.foxnews.com/world/venezuela-political-aggression-puts-us-diplomats-at-risk

21 Siehe z.B. Reuters: »Venezuela's Guaido considering request for funds from IMF: sources«, 25. Januar 2019, https://www.reuters.com/article/us-venezuela-politics-guaido/venezuelas-guaido-considering-request-for-funds-from-imf-sources-idUSKCN1PJ21Q; und Lesley Wroughton, Reuters: »Latam lender replaces Venezuela's Maduro representative with Guaido economist«, 15. März 2019, https://www.reuters.com/article/us-venezuela-politics/iadb-ousts-venezuelas-maduro-representative-replaces-with-guaido-economist-idUSKCN1QW29J

22 Siehe Kirk Semple: »With Spies and Other Operatives, a Nation Looms Over Venezuela's Crisis: Cuba«, 26. Januar 2019, https://www.nytimes.com/2019/01/26/world/americas/venezuela-cuba-oil.html; und Redaktionsleitung des *Wall Street Journal*: »Cuba Out of Venezuela«, 24. Januar 2019, https://www.wsj.com/articles/cuba-out-of-venezuela-11548376414

23 Siehe Daniel Chang: »›End this nightmare,‹ Pompeo urges U.N. member nations on Venezuela's political crisis«, 26. Januar 2019, https://www.miamiherald.com/news/nation-world/world/americas/venezuela/article225107520.html

24 Siehe Adry Torres: »Venezuelan President Maduro's right-hand man evacuates his two youngest children to China under fake names as Mike Pence turns the screws with public show of support for rival Guaido«, 25. Februar 2019, https://www.dailymail.co.uk/news/article-6743013/Venezuelas-second-command-flies-two-children-China-using-wifes-surname.html

25 Eine nachfolgende Presseerklärung von Sanders und Trump über Twitter wiederholte im Wesentlichen die Höhepunkte dieses Anrufs. Siehe Rebecca Morin: »Trump congratulates Venezuelan opposition leader in call«, 30. Januar 2019, https://www.politico.com/story/2019/01/30/trump-juan-guaido-call-1136918

26 Siehe Reuters: »Trading arm of Russia's Lukoil stops swap operations in Venezuela«, 14. Februar 2019, https://www.reuters.com/article/us-venezuela-politics-russia-lukoil/trading-arm-of-russias-lukoil-stops-swap-operations-in-venezuela-idUSKCN1Q3225

27 Siehe *Financial Tribune*: »PetroChina Drops Venezuela's State Oil Company«, 1. Februar 2019, https://financialtribune.com/articles/energy/96482/petrochina-drops-venezuela-s-state-oil-company

28 Siehe Tatiana Voronova: »Russia's Gazprombank freezes accounts of Venezuela's PDVSA: source«, 17. Februar 2019, https://www.reuters.com/article/us-venezuela-politics-gazprombank/russias-gazprombank-freezes-accounts-of-venezuelas-pdvsa-source-idUSKCN1Q60BK

29 Siehe Christine Armario und Fabiola Sanchez: »Venezuela opposition leader to police: Leave my family alone«, 31. Januar 2019, https://apnews.com/c6916be2bce147e486e8e7915272077c

30 Siehe Dylan Baddour und Anthony Faiola: »As U.S. amasses aid on Venezuelan border, Colombian city braces for showdown«, 17. Februar 2019, https://www.washingtonpost.com/world/the_americas/as-us-amasses-aid-on-venezuelan-border-colombian-city-braces-for-showdown/2019/02/17/7bcf57b0-3140-11e9-8781-763619f12cb4_story.html

31 Siehe *The Grayzone*: »›John Bolton tried to assassinate me‹: Interview with Venezuelan President Nicolás Maduro«, 6. August 2019, https://thegrayzone.com/2019/08/06/interview-venezuelan-president-nicolas-maduro/

32 Siehe Roberta Rampton: »Move Over Ayatollahs: Bolton Turns Tweets and Talons on Maduro«, 27. Februar 2019, https://www.usnews.com/news/world/articles/2019-02-27/move-over-ayatollahs-bolton-turns-tweets-and-talons-on-maduro

33 Siehe Alex Daugherty: »Rubio says sanctioned Maduro loyalists can receive amnesty, but only if they act soon«, 11. Februar 2019, https://www.miamiherald.com/news/nation-world/world/americas/venezuela/article226085225.html

34 Die Presseberichterstattung aus diesen entlegenen Grenzgebieten war spärlich, zeigte aber deutlich Zusammenstöße mit den Regimebehörden. Siehe Antonio Maria Delgado: »Two dead, 14 injured after Venezuela soldiers fire at civilians near border with Brazil«, 22. Februar 2019, https://www.miamiherald.com/news/nation-world/world/americas/venezuela/article226624859.html

35 Siehe z. B. AFP: »Guaido arrives at border concert, delivering blow to Maduro«, 23. Februar 2019, https://www.france24.com/en/20190223-venezuela-guaido-border-concert-humanitarian-aid-maduro

36 Siehe z. B. Beatrice Christofaro: »567 Venezuelan soldiers defected to Colombia, and it could be a sign that Maduro's once rock-solid power base is starting to crumble«, 2. März 2019, https://www.businessinsider.com/venezuela-soldiers-defect-to-colombia-threaten-maduro-power-2019-3

37 Siehe Maria Ramirez: »Soldiers held hostage, villagers killed: the untold story of Venezuelan aid violence«, 21. Mai 2019, https://www.reuters.com/article/us-venezuela-politics-pemon-insight/soldiers-held-hostage-villagers-killed-the-untold-story-of-venezuelan-aid-violence-idUSKCN1SR1L0

38 Siehe Anm. 36 oben

39 Siehe Jeff Mason, Reuters: »U.S. considers sanctions to restrict Visa, Mastercard in Venezuela: official«, 14. März 2019, https://www.reuters.com/article/us-usa-venezuela-sanctions/u-s-considers-sanctions-to-restrict-visa-mastercard-in-venezuela-official-idUSKCN1QV2VS

40 Siehe Reuters: »More than 40 dead, 850 detained in Venezuela violence, U.N. says«, 29. Januar 2019, https://www.reuters.com/article/us-venezuela-politics-un/more-than-40-dead-850-detained-in-venezuela-violence-u-n-says-idUSKCN1PN16Y

41 Siehe Larry Neumeister, *Associated Press*: »Ex-Venezuelan vice president accused of aiding drug dealers«, 9. März 2019, https://apnews.com/ff89bf5c8f5445fab11e6fdf6d91640f

42 Siehe Anm. 19 oben

43 Siehe z. B. Ryan C. Berg: »Russia Is Gearing Up for a Conflict With the United States in the Caribbean«, 9. Oktober 2019, https://foreignpolicy.com/2019/10/09/russias-putin-venezuela-evade-oil-sanctions-preparing-conflict-united-states; und Joshua Goodman, *Associated Press*: »Oil tankers ›go dark‹ off Venezuela to evade US sanctions«, 14. November 2019, https://apnews.com/84cabe36652c4194ae2db852e8bab2c4

44 Siehe Reuters: »Trump threatens ›full‹ embargo on Cuba over Venezuela security support«, 30. April 2019, https://www.reuters.com/article/us-venezuela-politics-trump-tweet/trump-threatens-full-embargo-on-cuba-over-venezuela-security-support-idUSKCN1S62PD

45 Siehe Nicholas Casey: »›It Is Unspeakable‹: How Maduro Used Cuban Doctors to Coerce Venezuela Voters«, 17. März 2019, https://www.nytimes.com/2019/03/17/world/americas/venezuela-cuban-doctors.html

46 Siehe Reuters: »U.S.-sanctioned Venezuelan defects to Colombia, slams Maduro«, 18. März 2019, https://www.reuters.com/article/us-venezuela-politics-general/u-s-sanctioned-venezuelan-defects-to-colombia-slams-maduro-idUSKCN1QZ1YB

47 Siehe David Luhnow: »Maduro Loses Grip on Venezuela's Poor, a Vital Source of His Power«, 19. März 2019, https://www.wsj.com/articles/maduro-loses-grip-on-venezuelas-poor-a-vital-source-of-his-power-11553014207

48 Siehe Nathan Hodge und Anna-Maja Rappard, *CNN*: »Russia confirms its military personnel are in Venezuela«, 29. März 2019, https://www.cnn.com/2019/03/28/europe/russia-venezuela-military-personnel-intl/index.html

49 Siehe: »Remarks by President Trump and First Lady Fabiana Rosales of the Bolivarian Republic of Venezuela before Bilateral Meeting«, 27. März 2019, https://www.whitehouse.gov/briefings-statements/remarks-president-trump-first-lady-fabiana-rosales-bolivarian-republic-venezuela-bilateral-meeting/

50 Diese Bemerkungen ähnelten sehr dem, was sie in Anwesenheit der Presse gesagt hatte. Ebd.

51 Siehe Daily Sabah: »Venezuelan minister tells US' Bolton ›right thing‹ is respecting the people's will«, 30. März 2019, https://www.dailysabah.com/americas/2019/03/30/venezuelan-minister-tells-us-bolton-right-thing-is-respecting-the-peoples-will

52 Wie in früheren Anmerkungen dokumentiert, haben viele Einzelheiten der Ereignisse in Venezuela im März und insbesondere im April, die auf den folgenden Seiten beschrieben werden, Eingang in das öffentliche Register gefunden. Wir haben sie in Echtzeit von der Opposition erfahren, obwohl es in vielen Fragen oft Meinungsverschiedenheiten gibt, wie in jedem innenpolitischen Konflikt gleich diesem. Zusätzlich zu dem, was bereits oben zitiert wurde, siehe z. B. Nicole Gaouette, *CNN*: »Bolton says senior Venezuelan officials committed to backing Guaido«, 30. April 2019, https://www.cnn.com/2019/04/30/politics/venezuela-us-clashes-bolton/index.html. Das C-SPAN-Video meines Interviews vom 30. April finden Sie unter https://www.c-span.org/video/?460292-1/national-security-adviser-bolton-calls-peaceful-transfer-power-venezuela. Siehe auch das Interview mit Elliott Abrams in *Agencia EFE*: »US: Venezuelan officials who were negotiating Maduro exit have gone dark«, 1. Mai 2019, https://www.efe.com/efe/english/world/us-venezuelan-officials-who-were-negotiating-maduro-exit-have-gone-dark/50000262-3965957; und Uri Friedman: »How an Elaborate Plan to Topple Venezuela's President Went Wrong«, 1. Mai 2019, https://www.theatlantic.com/politics/archive/2019/05/white-house-venezuela-maduro-failed/588454/

53 Siehe John Otis, *NPR*: »Venezuelan Officers Who Fled To Colombia Are ›Adrift‹ As Maduro Holds Onto Power«, 22. Juli 2019, https://www.npr.org/2019/07/16/742275893/venezuelan-officers-who-fled-to-colombia-are-adrift-as-maduro-holds-onto-power

54 Siehe MacKenzie Sigalos: »China and Russia loaned billions to Venezuela—and then the presidency went up for grabs«, 7. Februar 2019, https://www.cnbc.com/2019/02/07/venezuela-china-and-russia-owed-debts-as-presidential-fight-rages.html

55 Nach seinem Überlaufen wurde Cristopher Figuera zu einer wichtigen öffentlichen Informationsquelle über das Maduro-Regime und insbesondere über die kubanische Präsenz. Siehe z. B. Anthony Faiola: »Maduro's ex-spy chief lands in U.S. armed with allegations against Venezuelan government«, 25. Juni 2019, https://www.washingtonpost.com/world/the_americas/maduros-ex-spy-chief-lands-in-us-armed-with-allegations-against-venezuelan-government/2019/06/24/b20ad508-9477-11e9-956a-88c291ab5c38_story.html. Auszüge aus dem Interview der *Washington Post* mit Cristopher Figuera finden Sie unter https://www.youtube.com/watch?v=__Pk9WS06-g.

Siehe auch Martin Arostegui: »Exiled Venezuelan Spy Chief Speaks Out About Corruption, Cuban Ties«, 23. Juli 2019, https:/voanews.com/americas/exiled-venezuelan-spy-chiefs-speak-out-about-corruption-cuban-ties

56 Siehe Abrams-Interview, Anm. 1 und 52 oben; und Friedman, Anm. 52 oben

57 Ebd.

58 Cristopher Figuera beschrieb das Gespräch folgendermaßen: »Figuera sagte, am 29. April habe er erfahren, dass die gefürchteten Colectivos von Maduro einen groß angelegten Angriff auf einen Protest am Maifeiertag vorbereiteten, der zu einem ›Blutbad‹ führen könnte. Er informierte Padrino selbst über den neuen Zeitplan. ›Sind Sie verrückt?‹, antwortete Padrino, in Figueras Erzählung. ›Was ist mit dem Urteil [des Obersten Gerichtshofs]? Wie werden Sie das bewerkstelligen?‹ ›Es wird geschehen‹, habe er geantwortet, so Figuera. ›Wenn nicht, wird der 1. Mai blutig sein ... Wir müssen schnell handeln.‹ Figuera und andere Verschwörer sagten, sie hätten die Bestätigung erhalten, dass Moreno bereit sei, seine Entscheidung am 30. April zu erlassen. Aber nachdem dieser Padrinos Skepsis mitbekommen hatte, begann er, andere Militärs anzurufen, sagte Figuera.« Siehe Faiola, Anm. 55 oben

59 Siehe *Associated Press*: »Venezuela's Maduro Calls for Military Unity After Clashes«, 2. Mai 2019, https://www.usnews.com/news/world/articles/2019-05-01/venezuela-awaits-more-protests-after-a-day-of-turmoil

60 Siehe Anm. 44 oben

61 Siehe Juan Forero, José de Córdoba und Kejal Vyas: »Venezuela's Opposition Came Close to Ousting the President—but the Plan Fell Apart«, 3. Mai 2019, https://www.wsj.com/articles/how-plan-to-oust-venezuelan-leader-fell-apart-11556926683

62 Siehe z. B. Antonella Davalos: »Why Is Cuba Propping Up the Maduro Regime? A Look at the History of this Special Relationship«, 23. Februar 2019, https://www.democracyspeaks.org/blog/why-cuba-propping-maduro-regime-look-history-special-relationship

63 Am Nachmittag des 30. Aprils twitterte ich: »@vladimirpadrino, @ivanr_HD, @MaikelMorenoTSJ: Sie wissen sehr gut, welche Rolle Sie bei der Planung des heutigen Schrittes zur Demokratie in Venezuela gespielt haben. Sie müssen jetzt aufstehen und das tun, was für Venezuela richtig ist. Wir, und die Welt, werden Sie für die heute verletzten Venezolaner zur Rechenschaft ziehen.« Und am nächsten Tag ging ich in einem längeren Radiointerview mit Hugh Hewitt auf die komplexen Beziehungen zwischen den Schlüsselfiguren des Regimes und der Opposition vor dem Aufstand ein. Siehe Mitschrift: https://www.hughhewitt.com/ambassador-john-bolton-on-uprising-in-venezuela

KAPITEL 10

1 Siehe z. B. »Whither China: From Membership to Responsibility?«, Rede von Robert B. Zoellick, stellv. Außenminister, zu finden unter https://2001-2009.state.gov/s/d/former/zoellick/rem/53682.htm

2 Siehe Anmerkungen von Staatssekretär Christopher A. Ford: »Huawei and Its Siblings, the Chinese Tech Giants: National Security and Foreign Policy Implications«, 11. September 2019, https://www.state.gov/huawei-and-its-siblings-the-chinese-tech-giants-national-security-and-foreign-policy-implications/

3 Vgl. z. B. Kate O'Keefe et al.: »China Taps Its Private Sector to Boost Its Military, Raising Alarms«, https://www.wsj.com/articles/china-taps-its-private-sector-to-boost-its-military-raising-alarms-11569403806

4 Siehe z. B. Rachel Botsman: »Big data meets Big Brother as China moves to rate its citizens«, https://www.wired.co.uk/article/chinese-government-social-credit-score-privacy-invasion

5 Und siehe »National Security Strategy of the United States of America«, Dezember 2017, https://www.whitehouse.gov/wp-content/uploads/2017/12/NSS-Final-12-18-2017-0905.pdf

6 Siehe »A Free and Open Indo-Pacific: Advancing a Shared Vision«, 3. November 2019, https://www.state.gov/a-free-and-open-indo-pacific-advancing-a-shared-vision/

7 Siehe Justizministerium: »ZTE Corporation Agrees to Plead Guilty and Pay Over $430.4 Million for Violating U.S. Sanctions by Sending U.S.-Origin Items to Iran«, 7. März 2017, https://www.justice.gov/opa/pr/zte-corporation-agrees-plead-guilty-and-pay-over-4304-million-violating-us-sanctions-sending

8 Siehe David J. Lynch: »U.S. companies banned from selling to China's ZTE telecom maker«, 16. April 2018, https://www.washingtonpost.com/news/business/wp/2018/04/16/u-s-companies-banned-from-selling-tochinas-zte-telecom-maker/

9 Hassett erklärte später öffentlich, dass »die Maßnahmen, die wir gegen China ergriffen haben, eine große negative Auswirkung auf dessen Märkte und Wirtschaft hatten, aber sehr wenig Wirkung ... hier in den USA«. Siehe Emily McCormick: »White House economist: Tariffs are hurting China much more than the US«, 20. September 2018, https://www.finance.yahoo.com/news/white-house-economist-kevin-hassett-need-fair-reciprocal-trade-155519844.html

10 Siehe Karen Freifeld: »Exclusive: U.S. may soon claim up to $1.7 billion penalty from China's ZTE – sources«, 1. Juni 2018, https://www.reuters.com/article/us-usa-trade-china-zte-exclusive/exclusive-u-s-may-soon-claim-up-to-1-7-billion-penalty-from-chinas-zte-sources-idUSKCN1IX5T2

11 Nach den bestehenden gerichtlichen Anordnungen wird der gerichtlich bestellte Beobachter ZTE bis 2022 beobachten. Siehe Dan Strumpf: »U.S. Judge Orders China's ZTE to Two More years of Monitoring«, 4. Oktober 2018, https://www.wsj.com/articles/u-s-judge-orders-chinas-zte-to-two-more-years-of-monitoring-1538634469

12 Siehe »Remarks by President Trump at the United Nations Security Council Briefing on Counterproliferation«, 26. September 2018, https://www.whitehouse.gov/briefings-statements/remarks-president-trump-united-nations-security-council-briefing-counterproliferation-new-york-ny/

13 Siehe »Remarks by Vice President Pence on the Administration's Policy Toward China«, 4. Oktober 2018, https://www.whitehouse.gov/briefings-statements/remarks-vice-president-pence-administrations-policy-toward-china/
14 Dieser Satz ist bekannt aus der These und dem gleichnamigen Buch von Michael Pillsbury: The Hundred-Year Marathon. China's Secret Strategy to Replace America as the Global Superpower. Griffin, Neuauflage 2016
15 Siehe Ana Swanson und Alan Rapport: »Trump Delays a Tariff Deadline, Citing Progress in China Trade Talks«, 4. Februar 2019, https://www.nytimes.com/2019/02/24/us/politics/us-china-trade-truce.html
16 Siehe »Remarks by President Trump and President Xi of the People's Republic of China Before Bilateral Meeting, Osaka, Japan«, 19. Juni 2019, https://www.whitehouse.gov/briefings-statements/remarks-president-trump-president-xi-peoples-republic-china-bilateral-meeting-osaka-japan/
17 Siehe Anm. 2 oben
18 Für eine klassische Aussage dieses völlig fehlgeleiteten Denkens siehe George Gilder: »Huawei Is an Asset, Not a Threat«, Beitrag unter https://www.wsj.com/articles /huawei-is-an-asset-not-a-threat-11558390913
19 Großbritannien lehnte die Position der USA schließlich ab. Siehe Adam Satariano: »Britain Defies Trump Plea to Ban Huawei from 5G Network«, 29. Januar 2020, https://www.nytimes.com/2020/01/28/technology/britain-huawei-5G.html
20 Siehe Simon Denyer: »Japan effectively bans Huawei and ZTE from government contracts, joining U.S.«, 10. Dezember 2018, https://www.washingtonpost.com/world/asia_pacific/japan-effectively-bans-chinas-huawei-zte-from-government-contracts-joining-us/2018/12/10/748fe98a-fc69-11e8-ba87-8c7facdf6739_story.html und »Huawei Loses key 5G Contract in Japan to Nokia and Ericsson«, 31. Mai 2019, https://www.straitstimes.com/asia/east-asia/huawei-loses-key-5g-contract-in-japan-to-nokia-and-ericsson
21 Ebd.
22 Vgl. Anna Fifeld und Jeanne Whalen: »Canadians detained in China after Huawei arrest have now spent a year in custody«, 10. Dezember 2019, https://www.washingtonpost.com/world/canadians-detained-in-china-after-huawei-arrest-have-now-spent-a-year-in-custody/2019/12/10/3a55cd4c-1af0-11ea-977a-15a6710ed6da_story.html
23 Vgl. Robert Fife und Steven Chase: »Chrétien proposes cancelling Meng's extradition case to unfreeze relations with China«, 2. Oktober 2019, https://www.theglobeandmail.com/politics/article-chretien-suggests-huawei-executives-extradition-case-should-end/
24 Die Regierung hat seit meinem Rücktritt andere Strafen gegen ZTE und Huawei verhängt, aber die allgemeine politische Richtung bleibt unklar. Siehe z. B. Ryan Tracy et al.: »FCC Targets China's Huawei and ZTE«, https://www.wsj.com/articles/fcc-moves-to-cut-off-huawei-zte-from-subsidies-11572289868
25 Siehe Echo Xie: »Chinese state media warns ›end is coming for those attempting to disrupt Hong Kong‹«, 1. September 2019, https://www.scmp.com/news/hong-kong/politics/article/3025284/chinese-state-media-warns-end-coming-those-attempting
26 Obwohl das Repräsentantenhaus einen Gesetzentwurf verabschiedet hat, der Sanktionen gegen China in Bezug auf die Uiguren zulässt, ist Trump nach wie vor gegen

derartige Sanktionen. Siehe Alan Rapport und Edward Wong: »In Push for Trade Deal, Trump Administration Shelves Sanctions Over China's Crackdown on Uighurs«, 4. Mai 2019, https://www.nytimes.com/2019/05/04/world/asia/trump-china-uighurs-trade-deal.html

27 Siehe John Pomfret: »Trump abandoned the Kurds in Syria. Could Taiwan be next?«, https://www.washingtonpost.com/opinions/2019/10/18/trump-abandoned-kurds-syria-could-taiwan-be-next/

28 Siehe z. B. Josephine Ma: »Coronavirus: China's first confirmed Covid-19 case traced back to November 17«, 13. März 2020, https://www.scmp.com/news/china/society/article/3074991/coronavirus-chinas-first-confirmed-covid-19-case-traced-back

29 Siehe z. B. Javier C. Hernández: »Chinese Tycoon Who Criticized Xi's Response to Coronavirus Has Vanished«, 15. März 2020, https://www.nytimes.com/2020/03/14/world/asia/china-ren-zhiqiang.html?searchResultPosition=2

30 Siehe Guy Taylor: »Surge of coronavirus lies by adversaries seeking to blame the U.S. floods web«, 16. März 2020, https://www.washingtontimes.com/news/2020/mar/15/coronavirus-lies-pushed-china-blame-virus-us-biowe/ und Fred Lucas: »Coronavirus Coverup? Trump's National Security Advisor Puts China On Notice«, 15. März 2020, https://nationalinterest.org/blog/buzz/coronavirus-coverup-trumps-national-security-advisor-puts-china-notice-132497

31 Siehe Ivana Kottasová und Paul P. Murphy: »Satellite images show Iran building burial pits for coronavirus victims«, 13. März 2020, https://www.cnn.com/2020/03/13/middleeast/iran-coronavirus-mass-graves-intl/index.html

32 Siehe Fred Imbert: »Larry Kudlow says US has contained the coronavirus and the economy is holding up nicely«, 25. Februar 2020, https://www.cnbc.com/2020/02/25/larry-kudlow-says-us-has-contained-the-coronavirus-and-the-economy-is-holding-up-nicely.html?__source=twitter%7Cmain

33 Siehe Aram Roston, Marisa Taylor, Reuters, 11. März 2020: »Exclusive: White House told federal health agency to classify coronavirus deliberations–sources«, https://www.reuters.com/article/us-health-coronavirus-secrecy-exclusive/exclusive-white-house-told-federal-health-agency-to-classify-coronavirus-deliberations-sources-idUSKBN20Y2LM

34 Siehe Tim Morrison: »No, the White House didn't ›dissolve‹ its pandemic response office«, 16. März 2020, https://www.washingtonpost.com/opinions/2020/03/16/no-white-house-didnt-dissolve-its-pandemic-response-office/; Daniel Lippman und Meredith McGraw: »Inside the National Security Council, a rising sense of dread«, 2. April 2020, https://www.politico.com/news/2020/04/02/nsc-coronavirus-white-house-162530; Andrew Kaczynski und Em Steck: »Top administration officials said last year threat of pandemic kept them up at night«, 3. April 2020, https://www.cnn.com/2020/04/03/politics/kfile-officials-worried-over-pandemic-last-year/index.html

35 Eine Reihe von Kommentatoren stimmte der Neuorganisation zu. Siehe z. B. Tom Rogan: »No, the Trump Administration didn't weaken US biodefenses«, 15. März 2020, https://www.washingtonexaminer.com/opinion/no-the-trump-administration-didnt-weaken-us-biodefenses; Alexander Muse: »Fact check: Did Trump disband the US pandemic response team?«, 14. März 2020, https://partisan.space/pandemic-team/. Die Faktenprüfer waren sich einig, dass der Streit um die Reorganisation Ansichtssache und keine verifizierbare Tatsache sei. Glenn Kessler und Meg Kelly: »Was the White House office for global pandemics eliminated?«, https://www.washingtonpost.com/politics/2020/03/20/was-white-house-office-global-pandemics-eliminated/; Lori Robertson: »Dems Misconstrue Trump Budget Remarks«, https://www.factcheck.org/2020/03/dems-misconstrue-trump-budget-remarks/

36 Siehe Alex M. Azar II, Robert R. Redfield und Anthony S. Fauci: »On the Front lines of the Trump Administration's Ebola Response«, 4. November 2019, https://foreignpolicy.com/2019/11/04/trump-administration-ebola-response-azar-redfield-fauci-congo/

37 Siehe »National Biodefense Strategy«, www.whitehouse.gov/wp-content/uploads/2018/09/National-Biodefense-Strategy.pdf

38 Siehe »Presidential memorandum on the Support for National Biodefense«, 18. September 2018, https://www.whitehouse.gov/presidential-actions/presidential-memorandum-support-national-biodefense/

39 Siehe »Executive Order on Modernizing Influence Vaccines in the United States to promote National Security and public health«, 19. September 2019, https://www.whitehouse.gov/presidential-actions/executive-order-modernizing-influenza-vaccines-united-states-promote-national-security-public-health/

40 Siehe Eric Lipton, David A. Sanger, Maggie Haberman, Michael D. Shear, Mark Mazzetti und Julian E. Barnes: »Despite Timely Alerts, Trump Was Slow to Act«, 12. April 2020, https://www.nytimes.com/2020/04/11/us/politics/coronavirus-trump-response.html

41 Die Struktur des NSC ist jetzt analog zur medizinischen Forschung des U.S. Army Medical Research Institute for Infectious Diseases. Siehe: usamriid.army.mil

KAPITEL 11

1 Siehe Choe Sang-Hun: »Kim Jong-un Praises Trump's ›Unusual Determination‹ to Hold Second Summit«, 23. Januar 2019, https://www.nytimes .com/2019/01/23/world/asia/trump-kim-jong-un-summit-korea.html?searchResultPosition=1

2 Siehe Gus Taylor: »Team Trump quietly filling ›pot of gold‹ encouraging Kim Jong Un to denuclearize«, Beitrag unter https://www.washingtontimes.com/news/2019/jan/28/stephen-biegun-preps-north-korea-economic-package-/

3 Siehe Stephen Biegun: »Remarks on DPRK at Stanford University«, https://www.state.gov/remarks-on-dprk-at-stanford-university/

4 Siehe John Walcott: »›Willful Ignorance.‹ Inside President Trump's Troubled Intelligence Briefings«, https://time.com/5518947/donald-trump-intelligence-briefings-national-security/

5 Über all dies wurde anschließend in zahlreichen Pressequellen ausführlich berichtet. Siehe z.B.: »Nukes and sanctions: What actually went wrong for Trump and Kim Jong Un«, 1. März 2019, https://www.washingtonpost.com/world/2019/03/01/nukes-sanctions-what-actually-went-wrong-trump-kim-jong-un/

6 Trump selbst erwähnte Yongbyon in nachfolgenden Pressegesprächen ausdrücklich. Siehe z.B. Reuters: »Trump says he and North

Korea's Kim discussed dismantling of Yongbyon nuclear plant«, 28. Februar 2019, https://www.reuters.com/article/us-northkorea-usa-trump-yongbyon/trump-says-he-and-north-koreas-kim-discussed-dismantling-of-yongbyon-nuclear-plant-idUSKCN1QH0WN

7 Nordkorea selbst bestätigte seine Version des Angebots auf einer Pressekonferenz am späten Abend nach Ende des Gipfels vollständig. Siehe z.B. Lee Jeong-ho (https://www.scmp.com/author/lee-jeong-ho) und Bhavan Jaipragas (https://www.scmp.com/author/bhavan-jaipragas), »Trump-Kim Summit 2019: North Korea stages late-night press conference to deny US president's claims about why summit ended«, 28. Februar 2019, https://www.scmp.com/week-asia/geopolitics/article/2188052/trump-kim-summit-2019-ends-disarray-talks-break-down

8 Siehe Hyonhee Shin und Joyce Lee, Reuters: »North Korea executes envoy to failed U.S. summit - media; White House monitoring«, 30. Mai 2019, https://www.reuters.com/article/us-northkorea-usa-purge/north-korea-executes-envoy-to-failed-u-s-summit-media-white-house-monitoring-idUSKCN1T02PD

9 Jackson Diehl @JacksonDiehl: »Looks like @realDonaldTrump's erratic diplomacy, including adopting maximalist Bolton positions in Hanoi, got some people killed.«

10 Siehe Choe Sang-Hun: »North Korea Threatens to Scuttle Talks with the U.S. and Resume Tests«, 15. März 2019, https://www.nytimes.com/2019/03/15 /world/asia/north-korea-kim-jong-un-nuclear.html

11 Siehe z.B. Hiroyuki Akita: »Trump demands Japan and South Korea Pay for nuclear umbrella«, 4. Februar 2020, https://asia.nikkei.com/Spotlight/Comment/Trump-demands-Japan-and-South-Korea-pay-for-nuclear-umbrella

12 Siehe z.B. Joyce Lee, Sangmi Cha und Hyonhee Shin, Reuters: »US breaks off defense cost talks, as South Korea balks at $5 billion demand«, 18. November 2019, https://www.reuters.com/article/us-southkorea-usa-talks /us-breaks-off-defense-cost-talks-as-south-korea-balks-at-5-billion-demand-idUSKBN1XT0EN

13 Siehe Simon Denyer und Moon Joo Kim: »Kim personally supervised ›guided weapons‹ test, North Korea says«, 4. Mai 2019, https://www.washingtonpost.com/world/north-korea-fires-several-short-range-projectiles-south-korean-military-says/2019/05/03/511efe92-6e0f-11e9-be3a-33217240a539_story.html

14 Siehe Dagyum Ji: »South Korea to push ahead with delivery of $8 million in aid to North: MOU«, 17. Mai 2019, https://www.nknews.org/2019/05/south-korea-to-push-ahead-with-delivery-of-8-million-in-aid-to-north-mou/

15 Siehe David E. Sanger, William J. Broad, Choe Sang-Hun und Eileen Sullivan: »New North Korea Concerns Flare, as Trump's Signature Diplomacy Wilts«, 9. Mai 2019, https://www.nytimes.com/2019/05/09/world/asia/north-korea-missile.html

16 Siehe Steven Borowiec, Asia Society: »The Sad but True Story of North Korea's Abduction Project«, https://asiasociety.org/korea/sad-true-story-north-koreas-abduction-project

17 Siehe z.B. Chad O'Carroll: »Hotline between the two Koreas: why hasn't it been used yet?« 10. Mai 2019, https://www.nknews.org/2019/05/hotline-between-the-two-koreas-why-hasnt-it-been-used-yet/

18 Michael Crowley und David E. Sanger: »In New Talks, US May Settle for a Nuclear Freeze by North Korea«, https://www.nytimes.com/2019/06/30 /world/asia/trump-kim-north-korea-negotiations.html

19 Siehe z. B. Rebecca Balhaus et al.: »Trump's Twitter Invitation to Kim Set Off 24-Hour Scramble«, https://www.wsj.com/articles/trumps-twitter-invitation-to-kim-set-off-24-hour-scramble-11561943026

20 Siehe *Straits Times*, »North Korea's Kim Jong-Un receives personal letter from Trump, KCNA says«, 24. Juni 2019, https://www.straitstimes.com/asia/east-asia/north-koreas-kim-jong-un-receives-excellent-letter-from-trump-state-media

21 Siehe Lara Seligman und Robbie Gramer: »Trump Asks Tokyo to Quadruple Payments for U.S. Troops in Japan«, 15. November 2019, https://foreign policy.com/2019/11/15/trump-asks-tokyo-quadruple-payments-us-troops-japan/

22 Die Presse hat diesem andauernden Streit viel Aufmerksamkeit geschenkt und ihn kommentiert. Siehe z. B. Kim Tong-hyung: »South Korea Will Keep Its Military Intelligence Pact with Japan – For Now«, 23. November 2019, https://thediplomat.com/2019/11/south-korea-will-keeps-its-military-intelligence-pact-with-japan-for-now/; Simon Denyer und Min Joo Kim: »South Korea axes pact on sharing military intelligence with Japan«, 22. August 2019, https://www.washingtonpost.com/world/asia_pacific /south-korea-axes-pact-to-share-military-intelligence-with-japan/2019/08/22/fe57061c-c4be-11e9-8bf7-cde2d9e09055_story.html; und Victor Cha: »The Meaning of GSOMIA Termination; Escalation of the Japan-Korea Dispute«, 22. August 2019, https://www.csis.org/analysis/meaning-gsomia-termination-escalation-japan-korea-dispute

23 Siehe Vertrag zwischen Japan und der Republik Korea vom 22. Juni 1965, Nummer 8473, https://treaties.un.org/doc/Publication/UNTS/Volume%20583/volume-583-I-8473-English.pdf

24 Siehe »Sharing military intel with Japan ›difficult‹, Moon tells visiting U.S. defense chief«, 15. November 2019, https://www.japantimes.co.jp/news/2019/11/15/national/sharing-military-intel-japan-difficult-moon-tells-visiting-u-s-defense-chief/#.XmOlqKhKiF4

25 Ebd.

26 Siehe z. B. Brian Kim: »Korea and Japan Clash Over History and law«, 16. August 2019, https://www.lawfareblog.com/korea-and-japan-clash-over-history-and-law; Yosuke Onchi und Jada Nagumo: »Five things to know about South Korea's wartime labor ruling«, 30. Oktober 2018, https://asia.nikkei.com/Politics/International-relations/Five-things-to-know-about-South-Korea-s-wartime-labor-ruling; und Choe Sang-Hun und Rick Gladstone: »How a World War II-Era Reparations Case Is Roiling Asia«, 30. Oktober 2018, https://www.nytimes.com/2018/10/30/world/asia/south-korea-japan-compensation-world-war-two.html

27 Am 22. November setzte Südkorea seinen Rückzug aus GSOMIA aus. Ob sich die bilateralen Beziehungen daraufhin verbessern oder einfach so bleiben würden, wie sie waren, war unklar. Vgl. z. B. »Japan-South Korea friction flares again after GSOMIA intel pact rescue«, https://www.japantimes.co.jp/news/2019/11/25/national/politics-diplomacy/japan-south-korea-bickering-gsomia/#.Xez2X-hKiF4

KAPITEL 12

1 Siehe Thomas Erdbrink: »»Death to America‹ Means ›Death to Trump‹, Iran's Supreme Leader Says«, www.nytimes.com/2019/02/08/world/middle east/iran-trump-death-to-america.html

2 Siehe Alma Keshavarz: »A Review of Iran's Revolutionary Guards and Qods Force: Growing Global Presence, Links to Cartels, and Mounting Sophistications«, smallwarsjournal.com/jrnl/art/a-review-of-iran%E2%80% 99s-revolutionary-guards-and-qods-force-growing-global-presence-links-to-car

3 Siehe z.B. Tim Arango: »Iran Dominates in Iraq After U.S. ›Handed the Country Over‹«, 15. Juli 2019, www.nytimes.com/2017/07/15/world/middleeast/iran-iraq-iranian-power.html; James Risen, Tim Arango, Farnaz Fassihi, Murtaza Hussain, Ronen Bergman: »A Spy Complex revealed«, 18. November 2019, theintercept.com/2019/11/18/iran-iraq-spy-cables/; und NPR, »Iran's Powerful influence in Iraq«, 4. Januar 2020, www.npr.org/2020/01/04/793662756/irans-powerful-influence-in-iraq

4 Ebd.; und John Davison und Daphne Psaledakis: »Washington blacklists Iran-backed Iraqi militia leaders over protests«, 6. Dezember 2019, www.reuters.com/article/us-iran-usa-iraq-sanctions/washington-blacklists-iran-backed-iraqi-militia-leaders-over-protests-idUSKBN1YA206

5 Siehe »Statement from the President on the Designation Of the Islamic Revolutionary Guards Corp as a Foreign Terrorist Organization«, 8. April 2019, www.whitehouse.gov/briefings-statements/statement-president-designation-islamic-revolutionary-guard-corps-foreign-terrorist-organization

6 »Klientitis« und andere institutionelle Probleme der staatlichen Bürokratie werden besprochen in Bolton: Surrender Is Not an Option, S. 447–455.

7 Siehe z.B. Florence Tan, Reuters: »Iran keeps oil prices in Asia at wide discounts against Saudi oil in January«, 10. Dezember 2019, www.reuters.com/article/us-oil-iran-prices/iran-keeps-crude-prices-in-asia-at-wide-discounts-against-saudi-oil-in-january-idUSKBN1OA056 und Irina Slav: »Iran is desperately trying to save its oil share ahead of US sanctions«, 15. August 2018, www.businessinsider.com/iran-us-oil-sanctions-drive-barrel-discounts-before-november-2018-8

8 Siehe Lesley Wroughton et al.: »US to end all Waivers on imports of Iranian oil, crude price jumps«, www.reuters.com/article/us-usa-iran-oil/us-to-end-all-Waivers-on-imports-of-iranian-oil-crude-price-jumps-idUSKCN1RX0R1

9 Siehe »Zarif: B-Team targeting Iranian people with economic terrorism«, en.mehrnews.com/news/144632/Zarif-B-Team-targeting-Iranian-people-with-economic-terrorism

10 Siehe z.B. Ariane Tabatabai: »Iran's cooperation with the Taliban could affect talks on U.S. withdrawal from Afghanistan«, 9. August 2019, www.washingtonpost.com/politics/2019/08/09/irans-cooperation-with-taliban-could-affect-talks-us-withdrawal-afghanistan; und Reuters: »In new claim, Pompeo says Iran has been working with Taliban to undermine Afghan peace e ort«, 7. Januar 2020, nationalpost.com/news/world/in-new-claim-pompeo-says-iran-has-been-working-with-the-taliban-to-undermine-afghan-peace-efforts

11 Siehe »Statement from the National Security Advisor John Bolton«, 5. Mai 2019, www.whitehouse.gov/briefings-statements/

statement-national-security-advisor-ambassador-john-bolton-2

12 Siehe *Tehran Times*: »›Maximum pressure‹ has produced ›maximum resistance‹, says Iran's Araqchi«, 23. September 2019, www.tehrantimes.com/news/440423/Maximum-pressure-has-produced-maximum -resistance-says-Iran-s

13 Siehe Tamer El-Ghobashy, Michael Birnbaum und Carol Morello: »Iran announces it will stop complying with parts of landmark nuclear deal«, 8. Mai 2019, www.washingtonpost.com/world/iran-to-take-steps-to-reduce-its-commitment-to-landmark-nuclear-deal/2019/05/07/90cc3b1c-70fe-11e9-9331-30bc5836f48e_story.html

14 Ebd. sowie »Kremlin: Russia warned Iran against withdrawing from nuclear non-proliferation treaty«, 30. Mai 2019, uawire.org/kremlin-russia-warns-iran-not-to-withdraw-from-nuclear-non-proliferation-treaty

15 Siehe Michael Peel und Najmeh Bozorgmehr: »European powers reject Iran ›ultimatums‹«, www.ft.com/content/247236ba-7234-11e9-bf5c-6eeb837566c5

16 Für öffentliche Äußerungen von Dunford in diesem Sinne siehe Adam Twardowski: »At Brookings, Gen. Joseph Dunford comments on threats from China, Russia, North Korea and beyond«, 4. Juni 2019, www.brookings.edu/blog/order-from-chaos/2019/06/04/at-brookings-gen-joseph-dunford-comments-on-threats-from-russia-china-north-korea-and-beyond

17 Siehe »Remarks by President Trump on Ending Surprise Medical Billing«, 9. Mai 2019, www.whitehouse.gov/briefings-statements/remarks -president-trump-ending-surprise-medical-billing

18 Siehe z.B. *RFE/RL*: »Saudi Arabia, U.A.E., Norway at U.N. Blame ›State Actor‹ for May 12 Tanker Attacks«, 9. Juni 2019, www.rferl.org/a/saudi-arabia-uae-norway-blame-state-actor-tanker-attack/29985842.html

19 Ebd.

20 Siehe David A. Sanger und William J. Broad: »In a Tweet Taunting Iran, Trump Releases an Image ought to Be Classiffied«, 30. August 2019, www.nytimes.com/2019/08/30/world/middleeast/trump-iran-missile-explosion-satellite-image.html

21 Siehe Stephen Kalin und Rania El Gamal, Reuters: »Saudi oil facilities attacked, US sees threat in Iraq from Iran-backed forces«, 14. Mai 2019, www.reuters.com/article/us-saudi-oil-usa-iran/saudi-oil-facilities-attacked-us-sees-threat-in-iraq-from-iran-backed-forces-idUSKCN1SK0YM

22 Siehe »Remarks by President Trump Before Marine One Departure«, 14. Mai 2019, www.whitehouse.gov/briefings-statements/remarks-president-trump-marine-one-departure-42

23 Dies war ein langjähriger Refrain. Siehe Kimon de Greef und Palko Karasz: »Trump Cites False Claims of Widespread Attacks Against White Farmers in South Africa«, 23. August 2018, www.nytimes.com/2018/08/23/world/africa/trump-south-africa-white-farmers.html

24 Siehe Alissa J. Rubin und Falih Hassan: »Rocket Hits Green Zone in Baghdad as Tensions Flare Between U.S. and Iran«, 19. Mai 2019, www.nytimes.com/2019/05/19/world/middleeast/rocket-baghdad-greenzone.html

25 Siehe Reuters: »Iran's Rouhani: Today's situation isn't suitable for talks; resistance is our only choice – IRNA«, 21. Mai 2019, uk.reuters.com/article/usa-iran-rouhni/irans-rouhani-todays-situation-isnt-suitable-for-talks-resistance-is-our-only-choice-irna-idUKL5N22X01X.

26 Siehe Michelle Nichols, Lesley Wroughton und Phil Stewart: »Exclusive: Iran's Zarif believes

Trump does not want war, but could be lured into conflict«, 24. April 2019, www.reuters.com/article/us-iran-usa-exclusive/exclusive-irans-zarif-believes-trump-does-not-want-war-but-could-be-lured-into-conflict-idUSKCN1S02VK

27 Siehe Michael MacArthur Bosack: »Success or failure for Abe in Tehran?«, 18. Juni 2019, www.japantimes.co.jp/opinion/2019/06/18/commentary/japan-commentary/success-failure-abe-tehran/#.Xn97SlhKiF4

28 Ebd.

29 Siehe Reuters: »US blames Iran for helping Houthi rebels shoot down drone in Yemen«, 16. Juni 2019, www.reuters.com/article/us-mideast-attacks-usa-drone/us-blames-Iran-for-helping-houthi-rebels-shoot-down-drone-in-yemen-idUSKCN1TH0LA

30 Siehe z. B. Peter Baker et al.: »Trump Undercuts Bolton on North Korea and Iran«, www.nytimes.com/2019/05/28/us/politics/trump-john-bolton-north-korea-iran.html?searchResultPosition=3

31 Siehe »U.S. Central Command Statement on June 13 Limpet Mine Attack in the Gulf of Oman«, 13. Juni 2019, www.centcom.mil/MEDIA/STATEMENTS/Statements-View/Article/1875666/us-central-command-statement-on-june-13-limpet-mine-attack-in-the-gulf-of-oman

32 Siehe ebd., wo ein Link zu dem Film enthalten ist.

33 Trumps Ansicht war weitverbreitet. Siehe z. B. Ishaan Tharoor: »Shinzo Abe's mission to Iran ends in flames«, 14. Juni 2019, https://www.washingtonpost.com/world/2019/06/14/shinzo-abes-mission-iran-ends-flames/

34 Siehe Conor Finnegan: »Iran's Ayatollah Khameini said he rejects Trump's offer to talk«, 13. Juni 2019, abcnews.go.com/Politics/irans-ayatollah-khamenei-rejects-trumps-offer-talk/story?id=63687413

35 Öffentlich zugängliche Statistiken weisen in die gleiche Richtung, wenn auch variierend je nach dem Zeitraum, in dem die Importe gemessen wurden. Siehe z. B. Reuters: »Factbox: Asia region is most dependent on Middle East crude oil, LNG supplies«, 8. Januar 2020, in.reuters.com/article/asia-mideast-oil-factbox/factbox-asia-region-is-most-dependent-on-middle-east-crude-oil-lng-supplies-idINKBN1Z71VW

36 Siehe Laurence Norman und Gordon Lubold: »Iran to Breach Limits of Nuclear Pact, as USto Send More Troops to Mideast«, www.wsj.com/articles/iran-to-breach-limits-of-nuclear-pact-putting-bid-to-save-deal-in-doubt-11560765015

37 Ebd.

38 Siehe Mark Landler: »Obama Says Iran Strike Is an Option, but Warns Israel«, 3. März 2012, www.nytimes.com/2012/03/03/world/middleeast/obama-says-military-option-on-iran-not-a-bluff.html

39 Siehe Tessa Berenson: »Exclusive: President Trump Calls Alleged Iranian Attack on Oil Tankers ›Very Minor‹«, time.com/5608787/iran-oil-tanker-attack-very-minor

40 Siehe Alissa J. Rubin: »2 Rockets Strike Oil Fields in Southern Iraq«, 19. Juni 2019, www.nytimes.com/2019/06/19/world/middleeast/iraq-rocket-attacks-basra.html

41 Siehe Bethan McKernan: »Iraq rocket attack: oil firms begin evacuating staff from Basra site«, 19. Juni 2019, www.theguardian.com/world/2019/jun/19/iraq-rocket-attack-basra-injured-foreign-oil-companies

42 Sarah Sanders gab eine kurze Erklärung ab, dass Trump an diesem Abend über den Angriff informiert worden sei. Siehe »Saudi Desalination Plant Struck by Missile from Yemen, U.S. Drone Shot Down – Reports«,

20. Juni 2019, sustg.com/saudi-desalination-plant-struck-by-missile-from-yemen-u-s-drone-shot-down-reports

43 Siehe z. B. Henry Fernandez, *Fox News*, »US navy drone shot down by Iranian missile cost $130M« 20. Juni 2019, https://www.foxbusiness.com/politics/us-navy-drone-shot-down-iranian-missile-cost

44 Siehe z. B. Michael D. Shear, Eric Schmitt, Michael Crowley und Maggie Haberman: »Strikes on Iran Approved by Trump, Then Abruptly Called Back«, 20. Juni 2019, www.nytimes.com/2019/06/20/world/middleeast/iran-us-drone.html?smid=nytcore-ios-share sowie James LaPorta und Tom O'Connor: »Donald Trump Decided to Strike Iranian Missile System, Then Changed His Mind«, 21. Juni 2019, www.newsweek.com/us-military-strikes-iran-drone-1445116

45 Siehe z. B. Peter Baker et al.: »Urged to Launch an Attack, Trump Listened to the Skeptics Who Said It Would Be a Costly Mistake«, www.nytimes.com/2019/06/21/us/politics/trump-iran-strike.html

46 CENTCOM gab auch öffentliche Erklärungen ab. Siehe www.centcom.mil/MEDIA/STATEMENTS/Statements-View/Article/1881682/us-central-command-statement-iranians-shoot-down-us-drone/; sowie www.centcom.mil/MEDIA/STATEMENTS/Statements-View/Article/1882519/us-air-forces-central-command-statement-on-the-shoot-down-of-a-us-rq-4/

47 Wie bereits erwähnt, variierten die Schätzungen zum Teil je nachdem, welche Ausrüstung jede Drohne mit sich führte. Dunfords Kostenvoranschlag lag hier innerhalb der zuvor genannten Spanne. Andere öffentliche Schätzungen lagen bei bis zu 220 Millionen Dollar. Siehe Lily Hay Newman: »The Drone Iran Shot Down Was a $220M Surveillance Monster«, 20. Juni June 2019, www.wired.com/story/iran-global-hawk-drone-surveillance

48 CENTCOM veröffentlichte eine Karte, auf der der Ort angegeben ist, von dem aus seiner Ansicht nach die iranischen SAM-Raketen abgefeuert wurden. Siehe Amy McCullough, Jennifer-Leigh Oprihory und Jennifer Hlad: »CENTCOM: Iranian SAM Shoots Down US Drone Over Strait of Hormuz«, 20. Juni 2019, www.airforcemag.com/centcom-iranian-sam-shoots-down-us-drone-over-strait-of-hormuz

49 Russland unterhält umfassende Beziehungen zum Iran im Bereich militärischen Handels und Zusammenarbeit, die häufig auch Elemente der Ausbildung und Unterstützung umfasst. Siehe z. B. Michael Eisenstadt: »Russian Arms and technology Transfers to Iran: Policy Challenges for the United States«, www.armscontrol.org/act/2001-03/iran-nuclear-briefs/russian-arms technology-transfers-iranpolicy-challenges-united; sowie Maxim A. Suchkov: »Intel: How Russia is deepening military ties with Iran to counter the US«, 30. Juni 2019, www.al-monitor.com/pulse/originals/2019/07/intel-russia-deepening-military-ties-iran-counter-us.html

50 CENTCOM gab kurz nach dem Angriff eine Erklärung zu seiner Entwicklung der »Operation Sentinel« ab, mit der im Rahmen einer multilateralen Zusammenarbeit Seepatrouillen in und um den Golf eingesetzt werden sollten. Siehe »U. S. Central Command Statement on Operation Sentinel«, 19. Juli 2019, www.centcom.mil/MEDIA/STATEMENTS/Statements-View/Article/1911282/us-central-command-statement-on-operation-sentinel

51 Siehe Schwebel, Richter Stephen, Nikaragua vs. U. S., 1986 I. C. J. 14, 259 (27. Juni), zitiert in

»Draft Articles on State Responsibility – Comments of the Government of the United States of America«, U.S. State Department, www.state.gov/documents/organization/28993.pdf, 1. März 2001

52 Siehe z. B. Michael D. Shear et al.: »Strikes on Iran Approved by Trump, Then Abruptly Pulled Back«, www.nytimes.com/2019/06/20/world/middleeast/iran-us-drone.html; sowie Michael D. Shear et al.: »Trump Says He Was ›Cocked and Loaded‹ to Strike Iran, but Pulled Back«, 21. Juni 2019, www.nyt.com/2019/06/21/us/politics/trump-iran-attack.html

53 Siehe Peter Baker, Eric Schmitt und Michael Crowley: »An Abrupt Move at Stunned Aides: Inside Trump's Aborted Attack on Iran«, 21. September 2019, www.nytimes.com/2019/09/21/us/politics/trump-iran-decision.html

54 Siehe Maya King, »Trump: Rand Paul to help with Iran negotiations«, 19. Juli 2019, www.politico.com/story/2019/07/19/rand-paul-iran-trump-1423779

55 Siehe »Remarks by President Trump Before Marine One Departure«, 22. Juni 2019, www.whitehouse.gov/briefings-statements/remarks-president-trump-marine-one-departure-49

56 Siehe David E. Sanger und Ronen Bergman: »How Israel, in Dark of Night, Torched Its Way to Iran's Nuclear Secrets«, 15. Juli 2018, www.nytimes.com/2018/07/15/us/politics/iran-israel-mossad-nuclear.html

57 Siehe Reuters: »Chronology on Iran's Nuclear Program«, 8. August 2019, www.nytimes.com/2005/08/08/international/chronology-of-irans-nuclear-program.html; AFP, »›Uranium particles‹ detected at undeclared site in Iran: IAEA«, 11. November 2019, www.france24.com/en/20191111-uranium-particles-detected-at-undeclared-site-in-iran-iaea-1; sowie Alexander Ma: »Investigators found uranium particles at a secret facility in Iran, suggesting a further rejection of the nuclear deal«, 12. November 2019, www.businessinsider.com/iran-nuclear-watchdog-uranium-secret-facility-bbc-2019-11. Wie jedes Produkt aus dem Bergbau wird Uran mechanisch und chemisch aufbereitet, bevor es tatsächlich verwendet wird, im Falle von Uran also, bevor es angereichert werden kann. Beim Mahlen wird das Uran durch chemische Laugung vom zugehörigen Erz getrennt, und bei der anschließenden Raffinierung entsteht U3O8 oder Urangelb, ein Feststoff, so wie Uran für gewöhnlich gelagert und transportiert wird, bevor es im Kernbrennstoffkreislauf tatsächlich verwendet wird. Bevor Uran angereichert werden kann, wird es chemisch von einem Feststoff in ein Gas, normalerweise UF6, umgewandelt, bevor es in Zentrifugen injiziert wird. Natürlich weiß Israel mit Sicherheit, in welcher Form das Uran vorliegt, da es die gestohlenen Dokumente hat, ebenso wie die IAEA, die Proben gesammelt hat, aber die Wahrscheinlichkeit ist groß, dass das Uran in Turquzabad Urangelb war und nicht etwas, das sich weiter im nuklearen Brennstoffkreislauf befindet.

58 Siehe RFE/RL, »Israel Accuses Iran Of Having ›Secret Atomic Warehouse‹ Near Tehran«, 28. September 2018, www.rferl.org/a/israeli-prime-minister-netanyahu-accuses-iran-having-secret-atomic-warehouse-outside-tehran/29514107.html

59 Siehe Finanzministerium der USA: »Treasury Designates Iran's Foreign Minister Javad Zarif for Acting for the Supreme Leader of Iran«, 31. Juli 2019, home.treasury.gov/news/press-releases/sm749

60 Siehe S. 64 in www.govinfo.gov/content/pkg/DCPD-2019DIGEST/pdf/DCPD-2019DIGEST.pdf

61 Siehe Anm. 50 oben sowie Simon Newton: »Operation Sentinel: The Naval Task- force Protecting Gulf Shipping«, 15. November 2019, www.forces.net/news/operation-sentinel-naval-taskforce-protecting-gulf-shipping

62 Siehe z. B. »»Maximum pressure‹ has produced ›maximum resistance‹, says Iran's Araqchi«, 23. September 2019, www.tehrantimes.com/news/440423/Maximum-pressure-has-produced-maximum-resistance-says-Iran-s

63 Siehe Reuters: »Macron says he warned Iran's Rouhani about breaking nuclear commitments«, 27. Juni 2019, www.reuters.com/article/us-iran-nuclear-france/macron-says-he-warned-irans-rouhani-about-breaking-nuclear-commitments-idUSKCN1TS0Y

64 Siehe Anm. 54 oben

65 Siehe »Remarks of President Trump Before Boarding Marine One«, 19. Juli 2019, www.whitehouse.gov/briefings-statements/remarks-president-trump-marine-one-departure-53.

66 Siehe Mosheh Gaines et al.: »U.S. Marines jam an Iranian drone in the Gulf, destroying it«, 18. Juli 2019, www.nbcnews.com/politics/national-security/trump-says-u-s-navy-ship-shot-down-iranian-drone-n1031451

67 Siehe S. 75 in www.govinfo.gov/content/pkg/DCPD-2019DIGEST/pdf/DCPD-2019DIGEST.pdf

68 Peter Bergen: Trump and His Generals. Penguin Press, New York 2019, S. 69–70

69 Siehe Helene Cooper: »American Military Drone Shot Down Over Yemen«, 21. August 2019, www.nytimes.com/2019/08/21/us/politics/american-drone-yemen.html

70 Siehe David Halbfinger: »Israel Says It Struck Iranian ›Killer Drones‹ in Syria«, 24. August 2019, www.nytimes.com/2019/08/24/world/middleeast/israel-says-it-struck-iranian-killer-drones-in-syria.html

71 Ebd.

72 Siehe John Irish und Parisa Hafezi: »France Pushes for $15 billion credit line plan for Iran, if US allows it«, 3. September 2019, www.reuters.com/article/us-iran-usa-france/france-pushes-15-billion-credit-line-plan-for-iran-if-us-allows-it-idUSKCN1VO1AF

73 Siehe z. B. Peter Baker: »Iranian Official Makes Surprise Appearance on Sidelines of G7 Summit«, www.nytimes.com/2019/08/25/world/europe/g7-iran-trump-biarritz.html

KAPITEL 13

1 Die Idee einer fortlaufenden Plattform für die Terrorismusbekämpfung in Afghanistan war zu Beginn der Trump-Regierung grundlegend, und auch schon seit vielen Jahren. Siehe: Brian Dodwell und Don Rassler: »A View from the CT Foxhole: General John W. Nicholson, Commander, Resolute Support and U.S. Forces-Afghanistan«, Februar 2017, https://ctc.usma.edu/a-view-from-the-ct-foxhole-general-john-w-nicholson-commander-resolute-support-and-u-s-forces-afghanistan/

2 Der Überprüfungsprozess vor der Veröffentlichung hat darauf bestanden, dass ich den folgenden Vermerk einfüge: »Im Februar/März 2020 unterzeichneten die Vereinigten Staaten ein Abkommen mit den Taliban, aber was in diesem Kapitel folgt, ist die politische Debatte aus der Zeit, während der ich 2019 als Nationaler Sicherheitsberater tätig war.«

3 Siehe Bolton: Surrender Is Not an Option, S. 85–87

4 Siehe Ken Bredemeier: »US: No Cooperation with ICC Probe of Alleged Afghan War Crimes«, https://www.voanews .com/usa/us-no-cooperation-icc-probe-alleged-afghan-war-crimes

5 Dieser Austausch mit Merkel, der von Zeit zu Zeit etwas ausgeschmückt wurde, war ein fester Bestandteil von Trumps Repertoire für den Austausch mit ausländischen Staatsoberhäuptern. Er wird im Kontext der Ukraine wieder auftauchen, wie das nächste Kapitel zeigt.

6 Siehe Rebecca Kheel: »Trump: US to keep 8,600 troops in Afghanistan after Taliban deal«, 29. August 2019, https://thehill.com/policy/defense/459281-trump-us-to-drawdown-to-8600-troops-in-afghanistan

7 Ebd. Eine Aufzeichnung des gesamten Interviews ist zu finden unter: https://radio.foxnews.com/2019/08/29/president-trump-talks-china-trade-afghanistan-and-fox-news-with-brian-kilmeade-on-fox-news-radio/

8 Siehe Kimberly Dozier: »Exclusive: Secretary of State Pompeo Declines to Sign Risky Afghan Peace Deal«, https://time.com/5668034/pompeo-afghanistan-peace-deal/

9 Siehe Phil Stewart und Jason Lange, Reuters: »Trump says he cancelled peace talks with Taliban over attack«, 7. September 2019, https://ru.reuters.com/article/idUSKCN1VS0MX

10 Siehe Pamela Constable und Siobhán O'Grady: »Afghanistan's Ghani to visit Washington as peace deal limps and violence surges«, 6. September 2019, https://www.washingtonpost.com/world/asia_pacific/afghanistans-ghani-to-travel-to-washington-as-peace-deal-limps-ahead-and-violence-surges/2019/09/06/215e1c5e-d07c-11e9-a620-0a91656d7db6_story.html

11 Siehe Anmerkungen von Präsident Trump, Vizepräsident Pence und Mitgliedern der Coronavirus-Taskforce in der Pressekonferenz, 29. Februar 2020: https://www.whitehouse.gov/briefings-statements/remarks-president-trump-vice-president-pence-members-coronavirus-task-force-press-conference-2/

KAPITEL 14

1 Hrojsman hatte sich bereits früher ähnlich geäußert, zum Beispiel im Oktober 2017. Äußerungen vor Ausschüssen des kanadischen Unterhauses in Ottawa: »Die internationale Gemeinschaft muss weiterhin Sanktionen und möglichst harte Strafen durchsetzen, um den russischen Präsidenten Wladimir Putin von jeder weiteren Aggression – und von der Wiederholung der Annexion der Krim durch Russland 2014 in anderen osteuropäischen Staaten – abzuhalten: ›Das sollte für sie unerträglich sein‹, drängte er.« Siehe Amanda Connolly: »Ukrainian PM urges ›unbearable‹ consequences for Russian aggression«, https://ipolitics.ca/2017/10/31/ukrainian-pm-urges-unbearable-consequences-for-russian-aggression/. Siehe auch Stellungnahme des dänischen Premierministers Lars Lokke Rasmussen und Hrojsmans vom 26. Juni 2018 mit dem Titel »A new Ukraine rising«, https://euobserver.com/opinion/142167: »Es ist unsere Hoffnung, dass der Aufstieg einer reformierten neuen Ukraine Russland zeigen wird, dass die Aggression des 19. Jahrhunderts weder toleriert wird noch lohnenswert ist in unserem Europa des 21. Jahrhunderts.« Siehe auch »National Security Advisor, Ambassador John Bolton's Press Conference at Ukrainian Crisis Media Center (UCMC)«, https://ua.usembassy.gov/national-security-advisor-ambassador-john-boltons-press-conference-at-ukrainian-crisis-media-center-ucmc/

2 Dieser Gesetzesvorschlag war bereits Gegenstand einer öffentlichen Debatte in der Ukraine. Siehe Andrew E. Kramer, »Ukraine, After Naval Clash with Russia, Considers Martial Law«, https://www.nytimes.com/2018/11/25/world/europe/ukraine-russia-kerch-strait.html

3 Siehe Reuters: »Merkel expressed concern about situation in Ukraine in call with Poroshenko: spokesman«, 28. November 2018, https://www.reuters.com/article/us-ukraine-crisis-russia-germany/merkel-expressed-concern-aboutsituation-in-ukraine-in-call-with-poroshenko-spokesman-idUSKCN1NV22U

4 Siehe »Canada led joint G7 statement condemning Russian aggression in Ukraine, says Freeland«, 30. November 2018, https://www.thestar.com/news/canada/2018/11/30/canada-led-joint-g7-statement-condemning-russian-aggression-in-ukraine-says-freeland.html

5 Siehe Andrew Osborn und Anton Zverev, »European politicians call for new sanctions on Russia over Ukraine«, 27. November 2018, https://www.reuters.com/article/us-ukraine-crisis-russia-germany/european-politicians-call-for-new-sanctions-on-russia-over-ukraine-idUSKCN1NW0WW

6 Als das russische Strafverfahren kurz danach eingeleitet wurde, wurden alle Elemente der russischen Theorie, die im Text beschrieben werden, öffentlich gemacht. Siehe Patrick Reevell: »Russia brings captured Ukrainian sailors to court«, https://abcnews.go.com/International/russia-bringing-captured-ukrainian-sailors-court/story?id=59440311; Patrick Reevell: »Russia extends detention of captured Ukrainian sailors«, https://abcnews.go.com/International /russia-brings-captured-ukrainian-sailors-court/story?id=60398214 und Radio Free Europe/Radio Liberty: »Russian Court Jails Captured Ukrainian Sailors for Two Months«, https://www.rferl.org/a/west-rallies-behind-ukraine-calls-on-russia-release-detained-sailors-kerch-azov/29623124.html

7 Siehe »Telephone conversation with US President Donald Trump«, http://en.kremlin.ru/events/president/news/60469. Ein späterer Pressebericht bezog sich auf das Wissen der Russen über Selenskyj: »Mitglieder von [Selenskyjs] außenpolitischem Team wollen das Schlachtfeld der Ideen von der Ukraine weg direkt nach Russland verlagern und dabei die langjährige Erfahrung von Herrn Selenskyi nutzen, der mit seinen meist anspruchslosen, manchmal schlüpfrigen Komödienshows und Filmen die Russen anspricht. Sein komödiantisches Werk wurde in Russland weithin gesehen.« Andrew E. Kramer: »In Ukraine, a Rival to Putin Rises«, https://www.nytimes.com/2019/08/04/world/europe/ukraine-president-putin-russia.html?searchResultPosition=1

8 Siehe Kenneth P. Vogel: »Rudy Giuliani Plans Ukraine Trip for Inquiries That Could Help Trump«, https://www.nytimes.com/2019/05/09/us/politics/giuliani-ukraine-trump.html

9 *Democratic National Committee:* nationale Organisation der Demokratischen Partei der Vereinigten Staaten

10 Trump bezog sich häufig auf diese Erklärung Merkels, dass Deutschland die Vereinbarung der NATO von 2014, wonach die Verteidigungsausgaben seiner Mitglieder bis 2024 2 Prozent des BIP erreichen sollen, erst 2030 erreichen werde. Auf dem NATO-Gipfel im Juni 2018 in Brüssel beispielsweise beklagte Trump öffentlich die deutsche Position: »Deutschlands Plan, seine Verteidigungsausgaben auf das Nato-Ziel von 2% des BIP bis 2030 zu erhöhen, sei nicht gut genug, sagte Trump. ›Sie könnten es morgen tun‹, fügte er hinzu.« Ewen MacAskill: »Angela Merkel hits back at Donald Trump at Nato summit«, https://www.theguardian.com/us-news/2018/jul/11/nato-summit-donald-trump-says-germany-is-captive-of-russians. Kanzlerin Merkel hat selbst öffentlich das Datum 2030 für Deutschland genannt und nicht das NATO-Ziel 2024. Siehe Guy Chazan: »Merkel warns Europe can't defend itself without Nato«, https://www.ft.com/content/4a208660-10f8-11ea-a225-db2f231cfeae

11 Trump sagte im Wesentlichen dasselbe in dem Telefongespräch mit Selenskyj vom 25. Juli 2019. Siehe unten

12 Siehe Matthias Williams: »Ukraine's sacked finance minister says no will in cabinet for gas price hike«, 8. Juni 2018, https://www.reuters.com/article/us-ukraine-danylyuk/ukraines-sacked-finance-minister-says-no-will-in-cabinet-for-gas-price-hike-idUSKCN1J4288

13 Der PRA ist ein US-amerikanisches Gesetz, das dem Präsidenten und dem Vizepräsidenten der Vereinigten Staaten vorschreibt, dass jede Korrespondenz – auch private – archiviert und für die Nachwelt aufgehoben werden muss.

14 Siehe Julie Hirschfeld Davis and Mark Mazzetti: »Highlights of Mueller's Testimony to Congress«, https://www.nytimes.com/2019/07/24/us/politics/mueller-testimony.html

15 Siehe Peter Baker: »›We Absolutely Could Not Do That‹: When Seeking Foreign Help Was Out of the Question«, https://www.nytimes.com/2019/10/06/us/politics/trump-foreign-influence.html?searchResultPosition=3

16 Siehe die Pressemitteilung des Justizministeriums der USA zur Ankündigung der Anklage: https://www.justice.gov/opa/pr/turkish-bank-charged-manhattan-federal-court-its-participation-multibillion-dollar-iranian

17 Siehe »Senior Ukrainian Security Official Quits«, https://www.rferl.org/a/senior-ukrainian-security-official-quits/30187540.html

18 Siehe Polino Sinovets und Oleksii Izhak: »Ukraine's Position on the INF Treaty Suspension«, Mai 2019, https://www.researchgate.net/publiation /337161190_Ukraine's_Position_on_the_INF_Treaty_Suspension

19 Siehe https://www.nytimes.com/interactive/2019/10/22/us/politics/william-taylor-ukraine-testimony.html für Taylors schriftliche Zeugenaussage; für einen Nachrichtenbericht siehe Michael D. Shear et al.: »Ukraine Envoy Testifies Trump Linked Military Aid to Investigations«, https://www.nytimes.com/2019/10/22/us/trump-impeachment-ukraine.html?action=click&module=Top%20Stories&pgtype=Homepage

20 Siehe Yaroslav Trofimov: »A Russian Ally's Solo Course Alters Western Calculations«, https://www.wsj.com/articles/a-russian-allys-solo-course-alters-western-calculations-11572958804?mod=searchresults&page=1&pos=1

21 Siehe z.B. Editorial Board: »Trump tries to force Ukraine to meddle in the 2020 election«, https://www.washingtonpost.com/opinions/global-opinions/is-trump-strong-armingukraines-new-president-for-political-gain/2019/09/05/4eb239b0-cffa-11e9-8c1c-7c8ee785b855_story.html

22 Siehe z.B. Greg Miller et al.: »Giuliani pursued shadow Ukraine agenda as key foreign policy officials were sidelined«, zu finden unter https://www.washingtonpost.com/national-security/giuliani-pursued-shadow-ukraine-agenda-as-key-foreign-policy-officials-were-sidelined/2019/09/24/ee18aaec-deec-11e9-be96-6adb81821e90_story.html

23 Siehe z.B. Patricia Zengerle, Reuters: https://www.reuters.com/article/us-usa-ukraine/trump-administration-reinstates-military-aid-for-ukraine-idUSKCN1VX213

KAPITEL 15

1 Karen DeYoung und Josh Dawsey: »Bolton book roils Washington as onetime allies turn on Trumps former national security adviser«, https://www.washingtonpost.com/national-security/bolton-book-roils-washington-as-onetime-allies-turn-on-trumps-former-national-security-adviser/2020/01/27/f8ab83d8-4145-11ea-b503-2b077c436617_story.html

2 »Remarks by President Trump, Vice President Pence, and Members of the Coronavirus Task Force in Press Briefing«, 13. April 2020, https://www.whitehouse.gov/briefings-statements/remarks-president-trump-vice-president-pence-members-coronavirus-task-force-press-briefing-25/

3 »Remarks by President Trump, Vice President Pence, and Members of the Coronavirus Task Force in Press Briefing«, 15. April 2020, https://www.whitehouse.gov/briefings-statements/remarks-president-trump-vice-president-pence-members-coronavirus-task-force-press-briefing-26/

4 »Wir werden versuchen, die Veröffentlichung des Buches zu verhindern«, sagte Trump Berichten zufolge beim Mittagessen mit Fernsehmoderatoren am 4. Februar 2020. Josh Dawsey, Tom Hamburger und Carol D. Leonnig: »Trump wants to block Bolton's book, claiming most conversations are classified«, https://www.washingtonpost.com/politics/trump-wants-to-block-boltons-book-claiming-all-conversations-are-classified/2020/02/21/6a4f4b34-54d1-11ea-9e47-59804be1dcfb_story.html

5 Das grundlegende Dokument ist die »Geheiminformationsvereinbarung« Standardformular 312 (Juli 2013), die ich am 5. April 2019, und die »Vertraulichkeitsvereinbarung über sensible Informationen« Formular 4414 (Dezember 2013), die ich zuerst am 5. April 2019 unterzeichnete. Nie wurde die Behauptung aufgestellt, irgendein Teil meines Manuskripts könnte Informationen enthalten, die dieser zweiten Vereinbarung unterlägen.

6 Colin Powell mit Joseph E. Persico: Mein Weg. Piper, München 1995

7 James A. Baker: Drei Jahre, die die Welt veränderten. Erinnerungen. Siedler, München 1996

8 Michael Bolton: »Robert Gates' Memoir is a Jaw-Dropping Read«, http://algemeiner.staging.wpengine.com/2014/04/24/robert-gates-memoir-is-a-jaw-dropping-read-review/

PERSONENREGISTER